法律与金融译丛 LAW & FINANCE

本书出版得到国家社科基金项目“‘合规机制’的公司法普适性规则研究”（17CFX071）的资助。

金融商品交易法入门

（第3版）

[日] 近藤光男　吉原和志　黑沼悦郎 著
梁爽 译

法律出版社
LAW PRESS · CHINA
—— 北京 ——

著作权合同登记号
图字：01—2020—1838

作者简介

近藤光男，日本关西学院大学法学部教授、神户大学名誉教授，1978年毕业于东京大学法学部，研究领域：商法、公司法、企业组织法、金融法。曾任美国加州大学伯克利分校法学院客座研究员、日本司法考试审查委员、日本私法学会理事、日本股东代表诉讼研究会会长、日本法务省亚太公司法制研究会会长、日本证券经济研究所金融商品交易法研究会委员、日本交易所（JPX）金融商品交易法研究会理事、大阪证券交易所规制委员会委员长、大阪律师协会顾问。主要著作有：『商法総則 · 商行為法（第8版）』（有斐閣，2019年）、『最新株式会社法（第9版）』（中央经济社，2020年）等。

吉原和志，日本东北大学法学部教授，1981年毕业于东京大学法学部，研究领域：公司法、企业组织法、法经济学、经济政策、金融法。曾任日本法务省法制审议会会社法（公司法）修改专组干事、日本私法学会监事、法科大学院协会理事、日本大学评估与学位授予机构法科大学院认证评估委员会委员。主要著作有：『会社法（第5版）』（共著）（有斐閣，2005年）等。

黑沼悦郎，日本早稻田大学法学研究科教授，1984年毕业于东京大学法学部，研究领域：商法、公司法、企业组织法、金融法、证券法。曾任神户大学法学部教授、美国加州大学伯克利分校法学院客座研究员、日本金融厅金融审议会委员，曾获“大隅健一郎赏”。主要著作有：『アメリカ証券取引法（第2版）』（弘文堂，2004年）、『会社法（第5版）』（共著）（有斐閣，2005年）等。

译者简介

梁爽，华东政法大学国际金融法律学院副院长、教授，中共党员。华东政法大学法学学士、日本神户大学法学博士，师从日本商法权威专家近藤光男教授，研究领域：商法、公司法、证券法。曾在《中外法学》《法学》《政治与法律》《国际商事法务》等国内外法学期刊发表论文数十篇，译有《最新日本公司法》（第7版）、《日本商法总则与商行为法》、《判例法中的经营判断规则》、《股东代表诉讼的理论与制度改进》等多本著作。主持国家社会科学基金等国家级、省部级课题多项。上海市首届"青年东方学者"、"浦江人才"，入选"2019年度全国博士后科学基金资助者选介"（全国百人）、"上海市青年法学法律人才"。

法律与道德风险的赛跑
——“法律与金融译丛”总序

从“监守自盗”到“占领华尔街”

笔者写下这番文字的时候，在数十年来一直被奉为全球金融中心的纽约，一场声势浩大的“占领华尔街”（Occupation of the Wall Street）运动正愈演愈烈，并迅速蔓延到华盛顿等数个大中城市。在这场始于2011年9月17日的大规模示威游行中，上千名示威者通过互联网组织起来，聚集在美国纽约曼哈顿，试图占领华尔街，有人甚至带了帐篷，誓言要长期坚持下去，直至把华尔街变成埃及的解放广场。

示威者的抗议矛头直指华尔街贪婪成性、金融系统弊病丛生、政府监管不力等诸多社会问题。

世间万物竟有如此关联？此番景象，令笔者联想起2010年度奥斯卡最佳纪录片《监守自盗》（*Inside Job*）。该片片尾有一段旁白：“他们会告诉我们，我们需要他们；但他们的所作所为，复杂而难以理解；他们承诺这一切都不会再来，但他们仍会投入数十亿美元来抵制变革；改变这一切并不会太容易，但至少有一些东西，值得我们通过奋斗去争取。”这里所指的“他们”，正是华尔街，正是美国金融公司的高管们。

难道正是这段旁白，激发了美国民众“为权利而斗争”的理想和愿景?笔者宁愿相信其中必有关联。《监守自盗》通过对金融业者、政府高官、知名学者等的深入调查和访问,揭露了业界贪婪、政治腐败、监管乏力、学界无良等金融危机的四大元凶。虽然囿于访谈的限度以及影片剪辑者对受访者回答的重新组织,该片传递的信息具有一定的片面性。但无论如何,这都是一部非常成功的纪录片,它不仅深刻地揭示了金融危机爆发的根源,而且其图文并茂、深入浅出的叙事风格,使其同时成为一部普及金融市场基础知识的良好教材。

贪婪至上?

对于金钱,美国纽约华尔街乃至全球金融高管欲壑难填,这已是不争之事实。

2008年金融危机爆发以来,在全球范围内,金融企业高管的薪酬之高,引发了政府和民众的广泛愤怒。据《纽约时报》报道,2008年全年亏损270亿美元的美林证券在被美国银行并购前,向高管仓促派分了40多亿美元的“红利”。美林证券首席执行官肯尼思·刘易斯2007年薪酬高达2000万美元,2008年亦有575万美元的收入……2008年美国华尔街金融企业的员工获得了总额高达184亿美元的分红,相当于2004年金融业鼎盛时期的水平。斯时正准备实施经济“大输血”方案的美国总统奥巴马拍案而起,公开抨击华尔街金融高管“可耻”和“极端不负责任”,并于2009年2月4日宣布,得到政府资金救助的美国金融公司的高管工资将受到限制,最高年薪不得超过50万美元,同时还要对这些高管进行多项审查。类似地,2009年2月9日,时任英国首相的布朗表示,必须扫除金融业高管拿高薪的“传统”。一时间,在世界范围内,金融企业高管的限薪风潮可谓“山雨欲来风满楼”。

然而,三年之后呢?似乎一切都没有改变。

2011年10月3日,我国央视财经频道推出“金融危机三周年”系列访谈节目,提供了一系列令人瞠目的数据:

2010年,欧美15家最大金融机构的首席执行官薪酬排名中,摩根大通银行首席执行官吉米·戴蒙以近2100万美元拔得头筹。相比2009年,增长了14倍多。高盛的首席执行官布朗·克菲的年薪从2009年的86.3万美元,增长至1410万美元。在英国,巴格莱银行、汇丰银行、劳埃德银行和苏格兰皇家银行共同向首席执行官发放超过2600万美元的现金与股票奖金,这与2009年形成鲜明对比。当时这四家银行的首席执行官纷纷拒领奖金,以平息公众与政界的愤怒情绪。2010年,欧美15家最大金融机构首席执行官的平均薪资大涨36%,达到970万美元,而这15家最大银行的平均收入只增加了2.9%。

为什么这些银行家们贪婪成性?除了他们自认为远比一般人聪明,理当获取高薪之外,对于金钱的病理性追逐,也是重要原因。美国臭名昭著的内幕交易案件主角之一伊文·博斯基甚至在加州大学商学院的毕业典礼上说:“贪婪好(greedy is good),而且我还想告诉大家,贪婪有益健康。你可以非常贪婪,同时还自我感觉良好。”

在《监守自盗》中,麻省理工大学的一名教授称,神经学家和病理学家曾经对金融企业的某些高管进行测试,让他们参与以金钱作为奖赏的游戏,当受试对象赢钱时,大脑做出反应的部位与吸食可卡因时做出反应的部位一模一样。更为荒唐的是,国际货币基金组织的执行董事多米尼克·斯特劳斯·卡恩(Dominique Strauss-Kahn)称,他参加了一个由当时的财政部长保尔森主持的晚宴。在宴会上,诸多投行的大佬们居然说,“我们确实太贪婪了,这是没有办法的”,然后转向保尔森,“你本应当实施更有力的监管,因为我们控制不了自己的贪欲”。然而,当真正要加强监管时,他们却又竭力反对。

投行高管所获得的巨额收入,除来自薪金、期权等渠道之外,还有相当部分来自其内幕交易等不当行为。而在贪欲的驱使下,他们并不以违规为耻。在《监守自盗》中,面对国会“为什么一边私下大骂金融衍生产品是狗屎,另一方面却公开向客户大力推荐并销售这些有毒产品”的质询时,高盛等投行的高管窘态频现。事实上,由于学理及法理认识的错误,美国投行的内幕交易由来已久。

1930年以前,美国并没有正式的法律来禁止内幕交易。当时的华尔街居然流行这样一句投资格言——“内幕交易是投资制胜的唯一法宝”。而当时在学术界,对于内幕交易危害性的认识也远未达成一致。著名的法学教授亨利·曼尼(Henry G. Manne)还发表了《为内幕交易辩护》一文,试图通过以下逻辑为内幕交易正名:其一,任何依赖信息的市场均存在内幕交易;因而,对证券市场内幕交易大加指责,是对市场规律的不理解。其二,内幕交易是补偿企业管理人员的有效途径,因为内幕交易回报直接又迅速,比其他激励措施更加有效。他甚至宣称,如果没有内幕交易,公司系统将不复存在。其三,内幕交易复杂而隐蔽,禁止内幕交易花费巨大且收效甚微,以至于经常得不偿失。从各国的实践来看,内幕交易往往禁而不止。

在那个股市狂飙的年代,对于内幕交易,更有人试图以“零和游戏”逻辑为其开脱罪责。他们引用凯恩斯在《就业利息与货币通论》中的言论称,从事职业投资,就好像是玩“递物”或“占位”等游戏,谁能在音乐终了时,把东西递给邻座或者占到一个座位,就是胜利者。与之类似,在内幕交易中,有人获利,有人受损,其结果只是造成了社会财富的转移,而就整个社会而言,得失相抵,并没有任何损失发生。

然而,这种怪诞论调的支持者却刻意回避了一个关键的细节,那就是内幕人员总是可以在激战中取胜,因为他知道音乐的节奏、音乐开始和终了的关键时点。对此,美国证券法权威路易斯·罗斯(Louis Loss)教授曾经以打牌作喻:“假如游戏规则容许某人在牌上作记号,那么还有谁愿意继续玩这种游戏呢?”

曾参与过俄罗斯、乌克兰、印度尼西亚等国证券法改革的美国斯坦福大学法学院教授伯纳德·布莱克(Bernard Black)认为,强有力的证券市场必须具备两个首要条件:其一,投资者可以公平地获得赖以评估公司价值的信息;其二,投资者相信公司的内幕人员不会骗走他们的投资。而内幕交易恰恰从根本上侵蚀并摧毁着证券市场的这两块基石:信息机制和信任机制。

残酷的现实,使得为内幕交易正名的论调显得苍白无力。1929年股市大崩盘及经济大萧条的严重影响,迫使美国国会制定了1933年《证券法》及1934年《证券交易法》,确立了反欺诈规则,其中最为著名的是规定短线交易禁止条款的Section16(b)。1942年,美国证券交易委员会(SEC)根据《证券交易法》的授权,制定了10b-5规则,以兜底性条款的形式,发展出了禁止内幕交易的含义和基础,使之成为美国内幕交易法律中最重要的规则。

然而,即便法有明文,内幕交易每天仍在上演,只不过是其形式有所变化而已。历史总是镜鉴,但历史也总是在重复自己。

华尔街的华盛顿?

2011年10月3日,央视财经频道“金融危机三周年”节目,播出了对诺贝尔经济学奖得主斯蒂格利茨的采访。斯氏直接指称,在这场金融危机中,金融业者绑架了政府。美国政府为了挽救经济,向银行投入了巨资,但这些钱被银行家们当作薪水和奖金瓜分掉了,而没有像政府希望的那样,把这些国家的钱,贷给一些苦苦挣扎的中小企业。而两年之后的2011年,斯蒂格利茨仍然认为，银行太大而不能倒（too big to fail）的问题，比危机前更严重。银行更大了，有了更多的风险。而且银行家们知道，一旦出了问题，政府会来救市。这大大强化了其赌博心理。

与此同时，斯蒂格利茨称，许多金融业者在华尔街挣到大钱之后任职华盛顿，并对立法施加影响以放松监管，然后又到华尔街去赚更多的钱。他甚至称，美国政府是华尔街的政府。的确，众所周知的事实是，在美国的政治生态中，拥有投行背景的人粉墨登场，进入财政部、美联储、货管局、证交委、总统经济顾问班底等的事例，可谓层出不穷。

《监守自盗》为斯氏的上述言论提供了两个注脚：其一，1981 年，里根总统委任美林投资公司的首席执行官（CEO）唐纳德·里根（Donald Regan）担任财政部长。此后，在金融机构和经济学家游说下的政府，开始了为期 30 年的放松管制政策。1982 年，里根政府放松了对储蓄信贷公司的管制，允许其用存款进行风险投资，这些都为华尔街赚得盆满钵满奠定了制度基础，但却使大量的储蓄信贷公司走向破产。其二，小布什委任高盛 CEO 亨利·保尔森（Henry Paulson）担任美国财政部长。从表面上看，似乎微薄的政府收入很难令日进斗金的保尔森满意，但事实上，担任财政部长却是其毕生最重要的财务决定。保尔森必须卖出其持有的价值 4.85 亿美元的高盛股票，由于老布什政府时期通过的法律，保尔森无须为此缴税，这为其节约了 5000 万美元。

彼时，保尔森还声称要比前任秉持更高的道德标准，在任内避免与高盛管理层紧密接触。

然而，据《纽约时报》报道，自 2008 年金融海啸爆发以来，保尔森却与高盛总裁布兰克费恩频密接触，并以与高盛商讨非常重要事宜为由，要求取得道德豁免权。2008 年 9 月 17 日下午，他取得了白宫法律顾问和财政部发出的道德豁免权。自 2008 年 9 月 16 日开始，华府同意贷款 850 亿美元于美国国际集团（AIG），部分款项用作偿还高盛。当天保尔森便接到布兰克费恩来电，翌日保尔森更五度致电布氏，后者向保尔森谈到雷曼兄弟伦敦业务陷入困境及货币市场的混乱。在从 2008 年 9 月 16 日起的一周内，两人通电话达 24 次，远多于保尔森跟其他华尔街大行的通话次数。而保尔森的日程表更显示，在 2007 ~ 2008 年取得道德豁免权前这段期间，保尔森与布氏通了 26 次电话，难免令人产生私相授受的疑窦。

裙带关系、政治献金，就像幽灵一样，一直游走于华尔街与华盛顿之间。

据《监守自盗》称，1998 年至 2008 年，美国金融业耗资 50 亿美元，用于国会游说和政治捐助。金融危机爆发之后，金融业雇用了 3000 多名政治游说者,平均每个国会议员要对付 5 名。

一名“占领华尔街”的示威者称,“在美国,1%的富人拥有 99%的财富。我们 99%的人为国家纳税,却没有人真正代表我们。华盛顿的政客都在为这 1%的人服务”。此番话语虽过于偏颇,却也道出了诸多隐情。

以 SEC 为例。在 SEC 与华尔街之间,有一扇“旋转门”(revolving door),连通了市场的监管者与被监管者。这扇“旋转门”经常被用来解释为什么 SEC 雇员对于调查证券市场的不当行为缺乏热情。华尔街高额的薪酬对于 SEC 雇员特别是那些背负着沉重的学生时期贷款压力的年轻雇员来说,有着难以抗拒的吸引力,后者往往将供职 SEC 作为一个临时的跳板。①

现在,SEC 的许多职员都注重最大化其在法律圈子中的执业声望,以谋求通向市场和业界的退路。例如,近年来,SEC 执法部门的领导层与业界的双向流动极其频密。② 数据表明,SEC 过去 19 任执法总监中,只有斯坦利·斯波金(Stanley Sporkin)后来选择了出任公共职位,担任了中情局的总法律顾问和联邦法官。此种裙带关系,使得业界巨头往往能够左右 SEC 的行动。例如,摩根·斯坦利就成功地限制了 SEC 对一家名为 Pequot 的资本管理公司的内幕交易案的调查。③

总之,近年来华尔街高管薪酬的大幅飙升对于 SEC 的监管激励,带来了不可忽视的负面效应:其一,SEC 雇员频频跳槽,使得 SEC 因缺乏拥有长期工作经验的雇员而对复杂金融工具之监管欠缺必需的智识和经验;其二,由于 SEC 雇员对复杂的金融工具欠缺研究,他们为累积工作业绩,就倾向于促成案件的和解,或者对那些不需要花费大量时间和精力的案件进行选择性执法。凡此种种,无不降低了 SEC 的监管强度,侵蚀了保护投资者的监管资源。

---

① Eric W. Bright, Letter to the Editor, “It Isn't Surprising That SEC Missed Madoff's Scam”, *Wall Street Journal*, 2008 年 12 月 23 日, A12 版。

② 如 SEC 执法部总监琳达·汤姆森(Linda Thomsen)此前在 Davis Polk & Wardwell 律所供职,2009 年辞职之后仍回原律所工作。琳达·汤姆森的继任者斯蒂芬·M. 卡特勒(Stephen M. Cutler)在离开 SEC 之后,很快就担任了 JP 摩根的执行总裁。类似的情形还包括:SEC 的执法总监理查德·沃克(Richard Walker),现任职德意志银行(Deutsche Bank)总法律顾问;威廉·R. 麦克卢卡斯(William R. McLucas),现任职 WilmerHale 的证券部主管;欧文·波莱克(Irving Pollack),SEC 执法部的首任总监,现供职于 Fulbright & Jaworski 律师事务所。

③ http://finance.senate.gov/press/Gpress/2008/prg100708.pdf (stating that SEC officials “conducted themselves in a manner that raised serious questions about the impartiality and fairness” of the Pequot investigation).

最近的一个事例是，2010年7月15日，高盛的金融衍生品欺诈案有了结果，美国SEC与高盛达成和解，高盛交出了5.5亿美元的罚单，而SEC则不再追究高盛的责任。相对于高盛2009年高达134亿美元的年利润，5.5亿美元是个小数目。而在此之前，花旗集团瞒报了400亿美元的次贷资产，事情败露之后，美国SEC与花旗集团和解，花旗集团只需交纳7500万美元的罚款，问题就一笔勾销。花旗集团甚至不需承认自己有错。

在“监管”与“去监管”之间

2008年的金融危机，可谓“冰冻三尺非一日之寒”。而金融监管部门陷入“反监管思潮”，则是其监管失位的根本症结。下文不妨以SEC为例，来阐释这一命题。

近年来，“做大”资本市场份额即等同于提升市场竞争力的迷思，使SEC遵从了盛行于20世纪80年代的“反监管”思潮，解除了诸多意在保护投资者和强化市场诚信的举措，甚至一度抛弃了监管立场。然而，翻开SEC的发展史，严苛的监管正是SEC赢得美誉和地位的看家本领。对这段历史的梳理，有助于厘清SEC近年来迷失的路径。

美国2008年的经济与证券市场状况，与SEC诞生之时颇为类似。1929年的经济大萧条及其余波，使得在纽约证券交易所上市的股票市值跌去83%。1934年，美国经济陷入了历史最低谷，代表着总人口25%的1300万人失业。[④] 虽然2009年早期的美国经济形势还不至于与1934年的情形一样糟糕，但其股票市场已经跌掉了前十年累积的增幅，失业率居高不下，公司收益大幅下挫，其情形同样令人担忧。

历史总是镜鉴。彼时，美国1934年《证券交易法》的制定者们敏锐地发现，保护投资者与经济健康发展之间存在紧密的关系。于是，1934年《证券交易法》在引言部分开宗明义地指出，“过度投机”影响了国家的财富，其结果是“联邦政府付出了巨额的成本来担负国家的信用”。[⑤] 正是该法确立了SEC实施联邦证券法的地位。它的第一任主席约瑟夫·肯尼迪（Joseph

④ Frederick E. Hosen, *The Great Depression and the New Deal*, 257 (McFarland & Co., Inc. 1992).

⑤ Exchange Act, § 2, 15 U.S.C. § 78b (2006).

Kennedy)是富兰克林·D.罗斯福(Franklin D. Roosevelt)1932年竞选总统时少数商界支持者之一。然而,由于约瑟夫·肯尼迪在20世纪二三十年代从事了大量投机交易,罗斯福总统的这项任命带来了巨大的争议。一位内阁成员将约瑟夫·肯尼迪称为臭名昭著的"证券市场投机者"。⑥ 面对这一责难,罗斯福回应说,"让贼去抓贼吧"。⑦ 后来,让诸多人士跌破眼镜的是,约瑟夫·肯尼迪成为一位勤勉尽责、雷厉风行的SEC主席。在他的带领之下,SEC招募了两位未来的联邦最高法院大法官威廉·O.道格拉斯(William O. Douglas)及其助理亚伯·弗塔(Abe Forta)。作为耶鲁大学法学院的教授,道格拉斯是当时公司金融方面最为权威的学者之一,他意志坚强、睿智而且政治敏锐。1937年,罗斯福任命道格拉斯为SEC主席。虽然道格拉斯仅仅在任19个月,其贡献仍可圈可点。他通过1938年的《玛隆尼法》(Maloney Act)创建了全国证券交易商协会(NASD),⑧对柜台市场实施监管,并颁行了上市公司会计和财务准则。在其任期之内,纽约证券交易所(NYSE)前主席理查德·惠特尼(Richard Whitney)因侵占了交易所基金用于支持证券交易所已故成员的遗孀和孩子而遭到起诉。⑨

在处理该案的过程中,道格拉斯通过SEC举行的听证会发现,证券交易所的诸多大员对这些偷盗行为心知肚明却无所作为,于是道格拉斯以惠特尼丑闻作为一项契机,对纽约证券交易所的治理结构进行大刀阔斧的改革,迫使证券交易所引入了大量专业人士。该体制被固定下来并广泛运用于其他所有的证券自律机构。当道格拉斯离开SEC赴联邦最高法院任职⑩之后,其继任者哲罗姆·弗兰克(Jerome Frank)是新政的拥护者,对《证券交易法》保护投资者的信念笃信不疑。⑪根据当时的报道,当经纪商、承销商和律师"抱怨法律程序的繁文缛节(red tape)、规则之含混不清时,弗兰克首先考虑的是如何使1000万中小投资者免受不必要的权利救济门槛和障碍

---

⑥ Joel Seligman, *The Transformation of Wall Street: A History of the Securities and Exchange Commission and Modern Corporate Finance*, 105 (The Maple Press Co., 2nd ed. 1982).

⑦ 原文为"Set a thief to catch a thief", Kenneth S. Davis: *The New Deal Years* 1933-37, 369 (Random House, Inc. 1979)。

⑧ 现在其名称变更为金融行业监管局(Financial Industry Regulatory Authority, 或FINRA)。

⑨ John Kenneth Galbraith, The Great Crash: 1929, 166-72 (Mariner Books 1955).

⑩ 道格拉斯从1939年至1975年,任职最高法院大法官,是迄今为止任职时间最长的大法官。参见美国联邦最高法院网:http://www.supremecourtus.gov/about/members.pdf,2009年12月20日访问。

⑪ 弗兰克是*Law and the Modern Mind* (1930)一书的作者,该书是20世纪法律思想的标志性文献。在担任了SEC两年的主席之后,弗兰克被任命为美国第二巡回上诉法院的法官。

的困扰”。[12]

历史有其偶然性。随着“二战”的临近,美国政府忙于战事,SEC越来越边缘化,其权力也在逐渐削减。珍珠港事件之后,美国对日宣战,将证券监管抛在一边。1942年,SEC甚至被迫迁址费城,以便在华盛顿为与战事直接相关的其他部门腾出更大的空间。而令人称奇的是,SEC居然也能够以特殊的方式为战事做出贡献:它帮助军队,通过研读当年工厂设在德国的公司的上市申请材料,来确定工厂的方位,从而帮助军方设定了轰炸任务。[13] 在“二战”期间,SEC被认为是如此地无足轻重,故而直至“二战”结束三年之后的1948年,它才最终迁回华盛顿。

而颇具讽刺意味的是,正是在SEC“流亡”费城期间,诞生了美国历史上最重要的证券法条款。1942年5月,SEC设在波士顿的地区办公室发现,某公司总裁在未向股东披露公司改善了财务状况这一信息的情况下,从股东手中买入了股票。设在费城的SEC总部的律师们,发现《证券交易法》中居然无法找到相应的条款来阻止这种欺诈性购买行为。尽管《证券交易法》中的10(b)规则在创建之初,试图从总体上规制欺诈行为,但欠缺细致的实施细则。SEC中一位名为密尔顿·弗里曼(Milton Freeman)的年轻律师,迅速起草了一条简短的规则,以禁止证券买卖中的欺诈行为。他将草案提交给SEC的五位委员,后者只是将草案往桌上一扔,直接说道,“没有问题,我们支持”。其中一位委员更是直截了当:“是的,我们反对欺诈,难道不是吗?”当天,夕阳尚未西下,10b-5规则即已成为法律。[14] 1946年,一家联邦地区法院的裁定认为,对10b-5规则的违反直接构成了提起私人诉讼的基础。[15]

真可谓“无心插柳柳成荫”。在战争年代,人们漫不经心通过的证券监管规则,居然成为SEC和广大遭受欺诈的投资者最为重要的执法工具。

SEC历史上冗长的“沉睡期”于1961年画上了句号。斯时,美国总统肯尼迪任命哥伦比亚大学教授威廉·L.盖瑞(William L. Cary)为SEC主

---

⑫ 参见“Government: Intellectual on the Spot”, *Time Magazine*,1940年3月11日,载http://www.time.com/time/magazine/article/0,9171,789708-6,00.html,2010年1月24日访问。

⑬ 参见2001年9月13日的一场访谈,载http://www.sechistorical.org/museum/oralhistories/interviews/kroll.php,2010年1月24日访问。

⑭ 密尔顿·弗里曼讲述了这则故事。*Colloquium: Foreword*, 61 *Fordham Law Review*, 1 (1993).

⑮ *Kardon v. National Gypsum Co.*, 69 F. Supp. 512, 514 (E.D. Pa. 1946).

席。对SEC的历史颇有研究的约耳·塞尔格曼(Joel Seligman)称,盖瑞"复兴"了SEC。在其获得任命后不久,盖瑞从国会中获得了一笔特别拨款,对证券市场的监管绩效进行了长达两年的深度研究,并于1963年发布了研究报告,[16]由此促成了许多关键的变革,包括1964年通过的法律规定,股票在柜台市场进行交易的公司,也要像股票在证券交易所进行交易的公司那样,遵循同样的信息披露要求。这一保护投资者的措施,迅速扩大了证券市场的规模。另外,1971年纳斯达克市场的建立,为那些在柜台市场交易的股票提供了电子交易平台,对纽约证券交易所构成了强大的挑战。在盖瑞及随后的继任者领导之下,SEC完成了其他关键性的执法和监管变革。在1961年Cady Roberts & Co.一案中,[17] SEC首次裁定,在公开证券市场中经纪公司代表其客户运用非公开的信息进行交易,违背了10b-5规则。这一里程碑式的裁定,奠定了未来内幕交易规制的基本框架。遵循Cady Roberts一案的事理逻辑,美国第二巡回法院在SEC v. Texas Gulf Sulphur Co.一案中认定,公司内部人对内幕信息的滥用,构成了10b-5规则之下的责任。

另外,SEC运用《证券法》1975年修订案所赋予的权限,推动了全国性证券市场的建立。20世纪60年代、70年代和80年代早期,SEC通过颁布一系列规则,整合了各项法律中关于信息披露的零散规定,从而简化了披露规则,并且降低了对公司的监管成本。[18]

梳理一番SEC起落的历史脉络可知,自1934年《证券交易法》颁布直至20世纪70年代,人们广为接受的观点仍然是,打击证券欺诈和市场操纵行为不仅保护了投资者,而且有利于经济的健康发展。正如美国联邦最高法院1979年称,"保护投资者虽然并非证券法的唯一目标……但国会认为,规范证券市场有助于经济的复苏"。[19] 由此可知,在国会和最高法院的眼中,有效的证券监管有助于而不是有害于经济的增长。

然而,从20世纪80年代开始,情况发生了变化。SEC的一些官员不仅

---

[16] Report of Special Study of Securities Markets of the Securities and Exchange Commission, H. R. DOC. No. 88-95 (1963).

[17] 参见 *Cady, Roberts & Co.*, 40 *S. E. C.* 907 (1961)。

[18] 例如,SEC通过Regulations S-K, 17 CFR § 229(非财务信息)和S-X, 17 CFR § 210(财务信息),从而统一了披露规则,简化了披露程序。

[19] 参见Michael Lewis & David Einhorn, "The End of the Financial World as We Know it", *New York Times*, 2009年1月4日,载http://www.nytimes.com/2009/01/04/opinion/041ewiseinhorn.html。

不认为证券监管是经济健康发展的重要基础，反而将其视为经济发展的掣肘。SEC亦在很大程度上放弃了其积极监管者的立场，[20]反而越来越迎合放松管制的主张。[21] 芝加哥“自由放任”（laissez-faire）学派为此提供了合法性的注脚：（1）监管市场不仅没有必要，甚至是有害的，因为最好的方法是自律；（2）强制性的公司披露是不必要的，因为利润驱动给了公司足够的动力来做出准确的披露；[22]（3）对操纵市场的行为进行监管是徒劳无益的，因为迄今为止，操纵市场仍然只是个迷思。[23] 另有人认为，商业银行从事投行业务存在道德风险的观点，同样只是个迷思。[24]

不难想见的是，华尔街将这种“反监管”理论奉为圭臬，因为这种观点为投资银行无所敬畏地、无止境地、免受政府责难地追逐利润，提供了正当性。在1987年名为《华尔街》（*Wall Street*）的电影里，一名虚构的金融人士戈登·盖葛（Gordon Gekko）公然宣称，“贪婪是好的”，将华尔街此种无节制的态度体现得淋漓尽致。

与此同时，SEC官员的多次表态向华尔街和公司高管们传递着微妙的信息：SEC不会过于严苛地履行监管职责。2004年，SEC委员保罗·阿特

---

[20] 然而，在两任SEC主席Arthur Levitt（1993~2001）和William Donaldson（2003~2005）的领导下，SEC的确采取过重要的监管举措，包括引入了FD规则（Regulation FD）（涉及公司披露）和NMS规则（涉及全国的市场制度）。参见U. S. Securities and Exchange Commission, Historical Summary: Past Chairmen and Commissioners，载http://www.sec.gov/about/sechistoricalsummary.htm，2009年2月13日访问。

[21] 例如，美国食品与药品监管局因未能有效保护消费者而备受诟病。参见Lars Noah, “The Little Agency that Could (Act with Indifference to Constitutional and Statutory Strictures)”, 93 *Cornell Law Review*, 901 (2008); Cameron Rhudy, “How Congress May Have Failed Consumers with the Food and Drug Administration Amendments Act of 2007”, 27 *Biotechnology Law Report* 99 (2008)。

[22] Frank H. Easterbrook & Daniel R. Fischel, “Mandatory Disclosure and the Protection of Investors”, 70 *Vanderbilt Law Review* 669, 682-84 (1984)（“如果披露有益于投资者，则公司会从提供信息中获益”）. 21世纪初安然和世通公司的丑闻弱化了此种见解。关于强制性披露信息重要性的论争，请参见Cox, Hillman & Langevoort, *Securities Regulation: Cases & Materials*, 253-57 (5th ed. 2006)。

[23] 参见Paul G. Mahoney, “The Stock Pools and the Securities Exchange Act”, 51 *Journal of Finance* 343 (1999)（作者称，认为《证券交易法》中的规范证券市场操纵的条款，构建于错误的假定之上）; Daniel R. Fischel & David J. Ross, “Should the Law Prohibit ‘Manipulation’ in Financial Markets?”, 105 *Harvard Law Review*, 503 (1991)（作者认为，应当放弃“操纵市场”这一概念，因为很难对“操纵市场”下一个令人满意的定义）。

[24] 例如，可参见Franklin R. Edwards, *The New Finance: Regulation and Financial Stability*, 71 (1996)（“作者称，《格拉斯·斯蒂格尔法》关于防火墙的规定，对于保持银行资产的质量和金融市场的稳定，未必是事所必需的”）。

金斯(Paul Atkins)在美国证券交易商协会的致辞中称,"在大萧条中,政府积极介入证券市场的行为,拉长了大萧条的时期",而且"华尔街成了美国经济恶化的替罪羊"。[25]次年,SEC主席克里斯托弗·考克斯(Christopher Cox)在经济学家俱乐部的发言中,引用了美联储主席艾伦·格林斯潘(Alan Greenspan)的话,称"保护投资者的最好方法,是蒸蒸日上的经济和股票市场",并且还说"SEC所做的——或者为我们的国家所应当做的,就是帮助创建促进经济增长的环境……换言之,如果经济增长的泡沫没有破裂,就不要去修复它"。[26] 因而,SEC主席考克斯奉行无为而治的监管政策,除非有人举报存在重大的欺诈行为。在向产业集团所做的演讲中,SEC的委员们将筹资列为SEC的三大目标之一,另外两项目标分别为投资者保护及维持公平有效的市场。[27] 如果投资者保护是SEC相互独立的三大目标之一,就可以顺理成章地得出结论:SEC可以减少管制以更好地发挥筹资功能。然而,这种观点却与构成1934年《证券交易法》基础的哲学背道而驰:遏制欺诈、维持公平有序的市场、确保公司诚实披露信息,是资本市场发挥筹资功能的基石。

无论如何,在过去的二三十年间,盛行于政府(包括SEC)的反监管思潮,得到了来自学界的理论支持。SEC的工作重心亦从保护投资者转到了保护受其监管的公司和投资银行。正如两位资深评论人士所称:"为保护投资者免受金融劫掠者侵害而设的SEC,在某种程度上陷入保护拥有政治权势的金融劫掠者免受投资者的'侵扰'。"[28]近年来,SEC豁免了对从事证券经纪业务的投资银行公司的最低资本要求,[29]取消了旨在防范市场操纵的证券短线交易规则;[30]另外还对股东利用投票委托书的机理设置了重重障碍,并且不断地敦促最高法院限制投资者通过私人诉讼以弥补其遭受的损失,这些均是SEC走向监管反面的有力例证。

---

[25] 摘自2004年10月7日SEC委员保罗·阿特金斯在证券交易商协会的演讲,第1~32页。

[26] 摘自2005年12月12日SEC主席克里斯托弗·考克斯在经济学家俱乐部上的演讲,第3页。

[27] SEC委员Kathleen L. Casey 2007年10月24日在法律变革高峰论坛上的发言,第7页。

[28] 参见Michael Lewis & David Einhorn, "The End of the Financial World as We Know it", *New York Times*, 2009年1月4日, http://www.nytimes.com/2009/01/04/opinion/04lewiseinhorn.html。

[29] Alternative Net Capital Requirements for Broker-Dealers That Are Part of Consolidated Supervised Entities, 17 *C. F. R.* 240. 15c3-1 (2004).

[30] Regulation SHO and Rule 10a-1, 17 *C. F. R.* 242. 201 (2007);参见Release No. 34-55970 (2007)。

法律的胜利？

SEC陷入反监管的迷思，只是金融市场重重积弊的冰山之一角。痛定思痛，亡羊补牢。在历经一年多的政治博弈和利益妥协之后，2010年7月15日，被称为美国“大萧条”以来最严厉的金融改革法案——《多德—弗兰克华尔街改革和个人消费者保护法案》，[31]在美国参议院以60票赞成、39票反对的投票结果获得通过。这份长达1279页的金融改革法案，标志着美国完成了历时近两年的金融改革立法，并由此开启了与新自由主义分道扬镳的金融监管路径。

法案的具体内容主要包括：(1)扩大政府金融监管体制的职能和权力，成立金融稳定监管委员会，负责系统监测和应对威胁国家金融稳定的风险，并努力消除金融机构“大而不倒的困局”；(2)设立新的消费者金融保护局，提供历史上最强的消费者金融保护和监管制度，防范普通消费者遭受不良金融产品的侵害；(3)采纳防范金融风险的“沃克尔规则”，限制大型金融机构的高风险投机性套利行为，并将以前缺乏监管的场外金融衍生品纳入监管视野；(4)美联储有权对企业经理层的薪酬进行监督和干预，确保高管不会为了高额薪酬而对金融风险涉足过深。

然而，无论法律规定得如何细密，岁月的年轮和商业周期的潮起潮落，都会将其冲刷得千疮百孔。在实体经济向虚拟经济转换的过程中，传统的股东有限责任、高管信义义务等规范，在高企的道德风险面前，竟是如此的不敷功用！对此，《监守自盗》中沈联涛先生的一番话，对于揭示虚拟经济环境下法律的滞后性堪称经典：金融工程师的收入比真正的工程师高过百倍。真正的工程师造桥梁，金融工程师则造梦，当美梦衍化成噩梦时，别人来埋单！

奥地利学派的经典商业周期理论认为，经济运行会周期性地出现扩张与紧缩的交替更迭与循环往复。《监守自盗》的片尾，以低沉的、警世箴言般的声音警醒我们，危机还会再来。而且，下一次危机，其破坏力或许会超越人们的想象。

法律与道德风险的赛跑，未有终期。历史多次证明，法律制度的有效性

---

[31] 该法案的英文名称为“Dodd-Frank Wall Street Reform and Consumer Protection Act”。

是相对而不是绝对的,具体而不是抽象的,历史而不是永恒的。故而,译介域外法律与金融经典论著,并本着审慎节制之立场,扬其所长,避其所短,为我所用,实乃吾辈学者之良好期许与愿景。

是为序。

罗培新

2012年8月

译者序

习近平总书记在全国金融工作会议上强调,金融是国家重要的核心竞争力,金融制度是经济社会发展中重要的基础性制度,而制度完善的一项基本工作便是健全金融法治。纵观世界,伴随着金融市场、金融科技的快速发展,金融商品创新不断,金融业务之间的边界也越发模糊,为减少金融跨业和新式金融工具对传统监管和法制造成的冲击,西方国家相继进行了金融改革。以日本为例,自 1996 年桥本内阁提出"金融大爆炸构想"以来,日本的金融监管机构和金融法制均经历了"统合性改革"。对于前者,日本逐步建立了以金融厅为核心,由独立的中央银行和存款保险机构共同参与的金融监管新体制;对于后者,日本则对金融监管法制进行了统合性修改,制定了《金融商品交易法》。他山之石可以攻玉,在我国金融改革和金融深化的社会背景之下,日本的相关修法可以提供很好的借鉴。

日本《金融商品交易法》的立法工程是庞大的,其不仅取代了日本原有的《证券交易法》,废止了《金融期货交易法》等 4 部法律文件,而且推动修订了日本《银行法》《信托业法》《保险业法》等 89 部法律。尤其在雷曼危机之后,世界范围内出现了强化金融规制的动向,日本《金融商品交易法》也作了相关调整。平成十九年(2007年)9 月《金融商品交易法》正式实施之后,其几乎每年都在修改,而且相关的政令、内阁府令也被频繁修改;平成二十三年(2011年)该法又作了修改。这些修改措施在日本经济增长的国家战略中发挥着重要功能,即在依靠金融支撑实体经济的同时,促进并保障金融自身也作为一项成长性产业领跑经济增长。本书囊括并重点介绍了相关修改内容。

在翻译过程中,我越发体会到日本《金融商品交易法》在立法道路上确立了"三大支柱性供给",即实现多元化且便利的资金供给、向国民提供更为实用且有效的资产运作机会、确保市场的信赖。具言之,为了实现便利且多元化的资金供给,日本《金融商品交易法》对金融商品交易和金融商品投资者进行了细分,构建了"ライツ・オファリン"制度;为向国民提供更为有效的资产运作机会,扩大了英文披露的范围;对专业人员限定的投资运作业进行了规制缓和;而为确保市场信赖,又对未注册登记的业者实施的非公开股份的交易进行相关规制等,2012年还对未登记业者的处罚规则进行了强化。可以说,这些规则始终秉持金融消费者保护的理念。

另外,日本《金融商品交易法》的立法理念及立法技术也值得关注,比如,针对金融商品市场参与者的行为以及具有高度专业性和复杂结构的金融产品等,要制定出完全没有漏洞的规制,实际上是无法做到的。因而同英国金融服务监管局(FSA)和美国证券交易委员会(SEC)一样,日本也逐渐采取以提高金融规制品质(better regulation)为目标的政策,逐步实现了"以规则为基础"的监管和"以原则为基础"的监管的最优组合,更加重视实现规制和监管的目的。再比如,为了提高市场的公正性和透明度,充分发挥市场的价格发现功能以形成金融商品的公正价格,日本《金融商品交易法》参考美国《萨班斯-奥克斯利法案》的有关规定,要求企业对与财务报告有关的内控制度的有效性作出说明,并由注册会计师审计,等等。这些都是非常值得研究的问题,我想读者们在阅读之后一定会有更深入的理解。

关于本书原著的创作过程,正如作者代表近藤光男教授在作者序中介绍的那样,考虑到读者群体为研究者、金融法实务律师、企业实务人员,原著针对金融商品交易法的整个体系和具体制度进行了简单易懂的解说,同时对一些重要项目、论点也进行了重点讨论。为了创作原著,近藤光男教授、黑沼悦郎教授、吉原和志教授三人反复开会、磋商,三位教授并没有明确区分各自承担的部分,为了实现内容统一并确保执笔水准,三位教授始终坚持共同创作。每次协商或者开会,三位教授相互之间提出的问题甚至批评意见都是非常犀利的。记得2011年3月11日日本福岛大地震发生当时,我和近藤教授正好在办公室里探讨一个关于董事信义义务的话题,在我们聊完之后紧接着就举行了神户大学商事法研究会，听取黑沼悦郎教授所做的案例研究和报告。会后，近藤教授就和黑沼教授探讨了本书中的一些内容，当天晚宴，近藤教授邀我陪黑沼教授前往神户御影附近的日本酒庄小酌，席间两位教授相谈甚欢。我问黑沼教授，既然日本《金融商品交易法》进行了"统合性、横断式"立法，一方面要坚持投资者保护，另一方面又要对金融商品的销售、劝诱等制定严格的规则，那么是否会存在某些"规制过剩"？如何评价《金融商品交易法》的实施效果？黑沼教授微笑着回答道，现在几乎每年都还在不停地修法，实施效果需要我们一同继续关注。

在这里值得向读者们交代的还有一件事，作为近藤光男教授的弟子，我在回国从教之后，有幸翻译了恩师几乎所有的重要著作，其中包括《最新日本公司法》（第 7 版）、《日本商法总则 · 商行为法》、《判例法中的经营判断规则》，以及这本《金融商品交易法入门》（第 3 版）（后续还可能增加一到两本）。这些书均值得向各位尊敬的读者推荐，尤其是《最新日本公司法》（第 7 版）、《日本商法总则 · 商行为法》、《金融商品交易法入门》（第 3 版）常年在日本商法学、金融法学教科书、参考书销售榜中名列前茅。在这里要特别感谢罗培新、叶林、邓峰教授。罗培新教授是本系列译著的推介人；叶林教授已将《最新日本公司法》（第 7 版）等书作为中国人民大学本科商法课程的基本参考读物（来自中国民商法律网的消息）；邓峰教授对我的翻译乃至写作给予了莫大的指导和帮助。在这些专家学者的支持、鼓励之下，我完成了近藤教授著作的翻译，并委托法律出版社出版。在此，还要特别感谢王珊编辑，以及责任编辑对本书翻译、出版过程的大力支持和帮助。真诚希望这本书，乃至我所翻译的近藤教授的系列著作，能成为各位读者研习日本商法、公司法、金融商品交易法的有用的参考书。

梁　爽

2021 年元旦于华政园

第 3 版前言

本书的第 1 版于 2009 年 4 月刊行，后于 2011 年 1 月刊行了第 2 版。然而，日本《金融商品交易法》又于 2011 年和 2012 年相继实施了两次重大修改，本书就是将这些修改内容呈现给各位读者的最新修订版。在这两次重大修改中，主要涉及的内容包括新股预约权（Rights Offering）相关的披露制度等的整备、允许使用英文进行信息披露的范围扩大、未注册业者实施的未公开股份交易等的应对措施、为实现“综合性交易所”而实施的制度整备、完善内幕交易规制、整备店头（柜台）衍生品交易的规制等。

上述修改过程中，对条文本身进行技术性改造的地方很多。但在本书中，基于简明易懂的这一理念，在某些项目和具体细节的介绍上有的做了省略。而且，本书在第一编第一章第二节中对日本《金融商品交易法》（包含了《证券交易法》）的法律变迁进行了论述，但对于法律修改中（宗旨、内容）同后文存在重复的记述也进行了部分省略。比如，平成二十四年（2012 年）修法时，为实现“综合性交易所”而实施了制度的整备，这一修订内容在本书第四编第三章第一节第 5 部分进行了详细而具体的介绍，因此在第一编的记述中有所省略。

此外，近年来，日本《金融商品交易法》的相关案例不断增加，本书的每次再版都会将最新的重要案例收录进来，而在第 3 版之后，为了使对引用案例的检索更为方便,设置了“判例索引”。

随着修法的进行,日本《金融商品交易法》内容日益复杂。而本书坚持“一边控制页数,一边认真仔细地进行说明”的行文策略,著者们为了不辜负读者们的期待,朝着日本《金融商品交易法》易懂版的解说书的方向做出了不懈的努力。我们殷切期待本书的第3版能再次赢得广大读者的喜爱。

在这次修订过程中,商事法务书籍出版部门的小野寺英俊、吉野祥子、栌元ちづる等给予了大力支持,在此对你们的付出表示最衷心的感谢。

2013年2月
合著者代表
近藤光男

第 1 版前言

本书是《金融商品交易法入门》的第 1 版,其实质则可以说是《证券交易法入门》(新订第 2 版)(商事法务出版社 2003 年版)的改订版。由于日本《证券交易法》被《金融商品交易法》取代,本书对书名进行了变更。日本《金融商品交易法》第 1 条规定,该部法律的目的是:"在整备企业内容等的披露制度的同时,通过对有关从事金融商品交易业的人的必要事项进行规定,确保金融商品交易所的适切的运营等,从而实现有价证券的发行以及金融商品等的交易的公正性,并使有价证券的流通更加顺畅。此外,通过充分发挥资本市场的功能,寻求金融商品等的公正的价格形成,以实现国民经济的健康发展以及投资者的保护。"同原来的日本《证券交易法》比较,这部新法明显被期待对日本资本市场的健康发展发挥更大作用。而这不仅体现在从"证券交易法"到"金融商品交易法"的法律名称的变化上,而且意味着法律规制的内容层面也发生了巨大变化。通过日本《金融商品交易法》修改的内容,其丰富程度甚至难以在书中以条目方式进行列举。条文编号虽然基本上没有变化,但其各自规定的内容却大幅度增加,且变得相当复杂。因此,仅仅通过阅读条文,基本上难以理解其规制内容。

《证券交易法入门》的第 1 版出版以来,著者们一直坚持着这一执笔方针:即使牺牲技术性事项和详细内容的表述,也要向读者更为简明易懂地解说本法的基本构造和理念。而有价证券的相关法律从证券交易法向金融商品交易法发生了改变,因此,将复杂难懂的条文更为浅显、有条理地进行解说的读物,其必要性和需求日益增加。因而本书基本维持了上述执笔方针。另外,关于其他问题点,本书原则上沿袭了《证券交易法入门》的执笔风格。因此本书将原书第1版前言也囊括了进来。《证券交易法入门》自第1版问世以来,读者数量已大大超过著者们原来的设想。因而著者们殷切希望,本书能成为对日本《金融商品交易法》怀有关切但又感到难以接近的读者们,更好地接近、理解、感受日本《金融商品交易法》的工具。

此外,最近在日本《金融商品交易法》领域发生了众多引人注目的案例。因此,本书还记述了很多最新的案例。

直至本书刊行,实际上比当初预想花费了更长的时间。不辞辛劳坚持参加编辑会议,直到本书正式刊行都在关怀、支持着我们的大林让、吉野祥子,在此对你们的付出表示最衷心的感谢。

2009年2月

合著者代表

近藤光男

前言（本书改名前）

日本《证券交易法》第 1 条规定，同法之目的乃为(日本)国民经济的适切运营和投资者保护，实现有价证券交易之公正，并使有价证券的流通更为顺畅。可见，肩负如此重任的日本《证券交易法》，无论是对于研究，还是对于现实的(日本)经济社会，都是极其重要的一部法律。而对之进行研究，并就其内容向初学者进行简单易懂的解说，则是法律学者的责任。然而就实际情况而言，不论进行研究还是开设讲座课程，由于日本《证券交易法》条文数量之多，内容之复杂，而且被委任给省令、政令的事项又非常多，可以说用一般方法难以进行。即便用尽全力对法律条文的结构进行了理解，但在频繁进行的法律修改中，条文的内容甚至位置又会变动，(日本《证券交易法》)实在是一部“欺负”研究者，让学者们欲哭无泪的法律。

当然，市面上已经出现了一些十分优秀的，讲解日本证券交易法的体系书，在这些书中，对法律规定的宗旨、内容，乃至法律上的诸多问题都进行了详细的论述。但是，即便可以获得详尽且有深度的知识，对于那些原本对日本证券交易法的基本构造并不理解的初学者来说，读之也如“砂上楼阁”。正是基于这种经验，我开始考虑，能不能有一本日本证券交易法的入门读物。换言之，有必要出版一本牺牲对《证券交易法》的详细技术性规定的解说，而坚持对法律的基本构造、法律的理念进行更为简单易懂的解说的读物。在某个研究会上,我将上述想法跟吉原和志副教授(东北大学法学部)进行了沟通,幸而得知吉原副教授也有同样的想法,并当场和我在最终实现读物的出版上达成了一致。另外,黑沼悦郎副教授(神户大学法学部)是一贯坚持日本证券交易法研究的知名人物,我跟他商量了读物的写作、出版计划,获得了他的支持并邀请其加入。随后,本书便开始了内容上的写作。

在本书执笔过程中,著者们特别下了功夫的是,第一,将重点放在法律为什么要这么规定上,从规制哲学以及制度框架角度进行理论层面的梳理。第二,本书并不是简单地进行分头写作,而是在真正意义上实现了“共同执笔”。这是因为所有著者均希望维持本书在整体内容上的统一和写作水准。为了实现这样的写作,从东京到神户,再到仙台,我们在很多地点就写作内容进行了商议,并前后举行了8次会议(其中2次还举行了合宿*)。在会议上,我们3人每次都会带着自己写好的部分的原稿,相互讨论。这种讨论往往是长时间且细致的,讨论时我们甚至肆无忌惮地交换着对内容的严厉批判。而对这些成果进行整合之后就形成了本书。原来是由著者各自分担执笔的内容,但经过上述过程,本书的内容从整体上已经是3名合著者的共同作品,3人均是责任作者。因此,本书中并没有明确标记3名著者各自分担的部分。

本书终得以顺利完成,很大程度仰仗诸多前辈、先进、老师的著作、论文,以及在研讨会上的知识传授。原本,应该在此列出诸位的高名,但受篇幅所限未能如愿,还请诸位见谅。最后,对从本书出版计划之初就无私地提供支援,甚至拨冗参与了仙台合宿的商事法务研究会的相泽幸雄理事,以及从原稿的整理到出版的整个过程中都给予我们大力支持,认真列席参加本书所有研讨会并认真记录会议内容的商事法务研究会的佐藤敦子女士,在此对你们的付出表示最衷心的感谢!

平成七年(1995年)6月

合著者代表

近藤光男

* “合宿”相当于团建、集训等,即包含多种内容并住宿的集体活动。——译者注

目录

第四编　金融商品交易业者

第一编　总　　论

第一章　日本《金融商品交易法》的制定及其意义

第一节　资本市场的功能及其规制

1. 发行市场和流通市场

日本《金融商品交易法》是一部规范企业资金筹集和国民投资活动的综合性法律。所谓“资本市场”，是筹集资金、进行投资活动的场所，作为理解日本《金融商品交易法》内容的前提，我们应当首先思考资本市场(注1)的功能。

资本市场分为发行市场和流通市场。发行市场是国家和企业发行有价证券，直接从国民手中筹集资金的场所(“直接金融”)。国债、股票、公司债券等是典型的有价证券，但也存在企业发行“合伙份额”的方式，即未采取有价证券的形式但拥有其实质权利的情况。由于为企业某个项目筹集必要资金的这一实质目的并未改变，这类为筹集资金而发行的权利在本书中统称“证券”。

作为企业从外部筹集资金的方法，除上述途径以外，还可以利用从银行借用资金等间接金融的方法。在从银行借入资金的场合中，是否借钱给企业是由银行进行判断并决定的；而在发行市场中，这种筛选功能则是由市场来实现的。以股份公司发行新股和公司债券为例,企业资金使用在有前景的项目上时,企业价值变高,与之相应,股票的价值也会增高,发行人(公司)得以在原先的持股人不反对的情况下实现新股的发行,而新的投资者也会响应新股的发行。在发行公司债券的情形中,公司则可根据其偿付可能性较大实现低利率发行。相反,企业的资金如果用在没有前景的项
4 目上时,股票价值则会下跌,导致原先的持股人反对,进而导致证券无法发行,在公司债券的情形中,也会因为债务不履行的风险很高从而只能发行高利率的公司债券。因而,从国民经济的整体来看,发行市场承担着通过决定企业能否筹集资金和成本高低,实现对有限的金融资源进行有效分配的重要功能(注2)。而这种功能,在诸如股票这类能够反映企业价值的有价证券在流通市场被频繁交易的过程中,具体而言,是在由流通市场决定的股票价格来评价资金筹措的具体效果,并在让所有的市场投资者知情的交易构造中得以充分发挥。

与此相对,流通市场是投资者买卖已经被发行的证券的场所。投资者通过购入特定企业发行的证券,得到参与这些企业经营成果分配的机会。通过将若干证券以组合方式购入,使自己能根据自身对风险和收益的偏好来持有这些投资组合。而且,股票是没有预定偿付(公司回购)期限的证券,流通市场的存在使得投资者可以通过出售股票来回收投入资本,购入长期的国债和公司债券的投资者也是一样,在流通市场出售这些债券,能获得和提前偿付一样的效果。也就是说,对于投资者来说,流通市场既是投资场所,同时还是投资回收的场所。

流通市场的存在,对于国家或者企业等资金筹集者来说也是方便的。通过流通市场这种可以提供随时换价的保障,使得需要资金的人从那些只能进行短期投资的投资者那里也能筹集到资金。流通市场通过竞争机制决定证券的市场价格,反映了企业经营的前景,给管理者带去企业经营的信号,如前文所述,通过这样的构造,决定了在发行市场中筹资的可能性和成本。并且,在股票的流通市场中,经营状况不佳的企业股票价格会下降从而
5 成为被收购的对象,因而也会刺激企业经营者改善自己的经营管理以防止企业被收购。另外,国债的市场价格可以显示出无危险资产的利率,这也能给国家经济运行提供重要指标。也就是说,流通市场不仅对于资金筹集者来说是一个顺利筹资的媒介,也是给国家和企业提供经济运行信号的“晴雨表”。

(注1):与证券市场同义。因日本《金融商品交易法》中用“资本市场”

这一词,故本书亦同。

(注2):有观点认为,交易不集中在像交易所那样一个物理的场所进行,并且固定了发行价格(募集和卖出的价格),一起向投资者进行劝诱,这不能称为市场。但是,有价证券的发行条件是以流通市场的交易价格为参考竞争决定的,这样发行市场就能够实现资源的有效分配这一尤其重要的功能,不得不说前一观点忽视了这一点。

2. 资本市场的规制

为了使证券的发行市场和流通市场的功能得到最大的发挥,制定规则对其进行规制是极为必要的。

第一,投资者是依据信息来进行投资决策的,于是建立一种要求公开同企业或者证券的价值有关的信息,并要求相关人员必须将其对外披露的"信息披露制度"就十分有必要。这是因为如果投资者基于不充分的信息作出了投资决策,就不能实现符合市场规律的资金调配,无法将有限的金融资源有效率地分配到有前景的投资项目中。

第二,为了让更多的投资者放心参与资本市场交易,必须禁止不公平交易。为了充分实现证券市场中企业的资金筹集和国民的资产运营这一重要功能,一般投资者是市场中必不可少的要素,而一个操纵市场、内幕交易
(内部人交易)横行的证券市场对一般投资者来说是没有任何吸引力的。 6

第三,对于承担着使证券流通更为顺畅的市场运营者的证券交易所和在证券发行和流通中承担中介职责的证券公司等相关机构的规制也是必不可少的。对相关机构的规制,不单单是让整个金融商品交易行业变得公正,也是要通过确保投资者对整个行业的信心、信赖从而更好地发挥市场的功能。如果投资者被金融从业人员欺骗或者被不公正对待,那么投资者就可能不会继续参与市场交易了。

所以,1948年制定的《证券交易法》是由信息披露制度、不公正交易的规制以及从业人员(业者)规制三部分构成,日本《金融商品交易法》沿用了此种体系。

3. 日本《金融商品交易法》的目的

(1)目的规定的内容

日本《金融商品交易法》第1条规定了(本法的目的):①整备企业内容的信息披露制度,并对从事金融商品交易行业的业者相关的必要事项进行

规定,确保金融商品交易所的正常运营;②确保有价证券的发行及金融商品等交易的公正,为了使有价证券更为流畅地流通,除此之外通过资本市场功能的充分发挥以求形成金融商品等的公正价格;③以资达到维护国民经济的健全(健康)发展及投资者保护的目的。

在这之中,①是为了概括性地表现日本《金融商品交易法》的内容,而在日本《金融商品交易法》中新设置的部分。②表明了日本《金融商品交易法》的直接目的,与《证券交易法》相比较,增加了通过确保资本市场功能的发挥以求实现公正价格的目的。在资本市场快速发展的背景之下,明确本
7 法具有市场法的性质(注3)。③表明了日本《金融商品交易法》最终的目的,与《证券交易法》相比,将“国民经营的正常运营”改为“国民经济的健全(健康)发展”。

(注3):可参见小島宗一郎、松本西健太郎、松本圭介、酒井敦史:“金融商品取引法の目的·定義規定”,《旬刊商事法務》第1772号,第18页(2006年)。

(2)国民经济的健康发展

日本《金融商品交易法》倡导以确保资本市场功能的发挥为直接目的。正因如此,确保资本市场功能的发挥才被认为是日本《金融商品交易法》的根本目的(注4)。也有另一种新观点认为投资者保护和资本市场功能的发挥两者并重才是日本《金融商品交易法》的目的(注5)。

虽说是在讨论日本《金融商品交易法》的目的,但如果不搞明白此处所倡导的国民经济的健康发展和投资者保护的内部实情,就得不到能够联系实际的、有益的解释和观点。如之前第一点所述,如果重视资源的有效配置这一资本市场的重要功能,那么国民经济健全(健康)发展的意义就在于达到资源的有效分配,那么,日本《金融商品交易法》应当首先是以维持这一功能(资源有效分配)为目的的。

日本《金融商品交易法》将以衍生品交易为首的各种金融商品交易纳入其适用范围。因为这些金融商品也包含和企业的资金筹集没有直接关系的东西,所以仅仅以这些内容来说明金融商品交易的规制目的就有些困难了。但是,作为企业资金调配手段的有价证券交易,依旧能够表明实现资源有效配置是本法的目的。因此本法第1条所倡导的国民经济健康发展这一立法目的,可以理解为当然包括确保市场实现资源的有效配置,但也不仅限于此,其目的还在于保护国民的投资活动从而促进经济的健康发展(注6)。

(注4):《证券交易法》时代亦同,认为《证券交易法》的目的是通过维护公正价格的形成来确保证券市场功能的发挥,投资者保护是证券市场的成立条件[上村達男"証券取引法の目的と体系",《企業会計》第53卷第4号,第135页(2001年)]。有关对第1条的规定从市场法说去批判的,可参照上村達男:"証券取引法——目的規定の意義を中心に",《法律のひろば》第59卷第11号,第52页(2006年)。

(注5):松尾直彦:"金融商品取引法——制定過程における主要論点と今後の課題(3完)",《旬刊商事法务》第1825号,第30页(2008年)。

(注6):黑沼悦郎:《金融商品取引法入門(第5版)》,第22页(日本経済新聞社,2013年);松尾,前注(5),第30页。

(3)投资者的保护 8

在《证券交易法》时代,对于立法目的存在两种观点,一种观点是投资者保护说(注7),它倡导投资者保护才是立法的目的,国民经济的平稳运行只不过是通过投资者保护实现的可以预计到的间接结果而已。另一种观点是二元说(注8),认为国民经济的平稳运行和投资者保护同为立法目的。

日本《金融商品交易法》对各类资本市场参与者中的投资者特别进行保护,并以此作为立法根本目的的理由是,在金融商品交易中,力图对投资者进行保护是维护市场功能不可或缺的,并且,从维持市场功能目的这一点,也可以反过来确认法律必须维持投资者保护的理想状态。因此,国民经济的健康发展和投资者保护应该都是日本《金融商品交易法》的目的,并且两者不应该是各自分立的,而应是紧密相连的。

日本《金融商品交易法》所采的投资者保护,是以投资者自我判断进行金融商品交易和风险自担的"自我责任原则"为前提的。与为安全使用资产而签订存款合同的存款人的保护和为防范不测风险而签订保险合同的保险合同当事人的保护不同,由于贯彻了"自我责任原则",因而能够通过促进多种金融商品的开发来实现投资者的利益(也使投资者更加重视自己的利益),两者被紧密关联了。

而为了使"自我责任原则"得以成立,作为其前提,日本《金融商品交易法》并没有采用对金融商品的安全性和价值保证的体系(规制主义)。①对于所有金融商品,要求业者在进行投资劝诱时承担向金融消费者提供商品概要和风险相关信息的义务;②关于有价证券,则采用强制证券发行人将投资判断所需要的资料进行强制开示的信息披露制度(即"开示主义""披露主义",参见本书第二编第二章、第三编第二章)。这是因为,由政府来决定 9

各种金融商品的发行和交易,将阻碍企业的资金调配和金融商品的开发,也是违反自由主义经济原则的。

如此,通过采用责任自负的原则,其直接效果是能够促使投资者基于披露的信息进行投资判断,最终,同信息开示主义相互融合,从而达到使金融商品价格的形成更为合理,让投资者基于市场原理来决定是否投资金融商品。这样一来,作为企业资金调配手段的有价证券和维持资源的有效分配这一资本市场的功能就被紧密地联系了起来。因此,因未提供正确信息而导致投资者受到的损失应该得到弥补,但是投资者因自己投资判断的失误而产生的损失如果也得到弥补,就会阻碍基于信息进行投资判断的价格形成机制,应当予以禁止。

(注7):鈴木竹雄、河本一郎:《証券取引法(新版)》第41页(有斐阁,1984年)。

(注8):神崎克郎:《証券取引法(新版)》第32页(青林書院,1987年)。这一说法认为确保通过证券市场有效分配资源是极为重要的国家利益。但是,这并不能当然推导出其也具有保护投资者目的。

10 第二节 日本金融商品交易法制的历史

1.《证券交易法》的制定及其修改

(1)《证券交易法》的制定

第二次世界大战以前,日本的证券交易是通过明治二十六年(1893年)制定的《证券交易所法》来进行规制的。但是,《证券交易所法》只对证券交易所的组织和在证券交易所进行的交易进行规制,缺少信息披露制度。另一方面,由于在商法中有关信息披露的规制也不完善,所以战前的证券交易所交易具有非常强烈的投机色彩,证券的市场价格很难称得上是根据证券市场信息形成的。

第二次世界大战后,作为联合国军占领政策的一环,日本被要求以美利坚合众国的联邦证券交易二法(美国《联邦证券交易法》《联邦证券交易所法》)(注9)为模板,于1948年制定了《证券交易法》。这部《证券交易法》引入了信息披露制度,实现了让一般投资者安心参与证券市场,这成为日本在战后推进财阀解体、实现股权大众化不可或缺的前提。

另外,1951年,日本为了规制从一般投资者那里集合资金进行的有价证券的投资、运用行为，制定了《证券投资信托法》。

（注9）：美利坚合众国的《联邦证券法》，是作为1929年开始的经济危机后"罗斯福新政"内容的一部分制定的，以1933年的《证券法》及1934年的《证券交易所法》为中心。1933年的《证券法》规制证券发行市场，1934年的《证券交易所法》规制证券流通市场。

（2）昭和二十七年（1952年）和昭和二十八年（1953年）的修改

日本从联合国军的占领中恢复独立，作为占领政策开始发生动摇的一种现象，日本开始逐渐修订、修改法律。昭和二十七年（1952年），效仿美国的SEC设置的证券交易委员会以整合行政组织为由被废止。

昭和二十八年（1953年），作为对信息披露制度简化的一种补强，加强 11
了对证券业者和证券交易所的监督。并且，从昭和二十六年（1951年）开始，重新恢复了以前进行过的信用交易，而为了将信用交易变得更为简便，遂又经过昭和三十年（1955年）的修改，通过对证券金融公司的规制将其归入证券交易法的信用管制之下。

（3）昭和四十年（1965年）和昭和四十六年（1971年）修改

从昭和三十年（1955年）后期到昭和四十年（1965年）的10年间，日本经济遭遇到了"二战"后最大的危机。作为经济危机的一种反映，证券公司的财务状况持续恶化，同时明显出现违背投资者保护原则的违法行为。

当时的《证券交易法》采取了证券业者的登记制，而那个时期注销登记的公司很多，因此，证券公司的质量遭到质疑。所以通过昭和四十年（1965年）的修改，在采取证券公司许可制的同时，禁止了证券公司职员的不公正交易，对证券公司的财务进行规制，并加入了作为行政监督措施的大藏大臣纠正命令，强化了对证券公司的规制。另外，对于证券公司的"外务员"则采用登记制，并用法定形式限制其代理权范围。

在经济危机的情况下，上市公司相继破产，在这之中被爆出山阳特殊钢铁制造公司破产后做假账的事件。以此为契机，在昭和四十六年（1971年）的修法中，扩大了有价证券报告书的提出义务范围，引入了半期报告书（半年报）、临时报告书（临时报）等制度，从而强化了信息披露制度。并且，随着资本自由化的不断推进，还整备了作为企业收购手段的要约收购的相关规定。

（4）昭和五十六年（1981年）和昭和六十年（1985年）修改

昭和五十年（1975年）前后，日本开始大量发行国债，金融机构非常希望在窗口进行国债买卖的业务能被承认。并且，为了对冲国债的价格变动的风险,引入债券期货交易制度很有必要。在昭和五十六年(1981年)的修法中,金融机构得以开始从事公共债的证券业务。

12 在昭和六十年(1985年)的修法中,证券交易所得以开展债券期货交易,《证券交易法》定义了期货交易的概念,修改了关于证据金的有关规定。于是,除了作为会员的证券公司,其他被认可进行公共债券自我交易业务的金融机关也参加到交易中来。

(5)昭和六十三年(1988年)和平成二年(1990年)修改

昭和六十三年(1988年)的修改内容:①引入证券期货交易;②完善信息披露制度;③引入内部人交易(内幕交易)规制。这些措施同时也是为应对资本市场的国际化而采取的措施。

上述①是为了响应机构投资者面对股价的变动希望扩充风险对冲手段这一呼声而采取的措施,包括:ⓐ创立能够进行货币和利息等的期货、期权交易的金融期货交易所。除货币的现货交易外,允许证券公司直接参加其他交易。ⓑ有价证券的期货、期权交易在证券交易所进行,而金融机构只被允许参与国债、外国国债的期货、期权交易。

②的内容主要包括:在扩大临时报告书(临时报)的披露和提交事由的同时,承认"嵌入式""可参照样(格式)"的有价证券报告书。另外,考虑到个人投资者已逐渐持有公司债的情况,所以把之前排除在适用范围外的公司债券也纳入发行披露规制的范围内,同时,又为了保持公司债发行的灵活性,创设了发行登记制度。

③是在1980年代英美等强化内部人员交易(内幕交易)规制的背景下,日本也开始加强规制,这也是日本第一次正式引入内部人员交易(内幕交易)规制制度。

并且,在股票投资热潮下,为了应对投资者将资产委托给专业人员投资的需要,昭和六十一年(1986年)制定了对有价证券投资顾问业进行规制的相关法律。

平成二年(1990年)的修法,在股价过高、资金剩余等社会现象的大背景之下,为了应对证券市场中大量集中购买公众公司股票情况增多的现象,
13 设立了股票大量持有的披露制度,同时修改了要约收购制度。后者是在昭和四十六年(1971年)的修法中引入的制度,但实际上存在对收购者不利的一面,而此次修法旨在引入国际通用的制度设计。

(6)平成三年(1991年)和平成四年(1992年)的修改

自平成二年(1990年)起,市场上的股价开始下落,并有长期持续之趋

势。以利息急剧上升为导火索，经济泡沫终于破灭，经济不景气由此开始（此被称为“平成经济大危机”）。泡沫破灭之后的平成三年（1991 年），证券公司填补法人客户遭受的重大损失的这一行为被发现，而这一有损一般投资者对证券公司信赖的行为成了一个得到全社会关注的严峻问题。于是，为了杜绝证券公司弥补客户损失的现象便开始通过对受损弥补、损失保证等行为进行处罚（设置罚则）的方式予以禁止，同时也禁止全权交由证券公司交易的行为，这些都是在平成三年（1991 年）进行的迅速而剧烈的修法。

在这之前，在证券交易审议会上围绕应对金融证券化及资本市场自由竞争的条件需要进行必要调整等观点进行了讨论，最终在平成四年（1992 年）的修法中许可银行、证券公司以子公司的形式相互参入。同时在这个时期，为了防止弥补损失这种命令禁止的事情再次发生，已经开始探讨并采取包括确保证券行政的透明性、强化自主规制机关功能从而谋求建立更加健全（健康）的检查监督体制等在内的措施。

（7）平成九年（1997 年）、平成十年（1998 年）和平成十二年（2000 年）的修改

平成三年（1991 年）修法之后，证券公司和企业依旧丑闻频出，为了应对这些问题，平成九年（1997 年）再次进行了修法，强化了对信息披露制度的违反、不公正交易规制的违反、同监督者检查监督有关的犯罪等处罚规定。平成九年（1997 年）秋，证券公司、银行相继出现经营困难，日本的金融系统陷入了一时的危机。这个时期证券公司发生的经营困难，成为在平成十年（1998 年）《证券交易法》的修改中，对证券公司经营困难处置制度进行精细化规范的重要原因。

金融泡沫破灭后，日本的金融、证券市场自由化进展缓慢，国际地位也持续下降。在证券市场上，因为股价长期低迷，企业无法很好地筹集资金，14
证券市场的功能无法得到有效发挥。因此，到了平成十年（1998 年），在“自由、公平、全球化”理念的指导下，进行了一连串旨在重振日本金融市场的改革。

①有关投资对象方面的修改包括：对柜台衍生品交易进行定义，将其放置在“许可制”之下的同时，赋予金融机关一定范围的自由裁量权，创立了作为所谓公司型投资信托的证券投资法人制度，并扩大了“有价证券”的定义。

②有关市场方面的修改包括：扩大信息披露制度的适用范围，实施在

“财务连接”基础上的信息披露制度,废止了交易所集中义务,引入了自营交易系统(PTS),对股票买卖手续费实施自由化等。在改革证券市场结构有关制度的同时,强化了对于股价操纵、内部人交易等不公正交易的规制。

③有关投资中介者的修改则包括:将证券业从许可制修改为原则上的登记制,废除了证券公司的“专业义务”的同时,承认投资顾问业、投资托付业、证券投资信托委托业等资产投资服务,将上述业务置于“申报制”之下,谋求证券中介服务的多样化。同时,为了确保证券公司运营的健全(健康)性,修改法律确认了以维持自有资本比例为中心的事后规制。在证券公司中贯穿顾客资产“分别管理”这一原则,为了在公司经营困难的情况下仍旧能够保护客户资产,还创立了投资者保护基金制度,等等。

平成十二年(2000年),在证券交易全球化、IT化的背景之下进行了又一次修法。在证券交易全球化背景之下,为了增强证券市场的国际竞争力,承认股份公司形态的证券交易所的设立,让本属会员制的交易所更加容易进行股份公司化改革。并且,为了应对近些年IT技术(信息技术)的发展,允许招股说明书和交易报告书以电子(数字化)数据形式交付,力图实现有价证券报告书(年报)等披露类文件的电子(数字化)化。

15 (8)平成十五年(2003年)、平成十六年(2004年)和平成十七年(2005年)的修改

尽管平成十年(1998年)日本证券市场进行了改革,但以资金筹集和资产运用为主要功能的证券市场地位依旧处于持续低下的状态。因此,在平成十五年(2003年),作为日本金融系统改革重要一环的证券市场改革,开始实施以发挥市场功能为核心的制度改革(注10)。重要的改革措施包括:①为了扩大投资家阶层而新设了证券中介业制度;②为促进风险投资企业的投资,扩大私募范围;③参考美国的《萨班斯-奥克斯利法案》(Sarbanes Oxley Act,注11),强化上市公司的信息披露;④为强化交易所的国际竞争力进行相关制度整备。

平成十六年(2004年)的修改,继续推进以市场功能为核心的金融系统构建(注12)。修改内容包括:①为促进市场间的竞争,引入“最优执行义务”*,改善PTS制度,整备了绿单制度(Green Sheet);②以继续扩大投资家阶层为目标,对招股说明书制度进行了改革,并对银行参与证券中介业进行

---

* 日语表述为“最良執行義務”。——译者注

以下如无特别说明,本书页下星号(*)注释均为译者注。

了解禁；③为了促进企业组织再编，放松了对要约收购制度的规制；④为强化市场监督功能，引入了"课征金制度"，修改了民事责任制度，扩大了证券交易委员会等监管委员会的权限等一系列重要的整改措施。

平成十七年(2005 年)的修改内容又包括：①要求子公司承担对母公司的信息披露的义务；②扩大课征金制度的适用范围；③扩大要约收购规制的适用范围等，这些都是在一系列重大事件(如西武铁道等有价证券报告书虚假陈述案、日本放送并购案等有价证券报告书虚假记载案)的背景之下进行的改革；④为应对证券交易的全球化趋势，引入了英文的信息披露制度(注 13)。

如上，在平成十五年(2003 年)以后，《证券交易法》几乎每年都在进行着重要的修改，尤其在以上市的证券为对象进行的规制层面实施了相当程度的整备、修改。

(注 10)：2003 年修改过程中的相关想法和思考，在金融审议会金融分科会第一分会报告"証券市場の改革促進"中有所体现，可参考之。

(注 11)：美国《萨班斯-奥克斯利法案》(Sarbanes Oxley Act)，以世界通信会计丑闻事件为契机，是 2002 年制定的联邦证券法的修改法案，其主要内容包括：①改革会计制度；②联邦法介入企业管理；③强化信息披露；④强化强制措施等。除了本书提到的日本 2003 年《证券交易法》的修改以外，该法案对 2003 年的《执业会计师法》的修改以及 2006 年的日本《金融商品交易法》的制定也有重要影响。

(注 12)：2004 年修法的主要构想，在金融审议会金融分科会第一分会 16
报告"市場機能を中核とする金融システムに向けて"(2003 年 12 月 24 日)中有所体现，可参考之。

(注 13)：2005 年修法中的主要构想，在金融审议会金融分科会第一分会报告"ディスクロージャー制度の信頼性確保に向けて"(2004 年 12 月 24 日)中有所体现，可参考之。

2. 日本《金融商品交易法》的制定及其修改

(1) 日本《金融商品交易法》的制定

(A) 制定的原委和过程

意图制定一部规制广泛金融商品的横断性的金融服务法规，这种构想始于平成九年(1997 年)的"新しい金融の流れに関する懇談会"(关于新金融趋势的恳谈会)。平成十二年(2000 年)，日本制定了《金融商品の販売等に関する法律(关于金融商品贩卖等的法律)》(以下简称《金融商品贩卖法》,即日本《金融商品贩卖法》)。该法虽然是一部横断性地规定了包括存款、保险在内的广泛领域的金融商品适用规则的法律,同时也强制要求金融业者必须说明金融商品存在的亏本风险,但规定仍然仅仅停留在违反说明义务后按照日本民法特别规则承担损害赔偿责任,因而无法称得上算是一部完整的金融服务法律。于是,应该制定一部真正意义上的金融服务法律成为所有相关人员的共识。

另一方面,如利用合伙协议或者匿名合伙协议进行投资或者开展营业的各种基金,在此前没有规制的领域总是有各种新的投资产品出现(注 14)。在这样的基金当中有一部分是出售给一般投资者的,而这些新产品中出现了一部分存在欺诈的情况。

17 因此,一方面,将制定一部真正意义上的金融服务法律作为今后持续研究的课题;另一方面,日本将近期的立法目标放在了能够横断性地规制包括除了银行、保险领域的其他各类投资商品、服务的法律。在这个意义上,英国 1986 年的《金融服务法》实质上就是一部投资服务法,而到 2000 年英国才实现了制定包括银行、保险在内的金融服务和市场的统合性法律。所以,日本首先将目标锁定在制定同英国 1986 年《金融服务法》类似的、相当于投资服务法的法律之上(注 15)。

投资服务法以外的领域,除了讨论交易所及其自主规制机关应如何发挥其应有的规制功能以外,有关信息披露制度的诸多问题也被持续探讨,这里面就包括:①引入与公司财务报告有关的“内部控制报告书制度”;②引入季报披露制度;③构建着眼于投资商品的性质及流动性的具有灵活的披露制度等(注 16)。

而且,平成十七年(2005 年),作为应对市场上已经出现的“敌意收购”的一种尝试,金融审议会金融分科会第一分会还专门设置了“要约收购制度等工作小组”,在平成十七年(2005 年)12 月,工作组总结出了一份建议重新评估要约收购制度及大量持有报告制度的报告(注 17)。

如此一来,于平成十八年(2006 年)原来的《证券交易法》被更名为日本《金融商品交易法》,除了一部分内容之外,于平成十九年(2007 年)9 月开始实行。

随着平成十八年(2006 年)修法之后的新法施行,之前的《金融期货交易法》、《关于有价证券投资顾问业规制等的法律》(以下简称《投资顾问业法》)、《外国证券业者的相关法律》(以下简称《外证法》)、《关于担保证券业规制等的法律》被废止，而这些法律的内容都被统合到日本《金融商品交易法》中。《投资信托及投资法人有关的法律》（以下简称《投资信托、投资法人法》）是由集合投资计划的相关规制和资产运用有关行业的规制组成，后者中有部分因与日本《金融商品交易法》中的行业规制重复而被删除。另外，《有关商品投资的规制的法律》原本是没有集合投资计划规制这一部分的，而是由集合投资计划份额的买卖、劝诱的规制和商品投资顾问业（投 18
资托付业务）有关的法律组成的，其中关于买卖、劝诱的规制被日本《金融商品交易法》所覆盖，所以也被删除了。

（注 14）：以实际进行组成、买卖的事业型基金为例，分配通信设备租赁收益的通信设备基金，分配展览、演出收入的表演基金，制作、买卖偶像 DVD、写真集等获得的收益进行分配的偶像基金，投资葡萄酒分配其价格上涨收益的酒基金，其中包括了由证券公司销售的产品，也有由营业者自身销售的产品。

（注 15）：对于投资服务法的构想，在金融审议会金融分科会第一分会的报告“中間（中期）整理”（平成十七年即 2005 年 7 月 7 日）及“投資サービス法（仮称）に向けて”（平成十七年即 2005 年 12 月 22 日）中有所体现。

（注 16）：金融审议会金融分科会第一分会报告“ディスクロージャー制度の信頼性確保に向けて”（平成十六年即 2004 年 12 月 24 日），以及信息披露工作小组报告“今後の開示制度のあり方について（今后信息披露制度的应有构造）”（平成十七年即 2005 年 6 月 28 日）。

（注 17）：公开收购制度等工作小组报告“公開買付制度のあり方について”（平成十七年即 2005 年 12 月 22 日）。

（B）包括性的、横断性的统合规制

平成十八年（2006 年）对投资服务法制的主要修法目标是使相关规制更加横断化、灵活化（柔性化）。

日本《金融商品交易法》不仅把以前不是《证券交易法》适用对象的合伙及利用其他协议方式的基金纳入了规制范围内，而且把像抵押证券、信托受益权、商品基金这类以前通过不同法律进行规制的产品一并纳入进来。尤其是对基金的概念做了较为包括性的定义，因而对集合投资计划也可以适用。

日本《金融商品交易法》采用如此横断性的规范的理由在于：①对于投 19
资者来说，能获得相同经济效果的服务，应当纳入相同的构造中进行保护（投资者保护的观点）；②对投资采取包括性地规制，能使投资活动更加活跃,促使储蓄更快地转向投资,最终实现促进投资的效果(促进投资的观点)。

为了实现横断性的规制,对投资性高的产品自然也都必须将其纳入同样的规制中。因此,对日本《金融商品交易法》对其适用对象“投资商品”的概念进行了深入讨论。在“中间整理”(中期报告)中,将投资商品的要件归纳为:①具有金钱出资或金钱偿付的可能性;②与资产或金融指标等相关联;③因为可期待较高的经济收益而承担风险。③中的风险是指来自市场行情变动的风险或与发行人财产状况有关的信用风险。

在这个定义中,因为并不要求一定要以金钱出资为他人所运用,所以商品期货交易等衍生品交易也被包含在投资商品中,另外,存款和保险产品等,因期待高回报同时也有风险,因此也被包含在投资商品中。但是,《银行法》《保险业法》等其他业法所规制的产品均是由各自的行业法规来进行保护,所以投资性高的存款、信托商品、保险商品、商品期货交易、特定不动产共同经营合同等并不是日本《金融商品交易法》的适用对象。因此,与此相应的《银行法》《信托业法》《保险业法》《商品交易所法》《不动产特定共同事业法》的对应部分,可以认为其属于实质上的投资服务法的一部分。

并且,日本《金融商品交易法》力图尽可能地把之前各个法律各自规制的纵向体系的“业者规制”进行横向规制化,实现同一金融商品交易业者可以(在一部法律下)将诸多类型的投资服务业务作为主营业务(本业)。也就是说,日本《金融商品交易法》追求投资者在从事一定交易的时候,是以一个金融商品交易业者的身份进行的(行业规制的包括性),金融商品交易业者适用的行为规范尽可能实现共通化(行业规制的横断化)。以前的证
20 券公司、金融期货交易业者、商品投资销售业者(商品基金业者)、信托受益权销售业者、证券投资顾问业者、抵押证券业者等,全都成了金融商品交易业者。

(C)规制的灵活化(柔性化)

“规制灵活化”是指根据投资商品、业者及投资人的性质来决定强化规制还是放松规制,这种方法也可以称作“规制的柔性化”。首先,日本《金融商品交易法》扩大了法律的适用范围,以及强化了上市公司信息披露规制,因此应首先设计一套灵活的信息披露制度。日本《金融商品交易法》采取的措施包括:①免除一些流通性不足的,但一直被当作有价证券的“视同有价证券”*的产品的信息披露义务,或者严格规定其披露义务的发动要件;

* 日语表述为“見なし有価証券”。

②被强化了的信息披露规制只对上市公司适用，而对其他的持续披露信息的公司不适用，以此力求信息披露规制的灵活化（参见本书第三编第二章第二节3）。但是，关于①，可能有违对多种投资商品进行横断性规制的这一立法理念。

其次，在日本《金融商品交易法》中，如之前（B）中所述的被包括性定义了的金融商品交易业者，为实现根据"业态"的功能性规制，根据产品、业务的内容进行分类，将之分为：第一种金融商品交易业、第二种金融商品交易业、投资运用业、投资建言与代理业等四种概念，并设置了有差别的加入（门槛）条件和兼业范围（参见本书第四编第一章第二节1）。另外，除了横断性的适用于金融商品交易业者的规定以外，也有适用于投资运用业、投资建言业务、有价证券等管理业务的各自的特别规定（参见本书第四编第四章第二节2），以此设法实现对金融商品交易业者在市场中交易更为功能性的适用。

最后，对于掌握投资专业知识的专业投资者而言，即使作为交易相对方的金融商品交易业者不遵守为保护一般投资者而设置的行为规制，专业投资者也不会因此受到损害。考虑到这一点，有些时候，为保护一般投资者创设的行为规制也会影响，甚至阻碍以专业投资者为对象的产品的开发。因此，日本《金融商品交易法》把投资者分为专业投资者（特定投资者）和一般
投资者，同时，对于业者的部分行为规则也并不适用于专业投资者（参见本 21
书第三编第一章第五节11）。在两者之间，设立一种可以选择作为专业投资者对待还是作为一般投资者对待的中间层，这样一来，比之前就有了更加灵活处理的可能。这就是仿照EU2004年的新投资服务指令（MiFID）设计的。

（2）平成二十年（2008年）的修改

根据平成十八年（2006年）的修法而成的日本《金融商品交易法》，是对构建投资服务进行包括性、横断性规制框架的引导，也是对平成十五年（2003年）到平成十七年（2005年）修法的延续，而在持续增强日本金融和资本市场竞争力这一改革目标的指引下，2008年又持续进行了修法（注18）。其修改内容如下：①设立面向专业投资者的市场；②ETF的多样化；③重新审视防火墙规则；④重新审视课征金制度。

上述①是设立了只限专业投资者参加的、面向专业投资者市场的交易所，而该市场引入了新的披露制度（参见本书第三编第二章第五节）；上述②是把ETF（上市投资信托）的投资对象和交换对象扩大到商品期货等；上

述③是针对证券公司、银行、保险公司之间利益冲突可能导致的危害的防范措施(防火墙规制),从董监高、职员的兼职限制这一形式性的规制,转变为构建利益冲突管理机制(系统)这一实质性规制的同时,也重新审视了对客户提供非披露信息的限制[参见本书第四编第二章第三节3(2)];上述④,在课征金制度对遏制违反日本《金融商品交易法》的行为有一定效果的认识下,为了更加发挥其效果,从而提高了课征金的标准,而且将课征金范围扩大到:不提供各种披露文件、市价变动型以外的操纵股价等行为,同时,引入了课征金的加算、减算制度[参见本书第四编第六章第二节2(5)]。

(注18):关于修法的宗旨,可参照金融审议会金融分科会第一分会的报告"我が国金融・資本市場の競争力強化について"、"課徵金制度のあり方について"(2007年12月18日)。

22 (3)平成二十一年(2009年)和平成二十二年(2010年)的修改

自2008年秋源于美国的次贷危机演变成世界性的金融危机,各国规制当局都在为防止金融危机再次发生,为构建一个防止金融机构破产而影响和波及他人的体系而努力。在坚持着一贯以来的强化资本市场、金融市场功能的同时,为应对金融危机,日本于平成二十一年(2009年)、平成二十二年(2010年)对《金融商品交易法》和其他金融相关法律进行了修改。平成二十一年(2009年)的修改内容包括:①引入评级机构业者的规制;②设立司法裁判之外的争端解决制度(ADR);③许可金融商品交易所和商品交易所之间相互进入;④重新审视了信息披露规则;⑤重新审视了销售规则(注19)。而平成二十二年(2010年)的修改内容包括:⑥引入金融商品交易业者的连结合并监督规范;⑦规定柜台衍生品交易集中清算的义务;⑧赋予内阁总理大臣对金融商品交易业者的破产申请权等(注20)。

在以上措施中,①是为了防止金融危机的再次发生;⑥、⑦、⑧则是为了防止金融危机扩大的对策;②是将金融商品、服务中产生的纠纷通过司法裁判以外的手段来解决的制度(ADR),通过修改包括日本《金融商品交易法》在内的16部金融相关法律,将诉讼外纠纷解决引入了各个金融领域;③使得金融商品交易所开设商品市场和对商品交易所实施子公司化变为了可能;④重新审视了"有价证券销售(卖出)"的定义,同时为了整备市场基础而做了修改;⑤重新评估了专业投资者和一般投资者的转变手续,力求完备(金融市场)利用者的保护制度。

（注19）：有关改革的宗旨，可参照金融审议会金融分科会第一分会报告："信頼と活力ある市場の構築に向けて"，和第一分会、第二分会的共同报告"金融分野における裁判外紛争解決制度（金融ADR）のあり方について[关于金融领域诉讼外纠纷解决机制（金融ADR）的模式]"，和第一分会信息披露工作小组报告"開示諸制度の見直しについて（关于信息披露制度的重新审视）"（2008年12月17日）。

（注20）：有关改革的宗旨，可参照金融审议会金融分科会基本问题座谈会报告"今次の金融危機を踏まえた我が国金融システムの構築"（2009年12月9日）。

（4）平成二十三年（2011年）和平成二十四年（2012年）修改 23

这个时期，世界性的金融危机导致日本实体经济恢复放缓，于是在平成二十二年（2010年）6月，内阁决议通过的"新成长战略"中，"金融战略"被作为七大战略部署之一。社会各界充分认识到，金融在发挥对实体经济、企业的支撑保障作用的同时，金融业自身也作为成长产业引导着经济的发展。为此，各种应实行的政策应该尽早施行，基于此共识，平成二十三年（2011年）和平成二十四年（2012年）又修改了日本《金融商品交易法》。平成二十三年（2011年）的修改内容包括：①整备附权（供股）发行（Rights Offering）的披露制度；②放松对英文信息披露制度的规制；③法律修改，将未登记业者出售非公开股票的行为原则上规定为无效（注21）。平成二十四年（2012年）的修改内容包括：④为构建一个综合性的交易所做出相应的制度调整；⑤重新审视有关公司组织再编时发生的内幕交易规制；⑥规定了柜台衍生品交易一定要利用电子（数字化）信息的义务（注22）。

在以上的这些修法内容中，修改措施①是通过新股认购权（新股预约权）的无偿分配使得新股顺利发行；②是把英文披露的适用范围扩大到有价证券申报书（年报）和临时报告书（临时报）；③是为了防止投资损失运用私法规范这一独特规则；④是让金融商品交易所能够进行金融期货交易，力图使当时直面的投资者减少的国内商品期货交易存续下去；⑤是内部人交易（内幕交易）规制，在有价证券的买卖和因公司组织再编、新股发行而取得股票之间进行整合规制，理论上扩大了内幕交易规制的范围；⑥是延续平成二十二年（2010年）应对金融危机所制定的政策。

（注21）：有关改革的宗旨，可参照金融厅"開示制度ワーキング・グループ報告"[平成二十二年（2010年）12月17日，平成二十三年（2011年）1月19日]。

(注22):有关改革的宗旨,可参照金融庁、農林水産省、経済産業省“総合的な取引所検討チームとりまとめ”[平成二十四年(2012年)2月24日],金融审议会有关内部交易规制工作小组“企業のグループ化に対応したインサイダー取引規制の見直しについて”[平成二十三年(2011年)12月15日]。

24

3. 今后的课题

有关日本《金融商品交易法》,尤其针对平成十八年(2006年)修改的有关投资服务法制的部分,参照当时的审议经过可以推出以下若干课题仍需进一步研究。

第一,平成十七年(2005年)第一分会报告中指出,在重新审视日本《金融商品贩卖法》的同时,还希望统合投资服务法。但是,最终只实现了对该法内容的重新审视,而并没有与日本《金融商品交易法》实施统合。日本《金融商品贩卖法》的适用范围包含存款交易、保险交易等广泛的金融商品领域,相比之下日本《金融商品交易法》的适用范围限于有价证券交易和衍生品交易,这被认为是两者难以实现统合的理由。但是,由于法律没有实施统合,以业者在劝诱时应提供的信息为例,《金融商品贩卖法》中只是作为一种私法上的说明义务,而在日本《金融商品交易法》中则是需要履行在形式上交付书面(信息)义务的行政规制,规制上的不一致和重复随处可见。因此,我们希望尽早实现《金融商品贩卖法》和日本《金融商品交易法》之间的统合,尽管统合的时候可能存在因两部法律对于“金融商品”的概念不同而产生的障碍。

第二,如本章第二节2(1)(B)中所述,日本《金融商品交易法》中针对“投资商品”并未设置如“中间整理”(中期报告)中建议的包括性的定义规定,因此,其他业法规制下的投资商品都不适用日本《金融商品交易法》。因此,对于业者的行为规制已同日本《金融商品交易法》中的规制完全打通(内容一致),在这个意义上实现了规制的横断化。但信息披露制度和不公正交易规制还未实现横断化。因此,日本《金融商品交易法》是否能适用到这些投资商品的信息披露和不公正交易中,是今后要研究的一大课题。不适用日本《金融商品交易法》的投资商品包括如:衍生品存款、浮动保险和不动产特定共同事业份额等属于“有价证券类型”,以及像商品交易那样的
25 “衍生品类型”。前者或许能够适用信息披露制度,而且日本《金融商品交易法》追求信息披露规制的灵活化,因此,即使是有价证券类型也有可能被

排除适用信息披露规制。另外,从不公正交易规制的层面看,不仅适用于所有的有价证券、衍生品交易,而且在上市证券那种严格限定适用范围的情形中也可以适用,从这点可以看出,立法规制企图变得更加灵活(构造软化)。因此,将投资性高的商品都纳入不公正规制可能还存在不少问题,但作为将来的一个选择方向,或许可以考虑将所有投资性高的商品都纳入日本《金融商品交易法》的规制中。

第三,平成十二年(2000年)的日本《金融商品贩卖法》的制定作为第一步,日本《金融商品交易法》的制定是第二步,而第三步应该制定真正的金融服务法。平成十七年(2005年)的第一分会报告就持续讨论了以全部金融商品作为适用对象将其纳入包括性的规制结构。作为讨论对象的金融商品,比如日本《金融商品贩卖法》中作为"金融商品的销售"(日本《金融商品贩卖法》第2条第1款)对象的金融商品,同时或许可以考虑加上商品期货交易。那么这样一来,制定一部囊括存款和保险在内的包括性的金融服务法,有多大的实现可能性呢?

在日本《金融商品交易法》的内容中间,关于信息披露制度和不公正交易的规制,虽如前文所述,已经在谋求规制的灵活化,因此从形式上将这些规制及于全部金融商品并没有特别大的问题。比如在行业规制中,平成十八年(2006年)修改的《银行法》《保险业法》适用的投资商品的业者行为规制(广告规制、合同订立前的书面交付、合同订立时的书面交付、冷静期制度、不当劝诱的禁止、损失填补的禁止、适当性原则等),除去性质上不适合的内容以外,这些规制中的条款及于一般的存款合同乃至保险合同没有太大的问题。这是因为,上述规制的手法是仅仅依据"契约"来进行规制,因而无法一眼看到具体的商品销售交易(因而也难以判断其价值)。因此也 26
就没有理由将其适用范围仅限定于"投资性较高"的产品了。

与之相对,对于行业规制中属于业者行为规制以外的部分,为了同时实现规制的包括性、横断性,以及灵活性适用,就必须像日本《金融商品交易法》这样,也即,金融服务法中应该包括:①规定含有实施银行业、保险业在内的全部金融商品交易业行为的业者的概括性定义,并提炼出所有业者通用(共通适用)的一般性规范;②作为行业规制,对于需要进行特别规范的业务有必要进行分类、整理,有必要对应各自业务的特征制定必要的特别规则。但必须指出的是,《银行法》的目的是确保本金和利息能够被安全支付和结算,而《保险业法》的目的则是确保保险事故发生之时能够提供保险保障,这些都是和日本《金融商品交易法》的目的相背离的(参见第一节3),

目的之不同最终会反映在目前行政监督手法上的巨大差异。因此,如果银行业和保险业的规制被金融服务法所统合,规制体系就不得不变得极为复杂,甚至有看法认为,如果将这些都统一到一部法律中进行规制,可能会丧失其(金融服务法)作为一部统合法律的优势。

要制定金融服务法,需要克服以上所述的这些困难和障碍,并须不断检讨其中的问题所在。

以上所讨论的加上2008年发生的世界性的金融危机的教训,不论是银行、保险公司还是金融商品交易业者,金融机构作为基本市场的参与者在金融系统中承担着重要的作用,考虑其对资本市场的影响,必须将其作为健全(健康)性规制(宏观审慎规制)的对象。健全(健康)性规制的依据条文已被置于各个业法之中,金融机构在金融监督层面就适用于同样的监督手段,今后,健全(健康)性规制也会在这个层面逐渐推进规制的同质化进程。

第二章　金融商品的定义 27

第一节　有价证券概念的功能及其定义模式

1. 定义为有价证券后的效果

日本《金融商品交易法》适用于有价证券交易和衍生品交易，这些约可统称为“金融商品”（注 23）。理论教学中的有价证券一般是指表示财产权的纸质凭证，想要行使相关财产权利就必须持有该纸质凭证，而理论教学中被视为典型有价证券的是票据和支票，并不是日本《金融商品交易法》上的有价证券。因此，日本《金融商品交易法》中的有价证券究竟为何是一个大问题，关于这个问题，从认定有价证券后所能产生的法律效果进行考察会比较好。

某种权利或者证券被视为有价证券后，具体会产生如下的效果。第一，除了一部分适用范围之外的证券，有价证券的募集、销售及流通，都适用于日本《金融商品交易法》上的信息披露制度；第二，对于有价证券交易自身来说，与流通状况相适应，适用操纵股价禁止、内幕交易禁止等为确保公正交易的各项制度；第三，因为以有价证券的买卖、承销作为营业就属于“金融商品交易业”，因此从事有价证券交易的人就要受到金融商品交易业者的相关规制(日本《金融商品交易法》第3章)。

以上三种情况中,有价证券被定义成为达成日本《金融商品交易法》保护投资者和实现国民经济的健康发展的目的而应规制的行为。但是,因为银行和其他金融机关无法从事有价证券的关联行业(日本《金融商品交易
28 法》第28条第8款,以及同法第33条之规定),一旦某种证券被视为有价证券,那么就不属于银行等金融机构的业务范围了。这种情况下,为了保护比投资者更需要保护的存款人以及金融商品市场的健全(健康)发展,有价证券概念的定义被用来限制银行等金融机构,使其无法从事有价证券的关联行业。如上,有时会基于数个矛盾的目的而使用有价证券的定义,因此,日本《金融商品交易法》上有价证券的规定模式有一定困难。

(注23):在日本《金融商品交易法》中,所谓金融商品就是衍生品交易的原资产(日本《金融商品交易法》第2条第24款之规定)。按照日本《金融商品交易法》适用范围所划分的概念,为有价证券和衍生品交易,但日本《金融商品交易法》并没有将其统称为金融商品而使用。但是另一方面,日本《金融商品交易法》在第1条的目的规定中明确,除了规定了为公正金融商品交易、谋求形成公正的金融商品价格之外,还将处理金融商品交易和衍生品交易的市场称为金融商品市场(日本《金融商品交易法》第2条第14款之规定),为此开设的交易所称为金融商品交易所(同法同条第16款之规定),从事上述两者的业者被称为金融商品交易业(同法同条第8款之规定)。因此在本书中,实际上把有价证券及衍生品交易统称为金融商品。

2. 从前的有价证券的定义中的问题点及其应对

在原先的《证券交易法》中,以具体列举的方式,将证券、证书和政令规定的证券、证书作为有价证券。因此,可以通过政令的方式增加有价证券的种类,也意味着只要政令没有指定就不能增加有价证券的种类,此所谓限定式列举主义。此外,纸质凭证上有证券、证书所表示的权利当然被认为是有价证券,但纸质凭证上没有表示权利的,仅限于其有法律所列举的有价证券所应表示的权利时,才被视为有价证券(原日本《证券交易法》第2条第2款之规定)。

作为上述有价证券定义的特征,其实是将本质上数个不同的法律效果结合到一起,因而一直以来都有以下两大问题存在。

29 第一,因为采用了限定式列举主义,诈骗性的劝诱(欺诈性的赚钱劝诱)就不能很好地适用证券交易法(日本《金融商品交易法》)的投资者保护

的规定(注 24)。比如声称因不动产投资而募集公众资金,但实际上是企图侵吞他人资金的场合,但假如(该行为)能够适用《证券交易法》,就可以在募集阶段追究其违反申报(原日本《证券交易法》第 4 条之规定)的责任,并且还可以基于违反申报的理由,对相关募集行为进行禁止(原日本《证券交易法》第 192 条之规定),也就无法防患于未然。这种投资计划想要适用《证券交易法》,就应当考虑把"投资合同"放入有价证券定义的一般条款中(注 25)。

第二,伴随着金融证券化、资产流动化,不断有新的投资商品出现。①新出现的投资商品若是属于《证券交易法》中政令指定的有价证券,则其买卖、中介等交易行为就属于银行等金融机构无法从事的业务;②新出现的投资商品若不是属于政令指定的有价证券,则《证券交易法》中投资者保护的机制和制度就都无法利用,这种两难的境地对新出现的投资商品在面向公众销售的环节,乃至对健全(健康)市场的形成都造成了一定的阻碍。但是,第二个问题,自平成四年(1992 年)以来,就和第一个问题分开处理。也就是说,对待新出现的投资商品:①不指定为有价证券,而在相应个别的法律中实现有关的投资者保护(如《抵押证券业规制法》《特定债权规制法》《不动产特定共同事业法》等);②将其指定为有价证券,并适用投资者保护的规定,同时明确可以从事该有价证券业务的人(主体)是谁的方式来进行应对。如上,按照①中的方法处理问题,是被认为有意将对投资商品的规制割裂开来的一种不尽如人意的处理方式,因而日本《金融商品交易法》的制定,其实是一个想要从①转换到②的过程。

为应对第一个问题,在平成三年(1991 年)的证券交易审议会报告中,引入了"范围广泛的有价证券"这一概念并予以普遍提倡。有价证券的定义,除了个别列举以外,如果符合以下要件,则该证券或者权利也被认为是有价证券(注 26):

投资者投入资金,资金的受领人(管理运用者)以该资金为基础进行事 30
业经营或是资产运作管理(也即投资管理);

投入的资金和其他投资者投入的资金一起,为管理运用者一并进行管理或是运作管理(也即投资管理);

投资者可以基于该合同,从管理运用者那里获得管理或运作管理(也即投资管理)这些资金后的利益(成果)分配;

投资者可以让渡基于该合同的地位或者权利。

"范围广泛的有价证券"这一概念是参考美国的判例法(Howey 测试)

(注 27)所提出的,这是与日本《金融商品交易法》中的集合投资计划的定义(第二节 3)相似的概念,但是在资金运作管理(也即投资管理)方式、权利具有可让渡性两个要件上与集合投资计划不同。Howey 测试也同样不以这些作为要件。

平成四年(1992 年)《证券交易法》修改时,最后并没有引入"范围广泛的有价证券"这一概念。主要理由是,是否属于有价证券将决定是否适用刑罚处罚,而因为罪刑法定原则的严格适用,所以有价证券的定义必须明确。另外,如果属于原日本《证券交易法》中的有价证券,则其就属于原来的大藏省管辖,而没有经过政令指定就可以认定有价证券的话,在当时的省厅间(各主管部门间)进行管辖调整也是无法实现的。

但在平成十八年(2006 年)投资服务法制的立法过程中,并没有提出诸如:根据"投资商品"这一概念来划分法律的适用范围,以及用概括性条款来定义有价证券的一部分,这是由于对可能背离"罪刑法定主义"等的担心或者疑义。另外,关于省厅之间的管辖之争,打破纵向规制(而转向横向)本来就是平成十八年(2006 年)的立法目的,所以从正面而来的反对声音并不少。并且,有价证券和衍生品的定义中依然残留的政令指定条款(日本《金融商品交易法》第 2 条第 1 款第 21 项之规定,同法同条第 2 款第 7 项之规定),以及在衍生品定义中,将商品交易、商品指数等进行了法律上的除外,可见还存在明显的对其他省厅行使管辖权的妥协。

(注 24):可参照竹内昭夫:"証券取引法上の有価証券"大系第 21 页以下,森田章:"投資者保護の法理"第 2 页以下(日本評論社,1990 年)。

(注 25):美国的《联邦证券法》中,作为证券(Securities),包括股票等传统有价证券,同时还列举了投资合同,并规定了"其他一般被称为证券的全部权利和商品"[1933 年《证券法》第 2 条第(1)项之规定,1934 年《证券交易所法》第 3 条 a 款第(10)项之规定],并且通过判例法的解释扩大了投资合同(investment contract)的内容。

(注 26):可参照证券交易审议会报告书"証券取引に係る基本的制度の在り方について"(1991 年 5 月 24 日)。

(注 27):SEC v. W. J. Howey Co. ,328 U. S. 293(1946).

31

3. 日本《金融商品交易法》中对有价证券的定义方式

日本《金融商品交易法》并未采用如"投资商品"[第一章第二节 2(1)(B)]这种概括性定义的方式,而是沿袭了《证券交易法》所采用的传统方式。这种定义方式具有以下若干特征。

第一,“投资商品”这一定义是包含有价证券和衍生品交易两者的,而日本《金融商品交易法》则将适用对象分为有价证券和衍生品交易。分别定义有价证券和衍生品交易的理由在于:①两者的定义方法有差别,即有价证券是根据交易对象,而衍生品交易则是根据交易类型;②衍生品交易不适用信息披露规制和内部人交易(内幕交易)规制,也即有价证券和衍生品交易适用的规制本身亦存在差别。

第二,有价证券分为以证券或者证书作为媒介表示权利的有价证券(日本《金融商品交易法》第 2 条第 1 款之规定),以及不以证券或者证书作为媒介表示权利的“视同有价证券”(日本《金融商品交易法》第 2 条第 2 款之规定)。通过这样的规定方法,第 2 条第 1 款确认“证券、证书”作为有价证券,而第 2 款的规定也并未使原来一直将“权利”本身作为“有价证券”的矛盾做法得以解消。

第三,在日本《金融商品交易法》中,有价证券、视同有价证券、衍生品
交易,无论哪种都是通过法律个别列举和政令指定来定义的。但是,在视同 32
有价证券中插入了“集合投资计划份额”作为概括性条款,而如果这个概括性条款得到广泛适用,就形成了个别列举条款、政令指定条款、概括性条款三种形式并用的方式。

日本《金融商品交易法》同时并用上述三种形式的理由在于:①对一律应作为有价证券的各项权利,为了确保法律表述的明确性,采用了个别、逐一列举的立法模式;②为应对投资者保护的要求,确立法律的柔性适用和明确化,因而采用政令指定条款的形式;③ 为在紧急情况下应对①、②中没有能够涵盖的权利,因而采用了概括性条款的形式。

第四,“视同有价证券”又分为:应当表示为有价证券但实际并未通过证券、证书等形式得以彰显的权利(即有价证券表示权利);日本《金融商品交易法》第 2 条第 2 款各项规定的“视同有价证券”。其中,有价证券表示权利,其权利内容和第 1 款所规定的有价证券相同,因而属于信息披露制度的适用对象,将其划入“第一种金融商品业”的范畴。也就是说,日本《金融商品交易法》原则上区分为第 2 条第 1 款的有价证券及有价证券表示权利,和第 2 条第 2 款各项规定的视同有价证券两种法律情形适用。但是,有价证券表示权利又包含了流通性高的商品和流通性低的商品两类(参见第二节 2)。

第二节　有价证券的内容

1. 日本《金融商品交易法》第2条第1款的有价证券

日本《金融商品交易法》第2条第1款,从第1项到第20项个别列举了发行证书、证券的有价证券,第21项是政令指定条款。平成十八年(2006年)修法时新纳入了的有价证券种类是第14项(受益证券发行信托的受益证券)及第16项(抵押证券),同时扩大了第19项(期权证券)的范围。

33 (1)国债证券、地方债证券(日本《金融商品交易法》第2条第1款第1项、第2项)

国债证券是为了满足国家的财政需要而发行的债券,表示的是对国家的债权。国债证券期限内的买卖价格是基于对无风险资产收益率的预测而变动的,这也是一项非常重要的经济指标。

地方债证券是为了满足地方公共团体的财政需要而发行的债券,表示的是对地方公共团体的债权。地方债券的发行条件受到地方财政法等的限制,另外,发行计划也受到政府的监督。

(2)特殊债(日本《金融商品交易法》第2条第1款第3项)

根据特别法律的规定,由法人发行的债券,包括金融债、政府保证债、政府无保证特殊债。金融债是长期信用银行等金融机构为了吸收长期资金而发行的债券,因而也可将其视为金融机构发行的公司债券,包括了依据《银行法》《农林中央金库法》《股份公司商工合伙中央金库法》等发行的特殊债种。政府保证债是特殊法人发行的债券,并且本息的偿还由政府做保证,包括住宅债券、道路债券等。政府无保证的特殊债,有根据《广播法》(《放送法》)发行的广播债券(放送债券)。

(3)公司债券(日本《金融商品交易法》第2条第1款第5项)

本项指的是公司债券及附新股认购权(新股预约权)的公司债券。公司债券是基于公司法或附担保公司债信托法发行的债券,对于股份公司来说是和发行股票、银行借入资金相并列的筹集资金的重要手段。经营保险业的相互公司发行的公司债券也包含在本项的公司债券内。公司债券的价格是由当时的市场一般利率状况和企业不履行债务的风险决定的。

附新股认购权(新股预约权)的公司债券,是指在通常的公司债券的基础上,附加了可以在一定条件下购买(取得)发行公司股份的一种特殊公司债券(日本《公司法》第 2 条第 22 项之规定),是将公司债券和新股认购权(新股预约权)表示在同一证券上的形式。其中又分为不允许将两者分别转让的非分离型债券,和将两者在分别的证券上予以表示,并允许分别转让的分离型债券。 34

本项所指的公司债券仅指非分离型的附新股认购权(新股预约权)的公司债券。分离型的附新股认购权(新股预约权)的公司债则是将其作为同时发行公司债和新股认购权(新股预约权)证券(日本《金融商品交易法》第 2 条第 1 款第 9 项之规定)的情况来处理。附新股认购权(新股预约权)的公司债券的持有人行使新股认购权(新股预约权)的时候,分成在维持既有公司债的基础上另外支付对价的类型(公司债非偿付型)和对公司债进行偿付后以偿付额作为支付对价的类型(公司债偿付性)两种。

附新股认购权(新股预约权)的公司债的价格,是由公司债部分的价值和新股认购权(新股预约权)部分的价值[后文所述(4)]所决定的。然而,公司债偿付型的附新股认购权(新股预约权)的公司债券行使新股认购权(新股预约权)就必须放弃公司债券这部分的价值,所以有观点认为,附新股认购权(新股预约权)的公司债作为商品太过复杂,使得发行时投资者没能做出合理的投资判断,以致在发行时存在不合理的低利率倾向。

(4)股票、新股认购权(新股预约权)证券(日本《金融商品交易法》第 2 条第 1 款第 9 项之规定)

股票是表示股东对股份公司持有的出资份额(股份)的证券。即使有转让限制的股份,一旦发行了股票,就属于符合本项规定之证券(注 28)。公司通过发行股票的方式筹集的资金,并不需要发行企业来偿还,因此属于企业经营的原始资金(原动力)。股票的价格是由企业未来的发展前景,更具体的比如预期的股利和增值收益等对未来的预测来决定的。通过决定股票的价格来实现资源的有效配置,以及股票的价格是根据与企业业绩有关的所有信息的变动而发生变动的,所以对于股票交易来说,信息披露和对不公正交易的规制就显得尤为重要。

新股认购权(新股预约权)证券,是表示股份公司发行的、表示有新股认购权(新股预约权)的证券(日本《公司法》第 288 条之规定)。新股认购权(新股预约权)人行使新股认购权(新股预约权)时,公司负有发行新股或者作为其替代转让公司自有股票的义务(日本《公司法》第 2 条第 21 项之规定)。新股认购权(新股预约权)的使用方法包括:①新股认购权(新股预约权)单独发行,或者和公司债组合起来发行(附新股认购权公司债),实现

资金筹集;②给予包括董事、员工在内的企业相关人员以股票期权(股权激
35 励)的方式;③与公司外的第三方交易时,新股认购权(新股预约权)还可以作为同相对方进行交易的一种对价使用。

新股认购权(新股预约权)的理论价格,根据对象股份的价格、价格的变动性、权利行使的价格、权利行使期间的长短等来决定,可以运用期权价格模型进行计算。新股认购权(新股预约权)的价格,反映在对象股票价格变动的增幅上,一旦权利行使期间经过,则新股认购权(新股预约权)就会变得毫无价值。因此,新股认购权(新股预约权)是一种比股票风险更高的证券。

(注28):在美国,将封闭公司的股票进行一揽子转让,这种行为是否属于证券转让行为曾成为判例法中的问题。虽然判例认为封闭公司的股票一揽子转让,作为一种营业转让(sale of business),并不具有保护买受人的必要性,因而不适用《联邦证券法》的欺诈性规定。但最后,这种限定性的解释也被联邦最高法院裁决否定。可参见判决:Landreth Timber Company v. Landreth,471 U. S. 681(1985)。

(5)根据特别法律设立的法人发行的出资证券(日本《金融商品交易法》第2条第1款第6项之规定、第7项之规定)

由于有法律规定,根据个别法律设立的特殊法人可以发行与股份公司股票相当的出资证券,因此,金融商品法把这种出资证券也作为有价证券的一种(日本《金融商品交易法》第2条第1款第6项之规定)。

另外,随着信用金库等协同组织金融机构的全国性组织开始承认会员以外的优先出资,表示优先出资的证券也被认定为有价证券(日本《金融商品交易法》第2条第1款第7项之规定)。

(6)与投资信托、投资法人等相关的证券(日本《金融商品交易法》第2条第1款第10~12项之规定)

投资信托及投资法人可以被作为从一般投资者处筹集资金用以进行有价证券交易、衍生品交易、不动产等投资,通过合同分配收益成果的一种集合投资计划制度(参见第四编第四章第一节1)。投资信托的受益证券,是表示投资信托的受益人获取信托财产的收益、享有信托财产偿付权利的证券(《投资信托法》第6条,参见第四编第四章第一节2)。投资证券是投资法人发行的证券,表示持有人具有该投资法人社员的地位(《投资信托法》
36 第2条第15款、第16款,第四编第四章第一节3)。

借贷信托的受益证券,是以从委托人处获得的金钱主要用借贷或票据

贴现的方法进行投资，根据合同，受益人得以获取信托收益和接受该信托财产偿还权利的证券(《借贷信托法》第 2 条第 2 款之规定)。

日本《金融商品交易法》认为有必要保护与投资信托受益证券、投资证券、借贷信托受益证券的发行流通相关的投资者的利益，所以把这些也列为有价证券。

(7)与资产流动化相关的证券(日本《金融商品交易法》第 2 条第 1 款第 4 项之规定、第 8 项之规定、第 13 项之规定)

资产流动化是指将债券或不动产等特定资产与其原所有人分离，将这种现金流转或资产价值作为基础进行证券化后发行，以追求资产的流动化(第二编第一章第一节 5)。平成十年(1998 年)制定，平成十二年(2000 年)修改的《资产流动化法》设立了特定目的公司制度和特定目的信托制度作为流动化的手段。特定目的公司通过对投资者发行资产所对应的证券后，从投资者那里获得资金，再从原所有人处取得资产。资产对应证券包括：表示特定目的公司债的特定公司债券，以及表示优先出资社员持有份额的优先出资证券，还有为筹集短期资金的商业票据(Commercial Paper)的特定期票，前两者各自被列举为有价证券(日本《金融商品交易法》第 2 条第 1 款第 4 项、第 8 项之规定)的同时，特定期票也依据同法第 2 条第 1 款第 15 项被划为有价证券。此外，关于特定目的信托，信托银行从原始资产持有人那里接受信托，然后向投资者发行的受益证券也被列为有价证券(日本《金融商品交易法》第 2 条第 1 款第 13 项之规定)。

依据《资产流动化法》的制定和资产对应证券的有价证券化，只要是利用《资产流动化法》下的方式，不论投资对方的何种事业，投资者取得的权利均可获得日本《金融商品交易法》的保护。

(8)与金融证券化相关的证券(日本《金融商品交易法》第 2 条第 1 款第 15 项、第 16 项、第 18 项之规定)

金融证券化(securitization)，分成以发行机构的资产作基础(抵押)筹 37
集资金的企业金融和不限于发行机构按特定资产作基础(抵押)筹集资金的资产金融两个领域，是利用证券形态在资本市场融资常态化的体现。资产的流动化也是金融证券化的一种表现，除此之外使用金融证券化的证券包括商业票据(日本《金融商品交易法》第 2 条第 1 款第 15 项之规定)、抵押证券(日本《金融商品交易法》第 2 条第 1 款第 16 项之规定)、外国借贷债权信托受益证券(日本《金融商品交易法》第 2 条第 1 款第 18 项之规定)。

商业票据(Commercial Paper)是优良企业为筹集短期资金开出的期票,在经济学上可以视为一种银行融资的变形模式。无纸化的商业票据作为一种短期公司债被赋予了正式的法律地位(《关于公司债、股份等转账的法律》第66条之规定)。

抵押证券是表示附抵押权债权小额化(小规模融资)的证券,依据昭和六年(1931年)制定的《抵押证券法》而来,是典型的以资产的价值为基础进行资金流通的资产金融。抵押证券根据《抵押证券业规制法》进行业者规制,但是为了实现证券交易法上的投资者保护,日本《金融商品交易法》把抵押证券也列为有价证券,同时废止了《抵押证券业规制法》。

借贷债权信托,金融机构将借贷债权进行信托,将信托的受益权证券分售给公众以求实现债权的流动化。平成四年(1992年)日本的金融机构还未出现同样的证券化,所以当时只是先将外国的借贷债权信托受益权视为有价证券。现在,利用日本《资产流动化法》上的特定目的信托制度,也可以实现借贷债权的流动化,在这种情况下要依据日本《金融商品交易法》第2条第1款第13项之规定将信托的受益证券作为有价证券。

(9)受益证券发行信托的受益证券(日本《金融商品交易法》第2条第1款第14项之规定)

这是根据平成十八年(2006年)修订的《信托法》中所承认的,表示受益证券发行信托的受益权的有价证券(日本《信托法》第185条之规定)。有了这个规定,就可以更加期待不动产的流动化和信托的金融商品被广泛利用。

38 (10)表示衍生品的有价证券(日本《金融商品交易法》第2条第1款第19项之规定、第20项之规定)

表示期权等衍生品的证券也被作为有价证券的一种类型。期权证券,因其表示的是将股票按照一定的价格购入的权利或随着股票指数的波动获取差额的权利,所以又称为备兑权证(Covered Warrant)。备兑权证是一种通过少量对价就能够实现与个别股票期权交易及股价指数期权交易同样交易的手段,一般由证券公司提供。日本《金融商品交易法》将衍生品交易的范围扩大到有价证券关联以外的同时,也扩大了表示期权的证券的定义(日本《金融商品交易法》第2条第1款第19项之规定)。新股认购权(新股预约权)证券也是表示期权的证券,但是新股认购权(新股预约权)证券是对象股票的发行人发行的,而期权证券是对象证券发行人以外的人发行的,在这点上两者有所不同。

寄存证券是指接受有价证券寄存的人在其他国家发行的证券或证书，表示的是其受寄存有价证券的相关权利（日本《金融商品交易法》第 2 条第 1 款第 20 项之规定）。寄存证券是为了股票等在国外顺利流通而发行的。

（11）外国证券（日本《金融商品交易法》第 2 条第 1 款第 17 项之规定）

外国或者外国的主体发行的有价证券，只要也在日本发行或者交易，为保护投资者利益就应适用日本法。如果外国或者外国主体发行的证券或证书具有（1）~（5）、（7）~（9）的性质，就能被认为是有价证券，从而能适用日本《金融商品交易法》。而（6）、（11）则包含在外国人发行的证券这一定义中。

（12）政令指定的证券（日本《金融商品交易法》第 2 条第 1 款第 18 项之规定）

考虑到流通性及其他相关因素，为了保护公共利益以及投资者的利益，在认为有必要的前提下，由政令规定的证券或证书也被认为是有价证券。目前，这种根据政令指定的有价证券包括：可转让的存款证书（CD）和学校债（日本《金融商品交易法施行令》第 1 款之规定）。因为日本金融机关发行的可转让存款证书被解释为指名债权，所以政令指定只限于外国人发行 39
的可转让存款证书。

政令指定条款的文言表述中存在"考虑流通性及其他事项（情况）"，这里维持了"流通性"这一要件［推定有价证券的情形，可参照 3（5）］。发行证券、证书的有价证券流通性更强，在这种前提下构建了这项制度。但是，像转让受限的股票这种即使发行了证券、证书但是流通性低的有价证券也还是存在的。为实现保护广泛的投资商品这一投资服务法的理念，考虑到证券具有换价性，为了让更多投资商品成为投资者的投资对象，政令指定也应考虑其他事项（情形）。

2. 有价证券表示权利

权利成为投资者的投资对象之后，即使该权利未被表示为证券或证书但仍应受到投资者保护的情况也是存在的。因此日本《金融商品交易法》第 2 条第 2 款规定了只要是第 1 款各项中有价证券所表示的权利，即使该权利未发行为证券，仍视之为有价证券。这就是所谓的有价证券表示权利。有价证券应表示的权利指通常由证券表示的权利。

具体的有价证券表示权利包括：转账国债、转账公司债、不发行股票的公司股份、因单元未满而不发行股票的股份、不发行证券的新股认购权(新股预约权)(股票期权)等。

有价证券表示权利,既包括像转账公司债、股份这样流通性强的(权利),也包括封闭公司股份这种流通性弱的(权利)。

3. 日本《金融商品交易法》第2条第2款各项规定的推定有价证券

日本《金融商品交易法》第2条第2款各项规定,在将电子(数字化)记录债权中被政令规定的部分视为有价证券的同时,在其他各项中也有一些应该由证券、证书表示的权利以外的权利,都作为“推定有价证券”被列举出来,并适用日本《金融商品交易法》第2条第2款第7项设置的政令规定
40 之条款。有价证券表示权利以外的“推定有价证券”这一概念是平成四年(1992年)《证券交易法》修订时被第一次引入的,平成十八年(2006年)法律修订时,大幅增加、扩充了被视为有价证券的权利。有关电子(数字化)记录债权的发生和转让,依据平成十九年(2007年)制定的《电子(数字化)记录债权法》的规定,必须是以电子(数字化)记录为要件的金钱债权,并应是作为替代商业票据(Commercial Paper)的一种支付结算手段或是替代指名债权转让的一种资金流通手段使用。日本《金融商品交易法》规定了电子(数字化)记录债权可以像公司债一样来筹集资金,通过政令指定(追加)便可以适用这种方法,但是目前还没有政令指定的情况出现。

(1)信托受益权(日本《金融商品交易法》第2条第2款第1项之规定)

信托的受益权虽然是信托业法规制的对象,但由于其符合“投资商品”的标准[参见第一章第二节2(1)(B)],所以日本《金融商品交易法》将其视为有价证券(日本《金融商品交易法》第2条第2款第1项之规定)。平成十六年(2004年)修改以前,银行、信托公司其他的以借贷债权进行信托的信托受益权中,只将限于政令规定的作为推定有价证券(原日本《证券交易法》第2条第2款第1项之规定),在法律修订后取消了这一限制(注29)。

(注29):信托的受益权一般均作为推定有价证券的结果是信托业法中的信托受益权买卖人员的行为将全部作为金融商品交易业的行为来对待。因此信托业法删除了有关信托受益权业者的规定。信托公司对正在进行的信托的包销行为,因为信托业法中有为保护委托人、受托人而对其加以规制,所以这就不作为日本《金融商品交易法》的规制对象。另外,信托的包

销是与"信托受益权的自我募集"相当的行为，日本《金融商品交易法》并未将其认为是有必要进行金融商品交易业登记的行为（可参照日本《金融商品交易法》第2条第8款第7项之规定）。

（2）合同公司的社员权和政令规定的合名、合资公司的社员权（日本《金融商品交易法》第2条第2款第3项之规定）

合同公司是指全部社员只负有限责任，在公司内部关系层面适用同合伙一样规则的公司（日本《公司法》第576条第4款之规定）。合同公司的
社员权虽然没有表示为有价证券，但其依然可以广泛招募那些并不亲自执 41
行公司业务的社员，因此平成十七年（2005年）合同公司制度被引入时，这种社员权一律被视为推定有价证券（日本《金融商品交易法》第2条第2款第3项之规定）。

合名公司是由无限责任社员组成的公司（日本《公司法》第576条第2款之规定），合资公司是由无限责任社员和有限责任社员共同组成的公司（日本《公司法》第576条第3款之规定），而且无论哪种社员都可以执行公司的事务（业务）。和合同公司一样，不执行公司事务（业务）的一般投资者作为社员参与公司的情况也是存在的，因此日本《金融商品交易法》仅仅将政令规定的情况（这种社员权）作为推定有价证券（日本《金融商品交易法》第2条第2款第1项之规定）。政令将所有承担无限责任的社员组成合同公司或者股份公司，也即将所有投资者仅仅承担有限责任的情形作为有价证券（日本《金融商品交易法施行令》第1条之2之规定）。但是，将合同公司的社员权和合名、合资公司的社员权进行区别对待的方式，可能并不太具有合理性。

（3）集合投资计划份额（日本《金融商品交易法》第2条第2款第5项之规定）

集合投资计划份额是日本《金融商品交易法》对适用各种基金而设定的包括性条款。集合投资计划份额是指日本民法上的合伙、商法上的隐名合伙、投资事业有限责任合伙、有限责任事业合伙、社团法人的社员权以及其他权利，享有通过金钱出资（包含政令规定的与金钱类似的形式）进行的事业而产生的收益分配或与该出资对象业务相关的财产分配的权利。在这里，出资的金钱等用于进行的"事业"，包含了投资的概念。另外，所谓收益的分配、财产的分配，并不意味着必须进行定期的利益分配，比如剩余财产分配这种形式的利益分配也属于以上情形。

从集合投资计划份额的定义可知：①政令规定的出资者全部参与出资

对象事业的情形;②出资人不能获得超过出资、支出额的受益分配或财产分配;③基于保险合同、互助合同、不动产特定事业共同合同的权利;④政令
42 规定的权利等,以上这些都被排除在外。上述①是因为,失去了作为出资者的被动地位从而缺乏投资者保护的必要性,比如投资俱乐部等就符合这种情形。全体社员均参与事业执行,其具体内容由日本《金融商品交易法施行令》第1条之3之2进行规定。上述②是因为无法满足高回报这一投资性,比如公寓管理合伙就符合这种情形。上述③是因为有各个业法的规制保护,因而将之排除在集合投资计划份额的定义之外。上述④,比如并不成立保险事业的保险契约上的权利、对法人的出资、律师事务所的合伙份额等均被列举在内(日本《金融商品交易法施行令》第1条之3之3)。

日本《金融商品交易法》第2条第2款第5项的权利虽被称为集合投资计划份额,但出资金额的共同运作管理(也即一并的投资管理)并不是其要件。例如,A以金钱出资给B,B对这笔资金进行运作管理(也即投资管理),所获得的收益在A、B之间分配,而根据上述合同的A的权利就属于本款规定的权利,被认为属于推定有价证券。

以下这些权利是否适用日本《金融商品交易法》第2条第2款第5项之规定,在解释论的层面出现了一些分歧:第一,存款或其他贷款债权不满足“出资”这一要件,因而不应将其解释为集合投资计划份额(注30)。但是,在贷款被用作事业,而双方同意接受对这种事业产生的收益进行分配的情形下,存在符合集合投资计划份额的可能性(注31)。第二,所谓预托商法是指将已购入的现货进行托管并进行运作管理委托(也即投资管理),在“脱法”的情形下,由于不满足“出资”这一要件因而不属于集合投资计划份额,但什么样的情况属于“脱法”就成了一个问题。第三,政令中不作为推定有价证券的合名、合资公司的社员权,是否符合日本《金融商品交易法》第2条第2款第5项规定的推定有价证券。这一点,作为被排除在集合投资计划份额以外的权利,对于基于日本法令设立的法人(除去有限责任中间法人)的出资或投入的有关权利,已经被日本《金融商品交易法施行令》第1条之3之3的规定所确认,因此在立法层面,这一问题已经得到解决。

(注30):花水康:“集団投資スキームの規制”,《旬刊商事法务》第
43 1778号,第17页(2006年)。存款如果属于集合投资计划份额的话,保险合同作为同样的适用除外也应置于集合投资计划份额之中,所以一般的理解是,在日本《金融商品交易法》之规定下,存款不属于集合投资计划份额

是大前提。

（注31）：黑沼悦郎“金融商品取引法の適用範囲と開示制度”，《金融法务事情》第1779号，第11页（2006年）。

（4）外国的推定有价证券（日本《金融商品交易法》第2条第2款第2项、第4项、第6项之规定）

从投资者保护的观点来说，并没有将在外国形成的权利排除在推定有价证券范围之外的理由。因此，以下几项被列为推定有价证券：①可向外国主体主张的权利，且具有信托受益权性质的；②外国法人的社员权，且具有合名、合资、合同公司的社员权性质的；③基于外国法令规定的和集合投资计划份额相似的（日本《金融商品交易法》第2条第2款第2项之规定、第4项之规定、第6项之规定）。

（5）根据政令指定的权利（日本《金融商品交易法》第2条第2款第7项之规定）

这是基于保护公共利益和投资者之必要，由政令指定将某种权利作为有价证券的条款（日本《金融商品交易法》第2条第2款第7项之规定）。①是否与有价证券、推定有价证券具有同样的经济性质，是政令指定考虑的一个要素；②将该权利的流通状况排除在考虑要素之外。因为在多数人购入流通性低的权利的情形下，也有考虑投资者保护之必要。上述②排除了流通性要件，是日本《金融商品交易法》因覆盖广泛金融商品而需对投资者进行横向性保护这一理念的体现。比如，政令已经将学校债制定为这种权利（日本《金融商品交易法施行令》第1条之3之4）。

那么，该如何考虑上述①中的要素。平成十七年（2005年）的第一分会报告（附件2）中，关于如何对待各种金融商品，以“中间整理”（中期报告）中定义的投资商品为基本标准［第一章第二节2（1）（B）］，同时考虑：①基于此商品投入资金的事业是否由他人实施运作管理（也即投资管理）；②该商品的利用者的属性（知识、经验和风险负担能力），从而判断是否有必要适用投资者保护的法制，应该说这样的标准是恰当的。也就是说，即使是同 44
一个投资计划，但对在管理运营一方的人和受到劝诱出资的人保护的必要性是不一样的。本来，某种权利是不是有价证券或推定有价证券，应该是根据每个投资者的具体情况进行相对的决定（判断）。这样一来，通过政令指定的方式是否能够恰当设定权利的保护范围，是值得商榷的问题。

第三节　衍生品交易的定义

1. 衍生品交易的种类

衍生品交易包括金融商品、金融指标的期货交易、远期交易,期权交易、互换交易和信用衍生品等,根据进行的场所可分为市场衍生品交易、柜台(店头)衍生品交易和外国衍生品交易(日本《金融商品交易法》第2条第20~23项之规定)。

金融商品可以说是衍生品交易的原资产,具体包括:①有价证券;②政令规定的基于存款合同的权利;③货币;④《商品期货交易法》中政令规定的;⑤政令指定的"同一种类且大量存在、价格变动显著的资产"(商品期权除外);⑥金融商品交易所为了促进市场衍生品交易所列举的标准物(日本《金融商品交易法》第2条第24项之规定)。平成十四年(2002年)前后受损案例开始增多的外国汇票证据金交易成为平成十六年(2004年)修订的《金融期货交易法》的适用对象,现在属于日本《金融商品交易法》中有关货币的衍生品交易;上述④是为了使金融商品交易所能开展商品的衍生品交易而在平成二十四年(2012年)修法时增加的。

金融指标是定义衍生品交易的可参照指标,包括:①金融商品的价格及利率;②气象观测成果的相关数据;③对事业者*的事业活动能产生重大影
45 响的指标及社会经济状况的相关统计数据中,由政令规定的指标(一部分商品指数除外);④基于前三项得出的数值(日本《金融商品交易法》第2条第25项之规定)。虽说名称是金融指标,但其实像上述②、③那样,有时也未必是和金融相关联的指标。

根据上述①,货币、利率互换成为日本《金融商品交易法》下新的适用对象。根据上述②,天气衍生品成为日本《金融商品交易法》的适用对象。比如约定根据在一定时期内气温超过一定数值的日数,当事人中的一方给对方支付金钱,然后预先从对方那里先受领手续费的交易。

根据上述③,为了让GDP等统计数值成为衍生品交易的适用对象,这里注意,只有那种变动无法被影响或明显很难受到影响的数值,才能成为指定对象。根据以指标、统计为基础的资料变更能够产生指标、统计数值的变

---

* 日本金融法里面的"事业者"一般是指从事金融业的公司机构,下同。

动,如果衍生品交易的当事人很难影响到这种数值的变动则可以通过政令指定这种数值。

2. 衍生品交易的构造

衍生品交易,从性质上可划分为期货、远期交易,期权交易,掉期交易和信用衍生品。

(1)期货、远期交易

所谓期货交易,是指按照金融商品市场中开设者制定的标准、方法,约定在将来某个特定时期进行交易对象的交付或价款的支付,到期后根据交易对象的转卖或者回购,进行差额结算的交易(日本《金融商品交易法》第2条第21款第1项之规定)。与指标相关的期货、远期交易,因不能交付现货所以全部采取差额结算(日本《金融商品交易法》第2条第21款第2项之规定)。

期货交易一般有两个目的:一是对冲金融商品、金融指标的价格和指数
变动的风险;二是通过预测金融商品、金融指标将来的价格、指数来实现投 46
机。比如,投资多个品种的机构投资者为分散其所持有品种价格变动的风险,进行股票指数期货的卖出就是比较好的选择。国债的期货交易和外国国债(美国的财政部证券)的期货交易属于有价证券的期货交易,TOPIX(东京证券交易所股价指数)期货交易和日经300期货交易是属于金融指标的期货交易。远期交易是指不在金融商品市场及外国金融商品市场进行的,同期货交易有同样性质的交易(日本《金融商品交易法》第2条第22款第1项、第2项之规定)。天气衍生品(注32)则是以气象观测数值为参考指标的期货交易或远期交易。

(注32):有关天气衍生品在《保险业法》上的处理,可参照古瀬政敏:"保険業上の保険業と保険デリバテイブ",《生命保険論集》第156号,第1页以下(2006年)。

(2)期权交易

所谓期权交易,是指依据一方当事人的意思表示,在交易双方之间以一定的价格成立一定数量的交易的选择权,也即双方约定,一方支付权利金,一方获得可以在一定时期内按照一定价格一定数量成立交易的选择权(日本《金融商品交易法》第2条第21款第3项之规定、第22款第3项之规定)。期权分为买进选择权(call option)和卖出选择权(put option),买进选择权是指买入现物时,取得期货交易买入的权利,卖出选择权则是指出售现

物时,取得期货交易卖出的权利。

期权交易的目的是对冲风险。比如,为了对冲众多自己所持有的股票价值下跌的风险,购入有价证券指数的卖出选择权,指数下跌的时候行使期权,从而能在当时卖出比指数价值更高的价格,这样就弥补了自己所持有有价证券价格下跌的损失。和期货交易不同的是,期权购入交易风险限定在
47 期权费用的范围之内。

与之相对,期权的卖出一般是基于投机目的。期权的卖方,作为从买方处收取权利金的代价,负有响应买方行使权利的义务,而卖方有时也有可能遭受到超过收取权利金额损失的风险。

在市场上常见的期权交易有:个别股票的股票期权交易、国债期货期权交易、TOPIX(东京证券交易所股价指数)期权交易、日经300期权交易等。

(3)掉期交易

所谓掉期(Swap)交易,是指能够产生和交易当事人交换不同性质、条件的债权或和债务产生同样效果的,双方约定支付一定金钱的交易行为(日本《金融商品交易法》第2条第21款第4项之规定、日本《金融商品交易法》第2条第22款第5项之规定)。《证券交易法》把和有价证券相关的掉期交易列为规制对象,而日本《金融商品交易法》将货币、利息互换也囊括在了互换交易中,从而扩大了掉期交易的定义规定。

(4)信用衍生品

所谓信用衍生品,是指债权人预先支付给对方对价,在发生能够显示债务人信用恶化的一定事由时,债权人接受对方给予的金钱的交易(日本《金融商品交易法》第2条第21款第5项之规定、日本《金融商品交易法》第2条第22款第6项之规定)。因为信用衍生品是以法人信用状态发生一定改变为契机进行的交易,所以其被定义成和期货、期权、互换等不同类型的交易。

3. 衍生品交易定义中的问题点

与有价证券的定义有所不同,衍生品交易的定义未采用包括性的定义方式。其理由在于:①如果衍生品交易采用包括性的定义,其规定的内容必须是极其抽象的,这样其规制的透明性和可预见性会成为问题;②因为需要划定同赌博罪相关的违法性阻却的范围,就衍生品交易的定义而言,基于罪刑法定主义的考量,需要加强定义的明确性(注33)。

48 但是,即使有些交易被政令指定为衍生品交易,但依然可能存在根据交易形态应被解释为无法阻却赌博罪违法性的情况,所以上述②不能成为衍

生品交易不采用包括性定义的理由。

从金融商品有关的衍生品交易到商品期货交易,从金融指标有关的衍生品交易到商品指数期货交易都被一一排除。这是因为,围绕农产品及矿产等现货交易的生产、流通的政策关联十分紧密,且由《商品交易所法》进行规制,并且《商品交易所法》中采用了同日本《金融商品交易法》中同等的行为规制(注 34)。关于这一点,有批判意见认为,这里存在省厅之间对立(管辖博弈)的背景,并非从利用者的角度进行的判断(注 35)。还有担心认为,上述规制将使得对经济性质相同的金融商品进行横断性规制这一日本《金融商品交易法》的目标难以实现(注 36)。

(注 33):小島宗一郎、松本西健太郎、松本圭介、酒井敦史:"金融商品取引法の目的·定義規定",《旬刊商事法务》第 1772 号,第 23 页(2006 年)。

(注 34):小島以及其他,前注(33),第 23 页。

(注 35):淵田康之:"投資サービス法に関する金融審議会第一部会報告について",《資本市場クォータリー》第 9 巻第 3 号,第 14 页以下(2006 年)。

(注 36):大崎貞和:"解説金融商品取引法(金融商品交易法解读)(第 3 版)",第 36 页(弘文堂,2007 年)。

第四节　金融商品概念的规定方法

1. 有价证券的概念

在上述讨论内容以外,对有价证券的概念进行仔细考察是有意义的。有价证券的概念超出了日本《金融商品交易法》适用范围的边界。而在讨论有价证券的概念到底为何时针对下述问题进行讨论是具有积极意义的:①明确政府应当指定的有价证券的范围;②如果设置有价证券的包括性条款,则应明确其规定的内容;③在考虑投资者保护的层面,应特别注意明确 49
有价证券的形式;等等。而且有观点认为有价证券的概念能起到对银行和证券业的业务范围进行调整的功能,但如第一节 1 中叙述的那样,对于业务范围的调整可以不通过有价证券的定义来实现,因此,讨论有价证券定义的时候也应该将业务范围调整的问题置于考虑因素之外。

长期以来,对于《证券交易法》上的有价证券存在一种通说(投资证券说),即将其理解为对企业经营来说具有投资价值的投资证券(注 37),或者将其理解为把有价证券分类为像票据、支票一样的金钱证券;运输提单、仓库提单一样的物的证券;股票、公司债券等投资证券一样的投资证券(注38)。根据通说,如果仅仅是针对绘画、不动产等简单对象进行的投资,就属于缺乏对企业经营进行投资这一要素,因而不属于《证券交易法》上的有价证券。相反,即便属于不合规则形态的投资(例如管理森林,并出卖森林的木材的营业,对该营业的投资上的地位),只要其具备对企业经营的投资这一投资上的地位,就应当认为属于《证券交易法》上的有价证券。

然而上述通说的思考方式,在资产金融产生并普及的当下,有必要对其内容进行若干修正。为了使资产金融的权利能够被有价证券的概念所覆盖,首先可以考虑把"在企业经营中"这一限定拿掉,仅仅保留"投资上的地位"这一要件,但这样一来,又无法同绘画和不动产等投资对象进行区分。因此,对投资对象进行某种加工,将其限定在资本市场中的可以成为投资者的投资对象,也即"在某种结构上具有投资上的地位",以此作为认定有价证券要件的学说便隆重登场了(注39)。

而与上述通说相对,主张用市场交易的适格性作为判断有价证券的基本标准的学说(注40)也是非常有力的(市场性说)。根据这种学说,应将交易客体的均一性、同质性、多量性、长期保存性、可评估性、确实存在性、信赖性这些要素,以及进行相关交易对国民经济是否有意义等,作为《证券交易法》上有价证券的判断基准。主张市场性说的学者认为,把有价证券
50 认定为投资证券的想法,考虑到保护投资者是《证券交易法》的主要目的,批判了"不合规则形态的投资"以保护投资者为《证券交易法》的中心目的的投资证券说。而且,如果把《证券交易法》的主要目的看作通过证券市场的公正价格达到资源的合理分配,因而从《证券交易法》的核心概念中,就可以推知有价证券的概念特征中应当包含"市场性"这一要素(注41)。

过去,我们对《证券交易法》的有价证券的概念有过如下的讨论(注42)。《证券交易法》的特征是,根据确保信息的披露和交易的公正从而达到资源的有效配置,并且应当基于这一点来保护投资者。在《商品交易所法》中,虽然也有确保交易公正的规定(可参照日本《商品交易所法》第88条等),但是并没有信息披露制度。商品期货交易的交易对象是被标准化的,且具有充分的"市场性"的,因此根据市场性说,商品期货交易好像能归于有价证券。虽说商品期货交易也有重要的经济功能,但是和金融资源的分配并没有直接的关联。如上,则商品期货交易并非有价证券的原因就可以认为是,根据商品期货交易的信息披露无法达到资源有效分配的效果。

如此考虑的话,则有价证券应该是通过信息披露能达到资源有效分配的目的,那符合的就只有“投资对象”了。作为具体标准,可以适用第一节2中所述的“范围广泛的有价证券”的概念,但即使某证券属于“范围广泛的有价证券”,如果其不适用信息披露,从国民经济的角度看也不希望其得到发展的情况下,也不能认为其属于“有价证券”。比如,银行存款(虽然还存在转让可能性的问题)虽然符合“范围广泛的有价证券”的概念,但是因为对存款者的保护并不能通过诸如开示(披露)主义或者责任自担原则等《证券交易法》上的构造来实现,因此也不应将其作为有价证券。

(注37):可参见神崎克郎:《証券取引法(新版)》第119~123页(青林書院,1987年);神崎克郎、志谷匡史、川口恭弘:《証券取引法》第107页(青林書院,2006年)。

(注38):可参见鈴木竹雄、河本一郎:《証券取引法(新版)》第56~59页(有斐阁,1984年)。

(注39):可参见神田秀樹:“金融の証券化と有価証券概念”,《旬刊商事法务》第1187号,第4页以下(1989年)。

(注40):可参见上村達男:“証券取引法の基本概念”,《企業会計》第53卷,第85页以下(2001年)。

(注41):可参见上村:前注(40),第89页。

(注42):可参见近藤光男、吉原和志、黒沼悦郎:《証券取引法入門(新訂第2版)》第30~31页(商事法务出版社,2003年)。

51

2. 金融商品的概念

日本《金融商品交易法》将有价证券和衍生品交易作为其适用对象,但是,关于日本《金融商品交易法》中有价证券概念的规定方法,在1中已做探讨,并且在这里依然是完全合适的。从“范围广泛的有价证券”的概念中,保留如下三个要件:①财产的出资;②运作管理(也即投资管理)他人的出资财产;③收益的分配同时舍弃具有转让可能性要件,符合这样概念的就是日本《金融商品交易法》第2条第2款第5项(柱书规定)规定的集合投资计划份额[第二节3(3)]。而日本《金融商品交易法》第2条第1款第2项列举的有价证券其实全都符合集合投资计划份额的定义。所以可以说,集合投资计划份额的定义规定具备了有价证券包括性条款应有的内容。

虽然在《证券交易法》中,有价证券衍生品交易也被作为了法律的适用对象,但是日本《金融商品交易法》的适用对象已经扩大到广泛包括有价证券以外的同金融资产、金融指标等有关的衍生品交易(第三节1)。衍生品交易因为没有和金融资源的分配具有直接的关联,不适用信息披露制度,所以无法认为衍生品交易属于通过信息披露制度达成资源有效分配的投资手段(有价证券)。此外,参照集合投资计划份额的定义性规定,衍生品交易还缺少“运作管理(也即投资管理)他人的出资财产”这一要件。但是,衍生品交易确实也是投资者运作管理(也即投资管理)资产的一种手段,因而有必要广泛适用业者行为规制、不公正交易规制等有益于投资者保护的规定。因此,先不论有价证券的包括性定义,而有必要先考虑对衍生品交易进行包括性的定义规定,抑或者,构筑一个能包含有价证券和衍生品交易的“金融商品”的概念。

52 然而日本《金融商品交易法》并未设置衍生品交易的包括性定义规定(第三节3)。但是,把构成衍生品交易的交易原资产、原指标设计为“所有的资产、指标”,这样的包括性条款的设计则是完全有可能的。

有价证券和衍生品交易结合起来的“金融商品”这个定义,是从日本《金融商品交易法》制定过程中采用的“投资商品”这一概念作为参考得来的[第一章第二节2(1)(B)]。这里所称的“投资商品”具有以下要素:①金钱出资,具有金钱等的偿付可能性;②同资产、指标等具有关联性;③在期待高回报率(经济上的效用)的同时承担风险。上述③中的风险,只要满足根据市场变动而出现的市场风险,或者根据发行人的财产状况而出现的信用风险中的一者即可(注43)。虽然这种投资商品的定义还没有被明文化,但是在其他各种业法中设置同日本《金融商品交易法》上的业者行为规定同样的规制时,采用了与之相似的“高投资性的金融商品”这一判断基准[第一章第二节2(1)(B)]。

由于投资商品的定义已包含存款合同、信托合同和保险合同,所以在制定能覆盖银行、信托、保险所有领域的金融服务法(第一章第二节3)时,该投资商品的概念仍具有有用性。但是这个定义仅仅从投资的性质角度,规定了证券、存款、保险等属于金融商品,但其并不能完全把握金融商品的全部属性。但是,任何金融商品都会伴随有一定的投资风险,所以从投资性的层面包括性地规定金融商品的概念,这种做法在构筑金融服务、市场法的内容时,对于今后的立法都是具有有益性的。

(注43):金融审议会金融分科会第一分会“中間整理”I 1[平成十七年(2005年)7月7日]。

第三章　日本《金融商品交易法》的特色 53

第一节　规制的手法

1. 总论

日本《金融商品交易法》是为实现有效的资源分配和保护投资者利益的目的，对金融商品交易进行规制的综合性法律。为更好地理解日本《金融商品交易法》，我们应了解日本《金融商品交易法》的规制手法，以及其规制的内容与其他法律之间的关系，即它和其他法律存在哪些彼此分担或相互重合的部分。

规制的手段可以分为行政规制、私法上的调整及刑罚处罚。日本《金融商品交易法》的特色是在很多情况下为达成一个规制目的会同时运用多种规制手法。比如证券发行的披露规制，为保证披露信息的完整性及正确性，采用行政机关的事前审查，必要的话同时进行行政措施调整（行政规制），而在披露文件虚假的情况下，为补偿投资者因虚假陈述受到的损害，允许投资者对相关人员行使损害赔偿请求权（私法上的调整），为遏制违法行为还会处以课征金（行政规制）。

2. 行政规制

日本《金融商品交易法》用得最多的规制手法，当属行政规制。

54 规制金融商品交易业者的第三章中的规定大部分都是行政规制,其违反的后果主要是对金融商品交易业者处以行政处分(可参照日本《金融商品交易法》第51条、第52条、第64条之5之规定)。关于金融商品交易业协会的第四章、关于金融商品交易所的第五章的规定也类似,即通过对各金融商品交易协会、金融商品交易所等自主规制机关的行政监督达到规制目的,也可称为属于广义上的行政规制。

行政规制及于利用发行市场和流通市场的有价证券发行人。在有价证券申报书(年报)不完备的情形下,主管机关可以命令其提交更正申报书(日本《金融商品交易法》第9条之规定)、有价证券申报书的效力停止处分(日本《金融商品交易法》第10条、第11条之规定),而上述处分以有价证券申报书的申报人作为接收方(参见第二编第四章第二节1)。另外,存在通过停止有价证券的买卖和强制退市、取消登记等方法,通过将金融商品交易所和金融商品交易业协会作为接收方的处分,间接影响有价证券发行人的情形(可参照日本《金融商品交易法》第67条之15、第67条之17、第127条、第129条之规定)。

刑事处罚是对人权强有力的制约,因其性质具有"刑罚谦抑性",意味着应当谨慎施行,因此,刑事处罚对违规行为可能并不能发挥充分的抑制力。考虑到这一点,针对一定违规行为通过行政程序科以金钱负担的课征金制度在平成十六年(2004年)的修法中被引入(注44)。课征金适用的情形有:①违反发行阶段信息披露规则;②违反持续信息披露规则;③大量持股报告书、要约收购申报书存在虚假陈述和不提出;④散布谣言(风说)、虚假交易;⑤市场操纵;⑥内部人交易(内幕交易)。其中①、②是以发行人作为课征金的对象。

为确保公正交易的行政规制也及于一般投资者。上述课征金中,④、⑤、⑥就是以金融商品市场中进行交易的投资者作为接收人的规制。另外,作为应当经过裁判程序的特殊行政规制,日本《金融商品交易法》第192条规定,违反日本《金融商品交易法》和基于此条命令的行为或实施者,内阁
55 总理大臣或内阁总理大臣及财务大臣,可以向法院申请行为禁止或行为停止的司法命令,法院在有紧急的必要性或具有保护公益及投资者必要的情况下可以发布禁止命令或停止命令。这种紧急停止命令是禁止证券欺诈的强有力的手段,至今为止几乎没有被使用过。在平成二十年(2008年)的修改中,也赋予了证券监视委员会负责对违法行为调查、举报的证券交易等申

请紧急停止命令的权利(日本《金融商品交易法》第 194 条之 7 第 4 款之规定)。

对以上金融商品交易业者、金融商品交易所、金融商品交易业协会、有价证券的发行人、投资人等进行行政处分时,《行政程序法》《行政复议审查法》《行政事件诉讼法》等行政法规对应适用。

(注 44):有关导入课征金制度的宗旨,可参照金融审议会金融分科会第一分会报告:“市場機能を中核とする金融システム向けて3(1)②”(平成十五年即 2003 年 12 月 24 日)。

3. 私法上的调整

所谓私法上的调整,是指设定私人间的权利义务关系,通过私人行使权利来实现法的目的的手段。比如,因不实信息披露导致的损害赔偿请求权(日本《金融商品交易法》第 16~22 条、第 24 条之 4 之规定等),因操纵市场行为导致的损害赔偿请求权(日本《金融商品交易法》第 160 条之规定),短期买卖利益的提供请求权(日本《金融商品交易法》第 164 条之规定)等,这些都属于私法上的调整(参见第二编第四章第四节、第三编第二章第四节 5、第三编第三章第一节 8、第三编第三章第二节 3)。一般的损害赔偿请求权,不仅旨在恢复权利人受损的权益(弥补损失的功能),也通过要求加害人承担严厉责任起到一种威慑作用,使得加害人以后的行为更加慎重,不敢再从事违法行为(抑制违法行为的功能)。但是,因为私人举证证券违法行为,以及违法行为和损失之间的因果关系十分困难,而且一人蒙受的损失额 56
较小,将这些请求进行整合比较困难等原因,除去投资者对交易关系中的金融商品交易业者的赔偿请求以外,由私人进行的损失赔偿请求非常少。不过,最近一般投资者和机构投资者对发行人违反信息披露制度的行为要求损害赔偿的案件逐渐增多[参见第三编第二章第四节 5(4)],日本的法律私人执行是否成为一种常态,成了被关注的焦点。而且,日本《金融商品贩卖法》,其大部分也是私法上的调整机制(参见第三编第一章第五节 4)。

日本《金融商品交易法》规定,金融商品交易业者对顾客负有诚实义务(日本《金融商品交易法》第 36 条之规定),从业人员进行有关特定业务对顾客负有善管注意义务和忠实义务(日本《金融商品交易法》第 41 条、第 42 条、第 43 条之规定)。如果违反这些规定则可处以行政监管措施,在这个意义上这些规定属于行政规制,但又因为其属于规制业者和投资者之间的私法关系的规范,因此又属于一种私法调整。

4. 违反日本《金融商品交易法》的私法效果

如果合同或者交易行为违反了日本《金融商品交易法》的规制,那么该合同或交易在私法上是否有效? 日本《金融商品交易法》并没有对这个问题做特别规定,暂且只能根据解释来确认。

日本《金融商品交易法》为维持金融商品市场的功能和保护投资者,对金融商品市场的参与者进行了各种各样的规制,日本《金融商品交易法》的规制虽说只是一种管理性的法规,但是认为违反其规定而缔结的合同效力完全不受影响也不妥当。有必要根据日本《金融商品交易法》的个别规定是为具体保护何种利益而制定,认定合同无效是否会危害到交易安全等因素综合来判断合同的效力。除此之外,还包括合同内容因违反公序良俗(日本《民法》第90条之规定)而导致合同归于无效的情形。

另外,虽然违反日本《金融商品交易法》不会立即导致合同无效,但是
57 如果满足不法行为的违法性要件的话,可以成立对投资者的侵权行为*(日本《民法》第709条之规定)。金融商品交易业者违反日本《金融商品交易法》进行投资劝诱时,违法的劝诱虽然不会使金融商品交易的委托合同无效,但是如果违法的劝诱构成侵权行为,投资者可以就其遭受的损害向金融商品交易业者请求使用者责任[日本《民法》第715条之规定,参见第三编第一章第五节2、3]。

但是,也不能认为一旦违反了日本《金融商品交易法》就会立即满足侵权行为的违法性要件。比如金融商品交易业从业人员对投资者的投资劝诱是一种断定性判断的话,通常是会违反日本《金融商品交易法》的[参见第三编第一章第五节6(2)],但如果接受劝诱的顾客对证券投资拥有充分的知识、经验,并未听信业者的上述劝诱,就能认为上述劝诱在业者和该顾客之间不带有违法性。

5. 刑罚规定

日本《金融商品交易法》对许多违反规定的行为都处以了刑事处罚。刑事处罚是社会上对不公正的证券交易和企业丑闻强烈谴责的反映,平成九年(1997年)、平成十年(1998年)的修法中被大幅强化,又因为上市公司

---

* 日语表述为"不法行为"。

的市场滥用行为，在平成十八年（2006年）的修法中进一步得到了强化。

日本《金融商品交易法》对主要的违法行为处罚的标准大致分为：①10年以下有期徒刑或者1000万日元以下罚金或者两者并罚（日本《金融商品交易法》第197条之规定）；②5年以下有期徒刑或者500万日元以下罚金或者两者并罚（日本《金融商品交易法》第197条之2之规定）；③3年以下有期徒刑或者300万日元以下罚金或者两者并罚（日本《金融商品交易法》第198条、第198条之3之规定）；④1年以下有期徒刑或者100万日元以下罚金或者两者并罚（日本《金融商品交易法》第200条之规定）。适用①的情形有：有价证券申报书（如上市申请）、有价证券报告书（如年报）等的虚假陈述，散布谣言（风说）、虚假交易、操纵市场等；适用②的情形有：不提出有价证券申报书的有价证券劝诱、不提出有价证券报告书、内幕交易等；适用③的情形有：金融商品交易业未登记的营业、未经许可开设金融商品市 58
场、金融商品交易业者填补损失的行为；适用④的情形有：违反说明书（如招股说明书）的交付义务、要求顾客填补损失等行为。另外，针对法人发生业务或财产上违法行为的情况，设计了既处罚行为人又对法人处以罚金的两罚制度（日本《金融商品交易法》第207条之规定），罚金最高可达7亿日元之巨。

规定刑事处罚的目的在于通过刑罚的威慑来遏制违法行为的发生。在日本，比起民事责任的威慑力，刑罚的威慑力更被期待能够发挥效果。但是，刑罚规定的构成要件必须明确，有时反而抑制了其适用（有关日本《金融商品交易法》第157条的适用可参见第三编第三章第四节2）。因为日本《金融商品交易法》只规定了故意犯，所以通过刑罚来遏制的违法行为的效果还是有限的。也因为这个原因，平成十六年（2004年）引入了课征金制度。课征金制度对违法行为人是故意或过失在所不问，因为仅对行为人课以金钱负担，所以其适用范围也是被限定的。在这点上，责任承担者的范围更广，且可以以过错为根据追究行为人的民事责任，自然被期待能发挥更大的对违法行为的抑制效果（注45）。

（注45）：比如有关有价证券申报书的虚假陈述，提出申报书的发行公司经营者和缔结原承销契约的金融商品交易业者也负特别的损害赔偿责任，发行人的代表人作为接收人所负的刑事责任（日本《金融商品交易法》第197条第1款第1项之规定）比起发行人作为接收人承担的课征金（日本《金融商品交易法》第172条第1款之规定）适用范围要广。另外，（只对主观故意进行的刑事处罚，其）刑事责任无法震慑和抑制主观上过错的虚假

陈述,但如果是追究过错责任的民事责任,就能够使有价证券申报书的义务人更加注意和谨慎地制作并检查申报书。

59 第二节　日本《金融商品交易法》和日本《公司法》

日本《金融商品交易法》既有适用于大规模公开公司的“股份公司法”*的侧面,也有作为对资本市场进行规制的市场规制法的侧面。对于前者,也可以说日本《金融商品交易法》属于日本《公司法》的特别法。这意味着,有着众多股东的公开股份公司和发行由不特定多数投资者进行交易的有价证券的股份公司,在受日本《公司法》的规制同时,还受到日本《金融商品交易法》的特别规制。基于避免重复规制的目的,日本《公司法》中存在“适用日本《金融商品交易法》的场合下,部分免除公司法规定的适用”的规定。并且,日本《金融商品交易法》和日本《公司法》的规制目的存在差异,因而还必须注意因规制手法自然而然产生的差别。因此,本节以下从日本《公司法》和日本《金融商品交易法》的关系开始,对民商法和日本《金融商品交易法》的交叉领域做一个简单概括。

1. 股东保护、公司债权人保护和投资者保护

公司法是主要调整围绕企业(公司)的各经济主体(股东、公司经营者、公司债权人等)之间利害关系的私法,所以在日本《公司法》中体现保护股东和公司债权人的规定占多数。因此,日本《公司法》的股东、公司债权人的保护和日本《金融商品交易法》的投资者保护有怎样的差异是需要解决的问题。其不同之处可列举如下:

第一,日本《金融商品交易法》中的有价证券,包含股份和公司债,但除这两者外还包含更广阔的范围,所以日本《金融商品交易法》的投资者保护还包括除了股东、公司债权人之外的主体。

第二,日本《公司法》通过规定股份、公司债的权利内容,并通过保证其权利行使来保护股东、公司债权人的利益。对此,日本《金融商品交易法》
60 不仅保证有价证券上的权利行使,也保护进行有价证券交易的人,或者说是直接面对投资判断的投资者的利益。而投资者保护,还包括保护考虑购入

---

* 即日本最新《公司法》,由于日本已将有限公司形态废除,因而现行日本《公司法》实际上是“股份公司法”。

有价证券但还未取得有价证券的人和已经卖出有价证券的人，持有有价证券的人如果没有直接面对投资判断，就不在日本《金融商品交易法》保护的范围之内。

如上，日本《公司法》和日本《金融商品交易法》的保护范围和目的都是有差异的，那么在投资者和股东对立的场合该怎么调整两者关系呢？比如，像公司正在进行合并谈判或者像关于正在研发中的新产品的信息等，对于准备买入该公司股票的投资者来说上述信息的披露当然是有好处的，而对于公司的既存股东来说，不披露相关信息对其更有利。在这种情况下，考虑到股东及公司的利益，即使延后信息披露的时期，应该说也不会构成对信息披露义务的违反（注46）。

第三，关于投资者保护，应当注意的是，投资者参与的交易，比如有价证券发行人和投资者、要约收购者和投资者等，都是以“一对多”的形式开展的，而有价证券的相关信息大多集中在前者，信息不对称使得后者在交易中常常处于压力之下，因而日本《金融商品交易法》的投资者保护要求前者披露信息，而给予后者以一定的考虑时间，从而可以使其选择在适当的时间进行交易。也就是说，考虑到投资者处于一种较弱的地位，因而给予投资者以一种特别的保护。而与之相对，《公司法》是调整包括股东以外公司债权人的，围绕企业为主的各经济主体之间的利害关系的法律，并没有保护特定经济主体的目的。

（注46）：有关这一问题的讨论，可参照黑沼悦郎：“証券取引と法”“現代の法（7）”，《企業と法（企业与法）》，第283页以下（岩波書店，1998年）。

61

2. 有价证券的发行规制

有关新股发行（包括募集自我股份），日本《公司法》为调整与新股发行相关的既有股东的利益和灵活发行新股的公司的利益，设置了诸多规定。比如发行新股的权限在谁处；发行新股的程序应当如何；新股认购权（新股预约权）归谁；股东等在何种情况下可以请求停止发行新股；以及是否能提起新股发行无效之诉等（日本《公司法》第203~213条之规定）。然而日本《金融商品交易法》并没有这些规定，这是将投资者作为公司股东时的利益保护交由《公司法》规定的体现。

有关公司债，日本《公司法》也规定了公司债的发行权限、公司债的发行程序、公司债管理人的权利义务、公司债权人大会等方面的内容（日本《公司法》第676~742条之规定），而日本《金融商品交易法》中，并没有关于公司债权人权利义务的规定。

有关有价证券发行时的信息披露规制(参见第二编第二章第一节1),《公司法》对要约认购公司股份、公司债的人,要求公司履行一定的信息通知义务(日本《公司法》第203条第1款、第677条第1款之规定),这里的通知信息,仅限于股份和公司债形式的内容,大多不包括能判断股份、公司债投资价值的信息。与之相对的是,日本《金融商品交易法》以强制要求公司披露能够判断有价证券价值的信息为重点,因此规定了详细的信息披露规制,这就是为保护仅凭自己能力难以获取信息的一般投资者。因此,由于日本《金融商品交易法》比《公司法》规定了更加详细的信息披露要求,如果对要约认购公司募集股份、公司债的人已经交付了招股说明书,则可以免除《公司法》上的通知义务(日本《公司法》第203条第4款、第677条第4款之规定)。

3. 持续披露(开示)制度

作为《公司法》上的信息披露制度,在发送股东大会召集通知时,添附
62 公司财务资料和经营报告交付于股东是比较重要的方式。也即,由资产负债表、损益表、股东资本等浮动表、个别附注表组成的财务报表、事业报告以及对财务资料的监督报告,应对股东直接披露(直接开示)。但是,网站上如果登载了有关披露事项的信息也可视为向股东披露了信息(网络开示制度)。另外,以上这些材料及其附属明细应该在公司总部(总公司)或者分部(分公司)进行备置以供股东、债权人阅览(间接开示)。并且,股东大会召开后,应当将资产负债表的要旨(《公司法》上规定的大公司则需将资产负债表和损益表的要旨)进行公告,使得任何人都可以检索到这些信息。作为公告的方法,如果选择电子(数字化)公告,则要求必须公告全文而非要旨。

《公司法》上的披露制度是为股东和债权人的权利行使做判断而设置的,而日本《金融商品交易法》上的披露制度则是为了给投资者的投资判断提供信息,两者的目的不同。这种目的上的差异反映在两者披露侧重点的不同,《公司法》上的披露,主要包括披露公司外部董监事等同公司的利害关系等,对股东行使表决权有重要作用的信息,而日本《金融商品交易法》上的披露则是披露公司管理层的讨论与分析内容、部门信息(参见第三编第二章第三节2~5)等在公司未来业绩预测上有重要作用的信息。

有关财务信息的方面,《公司法》上的公司财务资料(日语表述为"計算

書類”），由法务省令规定其记载方法，而日本《金融商品交易法》上的公司各财务报表[*]则是由内阁府令规定其记载方法的。但是，无论哪种文件记载都是以准确表示公司的财产状况和经营业绩为目的的，而且在必须按照公正妥当的企业会计惯例制作报表这一点上也是一样的。因而其结果是，《公司法》上的公司财务资料和日本《金融商品交易法》上的公司财务诸表的内容是相当近似的。

如后文所述（参见第三编第二章第三节1），为投资判断的需要，表示企
业集团整体的财产状况及经营业绩的连结财务报表是相当重要的，因而日
本《金融商品交易法》在财务信息的披露中以连结财务诸表为核心。而《公
司法》在这点上持相同观点，因而规定大公司负有制作连结财务报表的义 63
务，但是考虑到文件材料的制作成本，仅限于提出有价证券报告书的公司负
有此制作义务（日本《公司法》第444条第3款之规定）。

4. 内部控制[**]

《公司法》中规定了大公司负有“整备一个为确保公司经营正确、适当[***]的系统（体制）”的义务（日本《公司法》第362条第4款、第5款之规定）（注47）。由于大公司的经营活动对社会有重大影响，因此确保大公司内部治理的正确、适当是极为重要的。上述“系统”的内容具体包括：①保存、管理董事业务执行有关信息的体制；②有关风险管理的体制；③确保董事有效执行职务的体制；④确保公司商业使用人执行职务符合法律、公司章程的体制；⑤属于为确保该公司，以及公司集团业务运营正确、适当的体制（日本《〈公司法〉施行规则》第98条之规定）。在《公司法》上的“内部控制系统”，以确保公司业务的效率和合规（compliance）为重点和主要目的。

与之相对的是，日本《金融商品交易法》上的“内部控制”，则主要针对上市公司，要求其构筑“确保该公司、企业集团的财务诸表及其他披露信息的正确性的系统”，且要求公司制作并评估内部控制报告，还要求内部控制报告必须接受审计（参见第三编第二章第四节1）。因而日本《金融商品交易法》上的内部控制报告的主要目的是确保公司财务报告的正确性。

因为两部法律的目的差异，其所要求的内部控制的标准也会有以下差

* 日语表述为“財務諸表”。
** 日语表述为“内部統制”。
*** 日语表述为“適正”。

异:《公司法》上构建内部控制系统的义务,是董事善管注意义务的具体化,因此内部控制的标准是由公司的规模和业务的复杂程度决定的。而与之相对,日本《金融商品交易法》上的内部控制义务,因为目的是确保财务诸表的正确性,从而保护投资者的利益,所以要求达到在一定程度上担保有价证券报告书中没有虚假陈述的标准。

(注47):《公司法》第362条规定大公司的董事会必须就确保公司业务正确、适当的系统进行决议。但这种确保业务"适正性"的系统的整备,属于董事善管注意义务的范畴,因此同条也可看作系统义务的规定。

64

5. 企业收购的规制

日本《金融商品交易法》对那些通过公告向不特定多数人进行劝诱,在市场外收购股票的行为进行了规制(公开收购的规制参见第三编第四章)。公开收购的规制是为确保向投资者的信息披露和对投资者的平等对待,因而公开收购对投资者来说是否属于最好选择(至上的利益)并不是日本《金融商品交易法》所关注的内容。另外,《公司法》规定股份公司董事要为公司利益而行动(日本《公司法》第355条之规定),因而在董事面对敌对的要约收购采取反收购策略时,如果相关措施存在违公司利益的情况,则赋予股东以相应的救济(日本《公司法》第210条、第212条、第423条、第360条之规定、第847条之规定等)。

对于上述通过要约收购的方式实施企业并购的行为,日本《金融商品交易法》从投资者保护的观点出发,而《公司法》则采用股东保护的观点进行规制。当然,因为日本《金融商品交易法》部分采用了全部收购义务[参见第三编第四章第一节3(5)],在日本《金融商品交易法》的公开要约收购规制中引入了基于公司法上少数股东保护观点的规制,因此说产生了日本《金融商品交易法》和《公司法》相互交叉的部分。另外,在《公司法》的修法中,预计会引入对违反部分公开收购规制的表决权可请求表决权行使停止的制度,这也是两部法律相互交叉的例子。

另外,按照日本《金融商品交易法》对公开收购的规制方法,对收购一方还是被收购一方都是有利的。但是在《公司法》中,如果禁止反收购对策的话则对收购者是有利的,但如果放宽反收购对策的话则对被收购企业是有利的,两者在实际效果上是可能存在冲突的。因而,日本《公司法》和日本《金融商品交易法》该如何分担各自的职责,是企业收购规制中的一个重大课题。

6. 内部人交易(内幕交易)规制 65

日本《金融商品交易法》禁止公司董监高人员、主要股东(内部人员)基于一般投资者不知道的信息从事股票买卖活动(内部人交易规制参见第三编第三章第一节)。并且,为了防止公司内部人不当利用信息,日本《金融商品交易法》规定公司董监高人员及主要股东 6 个月以内通过买卖本公司股票获得的利益应返还公司,如果公司不行使返还请求权,则股东可代为行使返还请求(短期买卖利差的返还,参见第三编第三章第一节 8)。

日本《金融商品交易法》的内部人交易的规制对象,不仅包括公司的内部人员,而且包括公司的交易对手方和公开收购者的交易对手等。内部人员还包括公司的从业人员。其中,如果仅从内部人交易规制适用于公司董监高人员、大股东的层面看,内部人交易规制属于围绕公司未披露信息对公司董监高人员、大股东同公司、一般股东之间的利益进行调整的规制,因而存在同股份公司法相重合的部分。相反,《公司法》也可以对参与股票买卖的股东的行为加以规制。换言之,对拥有内部信息的投资者的行为也可以通过《公司法》来规制。

7. 表决权代理委托书劝诱的规制

关于股东表决权行使的信息披露,日本《金融商品交易法》进一步完善了披露规制。即根据日本《金融商品交易法》第 194 条及基于此条的日本《金融商品交易法施行令》第 36 条之 2～6 规定,在股东大会中劝诱其他股东进行表决权代理委托时,应该使用可以明确记载各议题赞成与否的委托书,并要求劝诱者提供记载有一定信息的参考材料作为表决权行使的参考。这是为了股东行使表决权而提供的信息,属于为使股东大会决议更加公正的规制,而并非为了投资判断的信息披露。

而《公司法》规定,在拥有表决权的股东人数达 1000 人以上的公司,则 66
强制实行书面投票制度,且这种情况下必须交付股东记载有对表决权行使具有参考事项的参考材料(日本《公司法》第 298 条第 2 款、第 301 条第 1 款之规定)。这种书面投票制度引入以来,日本《金融商品交易法》中的表决权代理委托书劝诱规制所发挥的作用就减弱了。也有观点认为对表决权代理委托书劝诱的规制,本来应是公司法来处理和解决的问题。当然,在书面投票制度中,公司管理层容易获知议案赞成和反对的分布情况,而提案的股东并不知晓这样的情况,在这一点上对提案股东是不利的,因此,同公司管理层敌对的股东主动实施委托书的劝诱是十分有可能的。有批评认为表决权代理委托书劝诱规制还有不完善之处(注48),希望能够被作为企业收购规则的组成内容进行规制。

(注48):《有关对上市股票表决权的代理行使劝诱的内阁府令》第43条规定:委托书应设置记载关于每个议案赞成与否的情况栏,严格遵守这项规定的话,劝诱者必须在股东知悉公司提案的情况后才能进行代理委托书的劝诱。因此,东京地方法院判决,平成十九年(2007年)2月6日,《判例タイムズ》第1258号,第69页认为此条规定并不妥当。在(议案股东与公司之间)出现两个内容相反关系议案提案的情况下,如果设置了有关股东提案赞成与否情况栏的,即使没设置公司提案赞成与否情况栏,也会被认为没有违反日本《公司法》第43条之规定。

第三节 日本《金融商品交易法》和日本《独占禁止法》

《有关禁止私人垄断及确保公平交易的法律》(以下简称《独占禁止法》)是旨在通过维持一个竞争性的市场从而确保一般消费者的利益和促进国民经济健全(健康)发展的经济法(可参照日本《独占禁止法》第1条之规定)。日本《金融商品交易法》也是旨在通过维持金融商品市场的功能从而实现资源有效分配和投资者保护的法律,因此日本《金融商品交易法》有时也会被归类于经济法。所以,日本《金融商品交易法》和《独占禁止法》两者的规制理念是否相同,两者的适用关系该如何处理就成了一个问题。这
67 里必须注意的是,市场中金融商品交易的竞争(金融商品市场的竞争性)和金融商品中介服务的竞争(金融商品中介服务市场的竞争性)是有区别的。

1. 金融商品交易的竞争

因为《独占禁止法》不限定其所适用的市场,而金融商品市场也是市场的一种,所以看起来金融商品市场也可适用《独占禁止法》。但是,《独占禁止法》是适用于事业者和消费者之间进行交易的市场,因为利用发行市场的发行公司和利用流通市场的投资者都不能被称为事业者(可参照日本《独占禁止法》第2条第1款之规定),所以在发行市场和流通市场进行的金融商品交易自身并不能适用《独占禁止法》。

然而这并不意味着否定日本《金融商品交易法》和《独占禁止法》理念的共通性。不如说,因为在维持市场公正这一点上,日本《金融商品交易

法》和《独占禁止法》目的都是相同的,日本《金融商品交易法》已经做了规制,因而金融商品市场中的交易就没有必要再适用《独占禁止法》了。

但是,两者在维持市场公正交易的规制形式上存在差异。《独占禁止法》规制的是一般化的市场,禁止事业者利用自己垄断性地位限制竞争的行为,因而其规制都采取一般化的形式。相对的,日本《金融商品交易法》所应对的是金融商品市场,商品替代性高,是一个实施组织化、定型化交易的市场,因此,日本《金融商品交易法》中的规制,比如对市场操纵的规制(参见第三编第三章第二节),采用的是针对市场交易的特定化的形式。

2. 金融商品中介服务的竞争

金融商品中介服务市场,也就是金融商品交易业市场,适用《独占禁止 68
法》。这时,金融商品交易业者、已注册登记的金融机构就是事业者,而发行公司和投资者被认为是接受服务的消费者。平成十年(1998 年)修法前的《证券交易法》中,对于证券行业采取的是许可制,为了保护投资者,因而用详尽的行业法律进行规制,证券公司的竞争手段受到限制,但是这也不能成为排除适用《独占禁止法》的理由。而在金融商品交易业者采用注册制后在日本《金融商品交易法》中更是如此。

另外,作为证券公司自主规制机关的证券交易所、证券行业协会的行为,即使这种行为有可能限制竞争,也可以免除适用《独占禁止法》第 8 条之规定(原《关于〈独占禁止法〉适用除外等的法律》第 2 条第 2 项之规定)。这是考虑到有些场合下自主规制机关对投资者的保护比确保金融商品中介服务的竞争更为重要而规定的。但是作为放松政府规制的一系列措施中的一环,平成十年(1998 年)废除了《关于〈独占禁止法〉适用除外等的法律》,证券交易所和证券业协会的行为,作为事业者团体的行为,也适用《独占禁止法》。

促进金融商品中介服务的竞争,这本身就是《独占禁止法》的目的。而这与日本《金融商品交易法》的目的之间的关系可以看成,通过促进金融商品中介服务的竞争,降低金融商品交易的成本,使得更多的投资能够参与交易,从而实现国民经济的健康发展(资源的有效分配)这一日本《金融商品交易法》的目的。

第四节　日本《金融商品交易法》和“市场规制法”

从规制金融商品市场的市场规制法这一侧面看,日本《金融商品交易法》和其他市场规制法有共通的构造。《商品期货交易法》是其他市场规制法中的一例。《商品交易所法》在平成二十一年(2009年)的修法中统合了
69 《海外期货交易法》之后,变更名称为《商品期货交易法》。除此之外还有《金融期货交易法》,这部法律在日本《金融商品交易法》制定的时候被统合了。

所谓商品期货交易,是指针对农产品、矿物等商品或商品指数,约定在将来某个特定时期进行买卖交易,到期后进行相对买卖并结算差额的一种交易,目的是对冲农产品、矿物等价格变动的风险或进行投机。为促进国民经济的健康发展和保护交易委托人,日本制定了对在商品交易所内外的商品期货交易都能进行规制的《商品期货交易法》。

市场规制法规定了交易所的组织(形式),规制在交易所中实施的交易,同时对交易的参与者(商品期货交易业者)也进行业法的规制。因此,其内容和日本《金融商品交易法》第三章(金融商品交易业者)、第四章(金融商品交易业协会)及第五章(金融商品交易所)的规定相似之处颇多。《金融商品交易法》第六章(有价证券的交易等有关规制)中有对市场交易中特有的操纵股市的规制,市场规制法中也能见到类似规定(日本《商品期货交易法》第116条、第117条之规定)。同时,《商品期货交易法》通过平成二十一年(2009年)的修改,商品交易所外进行的商品期货交易亦成为其规制对象,因此《商品期货交易法》还拥有了市场规制法以外的侧面。

日本《金融商品交易法》和别的市场规制法的差异之处在于,日本《金融商品交易法》除了具有大规模股份公司法这一侧面外,还有其独有的信息披露规制。这是日本《金融商品交易法》为了通过市场进行资源有效分配,确保实现基于信息的投资判断而规定的。相比之下,《商品期货交易法》和资源的有效分配并无直接关系(因此也没有相关的信息披露规制)(注49)。日本《金融商品交易法》规制对象中的衍生品交易和企业的资金筹集及资源的有效分配也并无直接关系。在这里,存在作为市场规制法的《商品期货交易法》被日本《金融商品交易法》统合的基础。

(注49):商品期货市场的正常运营,能够给商品生产者提供有关商品未来价格的信息,给进行现货交易的交易者提供一种风险对冲的手段。应

当注意的是，《商品期货交易法》第 1 条所说的“国民经济的健全（健康）发展”，换言之是指使商品生产和流通顺利进行，和以资源的有效分配为主的日本《金融商品交易法》第 1 条中的“国民经济的健全（健康）发展”所指的意思存在差异。

第五节　日本《金融商品交易法》和“消费者法” 70

所谓“消费者法”，是指企业和消费者进行交易时保护消费者的法律的总称，《分期付款销售法》《特定商事交易法》《产品责任法》便是典型的消费者法。平成十二年（2000 年）制定的日本《消费者合同法》，对事业者和消费者之间的合同进行了一般化的规制，同时也适用于发行公司和投资者、金融商品交易业者和投资者之间的合同。

消费者法中的消费者应受到保护的依据有：①消费者和企业之间在交易和商品有关方面的知识上相差较大，有进行对消费者不利的交易的可能；②消费者是商品或服务最终的消费人，在消费者手中因商品缺陷而发生意料之外损害的可能性较大。因此，一般通过对劝诱行为的规制、交易条件的披露、冷静期制度（赋予消费者无条件的合同解除权）、商品的品质管理和品质保证、防止损害扩大和损害赔偿制度等方法来实现保护消费者的目的。

随着金融商品投资的大众化，可以说一般投资者的地位越来越接近于消费者。一般投资者和发行人、金融商品交易业者之间存在信息上的差距是不可否认的。并且，投资者是有价证券和衍生品交易中商品价值和风险的最终承担者，这点和消费者的地位也是相同的。因此，日本《金融商品交易法》规定有价证券发行、受委托进行有价证券买卖、衍生品交易之时，发行人、金融商品交易业者应披露商品的内容、结构及交易条件等，通过上述方式对劝诱行为进行规制（参见第二编第二章第一节、第三编第一章第五
节）。这可以说是具有消费者保护性质的规定。并且在未来，各种金融商 71
品交易合同的劝诱和销售，都将逐步考虑扩大适用诸如未经邀请（不请自来，日语表述为“不招請”）的劝诱禁止［参见第三编第一章第五节 6（4）］和冷静期制度（参见第三编第一章第五节 7）这些典型的消费者保护手段。

但是，应该注意的是，相比于消费者法中存在对商品品质进行保证的规定，日本《金融商品交易法》并不对有价证券的品质（价值）进行保证。虽然不向投资者保证有价证券的品质（价值），但给予其进行判断的信息，通过市场交易决定竞争性的价格，这是实现金融资源的有效分配不可或缺的，从

这个意义上说,保证金融商品的品质和日本《金融商品交易法》的目的是相矛盾的。

如上所述,日本《金融商品交易法》中的投资者保护和消费者保护既有相同的部分也有不同的部分,在明确区分两者的基础上对投资者进行保护是有必要的。

适用于有价证券买卖和衍生品交易的日本《金融商品贩卖法》,基于保护欠缺专业知识、缺少自我保护手段的顾客的宗旨,对业者科以一般私法原则上不一定要求的说明义务,赋予顾客以特别的损害赔偿请求权,在这一点上采用了消费者保护的观点(参见第三编第一章第五节 4)。但是,这不是让业者去为商品价值提供保证,而是以顾客责任自担原则作为缔结合同的前提,这一点同样是基于投资者保护的。

第四章　金融商品交易的构造 72

第一节　金融商品交易和证券公司

1. 发行人和投资者之间的交易

发行人新发行有价证券，投资者取得有价证券，这时发行人和投资者之间就建立了直接的合同关系。比如，投资者取得股份公司发行的募集股份时，股份公司和投资者之间缔结了股份取得合同，而让投资者取得公司自我股份的情况下则缔结了股份买卖合同。实际上，为了实现有价证券的顺利发行，发行人和投资者之间往往会有证券公司的介入：①从发行人那里取得一部分有价证券然后卖售给投资者；②对投资者进行有价证券取得的劝诱行为。在日本《金融商品交易法》中，上述①的行为被称为认购（日本《金融商品交易法》第 2 条第 8 款第 6 项之规定），②的行为被称为募集、卖出（同条第 3 款、第 4 款之规定，参见第二编第二章第一节）。《证券交易法》中的证券公司，在日本《金融商品交易法》中被称为金融商品交易业者（日本《金融商品交易法》第 2 条第 9 款之规定），其业务范围也被扩大了（参见第四编第一章）。但是，经营以前业务的金融商品交易业者，可以继续沿用证券公司的商号进行活动，因为“证券公司”是作为一种日常用语使用的，所以本书在需要追求法律严密性的场合中会使用“金融商品交易业者”这一用语,而在需要易被理解的场合中则会使用“证券公司”这一用语。

2. 投资者之间的交易

73 有价证券一旦经过发行,便能够在投资者之间进行自由买卖。这种买卖是投资者之间的价款授予和接受,有价证券的购入者不必再向发行人支付价金,发行人不用将(之前接受的)投资资金退还给有价证券的原持有人。

为了使有价证券的买卖交易进行得更为顺利,证券公司通常是投资者之间交易的中介。这种中介采用的是有价证券的买卖媒介、代销*或代理的形式(日本《金融商品交易法》第 2 条第 8 款第 1 项、第 2 项之规定)。所谓买卖的媒介,是指证券公司接受投资者的委托,尽力促成委托人和他人之间的买卖的事实行为,证券公司自身并不是买卖合同的当事人。与此相对,所谓代销,是指受到委托的证券公司以自己的名义,并基于投资者利益,以投资者的财务承担,进行买卖交易。所谓代理,是指证券公司以投资者名义且由投资者的财务承担实施的买卖交易。金融商品交易所中的买卖交易只有成为会员或交易参加者的证券公司才能够进行,因而投资者的买卖要约一般都通过代销的方式执行。

不是金融商品交易所会员的证券公司,在交易所内执行顾客的要约,一般通过对会员的有价证券买卖交易的委托媒介、间接委托及代理来实现(日本《金融商品交易法》第 2 条第 8 款第 3 项之规定)。

3. 衍生品交易

衍生品交易的形式多种多样(参见第二章第三节),在这里试以期权交易为例进行说明。股份的期权交易,是指买卖能按照一定的价格对特定股票进行买入的权利或卖出的权利。因此,期权交易实际上是权利的买卖,日本《金融商品交易法》把期权交易归类在约定双方中一方当事人赋予对方这种权利、另一方支付对价这种交易类型之中(日本《金融商品交易法》第 2 条第 21 款第 3 项、第 22 款第 3 项之规定)。要成立期权交易,最初让与权利的交易和支付对价取得权利的交易是必要的,这些相当于发行交易。但
74 是,股票期权交易,作为期权原资产股票的发行人并不能够调动资金。另

---

* 日语表述为“取次”,下同。

外，因为不是股票的所有人也可以卖出期权，期权的交易可能多于股票的流通量。期权发行后，卖出期权的人在同样条件下可以购入期权（回购）进行差额结算，买入期权的人可以转卖该权利进行差额结算，这些交易相当于流通市场中的交易。

为了期权的买进、卖出、转卖、回购的顺利进行，证券公司等商品交易业者会参与到交易中来成为投资者的交易方，或者作为中介者参与实施交易委托媒介、代销、代理（日本《金融商品交易法》第 2 条第 8 款第 3 项、第 4 项之规定）。不是交易所会员、交易参加者的业者，按照顾客的要求在交易所执行期权交易，可以通过对会员、交易参加者进行市场衍生品交易的委托媒介、间接委托和代理来实现。

第二节　开展金融商品交易的市场

1. 金融商品交易所开设的金融商品市场

金融商品市场是指进行有价证券的买卖或者市场衍生品交易的市场（日本《金融商品交易法》第 2 条第 14 款之规定），开设金融商品市场的主体被称为金融商品交易所（同条第 16 款之规定）。以前，基于《证券交易法》，证券交易所开设有价证券市场及与有价证券关联的衍生品市场，基于《金融期货交易法》，金融期货交易所开设进行与有价证券没有关联的金融衍生品交易的金融期货市场。日本《金融商品交易法》将上述两法进行了统合，使得一个金融商品交易所在开设有价证券买卖市场的同时还能开设一个与有价证券无关联的金融衍生品交易市场［参见第四编第三章第一节 1（1）］。这样一来，金融商品交易所的概念就变成了包含证券交易所和金融期货交易所的上位概念，开设了有价证券市场的交易所也可用“证券交 75
易所”的名号，因证券交易所更多作为一种日常用语使用，所以本书在需要追求法律的严密性的场合中会使用“金融商品交易所”这一用语，而在需要易被理解的场合中则会使用“证券交易所”这一用语。

首先，金融商品市场是有价证券的买卖市场，在这个市场中，按照一定的规则筛选出来的有价证券（上市有价证券）遵从相同的规则被进行买卖（参见第三编第一章第二节）。上市有价证券由法律和自主规制来进行信息披露的规制，而其买卖交易则适用市场操纵的禁止、内部人交易（内幕交易）规制等不公正交易的规制。

金融商品市场中上市有价证券的买卖,以按照金融商品交易所指定的开市期间竞争买卖的方法执行为原则,也允许按照金融商品交易所制定的规则进行开市期间之外的交易。为满足不想披露自己交易情况的人,以及希望在同一价格成立大量交易的人和希望进行多种股票组合的篮子交易的人的需求,实施开市期间之外的交易也被定位为金融商品市场的交易。

其次,在金融商品市场进行的衍生品交易,只限于按照交易所制定的标准和方法进行的交易。这种就被称为市场衍生品交易(日本《金融商品交易法》第2条第21款之规定)。在金融商品市场以外进行的衍生品交易被称为店头衍生品交易(日本《金融商品交易法》第2条第22款之规定),多在投资者和证券公司、金融机构等之间进行。店头衍生品交易因其规模不确定,所以很难形成公正的价格,但其反面是,可以提供符合利用者需求的风险对冲手段。

76 此外,金融商品交易所可以开设仅对金融商品投资具有专业知识,拥有金融商品投资风险管理能力的专业投资者[即特定投资者,可参照第三编第一章第五节11(1)]开放的专业投资者市场(日本《金融商品交易法》第117条之2,可参照第三编第二章第五节)。这也被称作特定交易所金融商品市场(日本《金融商品交易法》第2条第32款之规定)。面向专业投资者的市场并不适用上市有价证券的严格的信息披露制度,但不公正交易的规制依然适用。

2. 店头买卖有价证券市场及绿单市场

经认可的金融商品交易业协会(参见第四编第三章第二节)作为金融商品交易业者的自主规制机构,可以设立买卖非上市有价证券的店头买卖有价证券市场(日本《金融商品交易法》第67条第2款之规定)。历史上,证券公司店头买卖非上市有价证券的市场是自然而然产生的,并在证券业协会的管理下逐渐被组织化(店头注册市场)。通过《证券交易法》的修订,店头注册市场开始适用信息披露制度与不公正交易的规制,平成十年(1998年)的修法将店头注册市场也列为有价证券市场之一。但到了平成十六年(2004年),店头注册市场都被许可成了证券交易所,因而现在相当于法律上的店头买卖有价证券市场的市场已暂时不存在了。由于店头买卖有价证券市场的重要性程度较低,本书将省略对其规制的解说。

而且,作为经认可的金融商品交易业协会,日本证券业协会规定了非上市股票中能由证券公司进行投资劝诱的股票，并将其称为店头操作有价证券。在店头操作有价证券中，证券公司提交申报并持续公布买卖价格（可卖可买的价格）的股票被称为绿单股票。绿单股票并非上市有价证券，但在日本《金融商品交易法》中作为"可操作有价证券"（日本《金融商品交易法》第67条之18第4项之规定），其交易适用内幕交易规制及操纵市场规制等不正当交易规制（日本《金融商品交易法》第163条、第166条及第159条之规定）。其不适用法定披露制度，但应依据日本证券业协会的自主规制实施信息披露。店头操作有价证券与绿单股票的交易场所并非法律上的 77
金融商品市场，而是更加广泛意义上的市场。

3. 自营交易系统

自营交易系统（proprietary trading system，PTS）是指民间业者利用计算机和网络在市场外执行有价证券交易的系统，20世纪80年代从美国发展而来。一方面，由于自营交易系统可以被看作金融商品市场的一种，因此理应适用与交易所相同的规制；但另一方面，也有人认为由于通过该系统成立有价证券买卖的行为属于买卖的媒介、代销及代理中的一种，因此应将其作为金融商品交易业进行规制。平成十年（1998年）修订的《证券交易法》采纳了后者的观点，将其定位为属于金融商品交易业者接受许可后进行的交易方法。

在自营交易系统中，使用计算机，使金融商品交易业者和与多数投资者之间，或多数投资者彼此之间成立有价证券的买卖（日本《金融商品交易法》第2条第8款第10项之规定）。为了决定买卖价格，可以采用与交易所相同的竞争买卖方式（竞价交易方式）、金融商品市场中形成的买卖价格的方式或通过投资者间的交涉决定价格的方式。成为交易对象的可以是上市的有价证券，也可以是非上市的有价证券。但是有关上市有价证券的交易，采用上述第一种方式时，在交易达到一定量以上的情形（日本《金融商品交易法施行令》第1条之10之规定）下，就不能将之作为自营交易系统来运营，而必须获得金融商品交易所的许可。

自营交易系统也可用于上市股票的夜间交易及非上市公司债的交易等。

78 第三节　多样化的投资方式

投资有价证券及衍生物交易时,投资者根据信息自行做出投资决定,并承担该投资结果的原则(责任自担原则)被采用。但是,不具备投资相关专业知识的投资者或没有充分时间分析信息的投资者,希望委托具备专业知识的其他人进行高效的投资。没有充分资金进行分散投资的人,希望参加集合运用资金的计划。因此,取得他人的建议进行投资的方式、集合运用资金的方式等逐渐发展起来。在这些方式中,包括投资者做出最终判断的方式和受投资者委托的专家做出最终判断的方式。在前者中,投资判断和投资结的归属者是一致的,而后者则是不一致的(注50)。

(注50):保险公司为了向保险合同人给付约定的保险金,将保险金用于借贷或证券投资。而且银行等金融机构为了向存款人支付约定的利息,采用同样的方式运用存款。以上情形中,如果作为资金运用者的保险公司和银行破产了,作为资金出资者的保险合同人及存款人将无法获得保险给付和存款的偿付,虽然说承担着资金运用者支付不能的风险,但如果资金运用者保证投资成果,那么资金出资人就不能作为投资结果的直接归属者。换言之,负责投资判断的人和投资结果的归属者一致。因此对保险合同人和存款人的保护并非《证券交易法》及关联法规的对象。

1. 获得投资建议的方法

首先,投资者在投资判断时可以从金融商品交易业者处获得投资建议。证券公司等的从业人员具备丰富的金融商品投资相关的知识和经验,他们对顾客的投资建议不仅对顾客有利,而且依据该建议作出的投资判断在到
79 达市场后还能提高市场的效率。这种情形下,基于建议作出最终投资判断的是投资者,但为了防止不适当的投资劝诱使投资判断出错,进而让投资者承担不良后果,因而有必要规制金融商品交易业者从业人员的劝诱行为。根据日本《金融商品交易法》,不公正交易规则包含对此类劝诱的规制(参见第三编第一章第五节)。

其次,投资者可与提出投资建议的人签订投资顾问契约,支付对价以获取投资建议。以提出投资建议为业的人必须进行金融商品交易业者的注册(日本《金融商品交易法》第2条第8款第11项、第28条及第29条之规定)。此种情形下,做出最终投资判断的是投资者,其结果也归属于投资

者。以承认此种投资者责任自担的原则为前提,有必要确保投资者的判断不因投资建议而扭曲。因此,日本《金融商品交易法》就针对基于投资顾问契约的投资建议进行了相关规制(参见第四编第四章第三节)。

2. 全权委托投资的方式

作为委托他人作出投资判断来运作管理(投资管理)自己资产的方法,投资者可以与他人签订全权委托投资的契约。基于投资全权委托契约运用顾客的财产时,管理者必须进行金融商品交易业的注册(日本《金融商品交易法》第 2 条第 8 款第 12 项、第 28 条及第 29 条之规定)。此种情形下,投资运用业者做出的投资判断的结果由投资者承担,因此有必要考察其是否按照全权委托契约的宗旨进行投资。而且,由于投资运用业者直接保管并运用顾客的财产,因此必须将投资运用业置于较投资建议业更为严格的规制之下(参见第四编第四章第二节)。

而且,在日本《金融商品交易法》中,删除了原则上禁止证券公司进行全权结算交易的规定(《证券交易法》第 42 条第 1 款第 5 项之规定)。与顾客之间的全权结算交易基于投资全权委托契约时,证券公司原则上应当进行有关投资运用业的注册。证券公司无需进行投资运用业相关的注册即能 80
进行的全权结算交易的范围与日本《金融商品交易法》修法前一样,是被限制的(日本《金融商品交易法》第 40 条第 2 项之规定、《金融商品交易业府令》第 123 条第 1 款第 13 项之规定)。

3. 集合运用资金的方式

投资者为了分散投资,可以利用集合运用资金的投资信托或投资法人的制度(参见第四编第四章)。投资信托是指委托人将从投资者手中收集的资金委托给受托人,并根据委托人或受托人的指示集合运用资金的组合,投资者取得代表信托收益权的受益证券,除了获得利益分配,还可以通过接受收益证券的偿还或将受益证券转让给他人的方式收回投资成果。投资法人,是指作为向法人的出资,将从多数投资者手中收集的资金委托给外部的资金运用业者,使其集合运作管理(投资管理)资金的组合,投资者取得代表向投资法人出资的投资证券,除了接受利益分配,还可以通过接受投资证券的偿还或将投资证券转让给他人的方式收回投资成果。投资信托和投资法人在《投资信托投资法人法》中被规定。日本《金融商品交易法》将受益证券和投资证券都认定为有价证券(日本《金融商品交易法》第 2 条第 1 款之规定,参见第二章第二节1),其募集或卖出也适用投资者保护的规定,除此之外还规定,运用投资信托的投资财产或接受投资法人的委托运用投资法人的财产时,必须进行金融商品交易业的注册(日本《金融商品交易法》第2条第8款第14项、第28条、第29条之规定),适用关于投资运用业的规定(参见第四编第四章)。投资信托以及投资法人运用资产不限于有价证券或衍生品的交易,还可以投资不动产或其他容易变价的资产。

投资信托或投资法人是指为了更容易地投资有价证券、衍生品交易及不动产,法律特别规定了形式和运营方式的集合运作方法(被称为集合投资计划),但也可以如日本民法上的合伙、商法上的匿名合伙契约那样,以法律上不存在结构性规制的方式来集合运作管理(投资管理)投资财产。
81 为了恰当地采用以上集合、合伙方式进行集合运作管理(投资管理),保护投资者的利益,日本《金融商品交易法》将集合投资计划份额视作有价证券(日本《金融商品交易法》第2条第2款之规定,参见第二章第二节3),同时规定,将合伙等的财产投资于有价证券或衍生品交易,进行投资管理时,其运作管理行为人必须是金融商品交易业者(日本《金融商品交易法》第2条第8款第15项、第28条、第29条之规定,参见第四章第四节)。

第四节　金融商品交易的IT化

1. 有价证券的电子化

近年来,信息通信技术的惊人发展与互联网的急速普及推动电子(数字化)商品交易的发展超越时间和空间的限制,这给金融商品交易及其规制带来了不断的、巨大的变化和影响(注51)。

首先,股票、公司债券等有价证券是以纸片表示权利的有体物,其保管需要花费费用,还存在被盗的危险。权利的转移或买卖的结算都需要交付纸片,对迅速结算造成障碍。因此,以电子(数字)化的有价证券为前提的结算制度的整备被持续推进(参见第三编第一章第三节),平成二十一年(2009年)1月,开始统一实施上市股票的电子化(无纸化)。

上市股票电子化后,日本《金融商品交易法》仍维持以纸媒体的有价证券为前提的规定。当然,其他规定表示在股票上的股份权利,即便一时没有表示成股票,也会被视作股票(日本《金融商品交易法》第2条第2款柱书之规定),因而“上市股票”的相关规定也会直接适用于“上市股份”。

(注 51):可参照神田秀樹:"証券取引の電子化——インターネット・ファイナンスと証券規制",《法学協会雑誌》第 117 卷第 2 号,第 268 页(2000)。

82

2. 信息披露的电子化

日本《金融商品交易法》规定有价证券的发行人有义务向内阁总理大臣提交有价证券申报书或有价证券报告书等披露文件,供公众阅览。由于大量持有公告书和要约收购申报书,有时有价证券的持有人(投资者)也会被科以提交文件的义务。在以上情形中,随着互联网的普及,对提交者、监督官厅以及阅览文件的投资者中的任何一个来说,相较于通过纸媒体披露,采用电子(数字化)媒体披露是更为便利的。因此,如今相关披露文件的提交和公开都通过一种被称为 EDINET(Electronic Disclosure for Investors' NET work)的方法进行。

EDINET,是指通过网络连接内阁府使用的电子(数字化)计算机与披露文件的提交者使用的输入、输出装置及金融商品交易所和经认可的金融商品交易业协会使用的输入、输出装置的电子(数字化)信息处理系统(日本《金融商品交易法》第 27 条之 30 之 2 之规定)。为使披露文件的申报、提交更加迅速便捷和有效,从平成十六年(2004 年)就开始使用该方式,到现在,所有向内阁总理申报披露文件都必须通过 EDINET 进行(日本《金融商品交易法》第 27 条之 30 之 3 之规定)。具体而言,除了有价证券申报书等发行披露文件、有价证券报告书等持续披露文件,还包括要约收购申报书等要约收购关联文件、大量持有报告书等。

如果披露文件的提交者通过互联网向内阁府(财务局)设置的电脑系统发送信息,则在法律上视为已提交披露文件(日本《金融商品交易法》第 27 条之 30 之 3 之规定)。为了向公众提供阅览,提交者必须向金融商品交易所及经认可的金融商品交易业协会提交文件材料的副本(日本《金融商品交易法》第 6 条等之规定),由于财务局的电子计算机与交易所、协会的电子计算机在 EDINET 下被连接在了一起,因此如果已向财务局的电子计算机发送信息,则视为已向交易所和协会提交了有价证券申报书副本(日本《金融商品交易法》第 27 条之 30 之 6 之规定)。通过 EDINET 提交的信 83
息,在公开场所,采用在监视器画面中显示档案中注册事项的形式向公众提供阅览(日本《金融商品交易法》第 27 条之 30 之 7、第 27 条之 30 之 8 之规定)。除此之外,其作为金融厅行政服务的一项内容,可以从金融厅主页阅览 EDINET 的信息。

这种信息披露的电子化,对投资者而言,可以迅速且容易地获得以前不花费时间和劳力就无法得到的披露信息。对披露义务人来说,制作和提交披露文件所需处理的工作被大幅简化,相关费用也被减少。而且,对监督官厅(主管行政部门)来说,通过提交文件的电子化形式,信息的加工和检索变得更为容易,实现了审查事务的高效化,同时还能期待公众阅览事务的效率化。

3. 书面交付程序的电子化

金融商品交易业者对投资者进行有价证券的买卖或衍生品交易的劝诱或与其进行交易时,必须交付招股说明书、契约签订前应交付的书面文件、契约签订时应交付的文件等各种文件材料。以上交付的文件材料,如果也能通过电子(数字)化的方式制作和交付,那么交易成本会被大大节省。因此,日本《金融商品交易法》中,以顾客的同意为前提,认可了书面交付程序的电子化。

例如,有关在有价证券的募集和卖出时会用到的招股说明书(参见第二编第三章第三节),在事先取得顾客同意的基础上,如果进行了电子邮件的发送、信息下载、网站上的信息提供及磁盘或 CD-ROM 的交付等,则也可认定为已交付招股说明书(日本《金融商品交易法》第27条之30之9之规定)。为了确保此种通过电磁化方式提交信息的情形的水准和内容应该与书面提供信息的情形相同,须要求被提供者可以通过输出的方式就能制
84 作出书面文件才可。而且,顾客如果做出不同意采用电磁方式的申述时,就必须以书面方式交付招股说明书。

以下信息:有关向特定投资者转移的书面文件(日本《金融商品交易法》第34条之3之规定),契约签订前交付的书面文件(日本《金融商品交易法》第37条之3之规定)、契约签订时交付的书面文件(日本《金融商品交易法》第37条之4之规定)、保证金受领相关的书面文件(日本《金融商品交易法》第37条之5之规定)、最优执行方针等说明文件(日本《金融商品交易法》第40条之2之规定)以及投资报告书(日本《金融商品交易法》第42条之7之规定),也可以用电子方式提供。

4. 采用互联网方式的金融商品交易

有价证券买卖的订购,最初普遍通过前往证券公司店面或通过电话的

方式进行。随着信息技术的发展，通过互联网来进行金融产品的交易变为可能，金融商品交易对普通国民来说变成了触手可及之物。

日本《金融商品交易法》未对采用互联网方式进行的交易做出特别规制。顾客以互联网为媒介向证券公司委托买卖有价证券的情形，与通常的委托买卖一样，顾客的订单以证券公司的名义被放到市场中。该情形下，顾客和证券公司之间的法律关系与普通交易没有不同，证券公司的行为规制（第三编第一章第五节）也适用于互联网交易。

互联网交易中，顾客无需前往证券公司店面，手续费也相对便宜，更不用忍受纠缠不休的投资劝诱，因此可以说在时间、费用、心理层面，交易成本都比较低。但相应地，互联网交易中，顾客无法直接从证券公司的从业人员处获取信息，也更为容易下单，因此存在顾客超过其风险接受范围进行交易的危险。而且，对冒名（利用假名）注册多个户头操纵市场等不公正交易，证券公司很难对其进行审查。因此日本证券业协会制定了相关指引提醒证券公司注意，致力于投资者利益保护与确保证券交易的公正性（注52）。此外，用置于外国的服务器通过互联网面向日本投资者进行的劝诱， 85
是否可以适用日本《金融商品交易法》也成了一个问题。

相较于在流通市场中利用互联网的普及，在发行市场中利用互联网则处于刚起步的阶段。例如，如果能利用互联网进行私募，则能大大减少证券发行的成本。但此时，如何限制被劝诱者的人数成为问题（第二编第三章第一节）。而且，由于互联网通信能很容易地跨越国境，因此还能利用互联网进行国际证券募集。在这种情况下，日本《金融商品交易法》规定的发行披露制度是否会被发动（适用）也成为问题（第五节1）。

（注52）：可参照日本证券业协会："インターネット取引において留意すべき事項について（ガイドライン）"［平成十七年（2005年）12月修订］。

第五节　有价证券交易的国际化

随着资本移动的活跃，在为了融资进行的有价证券的发行和流通中，跨越国境的事例逐渐增加。对此种有价证券交易国际化的现象，日本《金融商品交易法》该如何应对，或是否应该应对，这是需要在理解整体法律的基础上检讨的难题，未解决的问题也仍有很多。本节讨论了有关日本《金融商品交易法》如何应对有价证券国际化交易的基本原则。

1. 发行市场

现在,各国证券法针对在本国市场进行的有价证券的发行和流通,都采取了适用本国法律的规定。即基于日本法律设立的国内企业,在外国市场
86 融资时,如果存在规制该市场的外国法律,则必须遵从该外国法律。例如,日本企业(股份公司)为了从美国投资者手中融资而公开发行新股,这种情形下,有关能发行什么股份,能否赋予股东新股认购权(新股预约权),公司内的新股发行程序等,应适用日本《公司法》的规定,但有关投资者保护的信息披露规制和新股发行的交易规制等,则适用美国《证券法》的规定。

日本企业采用私募形式在外国发行的证券,有时会通过证券公司回流向日本的一般投资者。有关此种证券的回流,日本的发行披露制度是否适用,取决于在日本的出售行为是否属于日本《金融商品交易法》上的"卖出"[参见第二编第二章第一节3(5)]。

相对地,外国企业希望从日本投资者手中融资而公开发行新股的,有关信息披露和交易规制适用原则上适用日本《金融商品交易法》。

但是,这里还存在以何为基准区分日本市场和外国市场的问题。有关流通市场的规制,可以交易所的所在国为基准进行区别,有关发行市场的规制,由于其以有价证券的取得劝诱为契机开始发动(参见第二编第二章第一节1),因此以劝诱行为进行地为基准进行区别。A国的企业,以B国的证券公司为中介公募发行新股,从B国对在C国和D国的投资者进行劝诱的事例中,认定为该劝诱在C国和D国进行。此时,对A国企业的新股发行,除了适用A国的公司法,还适用C国和D国的证券法。B国的证券公司被认定为在C国和D国实施经营证券业,因而适用C国和D国的证券法。但是,C国的证券法能否适用于在D国的劝诱行为,属于C国法的域外适用问题。

随着发行市场的全球化,(发行人)会对规制严格的发行市场敬而远之。但是,在缺乏投资者保护的市场中,投资者不会聚集,这样的发行市场
87 也会在竞争中败退。话虽如此,如何在致力于投资者保护的市场中同时确保企业对融资的满意度,也是一个极难的问题。日本《金融商品交易法》并没有针对外国企业有价证券的公募特别设置缓和规制的措施。但是,外国企业向特定投资者发行在面向专家的市场上市的有价证券时,发行披露的主要部分交由金融商品交易所自主规制(参见第三编第二章第五节)。

2. 流通市场

有时本国企业在外国证券市场上市,外国企业也会来本国证券市场(金融商品市场)上市。上市的目的除了提高知名度,还为了将来能在该证券市场发行新股融资。在外国公开发行新股,如果身边没有能便利地将取得的新股变现的流通市场,那么投资者也不会轻易响应外国企业的股票公募并取得股票,因此,作为融资的前一个阶段,企业会在外国的证券市场上市。此时,日本企业也可以在外国证券市场上市,但外国投资者不熟悉日本的股票,因此通过预托机构发行以该国语言制作的预托证券[参见第二章第二节1(10)],以这种方式在海外证券上市的情形很多。

股票也好,预托证券也罢,有关在外国证券市场上市的有价证券的流通,由于应适用该外国的证券法,因此本国企业的持续信息披露(信息披露)也适用该外国法。同时,如果该企业在日本证券市场也上市,由于适用日本《金融商品交易法》,所以该企业将面临重复(两次)披露的负担。

外国企业在日本金融商品交易所上市时,虽然适用日本《金融商品交易法》规定的信息披露制度,但是仍需要适用仅针对外国企业的特别规定。正如外国公司法制度中的说明那样,外国企业除了需要履行其特有的披露
以外,考虑翻译成日文需要时间,所以允许其披露时限迟于本国企业。其 88
次,对满足一定条件的外国企业,代替依据日本基准以日文进行披露,允许其依据外国的披露基准,采用英语进行披露(参见第三编第二章第二节7)。最后,外国企业在面向专业投资者的市场上市的有价证券,其发行人的持续信息披露的主要部分交由金融商品交易所自主规制(参见第三编第二章第五节)。

随着流通市场的国际化,如何解决信息披露的形式和内容的差异成为重要课题。要解决该问题是很困难的,但解决方法可以从两个方向考虑。第一,在国际上统一信息披露的形式和内容。现在这种努力正在进行,但连违反信息披露的民刑责任也要统一是很困难的。第二,有关持续性的企业内容的披露,采用以企业的本国法(设立准据法或总公司所在地法)进行规制的方式进行统一。这种想法也意味着对现行的由各市场决定投资者保护框架的系统予以放弃。

第二编　发行市场规制

第一章　发行市场的构造

第一节　发行市场的意义及其展开

1. 发行市场的意义

(1)发行市场的内涵

从金融机构等借入资金(间接金融)和发行股份或公司债等证券(直接金融)被认为是企业为了扩大生产规模或进军新的事业领域而从企业外部募集必要资金的典型方法。从金融机构等借入资金是所有企业通用的方法。但是,能通过市场向广大的一般投资者募集、发行证券从而筹集更多资金的,其主体则主要是已上市的股份公司。在采取直接金融方法的情形下,以融资为目的被发行的证券(在这里主要考虑企业发行股票或公司债券等证券的情形,但也包括国家发行国债的情况)直到其被投资者取得的过程,被称为发行市场。

(2)间接金融与直接金融的比较

在考虑资金的流动结构时,间接金融和直接金融之间有何种差异呢?

在典型的间接金融中,最终的资金供给者(存款人)和最终的资金需求者(企业)之间,存在诸如银行等金融机构作为资金流动的媒介。在融资过程中,金融机构收集、分析、判断作为资金需求者的企业的信息,然后发

放贷款给企业,这些信息收集、分析、判断等工作并非由存款人实施。最后
92 即使这笔贷款不能回收造成损失,这也是金融机构自身应该负担的,作为最终资金供给者的金融机构的存款人,只承担因该金融机构破产而可能无法得到存款偿付的风险。在通常的保险中,作为资金运用的一个环节,保险公司以保险契约者(投保人)缴纳的保险金为基础向企业发放贷款,这也同样是间接金融的形态。与之相对,在直接金融中(虽然其中也存在证券公司等金融机构进行协助,但是),最终的资金供给者(投资者)直接从最终的资金需求者(企业)那里取得其发行的证券。是否取得企业发行的证券由投资者自身来决定,持有证券所伴随的价格变动或无法偿付的危险也必须由投资者自身来承担。

并且,在间接金融中,根据金融机构和企业之间的个别的协议、交涉,来决定信息提供的程度以及借款条件等。特别是在日本,正如在所谓的"主银行"制度中能看到的一样,金融机构和企业之间的关系是比较稳固的。在这里,法律没有必要介入强制披露作为资金需求者的企业的有关信息。而且,作为最终的资金供给者的存款人所需要的信息,是自己存款的金融机构的有关财务状况和资产使用状况的信息,而非金融机构发放贷款的对象企业的有关财务状况信息。与此相对,在直接金融中,为了能让多数的一般投资者作出恰当的投资判断,创造一个披露与作为证券发行人的企业以及证券内容有关的充分而正确的信息的环境是有必要的。

(3)市场型间接金融或中间型金融的增加

日本的金融系统正处于从以银行为核心的间接金融优位的系统渐渐向直接金融占高比重的系统过渡的过程中,同时,介于像银行交易那样的相对型间接金融和像股份、公司债那样的市场型直接金融之间的金融形态(被
93 称为市场型间接金融或者中间型金融)也在增加。也就是说:①集合从投资者处筹集的资金,投资专家将其投资运用到各种资产中,并将所得利益分配给投资者的构造(投资信托以及各种基金等);②将特定资金从企业本体中分离,以资金流或资产价值作为依据,向投资者发行证券,据此实现流动化的构造(资产流动化)正在进行多样的发展,可以说这是最近金融交易中的重要趋势之一。上述①中,最终的资金供给者(投资者)并非直接取得股份或公司债,而是先形成"资金池",之后再向股份和公司债进行投资,属于上述②的金融机构借贷债权的流动化还可以理解为间接金融转换为直接金融。

以下,笔者针对日本股份以及公司债的发行市场,概括其逐渐实现自由

化、透明化的过程,同时尝试对资产流动化的意义和功能进行概观。

2. 股份的发行市场

(1)从按额面价格发行到按时价发行

“二战”以后,日本企业募集资金大部分依存于从民间的金融机构借款,利用发行新股的方式募集的资金至多只占企业从外部募集资金总额的一成左右。到了昭和四十年代(1965 年至 1974 年前后),日本企业在利用发行新股来募集资金时,赋予股东优先购买权,不按股份的时价,而是按额面价格(作为股票价格)发行新股,这种方法成为当时的通例。用额面价格向股东增发时,股东如果想规避既有旧股的跌价,就不得不认购新股,所以这对处于高度成长期的企业来说,是一个满足紧急资金需求的好办法。

此后,随着日本经济的增长,股票时价大幅超出了额面价格,昭和四十年代(1965 年至 1974 年前后)后半期以时价为基准确定发行价格的时价发行增资方法被确定下来,昭和五十年代(1975 年至 1984 年前后)以后,按时价发行取代按额面价格发行的方法成了主流。按时价发行,能够向更为广 94
泛的一般投资者募集,而且与按额面价格发行相比,募集同样金额的资金所需要发行的股票数量就少了。

在时价发行中,以流通市场的股份时价为基准决定新股的发行价格,因此发行市场和流通市场是紧密联系在一起的。越是经营高效的企业,越能在股票的流通市场获得高评价,其股票价格也会上升,如此一来,在发行市场中通过时价发行就能募集到更多的稳定资金。但是从反面来看,为了使时价发行能够恰当分配在市场主体间流通的资金,必须注意其前提是股票市场本身是有效率的。

平成十三年(2001 年)日本《商法》修订时,额面股份的制度被废除,完成了它的使命。

(2)泡沫经济的破灭及股票市场的重生

日本的股票市场在 20 世纪 80 年代后半期呈现出异常活跃的状态,股票价格高涨,但进入 20 世纪 90 年代后,以金融紧缩和股票供求关系的恶化为契机,所谓的泡沫经济破灭,导致股票价格暴跌。所谓泡沫,即指股票价格远远背离股票真实的投资价值的状态。针对泡沫的产生和其主要原因,以及 20 世纪 80 年代后半期泡沫的实际程度,经济学家进行了研究与分析。研究认为,泡沫经济和经济急速增长与利率下降、金融缓和政策、法人财产增大、特定金钱信托以及基金和信托等资金运用形态的活跃化等有关。

在20世纪80年代后半期的经济繁荣和股价高昂的背景下,企业看到了低成本进行资金募集的好时机,通过按时价发行大量新股的方法来募集资金(通过发行新股、可转换公司债、附优先购买权的公司债募集资金)。如此一来,被募集资金中的很大一部分以特定金钱信托、信托基金的形式再一次流入股票市场,进一步推动了经济的泡沫。

但是,泡沫经济破灭后,股价长期低迷,以时价发行股票公募增资在事
95 实上持续处于停止的状态,日本的股份市场陷入了功能不佳、机能不全的境地。对于日本的证券市场,强化国际竞争力、恢复个人投资者对股市的信心、重视公司股东的利益、如何确保股价的公正形成等诸多课题凸显出来。其中,重构一个真正能进行自由且公正的竞争、能够应对金融国际化、以股票市场为中心的证券市场成为重要目标,这也是金融大爆炸构想中的支柱。

(3)增资的自主规制及其废止

昭和四十年代(1965年至1974年前后)后期以来,上市公司在按时价发行股份增资时,有必要对诸如《有关增资的公司内规》以及《按时价发行增资的相关思考》等证券公司内的自主规制进行补强。这么做是为了在按时价发股增资的急速普及中,防止因大量集中增资引起股票供求关系恶化的同时,能及时阻止从发行公司的财务内容等信息来看,有可能会显著损害股东利益的增资行为。证券丑闻发生后,上述增资自主规制被上升为日本证券业协会的规则,证券承销商在销售证券时,被设定了确认和审查包含发行公司财务状况、经营业绩,股票的发行数量、发行额,股票价格的波动,过去被发行股票的情况,资金的使用用途,向股东分配红利的情况等的义务。此外,所谓利益分配规则则要求:在按时价发行新股募集资金时,企业要实施一定的利益分配和公布向股东分配的政策。

但是,人们渐渐认识到这种人为的限制规定,即使被有弹性地运用,也会制约发行市场的自由,并很有可能带来资金分配的弊病。因此,考虑到应该以充分的披露为前提,让市场发挥功能,平成八年(1996年)4月以后,上述规制被废止了。

3. 公司债的发行市场 96

(1)发债管控*,从有担保原则到适债基准的废除

在日本,战后很长一段时间内,由于存在受托银行和证券承销公司所组成的“发债会”(日语表述为“起債会”),公司债的发行事实上一直被置于强管控之下。当时设立了以若干财务指标为内容的适债基准,规定无法满足适债基准的企业不能发行公司债,然后将满足适债基准的企业的纯资产额作为最重要的指标进行分段定级,在各个等级内适用统一的发行条件。这种严厉的自主规制在战后经济复兴时期以及经济高度增长期,可以起到人为地将稀少的资金分配给基础产业的作用,还能显著减少公司债无法偿付的情形,有利于保护债权人的利益。但是后来,日本经济进入低速成长期,并且在第三产业比重逐渐增大的过程中,这种管控被认为不当地制约了企业募集资金的自由,应当对其进行重新考虑和审视的呼声越来越强。

而且,在日本,从大正(1912 年至 1926 年)末期到昭和(1926 年至 1989 年)初期的萧条期内,公司债无法得到偿付的情形接连不断地出现,由于这其中有许多不附担保的公司债,因此金融机构约定公司债的发行必须以附担保为原则,自那以后,绝大部分公司债都作为附担保的公司债被发行。但是,如下问题被指了出来:①在海外发行的债以无担保为原则;②统一的附担保原则的适用,会给财务情况优良的企业带来不必要的负担;③有些行业的企业,其业种决定了企业没有可以用来担保公司债的财产,那么这些企业发行公司债就会变得很困难。

昭和五十年代(1975 年至 1984 年前后)以后,以设定财务限制条款为条件,无担保公司债的发行得到了允许。同时,适债指标的变更和基准的缓和得以实现,但在金融自由化和国际化的进程中,国内市场的普通公司债的发行比较低迷,而且由于对普通公司债施以诸多规制的国内市场令人失望,
转而去海外市场发行的发行人比例急速增大,日本曾数次采取应对措施。 97
而且,作为缓和证券领域规制的一个环节,平成八年(1996 年)1 月 1 日以后,适债基准以及财务限制条款的设定义务被完全废止。以与取得评级、风险信息、财务上的特别约定(财务限制条款)等内容相关的信息披露为前提,以市场规律作为基础的公司债发行市场得到了发展。

有关发行价格、利率等公司债的发行条件,如前文所述,最初是由“发

---

* 日语表述为“起债統制”。

债会”向发行公司提示其统一决定的发行条件,针对这一点,越来越多的呼声要求应该向着迎合市场的动向,实施通过竞争决定发行条件的改革。于是在昭和六十二年(1987 年),所谓的“投标方式”被引入。这个方式是发行公司对各证券公司提示的发行条件进行筛选,经过考虑后指定其中一家作为主干事公司*,与该主干事公司进行协议,以决定发行条件的方式。但是为了得到主干事席位的竞争是非常激烈的,制定的发行条件与市场实际情势大幅偏离的情形屡见不鲜,因此现在关于发行条件的决定,采取的方式是证券承销公司提出临时(假定)的发行条件,在掌握投资者需求情况的基础上,根据市场实际情势,在可能买卖的水准下,再决定发行条件(需求累积方式、询价方式,即 Book Building 方式)。

(2)《商法》对公司债发行限度的规制及其废除

有关公司债的发行限度,自《商法》制定以来,规定如果超过资本、准备金的总额或者在最终资产负债表显示的公司现存的纯资产额三者中任意一个较少的金额,那么公司债将不能发行[平成二年(1990 年)修订前的日本《商法》第 297 条之规定]。立法者对这个限制的解释是为了保护公司债的债权人的利益,有必要抑制公司负担超过其资金实力以上的固定债务,但是,以下问题被指出来:①对公司借款没有特别的限制,而且由于公司债发行后公司的资产状况还是有可能发生恶化,只限制公司债或者仅在发债时进行限制都是缺乏实效性的;②先进国家几乎没有同种限制,从确保日本企
98 业的国际竞争力的方面来看也是不合适的。因此,应当重新考虑或废除该制度的愿望变得强烈。受此影响,平成二年(1990 年)的《商法》修订中,限度规则向纯资产基准一元化方向改革,紧接着,平成五年(1993 年)《商法》修订时,公司债发行的限度规则被全面废止。

4. 评级制度

正如上文已经提及的,日本国内公司债的发行尤其是普通公司债的发行曾一时低迷,平成三年(1991 年)以来,因股价低迷,新股和可转换公司债的发行变得十分困难,金融机构减少放贷,而与此同时公募事业债的发行则变得非常活跃。由于取消了对公司债在事实上以及法律上的制约,今后公司债的发行或将成为企业有力的资金募集手段。

在公司债发行自由化的状况下,需要创造能期待依据市场原理对公司

---

* 类似于承销人。

债的债权人进行保护的环境,也就是说,公司债的风险能被正确地反映到利率上,同时根据公司债的风险,投资者可以进行投资判断。能实现这个重要任务的就是公司债的等级评定(评级)制度。

评级制度,是指作为第三方专业机构的等级评定机构对各个债券的本息能否被清偿的安全性程度进行分析,并用简单的符号标示,传达给投资者相关信息的制度。例如,按照安全程度由高到低将等级划分为AAA、AA、A、BBB、BB、B…C,一般而言,BBB等级以上的债券被称为适格投资债券。不满足适格投资的债券也可以发行,但是(发行人)不得不支付反映风险的高利息。BB等级以下的债券一般被称为垃圾债券,在海外也存在专门买卖这种垃圾债券的市场。

在评定等级时,等级评定机构会考虑有无担保、有无财务上的特别约定,会进行财务分析、向发行公司问询等,测评其支付本息的安全程度。等级评定不是针对发行企业而是以各个债券为对象进行的,债券发行后,当发行公司偿还本息的能力恶化时,债券等级就会被调低。债券因发行总额、偿 99
付期限、利率、担保、特约条款等不同而多种多样,对其进行风险评价并不容易,但等级评定制度用非常简单的标记标识出债券的安全程度,为投资者提供了有利信息。

在美国,债券等级评定制度是20世纪前半期以来自然产生并逐渐成熟的制度,但在日本则是从20世纪70年代末到80年代中期,在相继设立等级评定机构后植入的制度,最开始是因为适债基准中也包含了债券等级基准,之后逐渐确立了日本的评级制度。

等级评定机构接受发行主体的委托进行等级评定,为了提高等级制度的可信赖性和客观性,等级评定机构必须保持独立性和中立性,因此有必要确立其不依赖于评定费用的经营(财务)基础。而且在以次贷问题为发端的世界性金融危机中,次级贷款和其他贷款一起被复杂地纳入证券化的金融商品中,而包含机构投资者在内的投资者们在很大程度上依赖于债的等级评定,但有不少意见认为,等级评定机构对原债权的安全性所做的预期不尽然正确,因而债券等级并非一定能充分反映风险。基于这种反省,各国都引入并强化了对等级评定机构的规制制度,日本经过平成二十一年(2009年)的《商法》修订亦引入了有关债券等级评定机构的注册制度(参见第四编第五章第一节)。

5. 资产流动化

除了发行股票和公司债融资这种典型的证券发行形态之外,20 世纪 80 年代以后被称为资金流动化的新型证券发行、资金募集、资金运作管理(投资管理)的形态逐渐发展起来。

所谓资产流动化,是指将债权、不动产等特定资产同原所有权人剥离,
100 以其产生的现金流和资产价值为担保向投资者发行证券,以此实现流动化的结构模式。一般而言,金融形态的重点从间接金融转移到直接金融的过程被称为证券化,有时证券化也被特指上述形态的资产流动化。金融机构从持有的房贷债权流动化开始,逐渐向信用卡债权、机动车贷款债权的流动化发展,甚至有望发展办公大楼和出租公寓等不动产的流动化。

概括通过资产流动化的证券发行,主要有以下几种形式。

①从原所有权人处剥离特定的资产,将该资产的持有等权利向设立的特殊目的载体转移(special purpose vehicle)。这种载体是指日本根据资产流动化法设立的特殊目的公司和特殊目的信托制度(参见第一编第二章第二节 1)。

②以使用特殊目的公司的情形为例,特殊目的公司将管理和运作管理(投资管理)从原所有权人处被转移的资产所获得的金钱用作本金返还和利息支付,再以通过发行证券所得的金钱向原所有权人支付资产的对价。

③与有关特定资产的管理(从原债务人处回收债权等)、该证券的本息支付等相关事务,一般由被称为“债权回收公司”的代理公司在接受特殊目的公司等机构的委托后代理处理。原所有权人兼任债权回收公司的情形很多见。

那么,这种资产流动化具有怎样的经济意义和功能呢?对原所有权人来说,并非基于(投资者)对企业整体的评估,而是基于对成为流动化对象后的资产的评估而从证券市场募得资金,同时通过将该资产从资产负债表的资产项目中去掉(off balance),进而实现财务指标的改善(特别是不良资产或不良债权的流动化)。对投资人来说,投资对象的选择范围变广了。而且,从风险的负担方面来看,将特定资产从原所有权人所持有的资产的整
101 体中剥离,仅仅是与该资产收益的不确定性相关的风险从原所有权人处转移给证券投资者,可以实现风险的再分配。在金融机构将持有的贷款债权或房屋贷款债权证券化的情况下,间接金融(金融机构持有贷款债权)通过证券化的过程转变为直接金融(多数投资者持有证券化后的债权)。

日本为了实现资产流动化的可能，构建了法律上的框架：有关租赁债权和信用卡债权，平成四年(1992 年)制定了规制涉及特定债权的事业(经营)的法律(《特定债权规制法》)；有关不动产，平成六年(1994 年)制定了《不动产特定共同事业法》，但这部法律只限定了特定的行业，可谓是一次纵向立法，而且在流动性方面也没有做足文章。

作为为了促进资产流动化而创设的更具有包括性的法律制度，平成十年(1998 年)，《有关特殊目的公司进行特定资产流动化的法律》(简称 SPC 法)被制定了。该法规定了用特殊目的公司(Special Purpose Company，SPC)对指名金钱债权以及不动产进行流动化的构造，规定了具有特殊法人形态的特殊目的公司的设立、管理、运营等相关内容，但在平成十二年(2000 年)，进行了以下三个方面的大幅度修改：①资产流动化的对象资产普遍扩大到一般的财产权；②对特殊目的公司的相关规制进行简单、合理化改革；③创设利用信托进行流动化的构造(特殊目的信托)。而且法律的名称也被改为《与资产流动化相关的法律》。

对于次贷问题引发的世界性金融危机，美国将次级贷款(非面向优良顾客的房屋贷款)证券化，这些证券被组织再编，形成再证券化的金融商品，在其被反复组成和贩卖的过程中，作为原债权的房屋贷款债权的风险就很难再被发现了。因此，确保对证券化商品的基础资产的追踪可能性是很重要的，认识到这一点后，日本证券业协会接受了对面向金融厅的金融商品交易业者的监督指引的部分修改，日本证券业协会于平成二十一年(2009 102
年)3 月制定了《与证券化商品销售相关的规则》等，对协会会员进行的证券化商品的销售进行了规定，包括配备披露和传递其基础资产的内容和风险等信息的措施及其他相关内容。

第二节　发行市场规制的必要性及其概要

1. 发行市场规制的必要性

(1)信息披露的重要性

发行市场规制的核心是证券发行阶段的信息披露，只要考虑到通过发行证券以募集资金的企业与投入资金取得证券的投资者之间存在的信息不均衡或不对称性，那么发行市场中的信息披露的重要性就显而易见了。

对于究竟是什么样的企业想要发行证券，募集的资金被用于何种目的，证券内容如何等问题,如果不提供正确且充分的信息,投资者就不能做出合适的判断,如果只了解不准确又不充分的信息,投资者很容易被欺骗,并因此遭受损失。而且,如果识别某个证券的安全度或危险度是困难的,那么理性投资者很可能会因为风险过大而不再投入资金,即使投入资金也要求所有证券具备平均的价格和要求。但是如此一来,最后可能只有安全性低的企业会选择募集资金,而安全性高的企业会因为价格和条件过差而不选择资金募集(也就是所谓的逆向选择)。因此,如果证券的危险度高,价格反而变高,条件变得严格,那么就会演变成只有危险更大的企业才会募集资
103 金,证券危险度变得更高,最后将没有人会购买证券,从而将损害资金分配的效率。

通过以上说明可以获知,投资者以披露的信息为根据,在深思熟虑之后做出投资判断,因而正确且充分的信息披露是保护投资者不可欠缺的条件。在日本,证券市场的理想状态是,投资者在自行判断和自行承担责任的基础上进行投资,也即有必要确立投资者的风险自担原则。但是作为要求投资者自己承担责任的前提,必须实施信息披露,以使投资者能依据正确且充分的信息作出投资判断。不仅如此,信息披露在使发行证券募集资金的过程更加顺畅、资本市场发挥更有效功能的方面也都发挥了重要作用。

(2)规制的必要性

为了确保投资者能够做出恰当的判断,信息披露是非常重要的,但即使如此,法律也不能当然强制要求披露。如果不披露信息,那么也许很难找到想要购买证券的投资者,即使存在这样的投资者,在证券被投资者判定为风险极高后,对发行证券的企业来说发行条件将会恶化。如此一来,即使法律上不强制披露信息,企业也会主动地进行披露。其实在美国也存在持有这种观点的人。那么为何法律还要介入,要求强制披露信息呢?(注1)

企业可能认为自己的将来有一个乐观的预期而披露信息,或者企业可能只披露对自己有利的信息。企业也有可能蓄意作出虚假披露误导投资者的判断。证券发行时,证券公司夹杂其中,参与证券认购的分销,由于证券
104 公司关心所有证券是否能售罄,所以仅依靠证券公司的参与,难以期待能完全消解信息不对称给投资者造成的困难。因此,法律介入其中,规定(发行公司)必须披露投资判断所必要的且充分的信息,同时制定了确保信息披露的公正性等诸多制度。这样一来,投资者能得到必要的信息,而且其得到的信息是可信赖的。

另外,即使企业主动披露信息,其披露的事项和披露的形式也是多种多

样的,有时难以对多个企业或证券进行比较,而且信息被披露后到证券被交易之间应设置多长的期限较为合适也不明确。法律通过将信息披露标准化,还能减少因披露所产生的成本。加之,在证券发行时因大量证券同时涌入市场容易造成供求失衡,可能使市场价格大幅下降,因此有必要向投资者披露证券发行的事实,被发行证券的内容、发行价格、数量等信息。

由于一般投资者对作为证券发行人的企业难以直接要求其告知信息,所以有必要通过法律强制企业披露信息,以保护投资者的利益。与此相反,机构投资者拥有有关证券投资的专业知识与经验,有能力搜集并分析其所需要的信息,因此并不必然需要通过法律保护其利益。

(注1):美国关于披露制度存在的意义的讨论,可参照江头宪治郎:《企業内容の継続開示》大系第189页、第194页以后。

(3)机构投资者及其发行市场规制

提到通过发行证券募集资金,眼前浮现的典型情形是,大规模股份公司面向多数的一般投资者发行股票或公司债,以此募集资金,投资设备。但最近,银行、保险公司、投资信托及年金基金等机构投资者(注2)的投资规模逐渐扩大,企业对特定且数量不多的机构投资者发行公司债,灵活募集资金 105
的实例也并不鲜见(一般被称为私募)。在这种情况下,机构投资者从多数的一般的资金供给者处收集大量资金,以其自行收集并分析的信息为依据,取得作为最终资金需求者的企业发行的证券。例如,在银行参与私募,购买债券时,作为最终资金供给者的一般投资者即存款人,只承担存款债权无法回收的风险,不承担银行持有的公司债的本息无法偿付的风险。银行与作为证券拥有者的企业之间的关系,和银行与作为借款人的企业之间的关系在本质上并没有差异,从发行证券募集资金的形式看,私募似乎是直接金融,但它实质上也可被看作间接金融。

在此类有机构投资者介入的情况下,为了保护银行的存款人、证券投资信托的受益人、年金基金的出资人等最终资金供给者的利益,有必要整备相应的规制,但这需要对银行、保险公司、证券投资信托、年金基金进行分别规制。在此处,由于企业证券发行的相对方,是拥有证券投资相关的专业知识和经验的机构投资者,这不同于原本法律介入时所设想的情形,因此作为发行市场规制,法律以保护机构投资者的利益为由强制信息披露,这个理由并不够充分。

(注2):机构投资者(institutional investor),是指一般以投资收益为目的,通过投资有价证券进行专业化的资产运作管理(投资管理),具备法人

形态的投资者。典型的有年金基金、保险公司、证券投资信托、投资顾问等。但是从一开始,日本的机构投资者与其说是为了投资收益,不如说更多的是考虑与企业之间的交易关系而持有股票,或作为协调融资的变形而认购公司债,未必能称得上是典型的机构投资者的行为。

106 (4)已发行的证券的销售及其发行市场的规制

国铁(JR)*、电电公社(NTT)**、专卖公社(JT)这三个公社民营化后转制为各种不同的股份公司形态,政府将所持有的这些公司(JR在日本本州的三家公司、NTT、JT)的股份出售给一般投资者。正如这个例子,向多数投资者出售已发行证券时,已发行证券是交易的对象,发行证券的企业并不以募集资金为目的,在形式上不是发行市场的对象。但由于存在以多数一般投资者为对象的劝诱行为,建立以信息披露为中心的规制就变得必要了,可以说其在实质上与发行市场近似。以下说明也基于其属于发行市场这一立场来论述。

(5)伴随着公司组织再编(重组)的证券发行、交付与其发行市场的规制

在日本《金融商品交易法》中,从对公司组织再编(公司合并、公司分立、股份交换、股份移转)相关的信息披露进行充实的观点来看,因公司组织再编发行股份(组织再编发行程序)和交付公司已发行的股份等(组织再编交付程序)时,特定组织再编发行程序包含在"募集"中,特定组织再编交付程序则包含在"卖出"中,有价证券的募集和卖出适用同样的披露制度(日本《金融商品交易法》第2条之2、第4条第1款之规定)。

伴随组织再编的证券发行和交付,在公司法中被归类为特殊的新股发行,发行证券的企业不以募集资金为目的,在形式上不属于发行市场的事项。《证券交易法》也不将伴随组织再编的证券发行和交付作为信息披露制度的规制对象。但是,例如,在吸收合并中消亡的公司是持续披露公司,但存续公司或在三角合并中被交付股票的发行人是非持续披露公司的情形下,为了保护股东和投资者利益,实现组织再编的透明性,人们希望披露与作为对价被交付的股票以及存续公司或被交付股票的发行人有关的信息。
107 因此,日本《金融商品交易法》在企业合并、收购等情形增加的情况下,将一定的有关组织再编的信息披露囊括到了发行市场规制中。

---

* 一般指日本国有铁道公司。

** 一般指日本电信电话公社。

2. 发行市场规制的概要

(1)有价证券申报制度的概要

以保护发行市场的投资者为目的,日本《金融商品交易法》中要求披露有关有价证券以及企业发行人信息的制度就是有价证券申报制度。即发行价格或卖出价格的总额在 1 亿日元以上的有价证券的募集或卖出,除了特别规定属于适用除外的证券以外,原则上发行人必须就与该募集或卖出相关的事项向内阁总理大臣提出申请,提交有价证券申报书以及其他添附文件(日本《金融商品交易法》第 4 条第 1 款、第 5 条第 1 款第 5 项之规定)。有价证券申报书的有关证券募集或卖出的要项中记载了发行人(注 3)的企业内容等信息,金融厅审查该内容,同时供公众阅览(日本《金融商品交易法》第 25 条之规定)。且如果该申请不生效(原则上,自内阁总理大臣受理申请后经过 15 日生效,日本《金融商品交易法》第 8 条第 1 款之规定)则不能通过募集或卖出有价证券的形式使投资者取得证券或向投资者销售证券(日本《金融商品交易法》第 15 条第 1 款之规定)。而且,在使投资者取得证券或向投资者销售证券时,必须事先预备或同时交付招股说明书(同条第 2 款之规定)。通过有价证券申报书进行的披露是间接披露,投资者可以去阅览场所收集信息,但通过招股说明书进行的披露是直接披露,因为记载了与有价证券申报书大体相同的内容的招股说明书是被直接交付给投资者的。

将上述规制的概要进行整理,按时间先后顺序可以分为以下三个阶段:①在申请募集或卖出前,不得募集或卖出;②在募集或卖出的申请提交后,在申请生效之前的期间(所谓的待机期间),可以进行募集或卖出(粗略表
述的话就是实施劝诱活动),但不得使投资者取得有价证券或向投资者出 108
售有价证券(签订交易契约);③募集或卖出的申请生效后,可以使投资者取得有价证券或向投资者出售有价证券,并事先或同时交付招股说明书。发行市场规制以向投资者披露投资判断所必要的信息为中心,这个披露规则应该被理解为由具有实效性的一定的行为规制组合而成的。

昭和六十三年(1988 年)《证券交易法》修订,统一并调整了发行披露和持续披露制度(第三编第二章),对已进行持续披露的发行人而言,简化发行程序,引进书写有价证券申报书的合订方式及可参照方式,同时为了更灵活地募集资金,采用发行登记制度。合订方式和可参照方式是指对有关有价证券申报书中的企业信息的披露,只需要附上或可参照已经申报持续

披露的文件以供可参照的方式(日本《金融商品交易法》第5条第3款、第4款之规定)。发行登记制度是更为简单的发行披露方法,指提交事先备好的记载了规定事项的文件并登记后,在计划发行期间内,不需要申请就能进行募集或销售的制度(日本《金融商品交易法》第23条之3以下的规定)。在发行登记制度中,也必须交付招股说明书(日本《金融商品交易法》第23条之12第3款、第15条第2款之规定)。

平成十年(1998年)修法前的《证券交易法》中规定,在有价证券的募集和卖出时,如果发行总额或卖出总额未满5亿日元,则有价证券申报书的提交可获免除(日本《金融商品交易法》第4条第1款之规定)。平成十年(1988年)《证券交易法》被修改,免除基准额下调为未满1亿日元,而对总额1亿日元以上未满5亿日元的募集或卖出(少额募集等),也规定了提交有价证券申报书的义务(日本《金融商品交易法》第4条第1款之规定)。未披露企业也可以从资本市场募集资金,证券公司对未上市、未登记公司的股份的劝诱行为被解禁(注4),发行公司能通过互联网直接对大范围的投
109 资者进行劝诱,因此,为了保护投资者的利益,有必要扩大披露制度的适用范围。

为了担保上述的发行市场规制,修改后的该法除了规定违反义务时的罚则(日本《金融商品交易法》第197条以下之规定),还规定了虚假陈述人的民事责任(日本《金融商品交易法》第17条至第22条、第23条之12之规定)。

而且,平成十七年(2005年)修法后,该法引入了英文披露,其披露对象范围只限于持续披露文件。为了促进外国公司在日本的资金募集,为外国公司创建一个更利于参与日本证券市场的环境,平成二十三年(2011年)修法后,(英文披露)对象范围扩大到有价证券申报书、招股说明书等发行披露文件(日本《金融商品交易法》第5条第6款、第13条第2款之规定,参见第三编第二章第二节7)。

(注3):有关披露企业内容等制度的各项规定,适用于发行人是公司以外的人(例如证券投资法人)的情形(日本《金融商品交易法》第27条之规定)。

(注4):以前,根据日本证券协会的规定,对未披露的股票和未登记的股票,证券公司不得向顾客进行投资劝诱,但由于存在希望使资金能从证券市场顺利流入风险企业的政策性要求,平成九年(1997年)4月,有价证券店头交易制度被设立,允许在特定条件下进行此类投资劝诱行为(《关于协会会员的投资劝诱、顾客管理等的规定》第12条之2之规定)。

(2)与《公司法》中的发行披露的比较

《公司法》规定,公司在发行股份、新股认购权(新股预约权)或公司债时,需向响应募集的有意申购者进行通知(通知方式恰当即可)规定事项(日本《公司法》第59条第1款、第203条第1款、第242条第1款、第677条第1款之规定及《附担保公司债信托法》第24条之规定。并且规定了虚假通知后的董事责任追究,可参照日本《公司法》第429条第2款第1项之规定)。如果比较《公司法》中以通知重要事项所作的披露要求和日本《金融商品交易法》中根据有价证券申报制度进行的披露要求,会发现以下不同。第一,从适用范围来看,《公司法》的规制涉及股份、公司债等被发行的所有情形,而日本《金融商品交易法》的规定,不仅涉及股份、公司债等企业 110
金融型证券,其规制还涉及所谓资产金融型证券。在多数一般投资者有可能参加投资时,以通过披露信息实现对投资者的保护之目的,新证券的发行和已发行证券的出售如果不属于"募集"和"卖出",则不需要披露信息。第二,从披露的内容来看,《公司法》的规定只要求披露权利内容等证券的形式内容,与此相对,日本《金融商品交易法》的规制的主要目的是向投资者提供作出证券实质投资价值判断所需的资料和信息,要求披露与发行公司企业内容等相关的详细信息(注5)。第三,在日本《金融商品交易法》的规制中,被披露信息的完整性和正确性由行政机关审查,并作了必要时候(通过行政)对披露行为进行纠正的制度准备;而在《公司法》的规制中,并没有行政机关的参与。

(注5):日本《金融商品交易法》中规定必须交付招股说明书的情形下,在《公司法》中规定(在该情形下)不需要通知重要事项(日本《金融商品交易法》第203条第4款、第242条第4款、第677条第4款之规定),这是为了避免重复披露而作的立法调整。

111 # 第二章　发行市场中的披露规制

第一节　有价证券申报制度的适用范围

1. 总论

有价证券的募集或卖出，原则上发行人必须就该募集和卖出向内阁总理大臣提出申请（日本《金融商品交易法》第4条第1款之规定）。即根据有价证券申报制度，被要求申报的是募集或卖出有价证券的情形，“募集”及“卖出”的概念构成了制度的基础。大致来说，募集指以多数人（50人以上）为对象，进行取得新发行有价证券要约的劝诱行为；卖出指以多数人（50人以上）为对象，针对已发行有价证券，进行出售要约或者购买要约的劝诱行为（日本《金融商品交易法》第2条第3款、第4款之规定，日本《金融商品交易法施行令》第1条之5、第1条之8之规定）。有关募集以及卖出的意义，阅读日本《金融商品交易法》的规定可以发现其参照了复杂的政令、府令，虽然难以理解，但对基本框架的理解还是很重要的。

平成四年（1992年）修法前的《证券交易法》就募集以及卖出的要件，规定把对“不特定的多数”在相同条件下进行劝诱作为基准（日本《金融商品交易法》第2条第3款、第4款之规定），实践中，根据行政指令（通知)，劝诱对象如未满50人则不属于募集或卖出。现行法把以“多数人”为对象的劝诱作为募集或卖出，而且由于是否符合募集或卖出与罚则的适用密切相关，因此根据政令，明确规定“多数人”是指50名以上的人(日本《金融商品交易法施行令》第1条之5、第1条之8之规定)，在法令层面明确了人数的基准。同时，在判断是否属于募集时，规定要考虑劝诱对象的属性， 112
即使是以“多数人”为对象，但当劝诱对象是拥有证券投资相关专业知识和经验的适格投资者时，也不将其视作募集(注6)。

且在平成四年(1992年)修法前的《证券交易法》中，“相同条件”是募集或卖出的要件，但修法后对募集不再要求这一要件[平成二十一年(2009年)日本《金融商品交易法》修正后，对卖出也删除了这一要件。参见4(1)]。修法前，即使是实际上属于募集的劝诱，当事人也可以通过微小变更发行金额和缴款日期等条件，将原本属于募集的劝诱进行数次分解，从而规避发行披露的规制，这次修法就挡住了上述这条规避法律的路。

从向一般投资者提供完整且正确的投资信息的披露制度的主旨来看，一方面，在披露被认为是必要时，必须制定能使披露被确实而恰当实施的规则；另一方面，在不披露或简单披露也不会有损投资者保护时，使(发行人)负担因披露产生的费用和时间成本是不必要的，此时不妨更加重视灵活募集资金的便利性。因此，从披露制度的宗旨来看，为了明确划分应进行披露的情形和不强制发行披露的情形，法律将劝诱对象人数和投资者属性作为判断基准的同时，还应当采取一定的预防措施，以免发行披露制度被巧妙规避。以下的说明乍一看可能会被认为是极富技术性的事项，而从为何要求募集或卖出必须进行申请的视角出发进行理解是十分必要的。

(注6)：在判断是否属于募集或卖出时，并非考虑有价证券的取得者和购买者，而是考虑成为劝诱对象的人数和其属性。

113

2. 适用除外证券

在募集或卖出有价证券时，原则上发行人必须就该有价证券的募集或卖出向内阁总理大臣报告(日本《金融商品交易法》第4条第1款之规定)，但日本《金融商品交易法》第2条列举的有价证券中，某些规定的有价证券可以排除适用信息披露制度(日本《金融商品交易法》第3条各项之规定)，即：①a. 国债证券(日本《金融商品交易法》第2条第1款第1项之规定)；b. 地方债证券(同款第2项之规定)。②a. 法人根据特别法律发行的债券(同款第3项之规定)；b. 根据特别法律设立的法人发行的出资证券(同款第6项之规定);c. 贷款信托的受益证券(同款第12项之规定)。③第2条第2款的规定中视为有价证券的同款各项所列的权利[a. 集合投资计划份额等,日本《金融商品交易法》第2条第2款第5项之规定,对于该权利相关的出资对象事业主要是有价证券的投资事业且符合政令的规定;b. 日本《金融商品交易法》第2条第2款第1项至第4项、第6项及第7项所列权利中,与a列举的权利类似的、由政令规定的权利;c. 其他政令(日本《金融商品交易法施行令》第22条之11之规定)规定的权利]。④政府关于偿付本金及支付利息相关的政府保证性公司债券(政府保证债券)。⑤其他根据政令规定的有价证券,针对根据日本加入的条约设立的机构所发行的债券,依据该条约在日本国内募集或卖出已得到日本政府同意的,排除适用日本《金融商品交易法》第2章的规定,因此不需要就募集或卖出的申报进行发行披露。

上述①中的a是由国家,①中的b是由地方公共团体,来支付本金和利息,基本不会出现债务不履行的情况。而④(如电源开发公司债、石油资源开发公司债等)也由政府保证本息的支付,因此不需要通过信息披露保护投资者。②中的a、b(参见第一编第二章第二节1)的有价证券,其发行根据特别法律的规定需要向监督官厅报告或取得认可,因此同样不需要特别
114 的信息披露(但是,当被认为披露是必要且适当时,个别证券也有可能被政令指定披露。日本《金融商品交易法》第3条第2项括号规定、日本《金融商品交易法施行令》第2条之8之规定)。②中c的贷款信托,必须考虑对期望取得受益证券的一般投资者进行保护,对此,《贷款信托法》已规定必须进行与募集有关的特别信息披露(日本《贷款信托法》第7条等之规定)。⑤中(以世界银行债、亚洲开发银行债等为例),通过参与发行机构的运营,政府得以充分调查并监督该机构的内容和债券的安全性等信息。

上述③中的有价证券一般都缺乏流动性,因而其信息不必采用公众阅览的方式进行广泛的披露,因此原则上不作为披露规制的对象。对投资者进行的信息披露,则通过直接提供信息的方式,规定金融商品交易业者等的书面交付义务(日本《金融商品交易法》第37条之3之规定)。但是,主要和对有价证券进行投资事业(指投资额超过总出资额50%的对有价证券进行的投资事业。日本《金融商品交易法施行令》第2条之9之规定)相关的集合投资计划份额和与此类似的权利等(有价证券投资事业权利等)(③中a~c),属于披露制度的对象(日本《金融商品交易法》第3条第3项之1、2、3之规定,日本《金融商品交易法施行令》第2条之9、之10之规定)。这种同

集合投资计划份额等相关的信息,不仅对集合投资计划的直接投资者,而且对市场上的其他投资者而言也是极其重要的信息,因此很有必要将其作为发行披露及持续披露的规制对象。

3. 有价证券的募集

(1)募集的意义

与日本《金融商品交易法》第 2 条第 1 款所列有价证券或同条第 2 款规定的被视为有价证券的有价证券(视同有价证券)表示权利或特定电子(数字化)记录债权(第 1 款的有价证券)相关,有价证券的募集是指在进行取得新发行有价证券的申请劝诱[取得劝诱,以及包括属于此类行为的,内阁府令(定义府令)规定的行为]时,符合以下第一、第二所述情形(日本《金融 115
商品交易法》第 2 条第 3 款之规定)。

第一,面向多数人的取得劝诱。即以多数人为对象进行要约取得股票的劝诱(日本《金融商品交易法》第 2 条第 3 款第 1 项之规定,但仅以特定投资者为对象的情形除外),根据政令规定,“多数人”是指“50 名以上的人”,明确了人数基准(日本《金融商品交易法施行令》第 1 条之 5 之规定)。有关人数的计算,如果劝诱对象包括适格机构投资者,如政令(日本《金融商品交易法施行令》第 1 条之 4 之规定)所规定的,该有价证券从取得证券的适格投资者向适格投资者以外的人转让的可能性很小时(与以下所述以适格机构投资者为对象的取得劝诱的第二点要件相同),该适格机构投资者不计算在内(日本《金融商品交易法》第 2 条第 3 款第 1 项括号规定)。

第二,相关取得劝诱必须满足除以多数人为对象的取得劝诱以外,还不得属于针对专业投资者的私募(专家私募)、特定投资者私募、少数人私募中的任何一者(日本《金融商品交易法》第 2 条第 3 款第 2 项之规定)。即以排除法的方式进行规定,稍显难以理解,从反面来说,如果符合以适格机构投资者为对象的取得劝诱、以特定投资者为对象的取得劝诱及以少数人为对象的取得劝诱中的任何一个,其就不属于募集[这些被称为“私募”(注 7),可参照同款之规定],不需要进行募集申报,因而能节省由披露产生的费用和时间,实现灵活发行证券。

因此,取得新发行有价证券的要约劝诱可以被分为以下三类:①以多数人为对象的取得劝诱被视为募集时,需要申报;②以适格机构投资者为对象的取得劝诱、以特定投资者为对象的取得劝诱及以少数人为对象的取得劝诱被视为私募,因而不需要进行申报;③如果既不属于①又不属于②的情形,则被视为募集,需要申报。要注意不属于以多数人为对象的取得劝诱时,并非必然属于以少数人为对象的取得劝诱。

由上文进行的说明可知,要理解募集的概念,就必须研究以适格机构投
116 资者为对象的取得劝诱与以少数人为对象的取得劝诱究竟为何物。

(注7):属于取得新发行有价证券的要约劝诱(取得劝诱),但不属于有价证券募集的,被称为有价证券的私募(日本《金融商品交易法》第2条第3款正文之规定),包括日本《金融商品交易法》上的金融商品交易业者(同条第8款第9项之规定)。且有关私募的处理,金融机构接受内阁总理大臣的登记后可自行(可以不通过证券子公司)实施[日本《金融商品交易法》第33条第2款、第33条之2第1项之规定,参见第四编第二章第二节2(2)]。

(2)专家私募*

专家私募,是指仅仅以适格机构投资者为对象,且该有价证券从取得者(适格机构投资者)向适格机构投资者以外的人转让的可能性很小时,由政令(日本《金融商品交易法施行令》第1条之4之规定)规定的情形(日本《金融商品交易法》第2条第3款第2项之规定)。

第一个要件是,只以适格机构投资者为对象进行劝诱。适格机构投资者,是指拥有对于有价证券投资相关的专业知识及经验的人,且在内阁府令规定范围内者(日本《金融商品交易法》第2条第3款第1项之规定),具体而言,除了进行第一种金融商品交易业或投资运用业的金融商品交易业者、投资法人、银行、保险公司等典型机构投资者,近年来随着私募债市场的扩大,符合规定标准的一般事业公司通过向金融厅长官申请获批也能成为适格机构投资者,随着日本《金融商品交易法》的施行,适格机构投资者的范围被进一步扩大了(《定义府令》第10条之规定)。这些机构投资者拥有与有价证券投资相关的专业知识及经验,被认为能以自己的能力搜集、分析必要信息并作出投资判断,因此没必要通过对募集作详细披露来对其进行保护。因此,仅以适格机构投资者为对象进行取得新发行有价证券的申请劝诱时,即使劝诱对象在50人以上,也不属于以多数人为对象的取得劝诱(日本《金融商品交易法》第2条第3款第1项括号内容之规定),无需进行发行披露。

第二个要件是,必须符合"该有价证券从取得者向适格机构投资者以外的人转让的可能性很小时,由政令(日本《金融商品交易法施行令》第1

* 日语表述为"プロ私募",指以适格机构投资者为对象的取得劝诱。

条之4之规定)规定的情形"。即使最初只以适格机构投资者为劝诱对象,发行后向适格机构投资者以外的人转卖的可能性很大时,不要求发行披露也是不妥当的。这是为了防止回避和逃脱发行披露制度而设置的要件。 117

从取得者向适格投资者以外的人转让的可能性很小的情形下,作为对象的有价证券如果是和股票等股本相关联的证券,则不同于除此之外的有价证券。

有关股票、新股预约券证券等,发行人不得是已经发行了属于上市证券、店头买卖证券、已申报募集或卖出的证券(公募证券)、持有人在1000人以上的证券中任何一个的股票的人(日本《金融商品交易法施行令》第1条之4第1项之规定)。因为对已经在广泛投资者之间流通的股票等,无法有效担保转卖规制的实效性。而且,签订一个内容为该有价证券取得者不得将该有价证券转让给适格机构投资者以外的人的转让契约,作为取得证券的条件时,需要进行取得要约的劝诱(《金融商品交易法施行令》第1条之4第1项之规定)(注8)。

这个转卖限制的条件在日本《金融商品交易法》被实施的同时有所放宽,例如有关附新股认购权(新股预约权)的公司债,与公司债券一样,可以代替在票面上记载转卖限制的内容,而选择将记载该内容的文件交付给劝诱对象(日本《金融商品交易法施行令》第1条之4第2项之2、《定义府令》第11条之规定)。

而且,经过面向适格机构投资者的取得劝诱而取得有价证券的人,如上文所述会在转让该有价证券时受到很大限制,因此规定劝诱者有义务告知劝诱对象未进行申报的事实和限制转卖的内容(日本《金融商品交易法》第23条之13第1款之规定)。

(注8):虽然可以规定股份公司中就以章程转让股票的方式取得股票的,必须得到该公司的认可(日本《公司法》第107条第1款第1项、第108条第1款第1项之规定),但如此一来不能在更为严格的状态下限制转让,例如,制定内容为不得向适格机构投资者以外的人转让股票的章程是不被允许的。

(3)特定投资者私募(面向特定投资者的取得劝诱) 118

特定投资者私募,是指仅以特定投资者为对象,满足以下所有要件的情形(专家私募除外)(日本《金融商品交易法》第2条第3款第2项之规定)。

第一个要件是,该取得劝诱的对象是国家、日本银行以及适格机构投资者以外的人时,金融商品交易业者等(可参照日本《金融商品交易法》第34条之规定)为了顾客(发行人等)的委托或为了自己(对自己发行的有价证券来说),而实施该取得劝诱。要求向金融商品交易业者委托,其实是为了方便确认劝诱对象为特定投资者。

第二个要件是,必须符合该有价证券从取得者向特定投资者[特定投资者(日本《金融商品交易法》第2条第31款之规定)或一定的非居住者]以外的人转让的可能性很小时,由政令(日本《金融商品交易法施行令》第1条之5之2之规定)规定的情形。

平成二十年(2008年)日本《金融商品交易法》修订时,认可了创设面向专家的市场,追加条款规定对仅以特定投资者为对象进行的取得劝诱,免除以公众阅览为前提的发行披露制度的适用,取而代之的是要求其就金融商品交易所规则规定的最低限度的信息进行提供和公告(参见第三编第二章第五节4)。

(4)少数人私募(面向少数人的取得劝诱)

少数人私募,是指在面向多数人的取得劝诱(日本《金融商品交易法》第2条第3款第1项之规定)、专家私募(同款第2项之规定)以及特定投资者私募(同项之规定)以外的情形(不包括该有价证券的同种有价证券的发行以及劝诱情况等符合政令规定的要件的情形)下,该有价证券从取得者手中被多数人持有的可能性很小时,由政令规定的情形(同项之规定)。在面向少数人的取得劝诱中,那些劝诱对象能基于同相对人的关系从发行人处直接得到必要的信息,考虑到这一点,因而不要求进行发行披露。

第一个要件是,必须不属于面向多数人的取得劝诱、面向适格机构投资者的取得劝诱以及面向特定投资者的取得劝诱中的任何一者。

119 第二个要件是,该有价证券从取得者"向多数人转让的可能性很小"时,符合由政令规定的情形。规定此要件是因为,即使最初的发行只以未满50名的投资者为劝诱对象,但发行后如果向多数投资者转卖的可能性很大时,不要求发行披露也是不妥当的。它与第三个要件一起防止发行披露制度被规避和逃脱。在政令中,根据证券的不同种类又规定了以下具体要件(日本《金融商品交易法施行令》第1条之7之规定)。

①对于股份,与该已发行股份属于同一种类的股份,不符合上市、店头注册、公募、股东在500名以上等日本《金融商品交易法》第24条第1款各项规定的情形,意即以未公开股票为要件。公开股的流动性高,被转卖给多数人的可能性大,且即使限制转卖也无法防止其向多数人转让,因而所有募集均要求履行信息披露。因此,上市公司或店头注册公司通过向第三人定向增资的方式发行新股时,即使接受股票的人数未满50人,也符合日本

《金融商品交易法》上的募集，因而需要进行申报。

在公司法的教科书中，针对公司以筹措资金为目的募集股份的发行（通常的新股发行），通过规定认购人的方式，一般分为股东增资（新股分配）、公募以及第三人增资（定向分配）三类进行说明，但必须注意这种区别不同于日本《金融商品交易法》上募集与私募的区别。上市公司对从业员和交易方以第三人定向增资方式发行新股时，即使劝诱对象未满 50 人，在日本《金融商品交易法》上也符合募集的情形（由于不符合面向少数人进行取得劝诱的要件，因此也不属于私募），原则上必须根据有价证券申报制度进行申报。

②对于附新股认购权（新股预约权）的公司债规定的要件是通过行使新股预约权而被发行的股票满足①的要件，且对该公司债，依据内阁府令规 120
定的方式（可参照《定义府令》第 13 条第 1 款之规定），取得或购买这些公司债的人不得通过将债一并转让给其他任何一人（一个主体）以外的方法进行转让（转卖限制）。

③对其他有价证券，在该有价证券之上规定了类似上述②的转卖限制（《定义府令》第 13 条第 3 款根据普通公司债、CP 证券投资信托的受益证券等有价证券的不同种类，规定了详细的要件）。

第三个要件是指不满足（日本《金融商品交易法》第 2 条第 3 款第 2 项括号规定）那些不符合面向少数人的取得劝诱的要件（日本《金融商品交易法施行令》第 1 条之 6 之规定），具体而言，在过去 6 个月内，通过面向其他少数人进行取得劝诱的方式发行与该有价证券同种（关于依据什么标准判断为同一种类，可参照《定义府令》第 12 条之规定）的有价证券，前次劝诱对象的人数与今次劝诱对象的人数合计达到 50 人以上的，与今次发行有关的劝诱不被认为是面向少数人的取得劝诱。此项规定是为了防止通过重复进行较少人数的取得劝诱的方式来规避和逃脱发行披露制度，统计过去 6 个月内进行的面向少数人的取得劝诱，以判断是否符合面向少数人的取得劝诱。例如，在 3 个月以前对 30 个人发行了普通公司债，3 个月后的此次对 20 个人发行同种普通公司债时，如果这些公司债的偿付期限与利率相同，即使发行价格和应募者不同（对于募集不以"相同的条件"为要件），按照上述统计期间的规定，与此次发行相关的劝诱也不属于面向少数人的取得劝诱（可参照《定义府令》第 12 条第 1 项之规定）。

而且，劝诱者被科以与面向适格机构投资者的取得劝诱相同的告知义务（日本《金融商品交易法》之 13 第 4 款、日本《金融商品交易法施行令》第

3条之3之规定)。

121 (5)与取得劝诱相类似的行为

与取得劝诱相类似的行为(日本《金融商品交易法》第2条第3款括号规定),是指对已发行的有价证券的销售或者购买要约的劝诱,但由于其本质上更像是对新发行有价证券的取得要约劝诱,因此其从"卖出"的定义中被排除而被包含于"募集"中,适用信息披露制度。例如,内阁府令中规定将处分库存股份(公司的库存股或者"自我股份")的行为作为与取得劝诱相类似的行为(《定义府令》第9条第1项之规定)。有关公司处分自己持有的库存股份,《公司法》将库存股份的处分与新股发行统一作为募集股份的发行,采用相同的规制(日本《公司法》第199条之规定)。处分库存股份即卖掉已发行有价证券,因此在平成二十一年(2009年)修法前的日本《金融商品交易法》中,将对50名以上的人进行的劝诱作为属于"卖出"的行为予以处理,但平成二十一年(2009年)修法后,将其作为与取得劝诱相类似的行为,包含于"募集"之中来处理。

(6)低流动性有价证券的募集的意义

根据日本《金融商品交易法》,对于被作为有价证券的集合投资计划份额等(日本《金融商品交易法》第2条第2款有价证券之定义),有价证券的募集是指在对新发行有价证券的取得进行要约的劝诱(取得劝诱)时,通过响应该取得劝诱,相当程度的多数人取得并持有该取得劝诱相关的有价证券,由政令规定的情形(日本《金融商品交易法》第2条第3款第3项之规定),"相当程度的多数人"是指持有人在500人以上的情形(日本《金融商品交易法施行令》第1条之7之2之规定)。

与《金融商品交易法》第2条第1款有价证券的募集的定义相比,其不同之处在于:并非规定"劝诱对象的人数",而是以通过响应取得劝诱的"持有人的人数"为基准,对是否属于募集进行判断;以及对"多数人"的判断不以50人而以500人作为基准。这种判定标准的差异的设定依据是,第2款规定的有价证券不同于第1款规定的商品内容确定的有价证券,一般而言,在其组成方面根据投资者需要来确定内容的情形比较多见。

122

4. 有价证券的卖出

(1)平成二十一年(2009年)日本《金融商品交易法》修法对既有规定的重新审视

平成二十一年(2009年)修法前,与募集不同,日本《金融商品交易法》

在卖出中规定了"相同条件"作为要件。如果不在卖出中规定这个要件，那么证券公司等日常实施的，通过证券交易所进行的已发行证券的取得劝诱，很有可能会被归于卖出，并被科以信息披露义务。

但是，通过规定"相同条件"的要件，披露制度被排除适用（比如将海外发行的有价证券在很短的期间内带入日本国内，小幅变更卖出价格，进行劝诱的情形），相反，也有人指出可能会被要求本来不必要的披露（为了响应外国有价证券的投资者的购买请求，证券公司由于时差的原因，将从海外市场中通过自己评估后暂时管理的外国有价证券，再出售给投资者的情形）。

因此，平成二十一年（2009 年）的修法中，删除了"相同条件"的要件，同时对作为经济实态的，"初级（primary）的贩卖劝诱"（由于与发行人或有价证券等相关的信息还未被普遍知晓、流通市场不充分等原因，进行贩卖劝诱的贩卖者一方与投资者之间存在信息不对称，因此这种修改是必要的）要求其进行法定披露，对再次的贩卖劝诱（在流通市场和顾客之间存在代销的经济实态）则不要求法定披露。从以上角度对之前的规定进行了再审视和重修（注 9）。

（注 9）：有关平成二十一年（2009 年）修法对既有规定的审视的背景和其思考方法，可参照 2009 年《逐条解说》第 90 页以后的内容。

（2）卖出的意义 123

有关日本《金融商品交易法》第 2 条第 1 款有价证券，有价证券的卖出，是指对已发行有价证券的销售或购买要约的劝诱[销售劝诱等；属于与取得劝诱相类似的行为和其他内阁府令（《定义府令》第 9 条之规定）规定的情形除外]时，符合以下第一以及第二所述的情形[交易所金融商品市场中有价证券的买卖及与之相似的交易及其他政令规定的有价证券的交易相关的除外。参见（5）]（日本《金融商品交易法》第 2 条第 4 款之规定）。

平成二十一年（2009 年）（日本《金融商品交易法》）修法后对有价证券卖出的规定类似有价证券募集的规定，在第二种情形下，在募集中以响应私募的形式承认私下卖出*。

第一，面向多数人的销售劝诱等，即以多数人（50 名以上的人，日本《金融商品交易法施行令》第 1 条之 8 之规定）为对象的情形（仅以特定投资者为对象的情形除外）（日本《金融商品交易法》第 2 条第 4 款第 1 项之规定）。

---

* 日语表述为"私売出し"。

有关人数的统计,在包含适格机构投资者的情形下,该有价证券从作为取得者的适格机构投资者向适格机构投资者以外的人转让的可能性很小时,符合政令(日本《金融商品交易法施行令》第1条之7之4之规定)规定的情形时,该适格机构投资者不计算在内(日本《金融商品交易法》第2条第4款第1项括号规定)。

第二,面向多数人的销售劝诱等以外的情形下,不属于专家私下卖出、特定投资者私下卖出、少数人私下卖出中的任何一者的销售劝诱(日本《金融商品交易法》第2条第4款第2项之规定)。

①专家私下卖出(面向适格机构投资者的销售劝诱等),是指仅以适格机构投资者为对象的情形,且该有价证券从取得者向适格机构投资者以外的人转让的可能性很小时,由政令[日本《金融商品交易法施行令》第1条之4之规定。与专家私募的情形相同,参见3(2)]规定的情形(日本《金融商品交易法》第2条第4款第2项之规定)。

②特定投资者私下卖出(面向特定投资者的销售劝诱等),是指在仅以特定投资者为对象的情形下,符合以下全部要件的情形(专家私下卖出除外)(日本《金融商品交易法》第2条第4款第2项之规定)。

124 第一个要件是,当该销售劝诱的对象是国家、日本银行以及适格机构投资者以外的人时,金融商品交易业者等(可参照日本《金融商品交易法》第34条)受顾客委托或为了自己而进行该销售劝诱等行为。

第二个要件是,该有价证券从作为取得者向特定投资者以外的人转让的可能性很小时,符合政令(日本《金融商品交易法施行令》第1条之8之2之规定)规定的情形。

③少数人私下卖出(面向少数人的私下卖出),是指面向多数人的销售劝诱等(日本《金融商品交易法》第2条第4款第1项之规定)、专家私下卖出(同款第2项之1之规定)以及特定投资者私下卖出(同项之2之规定)以外的情形[考虑与该有价证券属于同一种类的有价证券的发行及劝诱情况等时,符合政令(日本《金融商品交易法施行令》第1条之8之3之规定)规定的情形除外]下,该有价证券被多数人持有的可能性很小时,符合政令(日本《金融商品交易法施行令》第1条之8之4之规定)规定的情形(同项之3之规定)。

人数计算规则作为要件在政令(日本《金融商品交易法施行令》第1条之8之3之规定)中被规定,该销售劝诱等劝诱对象的人数与在该销售劝诱前1个月以内进行的其他同一种类销售劝诱的劝诱对象的人数合计为50

人以上时,不被认为是少数人私下卖出。这是为了防止通过将劝诱对象的人数分成小部分进行劝诱以规避披露制度的行为。

(3)低流动性有价证券的卖出的意义

有关第2款规定的有价证券,卖出与募集的情形相同,同样规定持有人的人数以500人作为基准。即有价证券的卖出,是指进行对已发行有价证券的销售或购买要约的劝诱(销售劝诱等)时,通过响应该销售劝诱,相当程度的多数人持有该取得劝诱相关的有价证券的,由政府规定的情形(日本《金融商品交易法》第2条第4款第3项之规定),“相当程度的多数人”是指持有人在500人以上的情形(日本《金融商品交易法施行令》第1条之8之5之规定)。

(4)不属于销售劝诱的情形 125

进行对已发行有价证券的销售或购买要约的劝诱中,将与同取得劝诱相类似的行为及其他内阁府令规定的情形从销售劝诱中进行了排除(日本《金融商品交易法》第2条第4款括号规定)。

有关与取得劝诱相类似的行为在上文已有所涉及[参见3(5)]。

内阁府令(《定义府令》第13条之2之规定)中,针对不属于销售劝诱的劝诱行为规定了以下几类:①作为法令(例如可参照日本《金融商品交易法》第67条之19之规定)上义务的履行,提供与该有价证券相关的信息;②根据经许可的金融商品交易业协会的规定,向其提供与该有价证券相关的信息。这是为了赋予有价证券流通性,提供该有价证券的财产评估基准而实施的,并非伴随着积极劝诱行为,因而不宜作为发行披露规制的对象。

(5)从有价证券的卖出中被排除的交易

在交易所金融商品市场中,有价证券的买卖及与之相似的交易及其他政令规定(日本《金融商品交易法施行令》第1条之7之3之规定)的有价证券的交易相关的内容,被排除于有价证券的卖出之外(日本《金融商品交易法》第2条第4款括号规定)。

在政令(日本《金融商品交易法施行令》第1条之7之3之规定)中,除了在交易所金融商品交易市场实施的有价证券的买卖、店头买卖有价证券市场中的有价证券的交易、店头买卖有价证券的PTS中的交易,金融商品交易业者之间以市场价格为基础,并考虑交易状况后以恰当的价格进行的上市有价证券的市场外交易等,也被规定为不属于有价证券卖出的交易。

5. 与组织再编(重组)相关的披露制度

(1)特定组织再编发行程序与特定组织再编交付程序

正如上文所述[参见第一章第二节1(5)],日本《金融商品交易法》,根据最近企业收购增加的趋势,将伴随组织再编(即公司合并、公司分立、股
126 份交换、股份移转。日本《金融商品交易法》第2条之2第1款、日本《金融商品交易法施行令》第2条之规定)的一定的证券的发行与交付程序定义为特定组织再编发行程序与特定组织再编交付程序,且都被囊括于发行披露规制的对象之中。

定义如下文所述,值得注意的是,募集与卖出定义中的劝诱行为被置换为公司法上规定的组织再编时要求吸收合并中消灭公司等的书面文件(组织再编发行程序与组织再编交付程序),被劝诱者被置换为接受组织再编对价者[组织再编对象公司(注10)的股东(注11)等],除此之外按照一般有价证券的募集与卖出的定义(日本《金融商品交易法》第2条第3款、第4款之规定)模式进行定义。

(A)特定组织再编发行程序

组织再编发行程序,是指因组织再编新发行有价证券时,准备该组织再编相关的书面文件(可参照日本《公司法》第782条第1款、第803条第1款之规定)以及其他政令规定(日本《金融商品交易法》第2条之2第2款的规定)的行为,其中符合以下要件的行为被称为特定组织再编发行程序(同条第4款之规定)。

①第1款有价证券的情形

ⓐ 组织再编对象公司股东是多数人(50人以上,日本《金融商品交易法施行令》第2条之4之规定)的情形(组织再编对象公司股东仅为适格机构投资者的情形除外)。

ⓑ 除ⓐ以外,不符合以下ⅰ、ⅱ中任何一者的情形:

ⅰ.组织再编对象公司股东仅为适格机构投资者时,该组织再编发行程序相关的有价证券从取得者向适格机构投资者以外的人转让的可能性很小时,由政令规定的情形(日本《金融商品交易法施行令》第1条之4的规定)。

ⅱ.除ⓐ、ⓑⅰ以外的情形(符合政令规定的要件的情形除外),该组织再编发行程序相关的有价证券从取得者手中转让而被多数人持有的可能性很小时,由政令(日本《金融商品交易法施行令》第1条之7之规定)规定的

情形。

②第2款有价证券的情形 127

组织再编对象公司股东是相当程度的多数人(500人以上。日本《金融商品交易法施行令》第2条之5之规定)时。

(B)特定组织再编交付程序

组织再编交付程序,是指因组织再编交付已发行有价证券时,准备该组织再编相关的书面文件及其他政令规定的行为(日本《金融商品交易法》第2条之2、第3款之规定),其中符合以下要件的行为被称为特定组织再编交付程序(同条第5款之规定)。

①第1款有价证券的情形

组织再编对象公司股东是多数人(50人以上。日本《金融商品交易法施行令》第2条之6之规定)时。

②第2款有价证券的情形

组织再编对象公司股东是相当程度的多数人(500人以上。日本《金融商品交易法施行令》第2条之7之规定)时。

(注10):组织再编对象公司,是指通过组织再编成为吸收合并中的消灭公司、新设合并中的消灭公司、吸收分立的公司、新设分立的公司、股份交换后的完全子公司及股份转移后的完全子公司的公司(日本《金融商品交易法》第2条之2第4款第1项、日本《金融商品交易法施行令》第2条之2之规定)。

(注11):组织再编对象公司股东,是指组织再编对象公司所发行股票的所有者(日本《金融商品交易法》第2条之2第4款第1项、日本《金融商品交易法施行令》第2条之3之规定)。

(2)披露制度的概要

以(1)的定义为前提,"有价证券的募集"中包含"特定组织再编发行程序","有价证券的卖出"中包含"特定组织再编交付程序",因此这些程序也被要求进行募集与卖出的申报,属于发行披露制度的规制对象(日本《金融商品交易法》第4条第1款正文之规定)。

但是,符合以下①、②中任何一者的情形除外(日本《金融商品交易法》第4条第1款第2项之规定)。

①不属于组织再编对象公司作为发行人,已经对股票相关信息进行披露的情形。

②与组织再编发行程序相关的新发行的有价证券,或组织再编发行程 128

序相关的已发行的有价证券,已符合(实施了)已发行有价证券相关的信息披露的情形。

反过来看,组织再编相关的披露制度中,进行组织再编发行程序与组织再编交付程序时,对于:①有关组织再编对象公司的股份,虽然符合信息披露的规定;②通过组织再编发行程序与组织再编交付程序被发行或交付的有价证券(注12),如果还没有进行信息披露,则对发行或者交付的有价证券的发行人,科以发行披露义务以及此后的持续披露义务。注意,这并非为了保护组织再编当事公司的股东而对信息披露制度的充实(注13)。

(注12):组织再编对价为现金等而非有价证券时,不适用披露制度。

(注13):有关批判性的检讨,参考证券交易法研究会撰写的“金融商品取引法の検討(1)”,《别册商事法务》第308号,第77页以下的内容(2007)。

6. 申报的免除

即使属于以上详述的有价证券的募集或卖出,但只要符合以下任一情形时,就可以免除有价证券募集或卖出的申请(日本《金融商品交易法》第4条第1款但书规定)。

(1)有价证券的募集或卖出,其对手方已经或容易取得有关与该有价证券相关的信息,在政令规定范围内的情形(日本《金融商品交易法》第4条第1款第1项之规定)

例如:①对发行公司,对该公司和其完全子公司的董事、执行董事、监事或商业使用人,作为激励报酬而给予其新股预约权(股权激励)时;②设立公司时,认购该公司的发起人所发行的所有股票时,购买人数超过50人的,
129 属于募集,这似乎属于应当要求发行人进行发行披露。但是,由于这些人非常了解或容易了解发行人或被发行的有价证券,即使不科以披露制度的信息披露义务,也不会造成对投资者保护的缺乏。

平成十八年(2006年)修法前的《证券交易法》中,对于上述①,在原日本《证券交易法》的施行令中规定了多人的人数计算特例;对于上述②,在相关指引中规定了其不属于募集,原则上可免除其披露义务。而现行日本《金融商品交易法》第4条第1款第1项中将这些内容进行了明文化,规定了政令中①、②的情形(《金融商品交易法施行令》第2条之12之规定)。

（2）进行组织再编发行程序或组织再编交付程序时，①组织再编对象公司作为股票发行人，股票相关信息仍未披露的情形，以及②与组织再编发行程序相关新发行的有价证券或组织再编交付程序相关已发行的有价证券，相关信息已经披露的情形（日本《金融商品交易法》第4条第1款第2项之规定）

组织再编中实施的股份发行或交付，在一定的情形下被科以披露义务，这一点已在上文有所阐述［参见5（2）］。

（3）在该有价证券相关信息已经披露的情形下，该有价证券的卖出（日本《金融商品交易法》第4条第1款第3项之规定）

"已经披露的情形"是指：①该有价证券根据日本《金融商品交易法》第4条第1款或第2款之规定已经申报且已生效，发行人非被免除提交有价证券申报书的人（日本《金融商品交易法》第24条第1款但书规定）；②与①相似，符合内阁府令（日本《开示府令》，也即《关于企业内容等信息披露的内阁府令》第6条）规定的情形（日本《金融商品交易法》第4条第7款之规定）。

进一步说，"已经披露的情形"如下：①将被卖出的有价证券（或与该有价证券属于同种类的有价证券），募集或卖出的申报已生效，发行人进行持
续披露的情形；②该有价证券不是募集或卖出的对象，但之后进行了上市或 130
进行店头注册，且已经提交了有价证券报告书的情形等，投资信息已经被持续披露的情形。在该种披露情形中，对企业信息，每年通过有价证券报告书等形式披露；对证券信息，由于通过流通市场的交易，该证券相关的信息会在投资者中渗透，因此证券被卖出时，不要求另外进行申报。

由于是正被披露的有价证券，因而不需要进行卖出申报，这种处理方式被认为是理所当然的，但是仔细思考会发现不能如此简单地切割。有关募集，仅仅以该有价证券正被披露为由是不能免除募集申报的。例如，某上市公司已通过募集发行新股，该申报也产生了效力的情形下，该公司已发行股票在卖出时，不要求发行披露，但再次通过募集发行新股时，要求发行披露。在说明这种差异时，仅以已进行了持续性投资信息披露为由是不够的，必须考虑募集和卖出的差异（募集用于发行人融资，需要披露金钱的用途等相关信息）。

上述情形即使不需要卖出申报，也必须向内阁总理大臣提交有价证券通知书（日本《金融商品交易法》第4条第6款之规定），而且发行人必须制作招股说明书（日本《金融商品交易法》第13条第1款之规定），通过卖出

出售有价证券时必须交付招股说明书(日本《金融商品交易法》第15条第2款之规定)。不要求卖出申报的最大意义在于,由于可以不进行申报,所以也就不存在到申报生效为止的待机期间(日本《金融商品交易法》第8条之规定)了。如此一来就可以理解为募集或卖出申报的生效期间能否被缩短的问题(根据日本《金融商品交易法》第8条第3款之规定,申报可立即或在申报书受理之日的次日生效),由此产生了对不需要申报的规定是否有
131 必要的疑问(是否有必要规定不需要申报的疑问,注14)。

(注14):有关以上讨论,详细可参照森田章:《公募概念の見直しおよび私募の取り扱い等》(1993年),《金融商法判例》第907号,第113、119页。

(4)外国证券的卖出(日本《金融商品交易法》第4条第1款第4项之规定)

由于越来越多的外国国债或外国上市股票等外国证券开始在日本国内流通,平成二十一年(2009年)(日本《金融商品交易法》)修法时,整备了有关卖出的信息披露、信息提供等的框架。

已在外国发行的有价证券或者政令(日本《金融商品交易法施行令》第2条之12之2之规定)规定的与之相似的有价证券的卖出(只限于由金融商品交易业者等实施的情形),在国内容易取得与该有价证券的买卖价格相关的信息的,且符合其他政令(日本《金融商品交易法施行令》第2条之12之3之规定)规定的要件的,不需要进行募集或卖出的申报(日本《金融商品交易法》第4条第1款第4项之规定)。政令(日本《金融商品交易法施行令》第2条之12之3之规定)规定的要件是:①在日本,通过互联网等手段能较为容易地取得该海外发行证券的买卖价格的信息;②该海外发行证券(或其发行人发行的股票)在指定的外国金融商品交易所上市,或在外国保持着持续性的交易;③根据证券上市的指定外国金融商品交易所的规定或流通国的法令,要求该海外发行证券的发行人相关的信息在日本可以通过网络等手段被容易地取得。满足这些条件时,就没有必要要求通过有价证券申报书或招股说明书进行详细披露。

金融商品交易业者等在通过卖出外国证券出售有价证券时,必须事先或同时向对方提交并公告,与该有价证券及该有价证券发行人相关的,由内阁府令(《证券信息府令》第12条之规定)规定的信息(外国证券信息)(日
132 本《金融商品交易法》第27条之32之2第1款本文之规定)。即使在海外已披露,也不能就此认为该信息已被国内投资者广泛知晓,因此虽然免除了

申报,但对金融商品交易业者必须科以提供、公告外国证券信息的义务。

但是,该有价证券的发行人已经公告了该有价证券相关的特定证券信息,符合其他内阁府令(《证券信息府令》第13条之规定)规定的情形时,就不再需要提供、公告外国证券信息了(日本《金融商品交易法》第27条之32之2第1款但书规定)。

综合以上内容,可以将与外国证券卖出相关的信息披露、信息提供分为三类:

①在日本容易取得价格信息,且在发行国存在其流通市场,发行人信息被披露,也容易被取得,这种情形下免除申报。但仍负有提供、公告外国证券信息的简单的信息提供义务;

②在上述①的要件之上,如果该信息已被日本投资者所广泛知晓,则不仅免除其申报,还免除简单的信息提供义务;

③如不符合上述①、②的情形时,则根据原则,适用发行披露制度。

(5)发行价格或卖出价格的总额未满1亿日元的情形(少额免除)(日本《金融商品交易法》第4条第1款第5项之规定)

发行价格或卖出价格的总额未满1亿日元的有价证券的募集或卖出,不需要募集或卖出申报(日本《金融商品交易法》第4条第1款第5项之规定)。此种免除(少额免除)被认可是因为考虑了披露效果和伴随披露的有价证券发行人的负担,因为发行价格或卖出价格的总额为小额时,没有必要为了保护投资者而强制发行披露,对发行人科以经济和事务负担也并非一定妥当。

但是,在府令中也规定了几个发行价格或卖出价格的总额未满1亿日
元却仍需申报的情形(日本《开示府令》第2条第4款之规定)。包括:①为 133
了防止利用少额免除回避、逃脱申报义务,对两个以上的募集或卖出,规定合并计算发行价格或卖出价格的总额,再判断是否符合少额免除;②防止接受效力停止处分或效力发生处分的申报者在接受处分期间内,利用少额免除募集或卖出有价证券的规定。

7. 适格机构投资者取得有价证券的一般劝诱

适格机构投资者通过专家私募、专家私下卖出等方式取得的有价证券,或在少数人私募、少数人私下卖出时,从人数计算中被排除的适格机构投资者取得的有价证券,作为其取得者的适格机构投资者希望转让这类有价证券时,更准确地说,在希望进行购买要约或卖出要约的劝诱时,比起考虑对

手方是谁，不如整体上大致区分为只以适格机构投资者为对象的情形和以适格机构投资者以外的人为对象的情形更简单。

适格机构投资者取得有价证券的卖出要约或购买要约的劝诱，如果适格机构投资者只以适格机构投资者作为对象时，由于属于专家私下卖出（日本《金融商品交易法》第 2 条第 4 款第 2 项之规定），因此，该情形下不需要进行卖出申报。适格机构投资者取得有价证券能在适格机构投资者相互之间不经披露而自由转让，这增大了私募证券的流动性，而且通过私募形态促进了资金筹集成本费用的降低。

与此相对，适格机构投资者进行取得有价证券的出售要约或购买要约的劝诱，如以适格机构投资者以外的人作为对象（适格机构投资者取得的有价证券的一般劝诱）：①该有价证券相关的披露已被实施（已经披露）；或②满足内阁府令规定的要件的情形除外，发行人必须就该一般劝诱向内阁总理大臣提出申报（日本《金融商品交易法》第 4 条第 2 款正文、但书规
134 定）。属于向适格机构投资者进行取得劝诱的有价证券，如前文所述，存在转卖限制的规定（日本《金融商品交易法施行令》第 1 条之 4 之规定），因而实际上几乎不可能发生向一般投资者转卖的情况，但为了防备此种情形，设置了确保投资者保护的规定。

8. 特定投资者等取得有价证券的一般劝诱

在专门面向特定投资者的有价证券交付劝诱中，除了向金融商品交易业者进行委托，以特定投资者为对象以外的情形（特定投资者等取得有价证券的一般劝诱）：①该有价证券相关的披露已被实施（已经披露）；或②除内阁府令规定的情形以外，发行人必须就该一般劝诱向内阁总理大臣提出申报（日本《金融商品交易法》第 4 条第 3 款正文、但书规定）。由于面向特定投资者的有价证券及其发行人的相关信息并没有以公众可阅览的方式进行披露[参见 3(3)、4(1)]，因此有必要防止在未披露信息的情况下向特定投资者以外的一般投资者转让，这也属于保护一般投资者的规定。

9. 有价证券通知书的提交

即使有价证券的募集或卖出的申报被免除，但属于（日本《金融商品交易法》）第 4 条第 5 款规定的特定募集时，发行人必须在该特定募集开始之日的前一日之前，向内阁总理大臣提交有价证券通知书（日本《金融商品交易法》第 4 条第 6 款之规定，其罚则为第 205 条第 1 项之规定）。

作为特定募集,在以下情形下要求必须提交有价证券通知书(日本《金融商品交易法》第 4 条第 5 款第 6 项但书之规定):

①在已经进行了信息披露的有价证券的卖出,其卖出总额在 1 亿日元以上。例如,通过募集进行的发行,对已经申报并已经信息披露的证券,如大量持有该证券的人希望进行卖出时,卖出总额在 1 亿日元以上的情形。

②被视为少额免除的募集或卖出,即发行价格或卖出价格的总额未满
1 亿日元的募集或卖出,其中发行价格或卖出价格的总额超过 1000 万日元 135
的情形(日本《开示府令》第 4 条第 5 款之规定)。

③适格机构投资者取得有价证券的一般劝诱及特定投资者取得有价证券的一般劝诱,第 4 条第 2 款但书规定免除申报的情形中,ⓐ属于卖出时,卖出总额在 1 亿日元以上的情形,或ⓑ不属于卖出且未进行信息披露的情形。

有价证券通知书虽然是向内阁总理大臣提出的,但不同于下一节中详细阐述的有价证券申报书,其不向公众提供阅览,不以向投资者进行信息披露为目的。要求提交有价证券通知书的目的是使金融厅掌握有价证券发行等事实,以达到某种程度的监督作用,此外还有防止募集或卖出申报逃脱的目的。

有价证券通知书的记载内容与有价证券申报书的记载内容(参见第二节 4)相比,较为简略,因为其不会被作为投资判断的资料,因而不要求记载公司事业、营业或会计状况等相关的信息。

进行特定募集,或取得或出售与该特定募集相关的有价证券时使用的资料中,必须表明该特定募集不适用申报制度(日本《金融商品交易法》第 4 条第 5 款之规定),这是为了提示投资者注意其并未进行申报。

第二节　通过有价证券申报制度进行披露的内容

1. 申报的义务人

根据有价证券申报制度中,负有申报义务的人是准备募集或卖出的有价证券的发行人(发行人如果是公司即为发行公司)(日本《金融商品交易法》第 4 条第 1 款之规定)。"发行人"是指发行或准备发行有价证券的人, 136
但对证券或应以证书表明的权利之外的权利,根据日本《金融商品交易法》第 2 条第 2 款的规定,被视为有价证券的,内阁府令对各个权利的种类做了

详细的规定(日本《金融商品交易法》第2条第5款、《定义府令》第14条之规定)。

在有价证券募集时,募集主体和申报义务人是一致的(同一主体),但在有价证券卖出时,卖出主体有时是发行人自身,但通常情况是诸如大量持有已发行股票的股东在想要卖出其所持股票时,也就是发行人以外的第三人成为卖出主体的情况,此时卖出主体和申报义务人就不是同一主体。希望卖出的人有必要要求作为申报义务人的发行人进行申报,发行人如果不申报就不能卖出。

在有价证券募集时,发行人据此募集资金,但在卖出时,通过卖出取得资金的人是卖出人而并非发行人。既然如此,为何还要规定发行人作为申报义务人?这是因为,根据有价证券申报制度被要求披露的、与企业内容相关的信息,让发行人自行准备是比较合理的。

2. 申报的时期

对于申报时期并没有特别的限制。实务上,一般先考虑生效的时期(想要何时生效)来决定申报时期。但是,股东按比例增资的募集或卖出是针对一定日期的股东名册上的股东时,原则上必须在该日期的25日前进行申报(日本《金融商品交易法》第4条第4款正文之规定)。以通过股东配股方式发行募集股票为例,能够接受分配的仅限于配股日当日股东名册上的在册股东,因此,截至分配日前必须取得股票并变更股东名册(日本《公司法》第130条之规定),如果超过权利确定日,则所持股价会因丧失接受配股的权利而下跌。这个现象被称为丧失新股认购权(新股预约权)(失
137 权),丧失新股认购权(新股预约权)时,股东为了挽回因旧股丧失认购权而造成的损失,不得不认购新股,此时已经无法再选择响应配股了。因此,使股东在权利丧失日之前提出能生效的申报,确保了股东有深思熟虑后再做选择的时间。从这种宗旨来看,针对一定日期的股东名册上的股东进行募集或卖出,如果以市价发行证券,不会产生丧失认购新股权的情形下,则没有要求尽早申报的理由(可参照日本《金融商品交易法》第4条第4款但书、日本《开示府令》第3条之规定)。

3. 有价证券申报书的方式

(1) 完全披露方式、合订方式、可参照方式

发行价格或卖出价格的总额在1亿日元以上的有价证券的募集或卖

出,除非是适用除外的证券(日本《金融商品交易法》第 3 条之规定),原则上发行人必须就该募集或卖出,向内阁总理大臣提交有价证券申报书以及添附文件进行申报(日本《金融商品交易法》第 4 条第 1 款、第 5 条第 1 款第 6 项之规定)(注 15)。有价证券申报书的提交,必须通过 EDINET 进行(参见第一编第四章第四节 2)。有价证券申报书,由内阁总理大臣(财务局)审查其内容,同时还需要提供公众阅览(日本《金融商品交易法》第 25 条之规定)。关于有价证券申报书进行的披露,为了提供投资者做投资判断所必要的信息,要求必须披露:①与有价证券募集或卖出交易相关的证券信息;②与募集或卖出相关的有价证券的发行公司所属的企业集团或该公司事业内容相关的企业信息。

有价证券申报书制作的基本方式是完全披露方式,但根据发行人的企
业内容相关的信息被披露的各种状况,也可以利用更为简略化的合订方式
或可参照方式中的任意一种(日本《金融商品交易法》第 5 条之规定)。即
为了实现发行披露和持续披露(参见第三编第二章)的统合及调整,导入了
合订方式与可参照方式,对充分、持续披露企业内容的发行人,其进行有价 138
证券募集或卖出的发行披露时,可以简化上述②中的企业信息。但是,①中
的证券信息,是针对各募集、各卖出的特有的、特殊的信息的披露,因此不
认可将其进行简化。

有价证券申报书制作的基本方式是完全披露方式,不能使用其他方式的公司不得不选择这种方式。从下文的说明中可以得知,完全披露方式是被不进行持续披露的公司或刚开始进行持续披露的公司所使用的方式。在这种方式中,不仅是有价证券募集或卖出相关的证券信息,发行公司和其所属的企业集团或该公司事业内容相关的企业信息也需要全部、直接记载于有价证券申报书中,以进行披露(日本《金融商品交易法》第 5 条第 1 款之规定、日本《开示府令》第 8 条第 1 款第 1 项之规定)。

已持续一年以上提交有价证券报告书的主体,可以通过合订方式提交申报书。即此种情形下,对证券信息,虽然必须直接记载在有价证券申报书之上,但对企业信息,把最近的有价证券报告书和其添附文件及其提出以后提交的季度报告书、半年度报告书、以上各文件的更正报告书的副本合订提交,而且,通过记载对在该有价证券报告书提交以后发生的重要事实的追加披露,可代替直接记载(日本《金融商品交易法》第 5 条第 3 款之规定,日本《开示府令》第 9 条之 3 之规定)。

可参照方式,是指虽然证券信息必须直接记载于有价证券申报书,但对

企业信息,作为可参照,将最近的有价证券年度报告书及其提交后所提交的季度报告书、半年度报告书、临时报告书及以上各文件的更正报告书记载在案的,视为已进行了企业信息的记载。此种方式仅一年以上持续提交有价证券报告书,且与企业内容相关的信息已被广泛公开,满足规定的周知性的基准者方能使用(日本《金融商品交易法》第5条第4款、日本《开示府令》第9条之4之规定)。

139 如要概括现行的周知性基准,比如,相关企业发行的股票在金融商品交易所上市的或在店头注册时,基准如下:①发行完成的股票,年平均交易金额及市价总额在100亿日元以上的;②最近3年内发行完成的股份平均市价总额在250亿日元以上的;③过去5年间进行发行披露的募集或卖出相关的公司债券等票面总额在100亿日元以上的;④根据法令的规定,保证其能获得优先受偿的公司债券(附新股预约权的公司债券除外)已被发行的,符合以上任一情形的,上述企业发行的股票既非上市也非店头注册时;⑤正发行指定外国金融商品交易所中上市股票,且对该股票,在外国金融商品市场中,基准时市价总额在1000亿日元以上的;或者⑥符合上述③所述的情形(日本《开示府令》第9条之4第5款之规定)。有关上述③所述的要件,最初采用"从金融厅长官指定的复数等级评定机构中,就该企业发行相关的公司债券获得一定等级以上的评定"的评级要件,平成二十二年(2010年)通过内阁府令的修订,上述要件被置换。现在上市公司股票的公募发行几乎都采用可参照方式。

(注15):"有价证券申报书"一词,在日本《金融商品交易法》上,其定义包括第5条第1款的申报书以及同条第10款的添附文件及第7条第1款、第9条第1款、第10条第1款的更正申报书(日本《金融商品交易法》第2条第7款之规定),与此相对,日本《开示府令》上的申报书则仅指上述第5条第1款的申报书(日本《开示府令》第1条第14项之规定)。

(2)导入合订方式及可参照方式的论据

合订方式及可参照方式是模仿美国1982年SEC规则修改后的制度,在昭和六十三年(1988年)被引入,通过统合和调整发行披露与持续披露,简化发行披露,以此减轻证券发行时企业的负担,以实现更为灵活的资金募集。

140 对美国修改规则的契机简单概述如下。发行披露是对募集和卖出的交易相关的证券信息及发行人企业内容相关的企业信息的披露,但由于企业信息在持续披露中也被记载于有价证券报告书(有关持续披露,参见第三编第二章),因此已提交该报告书的发行人承担了重复披露的负担,而且,通过持续披露被披露的企业信息被认为已在投资者之间传播,此种情形下重复披露企业信息的必要性及有用性是值得怀疑的。因此应当实现发行披露与持续披露的统合、调整,减轻发行披露的负担。

值得注意的是,为了使这种理论能够成立,证券市场必须是有效率的,换言之,在证券市场中,所有被公告并能够利用的信息应当能快速且充分地反映证券价格。如此一来,通过持续披露进行披露的信息,由于已被市场价格正确地反映,因此在发行披露中,除了证券信息,只要向投资者提供与最近的持续披露文件提交后产生的重要事实相关的新信息就足够了。

例如,依照可参照方式的有价证券申报书,仅以提供还未向市场传达的新信息为目的,后文马上要进行阐述[参见4(1)]。有关企业信息,由于仅记载“请可参照持续披露文件”,不一定成为一般投资者做出投资判断所依据的直接参考材料。但是,如果该发行人相关的已被披露的所有信息已被正确地反映于证券价格,投资者得以信赖证券价格,且信赖是有益的,那么在募集或卖出之际,没有必要重新向投资者提供企业信息。

反过来说,对该证券在没有形成有效市场的情形下,为了能做出单个的投资判断,要求详细披露企业信息,因此不应认可合订方式或可参照方式的适用。

发行披露的简化减轻了发行公司的负担,但不能仅依此将其“正当 141
化”,应当理解为:对该公司的证券,由于市场是有效的,因此才能将简化“正当化”。

有关这种发行披露的简化,存在值得留意之处。第一,日本证券市场的有效程度如何;合订方式及可参照方式的利用适格,其设定的基准是否与上述合理化论据相称,对此有必要进行不断地实证检讨。第二,即使证券价格是有效市场形成的,为了使一般投资者能依据各种资产状况或喜好(尤其是有关证券的风险)等做出投资判断,在发行披露中也应当提供企业信息,对此种争论是否正确适当也应该仔细考察。

(3)其他披露方式

以上述标准的披露方式作为基准,规定了主体想要公开募集新股或者卖出股份的情形下使用的披露格式;因组织再编而发行或交付的股票被科以披露义务情形下使用的格式等。根据不同情况,对记载内容进行修正和追加,而且还置备了满足一定条件的公司,如果进行 1 亿日元以上不满 5 亿日元的募集或卖出(少额募集等)时使用的格式等,考虑到发行公司的负担,对披露的简化予以认可[参见 4(4)]。

4. 有价证券申报书的披露内容

(1)标准的披露内容

有价证券申报书的封面应当记载:①提交的年、月、日;②提交的公司名称;③公司代表人的职务和姓名;④公司总公司和联络点的所在地;⑤募集或卖出的有价证券的种类、金额;⑥有关安定操作的事项;⑦申报书副本的阅览场所。

采取完全披露方式的有价证券申报书(日本《金融商品交易法》第 5 条第 1 款、日本《开示府令》第 8 条第 1 款之规定,国内公司采用第 2 项格式),
142 分为"第 1 部分　证券信息""第 2 部分　企业信息""第 3 部分　提交公司的保证公司等的信息""第 4 部分　特别信息"(可参照表 1、表 2)。第 1 部分记载如下事项:①募集要项;②卖出要项;③第三人定向增资的特别记载事项;④其他记载事项。其中,上述③是为了提高第三人定向增资的透明性,通过平成二十一年(2009 年)内阁府令的修订被扩充的披露事项,要求记载第三人定向增资情形中的,预定定向增资的对手方的情况、股票等的转让限制、发行条件的相关事项、大规模第三人定向增资的相关事项、第三人增资后的大股东的情况、大规模第三人增资的必要性、是否有预定实施股票的合并及其具体内容,以及其他能作为参考的事项。第 2 部分,通过平成十一年(1999 年)日本《开示府令》的修订,改为以"连结信息为主,个别信息为辅"的记载内容(有关披露连结信息的意义,可参照第三编第二章第三节
143 1)。其内容有:①企业概况;②公司事业的情况;③设备的情况;④提交公司等的情况;⑤公司财务情况;⑥股票事务的概要;⑦其他可参考信息等构成。要求详细地披露该公司所属的企业集团及该公司的企业内容,事实上,这部分的记载内容与持续披露中的有价证券报告书的记载内容相同(参见第三编第二章第二节 2)。

表1　有价证券申报书、发行登记书、发行登记补充文件的构成

适用有价证券申报书制度的情形					适用发行登记制度的情形	
有价证券申报书					发行登记书	发行登记补充文件
完全披露方式	合订方式	可参照方式	特定组织再编发行程序、交付程序的情形	国内投资信托受益证券的情形＊1		
日本《金融商品交易法》第5条第1款；日本《开示府令》，也即《关于企业内容等的披露的内阁府令》第8条第1款，采用第2项格式	日本《金融商品交易法》第5条第3款；日本《开示府令》，也即《关于企业内容等的披露的内阁府令》第9条之3第4款，采用第2项之2格式	日本《金融商品交易法》第5条第4款；日本《开示府令》，也即《关于企业内容等的披露的内阁府令》第9条之4第1款，采用第2项之3格式	日本《金融商品交易法》第5条第1款；日本《开示府令》，也即《关于企业内容等的披露的内阁府令》第8条第1款，采用第2项之6格式	日本《金融商品交易法》第5条第5款；特定有价证券日本《开示府令》，也即《关于企业内容等的披露的内阁府令》第1条第2款之2、第10条第1款第1项，采用第4项格式	日本《金融商品交易法》第23条之3第1款；日本《开示府令》，也即《关于企业内容等的披露的内阁府令》第14条之3，采用第11项格式	日本《金融商品交易法》第23条之8第1款；日本《开示府令》，也即《关于企业内容等的披露的内阁府令》第14条之8，采用第12项格式
封面	封面	封面	封面	封面	封面	封面
第1部分　证券信息 第1　募集要项 第2　卖出要项 第3　第三人定向增资的特别记载事项 第4　其他记载事项	第1部分　证券信息 第1　募集要项 第2　卖出要项 第3　第三人定向增资的特别记载事项 第4　其他记载事项	第1部分　证券信息 第1　募集要项 第2　卖出要项 第3　第三人定向增资的特别记载事项 第4　其他记载事项	第1部分　证券信息 第1　募集要项 第2　卖出要项 第3　其他记载事项	第1部分　证券信息	第1部分　证券信息 第1　募集要项 第2　卖出要项 第3　其他记载事项	第1部分　证券信息 第1　募集要项 第2　卖出要项 第3　第三人定向增资的特别记载事项 第4　其他记载事项
	第2部分　要约收购的相关信息	第2部分　要约收购的相关信息	第2部分　组织再编(要约收购)的相关信息			第2部分　要约收购的相关信息

续表

适用有价证券申报书制度的情形					适用发行登记制度的情形	
有价证券申报书					发行登记书	发行登记补充文件
完全披露方式	合订方式	可参照方式	特定组织再编发行程序、交付程序的情形	国内投资信托受益证券的情形＊1		
	第3部分　补充信息（最近的有价证券报告书提交后发生的事实）		第1　组织再编(要约收购)的概要 第2　综合财务信息 第3　发行人（及其关联者）与组织再编对象公司的重要契约			第1　组织再编（要约收购）的概要 第2　综合财务信息 第3　发行人（及其关联者）与组织再编对象公司的重要契约
第2部分　企业信息 第1　企业概况 第2　事业情况 第3　设备情况 第4　提交公司的情况 第5　财务会计状况 第6　提交公司的股票事务的概要 第7　提交公司的参考信息	第4部分　合订信息 ①最近的有价证券报告书及添附文件 ②上述有价证券报告书提交后提交的季度报告书或半年度报告书 ③以上文件的更正报告书	第3部分　可参照信息 第1　可参照文件 ①最近的有价证券报告书及添附文件 ②上述有价证券报告书提交后提交的季度报告书或半年度报告书 ③上述有价证券报告书提交后提交的临时报告书 ④以上文件的更正报告书	第3部分　企业信息 第1　企业概况 第2　事业情况 第3　设备情况 第4　提交公司的情况 第5　财务会计状况 第6　提交公司的股票事务的概要 第7　提交公司的参考信息	第2部分　基金信息 第1　基金的情况 第2　管理及运营 第3　基金的财务会计情况 第4　国内投资信托受益证券事务的概要 第3部分　委托公司等的信息 第1　委托公司等的概况	第2部分　可参照信息 第1　可参照文件 ①最近的有价证券报告书及添附文件 ②上述有价证券报告书提交后提交的季度报告书或半年度报告书 ③上述有价证券报告书提交后提交的临时报告书 ④以上文件的更正报告书	第3部分　可参照信息 第1　可参照文件 ①最近的有价证券报告书及添附文件 ②上述有价证券报告书提交后提交的季度报告书或半年度报告书 ③上述有价证券报告书提交后提交的临时报告书 ④以上文件的更正报告书

续表

<table>
<tr><td colspan="5">适用有价证券申报书制度的情形</td><td colspan="2">适用发行登记制度的情形</td></tr>
<tr><td colspan="5">有价证券申报书</td><td rowspan="2">发行
登记书</td><td rowspan="2">发行登记
补充文件</td></tr>
<tr><td>完全披
露方式</td><td>合订
方式</td><td>可参照
方式</td><td>特定组织再编发行程序、交付程序的情形</td><td>国内投资信托受益证券的情形＊1</td></tr>
<tr><td></td><td></td><td>第 2　可参照文件的增补信息
第 3　提供阅览可参照文件的场所</td><td></td><td>第 2　其他关系法人的概况
第 3　其他</td><td>第 2　可参照文件的增补信息
第 3　提供阅览可参照文件的场所</td><td>第 2　可参照文件的增补信息
第 3　提供阅览可参照文件的场所</td></tr>
<tr><td>第 3 部分　保证公司等的信息</td><td>第 5 部分　保证公司等的信息</td><td>第 4 部分　保证公司等的信息</td><td>第 4 部分　提交公司的保证公司等的信息</td><td></td><td>第 3 部分　保证公司等的信息</td><td>第 4 部分　保证公司等的信息</td></tr>
<tr><td rowspan="2">第 4 部分　特别信息</td><td rowspan="2">第 6 部分　特别信息</td><td rowspan="2">第 5 部分　特别信息</td><td>第 5 部分　提交公司的特别信息</td><td rowspan="2"></td><td rowspan="2"></td><td rowspan="2"></td></tr>
<tr><td>第 6 部分　组织再编对象公司信息</td></tr>
<tr><td colspan="4">添附文件（日本《金融商品交易法》第 5 条第 10 款；日本《开示府令》，也即《关于企业内容等的披露的内阁府令》第 10 条第 1 款之规定）</td><td>添附文件（日本《金融商品交易法》第 5 条第 10 款；特定有价证券日本《开示府令》，也即《关于企业内容等的披露的内阁府令》第 12 条第 1 款之规定）</td><td>添附文件（日本《金融商品交易法》第 23 条之 3 第 2 款；日本《开示府令》，也即《关于企业内容等的披露的内阁府令》第 14 条之 4 之规定）</td><td>添附文件（日本《金融商品交易法》第 23 条之 8 第 5 款；日本《开示府令》，也即《关于企业内容等的披露的内阁府令》第 14 条之 12 之规定）</td></tr>
</table>

＊1 特定有价证券相关的有价证券申报书，除了证券信息，依据特定有价证券的种类和划分，要求记载投资资产的内容及与其管理和运作管理（投资管理）相关的信息（参见第四节），但此处，将国内投资信托受益证券作为其中一例进行格式的说明。

表2　完全披露方式的有价证券申报书的记载事项

(可参照日本《开示府令》第2项格式)

封面

第1部分　证券信息

第1　募集要项

①新发行股份;②股份募集的方法及条件;③股份认购;④新发行的附新股认购权(新股预约权)的证券;⑤新发行公司债;⑥公司债的认购及公司债管理的委托;⑦新发行的商业票据及新发行的短期公司债;⑧新发行备兑权证;⑨新发行预托证券及新发行有价证券信托受益证券;⑩通过新发获得的实收金额的用途;⑪公司设立时的特别记载事项

第2　卖出要项

①卖出有价证券;②卖出的条件

第3　第三者定向增资情形下的特别记载事项

第4　其他记载事项

第2部分　企业信息

第1　企业的概况

①主要经营指标等的发展、推移(按照连结信息、个别信息的顺序记载);②沿革;③公司事业(营业)的内容;④关联公司的情况(记载母公司、子公司、适用权益法的关联公司及其他关联公司的情况);⑤从业人员的情况

第2　事业情况

①业绩等概要;②生产、接受订单及销售的情况;③应该应对和处理的课题;④事业(营业)等的风险;⑤经营上的重要的契约等;⑥研发活动;⑦财务状况、经营成绩及现金流状况的分析

第3　设备情况

①设备投资等概要;②主要设备的情况;③新设或舍弃设备的计划(对第1的③、⑤,第2的①、②、⑤,第3的①、②等,要求对不同事业种类的事业部门的分类记载)

第4　提交公司的情况

①股份等的情况;②公司取得自我股份(自持股)的情况;③分红政策;④股价的变动、推移;⑤董监高等人员的情况;⑥公司内部治理的情况等

第5　财务会计状况

①连结财务诸表等(连结资产负债表、连结损益计算书、连结股东资本等变动计算书、连结现金流计算书、连结附属明细表及其他),②财务诸表等(资产负债比、损益计算书、股东资本等变动计算书、现金流计算书、附属明细表、主要资产和负债内容及其他)

第6　提交公司的股份事务的概要

续表

第 7　提交公司的其他参考信息(包括提交公司的母公司等的信息)
第 3 部分　提交公司的保证公司的等的信息
第 1　保证公司的信息(对附保证的公司债,需记载保证公司的信息)
①成为保证对象的公司债;②作为持续披露公司的保证公司的相关事项;③不属于持续披露公司的保证公司的相关事项
第 2　保证公司以外的公司的信息
①有必要披露该公司信息的理由;②作为持续披露公司的该公司的相关事项;③不属于持续披露公司的该公司的相关事项
第 3　指数等信息
①有必要披露该指数等信息的理由;②该指数等的变动、推移
第 4 部分　特别信息
第 1　最近的财务诸表
第 2　保证公司以及连动子公司最近的财务诸表或财务文件

第 2 部分和第 3 部分的记载事项与有价证券报告书的第 1 部分和第 2 部分的记载事项(日本《开示府令》第 3 项格式)相同。

合订方式的有价证券申报书(日本《金融商品交易法》第 5 条第 3 款, 146
日本《开示府令》第 9 条之 3 第 4 款之规定,国内公司采用第 2 项之 2 的格式)中,在“第 1 部分　证券信息”之后,作为“第 3 部分　补充信息”,具体列举有价证券报告书提交后发生的,对财政状况及经营成绩造成重要影响的事由。“第 4 部分　合订信息”中,将最近事业年度相关的有价证券报告书及其添附文件(以及季度报告书、半年度报告书、更正报告书)的附件合订在一起。

可参照方式的有价证券申报书(日本《金融商品交易法》第 5 条第 4 款;日本《开示府令》第 9 条之 4 第 1 款之规定,日本国内公司采用第 2 项之 3 之格式)中,“第 1 部分　证券信息”之后的“第 3 部分　可参照信息”,规定对该公司所属企业集团及该公司事业内容等第 5 条第 1 款第 2 项所列事项,只需记载可参照最近的有价证券报告书、季度报告书、半年度报告书、临时报告书及以上文件的更正报告书即可,并列明提供阅览可参照文件附件的场所。不像合订方式那样记载补充信息,而是代之以临时报告书作为可参照文件。在可参照方式中,企业信息不直接记载于有价证券申报书,而是规定可参照所有有价证券报告书等文件。

在申报书中,必须添附公司章程及其他内阁府令规定的对于社会公益或投资人保护必要且适当的文件(日本《金融商品交易法》第 5 条第 10 款之规定)。

根据申报书制作方法的不同,所添附的文件也不同,其中重要的是,可参照方式的申报书中,除了要求完全披露方式及合订方式的申报书中的必要的添附文件(日本《开示府令》第 10 条第 1 款第 1 项、第 2 项之规定),还要求添附(日本《开示府令》第 10 条第 1 款第 3 项之规定):①表明满足利用可参照方式的适格条件的文件材料;②该有价证券申报书中记载的应该
147 可参照的,以有价证券报告书提交后发生的重要事实为内容的文件;③确切且简明说明公司事业(营业)内容的概要及主要经营指标的变动、推移的材料(所谓“突出亮点”的)文件。有价证券报告书及其他可参照文件提出的时间节点与有价证券申报书提出的时间节点之间产生了时间上的间隔,为了弥补由此产生的偏差,正如上文所述,合订方式要求在申报书中记载补充信息,而可参照方式中的可参照信息包含了合订信息所不包含的临时报告书(日本《金融商品交易法》第 5 条第 4 款之规定),除此之外还要求上述②中的文件作为添附文件。并且,③虽然也已在完全披露方式的申报书中被记载,但它是为了能够一览企业最近的趋势而特别被要求的资料(注 16)。

(注 16):就主要的经营指标等的变动、推移,在日本《开示府令》第 2 项格式记载上的注意(25)a 中规定,首先记载最近 5 个连续事业年度相关的:①销售额;②经常损益;③当期纯损益;④综合利润的金额;⑤净资产额;⑥总资产额;⑦平均每股的净资产额;⑧平均每股的当期损益;⑨潜在股票调整后平均每股的当期纯利益金额;⑩自有资本比率;⑪自有资本利润率;⑫股价收益率;⑬营业活动的现金流;⑭投资活动的现金流;⑮财务活动的现金流;⑯现金及现金同等物的期末余额;⑰从业人员数。接着(25)b 中规定,记载提交公司个体的最近 5 个事业年度相关的上述①到⑰的事项,还要记载⑱投资损益;⑲资本金额;⑳已发行总股份数;㉑每股分红的金额;㉒分红性向等。

(2)新股发行* 情形下的披露内容

打算新发股份的公司,即打算在金融商品交易所上市发行股份的公司,或希望在经认可的金融商品交易业协会对股份发行进行店头注册的公司,其中为了依据该金融商品交易所或经认可的金融商品交易业协会的规则募集或卖出发行股票,打算提交有价证券申报书的公司,必须根据新股发行时用的格式制作申报书[日本《开示府令》第 8 条第 2 款、第 2 项之 4 的格式

* 日语表述为“新规公開”。

(注17)]。这个格式的记载内容大体上与完全披露方式(第2项的格式)相同,其还特别设置了"第4部分　股份公开信息",要求披露如下内容: 148
①发行前的一定期间内,公司特别利害关系人的持股变动情况;②发行前的一定期间内,第三人增资等的概况;③股份公开发行时股东的状况。这是为了明确与股东构成相关的公司政策,抑制股份公开发行前不明朗的股份交易。

(注17):根据第2项之7所规定的格式,该募集或卖出属于特定组织再编发行程序或特定组织再编交付程序时,同时要求记载组织再编的相关信息。

(3)组织再编情形下的披露内容

正如上文所述(参见第一节5),在日本《金融商品交易法》中,为了谋求组织再编的相关信息披露的进一步充实,因组织再编而发行股份(组织再编发行程序)或交付已发行的股份(组织再编交付程序)时,特定组织再编发行程序被包含于"募集"之中,而特定组织再编交付程序被包含于"卖出"之中,适用与有价证券募集或卖出相同的披露制度(日本《金融商品交易法》第2条之2、第4条第1款正文之规定),但发行人为了实施以上程序而欲提交有价证券申报书时,必须按照组织再编的格式制作申报书(日本《开示府令》第8条第1款第3项之规定。日本国内公司则适用第2款之6的格式)。

在该格式中,除了第2项格式的记载内容之外,还增加设置了"第2部分　组织再编(要约收购)相关信息",并要求对以下事项进行记载:①该组织再编(要约收购)的概要与目的等;②该组织再编(要约收购)的当事公司的概要;③该组织再编(要约收购)的契约、配股内容及其计算依据;④该组织再编(要约收购)的相关程序;⑤该组织再编对象公司的公司信息等。

(4)少额募集情形下的披露内容

平成十年(1998年)《证券交易法》修订,降低了少额免除的基准额,规定1亿日元以上未满5亿日元的募集和卖出也必须提交有价证券申报书, 149
但考虑到制作披露文件会造成发行公司的负担,规定有价证券申报书中可以用"该公司相关内阁府令规定内容"的记载来代替,简化记载内容(日本《金融商品交易法》第5条第2款之规定)。平成十一年(1999年)日本《开示府令》修订以后,在一般有价证券申报书中,主要以连结信息为中心进行披露,但在少额募集情形下,有价证券申报书的格式和记载内容则以个别信息为中心,并且可以在“第3部分　关联公司的信息”中以关联公司情况的记载代替连结信息的记载(日本《开示府令》第8条第1款第2项、第2项之5的格式)。

但是,对以下公司,不能如上文所述简化记载内容(日本《金融商品交易法》第5条第2款第1项至第3项之规定):①上市公司、店头注册公司及资本在5亿日元以上的未上市的股东人数在1000人以上的公司;②提交记载了第5条第1款第2项中列举事项的有价证券申报书的发行公司;③已提交了有价证券报告书、季度报告书或半年度报告书的发行公司。以上公司不是已经进行了持续披露就是应当进行持续披露(第三编第二章第二节1),即使要求以连结信息为主进行披露,也不会额外对其造成新的负担。

5. 有价证券申报书等的公众阅览及审查

发行披露的目的是为投资者提供投资判断所必要的信息,因此,披露的形式必须能保证投资者得以获取信息。因而有关被提交的有价证券申报书及其添附文件(附件)须采取以下披露程序:①内阁总理大臣将这些披露文件置备于财务局,从受理日开始向公众提供阅览(日本《金融商品交易法》第25条第1款第1项之规定);②发行人将这些披露文件的副本置备在公司总公司(总店)及主要的分公司(支店),从提交之日开始向公众提供阅览(同条第2款之规定);③发行人为上市公司的,必须将以上文件的副件向金融商品交易所提交,发行人为店头注册公司的,必须向经认可的金融商品
150 交易业协会提交,金融商品交易所以及经认可的金融商品交易业协会将这
些副本置备于自己的事务所,从接受提交之日起开始向公众提供阅览[日本《金融商品交易法》第6条、第25条第3款之规定(注18)]。通过EDINET被提交的申报书亦采取电子(数字化)方式进行披露(参见第一编第四章第四节2)。

有价证券申报书的公众阅览即间接披露,最初投资者必须前往上述场所才能阅览,但通过EDINET的运作管理(投资管理),普通公众获取信息的渠道产生了明显的拓宽。并且有必要注意,发行市场中作为直接披露方式的招股说明书的记载内容(参见第三章第三节5),是以有价证券申报书的记载内容为基础的(日本《金融商品交易法》第13条第2款、第3款之规定)。

有关有价证券的募集或卖出,发行人在申报提交之后、申报生效之前的期间称为待机期间,此期间也是内阁总理大臣(财务局)审查申报文件的记

载内容的期间。该审查的目的如下:①确认申报书的记载内容是否明确披露了投资判断所必要的信息;②确认申报书的记载内容是否虚假。以前,披露文件相关的内阁总理大臣的审查重点是发行时的审查,但是,从简化发行披露的观点来看,伴随着可参照方式及后文将阐述的发行登记制度(可参照第三节)被引入,以及生效期间的缩短,审查重点从发行时审查转移至审查持续披露文件。对新披露公司,实施与最初大致相同的发行时审查,但在持续披露公司提交发行披露文件时,仅需要交付有价证券申报书及价格决定的更正申报书等的受理、生效通知书及受理通知书。

内阁总理大臣的审查是为了防止虚假披露于未然,但不能仅因为经过审查申报生效,就由此认定不会存在虚假披露。而且,关键在于该审查并非对有价证券实质价值的审查。因此,任何人不得根据证券的募集或卖出申
报已生效的事实,推定或视为内阁总理大臣已认定该申报相关的有价证券 151
申报书的记载真实且正确,或其中没有重要事项记载缺陷,或保证、承认该有价证券的价值(日本《金融商品交易法》第 23 条第 1 款之规定)。并且,任何人不得违反该规定作出表示(同条第 2 款、作为罚则的第 205 条第 1 项之规定)。

(注 18):但是,有价证券的发行人,以有必要对事业(经营)上的秘密保密为由,可以就有价证券申报书、发行登记书及有价证券报告书等的一部分内容,向内阁总理大臣申请不向公众提供阅览(日本《金融商品交易法》第 25 条第 4 款之规定)。

6. 申报效力的发生时期

正如上文已经概述的,有价证券的募集以及卖出时,只要提交申报,就能对投资者进行劝诱(日本《金融商品交易法》第 4 条第 1 款之规定),在该申报的效力发生前,不得签订证券的取得和买卖的合同(日本《金融商品交易法》第 15 条第 1 项之规定),因此申报何时生效具有重要的意义。

有价证券的募集及卖出申报,原则上来说从内阁总理大臣受理之日[生效前的期间内自发提交的修正申报书(日本《金融商品交易法》第 7 条之规定)的,则生效时间为内阁总理大臣受理之日]起经过 15 日生效(日本《金融商品交易法》第 8 条第 1、2 款之规定)。上述期间一般被称为待机期间,内阁总理大臣利用该时间对申报书记载的内容进行审查,与此同时投资者基于披露的信息对于是否购买募集或者卖出的有价证券进行投资判断。

但是,也有例外的情形。内阁总理大臣认为例外情形有:①公众能够较

为容易的理解申报书内容的情形;②该申报书提交者的公司信息(日本《金融商品交易法》第5条第1款第2项之规定)已经广泛地提供给公众的情形。在上述情形下,对于该申报人,可指定不满15日的生效期间,或者在募
152 集和卖出申报,被受理之日的次日直接向其通知生效(日本《金融商品交易法》第8条第3款之规定)。一方面,上述情形中缩短待机期间并不会导致保护者缺少保护;另一方面,为了能机动、灵活地发行证券,实际上对待机期间进行缩短也是有必要的。缩短待机期间的要件是上述①、②中所列举的情况,既是因为发行人希望缩短期间,同时也是对其披露进一步充实、改善的重要诱因。

①的方式存在例外,事实上,采用询价方式(Book Building方式),就是观测市场动向的同时以接近时价的价格来发行股份和公司债,是对整个日程的缩短。这种情形下,提交未记载发行价格等事项的有价证券申报书是被允许的(日本《金融商品交易法》第5条第1款但书规定;日本《开示府令》第9条之规定),在决定这些事项内容的同时应当提交修正申报书(日本《金融商品交易法》第7条;日本《开示府令》第11条第3项之规定),按照原则,如果从受理其修正申报书之日重新开示计算生效期间的话,就无法达成尽可能与时价接近的时价发行之目的,因此,当该申报书提交之日或者提交之日的次日开示,就视为申报生效(《开示指引》*8-3之规定),这是为了尽量避免在发行价格的决定及修正申报书的提交和生效之间出现时间上的间隔。

②的方式存在例外,根据昭和六十三年(1988年)《证券交易法》修法时追加的基准,因持续披露使企业信息已经在市场上广泛获知(浸透)的企业,其发行披露的生效期间可以缩短,这是一项对发行披露和持续披露进行统合、调整的措施。根据②,满足合订方式或者可参照方式的利用适格要件的主体,从内阁总理大臣受理有价证券申报书之日起大约经过7天,其申报生效(该申报人未提交申报的情形,或者该处理不适当的情形除外,《开示
153 指引》8-2之规定),减少了企业制作申报书的负担,以及缩短了生效期间,从而使企业机动、灵活调配资金成为可能。

7. 有价证券申报书的修正

在募集、卖出申报之日后,申报生效之前,申报文件所应当记载重要事

---

* 日语表述为“開示ガイドライン”。

项的变更或者依据内阁府令规定的基于公共利益,或者为了保护投资者应对该文件进行必要的修正时,申报人必须将修正的申报书提交内阁总理大臣(注 19)(日本《金融商品交易法》第 7 条第 1 款前段之规定)。这被称为自发修正,当存在前述情形时,必须提交修正的申报书(相关罚则规定为日本《金融商品交易法》第 200 条第 2 项之规定),若未提交,则内阁总理大臣将认定提交的申报书中应当记载的重要事项记载不完整,还可以重要记载事项存在缺陷为由,命令其提交修正的申报书(日本《金融商品交易法》第 9 条、第 10 条之规定)。

日本《金融商品交易法》第 7 条第 1 款后半段规定:“若无此类事由,申报人如果认为对该申报书的修正是必要的,亦同样。”

实际上,如下场合需要用到修正的申报书。从昭和五十八年(1983 年)12 月开始,时价发行公募增资的情况中,对发行价格的表示可以使用所谓的算式表示的方法。所谓的算式表示方法,就是有价证券的发行价格或卖出价格,以募集或者卖出申报生效前一日的有价证券市场最终价格乘以一定比率的表示方法(日本《开示府令》第 1 条第 30 项之规定)。这种情形中,确定发行价格或者卖出价格时,因为相关联的事项须在申报招股说明书中记载,故在募集或者卖出申报生效之后,应当迅速按照第 7 条第 1 款后半段的规定自发提交修正申报书,在招股说明书中具体记载公募价格。

关于根据内阁总理大臣命令的修正(日本《金融商品交易法》第 9、10 条之规定)的内容将在后文叙述(参见第四章第二节 1)。

(注 19):内阁府令列举了如下内容:①该申报提交日之前发生的有价
证券申报书,或者其附件上应当记载的重要事实,在这一类文件材料提交时 154
无法进行记载的内容,现在已经能够被记载的情形;②发生与该有价证券申报书或者该附件应当记载的事项相关的重要事实;③关于该日本《开示府令》第 9 条各项所规定的事项在有价证券申报书中未记载的,而其内容已经被决定的情形(日本《开示府令》第 11 条之规定)。

第三节　发行登记制度

1. 发行登记制度的概要

发行登记制度是指满足可参照方式利用适格要件的发行人可以使用的制度,是一项尽可能不损害投资者保护且谋求有价证券机动、灵活发行的简便化的发行披露制度。也就是说,预定将来要募集或者卖出有价证券的发行人,只要预先提交记载一定事项的文件材料进行发行登记,则在实际募集或者卖出时不再需要进行新的申报,只需要提交记载证券信息的文件材料,就能够立刻进行有价证券取得或者出售的制度。可以成为上述制度对象的证券并没有范围限制。根据市场利率的行情机动、灵活发行大量公司债以及商业票据(Commercial Paper)的公司大多也会利用该制度。最近,对于敌对的企业收购,发动机动、灵活的收购防御政策(反收购策略),事先进行新股发行预约权的发行登记的情况已经出现。对于特定的有价证券,日本国内投资证券和国外投资证券,为了特定目的发行的特定公司债券和优先出资证券等,都能利用发行登记制度(特定有价证券,日本《开示府令》第1条、第11条之3等之规定)。

可以利用可参照方式制作有价证券申报书的发行人,预计募集或者卖出的有价证券发行价格或卖出价格的总额(发行预计总额)在1亿日元以
155 上时,根据内阁府令的规定,发行人应当将该募集或者卖出的预定期间(发行预定期间),该有价证券的种类及预定发行额或发行余额的上限,关于该有价证券承销的金融商品交易业者或已登记的金融机构(日本《金融商品交易法》第33条之2规定的已登记的金融机构)的名称及其他事项或者依据内阁府令,记载了为保护社会公共利益、保护投资者而所必须且适当的内容的文件材料提交给内阁总理大臣,而后才可以登记该有价证券的发行或者卖出(日本《金融商品交易法》第23条之3第1款之规定。注意该款但书规定中的例外情形)。这种情形下,不需要进行各个募集或者卖出的申报书(同条第3款之规定)。发行登记生效后,只要向内阁总理大臣追加提交记载有总额和条件等内容的发行登记补充文件材料(日本《金融商品交易法》第23条之8第1款之规定),就能够取得或者出售有价证券。

依据平成二十一年(2009年)的修法,在发行登记书中,允许以发行余额上限的记载取代发行预定额的记载。因此,由于偿付等原因导致发行余额减少的情形下,允许针对偿付额那部分相应增加发行可能额,发行公司对于把握和管理付利息债务的余额变得更加容易。

2. 关于引入发行登记制度的讨论

发行登记制度是模仿美国的 shelf registration 制度设计的,在美国关于这一制度对于有价证券发行市场产生何种影响存在讨论。在日本,对于该制度的引入则存在以下意见、担忧:①在这一制度下,证券承销公司在短时

间内必须将大量的证券卖掉,这样一来是否会增强以机构投资者为中心的销售(消化)? ②证券发行所需要的期间被大幅缩短,对于证券承销公司而言必须快速做出意思表示,这样一来是否会导致保荐、承销关系的破裂,使得承销竞争更加激化? ③证券公司的承销审查是否会不充分。④和以前的 156
有价证券申报书相比,有价证券报告书的披露内容是否下降等。但是,关于上述①的论点,发行登记制度和机构化现象并没有直接的关联;关于上述②的论点,这一制度并不会激化证券公司之间的竞争,即使激化了也是一个有利的结果;关于上述③的论点,如果承销审查的质量降低了,那就应该持续推进和充实审查机制;关于上述④的担忧,发行登记制度的适格条件仅限于企业信息已经在市场上被广泛公布和获知的企业,与此同时,可以通过对个别的募集或者卖出时要求提交发行登记追加文件材料以及相关附件等方式来加以应对(注20)。

在美国,由于证券公司之间的竞争非常活跃,以及可以依据市场走向的条件随时发行证券的缘故,发行人资金(筹集)成本确实在下降,这些情况已经在相关报告中得以证实。此外,在发行登记制度下,在证券公司不介入的情况下,发行人和机构投资者之间通过直接交涉,机动、灵活地发行证券也有实现的可能。但是,也应当关注今后发行登记制度的利用状况以及上述①~④中所担心的内容在实践中的情况。发行登记制度和发行披露中的虚假陈述(不实表示)责任(日本《金融商品交易法》第23条之12第6款、第21条之规定)的关系将在下文中叙述(参见第四章第四节2)。

(注20):以上的讨论,可参见大藏省证券局财务科披露制度研究会编写:《新しいディスクロージャー制度の解説》(《别册商事法务》第103号),第25、349页[昭和六十三年(1988年)]。

157

3. 发行登记的程序

发行登记制度和可参照方式的利用适格要件相同,依可参照方式来制作有价证券申报书的发行人也能利用该制度(日本《金融商品交易法》第23条之3款第1款、第5条第4款之规定,参见第二节3)。发行登记制度是对发行披露以持续披露进行统合和调整的产物,只有发行人企业信息已经在证券市场上被充分公开且被市场所消化,才具备有价证券的募集和卖出的利用适格。

从发行登记书所记载的内容(日本《开示府令》第14条之3之规定。关于国内公司的股份、公司债是采用第11项的格式,关于商业票据则采用简单化了的第11项之2的格式)来看,在封面上记载:公司名称以及其英文译名、代表人的职务以及姓名、总公司(本店)的所在地、物理距离最近的联络场所、发行登记对象的募集或者卖出(有价证券的种类、发行的预定期间、发行预定额或者发行余额的上限)、关于安全操作的事项,发行登记书副本的公众阅览场所。而登记书的正文分为"第1部分　证券信息"和"第2部分　参考信息",这是同依据可参照方式制作有价证券申报书相一致的内容(参见第二节4)。也就是说,关于有价证券发行人的企业信息,与可参照方式情形下的内容相同,以持续披露的文件材料为基础,可参照最近的有价证券报告书及在其提交后提交的季度报告书、半年度报告书以及临时报告书进行记载。

发行登记的有价证券的发行预定期间,在发行登记生效之日起2年之内的范围内,具体期间由内阁府令规定(日本《金融商品交易法》第23条之6第1款之规定),根据内阁府令,欲实施发行登记的发行人可以选择1年或者2年的期间(日本《开示府令》第14条之6之规定)。确保对于投资者来说发行计划具有明确性的同时,企业还得以实施灵活的财务战略,因此由企业选择发行预定期间(为法律所许可)。但是,商业票据的募集及卖出的
158 登记则限定在1年内(同条但书规定)。因为商业票据的短期评级一般都是针对未来1年期间内进行评定的。

发行登记在经过发行预定期间之日起失去效力(日本《金融商品交易法》第23条之6第2款之规定)。在发行预定期经过之日以前,发行预定金额全额的有价证券的募集以及卖出(提前)结束的时候,发行登记人根据内阁府令(日本《开示府令》第14条之7之规定)的规定,必须将记载撤销发行登记的申报书提交内阁总理大臣,进行发行登记的撤销(日本《金融商品交易法》第23之7之规定)。

原则上,发行登记自内阁总理大臣受理发行登记书之日起经过15日即生效,但是有关募集或者卖出的申报书也认可同样的缩短生效期间(日本《金融商品交易法》第23条之5第1款、第8条之规定)。而对于必须关注市场利息动向的同时要求能机动、灵活发行的短期公司债或者商业票据的发行登记,则立即生效(《开示指引》第23之5-2之规定)。

4. 发行登记的补充追加文件材料

关于已经进行了募集或者卖出发行登记的有价证券,发行登记人、有价证券卖出人、承销人、金融商品交易业者及已登记的金融机构,在该发行登

记生效时,每次基于有价证券的募集、卖出而取得或者出售的行为都必须向内阁总理大臣提交发行登记的补充追加文件(日本《金融商品交易法》第 23 条之 8 第 1 款之规定)。但是,关于募集或者卖出被允许小额免除的情形除外(同条但书规定)。如果发行人提交发行登记的补充追加文件,那么从提交日或者其次日开始,该有价证券就能够被购买或者卖出。

发行登记的补充追加文件,除了内阁府令规定的事项(日本《开示府令》第 14 条之 8 之规定:日本公司的股份、公司债等适用第 12 项格式,商业票据则可以依据第 12 项之 2 的格式进行简化),此外,能够记载"可参照附企业信息的该发行人的参考文件材料"(可参照日本《金融商品交易法》第 5 条第 4 款之规定),与此同时,必须将为了公共利益或者基于保护投资者 159
的目的,有必要且适当的文件材料作为附件添加在后(日本《金融商品交易法》第 23 条之 8 第 5 款之规定)。和依照可参照方式募集或者卖出的申报的补充追加文件(日本《开示府令》第 10 条第 1 款第 3 项之规定)相同,应当提交可参照记载有价证券报告书提交后发生的重要事项内容的文件材料以及记载关于事业内容概要及主要经营指标的推移或者简单说明的附加书面材料(日本《开示府令》第 14 条之 12 第 1 款之规定)。

对于有价证券的募集及卖出对象的规制是针对一定日期记载在股东名册上的股东进行的情形下,为了保证股东有足够时间进行深思熟虑和选择,关于该募集或者卖出的发行登记追加文件材料应当在该日的 10 天以前提交(日本《金融商品交易法》第 23 条之 8 第 3 款之规定)。但是,股票以时价发行的场合除外(同条但书规定,日本《开示府令》第 14 条之 10、第 3 条之规定)。这一宗旨和关于募集或者卖出申报期间的日本《金融商品交易法》第 4 条第 4 款之规定的宗旨相同(参见第二节 2)。

从频繁发行的短期公司债的性质来考虑,在发行登记前募集或者卖出登记的短期公司债(仅限依照过户机关*将发行余额提供公众阅览的情形),该发行证券登记如已经生效,则不需要提交发行登记补充追加文件,便能够通过募集或者卖出来取得或者出售(日本《金融商品交易法》第 23 条之 8 第 2 款之规定)。

5. 发行登记书的修正

发行登记以后,在该发行登记失效之日以前,在一定事项发生时,发行

* 日语表述为"振替機関"。

登记人必须向内阁总理大臣提交发行登记的修正书。这一类事项包括:①与在发行登记书上记载为应当可参照的参考文件同种类的文件被新提交;②可预见发行预定额中未发行的一部分在预定发行期间内无法发行的情形;③出现了必须减少已记载的发行余额的上限的情形;④预定承销的金
160 融商品交易业者中的主要主体发生了异常变动;⑤发行登记生效的预定日期发生变更的(日本《金融商品交易法》第23条之4的前半段规定;日本《开示府令》第14条之5第1款之规定)。

如果不存在上述情形,但认为发行登记人修正该发行登记文件材料是必要时,必须要提交发行登记修正书,但是以下内容的修正是不被许可的:①发行预定额或者发行余额的上限;②发行预定期间的变更;③有价证券种类的变更(日本《金融商品交易法》第23条第4段;日本《开示府令》第14条之5第3款之规定)。这些变更,是发行登记事项基本内容和框架的变更,如果修正就会打破投资者的预期,认可这些内容进行所谓形式上的修正,势必会超越发行登记以及修正制度的宗旨。

依据内阁总理大臣命令的修正(日本《金融商品交易法》第23条之9、第23条之10之规定)将在后文中叙述(参见第四章第二节1)。

第四节　特定有价证券的发行披露

旧《证券交易法》上的披露制度以股份和公司债等企业金融型证券设定为主要对象。企业金融型证券是指企业通过发行证券来获取资金开展自己的事业,作为发行主体的企业依照企业自己的价值为基础进行发行,因此该企业所属的企业集团的事业、营业、财务等企业信息的披露是重点。

与此相对,最近,不以发行主体自身价值为基础的新型证券(被称为资产金融型证券)频繁地被发行,并发展。例如,以利用投资信托和资产流动化等的特定目的公司,为了从多数投资者处获得资金进行专门化的资产运作管理(投资管理)的构造(称为集合投资计划,参见第一编第四章第三节3)。投资信托的受益证券和特定目的公司发行的证券,是不以发行人,而是以其他个别资产作为基础而发行的证券。关于这一类证券,有必要将与
161 其实际样态、特性相匹配的,证券的构造、证券的价值基础的资产以及其管理、运作管理(投资管理)的相关信息进行披露。这一类资产金融型证券(在日本《金融商品交易法》上称之为"特定有价证券",日本《金融商品交易法》第5条第1款之规定),根据平成四年(1992年)以后的数次修正,采

用了《证券交易法》上有价证券的概念,而"关于特定有价证券内容披露的内阁府令"规定了区分(各类)证券的披露内容和披露格式。

《证券交易法》并未对特定有价证券做出积极的定义,只是规定"由政令规定有价证券"(《证券交易法》第24条第1款之规定)。与此相对的,日本《金融商品交易法》中基于对于企业金融型证券和资产金融型证券应当设置不同的适应性的披露制度这一观点,对特定有价证券采用"对投资者判断有重大影响的信息及与发行人使用资产有关的信息由政令来规定的有价证券"将定义进行明确化(日本《金融商品交易法》第5条第1款括号规定),在与企业金融型证券相关的第5条第1款到第4款的规定,对法条可以作以下理解:如果属于特定有价证券的话则可准用其规定(同条第5款之规定),将企业金融型证券的相关规定和特定有价证券的相关规定进行区别(与持续披露相关的日本《金融商品交易法》第24条第5款、第24条之4之7第3款、第24条之5第3款也用了同样的规定方法)。关于与特定有价证券相关的有价证券申报书的记载内容,取代了企业金融型证券有关的有价证券申报书的企业信息,要求记载的是"该公司资产运作管理(投资管理)及与之类似的和公司事业有关的资产财务状况以及其他和资产内容相关的重要事项以及为了公共利益和投资者保护所必要的等由内阁府令规定的事项"(日本《金融商品交易法》第5条第5款及同条第1款第2项的法条理解),法律上明确了企业金融型证券和特定有价证券在披露内容上的差异。

目前,下述各项均属于特定有价证券:①《资产流动化法》规定的特殊企业债券、优先出资证券、新优先出资认购权证券、特定目的信托受益证券、特定本票(日本《金融商品交易法》第2条第1款第4项、第8项、第13项、第15项之规定);②投资信托受益证券和投资法人的投资证券、投资法人债券等(同条第10项、第11项之规定);③受益证券发行信托的受益证券(同款第14项之规定);④抵押证券(同款第16项之规定);⑤外国借贷 162
债权信托受益证券(同款第18项之规定);⑥有价证券信托受益证券;⑦有价证券投资事业权利等(日本《金融商品交易法》第3条第3项之规定);⑧内阁府令规定的其他证券(特定有价证券,日本《开示府令》第8条之规定)等(日本《金融商品交易法施行令》第2条之13之规定)。

无法详尽叙述而只作为简单介绍,例如,从关于日本资产流动化证券的有价证券申报书的格式来看,继"第1部分　证券信息"之后为"第2部分　管理资产信息",其中包括:①管理资产的状况(概况、构成管理资产的资产的概要、管理及运营的构造、证券持有人的权利、构成管理资产的资产情况、投资风险);②管理资产的财务状况(主要资产的内容、主要损益的内容、收入及损失金的处理、审计等的概要);③要求记载证券事务的概要。“第3部分　发行人及关联法人的信息”要求包括对发行人的状况以及原持有人及其关联法人的概况进行记载(特定有价证券,日本《开示府令》第1条第3项、第10条第1款第5项之规定,以及第5项之2的格式)。

此外,国内投资信托受益证券的有价证券申报书中,接着“第1部分　证券信息”的是“第2部分　基金信息”,要求记载的信息包括:①基金的状况[性质、投资方针、投资风险、手续费及税金、运作管理(投资管理)状况];②管理及运营(要约“买卖”程序、变卖“解约”程序等,资产管理等的概要,受益人的权利);③基金的财务状况(各财务诸表、记载基金现状和净资产总额的财务资料);④日本投资信托受益证券事务的概要。而在“第3部分　委托公司等的信息”中要求记载的信息包括:①委托公司等的概况;②其他关联法人的概况;③其他所需记载的事项(特定有价证券,日本《开示府令》第1条第2项之2、第10条第1款第1项之规定,以及第4项格式,可参照前文表1)。

伴随日本《金融商品交易法》实施的内阁府令的修正,新设了作为新的有价证券的受益证券发行信托的受益证券,以及抵押证券相关的披露文件的格式,而且关于各类格式,与投资对象相关的信息、运作管理(投资管理)者相关的信息[运作管理(投资管理)者的内部管理系统及对关联法人的管理机制,和运作管理(投资管理)风险相关的风险管理机制等]。以此对运作管理(投资管理)服务相关的信息[运作管理(投资管理)、运营方针]的记载内容进行明确化。

第三章　发行市场的交易规制

163

第一节　证券发行过程的概观

关于通过证券发行来实施的资金调配，除向内阁总理大臣进行申报的制度，以及下文说明的招股说明书的制作、强制使用等金融商品交易法的规制以外，为了让企业能够机动、灵活方便地调配资金，以及出于对股东和公司债的债权人、公司债权人等权利的保护，日本《公司法》也设置了程序法上与实体法上的规制。此外，关于通过公募的证券发行，证券公司通过承销业务介入于发行公司和投资者之间。在对日本《金融商品交易法》上的交易规制进行说明之前，以公募方式进行证券发行作为例子，对其过程进行简要概观。

1. 股份

募集股份发行(注 21)时的募集事项的决定，在公开公司(日本《公司法》第 2 条第 5 项之规定)(注 22)，除去所谓有利发行的情形以外，可以由董事会决议决定实施(日本《公司法》第 199 条第 2 款、第 3 款，第 201 条第 1 款之规定)。股东并不当然享有对募集股份接受配股的权利(可参照日本《公司法》第 202 条之规定)。发行决议之后，该公募如果属于日本《金融商品交易法》上的募集或者卖出的情形下，则必须向内阁总理大臣提交有价证券申报书(日本《金融商品交易法》第5条第1款之规定)。

关于募集股份发行的详细事项应告知股东,这是为赋予股东阻止不当的募集股份发行的权利(日本《公司法》第210条之规定),公开公司应在缴纳股款期日(或者缴纳股款期间的第一天)的两周前公告募集事项,或者对
164 股东进行通知(日本《公司法》第201条第3款、第4款之规定)(注23)。但是向个别股东通知常常需要一定的费用和时间,因此通常采用公告的方式。但是,基于日本《金融商品交易法》的规定,提交已经进行了募集或者卖出申报的有价证券申报书等,在相当于募集事项的各事项已经进行了披露的情形下,由于相关信息已被市场广泛获知,因此不需要再进行通知或者公告(日本《公司法》第201条第5款、《公司法实施规则》第40条之规定),这是一种将《公司法》上的信息披露和日本《金融商品交易法》上的信息披露两者间进行调整的措施。

在上市公司进行公募的情形中,通常是采用向证券公司就募集进行委托的方式,发行公司和证券公司间缔结相关的承销合同。对于承销的形态,可以分:证券公司以自己的名义购得公募的全部证券然后分销给一般投资者的“全部承销”(或“买卖承销”),和向公众募集发行如果最后出现余量,再由证券公司认购的“余量承销”(或“余额承销”)。和发行人(或者所有人)之间签订的合同被称为原承销合同(日本《金融商品交易法》第21条第4款之规定),原承销证券公司将承销的一部分证券分担给其他的证券公司,这一类公司被称为下级承销公司。此外,证券公司也会进行新股募集,即为了发行公司进行劝诱行为,承担将新股分销给一般投资者的功能。

在证券缴纳金额确定以后,承销证券公司,在3日内接受公募股票的要约。股份(款)的缴付,为了保证实缴,必须在指定的缴付场所进行(日本《公司法》第208条第1款之规定)。在缴付期日前进行了缴付的股份,在缴付期日(规定了缴付期间的情形中则是该具体缴付日),募集股份发行生效(日本《公司法》第209条、第199条第1款第4项之规定)。在缴付完成后,进行募集股份发行的变更登记(日本《公司法》第915条第1款、第2款之规定)。

另外,上市公司进行募集的时候,为了使募集最终成功,关联人士在市场上买卖该股票时会采取使其股价稳定(安定操作)的策略。因募集使得短时间内大量有价证券被抛进市场的情形中,供需的平衡被打破,股价可能会大幅下跌,如此一来,确保投资者一定会响应募集就会变得十分困难。因此,让股价保持稳定十分有必要。但是,这一类操作会对市场的价格形成产

生人为的影响,甚至可能成为股价操纵的一种形态,因此应当在严格的要件 165
下对其进行管控(日本《金融商品交易法》第159条第3款,《金融商品交易法施行令》第20条至第26条之规定,参见第三编第三章第二节5)。

(注21):《公司法》将新股发行和公司自持股份的处分并称为“募集股份的发行”,放在同一制度下进行规制。

(注22):《公司法》上,所谓“公开公司”,是指在公司章程中,对于公司发行的全部或者一部分股份的内容没有设置转让限制条款的公司。这和该词汇在一般使用中的意义不同,有必要对此充分注意。

(注23):非公开公司,对于募集事项应当由股东大会以特别决议的方式通过,而是否属于有利发行在所不问(日本《公司法》第199条第2款、第3款,第309条第2款第5项之规定),因此不需要对募集事项进行通知或者公告。

2. 新股认购权(新股预约权)(ライツ・オファリング,Rights Offering)

(1)作为资金调配方法的新股认购权(新股预约权)

最近,作为上市公司资金调配的一种方法,新股认购权(新股预约权)的无偿分配受到了关注,且正在推进该制度更为有效的实施。

对于股东而言,根据已持有股份的比例得到新股分配,且不需要重新缴付股款,这就是新股认购权(新股预约权)的无偿分配(日本《公司法》第277条、第278条之规定)。与公司董事监事等被赋予的股权激励(Stock Option)不同,新股认购权(新股预约权)中,每一个股份的权利行使价格一般都会被设定成低于市场的价格。

股东在行使被分配的新股认购权(新股预约权),并缴付股款后,取得股份(这种方法能够回避持股比例的降低)。不希望增资或者没有资金进行增资的股东,可以将被分配的新股认购权(新股预约权)进行转让(在市场中售卖),依照新股认购权(新股预约权)的价值取得相应对价(意味着既不响应增资,也可以回避经济上的损失)。

新股认购权(新股预约权)具有类似于通过股东分配来发行新股[参见 166
第一章第一节2(1)]的作用。在目前的日本《公司法》下,股东分配的新股发行等于给予股东接受配股的权利,实施的新股发行(日本《公司法》第202条之规定)中,并没有对“接受配股的权利”赋予可转让性(日本《公司法》第204条第4款之规定),而原则上许可转让的新股预约权(可参照日本《公司法》第236条第1款第6项之规定)的无偿分配方法,则能够实现类似的效果。

对于新股认购权(新股预约权),有关联型和非关联型2种类型。关联型是证券公司等金融机构,在行使期间内不行使权利而承诺承销认购所有的新股预约权。非关联型则没有该类似的承诺。对于关联型,具体而言,对于不行使权利的新股预约权,发行公司在基于取得条款实施取得的基础上再卖出给证券公司等,该证券公司等在行使权利后缴付资金,将取得的股份在市场上卖出。这种关联型能够确实地获取发行公司想要调配的资金。

新股认购权(新股预约权)被认为是在欧洲大规模增资中被广泛利用的增资手法,作为增资手法的这一制度与公募融资和第三人定向分配增资相比,在股份稀释化等方面对公司的既存股东影响较小。对于发行公司而言,不被市场价格所束缚,能够更为自由地设定行使价格,关联型资金调配的确切性较高,作为资金调配方式的一种也十分引人关注。

(2)围绕新股认购权(新股预约权)的制度整备

在新股认购权(新股预约权)制度实际引入日本的过程中,与诸外国相比,程序负担更加重,所需要的期间也更加长,同时也在法律层面,该制度
167 的定位并不十分明确。因而,为了能够在制度利用上更加顺利,有必要进行相关法律以及《上市规则》等制度层面的整备。

日本《金融商品交易法》在平成二十三年(2011年)进行了修改,同时平成二十四年(2012年)的府令修改时也进行了一些修正(注24)。下面列举同发行市场规制相关的修正措施。

(A)招股说明书的制作和交付方法的弹性化

新股认购权(新股预约权)的无偿分配作为新股认购权(新股预约权)证券的取得劝诱,属于“有价证券的募集”(《开示指引》2-3之规定)。在形式上,在新股认购权(新股预约权)的无偿分配中,对于股东全体都是无偿分配新股认购权(新股预约权),因此看上去似乎不存在取得劝诱,但事实上,应当将新股认购权(新股预约权)同行权时的支付股价看作一个整体(一体化)来理解。

因此,在上市公司利用新股认购权(新股预约权)的场合,便产生了以有价证券申报书等提交义务为首的披露义务。对于股东数量较多的公司,如果要对公司全体股东都制作并交付招股说明书,这将给公司利用该制度带来费用负担和日程上的消耗,就会成为制度利用层面很大的障碍。因此,平成二十三年(2011年)修法时,为在保护投资者的同时,也能实现减轻发行公

司负担的目的,对招股说明书的制作和交付实施了弹性化的调整[参见第三节4(3)]。

(B)"有价证券承销"范围的调整

在关联型的新股认购权(新股预约权)中,证券公司签订以取得未被行使的新股预约权并行使权利为内容的契约的行为,与有价证券募集或者卖出时承销人的余额承销行为(日本《金融商品交易法》第2条第6款第2项之规定)相类似,所以签订这一类合同的人被重新定义为属于(包含于)"承销人"(日本《金融商品交易法》第2条第6款第3项之规定)。基于上述修正,承销人的行为就被包含到"有价证券的承销"的定义中(日本《金融商品交易法》第2条第8款第6项之规定,参见第四编第一章第一节1),而以此为业实施经营的,就会被作为第1种类金融商品交易业(可参照日本《金融商品交易法》第28条第1款第3项、第7款第3项之规定),而必须受制于业法。

此外,新股认购权(新股预约权)募集时,对于没有行使新股认购权(新股预约权)的那一部分,从发行人处取得并行使,以此为内容缔结的契约被 168
定位为"原承销合同"(日本《金融商品交易法》第21条第1款第4项之规定),而签订承销合同的金融商品交易者需要对有价证券申报书中的虚假信息等造成的损害承担赔偿责任[参见第四章第四节2(2)]。

在公司法的层面,同股东平等原则之间的关系问题成为重要论点。股东中可能存在相当一部分居住在海外的情况,而该外国法的适用可能成为事实上的障碍,在这种情形中应当考虑如何回避该外国居住者无法行使权利的情形,但这是否违反股东平等原则呢?有观点认为,在作为调配资金方式利用的必要性和特定外国股东利益的关系具有相当性的情况下,这样的做法应解释为并不与股东平等原则相抵触(注25)(注26)。

(注24):可参照《〈金融厅披露制度工会报告〉—新股认购权(新股预约权)无偿分配的增资("所谓ライツ·オファリング"的相关制度整合)》[平成二十三年(2011年)1月19日]。

(注25):可参照《金融厅披露制度工会法制专门研究会报告—ライツ·オファリング国外制度的应对与股东平等原则的关系》[平成二十三年(2011年)9月16日]。

(注26):除此之外,实务中,在和公司法关系上也存在分配通知期间的论点。关于对股东进行新股认购权(新股预约权)行使的分配通知期间,现行法规定,新股预约权行使期间(日本《公司法》第236条第1款第4项之

规定)的第一天的2周前必须将分配新股预约权的内容、数量通知股东(日本《公司法》第279条第2款之规定)。而下次修改时,对无偿分配的发生效力(日本《公司法》第278条第1款第3项之规定),在行使期间最后一天的2周前进行通知即可。将通知所需要的时期往后移,从而达到缩短程序所需要的期间的目的。

3. 公司债

169 一般公司发行公司债(日本《公司法》第2条第23项作出了定义规定)大致依照以下的顺序来实施。

在《公司法》上,发行公司债,需要通过设置了董事会的公司的董事会作出募集公司债的决议(日本《公司法》第362条第4款第5项、第676条第1项之规定)。金融商品交易法上的募集情形中需要申报,这和股份募集发行中的情况是一样的。关于公司债的发行,利用发行登记制度的公司正在不断增加。

另外,关于附新股认购权(新股预约权)的公司债的发行,根据募集新股认购权(新股预约权)的发行程序(日本《公司法》第236条第1款、第238条第1款、第240条第1款之规定),即通过新股认购权(新股预约权)的发行决议来决定关于募集公司债的事项(日本《公司法》第238条第1款第6项之规定),并不适用关于公司债的规定(日本《公司法》第248条之规定)。

在发行无担保公司债的情形中,原则上来说应当强制设置为了公司债权人利益而进行公司债管理的公司债管理人[在平成十七年(2005年)修法前的日本《商法》中被称为“公司债管理公司”],发行公司应设定公司债管理人(其任职资格由日本《公司法》第703条规定),为了确保公司债权人受领偿付债权,必须委托其进行债的保全及其他公司债的管理事务(可参照日本《公司法》第702条本文规定,以及《担保信条》第2条第2款之规定)。但是,在各公司债的金额在1亿日元以上的情形下,或者在公司债的发行份数少于50份的情形下(和日本《金融商品交易法》上被作为私募的情形基本相同),并不需要强制设置公司债管理人(同条但书、《日本〈公司法〉施行规则》第169条之规定)。此外,在发行附担保公司债的情形中,必须强制设置进行担保权管理和公司债管理的受托公司(《担保信条》第2条第1款之规定),发行公司和受托公司之间必须通过信托证书缔结信托契约(《担保信条》第18条之规定)。

通常,发行公司在选择决定了主要保荐(承销)证券公司后,在该证券

公司和发行公司彼此间协议的基础上,组建"承销团"*,由多家证券公司共
同进行承销以及募集。发行公司和承销证券公司之间缔结承销以及募集的
业务协议,构成承销团的所有证券公司之间缔结承销份额和承销手续费如
何分配的协议。此外,发行公司和原负责利息支付事务的证券公司或金融 170
机构之间缔结原利息支付事务的合同。

在认购募集公司债的人确定的时候,申报人必须在支付期日(日本《公司法》第676条第10项之规定)之前支付相关金额。和股票不同的是,公司债并没有交易场所等的限定性规制。此外,公司债的发行不必要进行登记。

4. 发行市场中证券公司的角色

从上述说明可以推知,证券公司通过承销业务和分销业务,起到了使通过证券发行实施的资金调配的整个过程更加顺畅的重要作用。也就是说,证券公司考虑发行公司的经营状况和证券市场的动向,在证券发行的时期,向发行公司提交关于方法、条件等内容的建议,指导或者代办金融厅和证券交易所的相关程序,承销发行证券的全部或者部分,然后将发行的证券积极地分销给一般的投资者。

于是,伴随证券发行产生的剩余证券的风险由发行公司转为由证券公司来承担,发行公司能够确实地得到计划获得的资金;对于承销,证券公司审查发行公司的财务状况和发行证券相关资格的披露文件材料,投资者基于对该审查的一定程度的信赖进行投资;从证券发行整个过程来看,有证券公司介入的情形与没有证券公司介入的情形相比,证券公司的介入将会使证券发行时的费用等大幅削减。

5. "看门人"的责任

承销证券公司和监查法人(审计法人)等,连接发行人和资本市场的中介、媒介者被称为"看门人"(gatekeeper),法律上规定的"看门人"的责任被称为"看门人"责任。

一般的,在企业和投资人之间存在信息不对称。而上市公司在公募发 171
行证券的情形中亦是如此,特别是首次发行的公司,其不对称性尤为显著。
"看门人",例如,承销证券公司在实施承销审查时,监查法人(审计人)对发
行人的财务文件材料提供监查证明(审计证明),如此才能够起到弥补企业

* 日语表述为"引き受けシンジケート团"。

和投资者之间信息不对称的功能。发行人,尤其是首次发行的发行人中,存在通过违法行为来获得短期经济效益的情况,但由于“看门人”为了长期持续地参与市场,对维持和提升(市场对)自身的评价、信用而不断努力,因而在其积极参与下,像首次公开发行那样没有知名度的发行人的证券也能让一般投资者安心地取得。

因此,除了对发行人的违法行为进行制裁之外,还要赋予“看门人”法律上的责任(参见第四章),期望通过规定“看门人”的责任,达到抑制发行人违法行为和更好地筛选、鉴别发行人的效果。

但在现实中,对于像安然事件那样的丑闻,在案件中对安然公司实施评估的庞大的会计师事务所一度走到被迫解散的境地。在日本,上市公司的结算往往有大型会计师事务所的注册会计师参与,企业丑闻不断。为了让“看门人”能更好地发挥其职能和效果,应当对其科以什么样的法律责任,如何整备相关的制度环境,作为一个极度困难的问题,在世界范围内一直都被持续讨论着(注 27)。

(注 27):关于“看门人”的责任,可参照黑泽悦郎:“确保企业结算公开的实效性—民事责任和课征金”,《金融研究》2006 年第 25 卷(法律特集号),第 69 页、第 78 页以下。

172 第二节 申报书提交前的交易规制

1. 申报前募集或卖出的禁止

上文已有阐述,有价证券的募集或卖出,原则上发行人必须要先向内阁总理大臣提交有价证券申报书及其附件(日本《金融商品交易法》第 4 条第 1 款之规定)。负有申报义务的人是发行人,在申报前被禁止实施募集或者卖出的人,则不仅仅局限于发行人,还包括承销人和金融商品交易业者,而且,如果违反相关法律的规定,就会成为刑事处罚的对象(可参照日本《金融商品交易法》第 197 条之 2 第 1 项之规定)。

如果募集或者卖出已经被申报,则募集即新发行有价证券取得要约的劝诱(可参照日本《金融商品交易法》第 2 条第 3 款之规定)或者卖出,就是对已经发行有价证券的出售要约或者买入要约的劝诱(可参照同条第 4 款之规定)。

2. 募集或者卖出的行为

募集，即针对新发行的有价证券进行的“取得要约的劝诱”；卖出，即针对已经发行的有价证券进行的“出售要约或者买入要约的劝诱”。“出售申报”和“买入要约”大致是同义的。在通常的用语中，“取得”如果是有偿的，则包含了不以金钱为对价的情形，而发行披露中的投资者保护的必要性并不能以是否以金钱为对价作为区别标准，也不能将募集以及卖出进行差异化的对待，因此，出售和买入接近同样的意思。

具体而言，下列行为被认定属于募集或者卖出的行为：①颁布有价证券的募集或者卖出相关的文书；②对于股东在增资说明会等情形中做出了口头的说明；③在报纸、杂志、展板、电视、广播等媒体上广告有价证券募集或者卖出相关事项。 173

此外，发行公司和承销金融商品交易业者之间，或者承销金融商品交易业者相互间，达成关于募集或者卖出相关准备的协议，即可以认为，在募集或者卖出的申报之前就可以使其符合法律要求。

3. 被禁止的劝诱行为和被许可的信息提供及其边界

在实施有价证券取得、买入劝诱的情形中，一般不提及募集或者卖出。通过披露与企业内容相关的信息，就可以吸引一般投资者的注意力，如果对这样的行为做出无边界的认可，那么就有可能损害到日本《金融商品交易法》第4条第1款中将申报的发行披露和交易规制相互融合的规定要旨。但是，在其反面，同时存在要求一定的上市公司根据日本《金融商品交易法》持续披露企业信息，要求上市公司根据证券交易所进行信息的“适时披露”的规定（参见第三编第二章第二节）。此外，企业有时会就提供的产品和服务进行广告宣传，最近，越来越多的企业积极投身于开展与投资者密切相关的广告活动。这一类信息的提供是被许可并且是应获得鼓励（奖励）的。若是如此，计划发行证券的公司在申报提交前，将与企业内容相关的信息进行披露的情况下，日本《金融商品交易法》第4条所禁止的申报前的劝诱行为和这里的可进行信息提供的边界在哪里，就成了一个问题。作为一般的判断标准，比如：超过一般信息提供的范围，是否属于对于特定证券的募集以及卖出，特别地引起投资者的关心和注意。

174 第三节　申报书提交后的交易规制

1. 规制的概要

发行人在提交有价证券的募集或者卖出的申报后,能够对募集或者卖出行为进行劝诱(日本《金融商品交易法》第4条第1款之规定)。对于有价证券的募集或者卖出,日本《金融商品交易法》规定,该有价证券的发行人有义务制作招股说明书(日本《金融商品交易法》第13条第1款之规定),与此同时,在生效后缔结合同时,要求该有价证券的发行人、卖出人、承销人等将符合法定要件的招股说明书交付给对手方,从而确保对投资者的直接信息披露。

有价证券申报书在财务局、金融商品交易所等场所进行置备以外,必须通过EDINET在互联网上进行披露,也即其属于间接披露的文件材料,投资者为了阅览相关信息必须自己积极行动起来。与此相对,招股说明书则是一种直接披露的手段,对发行人科以招股说明书制作交付的义务,是一项对投资者提供信息的制度保障。

2. 劝诱所用的材料和表示规制

(1)招股说明书以外的材料使用

募集或者卖出劝诱的时候所能够使用的说明手段不仅限于招股说明书。

在日本《金融商品交易法》上,招股说明书是记载关于有价证券的募集或者卖出,适格机构投资者取得有价证券的一般劝诱(日本《金融商品交易法》第4条第2款之规定),或者特定投资者取得有价证券的一般劝诱(同条第3款之规定)等,和有价证券发行人的事业(营业)及其他事项相关的说明材料,并且向对方进行交付,或者在对方要求交付时进行交付的材料(日本《金融商品交易法》第2条第10款之规定)。因此,为了募集或者卖出而进行说明的内容并将其进行记载的文书,依照法律对于投资者不赋予
175 其交付的义务,以及文书以外的表示,这些都不包含在招股说明书中。而日本《金融商品交易法》第13条第4款禁止使用虚假记载或者记载内容有瑕疵(缺陷)的招股说明书,与此同时,同条第5款规定,任何人为了有价证券的募集或者卖出,使用第1款规定以外的文书、图画、声音等其他材料[利

用电子(数字化)记录制作的情形中,则包括用其电子(数字化)记录信息内容]的情形下,都不得进行虚假(虚伪)的表示或令使用人产生误解的表示。从反面来说,只要不出现虚假(虚伪)的表示或者造成误解的表示,那么为了劝诱,(在招股说明书交付之前)就可以使用招股说明书以外的材料。

例如:①对投资者告知招股说明书的交付场所的广告(所谓的墓石广告);②对招股说明书所记载的内容进行概括、要约的,广播、电视、互联网、报纸杂志的广告、口头说明等表示方法(《开示指引》13-4 之规定);③可以使用根据金融商品交易所规则披露的企业的业绩预测(《开示指引》13-8 之规定)等,作为招股说明书以外的材料。但是,使用这些材料的情形中,为了让使用者不产生该材料就是招股说明书的误解,例如,在该材料上明确表示"投资判断请依据招股说明书的内容"以及标注"招股说明书的获取方式、获取场所"(《开示指引》13-7 之规定)。

在平成十六年(2004 年)修法前的《证券交易法》下,由于普遍认为为了募集和卖出所使用的文书就是招股说明书,因此,在实务层面有着销售用的材料在使用上没有任何机动、灵活的效果等意见。而根据同年的修法,整理得到了上述的条文。但是,仅仅强调在劝诱阶段是有利的一面,从而意图省略部分表示或者文书,但这样一来,就有可能造成投资者在无法正确判断(甚至被蛊惑)的情况下做出投资决定的情况。果如是,则日后交付正规的招股说明书就变得没有任何意义了,因此,规定可以使用同法定的招股说明 176
书记载内容不同的材料,但禁止使用虚假(虚伪)的表示以及容易产生误解的表示。

对于违反日本《金融商品交易法》第 13 条第 5 款规定的行为,作为刑事制裁将科以刑罚(日本《金融商品交易法》第 205 条第 1 项之规定),与此同时,还可能承担民事上的损害赔偿责任(日本《金融商品交易法》第 17 条之规定,参见第四章第四节 4)。

(2)对于向不特定多数人进行劝诱时的一定的表示的禁止

对于不特定且多数的人进行有价证券的劝诱时,无论是否有必要进行募集或者卖出的申报,对于不特定多数人都禁止实施以下的一定的表示行为。

第一,针对新发行的有价证券的取得的要约劝诱或者针对已经发行的有价证券的出售或者该买入的要约劝诱,在对不特定多数人实施劝诱时,不得做出对该有价证券,本人或者其他人,将以预先设定的价格或者超过该价格进行购买或者出售进行斡旋的表示或者可以产生上述误解的表示(有利购买等的表示禁止，日本《金融商品交易法》第170条本文规定，其罚则可见日本《金融商品交易法》第200条第21项之规定)。这一表示被禁止的理由是，这些证券的价格或者价值会因为多样的原因而不停变动，所以，即便向投资者保证可以收回投入的资本，但很多情况下实现这种保证是极其困难的，因此，对于那些信任了保证而进行投资的人来说就有可能遭受巨大损害。

第二，对不特定多数人实施有价证券的劝诱时，进行劝诱的人或者其董事监事，或者其从业人员，除了明确表示相关表示的内容是基于预想、推测的情形以外，不得对该有价证券做出，在一定期间内，利益的分配也好，收益分配也罢，将会进行一定金额或者超过一定金额的金钱提供的表示以及容易造成该误解的表示(确定分红的表示的禁止，日本《金融商品交易法》第171条之规定，其罚则可见日本《金融商品交易法》第200条第21项之规
177 定)。因为对这些证券进行投资后的收益明明是不确定或者变动的，而仅因为要增加对投资者的吸引力，就言之凿凿称一定会针对每份出资(每股)进行每年多少日元或者年多少比例的分红，这就构成欺诈性的表示了。

3. 申报生效前的交易禁止

有价证券的发行人，卖出人、承销人、金融商品交易业者、已登记的金融机构或者金融商品中介业者，基于日本《金融商品交易法》第4条第1款本文、第2款本文或者第3款本文的规定，适用募集或者卖出的有价证券，若其申报仍未生效，则不得通过有价证券的募集和卖出使投资者取得或者出售有价证券(日本《金融商品交易法》第15条第1款之规定)。申报提交后到生效前的这段时间(待机期间)，可以进行募集或者卖出，即能够进行劝诱行为，但让投资者取得或者出售有价证券，即缔结交易合同则是不被允许的。这一期间，对于投资者来说是一个可以深思熟虑的期间，应给予投资者是否响应劝诱进行有价证券的取得或者购买等充分的投资判断的时间。

上述的禁止，不仅仅是在募集或者卖出的生效前，也涉及生效后，即根据内阁总理大臣的要求，申报的效力被中止的期间(日本《金融商品交易法》第10条第1款之规定)。

违反第15条第1款的人，将被处以5年以下有期徒刑或者500万日元以下的罚金(日本《金融商品交易法》第197条之2第3项之规定)。此外，违反第15条第1款的规定让投资者取得有价证券的人，对于取得者，应当承担基于该违法行为产生的赔偿责任(日本《金融商品交易法》第16条之

规定，参见第四章第四节 6）。

关于违反日本《金融商品交易法》第 15 条第 1 款规定的交易的效力，并没有明文规定。而根据下级法院的判例（注 28）以及多数说，日本《金融商品交易法》第 15 条第 1 款仅仅是管理性规定 *，此外，也有主张认为，同法第 16 条损害赔偿的规定是以该交易在私法上是有效的作为前提的。但是，无效说更为有力，因为对于违反日本《金融商品交易法》第 15 条的刑事制裁或者行政处罚的启动在实际上非常困难，而同法第 16 条的规定中就赔偿额也没法定，而投资者对于损害额的举证并不容易，因而无效说认为，有效 178
说是欠缺投资者保护立场的。

为了实现第 15 条第 1 项规定的确保投资者拥有深思熟虑期间的立法目的，笔者希望解释为违反规定的交易应属无效。此外，将第 16 条的责任解释为侵权行为责任（第四章第四节 6）。在交易无效的场合，该关联交易将会产生侵权责任，未必会产生矛盾。但是，围绕无效和取消概念的争论，考虑第 15 条第 1 项的主旨及取得者的保护，主张违法者无效是不必要的，因此，从取得者的角度来看，并不一定要无效（注 29）。

（注 28）：可参照京都地方法院判决昭和二十七年（1952 年）12 月 16 日下《民集》第 3 卷第 12 号第 1778 页；东京地方法院判决昭和二十九年（1954 年）9 月 20 日下《民集》第 5 卷第 9 号第 1572 页；东京地方法院判决昭和二十九年（1954 年）10 月 4 日下《民集》第 5 卷第 10 号第 1662 页；东京高等法院判决昭和三十一年（1956 年）9 月 26 日下《民集》第 7 卷第 9 号，第 2625 页。

（注 29）：可参照黑沼悦郎：《判例百选》，第 130 页。

4. 招股说明书的制作和交付义务

（1）招股说明书的制作义务

基于日本《金融商品交易法》第 4 条第 1 款本文规定、第 2 款本文规定以及第 3 款本文的规定，在募集或者卖出时必须进行申报的有价证券的发行人，必须在该募集或者卖出时制作招股说明书（日本《金融商品交易法》第 13 条第 1 款前段规定）。

（2）招股说明书的交付义务

在募集或者卖出申报生效后，就能够让投资者取得或者卖出有价证券，在这种情形中，有价证券的发行人、卖出人、承销人、金融商品交易业者、已

---

* 日语表述为“取締法規”。

登记金融机构或者金融商品中介业者必须提前或者同时交付招股说明书(日本《金融商品交易法》第15条第2款本文规定)。以有价证券申报书的
179 记载内容作为主要部分的招股说明书,直接交付给投资者,这样就能在证券募集或者卖出的时候,确保根据披露所需要提供的信息能够送达投资者。另外,关于已经(正在)披露的有价证券的卖出(日本《金融商品交易法》第4条第1款第3项之规定),免除其卖出的申报(同条但书规定,参见第二章第一节6),但要求制作及交付招股说明书(日本《金融商品交易法》第13条第1款后段规定、第15条第2款规定)。

如果获得了应当接受招股说明书的人的承诺,则能够使用电子(数字化)信息处理的方式来取代纸质版招股说明书的交付(日本《金融商品交易法》第27条之30之9第1款前段;日本《开示府令》第23条之2第1款之规定)。

此外,根据日本《金融商品交易法》第15条第2款的反对解释可以得出,即便是在对募集或者卖出要求提交申报的情形中,对于不需要通过募集或者卖出进行的,让投资者取得或者出售有价证券的情况下,就没有交付招股说明书的义务。在这种情形下,不构成劝诱行为,对投资者不会形成压力,因此没有必要强制要求必须提供招股说明书。

另外,根据日本《金融商品交易法》第15条第2款的各项但书规定,以下情形中交付义务免除:①使适格机构投资者取得或者卖出有价证券的情形(第1项之规定);②已经拥有(持有)与该有价证券属于同样的有价证券的人同意不(接受)交付有价证券的相关招股说明书的情形;③该人的同住者已经接受了该有价证券相关的招股说明书的交付,或者预计一定能接受交付的情形中,该人同意不(接受)交付该有价证券相关的招股说明书的情形(第2项之规定)。上述①是因为适格机构投资者及时不接受招股说明书的交付,也拥有保护自身利益的能力。而上述②、③则是基于给投资者提供投资判断所必要的信息和尽可能减轻制作成本进行平衡的考虑,平成十六年(2004年)修法后的《证券交易法》基于此种考虑而引入的。但是,即使在这种情形中,当同意不(接受)交付招股说明书的人又提交了交付招股
180 说明书的请求时,必须向其交付招股说明书(日本《金融商品交易法》第15条第2款第1项括号规定、第2项括号规定)。

招股说明书的交付可以和交易合同的签订同时进行,这样就产生了是否会减弱招股说明书交付义务的意义的疑问。可以在和交易合同签订的同时交付(招股说明书),是因为这是在投资者已经作出了取得或者购买证券

的决定，也就是在做出投资决定后交付招股说明书，因而通过招股说明书向投资者进行的信息披露对于投资者的投资判断可能不产生任何用处。现行法的框架下，在实务处理过程中，可以说一般是希望在取得或者出售有价证券前，能向投资者交付正规的招股说明书。而在立法论上可能有再行讨论之必要。

(3)和新股认购权(新股预约权)有关的制作和交付的弹性化

有价证券的募集是通过新股预约权证券的募集[新股预约权的无偿分配(日本《公司法》第277条之规定)时，仅限于日本《金融商品交易法》第4条第1款本文、第2款本文或者第3款本文之规定的适用]时，如果满足如下要件，则不需要制作、交付招股说明书：①该新股预约权证券在金融商品交易所上市，或者在其发行后，预计可以毫无迟延地实现上市；②已经实施了有关该新股预约权证券的日本《金融商品交易法》第4条第1款本文、第2款本文或者第3款本文规定的申报，及其他内阁府令规定事项的申报后，毫无迟延，将与时事相关的事项在日报上进行披露等(日本《金融商品交易法》第13条第1款但书、第15条第2款第3项之规定)。

上市公司利用新股认购权(新股预约权)进行资金调配使用的情形中，对于全体股东必须制作、交付招股说明书，而在股东较多的场合，这种制作和交付就会成为费用的负担和日程上的限制。在新股认购权(新股预约权)中，股东投资判断的所需信息，并不是关于新股认购权(新股预约权)的取得，而是关于是否行使新股认购权(新股预约权)的决定，而股东在一定程度上掌握了已经成为发行公司的信息的情况比较普遍，因此，基于这种考虑，或可使招股说明书的制作和交付方法更加具有弹性和灵活化。

但是，为了让投资者更容易接触到有价证券申报书记载的信息，要求在 181
日报上刊登相关信息，而在日报上记载的相关事项包括：①有价证券申报书已提交(就此事的主旨)；②有价证券申报书的提交日；③EDINET的网址信息；④发行人的联络地址(日本《开示府令》第11条之5的规定)。

(4)交付招股说明书、请求招股说明书、修正招股说明书

关于招股说明书的交付义务，上文就日本《金融商品交易法》第15条第2款的规定内容进行了说明，关于招股说明书，存在以下区分：①必须向全体投资者履行交付义务的招股说明书(交付招股说明书，日本《金融商品交易法》第15条第2款本文之规定)；②在投资者请求时，应对其履行立即交付义务的交付招股说明书(请求招股说明书，同条第3款之规定)；③在提交了修正申报后，应当履行将修正后的版本、内容进行交付的义务的招股

说明书(修正招股说明书,同条第4款之规定)等。请求招股说明书的对象有价证券,仅限于投资信托、外国投资信托的受益证券及投资证券、投资法人债券、外国投资证券(投资信托证券,日本《金融商品交易法施行令》第3条之2之规定)。而投资信托证券以外的股票、公司债券等的招股说明书,均被定位为属于交付招股说明书。

关于交付招股说明书和请求招股说明书的区分,是基于一般投资者投资较多的投资信托的信息提供,在应对投资者需求的角度尽可能对其提供相关信息的同时,对于发行公司和销售公司进行成本压缩,以期减少投资者的成本负担这一观点,在平成十六年(2004年)修正的《证券交易法》中被引入。而投资信托证券的情形中,将交付招股说明书交付给投资者,而投资者如果有请求的话,则进一步向其交付请求招股说明书。

(5)未公开公司募集剩余部分进行出售时的招股说明书的交付

募集或者卖出时,如果不能实现全部的证券的取得,则对于那些剩余(认购剩余)的未公开有价证券,在申报生效之日起的3个月内,即便没有通过募集或者卖出的方式取得或者出售有价证券的,也对其科以必须交付招股说明书的义务(日本《金融商品交易法》第15条第6款之规定,同时适
182 用前述同条第2款的但书规定)。关于未公开的有价证券,一般而言,关于企业的信息并未得到充分释放和为市场所浸透,因此在募集或者卖出结束后的一定期间内,为了投资者的保护,科以交付招股说明书的义务。

(6)违反后的制裁

违反日本《金融商品交易法》第15条第2款、第3款或者第4款规定的,处以1年以下的有期徒刑或者100万日元以下的罚金(日本《金融商品交易法》第200条第3项之规定)。此外,违反招股说明书交付义务而(使他人)取得有价证券的,对于取得者,应当承担因违反行为而产生的损害赔偿责任(日本《金融商品交易法》第16条之规定)。

5. 招股说明书的记载事项

(1)申报招股说明书

日本《金融商品交易法》第13条第1款规定的招股说明书,在申报生效之日以后所使用的内容(称为申报招股说明书,日本《开示府令》第1条第15项之2之规定),应当按照日本《金融商品交易法》第13条第2款所规定的各项事项进行记载。

交付招股说明书必须记载的内容包括:①有价证券申报书的记载事项

中，对投资者进行投资判断有重大影响的，内阁府令规定的事项［日本《金融商品交易法》第13条第2款第1项イ（1）、ロ（1）之规定］；②内阁府令规定的有价证券申报书记载事项以外的事项［同项イ（2）、ロ（2）之规定］。

对于上述①的具体内容，根据有价证券申报书采用完全披露方式、合订方式、可参照方式制作而成，其在内容上各有差异（日本《开示府令》第12条之规定），也就是说，申报书采用完全记载方式制作的情形中，申报书应该记载证券信息、企业信息、提交公司的保证公司等的信息；在合订方式制作的情形中，应当记载证券信息、补充信息、合订信息、提交公司的保障公司等的信息、特殊信息；在可参照方式制作的情形中，应当记载证券信息、可参照信息、提交公司的保证公司等的信息、特殊信息等。

关于上述②，无论依据什么方式制作的有价证券申报书，都必须在招股 183
说明书中就：该招股说明书相关有价证券的募集或者卖出，其申报已经生效（此事的要旨）；该有价证券用外国货币表示的情形中，记载受外国汇率市场变动影响（此事的要点）；在此基础上，如果依照可参照方式制作招股说明书，则还须就拥有可参照方式利用适格的书面表示；应可参照的有价证券报告书提交日后发生的重要事实；对公司事业（经营）内容的概要以及主要经营指标等的变化、推移（也就是所谓应当“突出亮点”，参见第二章第二节4）进行记载（日本《开示府令》第13条之规定）。

此外，安定操作交易的情形下，则要求记载安定操作的相关事项等（日本《金融商品交易法施行令》第21条之规定）。

对于请求招股说明书，要求其必须就如下内容进行记载：①有价证券申报书记载事项中的，对投资者进行投资判断有重大影响的信息［日本《金融商品交易法》第13条第2款第1项イ（1）、ロ（1）之规定］；②有价证券申报书记载事项以外的，内阁府令所规定的事项［同项イ（2）、ロ（2）之规定］。

如前文所述，交付招股说明书和请求招股说明书存在的区别在于，关于投资信托证券的提供信息，分为必须向投资者提供的信息和在投资者请求时才提供的信息，在区分上述两者的目的之下引入了该制度，尤其是关于投资信托受益证券的交付招股说明书，其体量大且专业术语较多，规则的构成十分复杂，因而存在对于投资者来说利用难度较大的批评声。因此，根据平成二十二年（2010年）修订的日本《开示府令》，针对投资信托受益证券的交付招股说明书的记载内容，尤其对投资者特别重要的信息，为了使投资者能很好理解，而新设置了投资信托受益证券的交付招股说明书的格式（特定有价证券，日本《开示府令》第15条第1项、第2项、第25项格式，第25

号之2的格式)。其记载事项包括:①基本信息[基金名称、委托公司的信息、基金的目的、基金特色、投资风险、运作管理(投资管理)的实际业绩、程序、手续费];②追加信息,从而压缩、精简了记载内容,其体量也可被控制在数页的程度。请求招股说明书的记载内容和有价证券申报书上的内容大致相同(特定有价证券,日本《开示府令》第16条第1项、第2项之规定;第4项的格式;第4项之2的格式)。

184 (2)临时申报招股说明书

申报生效日前进行的有价证券的募集或者卖出而使用的招股说明书被称为"临时申报招股说明书"(日本《开示府令》第1条第16号项之规定)。进行募集或者卖出的申报后就能够进行劝诱行为,在这个阶段,以申报生效后才能使用为前提的申报招股说明书并不能够被使用。但是,也不能说可以允许自由使用不适当的内容的文书,因此,许可制作、使用和申报与招股说明书主要部分内容相同的临时申报招股说明书。临时申报招股说明书并非强制使用。

临时申报招股说明书的记载内容原则上和申报招股说明书的内容相同,不同的地方在于关于该临时申报招股说明书的有价证券的募集或者卖出,要求记载:申报日以及该申报效力还未生效的(这件事的)要旨,以及该临时申报招股说明书的记载内容有可能被更正的(这件事的)要旨(日本《开示府令》第13条第1款第2项、第14条第1款第2项之规定)。实务中允许制作临时申报招股说明书,在生效后,将记载了对申报已经生效等要旨进行的修正理由、修正事项、修正内容的册子,将其附在临时申报招股说明书中,以作为申报招股说明书进行使用。

6. 发行登记制度下的招股说明书的制作、交付

发行登记制度之下,要求对投资者制作和交付直接披露的招股说明书,按照以下所述之内容,准用有价证券申报制度下的招股说明书的相关规定。

发行登记制度之下,发行人只要提交关于有价证券的募集或者卖出的发行登记书并进行登记,各募集或卖出就无需再行申报(日本《金融商品交易法》第23条之3第3款之规定)。可以实施募集或者卖出的行为,即可以进行劝诱。但是,进行登记发行的有价证券发行人,在该有价证券的募集或
185 者卖出时必须制作招股说明书,不得使用存在虚假记载或者欠缺(漏载)应当记载内容的招股说明书,同时,使用招股说明书以外的材料的情形中,不得使用虚假(虚伪)表示或者容易产生误解的表示(日本《金融商品交易法》

第23条之12第2款,第13条第1款、第2款、第4款、第5款之规定)。依据该规定,关于在发行登记书提交后到提交发行登记补充材料的这一期间内的劝诱行为,必须制作发行登记书和其提交后被提交的,记载了所有修正发行登记书应当记载事项的招股说明书。发行登记生效前使用的是发行登记临时招股说明书,而生效后则使用的是发行登记招股说明书。

在发行登记制度之下,如果发行登记已经生效,则仅仅提交发行登记补充材料(日本《金融商品交易法》第23条之8第1款之规定),就能够在提交日或者其次日开始实施(让他人)取得或者出售有价证券的行为。在这种场合下,必须向投资者交付招股说明书(日本《金融商品交易法》第23条之12第3款、第15条第2款之规定)。根据这一规定,在发行登记补充材料提交后的合同签订时,必须将记载了发行登记补充材料上应当记载事项的招股说明书交付给投资者。这个招股说明书就被称为发行登记补充招股说明书*。

* 日语表述为“発行登記追補目論見書”。

186

第四章　发行披露实效性的确保

第一节　确保披露具有实效性的必要性

《金融商品交易法》要求对有关证券价值的信息必须进行披露，通过将为追求利益而行动的投资者的判断集约到市场，使证券获得适当的市场价格，因此，在披露的信息不真实的情况下，就容易造成投资者的判断失误，使市场无法有效率地分配资源。证券市场能对披露的信息迅速、正确地进行反应，这是具有效率的一面，但即便如此，市场也很难做到不被虚假信息欺骗。正因为富有效率的市场对证券过于敏感，因而可以说，因虚假信息造成的市场主体及社会的损害会非常大。

因此，如下文所述，《金融商品交易法》通过行政程序来纠正虚假披露。对于虚假信息披露科以刑事及民事责任，以这种责任制度的方法来确保发行披露中信息的真实性（关于流通市场披露的实效性确保，可参照第三编第二章第四节）。

第二节　行 政 程 序

1. 纠正虚假披露的行政程序

通过行政手段介入来确保发行披露的实效性的规

定有若干种。

关于提交的有价证券申报书和自发的修正申报书,内阁大臣可以在以下情形中命令申报人提交修正申报书:①认定申报的文件材料在形式上不完整,或者其文件材料应当记载的重要事项记载不充分(日本《金融商品交易法》第9条第1款之规定);②发现有价证券申报书中存在关于重要事项的虚假记载,或者应当记载的重要事项,或者为防止产生误解的必要的重要事项,其记载存在缺陷、瑕疵(日本《金融商品交易法》第10条第1款之规定)。无论是上述哪种场合,在通知申报人并进行询问(审问)后,给出理由并命令其提交订正申报书。如果不遵从此命令,则对不遵从者可适用罚则(日本《金融商品交易法》第200条第2项之规定)。申报生效前,就被命令提交修正申报书的情形中,在内阁总理大臣指定期间经过之日起申报生效(日本《金融商品交易法》第9条第3款、第10条第3款之规定)。此外,在上述②的情形中,如果认为确有必要,则内阁总理大臣可以命令申报效力的中止(日本《金融商品交易法》第10条第1款之规定)。 187

在这一基础上,内阁总理大臣在有价证券申报书中的重要事项存在虚假记载的情况下,如果认定属于保护公共利益和投资者所必须且适当时,不仅仅局限于申报书,对于提交者此后一年内提交的申报书及发行登记书,在认为适当的期间内,可以命令中止申报的效力和发行登记的效力,或者可以延长发行或者登记的生效期间(日本《金融商品交易法》第11条第1款之规定)。这些措施不仅仅是对于存在虚假记载的有价证券申报书提交者的制裁,同时,由于具有采取这种措施的可能性,对虚假记载也起到了一定的抑制效果。

以上是对有价证券申报书的说明,而关于发行登记书,内阁总理大臣也拥有修正申报书的提交命令、效力中止命令等权力,同时还可处之以效力中止、延期生效处分等(日本《金融商品交易法》第23条之9~11之规定)。

如果违反《金融商品交易法》而实施了募集或者卖出行为,则法院可以对之进行紧急停止命令的司法处分(日本《金融商品交易法》第192条之规定)。

另外,在调查是否存在虚假记载时,需要搜集相关的报告和材料,由于有可能存在关系人、有关联者拒绝配合的情形,因而内阁总理大臣被赋予报告征收权和检查权等权力。也就是说,内阁总理大臣在认为为了保护公共利益和投资者利益有必要且适当的时候,可以命令有价证券申报书的提交 188

者、发行登记书的提交者、有价证券的承销人及其他相关人和知情人*提交作为参考的报告和材料,或者对职员及其账簿乃至其他物品进行检查(日本《金融商品交易法》第 26 条之规定)。如果不服从上述命令,对于未提交相关报告、材料的,或者提交虚假报告、材料的提交者,可适用罚则(日本《金融商品交易法》第 205 条第 5 项之规定)。

2. 罚金(课征金)

课征金制度是通过对那些破坏规制的行为进行经济制裁从而确保规制具有实效性。作为一项行政措施,对于违反《金融商品交易法》上一定规定的人,以其违法行为所获得的经济利益作为基准,规定(算定)法定金额并对之科以金钱负担的制度(可参照第一编第三章第一节 2)。

提交了在重要事项中存在虚假记载,或者没有记载应当记载的重要事项的发行披露材料(日本《金融商品交易法》第 172 条之 2 第 3 款之规定)的发行人,以及明知存在虚假记载或者明知未记载应记载的重要事项的发行披露材料文件的情况下,参与该发行披露材料文件提交的发行人的董事、监事、高管等,基于该发行披露材料实施的募集或者卖出的有价证券被取得或卖出时,对其处以募集情况下取得有价证券发行总额的 2.25% 作为罚金;卖出情况下,所出售有价证券的卖出总额的 2.25%(但是,当该有价证券属于股票等情况下,则是发行总额、卖出总额的 4.5%)作为课征金(同条第 1 款、第 2 款之规定)。

违反发行披露义务,而其申报不予受理的情况下,如果其仍进行募集或
189 者卖出,这种情况和发行披露文件材料存在虚假记载一样,属于课征金的对象(日本《金融商品交易法》第 172 条之规定)。

发行人提交虚假披露的文件材料,提交并且将其公开的情况中,对于为提交者的提交提供便利的人,或者对提交进行教唆的人,将被处于实施上述行为所获得对价同等金额的课征金(日本《金融商品交易法》第 172 条之 12 之规定)。

第三节 刑事责任

向内阁总理大臣提交,重要事项存在虚假记载的有价证券申报书、发行

---

* 日语表述为“参考人”。

登记书以及相关附件的人员,将被处以10年以下有期徒刑或者1000万日元以下的罚金,或两者并罚(注30,日本《金融商品交易法》第197条第1款第1项之规定)。此外,向金融商品交易所或者金融商品交易协会提交重要事项存在虚假记载的有价证券申报书、发行登记书以及相关附件的副本的,将被处以5年以下有期徒刑或者500万日元以下的罚金,或者两者并罚(日本《金融商品交易法》第197条第2款第2项之规定)。在这一类情形中,根据两罚的规定,作为法人的发行人,前者的情形下将被处以7亿日元以下的罚金,后者的情形下将被处以5亿日元以下的罚金(日本《金融商品交易法》第207条第1款第1项、第2项之规定)。

关于招股说明书的虚假记载,在日本《金融商品交易法》上没有罚则的规定,但会涉及日本《公司法》第964条规定的“使用虚假文书罪”。也就是说,公司的董事、监事等,在募集股份、新股认购权(新股预约权)、公司债以及附新股认购权(新股预约权)公司债时,如果使用了“记载公司事业及其他相关事项说明的材料或者该募集的广告以及其他有关该募集的文书而上述材料存在虚假记载”,将被处以5年以下有期徒刑或者500万日元以下的罚金(日本《公司法》第964条第1款之规定,以及可参照同条第2款之规定)。

(注30):上市公司的董事、监事及高管,在有价证券申报书及修正书中对公司财务状况实施虚假记载的,在《金融商品交易法》修订前,出现了违反昭和四十六年(1971年)修法前的日本《证券交易法》第5条、第7条及第200条第1项(相当于现行日本《金融商品交易法》第197条第1款第1项之规定)的著名案例,即山阳特殊制钢事件[神户地方法院昭和五十三年(1978年)12月26日,《金融商事判例》第568号,第43页]。此外,公司倒闭后发现了大规模的粉饰决算,基于违反流通市场披露规则而被追究刑责的案例也不少(可参照第三编第二章第四节4)。

第四节　民事责任 190

1. 民事责任的意义和功能

日本《金融商品交易法》针对发行披露的披露义务违反,考虑到对受害人的救济和对违反者的追责应存在实效性,对应违法行为的样态,在要件和效果方面,设置了对损害赔偿责任的请求人有利的规定,即设置了对日本民法上侵权行为责任的一般原则进行修正后的民事责任规定(日本《金融商品交易法》第16~22条、第23条之12的规定)。根据责任承担者的不同,在赔偿请求权人、赔偿责任额、赔偿责任的要件、举证责任分配等方面存在不同,因而有必要对其整理并加以理解。这一民事责任制度,不仅仅是对因违反披露义务受到损害的被害人的救济,也是在法律上以严格的制裁对虚假记载进行威慑并抑制虚假记载,以确保信息被正确且适当地披露(可参照第一编第三章第一节3)。

对募集或者卖出承担相关申报义务的是发行人,但在金融商品交易法中,不仅仅针对发行人,对于那些和发行披露相关的人,即对发行公司的董事、监事、高管等人员,卖出人,提供审计证明的公认会计师或者审计法人,原承销金融商品交易业者等,科以严格的民事责任,要求其对各自的职能和功能履行相应的注意义务,从而确保披露的实效性。

关于对金融商品交易业者也科以虚假记载相关民事责任的依据和理由,在这里也进行简单介绍。依照前文所述(可参照第一章第一节),在间接金融中,金融机构对最终的资金借入人进行企业信息的收集、分析、判断后实施借贷。因为贷款出现的风险,由金融机构自己承担,因此如果信息在
191 生产环节存在错误,则由此错误产生的损失也由金融机构自行承担。与此相对,在直接金融中,证券发行或者卖出的过程中作为中介的金融商品交易业者,通过该业务提交证券及发行人的相关信息,披露信息如果存在虚假或者瑕疵,因此产生的损失(即使金融商品交易业者作为承担者承销剩余的风险,且作为市场中介者的评价、信用度也可能下降)由证券取得者负担。因此,金融商品交易业者积极参与正确信息的产生,其诱因要比间接金融的情况弱很多。因此,法律通过对原承销金融商品交易者科以虚假记载等相关的赔偿责任,以此可以期待产生对披露信息的信赖度具有提升的效果。

另外,关于虚假记载发行公司的董事监事等人员的民事责任,需要留意日本《公司法》第429条第2款之规定。公司的董事(或者执行董事):①在进行股份、新股认购权(新股预约权)、公司债或者附新股认购权(新股预约权)公司债的募集时,对必须进行通知的重要事项实施了虚假的通知,或者为了该募集,对该股份公司的业务及其他事项的说明材料中存在虚假的记载、记录;②公司的会计资料及事业报告(业务报告)以及这些文件材料的附属明细、临时会计材料等文件中,应记载、记录的重要事项存在虚假的记载、记录;③虚假登记;④虚假公告。当存在上述情况时,如果董事不能证明

自己没有懈怠于履行注意义务，则必须对第三人承担因相关行为导致的损害赔偿责任（注 31，日本《公司法》第 429 条第 2 款第 1 项之规定）。公司监事、审计人对于监事报告、审计报告上应当记载、记录的重要事项存在虚假记载、记录时，承担同样的责任（同款第 3 项、第 4 项之规定）。

针对日本《金融商品交易法》第 16 条规定的民事责任，本书下文根据责任原因进行分类，即将之分为：①关于有价证券申报书和发行登记书中存在虚假记载的责任；②关于招股说明书中存在虚假记载的责任；③关于包含虚假记载等的招股说明书的使用者责任；④申报生效前的交易及不交付招 192
股说明书的相关责任。在此基础上，对其进行依次说明。

（注 31）：鉴于虚假信息披露的重大性，同日本《公司法》第 429 条第 1 款的责任规定不同，不需要董事存在重大过错，此外，对于过错的举证责任被倒置。

2. 关于有价证券申报书、发行登记书中存在虚假记载的责任

（1）证券发行人的责任（日本《金融商品交易法》第 18 条第 1 款、第 23 条之 12 第 5 款之规定）

如果有价证券申报书或者发行登记书等（注 32）重要事项存在虚假记载，或者欠缺（漏载）为了不产生误解而必要记载的重要事项的记载的，该有价证券申报书或者发行登记书的申报人也就是该有价证券发行人，对响应该有证券的该次募集或者卖出从而取得有价证券的人承担损害赔偿责任（日本《金融商品交易法》第 18 条第 1 款本文、第 23 条之 12 第 5 款之规定）。

但是，该有价证券的取得者，在进行取得要约时，明知存在虚假记载，或明知存在记载瑕疵，虚假记载和发生的损害之间没有因果关系，取得者自行判断按照已受到虚假记载影响的价格而取得证券时，免除发行人的责任（日本《金融商品交易法》第 18 条第 1 款但书、第 23 条之 12 第 5 款之规定）。而取得者对于虚假记载等明知、已知的举证责任由发行人承担。

对于请求损害赔偿的证券取得者，只需证明该虚假记载对于投资判断十分重要，以及自己响应了该募集或者卖出，并取得了证券即可。与日本民法上侵权行为责任的一般原则相比，以下几点对于请求者有利。

第一，不需要证明虚假记载和自身受到损害的因果关系。对于在取得有价证券时是否参照了有价证券申报书，是否真实基于对有价证券申报书 193
记载的信赖等在所不问。因为证券市场价格的形成已经受到有价证券申报

书中虚假记载的影响,而投资者就是以上述受到影响的价格取得证券的,因此,应当给予其相应的救济。

第二,发行人的上述责任是无过错责任(对照日本《金融商品交易法》第21条第2款之规定)。即使发行人证明了对虚假记载不存在过错,也不能免除其责任。

发行人承担赔偿的额度如下:①请求权人取得该有价证券时支付的价额扣除损害赔偿请求时的市场价格(没有市场价格时,则采用实时处分推定价格)后的差额;②请求权人在请求前已将该证券处分的,则为请求权人取得该有价证券时支付的价额扣除该处分价额后的差额(日本《金融商品交易法》第19条第1款、第23条之12第5款之规定)。对于发行披露材料中的虚假记载,由于可以认为如果没有虚假记载,则投资者不会取得该证券的盖然性很高[可参照第三编第二章第四节5(4)],因此,损害额为法定。

在日本《金融商品交易法》第19条第1款中,对于请求权人请求之后的证券市场的价格变动,并未考虑将其列入赔偿额的算定。但是,如果请求权人受到损害的全部或者一部分,是由有价证券申报书或者发行登记书的虚假记载造成的该有价证券价格下降以外的原因造成的情况下,如果发行人可以证明上述情况,则可以就该额度对发行人承担的赔偿额进行减额(减额的抗辩。日本《金融商品交易法》第19条第2款、第23条之12第5款之规定)。关于什么是由虚假记载产生的价格下降以外的原因造成的损害,可以参考使用同样文字表述的日本《金融商品交易法》第21条之2第4款的规定[参见第三编第二章第四节5(1)]。

上述的赔偿请求权在请求权人对虚假记载知道或者在相当注意后就可知道时起3年间,如果不行使,则权利归于消灭(日本《金融商品交易法》第20条前半段、第23条之12第5款之规定)。这是因为对于大量且迅速进
194 行的证券交易,早期解决相关问题是有必要的,因此规定了(权利的)短期消灭时效(1年),但考虑到对被害人的救济,平成十六年(2004年)修法的《证券交易法》将时效期间从1年延长到了3年。另外,还规定了除斥期间,即在该有价证券的募集或者卖出相关的申报生效之时起7年,如果没有行使损害赔偿请求权,则该请求权消灭(日本《金融商品交易法》第20条后半段、第23条之12第5款之规定)。

(注32):有价证券申报书是指申报书和其附件、修正申报书(日本《金融商品交易法》第2条第7款之规定)。此外,不仅发行登记书,其附件、修

正发行登记书、发行登记补充文件材料以及其附件材料存在虚假记载时亦同(日本《金融商品交易法》第 23 条之 12 第 5 款之规定)。

(2)证券发行人的董事、监事、高管等人员*的责任(日本《金融商品交易法》第 21 条第 1 款、第 23 条之 12 第 5 款之规定)

有价证券申报书以及发行登记书中,如果存在以下重要事项的虚假记载,或者欠缺(漏载)为了让以下记载事项不产生误解而应当记载的重要事实,则应对响应该有价证券募集或者卖出并取得有价证券的投资者,承担损害赔偿责任:①提交时发行公司的董事、监事(包括会计参与人、执行董事等人);②卖出人(和卖出有关的证券的持有人、属于从该证券所有人处基于以证券的卖出为内容的合同取得证券时的合同相对方);③出具审计证明的注册会计师及审计法人;④同该募集相关的证券发行人或者与卖出人缔结原承销合同(可参照日本《金融商品交易法》第 21 条第 4 款之规定)的金融商品交易业者或者已登记的金融机构(日本《金融商品交易法》第 21 条第 1 款、第 23 条之 12 第 5 款之规定)。

但是,和发行人的责任相同,该有价证券的取得者在进行取得要约时,如果其明知存在虚假记载或者瑕疵记载的,则免除其责任(日本《金融商品交易法》第 21 条但书规定、第 23 条之 12 第 5 款之规定)。取得者明知虚假记载的举证责任,由主张免责一方承担。

与发行人的责任不同,这里的责任不是无过错责任,是举证责任倒置的过错责任,能够举证以下免责事由的,即可免除责任(日本《金融商品交易 195
法》第 21 条第 2 款、第 23 条之 12 第 5 款之规定)。

第一,关于发行公司的董事、监事、高管以及卖出人(上述①、②),如果其不知道存在虚假记载或者记载欠缺(漏载)的,并且,在尽到相当注意后仍无法获知的情况(日本《金融商品交易法》第 21 条第 2 款第 1 项之规定)。

发行公司的董事监事等人员的责任被定位为过错责任,这是因为,在虚假记载发生的情况中,仅要求发行公司承担责任可能无法达到通过民事责任对虚假记载进行的抑制的效果和功能,但即便如此,就对董事等人员科以无过错责任就过于严厉了。具体而言,应该根据该董事、监事等人员在公司中的地位和职务分担等,根据要求其履行的注意义务的具体内容和程度来认定其责任比较妥当。例如,常务董事和非常务的外部董事相比,或者财务

* 日语表述为“役员”。

主管董事和其他的董事相比,或许可以要求其尽到更高水准的注意义务(注33)。

而对于并非有价证券申报书制作者的卖出人,之所以要求其承担同发行公司董事监事等人员相同内容的责任是因为,像控制股东这种情况,对作为申报人的发行人可以通过一定的影响力和控制力来影响其行动。反之,如果卖出人仅仅是机构投资者,无法对发行人施加影响的时候,则卖出人适用无过错抗辩比较容易获得认可。

第二,对于实施和开具审计证明的注册会计师或者审计法人(上述③),要求其证明对审计不存在故意或者过错的情况(日本《金融商品交易法》第21条第2款第2项之规定)。对这些人科以损害赔偿责任的原因是不论存在虚假记载还是记载欠缺(漏载)的情况,由于其已开具审计证明,因而其免责事由也应同前文所述一样(第一、第三的免责事由,和"已履行相当的注意"有所不同)。另外,如果作为审计证明对象的财务诸表不存在虚假记载的,则其他有价证券申报书或者其附件等的记载事项即便存在虚假记载,会计师或者审计法人也不会因此产生责任。

196 第三,原承销金融商品交易业者(上述④),如果其不知道存在虚假记载或者欠缺(漏载)的,并且,对于同会计财务资料相关材料以外的部分,即使尽到相当的注意依然无法获知(日本《金融商品交易法》第21条第2款第3项之规定)。原承销合同是有价证券的募集或者卖出时签订的全部承销合同、余量承销合同(可参照第三章第一节1),或者相关型新股认购权(新股预约权)是从发行人处取得未行使的新股认购权(新股预约权),并以权利行使作为内容的契约(可参照第三章第一节2,同条第4款之规定)。缔结这一类合同的金融商品交易业者在承销业务中作为金融中介机构对发行公司进行相关审查,以期实现更有活力的直接金融,而法律对原承销金融商品交易业者科以损害赔偿责任,则可以期待能更好提升审查的可信赖度。

对上文所述的免责事由进行直白的理解,可以得出:原承销金融商品交易者对财务相关文件材料以外的部分,如果不是无过错则无法免除责任,而关于注册会计师或者审计法人出具审查证明的相关财务文件材料的部分,即便存在虚假记载或者瑕疵记载,且其对此并不知情,且对不知情即使存在过错也不会因此承担责任。但是,果如是,则原承销金融商品交易业者对注册会计师或者审计法人出具审计证明的相关财务资料的部分(一旦调查,如发现了虚假记载等反而会承担责任)可能完全不进行审查、调查,原封不动地接受发行人的表示，这样反倒可能成为一种较为“有利”的策略。但这样一来，就可能损害到日本《金融商品交易法》通过期待发挥原承销金融商品交易业者的审查功能来确保信息披露可信度的立法意图。

当然，同规定存在虚假记载的招股说明书的使用者责任的日本《金融商品交易法》第 17 条（参见 4）之间的关系看，原承销金融商品交易业者，对于注册会计师或者审计法人进行审计证明的相关财务文件材料的部分，应当负担作为招股说明书使用者的相当的注意义务（注 34）。

关于损害赔偿责任额，并没有规定对应第 19 条的特别规定，因此根据 197
一般原则，请求损害赔偿的证券取得者必须对有价证券申报书虚假记载造成的损害额承担举证责任（注 35）。但是有意见认为，对于损害额进行判断时，应当可参照第 19 条的规定（注 36）。对于损害赔偿责任的消灭实效也没有特别的规定，因此适用日本《民法》第 724 条中关于一般的侵权行为损害赔偿请求权的消灭时效。

（注 33）：对于发行公司的董事等应当尽到的注意义务的内容和程度，可参照相当于日本《金融商品交易法》第 18 条第 1 款、第 21 条第 1 款，美国 1933 年《证券法》第 11 条以下关于发行公司董事的责任，可参见案例：Escott v. BarChris Construction Corp. ,283 F. Supp. 643（S. D. N. Y. 1968）。

（注 34）：可参见鈴木竹雄、河本一郎：《証券取引法（新版）》第 229 页（有斐阁，1984 年）；神崎克郎、志谷匡史、川口恭弘：《証券取引法》第 559 页（青林書院，2006 年）；志村治美：《证券交易法上的民事责任》大系，第 564 页。

（注 35）：不仅局限于第 21 条，在ライツ・オファリング（Rights Offering）的有价证券申报书中存在虚假记载的情况中，如何考量股东损害也是一个问题。若粉饰决算的虚假记载东窗事发，该公司的新股认购权（新股预约权）及股票的价值、价格可能会下降。关于新股认购权（新股预约权），股东都是无偿分配的，股东是否会产生损害。此外，关于股份，虽然不是因为股东投资判断失误造成的损害，但股份价值下跌的那部分是否应该作为损害要求进行赔偿，都是值得进一步讨论的。

（注 36）可参见神崎克郎、志谷匡史、川口恭弘：《証券取引法》第 553 页（青林書院，2006 年）。

（3）存在虚假记载等申报书相关发行人的流通市场中的责任（日本《金融商品交易法》第 21 条之 2 的规定）

有价证券申报书或者发行登记书存在虚假记载的情况中，受到虚假记载影响的证券的市场价格会产生波动。在这种情况下,不通过募集或者卖出,而是在流通市场中取得该发行人已发行证券的人就会遭到损害。这种场合下,发行人的董事等人员的责任规定从前就一直存在(日本《金融商品交易法》第22条之规定),但与此相对的,发行人的责任并没有相关规定,
198 发行人是否应当承担日本民法上的侵权行为的一般责任在学界存在争议。此外,无论是在发行市场中的证券取得者还是在流通市场中的证券取得者,发行人对这些投资者都应该披露正确的企业信息,因此,不规定流通市场中发行人的民事责任,好像也没有特别合理的理由。

因此,在平成十六年(2004年)修正的原日本《证券交易法》中,扩大了提交存在虚假记载的披露文件材料的提交者在流通市场上的责任,并新设了明文规定(日本《金融商品交易法》第21条之2之规定)。因此,例如,某公司在发行新股的时候提交的有价证券申报书存在虚假记载,信任该记载并在流通市场上取得公司已发行股票的人,可以向发行公司追究损害赔偿责任。该种责任和第18条一样,为无过错责任。

不实披露和损害之间的因果关系以及损害额等的举证在实务中十分困难,因此日本《金融商品交易法》第21条之2第2款规定,在一定条件下对损害额及因果关系进行推定,以此减轻损害赔偿请求人的举证负担(具体详见第三编第二章第四节5)。

(4)存在虚假记载等申报书相关发行人的董事监事等人员在流通市场中的责任(日本《金融商品交易法》第22条、第23条之12第5款之规定)

有价证券申报书或者发行登记书中,存在对于重要事项的虚假记载或者欠缺(漏载)为了不产生误解而必要记载的重要事实的记载时,则发行公司的董事监事等人员[前述(2)①]以及进行审计证明的注册会计师或者审计法人[前述(2)③],对于流通市场中的证券取得者,同样需承担损害赔偿责任(日本《金融商品交易法》第22条第1款、第23条之12款第5款之规定)。由于这里是关于流通市场中的交易的责任,因此同发行市场有关的卖出人以及原承销金融商品交易业者被排除在外。而上述主体的免责要件准用日本《金融商品交易法》第21条第2款之规定。

但是,和发行人承担责任的情形(可参照日本《金融商品交易法》第19条第1款、第21条之2第2款之规定)不同,依据日本《金融商品交易法》第22条请求损害赔偿的人必须承担有价证券申报书中的虚假记载和自身损害之间的因果关系的举证责任。

关于赔偿责任额度及损害赔偿请求权的消灭时效，和前述(2)的说明相同，此处不再赘述。

3. 存在虚假记载的招股说明书的相关责任 199

(1)发行人的责任(日本《金融商品交易法》第18条第2款、第23条之12第5款之规定)

依据日本《金融商品交易法》第13条第1款之规定制作的招股说明书中，存在对于重要事项的虚假记载，或者欠缺(漏载)为了不产生误解而必要记载的重要事实的记载时，作为招股说明书制作者的发行人，对响应该募集或者卖出而接受该招股说明书交付的证券取得者承担的责任准用前述2(2)中的损害赔偿责任(日本《金融商品交易法》第18条第2款、第19条、第23条之12第5款之规定)。

(2)发行人董事监事、卖出人的责任(日本《金融商品交易法》第21条第3款、第23条之12第5款之规定)

依据日本《金融商品交易法》第13条第1款之规定制作的招股说明书中，存在对于重要事项的虚假记载，或者欠缺(漏载)为了不产生误解而必要记载的重要事实的记载时，制作发行人的职员以及卖出人，对于接受对应该募集或者卖出的该招股说明书的交付的该证券取得者，使用前述2(2)中提到的损害赔偿责任(第21条第3项、第23条第12款第5款之规定)。

和存在虚假记载的有价证券申报书等相关的责任相比，有以下若干不同点：第一，这里没有关于注册会计师或者审计法人的责任规定。这是因为招股说明书中所记载的审计证明是基于发行人责任，由其将记载在有价证券申报书中的部分在招股说明书中进行附加(复制)的。第二，这里也未规定关于原承销金融商品交易业者的责任。原承销金融商品交易业者根据日本《金融商品交易法》第17条之规定，承担作为虚假记载招股说明书的使用者责任。第三，这里未规定公司的董事、监事等人员对流通市场中的证券取得者的责任。这是因为招股说明书是仅在募集或者卖出时使用的。

招股说明书中存在虚假记载的情形，如前文所述，发行公司的董事及执 200
行董事等，在承担日本《金融商品交易法》第21条第3款规定的责任的同时，如果其不能证明自己尽到了注意义务，则还要承担基于日本《公司法》第429条第2款第1项所规定的责任(招股说明书可被理解为属于该项规定中的“为该募集而对该股份公司的事业及其他事项进行相关说明时使用的材料”)。

4. 存在虚假记载招股说明书、材料的使用者责任

适用日本《金融商品交易法》第4条第1款本文、第2款本文及第3款本文之规定的有价证券或者已经披露的有价证券,关于其募集或者卖出(注37),如果使用了存在对于重要事项的虚假记载或者欠缺(漏载)为了不产生误解而必要记载的重要事实的记载的招股说明书,或者使用了存在对于重要事项的虚假记载或者欠缺(漏载)为了不产生误解而必须记载的重要事实的记载的材料,从而使投资者取得有价证券,则行为人对关于该记载、表示是虚假的情况不知情并在此情况下取得证券的投资者所受到的损害承担赔偿责任(日本《金融商品交易法》第17条本文之规定)。但是,应当承担赔偿责任的人如果能够证明对记载或者表示存在虚假或者瑕疵完全不知情,或者即使尽到注意义务都无法获知的情况下,免除其责任(同条但书规定)。这里的责任是过错责任,但举证责任被倒置。正如前述[2(2)],原承销金融商品交易业者在使用虚假记载的招股说明书等材料时,根据第17条的规定,对注册会计师或者审计法人已经进行审计的财务文件材料相关部分存在的虚假记载,承担相应责任。

需要注意的是,日本《金融商品交易法》第17条的责任,不仅局限于根据同法第13条第1款之规定,由发行人制作的招股说明书存在虚假记载的情形,对于其他材料存在虚假记载的情况亦适用该条文,因而其存在广泛适用的可能性。
201 而"材料"除了招股说明书以外,其他文书以及图画,乃至用口头表示等声音或者电子(数字化)记录、记载来表示信息内容都包含在内(日本《金融商品交易法》第13条第5款之规定,参见第三章第三节2)。例如,金融商品交易业者利用发行公司的研究开发或者经营战略相关信息的传言(并未向发行公司确认相关信息的真伪),使投资者取得证券的,而该传言并不真实的情况。

通过新股认购权(新股预约权)进行增资的情况下,因为在一定条件下免除招股说明书的制作、交付义务[参见第三章第三节4(1)(2)],因此即便有价证券申报书存在虚假记载,也不能对金融商品交易业者进行问责。此外,日本《金融商品交易法》第17条的适用范围仅限于有价证券的募集或者卖出的情况中,因而在现行法上,新股认购权(新股预约权)的行使的劝诱就不属股份募集(《开示指引》2-4⑧之规定),因为在新股认购权(新股预约权)的行使劝诱时,金融商品交易业者如果使用了存在虚假记载的材料,也无法依照日本《金融商品交易法》的第17条进行

问责。

日本《金融商品交易法》第 17 条规定的损害赔偿的责任主体是能被认定为使用了存在关于重要事项的虚假记载的招股说明书或其他表示从而取得有价证券的发行人、有价证券的募集或者卖出者、承销人或者证券公司等,以及可以视为上述主体的人[日本最高法院平成二十年(2008 年)2 月 15 日,《民事裁判集》第 62 卷第 2 号,第 377 页]。

但是,依据日本《金融商品交易法》第 17 条进行的损害赔偿请求,证券取得者在举证损害额的同时,还必须同时承担虚假记载和自身发生损害之间的因果关系的举证责任,因而在实务中获得救济并不容易。

(注 37):根据平成十六年(2004 年)修正的日本《证券交易法》,条文中增加了“适用第 4 条第 1 款本文以及第 2 款本文的规定的有价证券,或者已经披露的有价证券的募集或者卖出”的文字,其适用范围被缩小了。而且,私募的情况下亦不适用。

202

5. 将发行披露和持续披露进行整合后的影响

昭和六十三年(1988 年)修法后的《证券交易法》尝试对发行披露和持续披露进行整合,对已进行持续披露的发行人,允许其采用更为简略的有价证券申报书的制作方法,引入合订方式及可参照方式,与此同时还引入了采用最简单的发行披露方法的发行登记制度(参见第二章第二节 3)。和上文已经说明的民事责任的要件并不相关,但对虚假记载或者瑕疵记载的信息范围进行了部分修改。以下,对该次变革带来的影响做简单介绍。

在采用合订方式的情况下,添附的持续披露文件材料被当然作为有价证券申报书及招股说明书的组成内容(可参照日本《金融商品交易法》第 5 条第 3 款之规定),持续披露文件材料中存在虚假记载,即意味着有价证券申报书、招股说明书中也存在虚假记载,会产生前述民事责任。此外,关于可参照方式的情形,从日本《金融商品交易法》第 23 条之 2 的规定中可以得知,有价证券申报书和招股说明书中应当包括该申报书以及招股说明书的可参照材料文件,合订方式亦与此相同,因而如果可参照材料文件中有虚假记载,那么有价证券申报书和招股说明书中也会被视作存在虚假记载并进行处理。

此外,随着发行登记制度被采用,关于发行登记书、其附加的文件材料(附件)、修正发行登记书、发行登记补充材料、附件等的虚假记载的民事责任也可被追究(日本《金融商品交易法》第 23 条之 12 第 5 款之规定。这些准用规定在前述第2、3部分的说明中已经引用)。发行登记书中也包含可参照文件材料(可参照日本《金融商品交易法》第23条之3第2款、第23条之8第5款、第23条之12第5款之规定)。因此可参照文件材料包含虚假记载的,也会产生披露发行的相关民事责任。

一直以来,证券公司并不会对持续披露文件材料进行审查,但经过上述修法后,对于这类文件材料,金融商品交易业者是否存在相应的审查义务?如果产生审查义务的话,其对证券发行的承销竞争会带来什么样的影响就成了一个问题(注38)。

203 (注38):关于以上问题,可参照黑泽悦郎:"ディスクロージャー制度の新展開(信息披露制度之新展开)",《ジュリスト》第948号,第160、162页(1990)。

6. 关于申报生效前的交易及不交付招股说明书的责任(日本《金融商品交易法》第16条之规定)

违反日本《金融商品交易法》第15条之规定,在有价证券申报书生效之前使投资者取得证券,也即在未交付招股说明书的情况下使投资者取得证券的,违反者对证券取得者应承担因该违反行为导致的损害赔偿责任(日本《金融商品交易法》第16条之规定)。

这一责任和上文讨论的民事责任不同,是基于和虚假记载没有直接关联的行为发生的责任。为了抑制对日本《金融商品交易法》第15条的违反行为,这里规定了无过错责任。对于损害赔偿的请求者而言,不需要去证明违反者的故意或者过失。但是,关于合同违反日本《金融商品交易法》第15条的规定和自己发生的损害之间的因果关系以及损害额则需进行举证。因此,对于取得者来说,上述举证责任还是比较重的(注39)。

此外,关于该责任的性质,通说认为属于侵权行为责任,但对于违反日本《金融商品交易法》第15条第1款进行的交易的效力则存在一些争论(参见第三章第三节4)。

(注39):东京高等法院平成十二年(2000年)10月26日判决,《判例时报》第1734号,第18页,法院认定违反第15条第2款的行为同(因发债公司倒闭而遭受)投资者的损害之间的因果关系不存在,从而否定了第16条的责任。对该判决提出质疑的,可参照黑沼悦郎:"判批",《ジュリスト-平成十二年度重要判例解说》,第102页(2001年)。

7. 民事责任制度存在的问题点

上文说明的民事责任的诸多规定中包括，法定的无过错责任、过错责任的举证责任倒置、损害赔偿额的法定等内容，这些与侵权行为的一般原则相比，对于投资者具有有利的一面，而《证券交易法》制定以来，存在一些被追 204
究刑责的案例，但依照该规定追究民事责任的案例为数不多，司法实践中被法院命令赔偿损害的案例就更少了（即使这几年，关于流通市场信息披露的案例出现了激增的情况）。为什么这些制度规定没有被活用（注 40）？作为制度上的问题点，将其列举如下。

第一，对于一般投资者而言，发现披露不实并不容易。因此在司法制度的层面进行完善，以及行政机关，乃至自律（自主规制）团体进一步完善监督机制实有必要。

第二，投资者基于对不实的披露信息的信赖取得证券后，由于证券的市场价格大幅下跌，致使投资者受到损害，但导致证券市场价格变动的原因十分多样，要求投资者明确受损害的具体金额是极其困难的。因而在日本《金融商品交易法》中，对发行市场中发行人承担的责任（日本《金融商品交易法》第 18 条之规定），规定了法定的损害赔偿额（日本《金融商品交易法》第 19 条之规定），与此同时，平成十六年（2004 年）修法后的日本《证券交易法》还新设置了对流通市场中发行人责任额进行推定的规定（日本《金融商品交易法》第 21 条之 2 之规定）。但是，关于有价证券申报书、招股说明书中的虚假记载，发行人以外的主体的责任（日本《金融商品交易法》第 21 条、第 22 条之规定），证券发行过程中含有虚假记载的招股说明书、材料的使用者的责任（日本《金融商品交易法》第 17 条之规定），以及申报生效前的交易以及不交付招股说明书的相关责任（日本《金融商品交易法》第 16 条之规定），并没有相关规定，因此，损害赔偿的请求人必须就损害额等进行举证，对于损害赔偿额的计算方法需要更加细致。

第三，关于虚假记载和损害结果之间的因果关系是否应当要求损害赔偿的请求人自己证明，实际参照并相信了含有虚假记载的有价证券申报书等，在含有虚假记载的披露文件材料相关的发行人等的责任规定（日本《金融商品交易法》第 18 条、第 21 条之 2 之规定）中，对于有价证券的取得行为 205
并不需要“实际参照并相信了披露材料”这一要件，但对于其他人的责任，应该作何考虑？一直以来并没有得到明确。笔者认为，只要损害赔偿的请求人证明了虚假记载对市场价格造成了一定的具体影响，就应当认为其完成了对因果关系的证明。

第四,因违反披露义务导致的(单个)投资者的损害额,有时并不是很大。但是由于受到损害的投资者数量一般比较多,因此其合计总额会很大。对于各个投资者而言,提起损害赔偿诉讼所需要的费用和时间成本之和可能并不比其实际损失少。这样一来,即便实际已经发现了存在违反披露义务的行为,但提起诉讼追究民事责任的主体可能并不会很多,如果这样的观点是正确的话,下一步就有必要继续探讨整备集团诉讼制度(Class Action)(注 41)。

(注 40):包含本文中所指出的各个问题,关于基于虚假记载的民事责任,采用比较法研究的方法,尝试解决问题的论文,可参照黑泽悦郎:"証券市場における情報開示に基づく民事責任(1)~(5 完)",《法学协会杂志》第 105 卷第 12 号,第 1615 页(1988 年)。第 106 卷第 1 号,第 74 页;第 2 号,第 193 页;第 5 号,第 765 页;第 7 号,第 1189 页(1989 年)。

(注 41):在美国,20 世纪 60 年代后半段,基于 1933 年《证券法》提起的损害赔偿诉讼的数量十分少,当时没有整备集团诉讼制度被认为是其原因之一。

206 **表 3　基于对发行披露、持续披露义务违反的民事责任 ∗6**

	包含虚假记载的有价证券申报书、发行登记书的相关责任			包含虚假记载的披露文件、材料的相关责任
准据规定	日本《金融商品交易法》第 18 条第 1 款之规定	日本《金融商品交易法》第 21 条第 1 款之规定	日本《金融商品交易法》第 22 条之规定	日本《金融商品交易法》第 21 条之 2 之规定
责任原因	有价证券申报书或者发行登记书中存在虚假记载 ∗1			第 25 条第 1 款各项所规定的材料文件中 ∗2 存在虚假记载

续表

承担责任者	申报人=发行人	发行公司的董事、监事等人员及卖出人	提供审计证明的注册会计师和审计法人	原承销金融商品交易业者	发行公司的董事、监事等人员以及提供审计证明的注册会计师和审计法人	该文件材料的提交者
过错责任/无过错责任	无过错责任	举证责任倒置的过错责任(免责事由各有不同)			举证责任倒置的过错责任	无过错责任
赔偿损害请求权人	响应该有价证券的募集和卖出,取得有价证券的人(明知存在虚假记载的情形除外)					非通过募集或者卖出,而是在流通市场上取得有价证券的人 * 3(明知存在虚假记载的情形除外)
虚假记载和损害之间的因果关系	不需要举证因果关系	没有明确规定			没有明确规定	不需要举证因果关系
赔偿损害的责任额	法定 * 4(可以进行减责、免责的抗辩)	需要由请求人举证损害额			需要由请求人举证损害额	存在推定的规定 * 5(可以进行减责、免责的抗辩)
消灭时效、除斥期间	3年、7年(日本《金融商品交易法》第20条之规定)	3年、20年(准用日本《民法》第724条之规定)			3年、20年(准用日本《民法》第724条之规定)	2年、5年(日本《金融商品交易法》第21条之3之规定)
包含虚假记载的有价证券报告书、内部控制报告书的相关责任	包含虚假记载的招股说明书的相关责任		关于包含虚假记载的招股说明书的使用者责任		生效前交易、不交付招股说明书的相关责任		207

续表

日本《金融商品交易法》第24条之4、第24款之4之6的规定（准用同法第22条之规定）	日本《金融商品交易法》第18条第2款之规定（由同法第23条之12第5款之规定而准用）	日本《金融商品交易法》第21条第3款之规定（由同法第23条之12第5款之规定而准用）	日本《金融商品交易法》第17条之规定	日本《金融商品交易法》第16条之规定（准用同法第23条之12第4款之规定）
有价证券报告书、内部控制报告书中存在虚假记载	依据日本《金融商品交易法》第13条第1款制作的招股说明书中存在虚假记载		使用存在虚假记载的招股说明书或者其他材料（使投资者）取得有价证券	违反日本《金融商品交易法》第15条（使投资者）取得有价证券
同第22条	招股说明书制作者＝发行人	发行公司的董事、监事等人员及卖出人	使用存在虚假记载的招股说明书或者其他材料（使投资者）取得有价证券的人	违反日本《金融商品交易法》第15条（使投资者）取得有价证券的人
同第22条	无过错责任	举证责任倒置的过错责任	举证责任倒置的过错责任	无过错责任
同第22条	响应该有价证券的募集或者卖出，接受该招股说明书交付的取得者		不知道存在虚假记载而取得有价证券的人	有价证券的取得者
同第22条	不需要举证因果关系	未明确规定	未明确规定	需要由请求人举证
同第22条	法定（日本《金融商品交易法》第19条之规定）	需要由请求人举证损害额	需要由请求人举证损害额	需要由请求人举证损害额

续表

同第22条	3年、7年（日本《金融商品交易法》第20条之规定）	3年、20年（依据日本《民法》第724条之规定）	3年、20年（依据日本《民法》第724条之规定）	3年、20年（依据日本《民法》第724条之规定）

＊1 存在虚假记载=存在重要事项的虚假记载，或者应记载的重要事项或为不产生误解而应当记载的必要的重要的事实存在漏载（欠缺）的。

＊2 日本《金融商品交易法》第25条第1款各项（第5项、第9项除外）的文件材料：①、②有价证券申报书（日本《金融商品交易法》第5条之规定）；③发行登记书（日本《金融商品交易法》第23条之3之规定）、发行登记补充材料（日本《金融商品交易法》第23条之8之规定）；④有价证券报告书（日本《金融商品交易法》第24条之规定）；⑤确认书（日本《金融商品交易法》第24条之4之2之规定）；⑥内部控制报告书（日本《金融商品交易法》第24条之4之4之规定）；⑦季度报告书（日本《金融商品交易法》第24条之4之7之规定）；⑧半年度报告书（日本《金融商品交易法》第24条之5第1款之规定）；⑨临时报告书（日本《金融商品交易法》第24条之5第4款之规定）；⑩自持股票（库存股）收购情况说明书（日本《金融商品交易法》第24条之6之规定）；母公司等情况报告书（日本《金融商品交易法》第24条之7之规定），以及相应的附件、修正报告书。

＊3 关于母公司等的状况报告书以及其修正报告书（日本《金融商品交易法》第25条第1款第12项之规定），作为该类文件材料的提交者的母公司（可参照日本《金融商品交易法》第24条之7款第1款之规定）并非通过募集或者卖出而取得有价证券的。

＊4 应赔偿额度=①请求权人因取得该有价证券支付的价额扣除请求损害赔偿时该股票的市场价格（如果没有市场价格时，则依处分推定价格）后的金额；或者②请求前该有价证券已被处分的情况下，则以请求权人取得该有价证券时支付的价额扣除处分价额后的金额（日本《金融商品交易法》第19条第1款之规定）。

＊5 可作为损害额的金额=该有价证券信息披露日前一个月内的该证券的市场平均价额-该有价证券披露日后一个月内该有价证券的市场价格的平均价额（日本《金融商品交易法》第21条之2第2款之规定）。

＊6 除此以外，根据平成二十年（2008年）的修法，关于所谓面向专家的市场中对特定投资者进行的信息提供，日本《金融商品交易法》第18条第1款、第19条、第20条以及第21条的规定对于特定证券等信息，同法第21条之2到第22条的规定对于特定信息，均可分别准用（日本《金融商品交易法》第27条之33、第27条之34）。

第三编　流通市场规制

第一章　金融商品流通的构造 211

为了使金融商品的流通性提高,金融商品交易所开设了有价证券市场和金融期货市场。但是,交易所买卖的有价证券仅限于上市的有价证券,可以交易所进行有价证券交易的主体也仅限于取得了资格的金融商品交易业者(会员)等(日本《金融商品交易法》第 111 条之规定)。对于一般的投资者而言,则需要委托会员进行金融商品的交易。在本章,将围绕金融商品流通的结构,以包括到金融商品交易所上市、金融商品交易的委托、金融商品交易业者的行为规制为重点进行讨论。

第一节　在金融商品交易所上市

1. 上市的意义

例如,股份有限公司通过发行股份进行资金筹集的情形中,那些股份流通性极高的股份有限公司将十分有利。这是因为流通性越高,对于投资者而言回收资本越容易,越能够安心地进行股份投资。其结果是股份公司大量发行股份,从而能够实现筹措大量资金。为了使公司股份具有高流通性,想出的一个办法就是让股份成为金融商品交易所开设的市场中的交易对象。而这种方法就叫作在金融商品交易所上市。

除此之外,从公司股份上市可获得的好处来看,第一,上市公司一般都被认为是一流的企业,发行公司的社会评价会得到提升;第二,因为公司是上市公司,所以可以使投资者安心投资,而且因为公司的信用提高,从银行
212 获得融资以及与其他对手方进行交易会获得更为有利的条件;第三,在公司进行人才招聘时,上市公司能更容易获得优秀的人才。

但是,在这些好处的反面,上市公司上市后也会有负担。即发行公司在金融商品交易所上市的情况下,首先必须受到上市审查。在受到上市许可的情形下,必须向该交易所支付相关的经费。并且,日本《金融商品交易法》对上市公司有以信息披露规制为首的各种严格规制,作为发行公司,必须主动接受这些法律要求其承担的更多义务。这是因为为了确保在交易所这种公共的交易场所能进行大量金融商品交易,绝不能允许存在损害投资者信赖的金融商品。

但是,反过来说的话,对于那些未上市的金融商品而言,金融商品交易法的规制则相对缓和。这是因为上市的有价证券对于一般的投资者而言,更容易成为其投资对象,因此通过筛选的优质金融商品还必须符合法律的严格规制。法律的主要关注点在于保护一般投资者的投资活动。

另外,过去存在得到主管机关大臣认可后的上市制度,现在则变成了向内阁总理大臣提交上市申报(日本《金融商品交易法》第121条之规定)。这是因为行政机关对于上市过多干预,以至于让人觉得是国家在保证上市证券的品质,这对投资者基于自身的判断进行投资的过程可能会产生妨碍。

上市时,基本是由发行公司和金融商品交易业所之间缔结相应的上市合同来决定,实务中,依据交易所制定的业务规则*规定。更进一步地,为了投资者保护及上市的公共利益,内阁总理大臣可以通过命令上市或者命令终止上市的方式来进行干预。但是无论如何,上市及终止上市的相关业务,应属于金融商品交易所的自律业务的一个重要组成部分(日本《金融商品交易法》第84条第2款第1项之规定)。

213 另外,关于交易的上市,其上市对象是金融资产和金融指标。在这种场合,投资者进行交易较为容易,这是被广泛利用的手段。

2. 上市基准

发行公司进行上市申请后,金融商品交易所对是否能够上市进行审查。

* 日语表述为“業務規程”。

日本《金融商品交易法》并没有特别规定上市的要件，而金融商品交易所根据其业务规则，在其开设的各金融商品市场中，对上市及终止上市的基准以及方法进行实施细则的规定。以下，以股份上市为中心进行解说。

关于股份，之前一直都由交易所对股份进行上市审查，审查重点是该股份上市是否容易保持公正的股价形成以及正常的流通，以及基于保护公共利益及投资者利益的观点，对上市的必要性及适当性进行审查。具体而言包括：上市股份数、股份的分布状况、公司设立经过的年数、股东资本（纯资产）额、利润额、连结财务诸表以及季度连结财务诸表（是否存在）虚假记载等、股份事务代行机构的设置、股票样式、股份转让限制等审查项目。另外，上市申请者和其资本控制下的子公司等组成的企业集团也会成为审查对象。

交易所审查合格的，就能在交易所上市。而上市前，必须根据每个交易所金融商品市场，向内阁总理大臣提交申报（日本《金融商品交易法》第121条之规定），如前所述，对于上市，过去取得主管大臣的许可是必要的，但平成十年（1998年）修法后，设置了事后申报制度。

但是需要注意的是，这里也存在例外。交易所在发行有价证券上市的情形下，以及交易或者相关方发行有价证券在该交易所上市的情形下，交易
所运营本身就可能存在疑问，对交易的公正也会产生疑问。因此，采用股份 214
有限公司形态的金融商品交易所，为了让自己作为发行人的股份或其他有价证券得以买卖，而在其他金融市场上市自己的股份或其他有价证券时，必须取得内阁总理大臣的许可（日本《金融商品交易法》第122条第1款之规定）。在这种情况下，内阁总理大臣根据上市是否会给该交易所的业务健全（健康）和正常运营带来损害来判断是否可以允许其上市（同条第2款之规定）。但是，该交易所和其子公司的交易所、该交易所持有一定数量表决权的交易所、该交易所持有一定数量表决权的子公司的交易所上市时，则未被作为须承认的对象（同条第1款括号规定）。

同时，金融商品交易所让自己或者其母公司等发行的有价证券在自己开设的交易所金融商品市场上市时，必须取得内阁总理大臣的认可（日本《金融商品交易法》第124条第1款之规定）。内阁总理大臣在上市会使交易所（包括作为子公司的交易所）业务不能够正常运营，以及导致交易所的交易无法保证公正的情况下，不予许可（同条第2款之规定）。更进一步地，对于持有交易所或其子公司一定数量表决权的人发行的有价证券，以及子公司作为发行人发行的有价证券，或者交易所的主要股东以及子公司作

为发行人发行的有价证券,为确保其交易的公正,须由内阁总理大臣进行判断并进行许可(同条第3、4款之规定)。

是否进行上市申请,原本应由发行公司自行决定,而已经发行在交易所上市的股份的发行公司,又在市场外发行了没有上市的股份,或者新股份的,内阁总理大臣可以对上述股份命令其上市(日本《金融商品交易法》第125条之规定)。这是因为基于公共利益和投资者保护的观点,将上述股份置于公开交易市场并让其在交易所的管理之下比较合适的情况下,如果是已经发行了上市股份的公司,其本身就已经遵守了为了上市所必须遵守的严格的法律要求,因此,令其将相关股份进行上市也不会带来更多的负担。当
215 然,经过命令,不会当然产生上市的效果,上市依然要通过交易所的上市程序。

3. 终止上市

前文已述,股份上市需经过严格的程序,也就是要受到交易所的上市审查,之后要向内阁总理大臣提交申报并获得认可,在这之后公司情况如果出现变化,则该上市公司股份可能不再具备当初的上市条件。或者,特定的股东持有该股份,因此对公正的股价形成可能带来损害。而对这样的股票,继续允许它上市,将可能带来损害投资者利益的结果。

因此,在这种情况下,金融商品交易所可以终止该股票的上市。终止上市依据各交易所制定的股票终止上市的基准进行。根据这种基准,在上市股份数量较少;股份分布发生过分集中(偏态);买卖数量少于一定数量;以及公司负债过高等情况,均被作为终止上市的事由(《上市规则》第601条之规定)。依据该基准,终止在交易所上市股票时,必须向内阁总理大臣提交申报(日本《金融商品交易法》第126条第1款之规定)。但是,交易所或者其关联方发行的有价证券在该交易所上市时,由于是在得到内阁总理大臣的认可下进行的,因此,对于这类有价证券进行上市终止时,也必须获得内阁总理大臣的认可(同条第2款之规定)。

在上述交易所进行终止上市的情况之外,也有发行公司希望终止上市的情况。在这种情况下,需要遵守交易所的规则(可参照《上市规则》第605条之规定)。

此外,内阁总理大臣也可以发出终止上市的命令。即在交易所违反业务规则实施金融商品上市的情况下,或者交易所违反业务规则实施上市终止的情况下,内阁总理大臣在进行询问的基础上,可以命令其采取必要的改

正措施(上市终止或者再次上市)(日本《金融商品交易法》第127条第1款之规定)。

第二节　金融商品交易的委托 216

1.总论

在金融商品交易所进行的买卖交易,仅该交易所的会员可以进行(日本《金融商品交易法》第111条之规定)。而一般投资者要进行证券交易,通常会委托会员或者参加交易的证券公司。接受委托的证券公司以自己的名义为顾客进行证券买卖。证券公司以此为业,属于商法上的批发商*。

关于顾客和证券公司(会员)间的买卖委托关系,如在下一节中所述,即是根据会员所属的交易所规定的委托合同准则来进行(日本《金融商品交易法》第133条第1款之规定)。依据这一准则,顾客首先应该对证券公司通告以下事项:①姓名或者名称;②住所或者事务所所在地;③有特别通信地址时的该地址;④规定了代理人时,该代理人的姓名、名称及住所或者事务所所在地以及代理权的范围(《受托合同准则》第3条之规定)。

和一般的合同相比,证券买卖的委托并非迅速完成债务履行,其债权债务关系是一个长期的关系,而且一旦发生证券事故时有必要从证券公司那里获得救济,有时还会接收到和交易相关的重要联络,因此进行上述通告是有必要的。

其次,关于顾客的委托内容,顾客必须将具体的指示传递给证券公司。
交易所制定的《受托合同准则》第6条对于这一点规定:买卖的种类、品种、 217
出售、收购的区别、数量、价格限度、买卖时间、委托的有效期、是否属于信用交易等信息。之所以要求对上述指示内容进行明确,是为了避免日后顾客和证券公司之间发生纠纷。

2.《受托合同准则》

顾客和证券公司之间存在合同关系,原本这样的关系内容应当由当事人之间自由决定。但是,在日本《金融商品交易法》中,作为会员的证券公司在接受顾客的交易所买卖委托时,必须遵守其所属的交易所规定的《受

* 日语表述为"問屋",日本《商法》第551条之规定。

托合同准则》(日本《金融商品交易法》第 133 条第 1 款之规定)。更进一步地,日本《金融商品交易法》列举了受托准则应该规定的具体事项(比如受托条件和结算方法等)。这使证券交易的委托合同能够得到整齐划一的处理。

然而这类受托合同的准则,从投资者的角度来看,属于单方面制定的规则,因此其内容和规制(如何)当然对投资者保护具有重要意义。因而,其内容由内阁总理大臣进行深度干预。

第一,对于交易所设立的许可申请,内阁总理大臣对受托合同基准是否符合法律规定,是否能确保有价证券交易的公正进行,以及投资者保护是否充分等方面进行审查(日本《金融商品交易法》第 82 条第 1 款第 1 项之规定);

第二,《受托合同准则》发生变更时,须得到内阁总理大臣的许可(日本《金融商品交易法》第 149 条第 1 款之规定);

第三,内阁总理大臣对于《受托合同准则》,认为为了公共利益或者投资者保护所必要且适当时,在必要的限度内,可以命令交易所,进行(准则的)变更或者其他必要的监督措施(日本《金融商品交易法》第 153 条之规定)。

218 但是,不管是交易所的规定,还是内阁总理大臣的监督,投资者都是在自己不知道的情况下对合同内容进行确定的。因此,《受托合同准则》是否对作为顾客的投资者产生拘束力一直被广泛争论。这个问题可以用普通交易条款(日语为"普通取引約款")具有一般拘束力的学说来解释。在有价证券交易中,适用相当于普通交易条款的《受托合同准则》,这已经成为一种习惯,而当事人如果没有特别明确表示排除(这种习惯法)的意思,则可推定遵从该准则的意思(注 1)。

在既往的判例中,即使当事者并不清楚条款内容,也认定依据该条款内容的合同有效[日本最高法院判决昭和三十七年(1962 年)2 月 6 日,《旬刊商事法务》第 248 号,第 31 页]。此外,基于商品交易法(现行的《商品期货交易法》)规定的《受托合同准则》,即所谓的普通交易条款,因而对于在该交易所进行的买卖交易的委托,如果当事人之间没有特别约定,则不仅商品交易者,包括委托人,不论其意思如何,不论其知与不知,都应认定受到条款的拘束[日本最高法院判决昭和四十四年(1969 年)2 月 13 日,《民集》第 23 卷第 2 号,第 336 页]。这些判例都没有明示《受托合同准则》的拘束力的根据,但都肯定了准则对委托人也产生拘束力。

但是，为了认可这些准则（对委托人即顾客）的一般拘束力，其前提应该是必须将该准则置于顾客容易获知的状态下，而对于这一点，有意见认为现在做得并不充分（注 2）。

（注 1）：如果当事者有其他意思表示，是否可以排除《受托合同准则》。实务中，违反《受托合同准则》缔结委托合同的可能性非常小，但不能否定当事者依据自由的意思表示缔结合同的可能性。当然，不遵循《受托合同准则》的委托合同在私法上应当认定其有效［可参照日本最高法院判决昭和四十一年（1966 年）10 月 6 日，《判例タイムズ》第 199 号，第 123 页］。

（注 2）：可参见鈴木竹雄、河本一郎：《証券取引法（新版）》，第 457 页（有斐阁，1984 年）。

3. 买卖预定* 的种类 219

买卖预定（下单）包含买或卖的区分、品种、数量、价格四大要素。

金融商品交易所的买卖是竞价买卖（业务规则第 10 条第 1 款之规定）。一般遵循价格优先原则和时间优先原则（业务规则第 10 条第 2 款之规定）。前一个原则，即在指定价格的订单中，高价买入优先于低价买入，低价卖出优先于高价卖出。后一个原则，即在价格处于同一顺位的买入或者卖出订单中，时间上在前的优先于在后的。

这一类竞价买卖中，买卖是否成立主要取决于下单时的价格，因而作为顾客必须对价格给出正确的指示。在这种场合中，具体指示了特定金额的下单，被称为指价下单**，当然，指价下单并非一定是只能按照指定价格进行买卖，比指定价格低的价格进行买入，或者比指定价格高的价格进行卖出都是可以的。这是因为，即使促成了上述买卖也不会对顾客造成不利益。

但是，顾客在股价上升超过指定价格的情况下买入，或者股价下跌跌破指定价格的情况下卖出的委托也是可能的。这被称为“逆向指定价格”（日语表述为“逆指值”）。关于这个问题，日本《金融商品交易法》仅规定了：不得实施违反政令规定的下单（日本《金融商品交易法》第 162 条第 1 款第 2 项之规定），这是因为这样的订单会带来股价剧烈波动的危险。但是，直到现在，政令还没有就相关问题进行规定。

与此相对的，顾客对于价格没有做出指示，只指示了数量和种类的，被

* 也即下订单或下单。

** 日语表述为“指値注文”。

称为市价委托下单。市价委托下单成立的可能性很高,但对于顾客而言,可能存在基于多少价格成立买卖的不安,因此,交易所对一日内的价格幅度规定了界限,无法以超过这个范围的价格成立买卖。

220 除此之外,顾客可以在一定的价格幅度内进行下单,而证券公司可以在该幅度范围内进行买卖的裁量,这种下单被称为"裁夺下单"(日语表述为"計らい注文")。

4. 委托的手续费

投资者在委托证券公司进行有价证券买卖的情况下,一般需要支付给证券公司一定的手续费。平成十年(1998年)修法前的日本《证券交易法》规定,证券公司在接受顾客委托时,必须向顾客征收证券交易所规定的委托手续费(日本《证券交易法》第131条之规定),在证券交易所规定的《受托合同准则》中,必须对委托手续费的比例以及征收方法进行明确规定(日本《证券交易法》第130条第2款第4项之规定)。可见,按照原来的法律规定,委托手续费的比例是固定的,而且手续费是必须征收的,且不能有任何优惠。这是因为考虑到如果证券公司之间围绕手续费进行过度竞争,则有可能危害到证券公司的经营基础(财产基础),而出现这样的结果对于投资者保护是不利的。

但是,在同年的修法以后,不再存在有关于委托手续费的相关规定了。这是基于以下几点考虑:减少一般性的事前规制;为证券公司开展多样的业务提供激励;以及通过上述措施可以提高投资者的便利性和市场的效率。在征收固定手续费的情况中,对大顾客征收较高的委托手续费的情况比较多,这是不符合公平竞争的。

221 第三节 买卖的结算

1. 买卖交易的种类

在金融商品交易所成立买卖合同时,该合同的结算何时进行呢?根据交易所的业务规则,区分为:①当日结算交易;②普通交易;③发行日结算交易(业务规则第9条第1款之规定)。

上述①为合同签订之日通过证券交易所进行结算(业务规则第9条第2款之规定)。

上述②为原则上，从合同签订之日起第 4 日进行结算（业务规则第 9 条第 3 款之规定）。

上述③为发行公司在发行新股时，在发行之日后经过一定的天数后进行结算（业务规则第 9 条第 6 款之规定）。这是在股东接受新股发行的配股时，向取得新股的股东提供在新股发行前进行换价的机会。同时，通过让其交易所进行交易，从而能确保形成公正的价格。

另外，关于天数的计算时，休息日除外。

在这里，通过交易所进行结算的时间，根据买卖交易种类的不同而不同，顾客和证券公司之间的交割，从①到③是由《受托合同准则》进行规定的（日本《金融商品交易法》第 133 条第 2 款第 2 项之规定）。

2. 股票保管过户[*]（转账）制度

过去在《商法》或者《证券交易法》上，对于股票的转让或者过户，都是将纸质的证券流通放在重要的位置上进行考虑的。但是，在股票大量流通的现代，不通过纸媒进行合理处理是相当有必要的。而在当下，各交易所并
非接受现实的纸质证券，而是通过账户转账过户的方式，即采取电子（数字 222
化）数据的结算方法。这是基于昭和五十九年（1984 年）颁布的《关于股票等保管及转账过户的法律》实施的。适用这一制度时，保管过户股票的机关将股票集中寄存（同法第 23 条之规定）。在这一机关内，设置证券公司和银行等参加者的账户登记本（同法第 17 条第 1 款之规定），或者证券公司依照每位顾客设置顾客账户登记本（同法第 15 条第 1 款之规定）。在证券发生让渡时，在其账户登记本上进行转账过户的记载来处理（同法第 26 条之规定）。在这一制度中，股票的名义一律为该保管过户机关的名义（同法第 29 条第 1 款之规定），因此股票即使发生让渡，但并不需要进行名义变更。而此处的股东权利，则依据发行公司在总公司置备的实质股东名册（根据每一个保管过户机关分别制作）进行处理（同法第 32 条之规定）。

但是，这一制度依然以纸质股票的存在作为前提，况且，该制度并未在上市股票中强制适用，而是任由各上市公司自行选择是否适用，这是一个问题。

3. 证券结算制度的改革

近年来，对上述证券保管过户制度进行改良，实现更好的结算制度愈显

---

* 日语表述为“振替”。

必要。关于证券结算制度,提高其安全性和效率十分重要,安全和效率可以确保投资者的信赖,只有这样,投资者才能积极地参加交易。从国际上来看,从1990年代开始为了实现结算风险的降低,多个国家进行了证券结算系统的改革。日本为了提高证券市场在国际上的竞争力,也有必要对证券结算制度进行改革。具体而言是要通过证券结算制度使交易变得更加安全和迅速。
223 其中,以减低结算风险最为重要,作为其手段,降低未结算余额有多重途径,比如:净额结算(netting)的方式;缩短结算风险存在期间的“T+1”方式。更进一步地,为缩短资金和证券结算之间的时间差而实施DVP结算(以资金和证券交割作为相互的条件进行结算)的实现也是很有必要的。而为了实现DVP结算,证券无纸化拥有重要的意义。更进一步地,通过统一有价证券的法律制度,实现相关程序的合理化、明确化、一元化也是十分必要的。

以上讨论的诸问题,近来在日本的证券结算制度改革中有了非常大的进展。平成十三年(2001年)5月制定的《关于短期公司债等转账过户的法律》以及《关于股票等保管及转账过户的法律部分修正案》实现了商业票据的无纸化。进一步地,平成十四年(2002年)6月制定了《依据证券结算制度改革进行的证券市场整备的相关法律》,依据该法律,原来的《关于短期公司债等转账过户的法律》变为了《关于公司债等转账过户的法律》,也就是说,一般的公司债以及国债也普遍实现了无纸化。更进一步的,平成十六年(2004年)6月进行了法律修改,将股份也囊括到无纸化的范围内,而颁布了《关于公司债、股份等转账过户的法律》。依据该法,主要的有价证券都被置于转账过户的制度之下。

另外,在实现DVP结算的问题上,实现结算事务的标准化,削减结算事务,使结算变得更加安全和有效,整备结算机关的制度十分有必要,因此,在平成十四年(2002年)修正的《证券交易法》中,日本设置了关于结算机关的相关规定(可参照第四编第五章第二节)。

224

4.《关于公司债、股份等转账过户的法律》

下面对《关于公司债、股份等转账过户的法律》以及股份的转账过户制度进行解说。

利用股份转账过户的公司,被称为股份转账过户制度利用公司,这种公司的股份被称为“转账股份”。日本《公司法》规定,股份有限公司如果未在其公司章程中规定发行公司股票,则没有必要发行股票(可参照日本《公司法》第214条之规定)。这种不发行股票的公司,就能够决定利用股份转账过户制度。但是,转账制度是一项仅限于公开公司才能利用的制度,对于限制转让的股份,不能允许其利用转账过户制度(《关于公司债、股份等转账过户的法律》第128条第1款之规定)。公司股份采用转账股份方式的,在公司设立的阶段,必须由全体发起人同意方可,而其他情形下,则必须经过董事会的决议(《关于公司债、股份等转账过户的法律》第128条第2款之规定)。但是对于上市公司,则是强制适用转账过户制度[可参考同法平成十六年(2004年)《法律第88号修改附则》第6条之规定]。

关于采用了转账过户制度的股份,其权利归属由被置于转账过户机关、账户管理机关(以上两者并称为"转账过户机关")的转账过户账户登记本上的记载、记录来确定。因此,股东在账户管理机关开设账户十分必要。也就是说,由投资者在证券公司等作为账户管理机关开设转账过户的账户。其次,账户管理机关的客户账户以及自我账户,应该在最近的上位账户机关或者转账过户机关(同条第2款之规定)开设转账过户账户。最上位的机关是转账过户机关。也就是说,和以前的保管过户制度不同,投资者到转账过户机关之间,可能存在多个的账户机关,可以形成多层次的构造。

根据日本《公司法》,发行股票的公司,其股份转移的效力要件是股票的交付(《公司法》第128条第1款之规定)。但是,转账过户股份的转让, 225
如果其受让人的账户持有股份一栏没有记载、记录该转让对象数目的增加,则其转让不生效(《关于公司债、股份等转账过户的法律》第140条之规定)。因此,账户登记本的记载是股份转让的效力要件。股份转让(以及出质)的情况下,转让人(质权设定者)必须申请进行转账过户,过户机关在收到申请后,对转账过户登记本进行减少或者增加的记载、记录(《关于公司债、股份等转账过户的法律》第132条之规定)。另外,股东名册的名义变更,原则上依据过户机关向发行公司发出的"总股东通知"来进行(《关于公司债、股份等转账过户的法律》第151、152条之规定)。

开设账户实施转账过户的业务属于金融商品交易业,因而受到相关规制(日本《金融商品交易法》第2条第8款第17项之规定)。

第四节　信用交易、借贷交易、期货交易

1. 信用交易的意义

信用交易,是指当客户买入或卖出股票时由证券公司为其提供资金借

贷(融资)或有价证券借贷(融券)进行的交易。在日本《金融商品交易法》中,信用交易广义上的定义是金融商品交易业者(为便于说明,以下简称证券公司)向客户提供信用进行有价证券的买卖以及其他交易(日本《金融商品交易法》第156条之24第1款之规定)。因此,只要是向客户提供信用进行的交易,包括证券公司作为中介或代理人进行的交易,也包含直接买卖在内的所有信用交易。一项交易是否为信用交易,取决于证券公司与客户之间的关系。在交易所进行的交易一般是现货交易。

信用交易为当下未持有可售出股票或买入资金的人带来了参与买卖的
226 可能,通过创造需求与供给,提高流动性并更容易形成公正的价格。之所以这么说,是因为若投资者现实中未持有股票或买入资金,导致交易无法进行,则买卖规模变小,需求和供给发生不平衡,特别是公司之间交叉持股增多导致需求和供给僵化,那么公正的市场价格的形成也会越发困难。而信用交易能使更多的投资者参与进来,通过越来越多的人的投资判断得以形成公正的市场价格。

然而上述优点亦有可能直接在信用交易中产生弊端。即有可能因为不持有充足的资金或股票的人轻易就能参加交易,致使投资者的资金计划紧迫而交易活动发生偏离,市场可能变得极度投机。因此,日本《金融商品交易法》中规定,当进行此种交易时,证券公司等金融商品交易业者应要求客户寄存不低于该交易所涉的有价证券的时价乘以一定比率(内阁总理大臣为确保有价证券买卖等交易的公正而设定的)所得金额的委托保证金(日本《金融商品交易法》第161条之2第1款之规定)。

信用交易分为制度信用交易和一般信用交易。制度信用交易中,垫付款利息、清偿期限等按照交易所制定的《信用交易、借贷交易规程》和《受托合同准则》的规定设定。而一般信用交易中,可以根据客户与证券公司之间的合意自由决定这些事项。客户委托通过信用交易的方式进行买卖时,可以任意选择上述两者中的一种方式。

2. 委托保证金

关于上文所述的委托保证金的比率,由内阁府令(《保证金府令》第2条之规定)中的"有价证券的时价所乘的比率"所规定。日本《金融商品交易法》上,内阁总理大臣出于确保有价证券的买卖以及其他交易的公正的考虑,可规定该数额不得低于乘以府令规定的比率后所得的数额(日本《金
227 融商品交易法》第161条之2第1款之规定)。这是为防止出现过度投机而

对委托保证金的比率进行的一种调整，同时，允许以有价证券（代用有价证券）充当该笔保证金（日本《金融商品交易法》第 161 条第 2 款之规定）。

如此一来，委托保证金承担了抑制过度投机，防止资金不足的投资者轻易进行信用交易的功能。与此同时，对证券公司来说，委托保证金构成了一种担保。

问题是，不收取委托保证金时，委托合同是否有效？对此，日本最高法院认为，因委托保证金（判决书中为委托证据金）主要是证券业者为了向委托人担保由委托合同产生的债权而设定的，所以即使证券业者未收取委托保证金（判决书中为委托证据金）进行信用交易中的股票买卖，该委托合同在私法上也不因此而无效［日本最高法院判决昭和四十年（1965 年）4 月 22 日，《民集》第 19 卷第 3 号，第 703 页］。

根据《受托合同准则》，进行信用交易的客户首先应向证券公司申请开设信用交易账户，接受承诺（《受托合同准则》第 5 条第 1 款之规定）。另外，客户想要进行信用交易时，在每次委托时均应向证券公司指示其意思（《受托合同准则》第 6 条第 1 款第 9 项之规定）。

其次，通过信用交易而买卖成立之时，客户应自买卖成立之日起第三天的正午前缴付委托保证金（《受托合同准则》第 39 条之规定）。不同于已经接受保证金的情形，此保证金应为买卖约定价款的 30%以上（但是，此金额不满 30 万日元时，以 30 万日元计）（《受托合同准则》第 39 条第 1 款之规定）。除此保证金外，证券公司出借有价证券以供卖出的，可以持有卖得的价款作为担保；出借资金以供买入的，可以持有买入的有价证券作为担保（《受托合同准则》第 41 条第 1 款之规定）。

对这些代替委托保证金的有价证券和证券公司作为担保持有的有价证券，证券公司也可以提供进一步的担保，或出借给他人。但必须以记载了内阁府令规定事项的书面文件的方式（电子方式亦可）进行，而且必须取得客户的同意（日本《金融商品交易法》第 43 条之 4 第 1 款、第 2 款，第 34 条之
2 第 12 款之规定）。此时，就有价证券的法律性质而言，视作其上设定了最 228
高额质押权，至于是否可以理解为消费信托则存在分歧。考虑到投资者的利益，有价证券的所有权应认为依然归属于客户较为妥当，因此，考虑为最高额质押权更为妥当。

因市场行情变化等导致委托保证金不足时，客户当然有必要追加保证金（《受托合同准则》第 47 条、第 48 条之规定）。如果客户没有追加保证金，证券公司可以任意作出委托赎回或转售的处分（《受托合同准则》第 53

条之规定)。

但是,这是证券公司进行处分的权利,而非规定的处分义务[在关于商品的期货交易的案例中,日本最高法院判决昭和四十三年(1968年)2月20日,《民集》第22卷第2号,第257页的判决即表明了该原则]。为什么这么说呢?是因为《受托合同准则》中作此规定的宗旨是防止证券公司因委托保证金不足而遭受损害。另外,即使不将这样的处分作为证券公司的义务,必要时委托人亦可自行作出结算的指示(注3)。

(注3):但是,由于客户不具备信用交易的相关知识,也未能收到证券公司的说明,因而有时无法做出正确的指示等,因此例外的,也会根据信义原则认可证券公司具有处分的义务[名古屋地方法院判决平成七年(1995年)3月24日,《判例时报》第1546号,第66页]。

3. 涉及信用交易的其他规制

通过信用交易出借的资金或有价证券的清偿期为出借日之次日,截至其3日前未提出清偿申请的,则逐日延长(《受托合同准则》第43条之规定)。但是制度信用交易的延长存在限制,即自买卖成立之日的第6个月的答复日起计算,不得超过其第4天(《受托合同准则》第43条之规定)。这也是基于防止过度投机的宗旨而设置的规则。此外,结算时,除以持有的股票或现金进行外,还可以通过反向买卖进行。

229 信用交易并非所有的有价证券均可进行,对于新股预约权证券以及符合终止上市基准的股票以及其他的证券交易所认为不适合进行信用交易的品种(有价证券),证券公司不得进行信用交易(《信用交易、借贷交易规程》第3条之规定)。并且,就制度信用交易而言,仅限交易所规定的制度信用品种(《信用交易、借贷交易规程》第7条第1款之规定)。

此外,在日本《金融商品交易法》中,禁止一切卖空(参见第三章第二节),也就是说,禁止以尚不持有的有价证券或借入有价证券的方式进行卖出等(日本《金融商品交易法》第162条第1款第1项之规定),但信用交易等,根据《金融商品交易法施行令》以及内阁府令,属于该项规制的适用除外(日本《金融商品交易法施行令》第26条之3第5款、第26条之4第4款之规定,《关于有价证券的交易等的规制的内阁府令》第10条、第14条之规定)。

4. 借贷交易

拟进行信用交易时，证券公司无力向客户提供信用的情况并不少见。或者，有时证券公司手头并不持有可出借的股票。因此，证券公司会从别的公司（日本《金融商品交易法》第 2 条第 30 款定义的证券金融公司）借入资金或者股票。这种基于借贷之上的交易被称为借贷交易。利用交易所的结算机构向证券公司出借信用交易的结算所必要的资金或有价证券，经营这种业务的人，须获得内阁总理大臣的批准（日本《金融商品交易法》第 156 条之 24 第 1 款之规定）。

能够用于这样的借贷交易的股票品种（借贷股票品种）比制度信用股票品种有着更加严格的限制，这是因为该种股票用作担保必须具有足够的价值。因此，必须从上市有价证券中考虑企业的规模或业绩、股票分布等，证券金融公司将在与交易所协议后选定借贷股票品种（日本《证券金融株式会社借贷交易贷出规程》第 6 条之规定）。

股票价格每天的波动幅度很大，因此债权债务的额度也随之大幅波动。如此一来，用作股票的担保的价值也在变动，也可能出现担保不足的情况，故采取了如下文所述之方法。

对每种股票，以每日的终值为基准确定单一价格，此称为借贷价格。然 230
后，将该借贷价格乘以申请融资或融券的股数，所得金额即视为借贷交易中出借金额或出借股票的总价额（日本《证券金融株式会社借贷交易贷出规程》第 15 条之规定）。

关于借贷交易的偿还，除了将作为出借标的的资金或有价证券归还证券金融公司的方法以外，也可以通过反向买卖偿还。即卖出通过借贷交易买入的股票，以所得价款清偿，也可以用通过借贷交易卖出股票所得的价款买入股票，以此来清偿。此外，上述更新（差额）结余的意义在于将借贷交易的计算简略化。

5. 期货交易

期货交易是在昭和六十年（1985 年）日本《证券交易法》修订时首次被引入日本，并在此后被持续开展。期货交易相对于以现货的有价证券进行交割结算的现货交易，是预先延长（数月）有价证券的交割以及价款的支付进行的交易，且允许在该时点前通过反向买卖即转售或赎回作为买卖标的的有价证券，以差价的交割进行结算的交易。尽管期货交易也具有与同信用交易相似的功能,但两者的不同之处在于:期货交易中的信用供给是在交易当事人之间进行的,而信用交易中的信用供给是由证券公司向客户提供的。所以,信用交易的相关规定并不当然适用于期货交易。在日本《金融商品交易法》上,期货交易作为衍生品交易的一种被规制。

231 期货交易的价格为交易时确定的交割日的结算价格。期货的价格不仅当然与现货的现值不同,而且会在交割结算日之前的期间内发生变动。因此,可以在该期间内通过反向买卖来获取利益。例如,持有已买入的成交期货(指有关未结算的已买入合约的数量)的投资者,在期货价格上涨时可以采取转售以获得差额部分的利益。

期货交易的主要功能是风险对冲。例如,预测所持有的证券的市场价格将会下跌、资产将会减少时,通过进行期货交易持有已卖出的成交期货来实现这一功能。即如所预测的那样,市场价格下跌时,若采取赎回,则通过低买高卖的方式获得利益,故可以弥补现货市场的损失。

期货交易的特征是,在签订买卖合约时,不必提供有价证券的现货或用于买入的资金。投资者一般被要求向会员证券公司等交纳委托保证金(可参照日本《金融商品交易法》第119条第3款之规定),即可进行这样的交易。因此,期货交易可以说是一种具有高投机性并伴有高风险的交易。因期货交易中当事人之间的债权债务关系依然留存,所以委托保证金的意义除了作担保之外,还在于尽量排除资金不足的投资者对如此高风险的交易的参与。根据期货交易的行情变化,经计算发生客户保证金余额不足的情况时,证券公司应将足以平衡不足部分的金额作为需追加的保证金要求交纳(《关于期货、期权交易保证金以及未结算约定的继承等规则》第27条之规定)。

除此之外,还存在交易保证金,其是交易所的会员等证券公司之间在交易所进行期货交易时,证券公司被要求向交易所寄存的(日本《金融商品交易法》第119条第1款之规定),同样具有作担保的意义。

此外,原先可以在交易所进行交易的仅限于交易所的会员等(日本《金融商品交易法》第111条之规定),但根据章程的规定,为进行有价证券的买卖以及衍生品的交易,准许授予会员等以外的人交易资格(日本《金融商品交易法》第112条第1款、第113条第1款之规定),此称之为特殊参加者。

第五节 金融商品交易业者等的行为规制 232

1. 总论

日本《金融商品交易法》第三章《金融商品交易业者》第二节“业务”的通则中,规定了金融商品交易业者等以及其董事、监事、商业使用人须诚实且公正地向客户开展业务(日本《金融商品交易法》第36条第1款之规定)。此种诚实、公正义务是从客户签订合同前就科以金融商品交易业者等的。此处所指的金融商品交易业者等,是指金融商品交易业者或已注册的金融机构(日本《金融商品交易法》第34条之规定)。并且,对金融商品交易业者等规定的共通的义务有:禁止实施一定的行为(日本《金融商品交易法》第38条之规定)、禁止损失填补(日本《金融商品交易法》第39条之规定)、适当性的原则(日本《金融商品交易法》第40条之规定)、最优执行方针的制定义务(日本《金融商品交易法》第40条之2之规定)。制定这样通则规定的理由如下:近年来金融服务日益融合化,新型复杂的金融商品交易越来越得到广泛的认可。在这样的情况下,业者和投资者之间的信息差距问题越来越不可忽视,要使投资者承担自我责任也就是风险自担,其前提是要完善一个对广泛的金融商品适用的统括性的、横向的投资者保护框架,扩充对投资者的保护。这是因为对同样具有经济性功能的金融商品,不论其业态如何,应适用相同的原则[可参考金融审议委员会金融分科会第一分会报告“面向投资服务法(暂定名称)”[平成十七年(2005年)12月22日]。而且,对金融商品交易法适用对象以外的业者,在各自的业法中,明确了准用上述规定的宗旨(如《商工组合中央金库法》第30条之2之3之规定、《中小企业等协同组合法》第9条之7之5第2款之规定、《保险业法》第300条之2之规定、《信托业法》第24条之2之规定等)。

但是,对于投资咨询业(日本《金融商品交易法》第41条以下之规定)、投资管理业(日本《金融商品交易法》第42条以下之规定)、有价证券等管理业(日本《金融商品交易法》第43条以下之规定),应根据各自业务的特殊性制定特别规定。尤其是,当客户赋予业者一定的裁量权时,其与客户之 233
间就存在了信赖关系。例如,在投资管理业中,除要求负有忠实义务(日本《金融商品交易法》第42条第1款之规定)、善管注意义务(日本《金融商品交易法》第42条第2款之规定)以外,还规定了禁止所有与资产运作管理

(投资管理)相关运用权限的全部委托(日本《金融商品交易法》第42条之3第2款之规定)。

2. 说明义务

证券公司等金融商品交易业者与其董事、监事等人员以及商业使用人,对作为投资者的客户负有各种各样的义务。客户委托证券公司进行有价证券的买卖时,证券公司作为受托人,必须遵从委托的本旨内容,基于善良管理人的注意义务实施委托业务(日本《商法》第552条第2款之规定、《民法》第644条之规定)。证券公司因作为专家,被一般投资人所信赖,故其被科以的注意义务并不低(美国法上叫作“招牌理论”)。并且,日本《金融商品交易法》第36条规定,证券公司以及其董事、监事等人员以及商业使用人须向客户诚实、公正地开展业务。因此,从这样的诚实公正义务中衍生了证券公司对客户负有的进行投资劝诱,为买卖投资商品提供充分的信息、明确说明商品内容、风险、合同形态等的义务。但是,因证券公司与一般投资者之间信息的不对称性,即证券公司相对投资者在信息方面占据压倒性的优势地位,并且客户依赖于证券公司的信息而证券公司从交易中收取手续费,所以此种说明义务也可以解释为是根据日本《民法》的信义原则(日本《民法》第1条第2款之规定)产生的义务。当然,投资者应当在责任自担的原则之下进行投资判断,因投资产生的损失应当由自己承担,但因证券公司等业者相对于一般投资者在信息方面占据压倒性的优势地位,故投资者责任自担原则的前提应当是先要求证券公司等负有这种说明义务(注4)。

234 如此,为了缩小业者和一般投资者之间的信息差距,此说明义务有着很大的作用和意义。因此,在日本《金融商品交易法》上,将此种说明义务以合同签订前的书面文件以及运用报告书的交付义务的形式等作出了规定。即金融商品交易业者等在拟签订金融商品交易合同时,须预先将记载了一定事项(金融商品交易业者等的商号等;金融商品交易合同的概要、手续费以及报酬等)的书面文件交付于客户(日本《金融商品交易法》第37条之3第1款之规定)。这里需要注意的是,法律还列举了与市场风险有关的事项。也就是说,关于客户开展的金融商品交易行为,当有可能因利率、通货价格、金融商品市场的行情以及其他指标的相关变动而使投资者产生损失时,必须在合同签订前交付的书面文件中予以记载(日本《金融商品交易法》第37条之3第1款第5项之规定)。并且,金融商品交易业者在经营投资管理业时,必须就运用的资产制作运用报告书,并交付于该运用资产相关的已知权利人(日本《金融商品交易法》第42条之7之规定)。但无论何种情形,因为考虑到不会妨碍投资者保护,对于这些情形,内阁府令中都已经进行了除外规定(日本《金融商品交易法》第37条之3第1款但书、第42条之7第1款但书之规定)。即在客户签订上市有价证券等相关合同前1年内,交付记载了该交易相关的风险信息等的上市有价证券等的书面文件的情形下,不必交付合同签订前应交付的书面文件(《关于金融商品交易业等内阁府令》第80条之规定)。

并且,说明义务并非仅通过此种形式的书面文件的交付即履行终止,可以说,日本《金融商品交易法》科以金融商品交易业者等以及其董事、监事等人员、商业使用人等实质上的说明义务。即关于合同签订前应交付的书面文件、上市有价证券等书面文件、招股说明书、合同变更书面文件的交付,未就上述一定事项依据客户的知识、经验、财产状况以及签订金融商品交易合同的目的以该客户能够理解的必要的方法以及程度预先向客户进行说明,就签订金融商品交易合同的行为,属于金融商品交易业者等以及其董事监事等人员、商业使用人的禁止行为(日本《金融商品交易法》第38条第7项之规定、《关于金融商品交易业等内阁府令》第117条第1款第1项之规定)。

关于说明义务,下述日本《金融商品贩卖法》中也设置有同样的规定 235
(日本《金融商品贩卖法》第3条第1款之规定),该法中就其违反明确了损害赔偿的民事责任。对此,金融商品交易法中的上述规定,明确了对金融商品交易业者等进行行政处罚(可参照日本《金融商品交易法》第51条之规定),或对行为人与法人科以刑罚(日本《金融商品交易法》第205条第12项、第14项,第207条第1款第6项之规定)。

(注4):关于说明义务,可参照日本旧《证券交易法》下的判例。一直以来,客户以违反说明义务为由向证券公司等请求损害赔偿的案件并不少。例如,大阪地方法院判决平成六年(1994年)2月10日,《判例タイムズ》第841号,第276页中判决表明:"证券公司或其董事监事等人员、商业使用人应负有注意义务……应依据投资者的职业、年龄、财产状况、投资目的、投资经验等,向投资者提供对投资者的意思决定形成正确认识非常重要的,上述风险的重要信息……"并且,就信用交易认定违反义务的案例,有东京高等法院判决平成七年(1995年)3月14日,《判例时报》第1530号,第58页;就股价指数期权交易认定违反义务的案例,有东京地方法院判决平成六年

(1994年)6月30日,《判例时报》第1532号,第79页。如上,在违反说明义务而追究责任的案例并不少。因而可以推断,在不为人所知的新型金融商品上,也应该被认为应科以详细的说明义务。

可见,判例上,基于说明义务的违反认定责任的案例有很多。与此相对,关于下述适当性原则的违反,虽然一般理论上判决要旨涉及的案例有很多,但就其违反行为,几乎没有仅以此认定损害赔偿责任的案例。这可能是因为对投资者责任自担原则的重视。

此外,因证券交易受到损害的投资者向证券公司请求损害赔偿的,虽然投资者胜诉的案例绝对不少,但是法院认定投资者一方存在过错,并实行过错相抵的案例也有很多。

3. 适当性原则*

236 为保护投资者,一直以来认为在超出说明义务的范畴存在适当性原则。即从前就规定了一个原则:对一定的投资者即使已穷尽说明,仍不得对其进行劝诱(注5)。对于金融商品交易行为,金融商品交易法也要求,开展业务时,依据客户的知识、经验、财产状况以及金融商品合同的签订目的,应该避免进行不适当的劝诱,从而导致投资者保护的不足(日本《金融商品交易法》第40条第1款之规定)。违反适当性原则时,投资者可以对证券公司等请求基于不法行为的损害赔偿。

根据日本最高法院的判例[日本最高法院判决平成十七年(2005年)7月14日,《民集》第59卷第6号,第1323页],证券公司的负责人违反客户的意向和真实情况,积极劝诱明显伴随重大风险的交易等,其劝诱明显背离适当性原则的证券交易时,该行为在不法行为法(侵权行为法)上属于违法。而且,关于证券公司的负责人开展期权卖出交易的劝诱明显背离适当性原则时是否构成不法行为,在判断客户的适当性时,并非仅考虑所谓的期权等卖出交易的交易类型中的一般的、抽象的风险,还应立足于该期权的基础商品是什么、该期权是否为上市商品等具体的商品特性,须在该相关关系中,综合考虑客户的投资经验、证券交易知识、投资意向、财产状况等诸多要素(注6)(注7)。

(注5):有学者将此称之为狭义的适当性原则。对此,并非像这样理解说明义务和适当性原则之间的关系,而是从业者对客户应该说明的内容进

---

* 日语表述为“適合性原則”。

行适当性判断的主张也存在。在下文所述的日本《金融商品贩卖法》中,规定了说明须依据客户的知识、经验、财产状况以及签订该金融商品的销售所涉及的合同的目的,以该客户能够理解的必要的方法和程度进行(日本《金融商品贩卖法》第 3 条第 2 款之规定)。有学者将此称之为广义的适当性原则[可参见松尾直彦编著:《金融商品取引法 · 関係政府令の解説》(别冊商事法务 318 号)第 211~212 页(商事法务出版社,2008 年)]。

(注 6):无论是说明义务还是适当性原则,均是注意到从前客户与业者面对面交易的情形。对此,进行网络证券交易时,应该如何理解科以业者的 237
这些义务。对于这一点,也要求业者作出适当应对。例如,要求在客户操作的计算机画面中,通过阅读被表示的说明事项,并理解其内容后点击画面按钮等的方法,从而确认客户已经理解[可参见松尾,第 211 页(2008 年)]。

(注 7):日本《金融商品交易法》第 40 条规定了适当性原则,继而在第 2 项中规定,金融商品交易业者等开展业务时,须避免为了确保正确处理在业务中获取的客户相关信息而被认为无法采取措施的情况,以及其他业务的经营状况违反公共利益或可能妨碍投资者保护等内阁府令中指定的情况。吸收了此项规定主旨的《有关金融商品交易业等的内阁府令》第 123 条,进一步列举了以下情况:在未预先确认客户的订单内容的情况下,频繁地在该客户的账户中进行有价证券的买卖以及其他交易或衍生品交易等;以被认为属于明显不适当的数量、价格以及其他条件,进行有价证券的承销;金融商品交易业等相关的电子(数字)信息处理系统的管理被认为不足;等等。

4. 日本《金融商品贩卖法》与日本《消费者合同法》

作为投资者保护法制的构成,除了《金融商品交易法》外,还需要就日本《金融商品贩卖法》和日本《消费者合同法》等 2 个特别法进行讨论。

日本《金融商品贩卖法》旨在通过明确金融商品销售业者的说明义务,并规定因其违反导致的损害赔偿责任,确保金融商品劝诱的适当性。为何要这样立法呢?是因为在从前的《证券交易法》等中,一贯以对业者的规制为中心,而投资者私法上的救济并不充分,为了确保其对金融服务的信赖、实现交易的顺利开展,有必要对违反说明义务的损害赔偿要件进行明确化。

在该法中,对金融商品的定义包括存款、信托、保险、有价证券等,与 238
《金融商品交易法》相比,有着更加广泛的适用对象(日本《金融商品贩卖法》第 2 条第 1 款之规定)。并且,无论是否可能发生本金亏损(亏本)以及发生超出初始本金以上的损失,金融商品交易业者均被要求,对与有这种可能性的金融商品的销售所涉及的交易框架内的重要部分、权利行使期间的限制或与解除相关的限制等、金融商品具有的风险等有关的重要事项负有说明义务(日本《金融商品贩卖法》第 3 条第 1 款之规定)。且此处的说明须依据客户的知识、经营、财产状况以及该金融商品销售相关合同的签订目的,以该客户能够理解的必要方法和程度进行(日本《金融商品贩卖法》第 3 条第 2 款之规定)。即使用鉴于客户属性的适当性原则,判断是否已尽到说明义务。此处,负有说明义务的人并非仅指狭义上的销售业者,还包括代销、中介、代理业务的人(日本《金融商品贩卖法》第 2 条第 2 款、第 3 款之规定)。同时,禁止金融商品销售业者向客户就不确定事项提供断定性的判断或告知有可能使其误以为确切的信息(日本《金融商品贩卖法》第 4 条之规定)。而且,金融商品销售业者未向客户说明重要事项或提供了断定性的判断时,直接推定本金亏损额为客户的损害额(日本《金融商品贩卖法》第 6 条之规定),并对其科以损害赔偿责任(日本《金融商品贩卖法》第 5 条之规定)。

如此,在日本《金融商品贩卖法》下,投资者对证券公司等基于其违反说明义务或提供断定性的投资判断,而请求其承担损害赔偿时,只要能够举证证明其违反了说明义务或提供断定性的判断,与损害额之间的因果关系的举证责任被减轻,故与投资者追究证券公司基于日本《民法》的不法行为(侵权行为)责任时相比更为有利,因此审判也得以迅速推进,有可能实现争议的迅速解决。此外,该法要求金融商品销售业者负有:努力实现劝诱的恰当化,制定并发布包含适当性原则(注 8)等关于客户须注意事项的劝诱方针的义务(日本《金融商品贩卖法》第 9 条之规定)。

另外,在日本《消费者合同法》上,因在消费者和事业者(公司)之间在
239 信息、交涉能力层面的差距较大的背景下,消费者和事业者之间的合同所涉及纠纷增加,故相比日本《民法》,在此种合同中消费者可以撤销合同或主张合同条款无效的情形也被扩大了。即规定,在进行消费者合同的劝诱时,若因事业者不恰当的行为妨碍了自由的意思决定,则消费者可以撤销合同。

其内容如下:第一,因告知重要事项中与事实不相同的部分,或者对消费者合同的标的物相关未来变动的不确定事实提供断定性的判断,或者告知一定会给消费者带来利益之后,故意不告知重要事项中对消费者不利的事实等,导致消费者产生误认的情形(日本《消费者合同法》第 4 条第 1 款、

第 2 款之规定）；第二，因消费者对事业者虽作了应当退出的意思表示但尚未退出，或者事业者虽作了要求消费者从劝诱的场所退出的意思表示但未让其退出，导致消费者产生困惑的情形（日本《消费者合同法》第 4 条第 3 款之规定）。此外，在消费者与事业者签订的合同中，有事业者的债务不履行责任或不法行为责任免除等条款时，该条款归于无效（日本《消费者合同法》第 8 条之规定）；预先规定消费者支付损害额的条款等，在一定范围内也归于无效（日本《消费者合同法》第 9 条之规定）。

基于不公正的证券交易而寻求民事救济时，因各投资者所受损害并不大故其无法发挥作用，因而，有很多争论提出须完善集团诉讼制度。针对这一点，值得注意的是，日本《消费者合同法》引入了消费者团体诉讼制度。当然，可以利用该制度的仅限适格的消费者团体，且不能请求损害赔偿，而只能请求行为停止（日本《消费者合同法》第 12 条之规定）。

（注 8）：在日本《金融商品贩卖法》之下，解释是否已尽到说明义务时，虽吸收了适当性原则的思路，但并未采用只因违反适当性原则就能直接产生损害赔偿责任的思路。可参见池田和世：《金融商品販売法の改正》，《旬刊商事法务》第 1782 号，第 20 页（2006 年）。

240

5. 最优执行方针

过去在旧《证券交易法》中，虽然规定了市场集中义务，但其后又将其废止，当时为确保证券公司等的最优执行，要求制定相应的制度。

近来，在日本，以 PTS 为首的多层次的证券交易制度日趋完备，因而促进了市场间竞争，提高了投资的便利性。一方面，交易所交易作为客户订单的执行方法，其透明度高，符合投资者利益，但若课以市场集中义务，势必会导致妨碍市场之间相互竞争的结果。但另一方面，须确保订单的执行不得损害投资者的利益。即投资者虽被赋予针对市场以及交易的多种选择，但面对多种交易方法，为了确保金融商品交易业者等的执行不损害投资者，要求其在执行客户订单时，考虑价格、成本、速度、执行可能性等，以对客户最有利的条件执行。

因此，日本《金融商品交易法》有如下规定：金融商品交易业者等对于有价证券等交易相关的客户订单，须根据政令的规定，制定方针、方法（最优执行方针）以使能以最优交易条件执行订单（日本《金融商品交易法》第 40 条之 2 第 1 款之规定）。政令（日本《金融商品交易法施行令》第 16 条之 6 第 2 款之规定）中规定，对于有价证券等交易，按照最优执行方针的要求，须记载每个品种股票以何种最优交易条件方法来执行以及选择该方法的理由。

在此基础之上,金融商品交易业者等还须按照内阁府令(《关于金融商品交易业等内阁府令》第124条第2款之规定)的规定,公布最优执行方针等(日本《金融商品交易法》第40条之2第2款之规定),有价证券交易相关的订单须据此执行(日本《金融商品交易法》第40条之2第3款之规定)。此外,金融商品交易业者等对于上市有价证券等政令中规定的交易(根据日本《金融商品交易法施行令》第16条之6第3款,上市股票等以及
241 店头买卖有价证券的交易),在受理客户订单时,(已交付的除外)须事先向客户交付记载有该交易相关的最优执行方针等的书面文件(日本《金融商品交易法》第40条之2第4款之规定)。并且,金融商品交易业者等在执行有价证券交易相关的客户订单后,如若客户提出要求,须交付书面文件,说明该订单是遵循最优执行方针等执行的(日本《金融商品交易法》第40条之2第5款之规定)。如上,在日本《金融商品交易法》中规定了交付记载有最优执行方针等的书面文件以及说明订单是遵循最优执行方针等执行的书面文件,通过上述方法对客户实现了披露,提高了交易的透明度。此外,也可以利用电子(数字化)信息组织(系统)等代替书面文件(日本《金融商品交易法》第40条之2第6款、第34条之2第4款之规定)。

6. 金融商品交易业者以及其董事、监事等人员、商业使用人的禁止行为

日本《金融商品交易法》第38条具体列举了证券公司等金融商品交易业者以及其董事、监事等人员乃至商业使用人的禁止行为,这是为了实现投资者的保护以及交易的安全,同时维持金融商品交易业的信用。若证券公司只专注于提高收益,急于提高经营业绩而进行不正当的劝诱行为等,则可能会损害投资者对金融商品交易业界的信赖,更令人担心的是投资者可能逐渐撤离证券市场。并且,证券交易是伴随一定的风险的行为,一般地,投资者应当在责任自担的原则下进行证券交易(责任自担责任)。日本《金融商品交易法》第38条正是立足于这样的观点,列举了一些行为,对其作出了禁止实施的规定。

当然,关于一般的不公正交易,日本《金融商品交易法》在第157条中作出了广泛的禁止性规定。但如后文所述(参见第三章第四节),对于该第157条,在日本严格的罪刑法定主义之下是否能充分发挥作用?或者,被视
242 为问题的行为是否在任何情形下均符合该条的构成要件?因为存在这些疑

问，需另行对不公正交易规制进行规定。相对于第157条的广泛地禁止任何人的不正当行为，第38条特别对金融商品交易业者以及其董事、监事等人员、商业使用人的一定的行为作出了具体的明文禁止。这是因为要规制不公正交易，就要特别对这些行为科以严格的行为规范。

对于违反第38条的行为，原则上没有设置罚则。但要注意存在例外，应当注意，当只违反第38条第1项规定的，设有罚则（日本《金融商品交易法》第198条之6第2项之规定）。当然，对于违反第38条的所有行为，因违反法律而成为内阁总理大臣行政处分的对象，比如可能被命令撤销登记，以及命令6个月以内停止全部或部分业务等（日本《金融商品交易法》第52条第1款第6项之规定）。根据不同情形，还有可能成立不法行为（侵权行为）责任［参见大阪高等法院判决平成六年（1994年）2月18日，《判例时报》第1524号，第51页等］。

（1）虚假（虚伪）告知（日本《金融商品交易法》第38条第1项之规定）

在签订或劝诱签订金融商品交易合同时，禁止告知客户虚假（虚伪）的信息。

（2）提供断定性的判断等（日本《金融商品交易法》第38条第2项之规定）

在劝诱签订金融商品交易合同时，禁止就价格的上涨或下跌等本来不确定的事项向客户提供断定性的判断，或告知有可能使客户误认为是确定事项的信息。一般投资者因证券相关专业知识普遍不足，多信赖证券公司等的董事、监事等人员和商业使用人的言行。因此，比如证券公司的董事、监事等人员和商业使用人表示"可以预见到这只股票将来一定上涨"等断定性的判断而进行劝诱时，客户一般就会相信并买入股票。但是，本来股价就会因为各种各样的要素而变动，因此股价向着与证券公司董事、监事等人员和商业使用人所预期的完全相反的方向变化的情况也不少。此时，这样 243
的劝诱行为将使客户发生不可预测的损害，引发客户与证券公司之间产生纠纷的危险性极高。所以，日本《金融商品交易法》对此作出了严格的禁止（注9）。

（注9）：此外，不当的投资劝诱不是以由公司自身直接受托进行交易为目的的情形，是否仍涉及第38条第2项（日本《证券交易法》第42条第1款第1项之规定）的禁止存在争议。前述大阪高等法院判决平成六年（1994年）2月18日的案例中法院认为，不当劝诱作为证券公司或证券公司经营策略的一环而被实施时，应采肯定立场，这个结论或许是正当的。

(3)关于信用评级机构的说明义务的违反(日本《金融商品交易法》第38条第3项之规定)

金融商品交易业者等提供未登记的信用评级机构的信用评级,向客户进行金融商品交易合同的劝诱时,原则上应作出以下说明:做出该信用评级的人仍未进行信用评级机构的注册、该注册的意义以及其他内阁府令中规定的事项。关于信用评级在后文中论述(参见第四编第五章第一节)的未受规制的未登记信用评级机构授予时,金融商品交易业者等负有向投资者说明评级的意义或界限的义务,以实现投资者保护。此外,关于该信用评级本身的说明,并不要求金融商品交易业者必须进行。

(4)未经邀请*的劝诱的禁止与再劝诱的禁止(日本《金融商品交易法》第38条第4项、第5项、第6项之规定)

对未邀请交易劝诱的客户,进行电话联系、登门拜访进行劝诱的情形中,由于执拗的劝诱而违反了适当性原则进行交易,其结果引发了纠纷,像这样导致一般投资者发生损害的情形并不少见。因此,日本《金融商品交易法》中,禁止金融商品交易业者以及其董事、监事等人员、商业使用人等,向未邀请劝诱签订金融商品交易合同的客户通过登门拜访或电话联系的方式劝诱其签订合同(日本《金融商品交易法》第38条第4项之规定)。但是,仅限适用于政令中规定的合同。根据日本《金融商品交易法施行令》第16条之4第1款之规定,上述合同是指以客户作为相对方,在店头衍生品
244 交易中进行该款所列举的交易,或签订以为客户实施这些交易的中介、代销或代理为内容的合同。风险性高的商品、对投资者保护特别有必要的合同,比如,在交易所外进行的金融期货交易。

并且,对作出不愿进行交易或不愿接受交易劝诱的意思表示的客户仍进行劝诱的,也会发生与上述相同的问题。因此,日本《金融商品交易法》中,禁止金融商品交易业者以及其董事、监事等人员、商业使用人,在受到签订金融商品交易合同劝诱的客户已作出不愿签订该交易合同的意思表示后,仍继续进行劝诱(日本《金融商品交易法》第38条第6项之规定)。此种情形也仅限适用于政令中规定的合同(日本《金融商品交易法施行令》第16条之4第2款之规定)。

而且,为强化上述规制,在劝诱之前未向客户确认其是否有接受劝诱的意思,而进行劝诱的行为也被禁止(日本《金融商品交易法》第38条第5项

---

* 不请自来,日语表述为"不招請"。

之规定)。但该禁止行为的对象仅限充分斟酌该金融商品交易合同的内容以及其他情况后,认为对实现投资者保护特别有必要的、政令中规定的合同(日本《金融商品交易法施行令》第16条之4第2款之规定)。

(5)其他(日本《金融商品交易法》第38条第7项之规定)

此外,即除(1)到(4)所列举的行为以外,还包括内阁府令中指定的将导致缺乏投资者保护或危害交易的公正或丧失金融商品交易业的信用的行为。

这项规定是对所列举的行为以外的行为,为了能够根据现实的金融商品交易的实态进行规制,授权(委任)内阁府令对禁止行为进行指定。

因此,《关于金融商品交易业等的内阁府令》第117条中,列举了多种销售、劝诱方面的禁止行为,其中有代表性的行为如下:

①关于合同签订前应交付的书面文件、上市有价证券等书面文件、招股
说明书以及合同变更书面文件的交付,未就风险信息等预先依据客户的知 245
识、经验、财产状况以及合同签订目的以该客户能够理解的必要的方法和程度进行说明而签订合同的行为(第1项之规定)。

②关于签订或劝诱签订金融商品交易合同,做出虚假(虚伪)表示,或做出使客户对重要事项产生误解的表示行为(第2项之规定)。

③特殊的利益提供(第3项之规定)。

④关于合同签订等,在会使客户(抵押证券等,商品基金关联受益权的买卖以及其他交易或金融期货交易以外的人,并限于个人)感到麻烦的时间以电话联系或登门拜访的方式进行劝诱的行为(第7项之规定)。

⑤未事先向客户明示其有劝诱签订未经邀请劝诱禁止的对象合同的目的,而召集该等客户劝诱签订该合同的行为(第8项之规定)。

⑥关于再劝诱禁止的对象合同,客户事先已做出不愿签订该合同的意思表示(包含不愿接受劝诱的意思表示),但其仍劝诱签订该合同的行为(第9项之规定)。

⑦抢先交易(Front Running)行为,即受客户委托进行有价证券等的买卖的证券公司或其董事、监事等人员和商业使用人,在促成受委托的买卖之前,欲基于自身的利益促成同一品种的有价证券的买卖,而以与客户的委托价格相同或更为有利的价格进行该有价证券的买卖(第10项之规定)。

⑧与内部人交易有接点(交点)的交易或关联交易(第12~16项之规定)。

⑨大量推荐销售,即对不特定多数客户,将特定少数品种的有价证券的

买入或卖出或衍生品交易或这些委托等在一定期间持续进行并同时实施过度劝诱的行为,可能损害公正的价格形成(第17项之规定)。

246 ⑩使根据上市金融商品等或场外买卖有价证券的时价、交易余额计算出的数值变动、冻结、固定、稳定,或以增加交易余额为目的,对该上市金融商品等或场外买卖有价证券的买卖等提出要约或委托等行为(第19项之规定)。

⑪使根据上市金融商品等或场外买卖有价证券的时价、交易余额计算出的数值变动、冻结、固定、稳定,或虽明知通过增加交易余额得到未反映实际情况的造作的数值,仍受托该上市金融商品等或场外买卖有价证券的买卖等的行为(第20项之规定)。

7. 冷静期制度

冷静期制度是为保护消费者,为多种合同所认可适用的制度。日本《金融商品交易法》中,关于金融商品,为保护一般投资者,也在一定范围内承认合同要约的撤回。即金融商品交易业者等与已签订金融商品交易合同的客户,除内阁府令指定的情形外,自合同签订书面文件(日本《金融商品交易法》第37条之4之规定)受领之日起至经过政令规定的天数(日本《金融商品交易法施行令》第16条之3第2款规定的10天)期间内,可以书面解除合同(日本《金融商品交易法》第37条之6第1款之规定)。并且,若发生这样的解除合同的情形,金融商品交易业者等不得请求:截至合同解除时相应期间的手续费、报酬以及其他客户支付的对价金额超过内阁府令规定金额(此处的金额,根据日本《关于金融商品交易业等内阁府令》第115条之规定,依不同情形分别规定,比如,截至合同解除时未按照投资顾问合同给出顾问建议时,此时就是和签订投资顾问合同通常需要的费用相当的金额)的违约金或损害赔偿(日本《金融商品交易法》第37条之6第3款之规定)。

若承认了这样的合同解除,则纵使发生了不当的金融商品交易业者的
247 劝诱,投资者也不会遭受损失。但是要注意,冷静期并非广泛适用于所有的金融商品交易。即仅限于应当充分斟酌该金融商品交易合同的内容以及考虑其他情况,且符合政令规定的合同类型(日本《金融商品交易法》第37条之6第1款括号规定)。日本《金融商品交易法施行令》第16条之3第1款规定,这些合同是指投资顾问合同。与此相对地,例如,在《商品基金法》中,并未就适用冷静期制度的商品基金进行规定。这样缩小限定适用范围

的理由是，例如，有价格波动风险的商品等本身不适合冷静期制度，如果考虑到对这样的商品设置冷静期会妨碍交易安全，则应将其从适用对象中排除。并且，当价格下跌时，若投资者能够在任何时候解除合同，则投资者可以不用承担风险，这明显是不适当的。

8. 广告规制

金融商品交易业者等就金融商品交易的内容进行广告等时，被要求表示一定的事项（日本《金融商品交易法》第37条第1款之规定）。即在政令中规定的事项：企业的商号、名称或姓名、说明属于金融商品交易业者、注册代码、影响客户判断的重要事项。在此基础上，日本《金融法交易法施行令》第16条又进行了列举，例如，当存在内阁府令中规定的与客户应支付的手续费、报酬以及其他对价有关的事项，客户应寄存的委托保证金以及其他保证金以及其他内阁府令中规定的事项时，必须表示其金额或计算方法等。并且，作为一般的广告等应该进行表示的事项，即手续费的信息、风险信息（说明“存在风险”，其原因指标以及理由）以及重要事项等可能对客户产生不利益的事实等（日本《关于金融商品交易业等的内阁府令》第74条、第76条之规定）。但是，对于通过电视、电台CM或广告牌等投放广告的表示事项，表示的要求较低，仅要求以说明“存在风险”以及“仍应充分阅读书面文件（合同签订前应交付的书面文件等）”作为表示（日本《金融商品交易法施行令》第16条第2款，《关于金融商品交易业等的内阁府令》第77条 248
第2款、第72条第3项之规定）。

此处所指的广告等，包括广告以及其他与之类似的内阁府令中规定的行为。根据日本《关于金融商品交易业者等的内阁府令》第72条之规定，除广告外，邮递、送达书信、发送传真、发送电子（数字化）邮件或派发传单、小册子，等等，向多数人以同样的内容进行信息提供的，亦属于规制对象。因为这些虽然严格来讲不能称为广告，但也会给投资者的行动带来很大的影响（注10）。但是，基于法律制作的资料、所谓的分析报告（非用于劝诱的）以及通过分发、提供所谓的广告赠品（novelty，仅印有商品名称、企业名称、“存在风险”以及“仍应充分阅读书面文件”的说明的赠品）来进行信息提供的除外。

作为广告等的具体表示方法，应明了、正确地进行表示，特别是风险信息应以与最大的文字、数字没有显著差别的大小来表示（日本《关于金融商品交易业等的内阁府令》第73条之规定）。

并且,进行广告时,就实施金融商品交易行为所获收益的估算以及其他内阁府令中规定的事项,禁止作显著违背事实的表示,或明显使人产生误认的表示等(日本《金融商品交易法》第 37 条第 2 款之规定)。当然,这里虽只限定于显著的情形,但不应解释为法律已积极认可不实或招致误解的广告的存在(空间)。

(注 10):向特定的对手方提供信息的情形,或仅以 1 个客户为对象提供信息的情形,这些情形是否构成广告尚存争议。就前者而言,如果是将同样的内容提供给多数客户,就应当认定属于广告行为。而对于后者,认为向个别客户提供资料或回答个别客户的提问,则应当排除适用。可参见松尾直彦编著:《金融商品取引法・関係政府令の解説》(别册商事法务 318 号)第 198 页(商事法务出版社,2008 年)。

9. 外务员

(1)规制的变迁

249 一直以来,证券公司的外务员是指为了证券公司,在证券公司外部,开展证券业务或有价证券等交易的劝诱以及交易委托的劝诱等的证券公司的董事、监事等人员或员工。过去,对证券业就经营场所的数量和所在地进行了规制,因此在经营场所以外开展证券业务的外务员,对于证券公司来说,是作为扩大经营范围而不可或缺的一种存在。但是,外务员为完成自己的定额任务,促使客户进行(对客户)不利交易,等等,导致在客户与证券外务员之间发生的纠纷不少。因为在经营场所外部,证券公司不能充分对其进行监督,外务员有可能违反证券公司的意愿采取行动,而且外务员本身还存在究竟是证券公司的代理人还是客户的代理人等模糊的一面。特别是针对外务员的行为是否可以依据合同对证券公司追究责任等,也还存在不少问题。因而,《证券交易法》对外务员从其登记和权限两个方面进行了规制。该法平成十年(1998 年)的修正案中,证券公司从审批制改为注册制,与之相伴地,对经营场所的规制也就废止了。至此,无论在证券公司的内部还是外部,证券公司的董事、监事等人员或员工,为证券公司开展证券业务或有价证券的买卖或其委托等的劝诱或者有价证券指数期货交易等的委托劝诱等的人,无论其拥有何种头衔,全都被作为外务员受到规制(日本《证券交易法》第 64 条、第 66 条之 23 之规定)。

平成十八年(2006 年)的日本《金融商品交易法》中广泛地规定,不限于证券公司等,金融商品交易业者或金融商品居间业者中实施一定的行为的人均负有应进行外务员登记的义务(日本《金融商品交易法》第 64 条、第 66 条之 25 之规定)。外务员登记制度明确了外务员行为的责任归属,同时,通过规定登记失格要件和在违反法律等情形下处以撤销登记的处分,可以排除不适格者,这样一来对容易导致与客户的纠纷或事故的外务员的监督机制就得以完善了。

(2)外务员登记

对于金融商品销售业者等的董事、监事等人员或员工中,为金融商品交 250
易业者等开展有价证券相关买卖或其中介、代销、代理申请的劝诱等一定行为(日本《金融商品交易法》第 64 条第 1 款各项规定的被称为外务员的职务的行为)的人,无论其具有何种头衔,日本《金融商品交易法》均将其定义为外务员;要求金融商品交易业者等将外务员的姓名或出生年月日等事项登记在内阁府令指定地点备置的外务员登记原簿上(日本《金融商品交易法》第 64 条第 1 款之规定。此外,《关于金融商品交易业等的内阁府令》第 247 条至第 256 条详细规定了外务员登记的程序)。

金融商品交易业者等不得让进行上述登记之人以外的人行使外务员的职务(日本《金融商品交易法》第 64 条第 2 款之规定)。并且法律规定,内阁总理大臣应对决定破产程序开始而未受到复权的人、被处以监禁以上刑罚执行完毕或自不予执行之日起未满 5 年的人等具有一定不适格事由的外务员拒绝其登记(日本《金融商品交易法》第 64 条之 2 第 1 款之规定)。并且,即使在登记之后,内阁总理大臣可以对已登记者下达注销登记、撤销登记或职务停止的命令(日本《金融商品交易法》第 64 条之 5、第 64 条之 6 之规定)。但是,因证券业协会的自主规制越来越被重视,法律同时规定,可以将登记事务委托给金融商品交易业协会实施(日本《金融商品交易法》第 64 条之 7 之规定)。

(3)外务员的权限

外务员有权代其所属的金融商品交易业者实施与外务员职务相关的一切裁判外的行为(日本《金融商品交易法》第 64 条之 3 第 1 款之规定)。但此权限(关于日本《金融商品交易法》第 64 条第 1 款各项所示的行为)应限于该金融商品交易业者等的经营范围。根据此规定,客户可以就外务员实施的行为当然地向金融商品交易业者等追究责任。

但是,客户中也有与外务员通谋实施不正当行为或虽明知外务员越权行动仍进行交易的人。因此,又规定了在对方为恶意时上述权限规定不再
适用(日本《金融商品交易法》第 64 条之 3 第 2 款之规定)。恶意是指明知 251

外务员并不具有为了金融商品交易业者等实施行为的权限。外务员虽有权限但滥用时,相对方明知其滥用权限,是否可以将此解释为恶意则存在争议。这样的相对方应该说并没有对其进行保护的必要,因此应认可上述规定的类推适用。

相对方有重大过错时,学说中也存在对立观点。存在认为(对投资者不予保护的情况)包括重大过错的案例[高松高等法院判决昭和五十八年(1983年)4月12日,《判例タイムズ》第498号,第106页],但是在金融商品交易业者和投资者的关系之中,要投资者或多或少地进行某种调查的结论并不妥当,因而不应包括重大过错。

并且,对于未进行登记的外务员,解释为不适用日本《金融商品交易法》第64条之3的规定也不是不可能,但从投资者保护的观点来看,应解释为无论是否登记均适用该条规定。从客户的角度看,应解释为不需要去调查金融商品交易业者的从业人员等是否进行了外务员登记,即可认为其享有该条规定的权限比较妥当。

日本《金融商品交易法》第64条之3就为金融商品交易业者等行动时的权限作出了规定。因此,外务员并非作为金融商品交易业者等的代理人,而是完全作为客户的代理人行动时,不适用该条规定。即从该交易的特殊情形可认定此事实时,否定证券公司的责任[参见《证券交易法》旧法规定下的判例:日本最高法院判决昭和三十八年(1963年)12月3日,《民集》第17卷第12号,第1596页]。

此外,根据日本《金融商品交易法》第64条之3的规定,即使在金融商品交易业者等无需对客户承担责任的情形之下,对于外务员的行为,金融商品交易业者等承担雇主责任(使用者责任)是当然不可否定的[此外,可参见东京地方法院判决昭和六十年(1985年)4月23日,《判例タイムズ》第576号,第73页]。

252

10. 其他的业者规制

(1)和利益冲突相关的弊害的防止措施

金融商品交易业者可就复数业务类别接受登记。其结果,可以预想利益冲突的情况会增加,因而可能导致不公正交易。所以,日本《金融商品交易法》设置了防止利益冲突的规定(日本《金融商品交易法》第44条、第44条之2之规定)和规制母公司法人子公司法人等参与交易的规定(日本《金融商品交易法》第44条之3之规定)。

(2)对金融商品交易业者等的制裁

作为对金融商品交易业者的制裁,一方面日本《金融商品交易法》在第51条规定了业务改善命令,另一方面又在第52条规定了监督上的处分。前者的要件比较灵活,即规定:对于业务运营或其财产状况,为了公益或投资者保护必要且恰当时,而后者则列举了具体的处分事由。这样的差异是基于以下原因:前者中赋予了内阁总理大臣宽泛的裁量权,同时处分内容对业务方法的变更以及其他业务运营或财产状况的改善也是必要的措施,要件十分宽松且对金融商品业者的不利影响也是有限的;与此相对地,后者中规定了登记、许可的撤销、业务停止命令,如此严格的处分内容会对业者带来确定的不利益。

11. 一般投资者和特定投资者

(1)投资者的分类

金融商品交易业者的行为规制通过确保投资者能够基于独立的投资判断而进行金融商品交易,从而实现保护投资者的目的。但是,要遵守行为规制对业者来说需要花费一定的成本,其再以手续费等形式将该成本转嫁给投资者,但具备专业投资知识的专业投资者则并无必要通过这样的规制来 253
对其进行保护。对于专业投资者,因依托于市场规律而非行政规制,若可以通过过剩规制削减其交易成本,则会有助于日本金融、资本市场交易的顺利进行(注11)。因此,日本《金融商品交易法》将投资者分为专业投资者(特定投资者)和专业投资者以外的人(一般投资者),特定投资者不适用金融商品交易业者行为规则的一部分。这是日本《金融商品交易法》中规制灵活(柔和)构造的一个表现。

法律对于投资者的分类,作为特定投资者和一般投资者(法律上的用语是指,特定投资者以外的客户)的出口规则,根据选择不同,加入了可转换的中间层,分为:①不能转变为一般投资者的特定投资者;②能转变为一般投资者的特定投资者;③能转变为特定投资者的一般投资者;④不能转变为特定投资者的一般投资者。

属于上述①的有:适格的机构投资者[参见第二编第二章第一节3(2)]、国家以及日本银行(日本《金融商品交易法》第2条第31款第1~3项、第34条之2第1款之规定)。

属于上述②的有:特殊法人、独立行政法人、投资者保护基金、存款保险机构、农林水产业共同组合*储蓄保险机构、保险合同人保护机构、特殊目的公司、上市公司、注册资金预计达5亿日元以上的股份公司、金融商品交易业者、特种业务申报人[参见第四编第四章第二节3(2)]等法人以及外国法人(关于《金融商品交易法第二条规定的定义的内阁府令》第23条之规定)。这是对被认为能够精确管理金融商品交易相关风险的主体所作的类型化的规定。

属于上述③的有:地方公共团体、特定投资者以外的法人、在出资总额3亿日元以上的合伙担任合伙业务执行人的个人以及净资产3亿日元以上且投资资产3亿日元以上的个人中自交易开始已满1年的人(日本《金融商品交易法》第34条之3、第34条之4之规定)。这是对具有一定的风险负担能力的主体所作的类型化的规定。

254 属于上述④的有:③以外的个人(日本《金融商品交易法》第34条之4之规定)。

(注11):金融审议委员会金融分科会第一分会报告"投資サービス法(仮称)に向けて"V.1[平成十七年(2005年)12月22日]。

(2)转变的程序

从特定投资者转变为一般投资者,按照以下的程序进行。

金融商品交易业者与可转变为一般投资者的投资者开始交易时,必须告知客户其可以转变为一般投资者(日本《金融商品交易法》第34条之规定)。接到上述告知的客户,在有价证券关系、衍生品交易关系、投资顾问合同关系、全权委托投资合同关系等4种合同中,均可以申请将自己作为一般投资者来对待(日本《金融商品交易法》第34条之2第1款之规定)。

收到投资者的转变为一般投资者的申请后,金融商品交易业者必须承诺(同意)该申请(日本《金融商品交易法》第34条之2第2款之规定)。之所以科以业者以这种承诺义务,是因为日本《金融商品交易法》的基本原则是使一般投资者通过行为规制获得全面保护(注12)。已转变的客户至自行申请转变之前,就应被作为一般投资者对待(日本《金融商品交易法》第34条第10款之规定)。

与以上相反,从一般投资者转变为特定投资者的程序,则是自一般投资者提出申请开始的。当申请人为自然人时,接受申请的金融商品交易业者必须确认其(是否)为可转变为特定投资者的一般投资者(日本《金融商品

---

* 相当于农业合作社。

交易法》第34条之4第2款之规定)。并且,同意其转变的,须对其交付书面文件,记载包括如下内容的说明:①适用于特定投资者的特定内容;以及②若不适合作为特定投资者对待的人成为特定投资者则有可能不再接受其(依据一般投资者可以得到)保护。并且,须取得客户的书面同意表明其已理解①、②的意思(日本《金融商品交易法》第34条之3第2款、第34条之4第6款之规定)。违反这些程序时,不产生转变为特定投资者的效力,对于该客户除适用日本《金融商品交易法》上的行为规制以外,程序违反本身也构成对业者的行政处分的对象。

对转变为特定投资者的申请是否做出承诺,基于金融商品交易业者的任意裁量,但一旦承诺(同意)其转变,则无论对方是自然人还是法人均应适用适当性原则(日本《金融商品交易法》第40条第1项之规定)(注13)。但是,根据客户自发性的申请,转变程序已经进行时,因不存在业者的劝诱行为,所以不适用适当性原则。已转变的客户作为特定投资者对待的有效期是1年,每年均可以更新;在有效期内可根据申请再转变回一般投资者(日本《金融商品交易法》第34条之3第2款、第9款,第34条之4第4款之规定),且每年均可以更新(日本《金融商品交易法》第34条之3第7款、第34条之4第6款之规定)。 255

(注12):可参见三井秀範、池田唯一监修:《一問一答金融商品取引法(改訂版)》,第273页(商事法务出版社,2008年)。

(注13):金融厅的观点,可参见“パブリックコメント回答(对公众评论的回答)”,第196页,No.5[平成十九年(2007年)7月31日]。

(3)对特定投资者的特别规则

在金融商品交易业者适用的行为规制中,以修正信息不对称为目的的行为规制不适用于特定投资者。金融商品交易业一般适用的行为规制中,符合此目的的行为规制有:广告的规制(日本《金融商品交易法》第37条之规定)、交易样态的事前明示义务(日本《金融商品交易法》第37条之2之规定)、合同签订前的书面文件的交付义务(日本《金融商品交易法》第37条之3之规定)、合同签订时书面文件的交付义务(日本《金融商品交易法》第37条之4之规定)、与受领保证金相关的书面文件的交付义务(日本《金融商品交易法》第37条之5之规定)、冷静期制度(日本《金融商品交易法》第37条之6之规定)、记载有最优执行方针等的书面文件的交付(日本《金融商品交易法》第40条之2第4款、第5款之规定)。

适当性原则(日本《金融商品交易法》第40条第1项之规定)也不适用

于特定投资者(日本《金融商品交易法》第45条之规定)。日本《金融商品贩卖法》上的说明义务(日本《金融商品贩卖法》第3条之规定)也不适用于相当于特定投资者的特定客户(日本《金融商品贩卖法》第3条第7款之规定)。但是,对特定投资者进行明显违反适当性原则的劝诱时,应解释为产生不法行为责任(参见第五节3),也会因违反私法上的说明义务而产生损害赔偿责任。

256 与以上相对的,不仅以投资者保护为目的,同时也以保证市场公正为目的的行为规制就适用于特定投资者。因为,若允许实施歪曲特定投资者投资判断的行为,就会妨害市场公正价格的形成。符合这些目的的行为规制有:虚假(虚伪)告知的禁止(日本《金融商品交易法》第38条第1项之规定)、断定性判断的提供的禁止(日本《金融商品交易法》第38条第2项之规定)、损失填补的禁止(日本《金融商品交易法》第38条之2、第39条之规定),日本《金融商品贩卖法》上断定性判断的提供的禁止(日本《金融商品贩卖法》第4条之规定)等规定也适用于该法上的特定客户。

作为免除金融商品交易业者书面文件交付义务的对应,金融商品交易业者可以给予特定投资者什么样的特殊对待,日本《金融商品交易法》对此未作规定。随着对特定投资者的劝诱费用的削减,在特定投资者和一般投资者之间的手续费的体系上设置级差就可以被正当化了。就劝诱对象商品在特定投资者和一般投资者之间设置费用级差,一般而言,在该商品被认为不适合一般投资者时,就可以基于特定投资者制度的宗旨被正当化;但将也适合一般投资者的商品,而仅对特定投资者进行销售的行为,有时也会被认为属于违反金融商品交易业者的诚信(诚实)义务(日本《金融商品交易法》第36条之规定)。

第二章　流通市场的披露 257

第一节　流通市场披露的必要性

在流通市场交易的证券价值一般会因经济形势或业界共通的信息、情报而波动，但对于证券价值判断最重要的信息是该企业的财务状况以及经营业绩等以证券发行人为来源的信息。

但是，因为已在流通市场交易的证券的发行企业并非通过证券的流通（其只在证券发行时）获取资金，也并非在流通市场的买卖相关的投资者之间成立某些合同关系，所以与发行市场中的情况［参见第二编第二章第二节1(1)(2)］不同，要为在流通市场的证券发行人也负有披露义务找到根据十分困难。

有一个思考路径可能能够说明这个问题：因为证券发行公司在发行市场以一般投资者为对手方（向其发行并）筹措资金，或之后意欲筹措资金，因此，既然接受了这样的市场制度的红利，就应对投资者负有法律上的信息披露义务。但是，事实上发行公司是以现行的强制披露制度为前提来判断是否参与市场，因此这样的观点也有些奇怪。

另一个完全相反的思考路径认为，即使不强制信息披露，企业也会自发地进行信息披露。根据这样的观点，对投资者来说证券投资信息收集成本越低，该证券的价值就会越高,因此企业会削减信息收集成本,甚至会自发披露股价的负面信息。

但是,不可否认存在企业的经营者为个人利益而故意披露虚假(虚伪)
258 信息的诱因。这样的信息披露会给流通市场中的投资者带来损害,不仅通过发行市场扭曲资源分配,还弱化了市场对企业经营的监督功能,因此在禁止虚假(虚伪)信息披露的同时必须对一定的信息披露进行强制。因而,法律上通过强制利用流通市场的发行人进行一定的信息披露并对其违反设置制裁手段,以实现信息披露制度,据此来维持市场功能。

流通市场披露机制由以有价证券报告书等形式的持续性信息披露制度以及担保这些披露真实性的各种制度组成。以下就持续披露环节中的各种制度进行论述(第二节),列举一些披露内容的问题点(第三节),之后就担保披露的真实性的各种制度进行说明(第四节)。此外,就持续披露资料的修改以及其补正措施,将在第四节进行论述。

第二节　持续披露制度的内容

1. 披露义务人以及披露义务的消灭和免除

日本《金融商品交易法》上的持续披露由有价证券报告书、半年度报告、季度报告、临时报告以及内部控制报告组成(日本《金融商品交易法》第24条以及以下之规定)。其中有价证券报告书包含最详细的信息,属于基本资料,因此法律上采用的规定方式为:对有价证券报告书的提交义务人规定其同时承担其他文件的提交义务。

负有制作并提交有价证券报告书义务的人有:①金融商品交易所上市的有价证券的发行人(日本《金融商品交易法》第24条第1款第1项之规定);②店头买卖有价证券的发行人(日本《金融商品交易法》第24条第1款第2项、《金融商品交易法施行令》第3条之规定);③实施了募集或卖出(公募)有价证券的发行人(日本《金融商品交易法》第24条第1款第3项之规定);④发行一定的有价证券且持有人在一定数量以上的发行人(日本《金融商品交易法》第24条第1款第4项、第24条第1项但书规定、《金融
259 商品交易法施行令》第3条之6之规定)。因平成十六年(2004年)12月JASDAQ成为交易所,现在,上述②中的店头买卖有价证券的发行人已不存在。虽然条文上,上述②的发行人与上述①的发行人负有相同的披露义务,

但在流通市场披露的语境下没有特别对上述②进行讨论的意义，所以本书省略了对②的情形的说明。使之负有上述③的持续披露义务是因为，证券一经募集、卖出，通常证券持有人上升为多数，则证券持有人必须要求发行人相关的信息披露。

过去，发行公司若不公开发行公募证券，就不负有持续披露义务。但持续披露的重要性不是取决于发行人是否想要披露，而是取决于是否存在应当向其披露的一般投资者，因此，根据 1992 年《证券交易法》的修订，④若一个事业年度回顾过去 5 年股票等的持有人达到 500 人以上，则该年度就负有披露义务（日本《金融商品交易法》第 24 条第 1 款第 4 项之规定）。这也被称为外形基准，通过平成二十年（2008 年）的修订，持有人人数基准上升到了 1000 人。此外形基准也涉及“视同有价证券”（2006 年修正案），主要从事有价证券投资的合伙等（基金），如果其份额（有价证券投资事业权利等）的持有人达到 500 人以上时，发行人就应承担持续披露义务（日本《金融商品交易法》第 24 条第 5 款、《金融商品交易法施行令》第 4 条之 2 第 4 款、第 5 款之规定）。

一旦发生披露义务，对于上述①，在有价证券上市终止时（义务）消灭。按照上述③负有持续披露义务的人，符合以下情形的，在获得内阁总理大臣的同意后，可以免除披露义务：ⓐ处于清算中；ⓑ处于相当一段期间的事业停止（停业）中；ⓒ在接受再生程序开始的决定时；ⓓ公募有价证券的持有人未满 25 人；ⓔ公募有价证券的持有人在过去 5 个事业年度的最后一天未满 300 人（日本《金融商品交易法》第 24 条第 1 款但书、《金融商品交易法施行令》第 3 条之 5 第 2 款、第 4 条第 2 款、第 4 款之规定）。上述ⓓ是基于如下判断：因向 50 人进行劝诱而被要求进行发行披露［参见第二编第二章第一节 3(1)］，这是因为，证券持有人达到其半数时，必须对其进行披露的投资者已经不存在。但是，仅在ⓓ的情形下，披露义务的免除要件过于严格 260
使企业对公募产生犹豫，而且还不能合理说明与外形基准的免除要件的 300 人（后述）的差异。因此通过平成十八年（2006 年）的修订引入了ⓔ的免除事由，要求对公募有价证券进行持续披露，但其免除要件应与外形基准相同（注 14）。

根据④的基准负有披露义务的人，注册资本或出资总额未满 5 亿日元时或者股权等持有人减至未满 300 人时，免除其披露义务（日本《金融商品交易法》第 24 条第 1 款但书、《金融商品交易法施行令》第 3 条之 6、第 4 条之 2 之规定）。根据证券持有人人数不同而免除要件不同的原因在于，由于丧失证券流通性,丧失了法律上强制信息披露的重要性。与此相对,免除注册资本较少的公司的披露义务的原因是顾虑企业承担的披露负担。

本文以下将依据持续披露文件的种类考察其披露内容,内部控制报告书则是为了确保信息披露文件真实性的制度,这将在第四节中进行说明。

(注14):募集、卖出有价证券时,因会产生销售压力而必须进行信息披露,所以应立足于向多少人进行劝诱会产生销售压力的观点,来决定信息披露的要件;与此相对,因在流通市场不会产生销售压力,应立足于有多少证券持有人不精通发行人信息的观点,来决定披露的要件;两者的要件(50人与300~1000人)不相同并不奇怪。这样一想,可以视作日本《金融商品交易法》切断了发行披露义务和持续披露义务的联动,而且,其未规定负有发行披露义务的人负有持续披露义务,而是规定了公募证券如果不再进行持续披露的犹豫期(5个事业年度)制度[可参见黑沼悦郎:“ディスクロージャーに関する一考察(关于信息披露的一个考察)”,载《江头宪治郎先生还历纪念·企业法の理论(下)》,第613页,商事法务出版社(2007年)]。

261

2. 有价证券报告书*

负有持续披露义务的发行人在每一事业年度结束后3个月以内,外国公司在6个月以内,必须制作被称为有价证券报告书的披露文件,并向内阁总理大臣进行提交(日本《金融商品交易法》第24条第1款、《金融商品交易法施行令》第3条之4之规定)。所谓的资产金融型证券,不是在发行人的每一事业年度,而是在考虑该资产的运用期限的每一期间进行信息披露(日本《金融商品交易法》第24条第5款之规定)。

提交的有价证券报告书被作为投资的判断材料利用于财务局、发行人的总公司以及其主要分支机构,如果是上市证券的,则还需要在金融商品交易所持续披露5年(日本《金融商品交易法》第25条,日本《开示府令》第21条之规定)。

有价证券报告书的披露格式作了区分性的规定,比如在日本国内公司分为“第1部分　企业信息”和“第2部分　报告提交公司的保证公司等的信息”(日本《开示府令》第15条第3项格式)。第1部分记载:①企业概况;②事业(经营)状况;③设备的状况;④报告提交公司的状况;⑤财务状况;⑥报告提交公司的股份事务的概要;⑦报告提交公司的参考信息,这部

---

* 相当于年报,下同。

分的记载内容与以完全披露方式披露的有价证券申报书的记载内容基本相同[参见第二编第二章第二节4(1)]。通过平成十一年(1999年)的省令修订,上述①~③改为了以包含在关联范围内的企业体相关的信息为中心进行披露(参见第三节1)。

持续披露的核心信息为作为上述⑤的最具代表性的会计信息,而上述①~④所记述的信息中,其具体的记载内容、方法听凭发行公司任意决定的部分也很多。此外,上述⑦是关于有价证券报告书提交公司的其他披露文件的信息。第2部分的保证公司等的信息是指,就报告提交公司发行的公司债券提供保证的公司、就备兑权证构成期权行使对象的有价证券的发行人以及就存托凭证接受寄存的公司等,关于报告提交公司发行的有价证券,披露的认为对投资判断有重要影响的有关报告提交公司以外的公司信息。 262
并且,为1亿日元以上5亿日元以下的少额募集负有持续披露义务的人[参见第二编第二章第二节4(4)],提交简化记载内容的有价证券报告书即可(日本《金融商品交易法》第24条第2款,日本《开示府令》第15条第3项之2之规定)。

关于资产金融型证券(参见第二编第二章第四节),有关发行人进行的资产运作管理或与之类似的事业信息对投资者的投资判断来说十分重要。日本《金融商品交易法》将这样的资产金融型证券命名为特定有价证券,将其范围在政令中作出规定(日本《金融商品交易法》第5条第1款之规定、《金融商品交易法施行令》第2条之13之规定)。特定有价证券的有价证券报告书的记载事项按照每一有价证券的种类由内阁府令进行规定(日本《关于特定有价证券的内容等的披露的内阁府令》第22条第1款之规定)。

3. 半年度报告、季度报告

半年度报告是以1年为事业年度的公司披露的,一个事业年度开始后6个月间的经营以及财务状况的文件,必须于经过6个月之后的3个月以内,向内阁总理大臣进行提交(日本《金融商品交易法》第24条之5第1款之规定)。半年度报告应在和有价证券报告书相同的场所公开3年,以供投资者利用(日本《金融商品交易法》第25条之规定)。

日本公司相关的半年度报告,其第一部分为企业信息,第二部分为保证公司等的信息(日本《开示府令》第18条第5项格式)。其披露内容为半年中的信息变动,这与有价证券报告书相比被简化了。

季度报告是要求发行人每 3 个月披露一次经营业绩和财务状况的制度,美国从很早以前就引入了季度报告。在日本存在以下批判:如果要求披露每一季度的经营业绩等,就会导致经营者无视业绩的季节性变动而追求短期利益,这也导致了季度报告在日本的法制化一度迟缓。另外,往往在投资信息不足的面向新兴企业的新市场(东京 Mothers 市场、大阪海格力斯市场等)中,按照交易所的自主规制要求披露季度信息,自平成十六年(2004 年)起按照自主规制实现了全体上市公司季度披露。

263 在《金融商品交易法》中,考虑到企业经营环境变化的加剧,将更加以临时、及时披露企业信息为主旨的季度报告制度引入伴随民刑事责任和课征金的"法定披露"中(日本《金融商品交易法》第 24 条之 4 之 7 之规定)(注 15)。季度报告的强制提交仅针对上市公司,除此以外的持续披露公司可以任意选择是否提交季度报告(日本《金融商品交易法》第 24 条之 4 之 7 第 2 款之规定)。频繁要求企业业绩相关的信息披露原因在于,存在企业发行的股票流动性高的市场,就会存在需要投资信息的广泛的投资者。这也可以看作对披露规制进行灵活化(柔性化)的尝试。

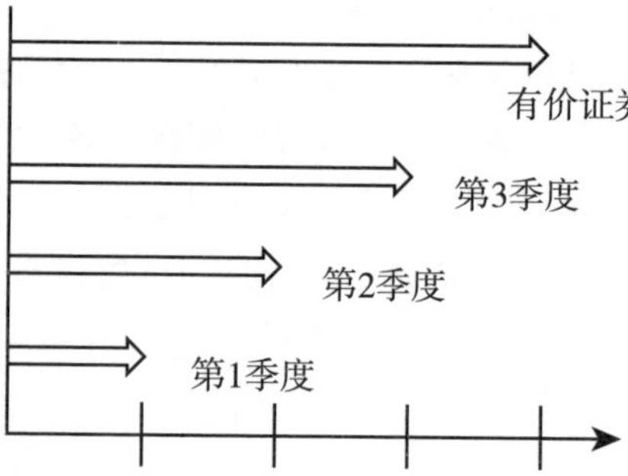

季度报告分为第 1、2、3 季度报告 3 种,明确自事业年度开始后的各时期的财务信息等(参见上图)。提交季度报告的公司无需提交半年度报告(日本《金融商品交易法》第 24 条之 5 第 1 款之规定),因为第二季度报告代替了半年度报告。

季度报告的披露内容除连结基础的财务信息外,还包含对公司财务状况、经营业绩的分析,企业、事业等的状况,股份等的信息等非财务信息;与有价证券报告书相比记载事项被简化了(参见表 4)。

因要求季度报告在不破坏信息正确性的范围内尽可能早地被披露,所以规定须于季度结束后的 45 日内进行提交(日本《金融商品交易法施行令》第 4 条之 2 之 10 第 3 款之规定)。季度报告应在和有价证券报告书相同的场所公开3年(日本《金融商品交易法》第25条之规定)。

(注15):日本金融审议委员会金融分科会第一分会披露工作组(Disclosure Working Group)报告《今後の開示制度の有り方について(有关今后的信息披露制度的应有状态)》[平成十七年(2005年)6月28日]。

表4　季度报告 264

(日本国内公司的情形。日本《开示府令》第4项之3的格式)

第1部分　企业信息
　第1　企业概况
　　1　主要经营指标的变化、推移
　　2　事业(经营)内容
　第2　事业(经营)状况
　　1　事业(经营)等的相关风险
　　2　经营上的重要合同等:在一个季度发生重要变更时等的披露
　　3　财务状况以及经营业绩以及现金流状况的分析
　第3　报告提交公司的状况
　　1　股票等的状况:仅在第二季度披露大股东的情况
　　2　董事、监事等人员的状况:季度报告提交日为止发生变动时进行披露
　第4　财务状况
　　1　季度连结财务报表:不制作连结财务诸表时的季度财务诸表
　　2　其他
第2部分　报告提交公司的保证公司等的信息

4. 临时报告

临时报告是负有持续披露义务的发行人在每次发生一定的重要事实时,有义务提交的披露文件,须"毫无迟延地"向内阁总理大臣进行提交(日本《金融商品交易法》第24条之5第4款之规定)。临时报告应在同有价证券报告书同样的场所公开1年(日本《金融商品交易法》第25条之规定)。

要求提交临时报告的情形主要有以下几种:

①已在国外开始募集或卖出股票、新股预约权证券、附新股预约权公司债券等时;

②私募1亿日元以上的上述①的证券时;

③发行无需提交有价证券申报书的股票期权(股权激励)时; 265

④母公司或特定子公司发生变动时;

⑤主要股东发生变动时;

⑥重大灾害发生以及停止时;

⑦相当于净资产的15%以上的金额的损害赔偿诉讼请求被提起时,诉讼解决的情况下将承担相当于净资产的3%以上的金额的损害赔偿债务时;

⑧提交临时报告的公司通过股份交换而成为完全控股母公司,预计净资产增加10%以上或销售额增加3%以上时,或者提交临时报告的公司在股份交换中成为全资子公司时;

⑨股份转移时;

⑩预计资产会发生增减净资产额的10%以上或销售额增减3%以上的吸收分立发生时,或者预计资产减少净资产额的10%以上或销售额减少3%以上的新设分立发生时;

⑪因吸收合并,预计公司资产将增加净资产额的10%以上或销售额增加3%以上时,或者提交临时报告的公司成为消灭公司的公司合并或新设分立发生时;

⑫预计资产增减净资产额30%以上或销售额增减10%以上的事业转让或事业受让时;

⑬代表董事或代表执行董事发生变动时;

⑭决定对向公司提供财务资料或内部控制报告(参见第四节1)的审计证明的注册会计师或审计法人进行变动时;

⑮上市公司的股东大会形成决议时;

⑯申请开始破产法、民事再生法上的再生程序或公司再生程序等时;

⑰根据债务人或债务保证人的公司再生程序的申请,可能发生相当于净资产额的3%以上的征收不能或征收迟延时;

266 ⑱对公司财务状况以及经营业绩有显著影响的事件发生时;

⑲连结子公司发生一定的重要事实时;

⑳对连结公司的财务状况以及经营业绩有显著影响的事件发生时,或按照各个披露事由制定披露项目时(日本《开示府令》第19条第5项之3方式)。

其中,上述①~③虽然不进行有价证券的发行披露,但因为证券发行的事实或净收入的用途对于国内的证券持有人是十分重要的信息。

上述④、⑤、⑬中,公司的控制、经营关系或交易关系可能发生变动;上述⑥、⑦、⑰则可能对公司的财务状况产生重大影响。

上述⑧~⑪是公司的基础性变更,对公司整体的事业活动有很大影响。就公司基础性变更相关披露要求的时点,曾经规定为各个行为(如合并)涉及的"合同签订时(包括预计确实将签订合同并已公布了将签订合同的相关事实的情形)"。在平成十八年(2006 年)的府令修订中,修改规定为各个行为(如合并)"由决定公司业务执行的公司机关决定实施之时",因此在有关基础性变更的合同签订之前的阶段,便已经产生了临时报告的提交义务。并且,将轻微行为从临时报告提交事由中排除,曾经使用的基准为对资产的影响达净资产额的 30%以上或对销售额的影响达 10%以上;但通过 2006 年的府令修订,各个基准分别下降为 10%和 3%,扩大了临时报告提交事由的范围,这也可以看作为了扩充披露信息制度。上述⑭着眼于注册会计师或审计法人的替换可窥知财务资料或内部控制报告的审计产生问题。上述⑮要求披露上市公司表决权的行使结果,在平成二十二年(2010 年)的府令修订中被追加。此时应披露的内容包括:决议事项的内容、对决议事项(对于董事监事等人员的选任、解任需要对每一位人员的表决事项)投赞成 267
或反对以及弃权的表决权数等。

上述⑱、⑳是针对不符合其他个别列举事由的事件但非常重要的事件的一般条款。显著影响是指对公司损益的影响金额达公司净资产额的 3%以上且达最近 5 个事业年度的平均净利润的 20%以上(日本《开示府令》第 19 条第 2 款第 12 项、第 19 项之规定)。

对临时报告制度的批判有:由于是在重要事实发生时立即提交即可,而且,其提交并不通过公告而周知所有投资者,因此投资者仍可能无法适时利用临时报告(注 16)。但是,因为怠于后述(参见第 8 部分)的及时信息披露制度,或为隐藏重要事实对临时报告做虚假(虚伪)记载的,可追究民事、刑事责任,所以可以说临时报告对及时披露制度的信息真实性具有最终担保的功能。

(注 16):可参见神崎克郎:"ディスクロージャー制度の問題点",载《証券取引の法理》,第 138 页(商事法务研究会,1987 年);神崎克郎、志谷匡史、川口恭弘:《証券取引法》,第 414 页(青林書院,2006 年)。

5. 自我股票回购情况报告书

公司回购自我股份(本公司股份)会影响该品种股票市场交易的供给关系。因此,上市股票的发行人或存托凭证的发行公司就回购自我股票等形成股东大会决议或董事会决议时,须每月向内阁总理大臣提交自我股票回购状况报告书(日本《金融商品交易法》第24条之6之规定)。自我股票回购状况报告书应于财务局、发行人总公司以及主要分支机构、金融商品交易所公开1年(日本《金融商品交易法》第25条之规定)。

自我股票回购状况报告书中,应披露自我股票的取得状况、持有状况以及处理状况。这些信息披露的期待效果是对自我股票回购被用于内幕交易
268 或操纵市场等不公正交易防患于未然(注17)。但也有批判的观点认为,因为报告书只是每月提交,故对于投资者的投资判断来说,可能并不是那么有用的信息(注18)。

(注17):神崎克郎、志谷匡史、川口恭弘:《証券取引法》第414页(青林書院,2006年)。

(注18):神崎、志谷、川口:第414页;证券交易法研究会“金庫株と証券取引法改正”,《别册商事法务》第251号,第46页(川口恭弘的报告)(2002年)。

6. 母公司等状况报告书

上市公司有母公司的,该母公司的股东、董事、监事等公司人员及财务等状况对上市公司的经营会有很大影响。在日本,身为其他公司的子公司的公司上市的例子很常见。因此,以几个铁道公司未适当披露包括母公司在内的大股东的信息被发觉为契机,平成十七年(2005年)《证券交易法》被修订,引入了上市公司母公司自身应进行信息披露的制度(注19)。

持有上市公司表决权过半数的公司以及其他政令规定的公司(母公司等)须在该母公司等的每一事业年度结束后3个月以内,向内阁总理大臣提交母公司等状况报告书(日本《金融商品交易法》第24条之7之规定)。母公司等状况报告书应于财务局、上市子公司的总公司及其主要分支机构、金融商品交易所公开5年(日本《金融商品交易法》第25条之规定)。

提交义务人仅限上市公司的母公司等,除此之外的持续披露公司的母公司不负有提交义务。因为上市有价证券的流动性高,母公司等的信息作为投资信息十分重要。公司在子公司股份上市时自不必说,甚至公司取得上市公司股份过半数时,该公司也须于每一事业年度提交、公开母公司等状况报告书。

母公司等不仅指直接持有上市公司表决权的过半数的公司，还包括通过子公司等间接持有的公司（母公司的母公司等），但不包括不具有法人人 269
格的合伙或自然人。母公司为外国公司时，该外国公司为外国上市公司，其信息可通过互联网等利用的，免除其披露义务（日本《金融商品交易法》第24条之7第1款、日本《开示府令》第19条之5之规定）。这是考虑了披露的负担，可以说是按照日本的格式进行持续披露制度中的一个重大例外（注20）。

母公司等状况报告书的记载内容有：①母公司等的名称；②股权状况（各所有者状况、大股东状况）；③基于公司法规定的会计资料等（资产负债表、利润表、股东权益变动表、业务报告以及附属明细，外国公司亦以此为准），可见，这里并不要求像有价证券报告书的记载事项那样进行详细的披露。

（注19）：金融审议委员会金融分科会第一分会报告“ディスクロージャー制度の信頼性確保に向けて”5［平成十六年（2004年）12月24日］，以及谷口义幸：“証券取引法等の一部改正の概要——平成十七年、2005年法律第76号の解说》，《旬刊商事法务》第1739号，第59页（2005年）。

（注20）：围绕母公司信息披露的讨论参见证券交易法研究会：《平成十七年（2005年）の証券取引法の改正（5）》，《别册商事法务》第299号，第82页及以下（2006年）。

7. 英文披露

在日本金融商品交易所进行股份等上市的外国公司，原则上须按照日本的披露基准（开示基准）制作有价证券报告书并进行提交、公开；因为日本《金融商品交易法》是以保护日本国内投资者为目的的。但是，若贯彻该原则，又会导致披露文件的制作成本高昂，外国企业回避日本市场或已上市的外国企业从日本市场逃离，反而可能缩小日本国内投资者的投资对象范围。因此，平成十七年（2005年）《证券交易法》的修订以日本证券市场的国际化和竞争力提升为目的，开创了外国企业可按照国外的披露标准制作英文披露文件的道路（注21）。平成二十三年（2011年）修法时扩大了此英 270
文披露的适用范围。

须提交有价证券报告书的外国公司在金融厅长官认为的、符合公益或投资者保护的情况下，可以提交在国外披露的与有价证券报告书类似的以英语记载的文件(外国公司的年度报告),以代替有价证券报告书(日本《金融商品交易法》第24条第8款;日本《开示府令》第17条之2之规定)。外国公司年度报告等的提交仅由金融厅长官指定,可以灵活指定采用在投资者保护上没有问题的披露标准的国家和地区的要求;记载语言限于英语是考虑到在金融商品交易领域英语为国际通用语言。

平成二十三年(2011年)的修法对于有价证券申报书和临时报告也认可了英文披露的方法(注22)。有价证券申报书分为证券信息和发行人信息,证券信息是对投资者的投资判断有直接影响的信息故要求以日语记载,但允许对发行人信息使用英语进行披露(日本《金融商品交易法》第5条第6款;日本《开示府令》第9条之7之规定)。与之相伴,招股说明书的英文披露也得到了认可,这样一来,全球发行(在不同法域同时进行有价证券的公募)或国内外同时上市变得较为容易。并且,对于临时报告,提交事由的记载为引起投资者的注意需以日语记载,但允许披露内容以英语记载(日本《金融商品交易法》第24条之5第15款之规定)。

日本的披露文件和在国外披露的文件在披露内容上可能有差异。因此,在外国公司的报告书等中,须添加补充附件,记载重要事项摘要的日语翻译和按照日本的披露标准要求记载的而外国公司年度报告中未记载的事项(日本《开示府令》第17条之3第4款等之规定)。

承认按照国外标准的英文披露,需提请在流通市场进行交易的投资者
271 注意,不要误认为(该公司)按照日本标准以日语进行披露而开始交易。因此,金融商品交易业者等的董事、监事等人员或员工须对客户说明外国公司年度报告等是以英语记载,并交付载有该说明的文书(《关于金融商品交易业等的内阁府令》第117条第1款第25项之规定)。

是否允许个别外国公司按照国外标准以英语披露,以该外国公司所属国家或地区为主要标准,由金融厅长官判断。此外,就持续披露义务文件中的财务报表,无论是否允许按照国外标准以英语披露,均允许按照一定的外国会计准则制作文件材料(《关于财务报表等的用语、方式以及制作方法的规则》第127条之规定)。

(注21):金融审议委员会金融分科会第一分会报告:"外国会社等の我が国における開示書類に係る制度上の整備·改善について"[平成十六年(2004年)6月23日]。对于按照国外标准以外语进行的披露,有各种不同的观点。美国站在保护本国国民的立场,不允许按照国外标准以外语披露,但欧盟各国则广泛允许。

（注22）：就修订的概要，可参见谷口义幸："開示制度等の見直し（下）"，《旬刊商事法务》第1937号，第28页（2011年）。

8. 临时披露（Timely Disclosure）

除上文讨论的日本《金融商品交易法》上的法定披露以外，基于交易所的自主规制进行的临时披露制度发挥着为投资者以及市场提供信息的重要作用。临时披露，是指对证券价值判断十分重要的公司信息产生时，金融商品交易所要求在其开设的金融商品市场上市的有价证券的发行人，通过报纸登载等形式适时（临时、及时地）进行披露的政策。临时披露的目的在于早于临时报告的披露向投资者提供信息，同时，将利用未公开信息进行的内幕交易（参见第三章第一节）防患于未然。

金融商品交易所在上市公司与交易所、新闻报道机构之间构筑计算机网络（TDnet等），将通过网络传达的上市公司信息在交易所的主页上披露， 272
并向新闻报道机构传达。同时，多由交易所的记者团报道发布，并通过拥有报纸、电视广播、通信等全国性报道网的组织进行报道。

应披露的信息仿照内部人交易（内幕交易）的重要事实（参见日本《金融商品交易法》第166条之规定），由日本《〈有价证券上市规程〉实施规则》详细规定。

临时披露最初只不过是交易所对上市公司的一种"邀请"。因而，即使上市公司怠于公司信息的适时披露，交易所也不能对其加以制裁，因此，原来的制度在其实效性上是有弱点的。其后，平成十一年（1999年）交易所决意实施针对临时披露的《上市规则》，同时强化了上市公司的适时披露义务。

因临时披露是交易所的《上市规则》上的义务，故上市公司违反该义务时，可施以如下制裁。

第一，交易所认为上市公司未立即进行适时披露时，该发行人的上市证券被指定为披露注意品种，并公布该指定的理由（《有价证券上市规程》第506条之规定）。

第二，上市公司未恰当进行适时披露的，交易所认为很有改善的必要时，要求该发行人提交改善报告，并将之公布（《有价证券上市规程》第502~506条之规定）。同时，也可要求其支付上市合同的违约金（《有价证券上市规程》第509条之规定）。

第三，因遵循适时披露规则已包含于上市合同中，故（可以将严重违反临时报告的行为视作)对于上市合同的重大违约,可对之采取终止上市的措施(《有价证券上市规程》第601条第1款第12项之规定)。

但是,公司信息中,如新产品的商品化状况等重要信息到一定时期前不进行披露反而对公司(保密)有利的情况下,公司经营上的利益与投资者的
273 利益将发生冲突。关于这一点,在(临时报告的)《上市规则》前的《公司信息适时披露指引》*中规定,“在可判断披露前的公司信息可能向外泄露、被不当使用、被用于进行不公正的买卖交易时,须迅速采取披露措施”。理由是,当公司信息未泄露时,应以公司经营上的利益为优先,允许信息披露的迟延。

与此相反,交易所的适时披露规则规定“上市公司符合以下各项情形之一时,须立即对相关内容进行披露”(《有价证券上市规程》第402条之规定),此外也未设置允许披露迟延的规定。倘若公司信息未向外部泄露时要求其立即进行披露,这样的规制可能损害发行公司(即股东)的利益,长期来看也可能违背投资者的利益(注23)。

(注23):证券交易法研究会:“取引所、証券業協会によるディスクロージャー規制”,《インベストメント》第53卷第3号,第55页(黑沼悦郎报告)(2001年);以及黑沼悦郎:“取締役の投資家に対する責任”,《旬刊商事法务》第1740号,第18页(2005年)。

第三节　关于披露内容的诸问题

流通市场的披露是企业内容披露制度的核心,其披露内容虽已逐渐完善,但仍留有多个问题点。本节从中提取几个问题点进行讨论(注24)。

(注24):本书所提问题点以外的问题还有:日本《金融商品交易法》的披露文件和公司法的披露文件的一体化、国际会计准则的融合(convergence)、衍生品交易的披露、系列信息的披露、风险信息的披露等。

1. 连结信息的披露

现代企业通过子公司和关联公司经营各种各样的事业(开展各类经
274 营),但子公司的财务状况和经营业绩并不在母公司的财务诸表中体现。另外,若只看子公司的财务报表,并不能知晓连结企业整体的经营业绩。因

---

* 日语表述为“会社情報適時開示の手引き”。

此,要判断连结企业整体的财务状况和经营业绩,需抵销从连结企业间的投资关系、债权债务关系、交易关系中衍生出的资产、负债、资本、损益等,制作并披露表示连结企业整体的财务状况和经营业绩的连结财务诸表。通过平成九年(1997 年)《独占禁止法》的修订,所谓的纯粹持股公司被解禁以来,以持股公司的形态经营连结企业的事例增加了。对持股公司的股东和债权人来说,连结财务报表是不可或缺的信息披露手段。对投资母公司的投资者来说,相比于母公司单一的财务报表,连结财务报表才是主要的投资判断资料。而且,更加完善企业连结信息的披露已成为世界性的趋势。日本的《证券交易法》《金融商品交易法》中也逐渐完善了企业连结信息的披露。

连结财务诸表由连结资产负债表、连结利润表、连结留存收益表、连结现金流量表以及合并附属明细构成,是按照日本《关于合并财务报表的用语、方式以及制作方法的规则》(《合并财务报表规则》)制作而成的。连结财务诸表以前在有价证券报告书*的"企业集团的状况"的一栏中进行披露。平成九年(1997 年)的企业会计审议委员会的意见书提出了依据《证券交易法》将信息披露转移到连结表的方针(注 25),根据此意见书进行了省令修改,据此,平成十一年(1999 年)4 月起实现了更加完善的连结信息的披露:①按有价证券报告书以及有价证券申报书中记载的连结、个别的顺序进行;②"企业概况""事业状况""设备状况"等记述性的信息也在连结表中记载;③连结子公司以外的关联公司的情况也应披露;④连结财务诸表在"财务状况"一栏中,应先于个别的财务报表进行记载;⑤半年度报告、季度报告中也引入了连结财务诸表制度。

在连结的企业之间,对没有成为连结对象的从属公司就不用接受注册会计师审计的这一制度,进行恶用(滥用),转移损失粉饰控股公司的财务 275
状况,或使从属公司实施违法行为的案例偶尔可见。因此,要防止这样的行为,避免投资者因粉饰决算受到不可预见的损害,怎样界定连结的范围就变得很重要。关于连结的范围,连结财务诸表相关规则的原则是,子公司100%包含于连结的范围内,同时关联公司按照持股的方法根据持股比例进行连结(《关于连结财务报表的用语、方式以及制作方法的规则》第 5 条、第 10 条之规定)。

此处所述子公司,过去是指被其他公司实质性持有表决权过半数的公

* 相当于年报,下同。

司。原来,子公司的范围仅由持股比例的基准来确定,但根据平成十年(1998年)的修订,子公司是指被其他公司控制着公司意思决定机关的公司,因此,在原来的基准上,同时采用“控制力基准”来确定子公司的范围(《关于财务报表的用语、方式以及制作方法的规则》第8条第4款之规定)。并且,对于关联公司的定义,过去若不满足20%以上实质性持有这一持股比例基准,就不被认为属于关联公司,但根据平成十年(1998年)的修订,公司可以通过与子公司以外的其他公司在出资、人事、交易等方面的关系对该其他公司的财务或经营方针的决定施加重大影响时,此“其他公司”属于关联公司(《关于财务报表的用语、方式以及制作方法的规则》第8条第5款之规定)。

(注25):企业会计审议委员会:《連結財務諸表制度の見直しに関する意見書》[平成九年(1997年)6月6日]。

2. 部门信息的披露

部门信息是指按事业的部门或地域分别表示经营业绩的信息。通过部门信息的披露向投资者明确了业绩好的部门和业绩差的部门,有助于投资判断;但部门信息的披露关系到企业秘密的披露,会削弱企业的竞争力,不可否认其会引发来自企业经营者的抵触情绪。

276 部门信息的披露虽也逐渐被完善,但在平成九年(1997年)的企业会计审议委员会的意见书中,专家提议以对连结报表的信息披露制度进行充实为前提,按事业(营业)种类等分别进行每个部门的信息披露,据此,在平成十一年(1999年)的时候修订了省令。其结果,在连结报表中记载的“企业概况”“事业状况”“设备状况”各项中的大部分事项,均按事业(营业)种类或所在地而分成不同的事业(营业)部门进行披露[日本《开示府令》第3项格式:记载上的注意(5)~(19)的规定]。并且,对合并财务报表相关的部门信息,将销售额、营业盈亏以及资产的金额按事业的种类和所在地、将折旧费和资本的支出金额按事业(营业)的种类、将海外销售额按所在地各自分别记录在财务报表中(《关于合并财务报表的用语、方式以及制作方法的规则》第15条之2规定的第1~3项格式)。

部门信息披露的问题点在于,因部门的区分标准未确立,部门如何进行区分全凭经营者的判断,故部门的区分有时十分随意,可行性可能较低。

3. 将来信息的披露

有价证券的价值取决于通过持有该证券能够获得的将来收益，因而关于企业的业绩预测等将来的信息对于有价证券投资来说是极其重要的。将这样的业绩预测和经营者意见相关的信息称为软信息（soft information）。根据金融商品交易法披露的信息大体上都是过去的信息，这也是以基于过去的信息预测各个投资者将来的收益为前提而被要求的信息披露。

另外，因为将来信息是在一定的条件下进行预测的信息，若前提条件变化，则结果也会发生很大变化，某种程度上不得不依靠进行披露的人的主观意识，所以使经营者进行披露时，需特别注意预测是否过于乐观或过于悲观。

有价证券报告书中，在"事业（经营）状况"一项中的"3. 应处理的问 277
题"的项下，应就公司经营上以及财务上应处理的问题、课题，具体记载其内容、处理方法等［日本《开示府令》第3项格式：记载上的注意（12）］，将来信息也应记载于此［日本《开示府令》第3项格式：记载上的注意（17）～（19）］。并且，通过平成十五年（2003年）的府令修订追加的"财务状况以及经营业绩的分析"中，也可能包含经营者对将来的预测。

作为更为重要的将来信息的披露，根据金融商品交易所的要求，上市公司发布结算时，应当同时发布对下期的业绩预测（注26）。这里包括销售额、营业利润、经常利润、当期利润以及每股分红的预测，这些信息对于投资者来说是十分重要的。是否应将之纳入金融商品交易法的披露制度中是今后的课题（注27）。

业绩预测等将来信息披露时，发行人的关联者所担心的是预测不准时投资者可能追究其民事责任。在美国的判例法中，对于将来信息，以足以引起注意的措辞对特定的风险进行披露时，纵使该信息是虚假（虚伪）的，也不属于"重要的虚假（虚伪）"，其采用了注意表示的法理（bespeak caution doctrine）（注28）。日本虽无这样的判例法，但只是对将来信息的披露不准确，应不属于"虚假（虚伪）或产生误解的"表示。但若将来信息是基于非现实性的前提或预测过程不合理，即使同时作注意表示——"业绩预测是基于公布日当日可能取得的信息作出的，实际业绩可能因今后发生的各种各样的因素而偏离预测值"——也应注意在业绩预测披露的时点其可能被评估为虚假（虚伪）或产生误解的表示。

（注26）：结算的发布以被称为结算短笺的形式进行。结算确定后，迅 278

速将其披露是交易所规则上的义务,但业绩预测的披露是根据交易所的要求自发进行的。被发布的预测数值与实际结算数值有很大差异时,要注意是否属于内幕交易的重要事实[参见第三章第一节3(3)]。

(注27):各外国均未采取法律上强制业绩预测的机制。美国过去采取的政策是认为披露业绩预测本身会使投资者产生误解,因而禁止业绩预测的披露。但现在设置了责任免除的规定,仅仅预测不准则披露者并不对此承担责任,而且还鼓励企业对业绩预测进行披露。其后,因业绩预测等将来信息的披露相关的民事诉讼频发,1995年对联邦证券各法进行了修订,目的是就一定的将来信息的披露,严格化责任成立的要件,扩大免责范围。

(注28):可参见黒沼悦郎:《アメリカ証券取引法(第2版)》,第141页(弘文堂,2004年);以及下中和人:"予測開示と不実表示の責任",神户大学《六甲台论集》第43卷第1号,第45页(1996年)。

4. MD&A的披露

美国联邦证券规制中的年度报告MD&A(Management Discussion and Analysis)一栏的披露对于投资者的投资判断十分重要,日本也认识到了这一点。虽然经营者的财务和经营分析迄今为止已经可以记载于有价证券报告书中"事业(经营)概况"一栏,但因为还未成立独立的披露科目,而且与之相当的其他记载也几乎没有。因此,通过平成十五年(2003年)的府令修订(注29),有价证券申报书和年度报告的"企业信息、事业(经营)状况"中设置了"财务状况以及经营业绩的分析"这一细目,使企业进行概括性记载(日本《开示府令》第2项、第3项格式)。记载内容全凭报告提交公司自主判断,举例来说,包括对经营业绩有重要影响的因素的分析、注册资本的来源以及资金的流动性相关的信息[日本《开示府令》第2项格式:记载上的注意(36)](注30)。

MD&A的记载及于将来事项时,还应记载该记载为申请书和年度报告提交日当日判断所得的说明[日本《开示府令》第2项格式:记载上的注意(36)的规定]。此记载是为引起注意,以免投资者将之误认为将来一定发生的信息,据此就MD&A一栏的信息并不免除发行人或经营者的一切责任。

(注29):与4、5相关的平成十五年(2003年)的府令修订,参见谷口义幸:"ディスクロージャー制度の整備に伴う証券取引法施行令等の改正の概要(上)(下)",《旬刊商事法务》第1662号,第47页;第1663号,第21页

(2001年)。关于修订的宗旨、思路,参见金融审议委员会金融分科会第一分会报告"証券市場の改革促進"(附件2),ディスクロージャ·ワーキング·グループ报告[平成十四年(2002年)12月16日]。

(注30):美国安然事件中因账外交易企业破产,故而萨班斯法案在MD&A一栏中要求账外交易的披露。日本的MD&A一栏的披露中,虽并未特别提及账外交易,但若不披露账外交易,可能构成对关联披露科目产生误解的表示。

5. 公司内部治理信息的披露 279

公司内部治理(corporate governance)的一大目的是为确保企业经营的合法性和效率,因而其社会关注度很高。因此,通过平成十五年(2003年)的府令修订,在有价证券申报书和年度报告的"企业信息 报告提交公司的状况"中设置了"公司内部治理状况"的这一细目;据此,报告提交公司可以向市场表明其强化公司内部治理的决心(日本《开示府令》第2项、第3项格式的规定)。起初,记载的内容全凭报告提交公司自主判断,举例来说,有公司机关的内容、内部控制的整备状况、风险管理系统的整备状况、董事监事等人员薪酬的内容(分为内部董事和外部董事的内容)。但是,有价证券报告书虚假(虚伪)记载的事例中,公司内部治理未发挥作用的案例随处可见,所以根据2005年的府令修订,必须记载的内容如下:①内部审计、监事的监查以及会计监查相互协作的概要;②外部董事、外部监事与公司的利害关系的概要;③注册会计师持续审计的年数、个人会计师的审计业务相关 280
的审查机制的概要。

治理信息的披露规制中虽未要求公司负有义务完善内部控制或风险管理机制,但欲通过披露努力促进其完善。

2010年的府令修订试图强化以上市公司为对象的公司内部治理的披露(注31)。具体来说,分别要求披露:④公司内部治理机制方面,监事或监查委员对于财务和会计相关知识的内容、外部董事或外部监事的独立性相关的观点、未选任外部董事或外部监事的理由的披露;⑤董事监事等人员薪酬方面,1亿日元以上薪酬的个别披露;⑥以交叉持股为目的(政策投资目的)持有的股票的品种、股数、资产负债表计入价格、具体持有目的的披露。这些披露的期待效果包括:通过上述④的披露,可以提高监事、监查委员的相关知识,外部董事、监事的独立性可以得到保证,还可以诱导外部董事、监事的选任结果;上述⑥中,相比促进交叉持股的消除,更着眼于交叉持有的股票的披露,因而对于投资判断十分有价值。但不得不指出的是,通过上述⑤的披露,虽期待其可以产生抑制上市公司董事、监事等人员薪酬的效果,但有时也会阻碍公司启用有相当能力的董事、监事等人员,而这有时反而会损害股东利益。

金融商品交易所也致力于通过自主规制强化上市公司的公司内部治理。例如,东京证券交易所自2005年11月起要求上市公司提交并公开《关于公司内部治理的报告》(《有价证券上市规程》第419条之规定)。这使得外部董事监事的选任、董事监事等人员激励薪酬的授予、内部控制的完善、反收购对策的引入等在上市公司之间的比较变得容易,这也是试图通过披露来改善公司内部治理的一种尝试。并且,自2007年11月起,在《上市规则》中制定了企业行动规范,对不遵守行动规范的上市公司采取披露名单的处置;企业行动规范包括:认可在股东大会召集时允许通过书面方式行使
281 表决权,公司设置的董事会、监事会(或专门委员会),公司法上规定的审计人等的设置(《有价证券上市规程》第432条之规定)。

(注31):可参照谷口义幸:"上場会社のコーポレートガバナンスに関する開示の充実等のための内閣府令等の改正",《旬刊商事法务》第1898号,第21页(2010年)。

6. 基于国际会计准则(IFRS)的披露

有价证券报告书中的连结财务诸表是按照连结财务诸表规则制作的(参见1),就规则中未尽的事宜,一般按照"公正妥当"的企业会计准则制作(《关于连结财务诸表的用语、方式以及制作方法的规则》第1条第1款之规定)。此"公正妥当"的企业会计准则中,除包含企业会计审议委员会发布的会计准则外(《关于合并财务报表的用语、方式以及制作方法的规则》第2条第2款之规定),还包括民间组织企业会计准则委员会(ASBJ)发布的企业会计准则。后者是依据平成二十一年(2009年)《合并财务诸表规则》的修订,并在其公告中被指定为"公正妥当"的企业会计准则。

本部位于伦敦的国际会计准则委员会(IASB)发布的国际会计准则(International Financial Reporting Standards,IFRS)作为国际上比较企业会计信息时的通用准则在欧盟被强制适用。日本也在2009年修订了合并财务报表规则,通过公告将国际会计准则委员会发布的会计准则指定为"公正妥当"的企业会计准则,因此上市公司中开展国际财务、经营活动的公司可

依据国际会计准则制作合并财务报表(《关于合并财务报表的用语、方式以及制作方法的规则》第 1 条之 2 之规定)。该国际会计准则的任意适用自 2010 年 3 月开始。其适用的路径为:金融厅在 2012 年之前对一定范围内的日本企业是否强制适用国际会计准则进行判断(根据前述),若决定强制适用的,则自 2015 年或 2016 年开始适用。

国际会计准则完全贯彻了时价主义,且将除去资本交易后净资产的增 282
加部分全部表示为全面收益。结果,企业利润并非就这样被分配,企业外观上的收益根据持有的资产或负债的时价会发生大幅变动。并且,关于做怎样的会计处理,基本原则是很大幅度上听凭企业的判断,根据企业将来预测(预算)的不同收益额会有较大的差异。国际会计准则的采用不仅影响投资者的投资判断,还会影响企业经营。此外,在是否对国际会计准则进行强制适用(adoption)以外,日本还在推进本国会计准则在内容上与国际接轨(趋同,convergence)。

第四节　流通市场披露的实效性的确保

与有价证券价值相关的真实信息必须即时进行披露(参见第二编第四章第一节),这一要求对无论是在进行有价证券日常交易的流通市场,还是在发行市场都十分严格。因此,在金融商品交易法中制定了防止虚假(虚伪)披露的监查制度,纠正虚假(虚伪)披露的行政程序,虚假(虚伪)信息披露相关的刑事、民事责任以及课征金制度,以确保被披露信息的真实性。日本《金融商品交易法》还引入了确认书以及内部控制报告书,以确保财务文件相关的披露的正确性。

1. 确认书以及内部控制报告

2001 年前后,美国曝光了一系列的会计丑闻,联邦政府要求上市公司的代表人对披露文件的准确性进行确认,该制度也为《萨班斯-奥克斯利法案》(Sarbanes-Oxley Act,2002)所继受。日本平成十五年(2003 年)的府令修订,旨在通过展示经营者确保有价证券报告书等的准确性来提高披露文件的可信度,认可了将代表董事确认有价证券申报书、年度报告、半年度报 283
告中记载的事项真实准确的书面文件作为该有价证券申报书等的附件添加。上市公司的代表人进行该确认可以促进内部控制的完善,因而日本《金融商品交易法》在调整内部控制的评估、审计机制的同时,科以其提交确认书的义务。

上市公司须向内阁总理大臣提交确认书,同时须确认有价证券报告书(相当于年报)、半年度报告、季度报告等持续披露文件的记载内容是符合法令,且真实准确的(日本《金融商品交易法》第 24 条之 4 之 2、第 24 条之 4 之 8、第 24 条之 5 之 2 之规定)。上市公司以外的持续披露公司可任意选择是否提交确认书。确认书应与各持续披露文件在同样的场所公开 5~13 年(日本《金融商品交易法》第 25 条之规定)。确认书的提交主体是上市公司或持续披露公司,除其代表人外,设有最高财务责任人的还需其签名(日本《开示府令》第 17 条之 10、第 4 项之 2 的格式之规定)。确认书除表明进行确认的主旨外,当确认的记载内容的范围被限定时,还要记载该意思以及其理由[日本《开示府令》第 4 项之 2 的格式:记载上的注意(6)c 的规定]。

上市公司为确保有价证券报告书(相当于年报)与该公司所属的企业集团以及该公司所涉公司财务相关文件以及其他信息的准确性,须向内阁总理大臣提交对该必要系统(机制)进行评估的报告(内部控制报告)(日本《金融商品交易法》第 24 条之 4 之 4 第 1 款、《关于为确保财务计算相关文件以及其他信息的准确性的机制的内阁府令》第 3 条之规定)。上市公司以外的持续披露公司可以任意选择是否提交内部控制报告(日本《金融商品交易法》第 24 条之 4 之 4 第 2 款之规定)。将确认书以及内部控制报告的提交义务的主体限于上市公司,是因为流动性高的有价证券是广大投资者的投资对象,很有必要要求确保财务报告的准确性。内部控制一般以确保财务报告的可信度、业务执行的效率以及对法令的遵守(合规,compliance)为目的,是由董事会、经营者、员工实施的一系列程序(注 32);但日本《金融商品交易法》要求的内部控制报告就是为确保财务报告的可信度所需的机
284 制,由经营者对其有效性进行评估的报告。

内部控制报告由公司的代表人(代表董事、代表执行董事)以及最高财务责任人签字,内容记载包括:①内部控制的基本框架;②评估的范围、基准日、评估程序;③评估结果(《关于为确保财务计算相关文件以及其他信息的准确性的机制的内阁府令》第 1 项格式)。上述①中包含完善、运用内部控制时依据的标准的具体名称,对此,企业会计审议委员会规定为"财务报告相关内部控制的评估和审计标准以及其实施标准"。上述③中记载以下任意一项:ⓐ内部控制有效的事实;ⓑ评估程序的一部分虽无法实施,但内部控制仍有效的事实;ⓒ存在重要缺陷,内部控制无效的事实(记载重要缺陷的内容以及至期末日为止无法纠正的理由);ⓓ因重要评估程序无法

实施,因而无法表明评估结果的事实[《关于为确保财务计算相关文件以及其他信息的准确性的机制的内阁府令》第1项格式:记载上的注意(8)之规定]。

评估公司的内部控制时,为了使不直接从事内部控制各个具体作业的人员能进行或参与评估,内部控制系统必须以有形的形式所构筑,具体而言就是有必要将其进行文书化。可以说,引入内部控制报告的最大的目的就是让公司构筑这样的内部控制机制。

(注32):日本《公司法》要求大公司负有构筑内部控制机制的义务(日本《公司法》第348条第4款、第362条第5款之规定)。

2. 注册会计师、审计法人的审计

(1)审计证明制度

对有价证券的价值最重要的信息是与发行人的财务状况、经营业绩以及资金收支相关的信息,具体而言,发行人的财务状况反映在资产负债表中,经营业绩则反映在利润表、收益处分计算表、损失处理计算表中,资金 285
收支反映在现金流量表中。关于这些会计信息是否能准确反映发行人的状况,应该说,如果经过独立的会计专业人员的审计,则能显著增加披露信息的真实性和可信度。因此日本《金融商品交易法》就持续披露文件中的财务文件,要求发行人负有义务取得与其无特殊利害关系的注册审计师或审计法人的审计证明(日本《金融商品交易法》第193条之2之规定)。

审计证明的对象是公司的财务文件,包括:①有价证券报告书(相当于年报)中包含的最近2个事业年度的财务报表、连结财务诸表;②半年度报告中包含的中期财务报表、中期连结财务诸表;③季度报告中包含的季度财务报表、季度中期财务报表;④持续披露文件的修正报告中修正①~③项的财务文件的文件等(《关于财务报表等的审计证明的内阁府令》第1条之规定)。

审计证明由注册会计师或审计法人制作的审计报告、中期审计报告、季度审核报告组成。其中,对确保会计信息的真实性最重要的信息,是就作为审计对象的财务报表等是否真实、准确地反映发行人的财务状况、经营业绩以及现金流的状况,注册会计师或审计法人出具的意见(审计意见)。审计意见中应反映以下内容:①财务报表等的科目是否按照一般被认为"公正妥当"的企业会计准则处理;②重要科目未按上述①的准则执行时,其理由和影响;③是否变更了会计准则;④会计准则变更时,变更是否基于正当理

由、其理由以及变更的影响等。但是,季度财务报表的审计(季度审核)相较财务报表的审计,由于其限于以有限的程序进行,其结论相较审计证明在保证的水平上也较低。

审计报告、中期审计报告、季度审核报告各自表示在有价证券报告书
286 (相当于年报)、半年度报告、季度报告的“财务状况”一栏中,供投资者参考(日本《开示府令》第3项、第5项、第4项之3的格式)。另一方面,负责审计的注册会计师或审计法人须在事务所备置审计相关的记录、资料(《关于财务报表等的审计证明的内阁府令》第6条之规定)。

此外,内部控制报告也是注册会计师或审计法人的审计对象(日本《金融商品交易法》第193条之2第2款之规定)。美国要求必须进行内部控制的有效性评估以及其审计时也曾担心会增加发行人的负担而导致新股上市的减少。因此,日本将审计对象限定为评估内部控制有效性的内部控制报告而非内部控制本身。所以,内部控制无效的说明记载于内部控制报告中,审计师判断该记载无误时,出具合理意见。当然,在内部控制评估的过程中,发现的内部控制缺陷在报告期限的期末之前予以纠正,并让公司在已被纠正的有效的内部控制之下做出财务报告,这也是内部控制报告制度的旨趣所在。

(2)注册会计师、审计法人独立性的确保

为了让审计证明制度成为投资者判断时值得信任的一项制度,应注意以下几点:①审计应由专业的会计人员实施;②审计人应独立于报告提交公司;③对不适当审计的制裁能顺利进行。

关于上述①,存在注册会计师以及审计法人制度。注册会计师是以审计财务文件、资料为职业的人,要成为注册会计师,须通过日本国家考试并在注册会计师协会登记注册。审计法人应由5名以上注册会计师构成,是受内阁总理大臣的批准设立的法人,注册会计师以外的已进行登记的指定社员亦可以加入。

关于上述②,日本《金融商品交易法》要求负责审计的注册会计师或审计法人应与持续披露文件的提交人无特殊利害关系(日本《金融商品交易
287 法》第193条之2第1款之规定)。此处的特殊利害关系,是指注册会计师为财务文件的提交人的商业使用人,或过去1年内存在此等人事关系,以及审计法人持有财务文件提交人的股份或出资等资本关系,等等,关于上述内容存在较为详细的规定(日本《金融商品交易法》第193条之2第4款之规定、《关于财务报表等的审计证明的内阁府令》第2条之规定)。

然而，在21世纪初曝光的美国的会计丑闻中发现的问题是声誉良好的会计师事务所从事公司的审计业务，却无法防止该公司出现利益操纵、粉饰决算。并且，因会计师事务所向发行人提供审计业务以外的各种咨询业务致使审计草率，或因同一会计师持续负责发行人的审计业务，而导致双方沆瀣一气，因为存在上述种种疑虑，美国对注册会计师制度进行了根本性的改革（参考《萨班斯-奥克斯利法案》）。日本也认识到同样的问题，并于平成十五年（2003年）修订了《注册会计师法》。修订涉及多个方面，涉及上述②的确保独立性的关系中，以下两点十分重要。其一，注册会计师、审计法人向发行人提供财务文件的承制、财务相关调查立案、咨询业务等非审计业务时，不得从事该发行人的财务文件的审计业务（日本《注册会计师法》第24条之2、第34条之11之2之规定）；其二，向特定发行人提供审计业务的注册会计师或审计法人的社员，原则上须在7个会计期间内与他人轮换（轮换制，rotation。日本《注册会计师法》第24条之3、第34条之11之3之规定）。

其后，随着注册会计师参与上市公司巨额的粉饰决算、大型审计法人被命令停止一部分业务（该审计法人后来解散）、追究责任会计师的刑事责任，等等，日本也发生了会计丑闻。因此，以审计师（注册会计师或审计法人）业务的管理、控制、披露的强化，审计师独立性的强化，审计师责任的强化为支柱的《注册会计师法》等于平成十九年（2007年）7月被修订。重要的是其中关于审计师独立性的上述轮换制在大规模审计法人中被缩短为5
个会计期间，且在日本《金融商品交易法》中还设有审计师对被审计人不正 288
当行为的通报制度。即审计师发现对上市公司等的财务文件有重要影响的不正当或不法行为时，须采取向公司监事等人报告等手段，而在一定期间内未能改善时，须向内阁总理大臣报告（日本《金融商品交易法》第193条之3之规定）。此规定期待审计师发挥纠正企业不正当或不法行为的作用，同时，也有防止审计师参与不正当行为的效果。

关于上述③的制裁，注册会计师或审计法人因故意或过失做出不当的审计证明时，内阁总理大臣可对其作出停止业务、撤销登记等惩戒处分（日本《注册会计师法》第30条、第34条之21之规定）。注册会计师或审计法人故意或怠于相当的注意证明虚假（虚伪）、错误或遗漏的财务文件非为此等状态时，内阁总理大臣可设定一个在此后1年以内的期限，在此期限内决定不受理含有经该注册会计师或审计法人审计证明的财务文件的持续披露文件。另外，关于进行了虚假（虚伪）审计证明的人的刑事责任、课征金以及民事责任,将在以下第4部分中论述。

此外,关于注册会计师或审计法人从事的审计业务的质量管理,一直以来由日本注册会计师协会进行审查,平成十五年(2003年)的《注册会计师法》的修订设立了新的注册会计师审计审查会,对日本注册会计师协会的审查实施监督(日本《注册会计师法》第35条之规定)。

3. 行政程序

确保信息真实的功能可通过持续披露文件的提交过程得以实现。

首先,被提交的有价证券报告书(相当于年报)置于内阁总理大臣(实
289 则为内阁下之财务局)的审查之下。但是,已经审查并不等同于行政机关认可(担保)该报告内容的真实性。

内阁总理大臣根据审查结果命令报告提交人提交修正报告:①报告在形式上不完备或记载不充分时(根据日本《金融商品交易法》第24条之2,准用同法第9条第1款之规定等);②对重要事项作虚假(虚伪)记载,或者对应记载的重要事项或为避免产生误解所必需的重要事实未作记载时(根据日本《金融商品交易法》第24条之2之规定,准用第10条第1款之规定等)。报告提交人不遵从该命令时,适用罚则(日本《金融商品交易法》第200条第5项之规定)。但在实务中,首先催促报告提交人进行修正,意在促使报告提交人自发提交修正报告(根据日本《金融商品交易法》第24条之2之规定,准用第7条第1款之规定等)。

要调查披露信息是否虚假(虚伪),报告提交人的配合是不可或缺的,当其不予配合时,法律允许内阁总理大臣命令报告提交人以及其他关系人提交可供参考的报告、资料,或授予其职员对其账簿、资料以及其他物件进行检查的权限(日本《金融商品交易法》第26条之规定)。

并且,就有价证券报告书的记载事项中重要的事项提交修正报告书时,报告书的提交人须将其主旨意思刊登在登载时事的日刊报纸上进行公告,或进行电子(数字化)公告(日本《金融商品交易法》第24条之2第2款之规定、《金融商品交易法施行令》第4条之2之4之规定)。此公告是为了将已修正的事实通知投资者,由于无需公告具体的修正内容,故而对修正的效果存疑。

此外,对重要事项作出虚假(虚伪)记载的有价证券报告书(相当于年报)的提交人,以后是否会披露真实的信息?对此是有疑问的,因而自其提交修正报告书或被命令提交报告书1年之内,其为募集或卖出进行备案时,

可以延长申报书的生效期间对其加以制裁(根据日本《金融商品交易法》第24条之3之规定,准用同法第11条之规定)。

以上是就有价证券报告书(相当于年报)而言的,就半年度报告、季度报告、临时报告以及内部控制报告书而言,也准用由内阁总理大臣进行审查、自发提交修正报告书、修正报告书的提交命令以及与修正的公告等有关 290
的规定(日本《金融商品交易法》第24条之4之5、第24条之4之7第4款、第24条之5第5款之规定)。

4. 刑事责任

日本《金融商品交易法》对违反披露义务的行为给予严罚,原因在于实施正确的信息披露是日本《金融商品交易法》的重要根基。

就流通市场披露而言,首先,对于不提交有价证券报告书(相当于年报)、内部控制报告书的,处以5年以下有期徒刑或500万日元以下的罚金,或者可二者并罚(日本《金融商品交易法》第197条之2第5项之规定)。具体来讲,日本《金融商品交易法》第197条之2的规定适用于负责提交报告的自然人(代表董事等),并且,对作为法人的发行人也处以5亿日元以下的罚金(两罚规定。日本《金融商品交易法》第207条第1款第2项之规定)。对未提交半年度报告、季度报告、临时报告、母公司等情况报告书或公司自我股票回购情况报告书的人,处以1年以下有期徒刑或100万日元以下罚金,或者二者并罚;对法人处以1亿日元的罚金(日本《金融商品交易法》第200条第5项、第207条第1款第5项之规定)。

其次,对于有价证券报告书(相当于年报)或其修正报告,就重要事项作虚假(虚伪)记载的报告的提交人,处以10年以下有期徒刑或1000万日元以下罚金,或者二者并罚(日本《金融商品交易法》第197条第1款第1项之规定);对法人发行人处以7亿日元以下罚金(日本《金融商品交易法》第207条第1款第1项之规定)。对于有价证券报告书的附件、内部控制报告书、季度报告、半年度报告、临时报告以及此等报告的修正报告有同样行为的,处以5年以下有期徒刑或500万日元以下罚金,或二者并罚(日本《金融商品交易法》第197条之2第6项之规定),对法人处以5亿日元的罚金(日本《金融商品交易法》第207条第1款第2项之规定)。

这些罚则是以近年来发生的虚假(虚伪)记载事件为教训,于2006年的修法中被大幅提高的。同民事责任的规定(参见5)相比较后,或许可以将相关规定解读为:应记载的重要事项发生记载欠缺时,不适用罚则,但是

291 应该认为重要记载的缺漏与虚假(虚伪)记载同样会影响市场上有价证券的价格形成,可以说重要记载的缺漏也就等于对应记载的事项作出了虚假(虚伪)记载,故重要事项记载的缺漏也相当于虚假(虚伪)记载。

发行公司的代表人以外的董事、监事等人员、职员或注册会计师等积极参与制作、提交含有虚假(虚伪)记载的有价证券报告书等的人,可能被追究为提交含有虚假(虚伪)记载的有价证券报告书等罪的帮助犯的刑责。

尽管罚则如此严格,但操纵会计处理、虚构利润等粉饰决算行为仍屡禁不绝。举个过去的例子,公司业绩逐渐恶化时,对外部隐瞒该情况,进行粉饰决算以维持公司信用或交易关系的情形很多;然而公司一旦倒闭,因信赖持续披露文件而买入股票等的投资者遭受损害,继而会动摇投资者对金融商品市场的信赖。在一些粉饰决算事件中,提交虚假(虚伪)有价证券报告书等的人因违反《证券交易法》被判有罪,而此类案例正在不断累积之中(注33)。

(注33):对粉饰决算进行刑事追诉的案例有:东京手表事件[东京地方法院判决昭和五十一年(1976年)12月24日,《金融商事判例》第524号,第32页]、日本热学事件[大阪地方法院判决昭和五十二年(1977年)6月28日,《旬刊商事法务》第789号,第30页]、山阳特殊钢事件[神户地方法院判决昭和五十三年(1978年)12月26日,《金融商事判例》第568号,第43页]、不二窗框事件[东京地方法院判决昭和五十七年(1982年)2月25日,《刑事月刊》第14卷1、2号,第194页]、Ricker事件[东京地方法院判决昭和六十二年(1987年)3月12日,资料版《旬刊商事法务》第37号,第49页]、山一证券事件[东京地方法院判决平成十二年(2000年)3月28日,《判利时报》第1730号,第162页]、长银事件[日本最高法院判决平成二十年(2008年)7月18日,《刑集》第62卷第7号,第2101页(无罪判决)]、活力门事件[日本最高法院决定平成二十三年(2011年)4月25日,判例集未登载]等。

5. 民事责任

违反信息披露义务的民事责任制度是以受害者的救济与违法行为的抑制为目的的,这一点与发行市场披露相关的民事责任制度相同(参见第二
292 编第四章第四节)。以下就有价证券报告书、半年度报告、季度报告、临时报告、内部控制报告书各持续披露文件存有不实表示以及违反即时信息披露时的民事责任进行说明,并就流通市场信息披露特有的问题进行探讨。

（1）与不实披露文件有关的发行人的责任

一直以来，并没有规制不实有价证券报告等披露文件相关发行人的民事责任的特别规定。就披露文件的不实表示，仅限发行人的代表人，如代表董事存在故意或过错时，按照侵权行为的一般原则，由发行人承担投资者因此所受损害的赔偿责任。但是有价证券价格会因各种因素而变动，故而原告很难举证证明其损害结果与不实表示之间存在因果关系（注 34）。因此，为实现投资者和发行人之间实质性举证责任的平衡，经平成十六年（2004 年）的修订，制定了日本《金融商品交易法》第 21 条之 2 的规定（注 35）。此规定的特征在于，就不实表示规定了发行人的无过错责任，并就投资者所受损害的金额制定了推定规定。

日本《金融商品交易法》第 25 条第 1 款列出的文件（第 5 项、第 9 项除外）中有虚假（虚伪）记载等[指虚假（虚伪）记载、未记载应披露事项或为避免产生误解所必需的事实]时，在该等文件供公众自由阅览期间，该等文件的提交人作为发行人，对不以募集或卖出方式取得有价证券的人[限于对虚假（虚伪）记载等不知情的人]，在不超过按照日本《金融商品交易法》第 19 条第 1 款规定的方法计算出的金额的限度内，承担因虚假（虚伪）记载等所致损害的赔偿责任。

作为规制对象的披露文件包括：有价证券申报书、发行登记表、发行登记补充文件、有价证券报告书、内部控制报告书、半年度报告、季度报告、自我股票回购情况报告书、母公司等情况报告书，若这些文件有附件或修正报告书的，则也包含在其中。与发行市场的发行人的责任（日本《金融商品交易法》第 18 条之规定）相同，这些文件的提交人的责任为无过错责任。可以请求损害赔偿的人限于取得有价证券的人。但是，因受到悲观的不实表 293
示的影响而处分了有价证券的投资者也会因不实表示受到损害，故而将请求权人限于取得有价证券的人并不恰当。当然，有价证券的处分人可以基于一般不法行为请求损害赔偿。

根据日本《金融商品交易法》第 21 条之 2 第 1 款的规定，可以追究无过错责任的金额应该是从请求权人在取得有价证券时给付的金额中提取：①请求时依然持有该有价证券的，以请求时的市场价格为上限；②请求前处分了该有价证券的，以扣除其处分价格之后的价格为上限（日本《金融商品交易法》第 21 条之 2 第 1 款、第 19 条第 1 款之规定）。如果要请求超过上限部分的损害赔偿，则须以一般侵权行为为根据，由投资者举证并证明发行人存在故意或过错。

虚假(虚伪)记载等发布前 1 个月该有价证券的市场价格的平均值减去发布后一个月间该有价证券的市场价格的平均值,所得的金额可以作为投资者因披露文件的虚假(虚伪)记载等所受损害的金额(日本《金融商品交易法》第 21 条之 2 第 2 款之规定),但不得超出上述上限额。因发布真实信息致有价证券的价格下跌时,将其下跌额推定为损害额是因为以受虚假(虚伪)记载等影响的市场价格进行有价证券交易的人,所受损害为交易时的合理市场价格与实际市场价格之间的差额(注 36),即定价为“下跌额”约等于“交易时的原本应有的市场价格与实际市场价格之间的差额”(注 37)。可以适用损害额的推定规定的人限于虚假(虚伪)记载等发布前 1 年内取得且发布日继续持有该有价证券的人(日本《金融商品交易法》第 21 条之 2 第 2 款之规定)。对于不适用损害额的推定规定的人,也可以依据日本《金融商品交易法》第 21 条之 2 第 1 款的规定追究发行人的无过错责任。

为计算推定损害额而进行的“揭露”*,是指基于法律规定的该文件的提交人,或者对该提交人的业务或财产享有权限的人,就本应记载的事实,采取以日本《金融商品交易法》第 25 条第 1 款规定的公众自由阅览的方式或其他手段使多数人能够知悉的措施(日本《金融商品交易法》第 21 条之 2
294 第 3 款之规定)。“其他手段”包括通过发行人或行政监管部门(日语表述为“監督官庁”)的报道发布、通过交易所的网站进行的即时披露。对有价证券报告书的虚假(虚伪)记载等的犯罪享有搜查权限的检察官也是发布主体,检察官一般以被广泛报道的信息为前提向新闻报道机构传达事实并在其报道时予以发布(注 38)。并且,无需将有关虚假(虚伪)记载等涉及事项的真实信息全部发布,将足以明确市场对该有价证券的评估错误的基本事实公之于众即可(注 39)。

发行人证明虚假(虚伪)记载等与推定损害额之间无因果关系时,则减免其赔偿金额(日本《金融商品交易法》第 21 条之 2 第 4 款之规定)。投资者所受损害的全部或部分确实由不实表示以外的事由导致的,但(发行人)证明其减免的额度极其困难时,可由法院认定相应的额度作为赔偿额减免的额度(日本《金融商品交易法》第 21 条之 2 第 5 款之规定)。相反,请求的损害赔偿超出推定损害额时,须由投资者举证证明不实表示与超过部分的损害之间的因果关系成立。

本条的损害赔偿请求权自知道或以相当的注意即可知道表示不实时起

* 日语表述为“公表”。

的2年内或自作虚假(虚伪)记载等的文件提交时起5年内不行使的,归于消灭。在流通市场中,考虑到与发行市场相比,发行人的责任范围可能更广,故制定了短期时效。

(注34):因为因果关系的举证不充分而驳回投资者请求的案例,可参见东京地方法院判决平成十三年(2001年)12月20日,《判例タイムズ》第1133号,第161页。

(注35):参见金融审议委员会金融分科会第一分会报告"市場機能を中核とする金融システムに向けて"[平成十五年(2003年)12月24日]。

(注36):黑沼悦郎:"証券取引法における民事責任規定の見直し",《旬刊商事法务》第1708号,第16页(2004年)。

(注37):冈田大、吉田修、大和弘幸:"市場監視機能の強化のための証券取引法の解説一課徴金制度の導入と民事責任規定の見直し",《旬刊商事法务》第1705号,第51页(2004年)。

(注38):日本最高法院判决平成二十四年(2012年)3月13日,《判例时报》第2146号,第33页;东京高等法院判决平成二十一年(2009年)12月16日,《金融商事判例》第1332号,第7页等。

(注39):日本最高法院判决平成二十四年(2012年)3月13日,《判例时报》第2146号,第33页。

(2)与不实披露文件有关的关系人*的责任 295

有价证券报告书中,就重要事项作虚假(虚伪)记载或者就应记载的重要事项或为避免产生误解所必需的重要事实未作记载时,报告提交公司(发行人)的董事、监事等人员,应向不知记载虚假(虚伪)或缺漏而取得该公司的有价证券的人承担损害赔偿责任。就有价证券报告书中审计证明相关的文件,证明虚假(虚伪)记载非虚假(虚伪)或缺漏的记载未有缺漏的注册会计师或审计法人也应承担相同的责任(日本《金融商品交易法》第24条之4、第22条之规定)。此时,对取得有价证券的人知道虚假(虚伪)记载等的举证责任由公司董事、监事等人员、注册会计师承担。当有价证券申报书中有虚假(虚伪)或令人产生误解的记载,且流通市场上存在取得申报人发行的有价证券之人时,发行人的董事、监事等人员以及注册会计师等也承担相同的责任(日本《金融商品交易法》第22条之规定)。

要免除损害赔偿责任,须证明发行人的董事、监事等人员对记载虚假

* 日语表述为"関係者",可以理解为关联人员。

(虚伪)或缺漏不知情,且虽已尽相应的注意仍无法知悉(日本《金融商品交易法》第24条之2、第22条、第21条第2款第1项之规定)(注40)。负责审计证明的注册会计师或审计法人如无法举证证明对审计证明不存在故意或过错,则不得免除其责任(日本《金融商品交易法》第24条之4、第22条、第21条第2款第2项之规定)(注41)。无论何种情形,无过错的举证责任均由被告承担,因此相比基于不法行为的损害赔偿请求,基于不实披露的损害赔偿请求对请求人更为有利。但是,日本《金融商品交易法》第24条之4仅以取得有价证券的人为保护对象,不适用于处分有价证券的人,这一点与第21条之2存在同样的问题。

296 关于日本《金融商品交易法》第22条、第24条之4规定的责任,因对赔偿责任金额未作规定,故按照一般原则,请求人须举证证明损害赔偿的具体金额。并且,因对损害赔偿责任的消灭时效也未作规定,故准用有关一般不法行为的日本《民法》第724条。

半年度报告、临时报告之中,就重要事项作虚假(虚伪)记载或者就应记载的重要事项或为避免产生误解所必需的重要事实未作记载时,与不实有价证券报告书的情形相同,报告提交公司(发行人)的董事、监事等人员以及负责审计证明的注册会计师或审计法人,应向不知表示不实而取得该公司的有价证券的人承担损害赔偿责任(日本《金融商品交易法》第24条之5第5款、第22条的规定)。关于各自的责任形态、损害赔偿金额、消灭时效,与前文所述相同。

就内部控制报告书、季度报告、公司自我股票回购状况报告书中存在虚假(虚伪)记载时,其董事、监事等人员以及注册会计师或审计法人的责任,准用日本《金融商品交易法》第22条的规定(日本《金融商品交易法》第24条之4之6、第24条之4之7第4款、第24条之6第2款之规定)。

(注40):参见东京地方法院判决平成二十一年(2009年)5月21日,《判例时报》第2047号,第36页,可参照其职能和地位分别判断各董事、监事等人员是否已尽到"相应的注意"。

(注41):不承认过错而否定审计法人的责任的判例有:大阪地方法院判决平成十七年(2005年)2月24日,《判例时报》第1931号,第152页;大阪地方法院判决平成十八年(2006年)3月20日,《判例时报》第1951号,第129页。与此相对,东京地方法院判决平成二十一年(2009年)5月21日,《判例时报》第2047号,第36页在肯定了审计法人的责任的基础之上,个别探讨了所属审计法人的注册会计师个人的不法行为责任。

(3)不实临时披露的相关责任

在有价证券报告书等持续披露文件以外,与有价证券的发行人有关的信息也在发行人内部和外部日常性地产生。这些信息如果是虚假(虚伪)的或未披露重要信息时,日本《金融商品交易法》对此并未规定特别的民事责任。并且,因为临时披露(参见第二节8)是根据交易所的规则设置的义 297
务,故而日本《金融商品交易法》就其违反未制定民事责任制度。根据日本《民法》第709条、日本《公司法》第429条的规定,披露不实信息的人(发行人以及其董事、监事等人员)对投资者因此所受的损害承担赔偿责任。具体来讲,下列情形中会存在损害赔偿责任的问题。

有价证券的发行公司自行披露虚假(虚伪)信息或缺漏重要事实的信息时,将其行为定性为不法行为并不困难。对交易所的质询作回答说明并非发生重要的公司信息,也可以被评价为公司自发性的信息披露。

问题在于,若发行公司完全不进行信息披露(不披露),那么是否认为产生了民事责任。一般而言,要解释为因不作为而产生不法行为责任,须有作为义务为前提,所以具体在何种情形下公司发生信息披露义务的问题成为焦点。

对此,首先,公司在应提交临时报告但未提交时,因违反法律规定的披露义务,可以将不披露定性为不法行为。其次,公司向部分分析人员提供信息,有价证券的市场价格或交易动向因此受影响时,因公司是信息来源,故可以认定公司负有完全披露信息的义务。

相反地,仅因毫无根据的信息流向市场,不应认定公司负有义务对其进行修正并披露正确的信息。原因在于,对于新产品的开发等公司视为秘密的利益相关的信息,若必须对非来源于公司的传言作出回答并披露其信息,则可能明显损害公司的利益。此时,对交易所的质询,公司也只需明确传言并非源于该公司即可,无需对除此之外的内容发表评论。

以上论述仅是解释论的一个例子(注42),对于有价证券的发行人在什 298
么情形下负有信息披露义务尚无更多的讨论,仍作为一个难点问题保留着。

(注42):详细内容请参见黑沼:前文第2编(注38)列出的文献,《法学协会杂志》第106卷第5号,第765页、第799页以及以下;《法学协会杂志》第106卷第7号,第1189页、第1249页及以下(1989年)。

(4)与民事责任相关的判例法

(A)应视为若无虚假(虚伪)记载则不会取得有价证券的情形

因有价证券的市场价格因多种因素而变动,故要证明因虚假(虚伪)记载等所受损害的金额具体是多少十分困难。日本《金融商品交易法》第 21 条之 2 第 2 款规定的与虚假(虚伪)记载等有关的关系人的民事责任不适用损害赔偿金额的推定规定,同时,即使适用推定规定时,举证证明发行人因虚假(虚伪)记载等以外的事由发生的损害额(日本《金融商品交易法》第 21 条第 4 款的规定)时,以及日本法院根据裁量减免赔偿额(日本《金融商品交易法》第 21 条第 5 款之规定)时,都能看出举证的困难。

从判例来看,首先,若无虚假(虚伪)记载则应认定为投资者不会取得有价证券的情形中,损害的定性是个问题。发行人长年隐瞒符合终止上市事由的事实而作出虚假(虚伪)记载,或若明确真实信息则会导致股票终止上市的可能性高的事例中,日本下级法院的判决分为两种:一是将投资者对股票的取得价格与卖出价格之间的差额认定为损害[东京地方法院判决平成二十一年(2009 年)3 月 21 日,《判例时报》第 2042 号,第 127 页等];二是不考虑“若无虚假(虚伪)记载则不会取得”这一情况,将虚假(虚伪)记载等发布后的有价证券的市场价格下跌的份额(或其中一部分)认定为损害[东京地方法院判决平成二十年(2008 年)4 月 24 日,《判例时报》第 2003 号,第 10 页;东京高等法院判决平成二十一年(2009 年)2 月 26 日,《判例时报》第 2046 号,第 40 页等]。日本最高法院判决平成二十三年
299 (2011 年)9 月 13 日(《民集》第 65 卷第 6 号,第 2511 页)的案例基于若无虚假(虚伪)记载则应认定为投资者未取得有价证券的情形,此时的损害额应以取得价格和处分价格之间的差额为基础,减去因经济形势、市场动向、公司业绩等非起因于虚假(虚伪)记载的市场价格的下跌份额后所得的金额。与此相反的批判观点认为,既然认定投资者未取得有价证券,那么就不能由投资者负担取得后的价格变动(注 43)。

与重要事项有关的虚假(虚伪)记载等一经发布,一般而言比较多的情况是,发行人的信用受到破坏,或该有价证券面临终止上市的可能,或因市场发生抛售而发行人的股价急剧下跌。问题是是否可以将这种盲目抛售导致的股价下跌认定为与虚假(虚伪)记载等有因果关系的损害结果,前文所述的平成二十三年(2011 年)9 月 13 日日本最高法院判决认为,不能将集中的盲目抛售导致的过度下跌(造成的损害)认定为与虚假(虚伪)记载之间无因果关系。

(B)若无虚假(虚伪)记载则应认定为可以更低的价格取得有价证券的情形

在若无虚假(虚伪)记载则应认定为投资者能以更低的价格取得有价

证券的情形中,损害的厘定也是个问题。日本《金融商品交易法》第 21 条之 2 第 2 款规定的损害额推定的前提是,将取得价格与若无虚假(虚伪)记载所形成的市场价格(假想价格)之间的差额(取得时差额)认定为损害[参见(1)],则根据该条规定损害赔偿中超出取得时差额的损害赔偿请求是否不予支持,也存在争议。就此问题日本下级法院的判例虽有分歧[对比东京地方法院判决平成二十一年(2009 年)5 月 21 日,《判例时报》第 2047 号,第 36 页与东京高等法院判决平成二十一年(2009 年)12 月 16 日,《金融商事判例》第 1332 号,第 7 页],但日本最高法院判决平成二十四年(2012 年)3 月 13 日(《判例时报》第 2146 号,第 33 页)认为,日本《金融商品交易法》第 21 条之 2 第 5 款规定的"因虚假(虚伪)记载等导致的该有价证券的价格下跌"不限于相当于取得时差额部分的价格下跌,还包括与有价证券报告书等的虚假(虚伪)记载等有一定因果关系的价格下跌的全部。并且,判决认为,因虚假(虚伪)记载的公布发生的各种情况导致的股价下跌与虚假(虚伪)记载具有一定的因果关系。判决的理由是,在援引损害额的推定规定时,相比于根据一般侵权行为的规定进行请求时,更加缩小了损 300
害赔偿的范围,然而这样并不妥当。与之相对的,批判意见则认为,超出取得时差额的损害是因公司的信用破坏导致的间接损害,股东向公司请求赔偿即使依据一般侵权行为的原理也不应被允许(注 44)。

如上所述,根据日本最高法院的两个判决,最高法院的立场虽然得以明确,但不得不说仍留有未释明的问题和理论上的若干争议点。

(C)评析

与有价证券的价值有关的公开信息,无论其真伪,均会反映在有价证券的价格上。因为一般投资者不得不以这样形成的市场价格进行交易,所以投资者因虚假(虚伪)记载(包括信息的不披露)所受损害的金额被认定为以金钱评估的虚假(虚伪)记载对市场价格的影响程度。因此,原则上将因虚假(虚伪)记载投资者所受损害认定为交易价格与假想价格之间的差额,并将因虚假(虚伪)事实的曝光导致的股价下跌的幅度作为推定该差额的依据材料。日本金融商品市场的效率性的程度一直颇有争议,但披露的信息会迅速反映在市场价格上是金融商品市场的特质(市场的效率性),若以此为前提利用证券经济学的成果,可以排除因虚假(虚伪)记载以外的因素导致的股价变动(注 45),可以仅提取出虚假(虚伪)记载对市场价格的影响程度。并且,因虚假(虚伪)记载的曝光导致股价过度下跌时,如何评估其影响程度是个问题,因为一般投资者只能以市场价格买卖有价证券,故而不承认对投资者不可避免的损害的赔偿的解释论并不妥当。

以上是就损害赔偿额的计算进行的讨论,而在市场上进行交易时,对虚假(虚伪)记载等的重要性的判断[什么是重要事项作的虚假(虚伪)记载,
301 什么是重要事项或为避免产生误解必需的重要事实等],以及虚假(虚伪)记载等与损害结果之间的因果关系的判断也是以虚假(虚伪)记载等对市场价格的影响程度作为标准的。换言之,若对市场价格有影响的虚假(虚伪)记载等为重要的不实表示,并对投资者作影响市场价格的虚假(虚伪)记载等,且投资者主张或证明自己在市场中进行了交易,则应认定虚假(虚伪)记载等与损害结果之间的因果关系成立(注46)。

(注43):做出该判决的寺田法官的意见,参见黑沼悦郎:“判批”,《金融商事判例》第1396号,第5页(2012年)。

(注44):做出该判决的冈部法官的反对意见,参见田中亘:“判批”,《ジュリスト(jurist)》第1405号,第184页(2010年)。

(注45):已知在现实的金融商品交易中,市场资产组合的收益率与各品种的收益率之间有一定的比较稳定的关联关系。因此,可以引入以市场资产组合的收益率为指标说明各品种的收益率的模式,一旦运用此市场模式,如果没有不实表示,则可以推算出该证券交易时的股价表示为多少。关于运用市场模式计算损害赔偿金额的方法,参见黑沼,前文第二编(注38)列出的文献,《法学协会杂志》第106卷第2号,第193页、第250页及以下(1989年)。

(注46):美国将这样的观点称为“欺诈市场”(fraud-on-the-market theory)理论。联邦最高法院的判决 Basic, Inc. v. Levinson 485 U. S. 224 (1998)认为,若原告(投资者)主张、证明已发生重要的事实的虚假陈述,以及自己在市场上进行了交易,则推定虚假陈述与损害结果之间的因果关系成立。此判决可评价为对欺诈市场理论的实质性的承认。

6. 课征金

课征金制度也适用于违反持续信息披露规则的情形。发行人如提交在重要事项方面存在虚伪(虚假)记载的有价证券报告书的,对其处以:按市场价格处该证券市值总额的十万分之六,或600万日元两者中较高的金额(日本《金融商品交易法》第172条之4第1款之规定)。600万日元这个金额是将依靠虚伪(虚假)记载而节省的募集资金的成本也估算在内。换言之,时价总额1000亿日元左右的企业其募资成本节约了大概600万日元,

因而将之作为课征金(注 47)。也就是说,虽然课征金的计算是以违反持续信息披露义务的发行人的可能获利额为标准的,但是这个计算标准也无法将虚伪(虚假)记载的影响程度考虑在内。发行人提交在重要事项方面存在虚伪(虚假)记载的中期报告、季度报告、临时报告的,按市场价格处该证券的市价总额的十万分之三的课征金,如该课征金数额不足 300 万日元的,处 300 万日元课征金(同条第 2 款之规定)。 302

上市公司当然必须提交持续信息披露文件,但除上市公司以外还有其他负有持续信息披露义务的发行人,他们可能为了减少披露成本而不提交信息披露文件。因此,平成二十年(2008 年)修法时,将不提交信息披露文件的行为也纳入了课征金的适用对象(注 48)。对不提交有价证券报告书行为所处课征金的数额计算,应当考虑报告书的制作费用,以及前一事业年度的审计费用(支付的审计报酬)(前一事业年度未接受审计的则按 400 万日元计算),不提交中期报告书、季度报告书的则按上述数额的 50%计算(日本《金融商品交易法》第 172 条之 3 之规定)。对于不提交临时报告书的,课征金数额和临时报告书存在虚伪(虚假)记载时相同(日本《金融商品交易法》第 172 条之 4 第 3 款之规定)。

与违反发行信息披露规则不同,持续信息披露文件存在虚伪(虚假)记载并不会导致对发行人的董事、监事等经营者(役员)处以课征金。但是,发行人的董事、监事等经营者(役员)利用持续信息披露文件的虚伪(虚假)记载销售自己持有的有价证券的,可能适用关于散布谣言(风说)、欺诈(日本《金融商品交易法》第 173 条之规定)、操纵市场行为(日本《金融商品交易法》第 174 条之规定),以及内部人交易(内幕交易)行为(日本《金融商品交易法》第 175 条之规定)的规制条款而被处以课征金。

对于发行公司以外的,教唆或者帮助发行人在披露文件中进行虚伪(虚假)记载的人,对其处以课征金的数额应与其从教唆或帮助行为中所获的利益相当(日本《金融商品交易法》第 172 条之 12 之规定)。典型的教唆、帮助行为如传授将表外负债转移到国外的方法等。

(注 47):可参见吉田尚弘:“継続開示義務違反に対する課徴金制度の概要——証券取引法の一部改正に係る衆議院修正”,《JICPAジャーナル》第 602 号,第 40 页(2005 年)。

(注 48):可参见大来志郎、鈴木謙補:“課徴金制度の見直し”,《旬刊商事法務》第 1840 号,第 35 页(2008 年)。

303 ## 第五节　面向专业投资者市场的交易和信息披露

1. 制度的目的

如第二节所述,上市有价证券发行人应当制作的持续信息披露文件横跨多个种类,其内容要求也非常详尽。成长中的日本国内外企业要建立完备的信息披露机制并确保披露信息的准确,就不得不为此承担巨大的成本。虽然存在面向成长中的企业的私募发行制度[日本《金融商品交易法》第2条第3款之规定,参见第二编第二章第一节3(1)],以及为少额募集和少额募集的发行人量身定做的信息披露制度(日本《金融商品交易法》第5条第2款之规定,参见第二节2),旨在为企业节省披露成本并提供较为宽松的制度环境,但实践中上述制度却并不被经常运用。另外,虽然也制定了面向外国发行人的英文披露制度(参见第二节7),但却被限定为只适用于已经在国外完成上市的企业。因此,为了降低成长中企业在日本上市的门槛,平成二十年(2008年)修法时,采纳了仅以专业投资者为对象,设置一个不适用法定信息披露制度,自由度相对较高的交易市场的提案并得以实现(注49)。专业投资者市场仿效了伦敦证券交易所的AIM(注50),但其定位并非私募而是交易所金融商品交易市场。因此原则上,面向专业投资者发行的证券只能在交易所进行交易,这就能有效防止这类证券流向专业投资者以外的人。

这里所谓的专业投资者,就是指平成十八年(2006年)修法时引入的"特定投资者"(日本《金融商品交易法》第2条第31款之规定,参见第一章第五节11),其范围比合格机构投资者更广。特定投资者在信息收集、分析能力以及风险管理能力等方面更具优势,因此能够更好地承担自我责任(责任自担),因而没有必要对其适用严格的法定披露制度(注51)。通过
304 在专业投资者市场的交易,特定投资者能够直接地获得更多投资机会,而通过机构投资者等特定投资者的资产运用,又会使一般投资者也能获得更多的收益机会。

(注49):关于修法的宗旨,可参照金融审议会金融分科会第一分会报告:"我が国金融・資本市場の競争力強化に向けて"[平成十九年(2007年)12月18日]。

(注50):AIM(Alternative Investment Market,代替投资市场)是指伦敦

证券交易所于1995年开设的面向新兴企业的市场，是由该交易所自主运营的非上市证券交易市场。其准入条件较为宽松，没有规定发行人的法定信息披露义务。该市场虽然主要是面向机构投资者的，但是个人投资者也能进入。

（注51）：前注49中的第一分会报告，谷口義幸、斉藤将彦、滝沢信也："プロ向け市場の創設"，《旬刊商事法务》第1838号，第21页（2008年）。但是，投资者承担自我责任（责任自担）本就是以发行人进行了信息披露为前提[参见第一编第一章第一节3(3)]，现在反过来将投资者的自我责任当作不适用严格的法定信息披露制度的理由未免有些奇怪。只能说，因为特定投资者有较强的信息分析能力，所以他们能从外国的格式、会计规范、语言中获取足以作出投资判断的信息。

2. 特定交易所金融商品市场的开设

金融商品交易所可以开设所谓特定交易所金融商品市场（日本《金融商品交易法》第2条第32款之规定），这种市场禁止交易所会员接受特定投资者等主体（以及一定的非居民）以外的人的委托进行证券的买卖（日本《金融商品交易法》第117条之2第1款之规定）。只能在特定交易所金融商品市场上市的证券则叫作特定上市有价证券（日本《金融商品交易法》第2条第33款之规定）。连同特定上市有价证券在内，所有向特定投资者发行的有价证券称为面向特定投资者的有价证券（日本《金融商品交易法》第4条第3款之规定）。委托人是否符合特定投资者等要件，则由作为交易所会员等的金融商品交易业者去查证。另外，由于法律允许作为一般投资者的股东将其持有的股票卖给特定投资者，因此特定投资者以外的人（通过特定投资者）也能在特定交易所卖出特定上市有价证券。

但为使面向特定投资者的有价证券不流入一般投资者手中，有必要限 305
制场外交易。因此，金融商品交易业者以及金融商品中介业者以一般投资者为交易对手方，或者为了一般投资者的利益，而买卖面向特定投资者的有价证券的行为被法律所禁止（日本《金融商品交易法》第40条之4之规定）。另外，如果出现特定投资者劝诱一般投资者取得（买入）面向特定投资者的有价证券的情况，发行人必须提交有价证券申报书（日本《金融商品交易法》第4条第3款之规定），这是为了限制特定投资者向一般投资者转售这种证券。

在伦敦证券交易所的AIM，由交易所指定的顾问代交易所对发行公司的准入进行审查。金融商品交易所借鉴该制度,允许将在特定交易所金融商品市场的自我管理业务中的一些业务委托给其他人(日本《金融商品交易法》第85条第4款之规定)。但是,对关乎投资者保护最根本的事项如上市决定等不能委托,必须由交易所自行作出判断。

3. 持续信息披露的特殊规则

面向专业投资者的市场并不适用以向公众提供阅览为前提的、通常的法定信息披露制度(日本《金融商品交易法》第24条第1款第1项之规定)。法律规定了披露的基本框架(日本《金融商品交易法》第27条之32之规定),具体细则则交由交易所自己规定,于是形成了适用于该市场的独特制度。

面向特定投资者的有价证券的发行人每一事业年度至少应向其有价证券持有人提供一次发行人的情况,或者必须进行公告(日本《金融商品交易法》第27条之32第1款之规定)。这虽然是相当于有价证券报告书的持续信息披露,但法律对应当披露的发行人信息只规定了基本条目,其具体的内容、格式、与财务信息相关的会计准则、语言等都由金融商品交易所自己决定(日本《金融商品交易法》第117条之2第2款之规定),以至于使用外国的格式、标准、语言也是被允许的。信息提供以及公布的方法、频率也由交易所规则预先规定。

法律对提供或公布在重要事项方面存在虚伪(虚假)的发行人信息的行为规定了相应的惩罚规则(日本《金融商品交易法》第197条第1款第4
306 项之2之规定)。发行人提供或公布在重要事项方面存在虚伪(虚假)的信息,或者欠缺重要内容的信息的,将被处以课征金(日本《金融商品交易法》第172条之11之规定)。另外,发行人信息存在虚伪(虚假)的情形准用(日本《金融商品交易法》第27条之34之规定)持续信息披露文件存在虚伪(虚假)记载时的发行人及其董事、监事等经营者(役员)的民事责任规定(日本《金融商品交易法》第21条之2至第22条之规定)。但是,为财务报表出具审计证明的注册会计师、审计法人的责任规定除外。

4. 面向专业投资者市场的资金融通

发行人将其股份在专业投资者市场上市的目的是不承担法定的严格披露义务而从专业投资者那里筹措资金。因此,法律应当使发行人在专业投资者市场实施募集有价证券、为上市卖出有价证券等行为时,不必承担发行披露义务和持续披露义务。

日本《金融商品交易法》创设了“特定投资者私募”这个概念(注52),其要件有三:①仅以特定投资者为对象方进行有价证券的取得劝诱、卖出劝诱;②发行人、卖出人须委托金融商品交易业者等从事交易;③其向特定投资者以外的人转让的可能性很小,而属于政令规定的情形,不属于“募集、卖出”(日本《金融商品交易法》第2条第3款第2项、第4款第1项之规定)。当然,与一般的私募不同的是,发行人必须向对手方提供特定证券的信息,或者必须进行公布(日本《金融商品交易法》第27条之31第1款之规定)。上述要件②即是让金融商品交易业者能够审查其对象方是否满足特定投资者的条件。

特定证券信息由有价证券本身的信息和发行人信息两部分组成,是相当于有价证券申报书的发行披露信息。但法律规定了基本条目,其具体内容、格式、与财务信息相关的会计规范、语言等都由该证券上市的金融商品交易所决定(日本《金融商品交易法》第117条之2第2款之规定)。提供、公布特定证券信息的发行人,其还负有持续提供、公布发行人信息的义务 307
(日本《金融商品交易法》第27条之32第1款之规定)。另一方面,针对已经进行了一段时间发行人信息披露的有价证券,发行人可参照已披露的信息向特定投资者进行劝诱(可参照日本《金融商品交易法》第27条之31第3款之规定)。

发行人披露的特定证券信息重要事项如存在虚伪(虚假)记载,对其的刑事制裁、课征金与发行人信息存在虚伪(虚假)记载时相同(日本《金融商品交易法》第197条第1款第4项第2号、第172条之10之规定)。发行人及其董事监事等经营者(役员)、原承接金融商品交易业者的民事责任准用发行信息披露文件存在虚伪(虚假)记载时的规定(日本《金融商品交易法》第18~21条之规定)。

(注52):《逐条解说》,第131页(2008年)。

308

第三章　不公正交易

第一节　内部人交易（内幕交易）的规制

1. 内部人交易（内幕交易）规制的意义

（1）昭和六十二年（1987年）以前的规制

公司的董事、监事、高管等管理人员或其职员（内部人）拥有接触对其公司股价有巨大影响且尚不为普通投资者知悉的信息的机会。如果此类知情人员利用这种尚未公开的信息，买卖其公司的股票，有可能获得巨大利益或避免巨大损失。这种结果显然是不公正的，由此就产生了规制内部人交易（内幕交易）的必要。

但是，过去日本虽然经常发生此类内部人交易（内幕交易），对其严厉制裁的案例却几乎没有。主要的理由有以下两点。第一，昭和六十三年（1988年）《证券交易法》修正之前，日本并不存在直接规制内部人交易（内幕交易）的规定。虽然有规制不公正交易的一般规定（相当于现行法第157条之规定），但由于其过于笼统模糊，很难适用。第二，虽然现在内部人交易（内幕交易）的不公正性已经被广泛认同，过去日本却存在一种容忍内部人交易（内幕交易）的氛围，即只要没有直接的被害者，由内部人交易（内幕交易）取得的利益就因被看作一种工作收入（职业收入）而具有正当性。

对于第一点,随着昭和六十三年(1988 年)日本《证券交易法》的修改, 309
法律已经设置了规制内部人交易(内幕交易)的规则(相当于现行法第 166 条、第 167 条之规定)。对于第二点,则并非日本特有的情况。比如,拥有严格规制内部人交易(内幕交易)历史的美国,也存在是否应当规制内部人交易(内幕交易)的争论。由于这些争论日本也能参考,下面会对之进行介绍。

(2)美国的规制理论

持反对规制内部人交易(内幕交易)立场的人,其论据大致有三:一是内部人通过内部人交易(内幕交易)获得的利益应当认为是其报酬的一部分;二是认可内部人交易(内幕交易)从而确保公司机密事项能保密一定的期间;三是内部人交易(内幕交易)并没有受害人。

对此,学界存在如下几种与之相对的反驳观点。首先,如果由于内部(内幕)人的贡献导致公司业绩上升进而股价将攀升,这时内部(内幕)人利用该信息,趁股价较低时买进,待该信息公开后股价高涨时再卖出获利,或许可以认为是内部(内幕)人报酬的一部分。但如果相反公司业绩下降,内部(内幕)人趁公司经营恶化的消息尚未公开,即股价尚未跌落时,卖出所持股票以避免损失而"获利",此时这种利益与他们对公司的贡献就毫无关系了。其次,就公司机密维持的角度而言,由于公司并没有必须公开其机密的义务,因而无论是否存在内部人交易(内幕交易),公司都可以保持、维持其机密。最后,内部人交易(内幕交易)是存在受害人的,即普通的投资者由于无法获取仅由内部人才能获取的信息,从而可能将具有潜在价值的持股卖出等而受到损失。更重要的是,证券市场必须公正,或必须具有公正的外观,而内部人交易(内幕交易)会破坏这种公正的外观。

由于反对规制内部人交易(内幕交易)的观点遭到了以上有力反驳,其结果就是目前在美国亦对内部交易者进行严格的责任追究。但在责任追究的法律依据上,美国并没有对应日本《金融商品交易法》第 166 条和第 167 条的规定,而只有相当于第 157 条的规制不公正交易的一般规定(1934 年《交易所法》第 10 条 b 项以及 SEC 规则 10b-5)。

(3)规制的理论框架 310

虽然不能否认规制内部人交易(内幕交易)的必要性,但接下来的问题就是到底在何种理论框架下,在多大范围内进行规制。美国在这方面有三种理论。

第一,信息的平等理论。该理论认为应当禁止任何知悉内幕信息的人以牺牲无法获知未公开信息的普通投资者的利益为代价而获利。因此,所有知悉内幕信息的人都是内部人交易(内幕交易)的规制对象,也就是说,不止董事、相关职员等典型的内部人,还包括从董事那里窃取到信息的人等广义的掌握内幕信息的人。

第二,信义义务理论。该理论认为单纯掌握内部人信息(内幕交易)并不当然成为内部人交易(内幕交易)的规制对象,信息拥有者还必须与公司、股东建立信任关系。也就是说,规制对象限于典型的内部人和注册会计师、顾问律师等主体。

第三,不当使用理论。该理论认为利用未公开信息是一种违反义务的行为,应将这种利用行为全部置于内部人交易(内幕交易)规制之下。但是,与信义义务理论的不同之处在于,这里被违反的义务并不限于行为人对公司的义务,而是无论对任何人,只要违反相应义务,行为人就成为规制对象。比如,印刷某公司的财务文件的印刷公司的职员,在印刷作业中获悉了某公司内部人信息(内幕交易)并据此买卖股票的,按照信义义务理论就不能追究这名职员的责任,但按照不当使用理论,这名职员由于违反了其对印刷公司的义务而可能产生相应责任(注53)。

上述美国的相关理论对日本应当在多大范围内规制内部人交易(内幕
311 交易)的问题有重要的参考价值。本来,自昭和六十三年(1988年)以来,日本《证券交易法》和日本《金融商品交易法》就已经制定了直接针对内部人交易(内幕交易)的规定(日本《金融商品交易法》第166条之规定、第167条之规定),但是,这些规定既不像信息的平等理论那样设置了广泛的规制范围,也不将违反义务作为规制的要件;而且其适用要件偏向形式化,违反规定的制裁也比日本《金融商品交易法》第157条规定的制裁轻(可比较日本《金融商品交易法》第197条第1款第5项与日本《金融商品交易法》第197条之2第13项之规定)。因此,用美国的这三种理论来解释日本这些规定恐怕也没有什么意义。

本来,只靠直接针对内部人交易(内幕交易)的日本《金融商品交易法》第166条和第167条是否就足够规制内部人交易(内幕交易),学界存在不同意见。比如,针对比同法第166条之规定、第167条所规制的行为更加恶劣的行为,是否有适用第157条以施加更重制裁的余地?在这种情形下,美国的争论也能作为日本内部人交易(内幕交易)责任追究范围问题的参考。更进一步讲,对在日本很少讨论的内部人交易(内幕交易)的民事责任范围问题,美国的理论也能作为参考。不过,下文仍主要围绕日本《金融商品交易法》第166条和第167条的规定,论述日本内部人交易(内幕交易)规制的概要。

(注53):根据美国联邦最高法院的判例,当事人对其秘密信息的来源负有信赖义务,违反该义务而不当利用该信息的将被科以SEC规则10b-5规定的责任。U.S. v. O'Hagan,117S. Ct. 2199(1997).关于在这一问题上美国判例的变迁,可参照近藤光男:"インサイダー取引の範囲と理論(内幕交易的范围和理论)",《旬刊商事法务》第1473号,第2页(1997年)。另外,由于法院已经采用不当使用理论,SEC遂于2000年制定了规则10b-5-2,明确规定在该情形中是否产生信赖义务。

2. 规制对象

按照日本《金融商品交易法》第166条和第167条的规定,内部人在获取了与上市公司的业务相关的重要信息的情况下(注54),如果不是在该重要事实已经公开发布后,则禁止内部人买卖该上市公司特定有价证券。这 312
样的规定所规制的对象就是所谓"内部人",其具体包括以下的(1)~(4)。

另外,这里所指的"特定有价证券",是指日本《金融商品交易法》第163条第1款定义的上市公司等的公司债券、优先出资证券、股票、新股预约权证券以及其他政令规定的有价证券。而上市公司则是指下列有价证券的发行人:上市有价证券、店头买卖有价证券或者政令规定的其他有价证券(绿单品种)(日本《金融商品交易法》第163条第1款之规定)。下文如不做特别说明,即指仅限此范围展开论述。

(注54):内部人和准内部人要成为日本《金融商品交易法》规定的规制对象,其获取的信息必须限于是通过职务行为或行使权利而获得的。但是,在个案中要判断信息的获取是否符合以上要件往往是存在困难的。

(1)内部人

作为内部人交易(内幕交易)典型规制对象的内部人,有以下三类人。

第一,上市公司的董监高等人员(役员)、代理人、商业使用人及其他职员(日本《金融商品交易法》第166条第1款第1项之规定)。上市公司等的母公司和子公司(但是,关于子公司的内部人、准内部人,作为规制对象的信息仅限日本《金融商品交易法》第166条第2款第5项至第8项规定的"子公司信息")的董事监事等经营者(役员)、代理人、商业使用人及其他职员也属于规制对象。所谓董事、监事等经营者(役员),通常指董事、监事和执行董事或执行经理。另外,当会计参与人是法人时,其社员也都属于规制对象。广义的职员不仅包括本公司的人员,还包括派遣社员和非全日制劳动者(要比日本《公司法》第329条第1款的定义还要广)。这些人员只要是通过其职务获取内部信息的,即属规制对象。所谓母公司,是指政令规定的能够支配其他公司的公司(日本《金融商品交易法》第166条第5款之规定),或指其他公司最近提交的供公众阅览的有价证券申报书、有价证券报告书、季度报告书和中期报告书中所记载的母公司(日本《金融商品交易法
313 施行令》第29条之3之规定)。相对的,子公司是指该公司最近提交的供公众阅览的有价证券申报书、有价证券报告书、中期报告书中所记载的隶属于其所在的企业集团的公司(日本《金融商品交易法》第166条第5款之规定)。

第二,主要股东(日本《金融商品交易法》第166条第1款第2项之规定)。主要股东是指拥有日本《公司法》第433条第1款规定的权利的人。之所以以该规定为基准,是因为该条所规定的主要股东的会计账簿的查阅权,主要股东在行使这些权利时,当然有机会接触到公司的重要信息。原则上,主要股东所持表决权须占全体股东的3%以上,且拥有公司已发行股份的3%以上。达到该要件要求的既可以是一名股东,也可以是多名股东,在后者的情况下,所有相关股东都是内部人。这些人员通过行使权利获取内部信息的,即成为规制对象。另外,拥有日本《公司法》第433条第3款规定的权利的上市公司的母公司的主要股东也属规制对象。这些股东为法人时,其董事、监事等人员(役员)为非法人时,其代理人或者使用人亦属规制对象。

第三,拥有日本《公司法》第433条第1款规定的权利的股东为法人时,通过其权利行使而获知重要信息的人以外的,法人的董事监事等人员(役员)、代理人、商业使用人和其他职员(日本《金融商品交易法》第166条第1款第5项之规定)。对于这些人通过职务行为获知的内部信息也被纳入规制对象中。

以上的内部人在失去其内部人地位后一年内仍属于规制对象。

(2)准内部人

虽不属于狭义的内部人,但因其对公司拥有某种权利或权限而得以接触重要信息的人,也应纳入内部人交易(内幕交易)的规制对象。

第一,对上市公司等(包括母公司和子公司)拥有法定权限的人(日本
314 《金融商品交易法》第166条第1款第3项之规定)。比如,基于法律规定,对上市公司进行调查,或要求其提交文件的公务员。母公司的监事对子公

司的业务、财产状况也拥有调查权限(日本《公司法》第381条第3款第4项之规定)。这类人因行使权限而知悉内部人信息的,就属于规制对象。

第二,与上市公司等(包括母公司和子公司)缔结契约的人,或处于缔约交涉过程中的人属于“准内部人”。但是,上市公司等(包含母公司以及子公司)的董事、监事等人员由于属于“内部人”,在准内部人中就把他们排除了。比如,与公司缔结契约的律师、税务师、注册会计师等人(日本《金融商品交易法》第166条第1款第4项之规定)就属于“准内部人”。另外,准内部人是法人的,其董事、监事等经营者(役员)等不是法人的,其代理人、使用人等也都包括在内。契约的种类没有特别限制,甚至可以不是持续性契约。以上这些人缔结契约或者为缔约进行交涉,又或履行契约时知悉内部信息的,均属于规制对象(注55)。

以上准内部人失去其准内部人地位后一年以内仍为规制对象。

(注55):东京地方法院平成十五年(2003年)5月2日,《判例タイムズ》第1139号,第311页有判词如下:“所谓‘获知了关于缔结该契约或者为正在进行缔约交涉,又或契约履行等信息的’,当然包括行为人亲自实施缔约行为、交涉行为或履行行为,又或实施与以上行为有密切关联的行为时知悉内部(内幕)信息的情形。即不仅包括拥有缔约、交涉权限,或负有履约义务的人实施以上行为时知悉内部(内幕)信息的情形,还包括辅助以上行为实施的人通过辅助行为知悉内部(内幕)信息的情形。更进一步,以上这些人的上司、同事等在职务上拥有听取缔约、缔约交涉和契约履行情况报告权限的,利用听取、接受报告的机会获取内部(内幕)信息的情形也包括在内。”

(3)信息受领人

通过内部人和准内部人(以下合称公司的相关者)的信息传递而获取
内部(内幕)信息的信息受领人也属于规制对象。也就是说,公司的相关者 315
利用其基于日本《金融商品交易法》第166条第1款规定的地位获取内部(内幕)信息后,又将之直接传达给信息受领人的,该直接受领人进行交易也将受到法律规制(日本《金融商品交易法》第166条第3款之规定)。但如并非直接受领人则属于规制对象外。比如,公司的相关者在电车中谈论内部(内幕)信息,偶然同乘的人偷听到的,就不属于规制对象。另外,内部(内幕)信息传递给信息受领人后,其又传递给其他人(二次信息受领人)的,第二次以后的信息受领人不属于规制对象。但是信息受领人接受与其职务相关的重要事实的传达后,又将之传递给同一法人的其他董事、监事等经营者(役员)的,该董事监事等经营者(役员)就属于规制对象(同款之规定)。

(4)关于要约收购的信息

上述(1)至(3)中,内部(内幕)信息的来源(信息源)都是该发行公司,与之相对,与要约收购相关的内部(内幕)信息的来源则并非被收购上市公司,而是要约收购者。于是,由于规制对象与前述的情况不同,《金融商品交易法》针对与要约收购相关的内部人交易(内幕交易)规制,制定了不同于日本《金融商品交易法》第166条、第167条的规则。

要约收购情形下的规制对象为要约收购者的内部人、准内部人,以及从这些要约收购相关者处直接受领信息的信息受领人。另外,要约收购者为法人的,其母公司的内部人、准内部人也为规制对象。

根据日本最高法院决定平成十五年(2003年)12月3日(《判例时报》第1845号,第147页),所谓"知悉有关契约履行的内部(内幕)信息"中的"契约",并不限必须包含重要事实而即将缔约的契约(在该案中,争议契约是以公司合并为起因而签订的,承诺合并后公司拥有的权利为内容的契约,被告人是在该契约交涉过程中知悉相关事实的,而法院认为决定合并的这一事实就属于重要事实)。

316

3. 作为规制对象的内部(内幕)信息

根据日本《金融商品交易法》第166条、第167条之规定,作为内部人交易(内幕交易)规制对象的内部(内幕)信息,必须是关于发行公司的业务等的重要事实,或是关于发行证券的要约收购的实施、中止的信息。而且,日本《金融商品交易法》第166条第2款还列举了一些作为具体问题的重要事实。这意味着即使某些信息被认为很重要,但如果是抽象的无具体内容的信息或实现可能性很低的事实,又或是模糊的不确切的信息,则均被排除在规制对象之外。

(1)与相关决定有关的重要事实

公司的业务执行的决定机关决定实施以下事项,或决定不实施该事项的,即构成重要事实(日本《金融商品交易法》第166条第2款第1项之规定)。须注意的是,决定不实施某事项要构成重要事实,须以之前曾经公布过该事项的实施决定作为前提方能适用。因为如果没有事先公布过实施决定,就不会对投资者的判断产生较大影响。

这类决定必须是由公司的业务执行决定机关作出的,而对何为决定机关的认定，法律和司法实践并未采取形式标准，而是采用实质标准。也就是说，虽然在日本《公司法》上重要业务的决定机关是董事、董事会以及执行董事等（日本《公司法》第 348 条第 2 款、第 362 条第 2 款第 1 项、第 418 条第 1 项之规定），但在司法实践中并不限于这些法定的机关，还包括常务会或专务会、经营委员会等实际决定公司业务执行的机关［可参照日本最高法院判决平成十一年（1999 年）6 月 10 日，《刑集》第 53 卷第 5 号，第 415 页］（注 56）。

重要事项是指：①发行新股、处分自我股份以及募集新股预约权的认购人；②减少资本金数额；③减少资本准备金或分红预备金数额；④按照日本《公司法》第 156 条第 1 款的规定，或与此相当的外国法律的规定取得自我股份；⑤无偿配股或无偿分配新股预约权；⑥分割股份（包括优先出资证
券）；⑦分配剩余金；⑧股份交换；⑨股份移转；⑩合并；⑪公司的分立；⑫转 317
让或受让事业的整体或部分；⑬解散；⑭新产品或新技术的企业化；⑮业务上的合作以及政令规定的符合①至⑭事项的其他事项（日本《金融商品交易法》第 166 条第 2 款第 1 项之规定）。

关于上述⑩：并非以合并对手方的股份作为问题，而是以决定合并的公司的股份的买卖作为问题。

关于⑭：即使是可能对公司业绩产生巨大影响的新产品，在其仅仅完成开发而尚未实施或者没有确定实施企业化的阶段，则不构成重要事项。

关于上述⑮：根据日本《金融商品交易法施行令》第 28 条，以下事项被指定为重要事项：

ⓐ业务上的合作或取消业务上的合作；

ⓑ随子公司变动而发生股份、持有份额的转让或取得；

ⓒ固定资产的转让或取得；

ⓓ中止或放弃公司事业（经营）的全部或部分；

ⓔ与公司股票（包括优先出资证券）上市终止有关的申请；

ⓕ与店头登记注销有关的申请；

ⓖ与指定交易有价证券的撤销有关的申请；

ⓗ破产、重整程序或再生程序的申请；

ⓘ新事业（经营）的开始；

ⓙ防御性收购的开始；

ⓚ金融机构的存款等的停止支付申请。

不过，即便符合以上情形，但如果对投资者的投资判断影响甚微，则仍

然被认为不符合内阁府令规定的标准。比如,上述①中,从认购人处募集的金额总数不满1亿日元的情况(《交易规制府令》第49条第1项之规定);上述⑥中的分割比例,以及上述⑦中的分配额变动,都相当小(十分轻微)的情况(同条第4项之规定)。

318 (注56):对于附条件(伴随一定条件)的决定,如以关联公司的协助为前提的发行新股的决定,是否构成这里的"决定"?日本最高法院判决平成十一年(1999年)6月10日,《刑集》第53卷第5号,第415页对此给出了肯定回答。即只要求公司机关以发行新股为目的作出决定即可,而不要求预测该股确实能实施发行。那么,如果该决定通过资金调配等手段实现的可能性很小,还能否构成这里的"决定"呢?关于第167条第2款的"决定",东京高等法院判决平成二十一年(2009年)2月3日,《判例タイムズ》第1299号,第99页有如下判决:"意图进行要约收购的人作出的收购决定是否构成《证券交易法》第167条第2款的'决定',应遵循法律以保护投资者对证券市场的公正和完善的信赖为目的,而从规制内部人交易(内幕交易)的理念出发,综合考虑该'决定'对投资者的投资判断的影响程度、意图收购者作出决定前对要约收购可行性的研究情况、目标企业的特定情况、对目标企业的财务状况的调查情况、为要约收购拟定的内部计划和对外交涉情况等,然后再针对个案作出具体判断。对'决定'的实现可能性的有无和高低,也应放在以上过程中考虑。"与此相对,日本最高法院判决平成二十三年(2011年)6月6日,《刑集》第65卷第4号,第385页的判决认为,从日本《金融商品交易法》明确规制范围以提高法律的预测可能性的角度来说,应将规制对象限定为单纯靠决定的事实就能影响投资判断的情形,而无必要考虑对投资判断的每个具体因素的影响有无或者程度。"如果要约收购完全或几乎不存在实现的可能,以至无法对普通投资者的投资判断产生影响的,应当认定为实质上不属于同条第2款的'实施要约收购的决定'。但除此之外,如果决定机关作出了上述'决定',并意图实现其要约收购,则当公司采取收购行动或开始针对要约收购的相关业务时,即构成上述'决定',不要求具体地认定要约收购实现的可能性。"法院引用了1999年6月10日的判决。

(2)与发生有关的重要事实

对股价有巨大影响的事实的发生也属于重要事实(日本《金融商品交易法》第166条第2款第2项之规定)。具体包括:①灾害引起的损害或在业务实施过程中发生的损害;②主要股东的变动;③特定有价证券(日本

《金融商品交易法》第163条第1款的定义）或特定有价证券相关的期权的上市终止或撤销注册的原因；④政令规定的符合上述①至③规定的事实。关于上述④，根据日本《金融商品交易法施行令》第28条之2的规定，是指公司陷入涉及财产权上的请求诉讼，以及存在有关公司财产的判决；母公司的变动；被行政部门处以吊销执照或营业停止的处分；票据、支票被拒付，被票据交易所处以停止交易处分等。

不过，即便符合以上情形，但如果对投资者的投资判断影响甚微，则仍然应被认为不符合内阁府令规定的标准。比如，上述①中的损失额不满最近一个事业年度的最后一日账面资产总额的3%的（《交易规制府令》第50条第1项之规定）；以及从④中的被吊销营业执照或处以停产停业之日所在的事业年度的开始之日起，3年以内的每个事业年度因该处分减少的营业额不满最近一个事业年度的营业额的10%的（同条第5项之规定）。

（3）业绩的变动

公司业绩的大幅变动当然会对股价产生影响。因此，日本《金融商品交易法》第166条第2款第3项规定了一些体现业绩的指标，如营业额、经常利润、纯利润、剩余金的分配、企业集团的营业额（营业额、经常利润、纯利润）等。这些指标在已公布的最近的预测值（如无上述预测值，则为公布前一事业年度的实绩值）与该上市公司新算出的预测值或该事业年度的结算之间产生差异，即构成重要事实。但是，该情形同样须满足对投资者的投资判断影响重大，且符合内阁府令规定的标准两项条件。也就是说，须营业额的变动在10%以上，经常利润的变动在30%以上，纯资产额或资本金中 320
任何一个变动在5%以上，如果不满足则被除外（《交易规制府令》第51条之规定）。

（4）与其他业务相关的事实

除以上形式性地列举的重要事实外，日本《金融商品交易法》第166条第2款第4项还设置了一条包括性（兜底）规定。即除前述（1）（2）（3）外，该上市公司等的运营、业务或与财产相关的重要事实对投资者的投资判断产生显著影响的情形。确实，虽然法律规定了以上几种特定事实，但实践中如何判断重要事实还是必须通过个案分析来进行（注57）。

（注57）：比如，根据东京地方法院判决平成四年（1992年）9月25日，《金融商事判例》第911号，第35页的判决，虚构较大的营业额应被认定为第4项所列的重要事实。另外，对于制药公司关于新药副作用的信息是否属于第4项所说的重要事实，也存在过争论。根据大阪地方法院判决平成

八年(1996年)5月24日,《判例时报》第1609号,第153页的判决,由于无法判断副作用信息是否符合《证券交易法》第166条第2款第2项[平成十年(1998年)修法前的规定]的"轻微"标准,只能认定其属于同条第2款第4项的兜底情形。与此相对,上述判决的控诉审大阪高等法院判决平成九年(1997年)10月24日,《判例时报》第1625号,第3页认为,第4项规定的是除1项到3项重要事实之外的事实,如果案情符合第1项到第3项的某项规定,那就不能同时符合第4项的规定。日本最高法院判决平成十一年(1999年)2月16日,《刑集》第53卷第2号,第1页认为,负面影响的发生虽然有被第2项规定的"产生损害"所涵摄、评价的一面,但同时也有与之不同的其他重要方面,因此并非没有适用第4项规定的余地。

(5)子公司的信息

当上市公司等的子公司发生上述的重要事实时,该事实也属于这里的规制对象。也就是说,与子公司事项的决定相关的重要事实(日本《金融商品交易法》第166条第2款第5项之规定),子公司发生事件的重要事实(同款第6项之规定),子公司的业绩变动(同款第7项之规定),以及其他子公司的运营、业务或与财产相关的重要事实对投资者的投资判断产生显
321 著影响的(同款第8项之规定),都属于日本《金融商品交易法》第166条规定的重要事实。但是,其都受到内阁府令规定的基准的限定(《交易规制府令》第52~55条之规定)。

(6)要约收购的实施或中止等的相关重要事实

要约收购者决定实施要约收购或决定中止该收购决定的事实为重要事实(日本《金融商品交易法》第167条第2款之规定)。要约收购者为法人时,该决定应由其业务执行决定机关作出。要约收购的中止决定要构成重要事实,须以之前曾经公布过该要约收购的实施决定为前提。即如果该实施决定事先不为投资者所知的话,由于单纯的中止决定对投资者的判断产生的影响较小,无法构成重要事实。另外,法律禁止的是利用决定实施要约收购的信息买入股票等证券,或利用决定中止要约收购的信息卖出股票等证券的行为(同条第1款之规定)。

购买目标公司的股票、新股预约权证券、附新股预约权的公司债券等,达到该公司全体股东表决权总数的5%以上的,被作为准用要约收购规则的行为,也被置于上述规则的规制之下(日本《金融商品交易法施行令》第31条之规定)。但是,对投资者的投资判断影响轻微,符合内阁府令规定的情形也应予以排除。也就是说,该收购行为每年购买的股票数量不满该公

司已发行的股票总数的2.5%的，应予排除（日本《金融商品交易法》第167条第2款但书规定，《交易规制府令》第62条第1项之规定）。

4. 作为规制对象的行为（买卖等）

日本《金融商品交易法》第166条第1款禁止的是在重要事实公布前，买卖上市公司等的特定有价证券的行为。这里所说的买卖，是指有偿转让或受让有价证券或金融衍生品交易。不仅如此，知悉重要事实的公司相关者在该事实公布前，由于公司合并或分立而承继的情形也包含在内（日本《金融商品交易法》第166条第1款柱书规定）。也即不仅在事业转让（营业转让）的对象资产中包含股份的情况，在合并、分立这种公司重组过
程中，承继资产中包含股份的情况，也都属于规制对象。但是，以下情形 322
由于发生内部人交易（内幕交易）的危险性较低，即便属于上述合并，分立或事业转让、受让过程中承继特定有价证券的情形，也应从规制对象中排除。

该特定有价证券的账面价格，占该公司经由合并等承继的账面资产总额的比例，符合内阁府令规定的极低比例的，不属于适用对象（日本《金融商品交易法》第166条第6款第8项、第167条第5款第8项之规定）。

公司组织再编时发行新股或在公司组织再编时交付自我股份的，不属于规制对象（日本《金融商品交易法》第166条第6款第11项、第167条第5款第11项之规定）。因为公司组织再编的对价，是以对承继资产整体进行的评估为基础，通过合并交涉而确定的，其与市场交易关系不大，内部人交易（内幕交易）的危险性较低，因而没有必要作为规制对象。

在知悉关于上市公司的业务等重要事实之前，召开以签订合并契约或制定公司新设分立计划为内容的董事会，并作出相关决议的，基于该决议进行公司合并等行为而承继该上市公司等的特定有价证券的，也不属于规制对象（日本《金融商品交易法》第166条第6款第9项、第167条第5款第9项之规定）。

公司新设分立（并非与其他公司共同进行的共同新设分立，而仅限一个公司实施新设分立的情形），其分立后成立的新设立公司承继原公司特定有价证券的，由于属于公司的分社化，内部人交易（内幕交易）的危险性较小，因而也不属于规制对象（同款第10项之规定）。

5. 重要事实的公布

(1)公布的意义

根据日本《金融商品交易法》第166条以及第167条之规定,内部(内幕)人知悉关于上市公司等的业务等重要事实的,在该事实公布前不得交
323 易该上市公司的股票等证券。因此,如果该事实已经公布,则可以进行交易。因为一旦重要事实已经公布,则不再存在只有少部分知悉内幕者利用所知信息而不公正地获利的情况,法律也就失去了禁止内部人交易(内幕交易)的根据。

根据日本《金融商品交易法》第166条第4款和第167条第4款,所谓“已经公布”是指:①采取符合政令规定的使上市公司等的相关信息处于为多数人所知悉或可能知悉的状态;②该重要事实记载于第25条第1款规定的文件材料(有价证券申报书、有价证券报告书、季度报告书、中期报告书、临时报告书等)能够为公众所阅览;③要约收购申报书或要约收购撤回报告书能够为公众所阅览,或已经发布要约收购的公告等。

上述①又包括了以下情形:ⓐ代表上市公司等(在日本《金融商品交易法》第167条中指要约收购者,下同)的董事、总经理*或接受这些人委托的人,在两个以上媒体机构(报社、通讯社或广播事业者)公开相关重要事实,且为使该事实成为众所周知,至少应当经过12小时(日本《金融商品交易法施行令》第30条第1款第1项、第2款之规定);ⓑ上市公司等根据其发行有价证券的金融商品交易所制定的规则,已将重要事实通知交易所,且根据内阁府令的规定,该重要事实已供公众阅览(日本《金融商品交易法施行令》第30条第1款第2项之规定)。供公众查阅的方式可采用电子(数字化)方式(注58),但是必须采取为防止非法登录等行为的必要措施,且必须保持连续7日以上能够为公众所阅览(《交易规制府令》第56条第3款第4项之规定)。

(注58):现在,适时进行信息披露、传达的电子(数字化)系统已经得到运用(比如东证的TDnet)。证券交易所接收发行公司提供的信息,在规定的12小时经过后,该信息即可在交易所的主页上供一般公众阅览。

(2)公布的实质

324 虽然日本《金融商品交易法》和基于该法的政令规定了“公布”的形式,

---

* 日语表述为“执行役”。

但却因此产生了两个问题。第一,相关事实虽然还未由上市公司等按照法律和政令规定的程序公布,但已经在投资者中成为众所周知的事实的,此时交易相关股票的人,是否要被科以内部人交易(内幕交易)的责任？同样,相关事实还未采取公布措施时,就先被媒体机构曝光的情况下也会存在这种问题(注59)。第二,虽然上市公司等已经采取了公布措施,但媒体机构却未予报道的情况。本来,根据一般人的合理预测,按照政令规定将相关事实向多个媒体机构公开后,该事实由于媒体的竞相报道应该迅速广为人知。这时,知悉该事实的人进行有利的证券交易的,虽然客观上不公正,但如果因此让内部(内幕)人承担法律责任,会使他们处于责任有无预测的不安之中。

(注59):这种情形下内部(内幕)人很可能不承担责任。可参照芝原邦尔、近藤光男、大島真、松井秀樹:"インサイダー取引規制をめぐる最近の諸問題",《旬刊商事法务》第1593号,第72页(芝原的发言内容)(2001年)。

6. 排除适用的交易

根据日本《金融商品交易法》第166条和第167条之规定,构成内部人交易(内幕交易)并不以内部人基于未公开的重要事实进行交易作为规制要件,而是只要内部人在知悉重要事实的状态下进行了相关证券交易即应承担责任。这样一来就和内部信息毫无关系,即内部人在知悉重要事实前就决定交易的,但只要信息的拥有者进行了相关交易这一事实,就可归为上述规定的规制范围。但是,从规制内部人交易(内幕交易)的宗旨来看,这种情形本不应纳入规制范围,基于此,日本《金融商品交易法》第166条第6款和第167条第5款从该宗旨出发,列举了几种排除适用的情形。

对于这些情形无法详述,但如权利人通过行使日本《公司法》第202条
规定的权利(接受配股的权利),或新股预约权的权利人通过行使其新股预 325
约权而获得股票的,即便此时权利人知道未公开的重要事实,但由于股票的取得与重要事实间并无直接关系,因此不属于上述规定的适用对象。当然,内部信息拥有者取得新股预约权的,仍然属于规制对象。同理,股东行使日本《公司法》上的股份回购请求权的(日本《公司法》第116条第1款、第469条第1款、第785条第1款、第806条第1款之规定),只要其是在知悉重要事实前缔结股票买卖契约并要求履行该契约,就不属于适用对象。另外,满足一定要件的董事监事等经营者(役员)、职工持股会等的收购也属于适用

对象的除外(可参照《交易规制府令》第59条第1款第4项之规定)。

发行公司召开定期股东大会或董事会,通过取得自我股份的决议并公布后,基于该决议取得股份的行为不属于适用对象(日本《金融商品交易法》第166条第6款第4项之2之规定)。但应当注意的是,在取得自我股份的期间中,如果发生了其他重要事实的,个别具体行为仍然可能成为规制对象。

7. 内部人交易(内幕交易)的刑罚和课征金

有关内部人交易(内幕交易)的刑事罚则主要规定在日本《金融商品交易法》第197条之2第13项之中,其规定,实施被第166条和第167条禁止的行为,将处5年以下徒刑,并处500万日元以下的罚金。这比违反规制一般不公正交易的第157条而应适用的罚则(日本《金融商品交易法》第197条第1款第5项之规定)要轻。这是因为制定内部人交易(内幕交易)的刑事罚则时,立法所采取的方针是避免阻碍正当的商事活动,使内部人交易(内幕交易)的构成要件明确化,对真正应该适用刑罚处罚的行为设置适当的罚则(注60),之后该方针也一直得到了贯彻。日本《金融商品交易法》第166条和第167条的立法目的并不在于直接规制基于内幕信息获利的行为,或保护公司的未公开信息,而主要在于确保金融商品市场的公正性。其
326 结果就是第166条和第167条并不以利用重要事实,通过内部人交易(内幕交易)获利,以及违反信义义务作为要件。

由于立法工作尤其重视构成要件的明确性,使得作为规制对象的信息和行为主体都规定得非常明确,投资者也能在交易时确定其交易行为是否会受到处罚。但相对的,没有规定的行为就不能成为处罚对象,比如,从信息受领人处接受信息的第二次信息受领人原则上(只要不构成共犯)就不会遭受处罚。但其结果是可能导致脱法行为泛滥。

但是,内部人交易(内幕交易)也可能引发日本《金融商品交易法》第157条规定的责任。即无论违法行为是否符合第166条以及第167条的规定,只要其属于违法性强的不公正的证券交易行为,就可根据第157条处以较重的刑罚。

因内部人交易(内幕交易)取得的财产应予以没收,无法没收的则追缴相应数额的财产(日本《金融商品交易法》第198条之2第1款第1项、第2款之规定)。其宗旨是防止任何人因内部人交易(内幕交易)而获利。

除科以刑罚之外,还有针对内部人交易(内幕交易)的行政处罚措施即

课征金的制度。课征金数额的计算以获利(与获利相当)的金额为标准。比如,违反日本《金融商品交易法》第166条第1款和第3款的规定,为自己的利益(行为的经济效果归属于自己)买卖证券的人,按以下规定处理:卖出有价证券的,其获利额为卖出价格乘以卖出数的金额,从中扣除与业务相关的重要事实公布后两周内该证券的最低价格乘以卖出数的金额后得出的数额。买入有价证券的,其获利额为与业务相关的重要事实公布后两周内该证券的最高买入价乘以买入数的金额,从中扣除买价乘以买入数的金额后得出的数额(日本《金融商品交易法》第175条第1款之规定)。行为人 327
为自己以外的人(比如顾客)的利益,实施上述违法行为的,仍应处以相当于手续费等数额的课征金(日本《金融商品交易法》第175条第1款第3项之规定),即便行为人不是金融商品交易业者。

(注60):可参照证券交易审议会报告书不公正交易特别分会的报告:"内部者取引の規制の在り方について"[昭和六十三年(1988年)2月24日]。

8. 短线交易利差的返还

(1)利差的返还

根据日本《金融商品交易法》第164条的规定,上市公司等的董事监事等经营者(役员)或主要股东(根据日本《金融商品交易法》第163条第1款,指以自己或他人的名义持有全体股东表决权总数10%以上的股东)为自己的利益(行为的经济效果归属于自己)买进该公司的特定有价证券,又在6个月以内卖出的,或卖出后又在6个月以内买进的,上市公司等有权请求该股东将由此获得的利益收归公司所有。作为规制内部人交易(内幕交易)的一环,日本《金融商品交易法》第164条第1款明确规定了其立法目的,即防止内部人不当利用凭借其职务或地位获得的秘密信息的行为。但是,与同法第166条和第167条不同,规制方法并非科以刑事处罚,而是只规定须向公司返还其获利。至于内部人到底拥有什么信息,内部人的意图或信息是否已经公开则在所不问。因此,日本《金融商品交易法》第164条仅是形式性的规定,其结果是虽然以规制内部人交易(内幕交易)为目的,但与此无关的交易行为也会因该规定而被要求返还获利(注61)。由此引起了一些对立法政策的质疑的声音。但是,不可否认的是这种规定确实抑制了公司内部人的不公正交易行为(注62)。

公司基于该规定可请求行使利差的归入权。但是,如果公司的代表人

328 和被请求人之间存在某种特殊关系,则该请求有时可能得不到严格执行。因此,与日本《公司法》的股东代表诉讼制度(日本《公司法》第847条之规定)类似,如果上市公司等不行使归入权的,股东可以代位公司行使该权利(日本《金融商品交易法》第164条第2款之规定)。同时,以上请求权经过2年消灭(同条第3款之规定)。

(注61):因此,无论行为人是否不当利用了凭借其职务或地位获得的秘密信息,或公司是否遭受损害,都会依据第164条之规定产生利益返还义务。可见东京高等法院判决平成四年(1992年)5月27日,《判例时报》第1428号,第141页。

(注62):日本最高法院判决平成十四年(2002年)2月13日,《民集》第56卷第2号,第331页认为:"日本《金融商品交易法》第164条第1款的目的在于维持证券交易市场的公平公正,确保一般投资者对这种公平公正的信赖。该规制目的是正当的,而其规制手段也并非明显缺乏必要性和合理性,因此同款的限制性规定是符合公共福祉的要求而制定,不构成对《日本国宪法》第29条的违反。"

(2)有关买卖的报告书

如果不清楚董事、监事等经营者(役员)或主要股东买卖股票的情况,短线交易的利差归入制度便无法完全发挥其作用。因此,日本《金融商品交易法》第163条规定,董事、监事等经营者(役员)或主要股东为自己的利益(行为的经济效果归属于自己)买卖其公司的特定有价证券(股票、公司债券、新股预约权证券、优先出资证券、其他政令规定的有价证券),或表示与特定有价证券相关的期权的证券、证书等(称为关联有价证券)的,必须在自买卖当日起至次月15日这段时间内,向内阁总理大臣提交与该买卖相关的报告书。

根据日本《金融商品交易法》第163条第1款的规定,以虚构的名义进行有价证券交易的,无论董事、监事等经营者(役员)和主要股东是以自己以外的他人的名义或以完全虚构的人的名义持有有价证券,实质上当他们为自己的利益(行为的经济效果归属于自己)而交易有价证券时,就应承担报告义务。但是,考虑到所有的形态和其他特殊情形,交易一些符合内阁府令规定的证券将不被科以报告义务。比如,信托公司以信托财产的形式持有的股份,证券金融公司为开展业务而持有的证券等(《交易规制府令》第24条之规定)。

329 另外,信托受托人买卖股票等证券时,如果该信托的受益人是公司的董事、监事等经营者(役员)或主要股东,且运作管理(投资管理)方法已被特定地信托,则受托人依照董事、监事等经营者(役员)或主要股东的指示、指令买卖该公司股票的,亦属于应当报告的交易(《交易规制府令》第 28 条之规定)。

即便是符合以上规定的附有报告义务的交易,考虑到买卖的形态和其他特殊情况,一些符合内阁府令规定的情形依然可以除外(日本《金融商品交易法》第 163 条第 1 款但书规定)。比如,买卖不满 1 个单位的股份的;董事、监事等经营者(役员)持股会或者职工持股会委托证券公司收购股份的;为稳定操作而进行的股份买卖等即属于这种情况(《交易规制府令》第 30 条之规定)。

(3)报告书的公众阅览

提交报告书后的处理过程如下:内阁总理大臣认定董事、监事等经营者(役员)或主要股东获利的,会将该报告书中记载的关于利差的部分的副本送达该董事、监事等经营者(役员)或主要股东,并给予其申请复议的机会,如果 20 日以内没有申请复议的,内阁总理大臣会将该副本送达公司(日本《金融商品交易法》第 164 条第 4 款、第 5 款之规定)。但是,董事、监事等经营者(役员)或主要股东已经向公司返还获利且内阁总理大臣知道该事实的,副本将不会送达公司(日本《金融商品交易法》第 164 条第 4 款之规定)。如果提出复议申请的,与复议相关的部分视为没有记载入报告书(日本《金融商品交易法》第 164 条第 6 款之规定)。此后经过 30 日,该报告书部分的副本将提供给公众阅览(日本《金融商品交易法》第 164 条第 7 款之规定)。其目的就在于督促董事、监事等经营者(役员)和主要股东返还获利,如果在公开之前他们已经返还且内阁总理大臣知道该事实的,则不再提供公众阅览(同款但书规定),返还请求权经过 2 年即消灭,同时终止公众阅览。

(4)利差(获利)的计算

虽然是短线交易的收益,但其计算依然并非易事。也就是说,如果 6 个月内进行了多次买进卖出,而且在其交易数量每次都不同的情况下,究竟依据什么标准来判断获利多少将成为问题。关于这一点内阁府令有详细的规定(日本《金融商品交易法》第 164 条第 9 款之规定)。根据这些规定,在 6 个月以内买卖的证券中,用卖出单价减去买入单价,乘以卖出数量和买入数 330
量中较少一方的数量,再减去与该数量相应的手续费即为利差(获利)。6 个月以内如果有多次买卖,则结合最早买入和最早卖出之日的单价进行计算。同一天有多次买卖的,取其中最低买入单价和最高卖出单价进行计算(《交易规制府令》第34条第1款、第2款之规定)。

超过结合起来的买入量和卖出量相一致的部分,则超过部分视为该买卖以外的其他买卖,作为另一组结合的对象(《交易规制府令》第34条第3款之规定)。

另外,无论经过以上计算得出的是利差还是受损差额都在所不问。

(5)作为合伙等持有的情形

合伙等组织(日本《民法》上的合伙、投资事业有限责任合伙、有限责任事业合伙,其他政令规定的组织等)持有上市公司等的股东表决权总数10%以上的情况下,该合伙被称为特定合伙,该合伙的合伙人实施买卖该公司特定有价证券行为的,按照本节已述规则,同样负有报告义务和获利的返还义务(日本《金融商品交易法》第165条之2之规定)。

第二节　操纵市场的规制

1. 操纵市场的概念

股份公司发行新股以筹措资金时,如果发行价能定在一个较高的水平,当然就能为公司筹集到更多资金,对公司就是有利的。但是,事实上要把发
331 行价定得远高于当时的市价是不可能的。因此,发行公司便有动力为抬高股价实施操纵市场的行为,而如果法律不禁止该行为,将会给信任市场而进行投资的投资者造成无法估量的损害。为此,各国法律都将操纵市场行为确定为违法,并严格加以规制。

操纵市场是指对本来依照自由竞争原理,基于正常的供需关系形成的证券市场加以人为的操作,使其发生变动的行为。为确立公正的有价证券市场,这种行为必须被严格禁止。因为部分人制造对自己有利的价格的行为是欺诈性的或不公正的行为,如果不能确保市场的公正、透明的价格发现机制,就无法达到保护投资者的目的。因此,从昭和二十三年(1948年)制定的《证券交易法》一直到现行的日本《金融商品交易法》,都设置了禁止操纵市场的规定(日本《金融商品交易法》第159条之规定)。而且,违反这些规定后受到的制裁也是该法中规定的最重的制裁之一(日本《金融商品交易法》第197条第1款第5项之规定)。但是,要构成对这些规定的违反,需要以行为人的目的等为主观要件,由于对这些要件举证困难,所以一直以来

很难严格追究行为人的责任。

2. 规制对象

被日本《金融商品交易法》第 159 条规定为规制对象的交易包括有价证券的买卖(限于在金融商品交易所上市的有价证券、场外交易的有价证券和经办有价证券等的买卖)、市场衍生品交易和场外衍生品交易(限于在金融商品交易所上市的金融商品、场外交易有价证券、经办有价证券和与在金融商品交易所上市的金融指数相关的金融商品)。

对于这些交易,日本《金融商品交易法》第 159 条具体列举了被禁止的市场操纵行为。这些行为大致可分为以下四类:①伪装交易及其委托、受托(日本《金融商品交易法》第 159 条第 1 款第 1~3 项、第 9 项之规定);②与 332
他人约定买卖及其委托、受托(同条第 1 款第 4~9 项之规定);③以操纵市场为目的实施的现实交易及其委托、受托(同条第 2 款第 1 项之规定);④以散布信息或公布、表示作为手段操纵市场(同条第 2 款第 2 项、第 3 项之规定,另外有关稳定操作的论述见本节第 5 部分)。

这里的规制对象并不限于在交易所进行的交易,还包括在现货市场或期货市场等不同市场的操纵市场行为。以下以有价证券为例进行说明。

(1)伪装交易

所谓伪装交易,是指不以移转证券的权利为目的而进行的买卖。但是,要成为被法律禁止的行为,还必须符合行为人具有使他人对该证券的交易状况产生误解的目的这一要件。也就是说,行为人的意图必须是通过实施伪装交易,使其他投资者产生该证券交易量很大(被频繁交易)的误解。要证明具备该目的要件显然并不容易,不过由于伪装交易本身比正常的交易具有异常之处,通过证明这种异常的存在进而追究行为人的责任就没有那么困难了。即便行为人可能具有多个目的,这些目的之间的主从关系与是否成立犯罪也没有直接的关联[可参照东京地方法院判决,昭和五十六年(1981 年)12 月 7 日,《判例时报》第 1048 号,第 164 页]。

另外,伪装交易的成立是否必须针对某一特定证券"具有使他人产生该证券交易量很大等误解的目的"呢?比如行为人的操作只针对市场整体的成交量,是否构成操纵市场?法院[日本最高法院决定,平成十九年(2007 年)7 月 12 日,《刑集》第 61 卷第 5 号,第 456 页]认为,被告人的主观意图虽然是抬高交易所的股票期权市场整体的成交量,但是现实中的交易仍然体现为操纵每一只特定的股票,其使他人对成交量产生误解的目的也符合上述目的要件的要求,所以即便行为人没有对特定证券进行价格操作,乃至不具备操纵其(特定证券)市价的目的,仍应成立本罪。

333 (2)约定买卖

约定买卖即与他人通谋实施的买卖。比如,与他人预先商量好在自己卖出某证券后由其相应地买进,也就是事先与他人达成上述合意之后再卖出,也就是在通谋基础上的卖出。为此,必须和他人之间存在在自己卖出的同时以同价格买进的合意。并且和伪装交易一样,约定买卖要求行为人须有使他人对相关证券的交易状况产生误解的目的。但是,其不以通谋的当事人之间的交易成立具有高度盖然性或确定性作为要件。当然,成立的概率越高就越能作为佐证上述目的存在的材料[可参照前述东京地方法院判决,昭和五十六年(1981年)12月7日]。所谓同价格,不要求双方出价完全一致,只要卖单和买单的出价在能够成立合同的范围之内即可。但这里也要求行为人具有使他人产生相关证券交易量很大等误解,也就是就交易状况使他人产生误解的目的。

(3)现实的交易手段

与伪装交易和约定买卖不同,这里不存在虚伪(虚假)交易的问题,需要规制的反而是现实的交易,比如集中发出大量买单,人为地拉高股价的行为。不过,由于买卖证券的行为当然会导致该证券价格变动,即大量买入的话价格必定会上升,大量卖出价格必定会下降,这些行为作为正常的投资活动显然是不应受到法律规制的。因此,日本《金融商品交易法》第159条对应当被禁止的操纵市场行为规定了严格的要件:①具有诱使其他投资者进
334 行有价证券交易、场内金融衍生品交易或店头金融衍生品交易等的目的;②造成投资者对该证券产生交易量很大的误解,或者通过一连串买卖(注63)该有价证券的行为使其价格变动。

虽然以上要件是区别合法的投资活动和操纵市场行为的重要标准,但关于其意义,学说和判例上却存在对立的意见。

对于上述①,由于涉及人的内心意思,严格来说要证明内心意思的存在是非常困难的,尤其是行为人巧妙地以现实交易为手段操纵市场的情形下,对其进行规制更是极为困难。但是,如果从操纵市场的要件中排除人为要素,那该行为就和正常的投资活动没有区别了。因此,有意见认为,应将上述②作为要件。比如,部分的低层级法院判例认为,上述②是指行为人怀有支配市场价格的意图进行了可能使价格变动的交易。而对于上述①的要件,则不要求行为人有通过有价证券市场诱使他人买卖该证券的作为的、积

极的意思，只要求行为人意识到其行为有可能通过有价证券市场诱使第三人买卖该证券即可［东京高等法院判决昭和六十三年（1988年）7月26日，《判例时报》第1305号，第52页］。

与此相对，多数说认为，上述①中的目的应解释为有目的性的，有意图诱使第三人作出错误投资判断的目的，至于其举证，则应当使用状况证据来进行。有判例也认为，上述①应当从交易的动机、行为人如何对待该交易、该交易附随的前后情况、交易的经济合理性上判断行为人的目的［东京地方法院判决，平成五年（1993年）5月19日，《判例タイムズ》第817号，第221页］。另外多数说认为，对上述②引起价格变动的交易的判断无需采用严格标准。也就是说，交易本身具有使市场价格发生变动的可能性即可。依据该交易的交易情况、交易量等就可以作出判断。日本最高法院［日本最高法院决定，平成六年（1994年）7月20日，《刑集》第48卷第5号，第201页］认为，上述①指"无论是否通过人为操作使价格变动，只要具有使投资者误以为该价格是依据自然的供求关系形成，并诱使其在有价证券市场进行该证券的买卖的目的。"

（注63）：这里的规制对象不仅包括为误导他人对该有价证券的交易量产生误解，而在交易所金融商品市场实施的使上市金融商品的价格变动的一系列交易行为，还包括买卖的要约，以及委托、受托等行为。这同样是一种须受规制的操纵市场的手法，即尽管没有缔结契约的意思，依然向市场发出订单，实施买卖的要约，随即在契约缔结前取消以误导股价的行为。* 该行为不仅包括由顾客发出委托的行为，证券公司的自我买卖行为也属于其规制的对象。 335

（4）以散布信息（流言）或表示（发布信息）为手段

以散布信息（流言）或表示（发布信息）为手段操纵市场的情形包括：①散布有价证券的市场价格将在自己或他人的操作下发生变动的信息（日本《金融商品交易法》第159条第2款第2项之规定）；②故意告知他人虚伪（虚假）的证券交易信息以使其产生误解（日本《金融商品交易法》第159条第2款第3项之规定）。两种情形均须以行为人具备诱使他人实施交易的目的为要件。上述①必须是向不特定多数人散布信息，而上述②则不限于此，适用于向特定人传达信息（做出表示）的情形。

这里的规定和规制虚伪（虚假）记载的规定有根本的不同。也就是说

* 即所谓虚伪（虚假）交易，日语表述为"見せ玉"。

上述①、②的立法目的并不在于确保散布或告知的信息的真实性,而在于防止有价证券市场的证券价格被人为扭曲。因此,两种情形都须以行为人具备诱使他人实施交易的目的为要件。而且,即便市场价格真如上述①中散布的信息所说般变动了,也仍然不能免除行为人基于日本《金融商品交易法》第159条的责任。而关于上述②中的告知的事项,必须是足以让其他投资者认为股价将变动的相关重大事项。而且,这里的信息传达(表示)必须以买卖的实施作为要件。此外,并不以市场价格发生实际变动作为要件。

336

3. 操纵市场的相关责任

(1)刑事责任

操纵市场行为是明显对证券市场有极大危害的行为。因此,日本《金融商品交易法》对违反其第159条的人规定了该法中最重的刑罚,即处10年以下徒刑或1000万日元以下罚金,或以上两种刑罚并处(日本《金融商品交易法》第197条第1款第5项之规定)。实际上,依据日本《金融商品交易法》第159条追究刑事责任的案件至今已有数起。如协同饲料案[協同飼料事件,前列的日本最高法院决定平成六年(1994年)7月20日,《刑集》第48卷第5号,第201页],东京钟表制造案[東京時計製造事件,东京地方法院判决昭和五十一年(1976年)12月24日,《金融商事判例》第524号,第32页],日本热学案[日本熱学事件,大阪地方法院判决昭和五十二年(1977年)6月28日,《旬刊商事法务》第780号,第30页],日本锻工案[日本鍛工事件,前述的东京地方法院判决昭和五十六年(1981年)12月7日],藤田观光案[藤田観光事件,前述的东京地方法院判决平成五年(1993年)5月19日],日本优利公司案[日本ユニシス事件,东京地方法院判决平成六年(1994年)10月3日,《判例タイムズ》第875号,第285页](注64)。

另外,为防止违反者获利,通过操纵市场取得的财产应当没收,不能没收的应当追缴相应价款(日本《金融商品交易法》第198条之2第1款第1项、第2项之规定)。这里还可以适用法人罚的规定(日本《金融商品交易法》第207条第1款第1项之规定)。

以获取财产上的利益为目的,实施操纵市场行为,触犯日本《金融商品交易法》第159条规定之罪名的,处10年以下徒刑并处3000万日元以下罚金(日本《金融商品交易法》第197条第2款之规定)。该规定是对通常的操纵市场罪的加重处罚。

(注64):有关这些案件中的操作市场的法律责任,可参照近藤光男:

“株価操作による責任”,《现代裁判法大系(24)》,第347页(新日本法规出版,1998年)。另外,大阪高等法院判决平成六年(1994年)2月18日,《判例时报》第1524号,第51页认为,《证券交易法》第126条(现行《金融商品交易法》第160条)根据保护投资者的宗旨设置了特别责任条款,规定以受操纵市场行为影响而形成的价格进行有价证券交易的人,无须举证证明其所受损害与操纵市场行为间的因果关系。

(2)民事责任 337

日本《金融商品交易法》第160条规定了操纵市场的民事责任。即行为人违反同法第159条的规定,其行为结果形成市场价格(价格或对价金额),同时导致他人以该受影响的价格进行交易或委托交易的,必须赔偿他人因该交易或委托交易而受到的损失。

行为人违反日本《金融商品交易法》的规定实施不公正行为的,被害人有时很难依据该法的规定立即追究行为人的民事责任。但是主流观点(有力说)认为,行为人如违反日本《金融商品交易法》第157条的规定致使被害人受损的,虽然被害人不能直接依据日本《金融商品交易法》的规定追究责任,却可以依据日本民法追究行为人的侵权责任(基于不法行为的责任)。与此相对,日本《金融商品交易法》更是明文规定了操纵市场的民事责任,这可以看出该法对操纵市场的规制特别严格。

但是,实践中要追究这种责任依然非常困难(很难期待该制度得到活用)。因为个人投资者很难收集到维持诉讼所必需的证据,特别是有关自己所受损害与违法行为间的因果关系的证据(注65)。就如我们前面讨论过的,要举证证明行为人的刑事责任成立是不容易的,但如果先追究刑事责任,而后在民事诉讼中固定某些关键证据也许会更容易。

另外,这里的消灭时效比日本《民法》中追究侵权行为(不法行为)责任的时效(日本《民法》第724条之规定)要短。追究权人自知道该行为起1年以内,或自该行为发生起3年内不行使其权利的,该权利消灭(日本《金融商品交易法》第160条第2款之规定)。

(注65):东京地方法院判决昭和五十六年(1981年)4月27日,《判例时报》第1020号,第129页中,投资者因受操纵市场行为影响购买某公司的股份遭受损失,以证券交易所没有尽到足够的监管义务为由,而对证券交易所提起了损害赔偿请求。但该案中,由于投资者并未成功证明操纵市场行为的存在,因而法院否定了该责任。 338

(3)课征金

违反日本《金融商品交易法》第 159 条第 1 款的伪装交易、约定买卖行为属于课征金的对象(日本《金融商品交易法》第 174 条之规定)。另外,对为自己的利益(行为的经济效果归属于自己)实施违反日本《金融商品交易法》第 159 条第 2 款第 1 项行为的人,内阁总理大臣应命令其向国库缴纳一定数额的课征金(日本《金融商品交易法》第 174 条之 2 之规定)。这里的对象同样不限于交易行为,还包括其要约、委托等行为。课征金数额以操纵市场行为实施后 1 个月的最高、最低价格为参考基准进行计算(同条第 1 款之规定)。另外,除为自己的利益(行为的经济效果归属于自己)进行的交易外,为子公司等具有密切经济联系的主体的利益进行的交易也应纳入计算(日本《金融商品交易法》第 174 条第 6~8 款之规定)。与为自己的顾客实施违法行为一样,为自己以外的人的利益实施违法行为的,行为人也应当被处以相当于其手续费数额的课征金(日本《金融商品交易法》第 174 条第 1 款第 4 项之规定),即使行为人不是金融商品交易业者。

4. 以其他方法操纵市场

(1)针对以买卖自我股份为手段操纵市场的规制

日本《公司法》规定,只要满足一定要件,上市公司便可以取得自己发行的股票(日本《公司法》第 155 条以下之规定)。但是,这又可能导致公司的董事等利用公司的资金买卖公司的股份,实施操纵市场行为。因此,日本《金融商品交易法》第 162 条之 2 为了防止这种操纵上市股票价格的行为,规定内阁府令为确保上市股票交易的公正性,可以规定必要且适当的措施(事项)。依据这条规定,内阁府令规定上市公司在 1 天内不得对 2 个以上金融商品交易业者收购该上市的股票(《交易规制府令》第 17 条第 1 项之规定);在金融商品交易所的规则规定的收盘时间前 30 分钟内到该收盘时间为止以外的时间方能实施该上市股票的买单(《交易规制府令》第 17 条
339 第 2 项之规定);买单的出价不得高于前一天该股票的收盘价,另外买单如果是在当日开盘价公布后发出的,不得以公布后到该买单发出时这段时间内公布的最高价格以上的出价发出该买单,也不得反复以最近的公布价格以上的出价发出买单(《交易规制府令》第 17 条第 3 项之规定);1 天内的买单(所购买的股票)数量合计不得超过一定数量(《交易规制府令》第 17 条第 4 项之规定)。

(2) 日本《金融商品交易法》第 157 条的规制

操纵市场的行为也是一种证券欺诈的交易行为，因而存在适用日本《金融商品交易法》第 157 条规定的空间（注 66）。在当下的美国，比起直接规制操纵市场的 1934 年《交易所法》第 9 条，依据该法第 10 条 b 款以及 SEC 规则 10b-5 追究操纵市场责任的案例反而更多。后者的规定就相当于日本《金融商品交易法》第 157 条的规定。但是，在日本，将规制操纵市场行为的任务完全交给第 157 条也许并不恰当。这是因为，日本实行的是严格的罪刑法定主义，而构成要件比较模糊的第 157 条，其适用必将受限。但是，如果一个操纵市场行为无法适用第 159 条，其违法性又强于第 159 条的规定，那么或许可以考虑适用第 157 条对其进行规制。

（注 66）：那须硫磺矿业案（那須硫黄鉱業事件）就是适用现在的日本《金融商品交易法》第 157 条，即当时的《证券交易法》第 58 条追究责任的伪装交易案。日本最高法院决定昭和四十年（1965 年）5 月 25 日，《刑集》第 155 号，第 831 页［东京高等法院判决昭和三十八年（1963 年）7 月 10 日下，《刑集》第 5 卷第 7、8 号，第 651 页是上诉审判决］。

(3) 日本《金融商品交易法》第 158 条的规制

日本《金融商品交易法》第 158 条禁止为进行有价证券的募集、买卖或其他交易或金融衍生品交易，以及以操纵有价证券市价为目的，散布谣言（风说）、欺诈、使用暴力或胁迫手段。谣言（风说）不一定必须是虚伪（虚假）的，但须以行为人认识到其没有合理依据为要件（注 67）。另外，散布并非向特定人传达信息，而是须有向不特定多数人传达信息的可能性；对行为 340
人的身份没有特别的限制，即使是一般投资者也要遭受处罚。散布谣言（风说）虽然与前述的以散布或告知信息为手段操纵市场行为类似，但后者被日本《金融商品交易法》第 159 条第 2 款第 2 项限定为“散布自己或他人将通过操作使在交易所金融商品市场交易的上市金融商品或在场外有价证券市场交易的场外有价证券的市价变动的信息”。同款第 3 项又规定“散布的信息须是虚伪（虚假）的有关证券交易的重要事项，并能够引起他人误解”。因此，如果行为人根本不打算实施要约收购，却向媒体提供将要实施该收购的虚伪（虚假）文书，虽不构成以散布或告知信息为手段操纵市场，却可能构成散布谣言（风说）。在这种情形下，行为人将被处以 10 年以下徒刑并处 1000 万日元以下罚金（日本《金融商品交易法》第 197 条第 1 款第 5 项之规定）（注 68）。获得的利益将被没收（日本《金融商品交易法》第 198 条之 2 第 1 款第 1 项之规定）。以谋取财产上的利益为目的实施该行为的,加重其处罚(日本《金融商品交易法》第197条第2款之规定)。散布这类谣言(风说)、实施欺诈又影响有价证券价格的,还会被命令缴纳课征金(日本《金融商品交易法》第173条之规定)。

(注67):可参见鈴木竹雄、河本一郎:《証券取引法(新版)》,第554页(有斐阁,1984年)。

(注68):东京地方法院判决[平成八年(1996年)3月22日,《判例时报》第1566号,第143页]认为,以抬高股价为目的,把将来有可能实现的事实当作已经实现的事实加以公布的,也构成散布谣言(风说)行为。

5. 稳定操作

不以使股价发生变动为目的,相反以固定或者稳定股价为目的进行有价证券交易,或其委托、受托[稳定操作(安定操作)]的行为,其性质实与操纵市场行为相同,扭曲了本应根据自然的供求关系决定的股价。结果可能
341 导致一般投资者购买经过稳定操作(安定操作)的股份后,随着稳定操作(安定操作)结束股价大幅下跌而受到难以预料的损害。因此,这种稳定操作(安定操作)行为和操纵市场行为一样被法律所禁止。但是,在发行新股等情形中,不能维持原来的供需平衡可以说是当然的,由此自然也可能导致股价下跌。这时,股价下跌幅度的大小可能影响实施采用时价发行来公募。为了使企业能更顺利地筹集资金,例外情况下也可以允许稳定操作(安定操作)。因此,日本《金融商品交易法》规定仅在违反政令规定的情形下,才禁止稳定操作(安定操作)的行为(日本《金融商品交易法》第159条第3款之规定)。

《金融商品交易法施行令》根据上述规定,规定了允许进行稳定操作(安定操作)的情形。由于允许进行稳定操作(安定操作),为使一般投资者不至遭受难以预料的损害,稳定操作(安定操作)者必须进行充分披露(包括在招股说明书中进行记载和提交稳定操作申报书、稳定操作报告书)。另外能够进行稳定操作(安定操作)的主体及能够进行稳定操作(安定操作)的期间,以及交易价格的最高额限度等也有规定(日本《金融商品交易法施行令》第20~26条以及《交易规制府令》第4~8条之规定)。

按照日本《金融商品交易法》第159条第3款的规定,一个行为要构成稳定操作(安定操作),并不要求行为人具备引诱(诱导)的目的。对于这一点,东京高等法院判决昭和六十三年(1988年)7月26日,《判例时报》第1305号,第52页作了以下说明。由于操纵市场行为所涉及的一系列买卖

可以是在有价证券市场外进行的，这些行为导致的价格变动必须反映到有价证券市场的买卖中才算违法，因此需要引诱（诱导）的目的。与此相对，稳定操作（安定操作）所涉及的一系列交易只能在有价证券市场进行，因而也就不需要引诱（诱导）的目的了。

这里的违法行为所遵循的罚则和操纵市场行为相同（日本《金融商品交易法》第 197 条第 1 款第 5 项、第 2 款之规定）。

6. 卖空

所谓卖空即卖出自己本不持有的有价证券或委托、受托该卖出的行为，
其虽然不当然构成操纵市场，但却可能激化该有价证券市场价格的变动 342
（下跌），根据情况还可能构成有意图（故意）导致市价崩落的行为。因此，日本《金融商品交易法》规定禁止任何人违反政令的规定实施该种行为（日本《金融商品交易法》第 162 条第 1 款第 1 项之规定）。根据上述规定，《金融商品交易法施行令》第 26 条之 3 及第 26 条之 4 规定了行为人必须明示卖空（这件事）的主旨、对委托人进行确认、价格的限制等规则。违反这些规定的，处 30 万日元以下罚金（日本《金融商品交易法》第 208 条之 2 第 2 项之规定）。另外，除了自己并不持有有价证券的情形以外，借入有价证券的也属于规制对象。更进一步的，将持有的有价证券卖出后，并不明确能毫无迟延地提供（交割）该有价证券的情形也属于规制对象（日本《金融商品交易法施行令》第 26 条之 2 之规定）。但是，这些规定不适用于有价证券期货交易、信用交易、卖出尚未结算的证券、发行日交易等情形（日本《金融商品交易法施行令》第 26 条之 3 第 5 款、《交易规制府令》第 10 条、《金融商品交易法施行令》第 26 条之 4 第 4 款、《交易规制府令》第 14 条之规定）。

另外，对具有与卖空完全相反效果的买空行为，现行日本《金融商品交易法》没有作出特别的规制。

第三节　禁止填补损失

1. 规制的意义

本来，金融商品的交易必将伴随风险。因此，投资者应当在对投资对象进行充分调查、研判的基础上，在充分认识其投资风险后，在责任自担原则的前提下进行投资。如果投资判断失误，由此蒙受巨额损失的，那也只能由

投资者自己承担,此即自我责任原则。与此相对,证券公司在接受证券买卖
343 的委托后,如果该证券投资导致了损失或者产生的收益少于投资者的预期,证券公司承诺由其来填补该部分利益差的行为叫作损失填补约定(或称损失保证)。另外,即便当事人不承认这种约定存在,只要实际填补了损失即构成填补损失的行为。这种行为因为以下理由而被日本《金融商品交易法》第39条所禁止。

如果真的可以实施这种损失填补的约定,那么投资者会放心地认为即便出现损失也有证券公司来填补,其结果会导致投资者不在自我责任下进行投资,而作出轻率的投资判断。另一方面,由于本来不应参加金融商品交易市场的人参加了进来,会导致金融商品的需求被扭曲,妨碍金融商品市场形成公正的价格(注69)。另外,即便事前不约定填补损失,但事后实际实施填补的,也会让投资者抱有金融商品交易业者会为自己填补损失的期待,因此基于同样的立法宗旨该行为也应被禁止。或者,本来应该对构成损失填补约定的行为进行规制,但证明事前存在该约定较为困难,因此将其作为构成损失填补的行为而进行规制。

此外,如果只有一部分人能够享受这种(损失填补)利益,那么不能享受该利益的一般投资者会感到不公平,以至于损伤他们对金融商品市场的信赖,很可能使他们最终远离金融商品市场。

基于此,损失填补行为和损失填补约定会扭曲金融商品市场的价格形成机制,损害投资者对市场的信赖。不仅如此,日本《金融商品交易法》第39条保护的法益还包括防止金融商品交易业者不当地大额支出,从而维持金融商品交易业者财务的健全(健康)性。

(注69):与此相对,有学说认为,实践中只要是履行损失填补约定的,之前的投资判断也一定是已经由投资者转移至由证券公司来进行,这时证券公司当然会作出审慎的判断,因此就不会有轻率的判断影响市场。所以即便因为损失填补约定导致本不应参加市场交易的主体进入了市场,也不会损害市场的价格形成机制。参见黒沼悦郎:“損失補填の禁止”,《鴻常夫先生古稀記念・現代企業立法の軌跡と展望》,第361页以下,商事法务出版社(1995年)。

344

2. 被禁止的行为

(1)金融商品交易业者等主体的情形

日本《金融商品交易法》第39条第1款规定了禁止金融商品交易业者

实施的行为。主要包括：

① 在有价证券买卖等交易中，金融商品交易业者自身或让第三人，向其顾客（或顾客指定的人）承诺或约定，在该顾客因有价证券交易或该证券衍生品交易遭受损失或所获收益少于预先约定的数额时，对该顾客或第三人提供财产上的利益，以填补其损失或收益差额的全部或部分的行为（日本《金融商品交易法》第39条第1款第1项之规定）。

这里的有价证券交易是指，有价证券的买卖等交易或其衍生品交易。但是，预先约定回购价格的附回购条件的买卖被排除在外。这里的顾客也包括信托公司等，基于信托契约为实现信托人的利益进行有价证券交易或其衍生品交易的人。

简单来说，这里规制的是损失填补的约定，即在顾客还没有遭受损失的阶段，证券公司就预先承诺或约定如果出现损失或获益未达到预定的收益额的，由自己提供财产上的利益补足该差额的行为。

②在有价证券买卖等交易中，金融商品交易业者自己或让第三人，向其顾客（或顾客指定的人）承诺或约定，对该顾客或第三人提供财产上的利益，以填补其已经在有价证券买卖交易中遭受的损失或补足利益差额的部分或全部的行为（日本《金融商品交易法》第39条第1款第2项之规定）。 345

与上述①不同的是，该规定适用于顾客已经遭受损失，或获益已经少于预定收益时，证券公司承诺或约定填补其差额的情形。

③在有价证券买卖等交易中，金融商品交易业者自己或让第三人，对其顾客提供财产上的利益，填补该顾客或第三人已经在有价证券买卖交易中遭受的损失或补足利益差额的部分或全部的行为（日本《金融商品交易法》第39条第1款第3项之规定）。

与上述②相同，该规定适用于顾客已经遭受损失（损失已经发生）的情形，证券公司实际提供财产上的利益。

这里所谓提供财产上利益，不仅包括给付现金，而且包括证券公司和顾客通过相对交易，向顾客低价卖出股份又高价买回，提供给顾客差价收益的行为。另外，日本《金融商品交易法》第39条的规定不仅适用于证券公司直接填补顾客损失或约定填补损失的情形，也适用于证券公司通过第三人实施该行为的情形。

（2）顾客的情形

日本《金融商品交易法》第39条第2款列举了禁止金融商品交易业者的顾客实施的行为。

④在有价证券买卖等交易中,与金融商品交易业者或第三人之间订立上述①的约定,或使第三人进行该约定的行为。但是,仅限于顾客自己进行该约定或使第三人进行该约定的情形(日本《金融商品交易法》第39条第2款第1项之规定)。

⑤在有价证券买卖等交易中,与金融商品交易业者或第三人订立上述
346 ②的约定,或使第三人进行该约定的行为。这里也限于顾客自己进行该约定或使第三人进行该约定的情形(日本《金融商品交易法》第39条第2款第2项之规定)。

⑥在有价证券买卖等交易中,接受金融商品交易业者或第三人提供的上述③的财产上利益,或要求第三人接受该财产上利益的行为(日本《金融商品交易法》第39条第2款第3项之规定)。

但以上④或者⑤,仅限于该约定由顾客自己实施或使第三人进行该约定,或者顾客自己要求提供财产上的利益或要求第三人接受财产上利益的情形。

因此与①、②、③相比,禁止顾客从事的行为属于较为限定的情形而非宽泛的情形。即对于损失填补约定和损失填补行为,顾客的积极参与是其构成要件。这是因为日本《金融商品交易法》第39条的立法宗旨是维持金融商品市场公正的价格形成机制,保护投资者对证券市场的信赖以及保持金融商品交易业者财务的健全(健康)性,所以法律要求作为市场主导者的金融商品交易业者必须作出负责任的行为。对顾客来说,只规制积极要求损失填补的主观恶性较大的人,而单纯接受金融商品交易业者提供的利益的人则不受惩罚,即这里规定的①、②、③实属教唆犯的行为。

3. 证券事故的情形

实际上,除证券公司以吸引顾客维持与其的交易关系为目的而实施损失填补或约定损失填补的情形外,证券公司填补顾客因证券事故而遭受的损失的情形也应当予以考虑。关于后者,证券公司提供的利益其实具备损
347 害赔偿的性质,因此不具有违法性。但是,虽然该情形本不是规制对象,却必须防止以事故为借口变相填补损失的行为,因此内阁府令对该情形作出了规定。

在此背景下,《关于金融商品交易业的内阁府令》第118条规定,所谓事故,是指在有价证券买卖交易中,金融商品交易业者的代表人等,关于该金融商品交易业者的业务,对顾客订单的内容不进行确认的条件下,以该顾

客的财产(经济效果归属于顾客)从事有价证券买卖等交易;或其推销导致顾客对有价证券等的性质或交易条件产生误认而给顾客造成损失的;或在投资咨询业务和投资管理业务中,因过失、电子(数字化)信息处理系统异常导致的事务处理(工作)延误或者任务懈怠而给顾客造成损失的情况。

为填补上述所谓事故所导致的损失的部分或全部,实施 2 中所禁止的行为的,该要约、承诺、约定或提供等行为属于禁止对象的除外。

但是,上述事故导致上述 2②中的要约或约定行为,上述 2③中的提供行为的,其损失填补的相关损失应当起因于事故,且仅限于该金融商品交易业者事先取得内阁总理大臣的确认,或须是内阁府令规定为无须确认的情形。

内阁府令第 119 条规定的无须确认的情形包括:已取得法院的确定判决的,已达成司法和解的,经由已认定的投资者保护团体、律师协会仲裁中心、国民生活中心以及获得认证的纠纷解决事业者等的斡旋达成和解的,以及符合一定要件下的可以由律师(标的额在 1000 万日元以下)或司法书士(标的额在 140 万日元以下)代理顾客达成和解的等情形。

要取得认可的人,须按照内阁府令(《金商业府令》第 121 条之规定)的
规定,将记载有认可请求和其他内阁府令规定事项的申请书,以及内阁府令 348
规定(《金商业府令》第 122 条之规定)的相关证明文件一并提交内阁总理大臣(日本《金融商品交易法》第 39 条第 5 款之规定)(注 70)。

另外,基于同样的宗旨,在 2 中所列的行为中,④和⑤中的约定填补因事故遭受损失的部分或全部的,⑥中的实施提供财产上利益的行为是为填补因事故所受损失的部分或全部的情形不被禁止。

(注 70):这里的认可申请手续通常是由证券公司来办理的。但是,顾客或第三人是否有请求证券公司办理该手续的私法上的权利是一个问题。判例中有否定该权利的先例[东京地方法院判决平成六年(1994 年)5 月 31 日,《判例时报》第 1530 号,第 73 页]。

4. 制裁性规定

对违反日本《金融商品交易法》第 39 条行为的制裁措施中有刑事制裁。即金融商品交易业者等违反日本《金融商品交易法》第 39 条第 1 项之规定的,其代表人、代理人、商业使用人及其他职员和金融商品交易业者将被处以 3 年以下徒刑或处 300 万日元以下罚金,或两者并处(日本《金融商品交易法》第 198 条之 3 之规定)。与之相对,对并非市场中介机构的顾客

的处罚则较轻。即对违反日本《金融商品交易法》第39条第2款的人处以1年以下徒刑或100万日元以下罚金(或两者并处,日本《金融商品交易法》第200条第14项之规定)。另外,对提供有虚伪(虚假)记载的日本《金融商品交易法》第39条第5款规定的申请书等文件的人,将处以相同的刑罚(日本《金融商品交易法》第200条第15项之规定)。上述行为如果是法人的代表人、商业使用人或其他职员实施的,按照双罚规定,该法人也要被处罚(日本《金融商品交易法》第207条第1款第3项、第5项之规定)。

按照日本《金融商品交易法》第200条之2的规定,顾客主动要求而得到的利益,或知情的第三人得到的利益应当没收,其全部或部分无法没收时应当追缴相应价款(必要的没收、追缴)。

但是,在顾客不发生日本《金融商品交易法》第39条第2款规定的责任时,日本《金融商品交易法》第200条之2的规定也不能适用,因此,如何处
349 理顾客所获利益就成了一个问题。关于这一点的争议主要是围绕损失填补约定和损失填补行为的私法上的效力展开的。多数学说认为,损失填补行为和损失填补约定既然是足以科处刑罚的,属于违法性很强的反社会行为,那么在私法上其当然也应无效。但是,如果该利益已经提供给顾客,则构成不法原因给付(日本《民法》第708条之规定),证券公司不能请求顾客返还该利益。当然,构成证券事故的,损失填补在私法上有效(注71)。

另外,由于就损失填补进行约定也是侵权行为(不法行为),顾客可以据此追究证券公司的侵权责任。但是,如果顾客一方的违法性较高的,则可能类推适用日本《民法》第708条之规定,否定该责任[可参照日本最高法院判决,平成九年(1997年)4月24日,《判例时报》第1618号,第48页]。

(注71):对于在《证券交易法》的禁止损失填补、损失填补约定的修正规定施行前订立的损失填补约定的私法效力问题也存在争议。根据日本最高法院的判例,该案中的损失填补约定订立时[平成二年(1990年)],人们已经认识到损失填补约定是为证券交易秩序所不容的具有很强反社会性的行为,因此认定该损失填补约定违反公序良俗,不具有私法效力[日本最高法院判决平成九年(1997年)9月4日,《民集》第51卷第8号,第3619页]。与此相对,日本最高法院判决平成十五年(2003年)4月18日,《民集》第57卷第4号,第366页认为,平成三年(1991年)修订前的《证券交易法》虽然规定损失保证或提供特别利益的行为违法,但对实施这些行为的证券公司及其外销员却只规定了取消从事证券业资格、停止营业、取消外销员执业资格等行政处罚措施,多数学说仍认为以损失保证等为内容的契约

在私法上有效，而并不认为损失保证等是具有很强反社会性的行为。本案的保证契约是于昭和六十年(1985 年)6 月 14 日缔结的，很难认为当时人们已经认识到损失填补约定是为证券交易秩序所不容的具有很强反社会性的行为。所以本案的保证契约不因违反公序良俗而无效，但是不支持履行该契约的诉讼请求。

5. 飞越式交易 350

所谓飞越式交易是一个与损失填补相关联的问题。它是指以下这种行为：比如，顾客甲持有的股票因市价下跌而蒙受损失时，通过乙证券公司作为中介(根据情况，证券公司也可能成为交易的当事人)将甲持有的股票以远高于市价的价格卖给顾客丙。经过一段适当的期间后，再通过乙证券公司的中介，将丙的股票以比从甲处的买入价更高的价格卖给顾客丁。其结果是甲和丙都不必遭受损失，而如果市价不断上升，丁也不会受损失。虽然甲和乙证券公司间的这种交易行为到底属于金钱消费借贷契约，还是附回购条件的买卖契约存在争议，但无论是哪一种，认定其构成损失填补或损失填补约定的案例并不少[可参照东京地方法院判决，平成六年(1994 年)12 月 5 日，《判例タイムズ》第 895 号，第 278 页；东京地方法院判决，平成八年(1996 年)2 月 19 日，《判例タイムズ》第 916 号，第 226 页]。

第四节　一般规定

1. 日本《金融商品交易法》第 157 条的意义

日本《金融商品交易法》第 157 条列举了 3 种适用于所有主体的禁止行为，其对象都与有价证券的买卖及其他交易，或金融衍生品交易有关。

日本《金融商品交易法》第 157 条第 1 项规定，不得在有价证券买卖及其他交易，或金融衍生品交易的相关活动中使用不正当的手段、计划和技
巧。该条的适用范围似乎是覆盖了所有的不公正证券交易，但何为“不正 351
当手段”却有不同解释。依据《证券交易法》，法院判决中存在以下不同解释：东京高等法院判决昭和三十八年(1963 年)7 月 10 日(下《刑集》第 5 卷第 7、8 号，第 651 页)认为，当时的日本《证券交易法》第 58 条第 1 项(相当于现行日本《金融商品交易法》第 157 条第 1 项)定义的不正当手段，是指在有价证券买卖及其他交易中实施欺诈行为，即故意使人陷入错误认识，为

自己或他人谋取利益的行为。与此相对,最高法院决定昭和四十年(1965 年)5 月 25 日(《裁判集刑事》第 155 号,第 831 页)认为,该规定中的不正当手段是指仅在有价证券交易中,在社会一般观念看来一切不正当的手段。关于这一点,有学说认为,既然日本《金融商品交易法》第 157 条第 2 项、第 3 项具体列举的行为都是具有欺诈性的,那么第 1 项的不公正手段也应解释为欺诈行为从而支持日本高等法院(高裁)的判决(注 72);也有学说认为不应给日本《金融商品交易法》第 157 条作此限定,其应解释为以所有不公正交易为规制对象的一般规定,因此支持日本最高法院(最高裁)的判决(注 73)。

另外,这里的"相关活动"应当扩大解释为所有与交易相关的活动,扩大其适用范围。在这里没有必要要求行为人实施了证券交易,或者作为其行为的受害人的交易对手方实施了交易,但是须以行为人认识到自己是在进行不公正的证券交易作为要件。

日本《金融商品交易法》第 157 条第 2 项规定,不得利用在重要事项上存在虚伪(虚假)记载,或隐瞒不至于令他人产生误解的重大事实的文件或其他虚伪(虚假)记载,以取得金钱或其他财产上的利益。

日本《金融商品交易法》第 157 条第 3 项规定,禁止以诱导(引诱)他人交易为目的,利用虚伪(虚假)的市价进行交易。

(注 72):可参见龍田節:《判例百选》,第 145 页。

(注 73):可参见鈴木竹雄、河本一郎:《証券取引法(新版)》,第 527 页(有斐阁,1984 年)。

352

2. 日本《金融商品交易法》第 157 条的功能

如 1 所述,日本《金融商品交易法》第 157 条广泛适用于各种不公正交易,但是,基于以下理由,对该条的具体适用也存在不少消极的观点。

第一,源于罪刑法定主义的疑问。其问题主要在于日本《金融商品交易法》第 157 条的用语非常抽象,违反其规定之后是否应该科以刑事处罚。由于该条的规定太过抽象笼统,在日本传统的刑事司法之下适用该条追究犯罪,科处刑罚恐怕是很难实现的。

第二,违反日本《金融商品交易法》第 157 条的,将依据日本《金融商品交易法》第 197 条第 1 款第 5 项之规定,科以 10 年以下徒刑或处 1000 万日元以下罚金(或两者并处)。但是这意味着适用《金融商品交易法》中最重的刑罚,而要依靠该条规定来发动如此之重的刑罚,确实存在较为消极的情况。

既然日本《金融商品交易法》第 157 条虽然看似适用范围很广,实际却是无法发挥作用的规定,那么其存在意义是否应被否定呢?有学说针对该条存在的独立意义提出了有力的观点。日本《金融商品交易法》的立法目的是确保金融商品交易的公正性,形成公正的价格,促进国民经济的健康发展以及保护投资者(日本《金融商品交易法》第 1 条之规定)。围绕金融商品的交易不仅复杂而且变化迅速,立法当时无法预想到的(后来出现的)以各种不正当的手法进行的交易也可能逐渐显现。因此,预先就详细列举出对应各种各样不同交易情况的证券交易欺诈行为可以说并不恰当(注 74)。日本《金融商品交易法》第 157 条作为概括规定不正当行为的一般规定,可以理解为是规制尚未出现的新型不公正交易的规定。虽然我们不应对日本
《金融商品交易法》第 157 条抱以过大的期待,但应当承认其作为规制不公 353
正交易的一般规则具有很大的意义(注 75)。

(注 74):可参见神崎克郎:《証券取引法(新版)》,第 597 页(青林書院,1987 年)。

(注 75):可参见近藤光男:"不公正な証券取引に関する一考察",《河本一郎先生古稀祝賀 · 現代企業と有価証券の法理》,第 192 页(有斐阁,1994 年)。

3. 民事责任

虽然违反日本《金融商品交易法》第 157 条的刑事责任和罪刑法定主义之间的关系还存在一些争论,但其民事责任的规定则一般被公认为是有利于保护投资者的。不过,学界同时指出该条并没有直接规定被害人的民事救济。然而违反该条的行为当然属于违法行为,受到该行为侵害的投资者可以依据日本民法上的侵权行为(不法行为,日本《民法》第 709 条之规定)请求损害赔偿。

4. 其他欺诈行为

除规制上述行为以外,日本《金融商品交易法》为保护投资者,还规定了任何人不得实施以下欺诈行为。

首先,日本《金融商品交易法》第 168 条规定不得公布虚伪(虚假)的市价。其第 1 款禁止公布虚伪(虚假)的市价,或以(实施)公布或发布为目的制作或发布记载有虚伪(虚假)市价的文件;第 2 款禁止以公布或发布为目

的接受发行人、有价证券出卖人或买受人、金融商品交易业者等的请托，制作或发布在(上述主体发行、分摊、经营的)有价证券的重要事项上存在虚伪(虚假)记载的文件；第3款禁止发行人、有价证券出卖人或买受人、金融商品交易业者等实施第2款规定的请托。违反以上规定的，处1年以下徒刑或处100万日元以下罚金或两者并处(日本《金融商品交易法》第200条第20项之规定)。

其次，日本《金融商品交易法》第169条规定，媒体机构进行证券新闻
354 报道时，收取有价证券发行人，有价证券出卖人、认购人，金融商品交易业者，要约收购者等的报酬或约定收取报酬，并将上述主体的投资意见刊登在报纸或杂志上，或以文件、广播、电影等方法向公众传播时，必须同时表明(标注)自己已接受了上述主体的报酬或约定接受报酬。因为一般投资者依据新闻报道等对有价证券的推荐进行投资的情况并不少见，而如果媒体机构接受发行公司或证券公司等的报酬后进行相关新闻报道的话，很可能会歪曲真实情况，作出不公正的报道。因此法律要求作出该报道的同时必须表明自己(是否)已接受报酬，这样投资者自然会注意到这一点并作出相应考虑。不过作为广告进行报道收取广告费的情况被排除在规制对象之外。违反日本《金融商品交易法》第169条的，处6个月以下徒刑或单处50万日元以下罚金或两者并处(日本《金融商品交易法》第205条第20项之规定)。

第四章　企业收购 355

日本《金融商品交易法》为保证企业在一套公正的规则下实现适当的企业再编（重组），而设置了关于企业收购的规则。即该法一方面要保护投资者，另一方面也要保证企业的控制权是被公正地取得的。因此，该法企业收购规制的重点在于平衡企业收购方和企业收购防御方的利益，维持制度的中立性。下面将主要就要约收购制度和股票大量持有的披露制度进行说明。

第一节　要约收购

1. 要约收购的意义

（1）要约收购的内涵

要约收购，是指在交易所金融商品交易市场之外，根据日本《金融商品交易法》第27条之2第6款之规定，以公告的方式向不特定多数人发出收购（或卖出）股票的要约或要约邀请，以收购股票的行为。这种行为一般以取得公司控制权或强化控制权为目的。意图利用该制度取得股票的人能够在短时间内取得大量的，而且仅是必要数量的股票（这是指不超这个数量，也不少于这个数量，但是，例外情况下也可能产生全部收购义务）。针对实施这种行为的收购者，日本《金融商品交易法》要求其必须承担预先公开披露收购期间、收购数量、收购价格等的义务,以此保证对投资者的信息披露和对股东的平等对待。

356 也可以说,要约收购是与募集或发行证券这种向不特定多数人推销有价证券的行为相对应的行为,其与募集和发行证券相同,为保护投资者,要约收购也必须遵循特别的信息披露规则(注76)。

要约收购是一种场外交易,而场外交易自然具有不透明的倾向,同时要约收购以取得企业控制权为目的,当然会对其股价产生很大影响。因此,要约收购规制的一个特别重要之处就在于,股东能否获得应对要约收购的充分信息,以确保他们能作出合理的判断,以及保证所有股东都获得公正平等的待遇。一般来说,要取得控制股份当然需要(向对手方)提示高于其市场价格的买价(高出的部分叫作溢价),在这个过程中有必要保证股东能够平等地参加这种交易,因此,股东有必要受到平等对待。

另外,与下文所述的大量持有披露制度(日本《金融商品交易法》第27条之3以下之规定)相比,收购者需要披露的事项内容更为详细。这是因为在要约收购披露中,其主要目标就在于提供给股东关于是否应当应募收购的判断材料。

由于要约收购以取得控制权为目的,与股东大会表决权无关的有价证券就被排除在要约收购对象之外。日本《金融商品交易法》将股票、附新股预约权的公司债券以及其他政令规定的有价证券称为"股票等",在此基础上,将必须提交有价证券报告书的发行公司发行的股票等,作为能成为要约收购对象的有价证券(日本《金融商品交易法》第27条之2第1款之规定)。

受此影响,日本《金融商品交易法施行令》第6条第1款列举了股票、新股预约权证券以及附新股预约权的公司债券,外国主体发行的具备有价证券性质的证券或证书、投资证券等证券,另外还列举记载了日本《金融商品交易法》第2条第1款第20项所列的有价证券、表示上述有价证券相关权利的证券等。

(注76):可参见神崎克郎:《証券取引法(新版)》,第246页(青林書院,1987年)。

357 (2)相关规制的变迁

要约收购的法律规制过分有利于要约收购者或目标公司中的任何一方而不利于另一方都是不妥当的,为了保证资本市场的健康发展,法律必须在企业的控制权争夺中保持中立立场。

日本的要约收购制度是通过昭和四十六年(1971年)《证券交易法》的修正,在模仿美国法的基础上引入的。当时,随着资本自由化的不断推进,日本为应对来自外资的要约收购而设置了相应的制度(注77),但引入后的一段时间内,实际应用该制度的案例却很少。对于为何在日本的公司实践中,要约收购的实例如此之少,是因为制度本身存在什么问题,还是日本的特有国情阻碍了该制度的顺畅运行,学者们曾有过相应讨论(注78)。与此相对,美国在1980年代盛行企业的M&A(收购、合并)时,股份的要约收购制度发挥了很大作用。这是因为,在获取企业控制权的时候,利用要约收购制度是极为方便且十分有利的。而一般认为,在日本过去的法律制度下,外国企业要实施收购是很困难的;并且,我国过去的要约收购制度与各国的相应制度相比,对实施要约收购的一方较为不利,而对目标企业有利之处较多。因此,平成二年(1990年)《证券交易法》便从以下几个视角进行了修订。

第一,要约收购规制首先要确保的是保持要约收购者和目标公司之间的利益平衡。虽然偏向其中一方的立法例并非完全不存在,但一般来说法律当然须保持其中立与平衡。第二,考虑股东的利益。即保证股东有参与
要约收购的平等机会和能够自己作出合理的投资判断。从这种观点来看, 358
平成二年(1990年)《证券交易法》的修订即是以大量持有披露制度(5%规则)的引入为契机,就几个点对要约收购制度进行了完善。该修订是为了与各国的制度实现协调,以促进日本证券市场的国际化(注79)。

同年的法律修订后,日本要约收购制度确实开始得到了实际应用,但是,与之相伴的是发生了数起暴露新制度缺陷的案件。因此,平成十八年(2006年)修订的日本《金融商品交易法》,主要从控制权的公平竞争、向投资者提供充分信息等观点出发,以图再次对该制度进行完善(注80)。

(注77):渡辺豊樹以及其他:《改正証券取引法の解説》,第115页(商事法务研究会,1971年)。

(注78):証券取引審議会報告書不公正取引特別分会:“株券等の大量の保有状況に関する情報の開示制度の在り方について”[平成元年(1989年)5月31日];“公開買付け制度の在り方について”认为,之所以在日本要约收购制度很少被运用,是因为多数情况下在日本很难实施敌意收购,并且,如果实施善意收购,往往又没有必要在市场外对不特定多数人以要约收购的方式进行。所以这种现象不一定是因为制度本身的原因导致的。

(注79):可参见内藤純一:"新しい公開買付制度(上)",《旬刊商事法务》第1219号,第2页(1990年)。

(注80):金融審議会公開買付制度等工作小组(ワーキング・グループ)報告:"公開買付制度の在り方について"[平成十七年(2005年)12月22日]认为,要约收购制度的发展方向应当是:①进一步确保程序的透明性、公正性和投资者之间的公平性;②促进证券市场完全发挥其价格形成功能;③确保企业顺利实施事业再编(重组)等行为。

2. 强制要约收购

(1)意义

日本《金融商品交易法》第27条之2第1款柱书规定,发行人以外的人收购必须提交有价证券报告书的发行人的股票等证券的,在下文所述的
359 (2)到(7)所示的一定情形下,该收购必须通过要约收购进行。

《金融商品交易法》之所以强制某些收购以要约收购方式进行,主要是基于以下理由。

第一,交易所金融商品市场外的证券交易,一般具有不透明性,容易对公众股东形成不公正交易。如果任由收购者大量持有公司股票,直至掌握公司控制权的话,有可能对一般投资者造成危害。即原则上,场外收购都须以要约收购的方式进行,以使收购者预先披露信息,保证广大股东能应募收购。这时,作为收购条件的信息披露就非常重要了,因为在从多数人那里收购股份时,一般都会存在倾向于设置只对自己(收购方)有利的契约内容(的危险)。

第二,金融商品市场的交易应当是任何人都能参加的公开交易,且是公布交易的数量和价格的透明交易,经过充分竞价的公平交易(注81)。即在市场交易中,投资者得到公正、平等的对待,在此基础上,日本《金融商品交易法》原则上不应强制要约收购。但是,市场内的交易可以和市场外交易结合起来,达到取得股票的目的,进而可能导致公司控制权变动。因此,这种取得方式在一定场合下也应强制以要约收购的形式进行,将其置于同样的规制之下。

但是,拥有新股预约权的人通过行使新股预约权收购股票的,从拥有特别关联人那里收购股票等,以及其他依照政令收购股票等的情形,不适用强制要约收购(日本《金融商品交易法》第27条之2第1款但书规定)。

这里所谓拥有特别关联人分为形式意义上的拥有特别关联人和实质意

义上的拥有特别关联人。前者是指依据日本《金融商品交易法》第 27 条第 7 款第 1 项的规定，与实施股票等收购行为的人存在股份所有关系、亲属关 360
系和其他政令规定的有特别关系的人，如该公司的董事、监事等经营者（役员），关联公司的董事、监事等经营者（役员）等也都在其中。同款第 2 项依照实质标准确定了特别关联人，即与实施要约收购的人就共同取得或受让股票等证券、行使表决权等股东权利、收购后该股票等证券的相互转让或受让等事项达成合意的人。由于收购者从这类人处取得股票等并不会导致实质上的公司控制权变动，所以不属于强制要约收购的规制对象（但根据《要约收购府令》第 3 条第 2 款第 1 项，占全体股东表决权总数 0.1%～1%的小规模所有人不适用该规定）。

由上可以看出，日本《金融商品交易法》的立法重点是促进更充分的信息披露，避免股东遭受不平等的对待。

《金融商品交易法施行令》第 9 条第 1 款就形式意义上的特别关联人还规定了个人作为收购者时的特别关联人，第 2 款规定了法人作为收购者时的特别关联人。

另外，日本《金融商品交易法》判断是否应当强制要约收购，考虑要素之一是公司控制权的取得与否，即该要约收购的对象须是因发行股权（股东权利）证券而负有持续披露义务的发行人发行的股票等证券（日本《金融商品交易法》第 27 条之 2 第 1 款，日本《金融商品交易法施行令》第 6 条第 1 款之规定）。可见，仅因发行公司债而负有持续披露义务的公司不属于规制对象。但是，法律并不支持大量申请收购股票等同时却以不具有取得控制权的目的为由，因而不受强制要约收购规制的主张。

这里所称之收购，是指有偿的受让以及与此类似的政令规定的行为，行使担保权，受让事业的全部或部分等特定收购行为不属于规制对象（日本《金融商品交易法施行令》第 6 条之 2 之规定）。

（注 81）：証券交易法研究会“公開買付制度——強制公開買付制について”，《インベストメント》第 46 巻第 1 号，第 28 页（神崎克郎報告）（1993 年）。

（2）超过 5%的市场外收购（日本《金融商品交易法》第 27 条之 2 第 361
1 款第 1 项之规定）

某主体在交易所金融商品交易市场外收购股票等，收购后其所持股票比例超过该公司全部股票的 5%的，则该股票的收购必须以要约收购方式进行。另外，收购者如存在特别关联人，则在计算持股比例时必须加算特别关联人所持的比例。

根据收购的股份数量,有可能将其不作为要约收购对象,是因为该收购对公司控制权的影响较小。凡是属于强制收购对象的收购,其收购比例必须达到5%以上,这与股票等大量持有披露制度的5%标准是衔接的。另外,虽然要约收购是指发出购买的要约或卖出的要约邀请,但这里的5%指的是股份取得后的比例。计算所持比例时,须合计本人和收购者的关联公司、拥有共同意思的实质所有人等特别关联人合计所持的股票比例。

但是,政令规定的从极少数人那里实施收购的行为是例外。根据政令规定,在该收购的实施日前60日内实施股票等证券收购的人的对手方的人数,和在交易所金融商品市场外收购(除要约收购以外的收购)该证券的发行人发行的证券的人的对手方(内阁府令规定的人除外)的人数合计在10名以下的,称为特定收购,属于强制要约收购的例外(日本《金融商品交易法施行令》第6条之2第3款之规定)。简单地说,60日内通过场外市场交易的方法,从10人以下的出卖人处收购证券的,被视为相对交易,排除适用强制要约收购的规定。

(3)从持有比例超过1/3的少数人处进行的收购(日本《金融商品交易法》第27条之2第1款第2项)

如上述(2)所述,在市场外从极少数人处收购的相对交易行为是没必要进行信息披露,并给所有股东提供交易机会的。但是,即便是从极少数人
362 处进行收购,如果收购的股份数量特别巨大,仍有可能导致公司控制权发生变动,其结果仍会对公众股东造成不小的影响。由于取得控制股份会产生股价溢价,所以强制要约收购的宗旨就在于保证所有股东都能平等参加要约收购,而与此相反的结果显然是与该宗旨相悖的。因此法律规定即便属于政令规定的在交易所金融商品交易市场外从极少数人处收购的情形,如果收购后收购者所持的股票等的比例超过其总数的1/3的,该股票等的收购仍然须以强制要约收购方式进行。

之所以规定以1/3为基准数,是因为控制这个数量股份的人,便能够阻止股东大会特别决议(日本《公司法》第309条第2款之规定)的通过,这意味着1/3这个数字能够对公司控制造成巨大影响。也有观点认为应当降低这个基准,但如此一来也可能给公司事业重组带来阻碍。

不过该规则也存在例外,即该股票等的持有人不满25人时(《要约收购府令》第2条之5第1款之规定),在内阁府令规定的该股票等的持有人全体同意的情况下,可以特定收购而不以要约收购方式进行收购,不适用强

制要约收购的规定(日本《金融商品交易法》第27条之2第1款但书规定,日本《金融商品交易法施行令》第6条之2第1款第7项之规定)。根据内阁府令(《要约收购府令》第2条之5第2款之规定),特定收购后收购者所持该证券比例达到2/3以上的,符合以下①和②的条件的可不以要约收购方式进行:①特定收购的对象股票等(注82)的全体持有人书面同意,并提交记载了该同意的文书时;②不属于特定收购对象的股票等,与该对象外股票有关的种类经股东大会作出决议,或者,该对象外股票的全体持有人(仅限不满25人的情形)书面同意,并提交记载了该同意的文书时。 363

(注82):这里的对象股票也可以包括特定的种类股份。关于这一点,可参照日本最高法院判决平成二十二年(2010年)10月22日,《民集》第64卷第7号,第1843页,对平成十八年(2006年)修订前的《要约收购府令》的解释。

(4)特定买卖等(日本《金融商品交易法》第27条之2第1款第3项之规定)

特定买卖是指内阁总理大臣规定的使用交易所金融商品市场的有价证券竞价买卖以外的方法买卖有价证券的行为。该人对相关股票的持有比例超过1/3时,还须受到强制要约收购的规制。虽然从形式上看这种买卖也是一种市场交易,但有的买卖并不遵循时间优先、价格优先的原则(如东证的开市时间外交易的トストネットワン等)。这些买卖交易由于属于竞价交易以外的相对交易,其收购后持股比例超过1/3时也属于规制对象。

(5)市场内外交易的组合(日本《金融商品交易法》第27条之2第1款第4项之规定)

日本《金融商品交易法》规定,在政令规定的一定期间内(日本《金融商品交易法施行令》第7条第2款规定为3个月)收购[限于该期间内在交易所有价证券市场外收购超过政令规定的一定比例(同条第4款规定为5%)的情形]超过一定比例(同条第3款规定为10%)(注83)的股票的,或通过新股发行取得股票,使得收购者与其特别关联人合计持有该股票等的比例超过1/3的,该股票等的收购必须以要约收购的方式进行(日本《金融商品交易法》第27条之2第1款第4项之规定)。该规定是针对以市场内外交易组合的方法规避法律的交易形态而设置的,明确了要约收购交易规制的范围,即3个月以内收购10%以上的一系列行为。当然,受此规定强制要约收购的只有场外交易和开市时间外交易的部分,而场内交易并不受强制要约收购规制。而且受规制的场外交易也限于超过5%以上的情形。 364

比如,原先持有20%的股东,在3个月以内接受第三人定向增资8%的股份,与之相组合再在场外从极少数人处收购7%的股份,即达到持股35%而成为规制对象。但是,仅限于股票收购超过政令规定的比例(10%)的特定买卖,或在交易所金融商品市场外收购股票的部分(如上例的7%的部分),将强制适用要约收购。也即,即使合计比例超过1/3,其在场内收购的部分仍不适用强制要约收购。

(6)收购者间的竞争(日本《金融商品交易法》第27条之2第1款第5项之规定)

要约收购者在要约收购期间,原则上禁止以要约收购以外的方式取得股票(日本《金融商品交易法》第27条之5之规定),即禁止其他途径收购。因为同一个收购者在市场内外对同一只股票以不同条件收购的话,会对(愿意)提供股票的股东之间造成不公平的结果。与此相对,一直以来,要约收购者以外的主要股东可不以要约收购方式取得股份。但是,在争夺公司控制权的斗争中,如果其他主要股东能在不被强制要约收购的条件下从市场大量买入股份的话是不公平的,而且持有超过1/3股份的人(主要股东)的收购行为对公众投资者来说具有重要意义。因此,法律规定当他人以要约收购方式收购股份时,持股比例超过1/3的人在一定期间内收购超过一定比例的该股票的,也必须以要约收购方式进行(日本《金融商品交易法》第27条之2第1款第5项之规定)。受该规定影响,政令(日本《金融商品交易法施行令》第7条第5款、第6款)规定,要约收购期间取得超过5%股票的行为即为规制对象。

平成十八年(2006年)《要约收购府令》修订前尚没有这样的规定。但
365 是,在公司控制权的争夺中股票的收购出现竞争的情况下,一方面必须维持公平竞争,确保收购者的立场、地位平等,另一方面也须保证投资者能获得充分的供其作出投资判断的信息,基于此才进行了新的立法。

本就公开透明的场内交易是不需要强制要约收购的,但是作为例外,这里从确保收购者间的公平这一视点出发进行了规制。不过也有对该立法政策提出疑问的观点(注84)。

当然,为了不造成过度地规制(规制过剩),法律已经对强制要约收购的对象附加了对股票等持有比例超过1/3的这一限定条件。

(注83):该比例的计算除了含有下面的5%外,是按内阁府令的规定以有表决权的股份数量为基础进行的,不仅包含新股发行的数量,而且包含公司自我处分的股份数量。

（注84）：金融審議会金融分科会第一分会“公開買付制度等ワーキング・グループ報告——公開買付制度等の在り方について”6(1)［平成十七年(2005年)12月22日］认为，该规制会使在流通市场卖出的股份数量受限，可能导致流通市场无法正常运行。对要约收购期间出现的竞争者，原本会自然反映为要约收购价格的抬高，因而不需要过分进行法律规制。

(7)其他（日本《金融商品交易法》第27条之2第1款第6项之规定）

其他情形，按照政令（日本《金融商品交易法施行令》第7条第7款之规定）的规定准用以上列举的股票等证券收购的规定的，适用强制要约收购。

3. 收购行为

(1)收购行为的开始

实施要约收购的人必须事先进行要约收购公告。即须公告收购目的、价格，预定购买证券的数量，收购期间等事项（日本《金融商品交易法》第27条之3第1款之规定）。公告中应记载的事项内阁府令（《要约收购府令》 366
第10条之规定）有详细的规定。在这种情形中，如果收购期间比政令规定的期间（日本《金融商品交易法施行令》第9条之3第6款规定为30日）短的，根据发行人通过其意见表明报告书（可参照日本《金融商品交易法》第27条之10第3款之规定）的请求，对收购期间的延长必须通过公告方式进行明示（日本《金融商品交易法》第27条之3第1款后段之规定）。

实施要约收购的人必须于公告之日（公告日为周日、法定节假日的，为其次日）向内阁总理大臣提交要约收购申报书（日本《金融商品交易法》第27条之3第2款各项记载的文件及其附加文件）。完成在报纸上的公告并提交要约收购申报书的要约收购者，于其次日可开始实施要约收购行为。

要约收购者在提交要约收购申报书后，应立即将其副本抄送目标公司、收购对象证券上市的金融商品交易所和指定金融商品交易协会，以及就同一公司的证券提交要约收购申报书的人（日本《金融商品交易法》第27条之3第4款之规定）。该规定是考虑到在要约收购中，发行公司有必要对其股东表明意见（可参照日本《金融商品交易法》第27条之10之规定），交易所有必要从维持市场秩序的立场出发研究对策，竞争要约收购者有必要再次研究其收购条件而设置的。

要约收购的开始公告和要约收购申报书如其记载内容在形式上不齐备或违背事实，收购者应当进行更正公告，或提交更正申报书，如果没有自发实施,则由内阁总理大臣以命令强制其实施(日本《金融商品交易法》第27条之7第2款、第27条之8第3款之规定)。

另外,收购完成后,实施该收购的人所持股票等的比例合计达到2/3以
367 上的,原则上应当按照内阁府令的规定向该发行人发行的全部该股票,发出收购要约或卖出要约邀请(日本《金融商品交易法》第27条之2第5款,日本《金融商品交易法施行令》第8条第5款第3项之规定)。此即所谓全部劝诱义务。

(2)要约收购申报书

要约收购者应于要约收购开始之日,向内阁总理大臣提交记载有下述事项的文件以及内阁府令(《要约收购府令》第13条之规定)规定的附加文件,即要约收购申报书。但是提交日是周日或其他内阁府令规定的日期的,应当于其次日提交(日本《金融商品交易法》第27条之3第2款之规定、《要约收购府令》第14条之规定)。

要约收购申报书应当记载的事项包括收购价格(以及收购价格的计算依据),预定收购的证券数量,收购期间(包括要约收购开始公告明示的内容),收购的受领方式、结算方法以及要约收购者给收购附加的其他条件。该要约收购开始公告后,当事人缔结该要约收购证券不以要约收购的方式进行的,该契约的内容、要约收购目的、要约收购者相关事项以及其他内阁府令规定的事项必须记入要约收购申报书。

内阁府令第2项格式(《要约收购府令》第12条之规定)具体规定了要约收购申报书必须记载的事项。

(3)收购期间、收购价格

股票等的要约收购必须在政令规定的期间内完成(日本《金融商品交易法》第27条之2第2款之规定),这个收购期间为20日以上60日以内(日本《金融商品交易法施行令》第8条第1款之规定)。一方面,规定收购的最短期间,其目的是给股东提供是否应募要约收购的周全考虑的时间;另一方面,规定最长期间,其目的是防止要约收购的应募者长期处于不稳定的地位,同时尽早排除妨碍该证券顺利流通和形成公正价格的因素(注85)。

368 出现相互竞争的要约收购的,其收购期间可以延长(日本《金融商品交易法施行令》第13条第2款第2项之规定)。因为如果不能延长期间,一旦新的要约收购开始,原要约收购者将无法采取对抗措施。

另外,发行公司可以请求延长要约收购期间。即如下文所述,要约收购对象的股票等的发行人自要约收购开始公告之日起在政令规定的期间(日

本《金融商品交易法施行令》第 13 条之 2 第 1 款规定为 10 日）内，应当提交
记载有其对要约收购的相关意见及其他内阁府令（《要约收购府令》第 25
条之规定）规定的事项的文件（意见表明报告书）（日本《金融商品交易法》
第 27 条之 10 第 1 款之规定）。发行公司可在该报告书中说明其请求延长
记载于要约收购公告的收购期间至政令规定期间的意思及其理由（限于该
收购期间比日本《金融商品交易法施行令》第 9 条之 3 第 6 款规定的 30 日
短的情形）（日本《金融商品交易法》第 27 条之 10 第 2 款第 2 项之规定）。
内阁总理大臣将该意见表明报告书提供给公众阅览后（日本《金融商品交
易法》第 27 条之 14 第 1 款之规定），要约收购者必须将收购期间延长至政
令规定的期间（日本《金融商品交易法》第 27 条之 10 第 3 款之规定）。另
一方面，制作意见表明报告书的发行公司应当于报告书提交期间的最后一
日之次日，根据政令规定，将延长后的收购期间及其他内阁府令（《要约收
购府令》第 25 条之 2 之规定）规定的事项进行公告（日本《金融商品交易
法》第 27 条之 10 第 4 款之规定），该公告称作期间延长请求公告（同条第 5
款之规定）。该规定的目的是在要约收购者将收购期间设置得很短的情况
下，使目标公司能够有时间制作对抗方案并将之通知股东、投资者。并且投
资者也需要有供其周全考虑的充分的时间。内阁总理大臣认为，期间延长
请求公告的内容有必要更正的，可以根据内阁府令命令该期间延长请求公
告的实施者在指定期限内，公告或公布其更正内容（同条第 6 款之规定）。
也就是说，延长期限的公告应是目标公司的责任，要约收购者没有公告或提 369
交更正申请书的义务（日本《金融商品交易法》第 27 条之 6 第 2 款括号规
定、第 27 条之 8 第 2 款括号规定）。

通过要约收购进行收购时，其收购价格必须统一（日本《金融商品交易法》第 27 条之 2 第 3 款之规定），因为法律要求，在要约收购中必须平等对待所有的应募股东。以金钱之外的财产作为收购对价的，其交换比率、作价后的价格也必须在应募股东之间保持一致（日本《金融商品交易法施行令》第 8 条第 2 款之规定）。

（注 85）：可参见鈴木竹雄、河本一郎：《証券取引法（新版）》，第 183 页（有斐阁，1984 年）。

（4）要约收购说明书

要约收购说明书，是指记载有内阁府令规定的要约收购申报书中应当记载的事项和内阁府令规定的对公益和投资者保护必要且适当的事项的文件（日本《金融商品交易法》第 27 条之 9 第 1 款之规定）。要约收购者制作

要约收购说明书后,必须将其交付给意图卖出该证券的人(日本《金融商品交易法》第27条第2款之规定)。要约收购说明书的记载内容及交付方法由内阁府令规定,依据该规定,交付必须在收购之前或与开始收购同时完成(《要约收购府令》第24条第4款之规定)。

(5)要约收购的终止

要约收购的期间终止后,收购者必须立即将记载有收购股票数量及其他内阁府令规定事项的通知书送交应募股东(日本《金融商品交易法施行令》第8条第5款第1项之规定)。并且收购结算也必须在收购期间终止后毫无迟延地进行(同款第2项之规定)。

要约收购者除撤回要约收购的情形以外,必须受让并结算在收购期间应募的全部股票(全部收购义务),但是,在要约收购开始的公告及要约收购申报书中附加了以下条件的则不产生该义务(日本《金融商品交易法》第27条之13第4款之规定)。

370 ①应募股票等的数量合计,作为预定收购的股票等的数量的全部或者部分,比预先在要约收购开始公告或者要约收购申报书中记载的数量少(不满其记载数量)时,不实施对应募股票的全部收购;

②应募股票等的数量合计,超过预定收购的股票数量的,对其超过部分的全部或者部分不实施收购。

但是,即使在上述②的条件下,在一定情形中,仍可能要求要约收购者承担收购全部应募股份的义务(全部收购义务)。即要约收购完成后收购者的持股比例超过政令规定的比例(日本《金融商品交易法施行令》第14条之2规定为2/3)的,要约收购者仍须承担收购全部应募股票的义务(日本《金融商品交易法》第27条之13第4款括号规定)。该规定的目的是当大量持股的股东出现时,保护持有非收购对象股份的散户,使其不至陷入极其不稳定的地位。因为要约收购的后果往往是使持有非收购对象股份的股东的发言权大幅减少,如果因流通股票的减少导致公司退市的话这些股东甚至会失去处分其所持股票的机会。但是,如果过多地给要约收购者科以全部收购义务,不仅会增加收购成本,要约收购者对收购成本的预测也会更加困难,从保障企业事业再编(重组)顺畅性的角度来看,这可能是一种过度规制。并且,要约收购后收购者持股比例超过2/3的情况下,不仅公司有可能退市,而且根据公司法,收购者以外的股东对特别决议的否决权几乎会完全丧失,基于这种情况,对要约收购者科以全部收购义务是适当的(注86)。如果这时存在不同种类的股份,原则上这些股份也应是收购义务的对象(可参照《要约收购府令》第5条第3款第1项、第2项之规定)。

另外,在②的条件下收购的股票,必须按比例方式进行结算(日本《金融商品交易法》第27条之13第5款之规定)。

此外,要约收购股票等时,必须按照政令规定的条件和方法进行(日本《金融商品交易法》第27条之2第5款之规定)。受此影响,政令(日本《金融商品交易法施行令》第8条第5款之规定)规定:①收购期间终止后,收购者应当立即将记载有收购证券数量及其他内阁府令规定事项的通知书送交应募股东;②收购期间终止后,收购者应当立即实施受让及其他结算事项;③全部劝诱义务[可参照本节3(1)]。 371

(注86):金融審議会金融分科会第一分会:"公開買付制度等工作组(ワーキング・グループ)報告——公開買付制度の在り方について"5[平成十七年(2005年)12月22日]。

4. 条件的变更、撤回,应募股东的解除权

(1)条件的变更

原则上,要约收购者可以自由地对收购条件等进行变更(日本《金融商品交易法》第27条之6第2款之规定)。但是,如果法律认可自由降低收购价格或减少收购数量,不仅会造成对应募股东不利的结果,而且会给该证券流通市场带来巨大影响,投资者利益受到侵害的危险性也会增加。因此,日本《金融商品交易法》(日本《金融商品交易法》第27条之6第1款)规定,不得实施下列行为:①降低收购价格;②减少预定收购的股票等的数量;③缩短收购期间;④变更其他政令(日本《金融商品交易法施行令》第13条第2款)规定的收购条件等。但如果要约收购开始后,发行人实施分割股份、无偿分配股份或新股预约权等行为,致使股份价值稀释的,继续维持收购价格等于强加给要约收购者不利益的后果,因此,日本《金融商品交易法》规定,目标公司在收购期间实施股份分割以及其他政令(日本《金融商品交易法施行令》第13条第1款)规定的行为的,收购者可以按照内阁府 372
令(《要约收购府令》第19条第1款)规定的标准,降低在要约收购开始公告和要约收购申报书中记载的收购价格,即许可在一定条件下的降低价格(日本《金融商品交易法》第27条之6第1款第1项括号规定,日本《金融商品交易法施行令》第13条第1款之规定)。

法律还规定了依据政令(日本《金融商品交易法施行令》第13条第2款第1项之规定)禁止变更的收购条件(日本《金融商品交易法》第27条之

6第1款第4项之规定)。即应募股票等的总数少于要约收购开始公告和要约收购申报书记载的数量,导致收购者无须收购全部应募股票的,增加预定收购股票数的行为。但是,已经实施要约收购开始公告之后,该要约收购者或该股票的发行人以外的人公告或公布表明,以增加预定收购数的收购条件进行该股票的要约收购的,不在此限(同项但书之规定)。

平成十二年(2000年)修法前,法律只允许要约收购者提高收购价格,这对要约收购者极为不利。因为,如果出现要约收购竞争者或目标公司采取了种种反收购对策,要约收购者将被禁止采取增加收购股份数和变更收购条件等对应措施。现行法有限制地扩大允许变更收购条件的场合,正是基于在企业收购方和防御方之间取得利益平衡的考量。

要约收购者变更收购条件的,必须在收购期间依据政令的规定,公告条件变更的内容以及其他内阁府令(《要约收购府令》第19条第2款)规定的事项(日本《金融商品交易法》第27条之6第2款之规定),并向内阁总理大臣提交更正申报书(日本《金融商品交易法》第27条之8第2款之规定)。

(2)撤回

373 要约收购者在实施了要约收购开始公告以后,原则上,不得撤回收购要约或解除契约(日本《金融商品交易法》第27条之11第1款之规定)。因为如果要约收购者可以轻易撤回要约,便可能利用要约收购来操纵股价,同时也有可能将投资者置于不稳定的地位之上。但是,对于应募股东容易理解的事项,即收购者决定进入破产程序(开始破产程序的决定)以及其他政令规定的重要事项发生变更的,即使事先没有设置条件也可以撤回(同款但书规定)。另外,以除此之外的其他理由进行的撤回,只要事先设置好条件[如目标公司的业务或财产方面发生重要变动,或其他对要约收购目的的达成造成重大障碍的事项(限于日本《金融商品交易法施行令》第14条第1款规定的事项)],也可撤回。比如,可以设置当公司的收购防御措施导致要约收购目的难以实现时,收购者即可撤回收购的条件。

撤回要约收购的,原则上必须在收购期间的最后一日前,依据政令的规定公告(日本《金融商品交易法》第27条之11第2款之规定)撤回的意思及其理由,以及其他内阁府令(《要约收购府令》第27条之规定)规定的事项。同时,必须在公告之日向内阁总理大臣提交要约收购撤回申报书(日本《金融商品交易法》第27条之11第3款之规定)。

(3)解除

应募要约收购要约的股东(对收购要约作出承诺的股东和发出卖出要

约的股东)可于要约收购期间任意解除契约(日本《金融商品交易法》第27条之12第1款之规定)。该规定的目的是使股东能在充分考虑后变更其判断,或在出现竞争性要约收购时便于股东采取相应的行动。

374

5. 目标公司的意见表明

目标公司现在的经营者对要约收购以及未来的公司经营有怎样的考虑对股东作出是否应募要约收购的判断来说是极为重要的信息。因为通过将要约收购者的意见和目标公司经营者的意见进行比较,股东有更多可能作出合理的判断(注87)。即便不是敌意要约收购,目标公司的经营者采取怎样的对策也会对股东的判断造成较大影响。因此,让目标公司的董事等经营者承担意见表明义务具有正当性,日本《金融商品交易法》也对该义务作出了规定。即要约收购的对象股票的发行人,必须自要约收购开始公告日起10个营业日内向内阁总理大臣提交意见表明报告书(日本《金融商品交易法》第27条之10第1款,日本《金融商品交易法施行令》第13条之2第1款之规定)。设置该规定的初衷是使要约收购者与目标公司之间的斗争以投资者能够看见的方式进行。

意见表明报告书(《要约收购府令》第4号格式)除记载与要约收购相关的意见的外,还可记载:①对要约收购者的质问;②延长要约收购开始公告记载的收购期间至政令规定期间的请求及其理由(仅限于该收购的期间比政令规定的期间短的场合)(日本《金融商品交易法》第27条之10第2款之规定)。

上述①意味着发行公司拥有质问权。由于发行公司有迫切地向要约收购者提出各种质问的需要,通过上述①为目标公司设定质问权的意义十分重大。但是,作为权利的质问只能行使一次,反复质问与回答,这种讨论式的操作并非当然允许。反之,法律并没有规定要约收购者对目标公司的质问权。

上述②的记载意味着前述[本节3(3)]目标公司(发行公司)可请求延 375
长要约收购期间,而且要约收购者必须进行延长。

意见表明报告书必须同时交付给要约收购者和所上市的金融商品交易所(日本《金融商品交易法》第27条之10第9款之规定)。收到意见表明报告书副本的要约收购者在该意见表明报告书记载对其的质问时,必须自收到该副本之日起5日内(日本《金融商品交易法施行令》第13条之2第2款之规定),向内阁总理大臣提交记载有对该质问的回答的文件(对质问回答报告书,第8号样式)(日本《金融商品交易法》第27条之10第11款)。如果要约收购者认为没有必要回答该质问,也不得置之不理,仍必须记载其认为没有回答必要的理由。该规定的目的是通过公开质问与回答帮助投资者作出投资判断。

要约收购者提交对质问回答报告书后,必须立即将其副本提交给目标公司和金融商品交易所(日本《金融商品交易法》第27条之10第13款之规定)。

(注87):可参见森本滋:"株式公開買付"大系第307页。

6. 其他途径收购的禁止

(1)意义

在要约收购的制度中,平等地对待所有股东十分重要。因此,要约收购者在要约收购期间不以要约收购方式收购股票的,特别是以高价向特定股东收购股票的,将导致股东间的不平等。所以《金融商品交易法》在原则上禁止该行为的同时,也明确规定了允许该行为的例外情形(日本《金融商品交易法》第27条之5之规定)。

376 作为规制的方法,当出现以比要约收购更高价的通过其他途径进行收购时,可以(将其)视为对收购价格的提升,对于应募要约收购的股东而言,也可以考虑以与其他途径的同等收购高价将股份卖出。但是,由于立法技术上的困难,其他途径的收购被一律予以禁止。如果违反此规则,要约收购者将承担损害赔偿责任(日本《金融商品交易法》第27条之17第1款之规定)。该赔偿额为要约收购者进行其他途径的收购行为时所支出的价格减去要约收购价格,再乘以应募股东的应募股票后所得的金额(日本《金融商品交易法》第27条之17第2款之规定)。

(2)被允许的情形

对于那些如果采用形式要件,就会被认定为特别关联人,但因为其并没有进行转让或者表决权行使,因而如果采用实质基准,又不会被认定为特别关联人,对于这些人实施的收购行为,若一律作为其他途径的收购加以禁止,显然并不合理。原因在于,即使满足形式要件,也存在站在对象公司一方为了对抗要约收购而进行收购的情形。因此,对于该种依据实质要件并非特别关联人的,其可以通过向内阁总理大臣提交申报,达到从其他途径收购的禁止情形中被排除(日本《金融商品交易法》第27条之5第2项之规定,《要约收购府令》第18条之规定)。

除此之外，作为其他途径的收购予以禁止的情形还包括以下数种。在关于该公司的股票等的要约收购开始公告之前，缔结了不通过要约收购的方式进行收购的契约，且该契约及其内容明确写于该要约收购申报书。这是因为虽然已经存在收购契约，但也要让当事人可以实施新的要约收购（日本《金融商品交易法》第 27 条之 5 第 1 项之规定）。另外，日本《公司法》上的股份回购请求权以及以新股预约请求权为基础的收购等的政令也在其他途径收购的禁止情形之外（可参照日本《金融商品交易法施行令》第 12 条之规定）。

377

7. 特殊的收购

（1）交换收购

要约收购中，往往并不局限于以现金作为对价，如也可能是以所持有的有价证券作为对价，这也就是所谓的交换收购（exchange offer）。但是，对于不特定的多数人提供有价证券之时，就符合（满足）了有价证券的募集或者卖出的情形。对此，依据日本《金融商品交易法》第 4 条第 1 款之规定，就会产生有价证券申报书的提出义务。但是，根据日本《金融商品交易法》第 8 条之规定，该申报书提出后非经 15 日并不发生效力，因此 15 日内收购是无法达成的。因此，日本《金融商品交易法》第 27 条之 4 第 1 款便规定只要能同时提交第 4 条中的有价证券申报书与要约收购申报书或更正申报书，便可以开始实施收购行为。

（2）发行公司的要约收购

发行公司可以通过要约收购取得公司的自我股份。本来，由于发行公司即使在市场之外取得自己的股份也没有表决权（日本《公司法》第 308 条第 2 款之规定），并不会发生公司控制权的变动，因此也就没有必要对要约收购予以强制规定。但过去的日本《商法》对股份公司取得自我股份的行为加以严格的规制。与之相对，现在的日本《公司法》对取得自我股份的规制有所宽缓，大多情况下对取得行为都予以认可（参见日本《公司法》第 155 条）。另一方面，对于自我取得股份的行为，也预想到其可能引发的诸多弊害。如在发行公司取得自我股份的情境下，就会担心可能产生违反股东平等原则、内幕交易、操纵市价等弊端。对此，日本《金融商品交易法》对发行人的上市股份等的要约收购行为进行了相关的规制。

上市股票等的发行人在金融商品交易所以外的场所进行要约收购时，基于日本《公司法》第 156 条第 1 款通过有偿取得的情形（预先在股东大会

378 的决议中,就取得的股份的数量、对价、取得期间进行决议,然后由董事会等决定取得股份的情形),抑或发行公司为外国公司时,须符合政令规定,必须在让多数人对与收购相关的事项可以获知的状态下方能实施收购(日本《金融商品交易法》第27条之22之2第1款之规定)。但是,在交易所金融商品市场中实施与有价证券买卖类似(准有价证券买卖)的政令所规定的交易,或者事先在股东大会上决议仅对特定股东进行取得通知,在此基础上实施收购的,由于信息提供以及股东之间不平等的问题并不显著,因此其可以不通过要约收购来实施(同款之规定)。

再者,对基于要约收购取得自我股份的公司而言,若其未将日本《金融商品交易法》第166条规定的相关重要信息予以公布,则其负有在递交要约收购申请书之日前公开该重要信息的义务(日本《金融商品交易法》第27条之22之3第1款之规定)。同时,公司在要约收购期间发生重大事件之时,其亦负有相应的通知义务(同条第2款之规定)。若违反上述义务,该公司以及其董事、监事等人员也要承担相应的责任(日本《金融商品交易法》第27条之22之4之规定)。

母公司取得子公司(母公司和其特别关联人持有该公司股份合计比例超过50%的情形)股份的情况下,通常排除要约收购规定的强制适用,但是当其持有股份超过2/3时,就会成为要约收购的调整对象(日本《金融商品交易法》第27条之2第1款但书之规定,日本《金融商品交易法施行令》第6条之2第1款第4项之规定)。

(3)MBO

MBO意指公司经营者(抑或其出资的基金)收购该公司股份取得经营权后继续经营该公司的情形。这样进行收购时亦会采用要约收购的方式,但是,在这种情形中,经营者和股东的利益就会具有存在冲突的可能。因为,一方面经营者希望以低价取得股份,但是另一方面股东却希望以高价出卖其股份,也因此就会产生经营者歪曲其提供给股东的信息,采取不符合股
379 东利益最大化的行动的危险。对此,内阁府令规定,在要约收购者是被收购公司的董事、监事等人员,以及基于被收购公司董事、监事等人员的委托实施收购的人,与被收购公司董事、监事等人员利益相通的人,或是意图将被收购公司作为子公司运营的其他法人等情形下,只要存在对收购价格的算定时参考了第三人的评估报告、意见书或其他与此类似的文件等,则该文件的副本必须作为要约收购申报书的附件(《要约收购府令》第13条第1款第8项之规定)。另外,作为公正性的担保措施,就利益相反的回避措施等

也被要求作为要约收购申报书的记载事项予以记载(可参照《要约收购府令》第12条之规定,第2项格式)。

8. 要约收购报告书

实施要约收购的人,在要约收购期间最后一天的次日,根据政令的规定,必须将该要约收购相关的应募股票等的数量及其他内阁府令规定的事项予以公告或公开发布(日本《金融商品交易法》第27条之13第1款之规定)。同时,在该公告或公开发布实施之日,必须将记载有该公告或者公开发布的内容及其他内阁府令规定事项的要约收购报告书提交给内阁总理大臣(日本《金融商品交易法》第27条之13第2款之规定)。因为要约收购的成功与否属于会给股票市场带来重大影响的信息,因此其具有披露的必要性。但是在进行要约收购撤回公告的情形下,就不存在上述要求(日本《金融商品交易法》第27条之13第1款但书规定)。

9. 要约收购的相关责任

(1)民事责任

法律规定在要约收购申报书、说明书、对质问回答报告书等中实施了重大虚假记载的人以及怠于提交申报书、说明书的相关人员负有相应的损害赔偿义务,且适用发行披露(参见第二编第二章)的相关规定(日本《金融商品交易法》第27条之16、第27条之19、第27条之20之规定)。而对于违
反禁止实施其他途径收购的规定进行收购的人,以及进行违法结算的人,均 380
要承担相应的损害赔偿责任(日本《金融商品交易法》第27条之17、第27条之18之规定),且关于后者的责任,对于要约收购的人应负的损害赔偿数额法律已存在具体规定(日本《金融商品交易法》第27条之18第2款之规定)。诚然,这些相关规定都意图保护股东利益,但也对上述的损害赔偿请求权规定了短期的消灭时效(日本《金融商品交易法》第27条之21之规定)。

(2)刑事责任

法律中对违反要约收购相关规定的行为规定了诸多相应的刑事罚则。例如,在要约收购开始公告时对重要事项做虚假(虚伪)陈述(表示)的人(日本《金融商品交易法》第197条第1款第2项之规定),以及不进行发布或实施虚假(虚伪)发布的人(日本《金融商品交易法》第197条第1款第4项之规定),均会受到徒刑和罚金的处罚。另外,对于不提交要约收购申报

书的行为(日本《金融商品交易法》第197条之2第5项之规定)以及其他违反要约收购相关禁止规定的情形都会被科以相应的刑事处罚(日本《金融商品交易法》第200条第3项之规定)。

(3)课征金

不进行要约收购开始公告便收购股份的行为人,会被科以罚款。在这种情形下,罚款数额就相当于未进行要约收购公告即购得股票的收购价格,乘以收购股份数量之积的25%(日本《金融商品交易法》第172条之5之规定)。

此外,对重要事项进行虚假(虚伪)陈述(表示)或实施的要约收购开始公告中存在对应当予以陈述(表示)的重要事项存在欠缺、疏漏的情形的,以及提交具有虚假(虚伪)记载或记载有所缺漏的要约收购申报书、订正申报书、订正报告书、对质问回答报告书的行为人都要被科以罚款。该情形下,罚款的数额就等于该要约收购开始公告之日的前日的要约收购对象股票的收盘价格,乘以要约收购的股票数额所得之积的25%(日本《金融商品交易法》第172条之6第1款之规定)。同时,对于未提交要约收购申报书、订正申报书、订正报告书、对质问回答报告书的行为人亦存在相同规定(日本《金融商品交易法》第172条之6第2款之规定)。

381 ## 第二节　股份大量持有的披露

1. 股份大量持有的披露的意义

原则上,股份公司不能自行收购作为其社员地位(象征)的股份,取而代之的是法律认可并保证股份的自由转让性(日本《公司法》第127条之规定)。对于发行公司而言,这就意味着无论谁取得该公司的多少股份,该公司都不得提出异议。而且,在平成二年(1990年)修改原日本《证券交易法》的背景之下,原则上,股份的大量持有行为以及股份的收购行为并不是其所要规制的对象。其结果是,对于收购股份者而言,无论其取得多少股份抑或持有多少股份,只要股东名册上的名字没有修改,收购股份并持有的情况一般都无法明晰。

但是,如果特定的人持有大量公司股份,通常会给公司的控制关系以及股票的市场价格等带来重大的影响,尤其对于投资者而言,有时要承担无法预知的风险。原因就在于在股份收购是秘密进行的情境下,不知该信息的投资者就可能要承担因股价变动而带来损害的风险。

而且，纵观日本以往发生的事例，公司股份的收购者通常都希望将收购的股份高价转移给发行公司及其关联公司，这样的大量收购者（green mailer）会对公司进行各种各样的骚扰，企图让公司回购其股份。在这种情形下，如果公司的确收购了该股份，一方面会损害公司和股东全体的利益，另一方面，收购者也会获得一般投资者所无法得到的不当利益。而随着高价收购的肆意横行，股价发生的大幅波动势必会给一般的投资者带来无法预测的损害。

对此，如果大量持有和大量取得股份的信息能得以披露，对投资者而言 382
其就可以对股价做出公正的评价，同时对于发行公司而言也更易于制定对大量收购者的对策。所以，为了使投资者可以做出合理的投资判断，这样的信息就具有了进行披露的必要，即之所以要求股份大量持有的信息能得以正确披露，就是为了保证市场的透明性及公正性并有助于保护投资者权益。反之，如果上述信息未被披露，则公正的股份交易就很难得到保证。于是，自平成二年（1990 年）日本《证券交易法》修正以来，在会给公司的控制权及股价带来重大影响的情形下，即对于取得或持有超过 5%股份或对股份的供给带来巨大影响造成超越 1%持有变动时，相关信息都必须适当、适时地公开（日本《金融商品交易法》第 27 条之 23～第 27 条之 30 之规定）。

所谓的 5%的基准，是根据前述要约收购相关规制得出的结论。基于股份相互持有等，考虑到浮动股份极其少的公司的情形，即使是持有 5%的股份也很明显会对公司的控制权和股价带来相当大的影响。

而制定该规定之初，虽然曾被指出会使得企业收购本身变得越发困难，但是将规定建立在对企业收购做出消极评价基础之上的，其立法的目的并不在于使得企业防卫变得更加容易，而是为了使企业收购行为不再秘密进行，转而以更为公开的形式操作（注 88）。

之后，随着最近短时间内大量持有上市公司股份的例子越来越多，基于提高市场公正性和透明性从而保护投资者利益的目的，以及追求股份持有比例披露的快速及正确性的考量，特例报告制度于平成十八年（2006 年）进行了修改，同时还缩短了报告期限。

（注 88）：证券交易审议会报告书不公正交易特别分会提交的《株券等の大量の保有状況に関する情報の開示制度の在り方について》［平成元年（1989 年）5 月 31 日］中表明，在证券行政中带入企业防卫和产业政策的观点并不恰当。

383

2. 大量持有报告书的提交义务

(1)大量持有人

大量持有报告书的提交义务人指的是股票或附新股预约权公司债等(股票关联有价证券)的持有比例超过5%的股份持有人(日本《金融商品交易法》第27条之23第1款之规定)。在这里,“持有人”一词指的并不是根据股份持有名义而决定的形式上的概念,而是一种实质的概念。简言之,从实质上来看,这里的标准是持有人是否持有超过5%的股票,是否拥有相应程度的公司控制权。只要符合(属于)上述“持有人”情形,则无论其具有何种意图,都负有必须提交报告书的义务。

首先,这里的“持有人”指的不仅是以自己名义持有的人,还包括使用虚构名称等他人名义持有股份的人。例如,基于合同上的或者法律上的规定,为控制发行公司的事业(经营)活动,有权行使作为发行公司股东的表决权,或有权对该表决权的行使发出指示的人(日本《金融商品交易法》第27条之23第3款第1项之规定)以及基于全权委托投资合同,为开展合同及法律上的股票投资行为而享有必要的权利的人都被包括在“持有人”概念之内(日本《金融商品交易法》第27条之23第3款第2项之规定)。

其次,在计算持有股份比例是否超越5%时,如同进行信用交易一般,要先将该持有人所持有的股票数减去发行人发行的股份中负有对他人进行交付义务的股份数。

另外,相减后所得结果还要加上该发行人发行的由共同持有人持有的股票数(日本《金融商品交易法》第27条之23第4款之规定)。对此,名义上暂且不论,但从对公司的影响力来看,如果不将共同持有人的持有数额进行持有比例的合计计算,很明显会使得该规制的实效性有所欠缺。而这里
384 的共同持有人指的是:①股票持有人与其他持有人共同获取某公司股票,或对转让该股票行为达成合意的情形;②就表决权等作为股东权利的行使,与其他持有人达成了合意的情形(日本《金融商品交易法》第27条之23第5款之规定);③虽然并不一定满足上述情形,但在与持有人是夫妻关系以及与持有人是拥有超过50%资本关系的子公司或兄弟公司的情形下,即使不存在股票取得、表决权行使的合意,也可基于特殊关系,将其视为共同持有人(日本《金融商品交易法》第27条之23第6款之规定,日本《金融商品交易法施行令》第14条之7之规定)。但若其所持有的股票数并没有那么多(日本国内法人发行的股票等,单个主体股票的持有比例不满0.1%的情

况),就不能被视为共同持有人(《大量保有府令》第6条第1项之规定)。正是由于共同持有之意思的证明并非易事,所以设置了上述规定。

关于职工持股会,如果满足共同取得股票的要件(日本《金融商品交易法》第27条之23第5款之规定),就应(将其)作为共同持有人。但是,由于各成员间共同持有的意思十分微弱,也有学说对此质疑。

如果满足共同持有人的要件,则各自都将负有相应的披露义务。

在共同持有人之间存在股票等的消费借贷时,对于成为对象的同一股票,无论是对于出借方还是借入方而言,其是否计入股票等的持有比例都是问题所在。关于这一点,在一般的持有比例的计算上,通常要扣除负有交割义务的股票数,但对共同持有人所负有交割义务的股票数不必扣除。同时,合计的共同持有人的持有股票数中,不包括持有人和共同持有人之间存在交割请求权与其他政令(日本《金融商品交易法施行令》第14条之6之2之规定)规定的权利的部分(日本《金融商品交易法》第27条之23第4款之规定)。

(2)特例报告

对于投资者而言,证券公司、银行、信托公司、保险公司、证券投资信托的委托公司、投资顾问业者等机构投资者大量取得和持有股票的信息,显然 385
都属于其投资判断的重要事项。但是,上述机构投资者通常将股票的经常性交易作为其投资管理的方法。换言之,大多数情况下其并不带有对公司经营施加影响力的目的(而交易股票)。因此,对于证券公司、银行等其他内阁府令规定只要其不以给股份发行人的经营活动带来重大变更或重大影响的政令规定的行为(重要提案行为等)作为持有目的而持有的股票,不超过已发行股份总数的1/10,即可作为特例得到认可。虽然在平成十八年(2006年)修法之前,以“不以控制公司的经营活动作为持有目的”作为其要件[平成十八年(2006年)修法前的第27条之26第1款之规定],但在现行的日本《金融商品交易法》项下,该范围以“重要提案行为”,并通过政令的形式(日本《金融商品交易法施行令》第14条之8之2之规定)得以明确化。

在符合特例报告的情形,其自身关于大量持有报告书的披露义务相较于通常情况而言会略显宽缓。例如,通常情况下,大量持有人必须在5日之内将大量持有报告书提交给内阁总理大臣。而与之相对,对于上述机构投资者而言,其只需要在股票持有比例首次超过5%的基准日起5日内提交报告书即可(日本《金融商品交易法》第27条之26第1款之规定)。同时,此处的基准日指的是从政令规定的每月 2 次以上指定之日的组合中,特殊规定对象股票持有人按照内阁府令的规定向内阁总理大臣提交申请之日(日本《金融商品交易法》第 27 条之 26 第 3 款之规定,日本《金融商品交易法施行令》第 14 条之 8 之 2 第 2 款之规定)。因此,特例报告的提出时间通常是在每月 2 次以上的每个基准日的 5 个营业日之内。

与此相对,如果机构投资者以政令规定的对发行人的经营活动带来重大变动或重大影响的行为作为其持有股份的目的,则其就必须承担前述与普通大量持有人相同的义务(日本《金融商品交易法》第 27 条之 26 第 1 款之规定)。而此处所言的“政令中规定的给发行人的经营活动带来重大变
386 更或重大影响的行为”其实指的就是上述重要提案等行为。具体而言,日本《金融商品交易法施行令》第 14 条之 8 之 2 第 1 款中有详细规定,比如,重要财产的处分和受让、高额借款、代表董事的选任和解职、股份交换、股份移转、公司合并与分立等。

而对于特例报告的机构投资者而言,即使其最初没有实施上述行为的意图,但只要其自股票持有比例超过 5%之日起于政令规定的期限内实施重要提案等行为,其就必须在实施该行为的 5 日前向内阁总理大臣提交大量持有报告书(日本《金融商品交易法》第 27 条之 26 第 4 款之规定)。

之所以设置这样的除外规定,是因为如果特例报告的利用行为违反该制度原来的主旨,就会产生与普通的大量持有人之间的不公平。

而基于同样的主旨,在其持有的股票比例增加 1%以上的情形中,若其自增加之日起于政令规定的期限内实施重要提案等行为,则其必须在实施之日前 5 日内向内阁总理大臣提交变更报告书(日本《金融商品交易法》第 27 条之 26 第 5 款之规定)。

相反,即使股票持有比例超过 10%而不在特例范围的持有人,但如果其持有比例低于内阁府令规定的数量,在其适用特例规定的情形下,则必须在 5 日内提交变更报告书(日本《金融商品交易法》第 27 条之 26 第 2 款第 3 项之规定)。

另外,对于增加了特例报告负担的平成十八年(2006 年)的修法,可能由于其不仅增加了公司的事务负担,也使机构投资者的投资方法为他人所知,造成其他投资者争相追随(跟随),因此机构投资者中间似乎存在不满。

(3)对象有价证券

大量持有披露制度要求的披露对象并不单纯仅指持有股份一事,还包括能给公司控制权带来变动的地位。

作为披露对象的有价证券，指的是被上市的有价证券之中的股票（扣除内阁府令规定的没有表决权的股份等相关的股票）、新股预约权证券以及附带新股预约权的公司债（排除只被赋予取得没有表决权股份的新股预约请求权）、投资证券，以及外国人发行的具有有价证券性质的证券、证书 387
等（日本《金融商品交易法施行令》第 14 条之 5 之 2 的规定）。

这里的问题是，由于大量持有股份会对公司的控制权产生影响，所以对于在股东大会中完全不具有表决权的股份（无表决权股）就应在规制之外。换言之，能够转化为股份的有价证券也包含于其中，即附带新股预约权的公司债也属于被规制的对象。如果大量持有投资证券也可能产生控制被投资法人的效果，则也应包含于对象有价证券之中。再者，就含有取得请求权和取得条款的无决议权股份来说，只要发行该股份的公司在章程中没有规定通过获得该股份可以交换具有决议权的股份，则其就不能成为对象有价证券（《大量保有府令》第 3 条之 2 之规定）。

在计算 5%之时，此处的分母指的是已发行的股份总数（以有价证券报告书的记载为基准）。但是，如果持有人拥有的是附带新股预约权的公司债等，虽非股份但可以转变为股份的证券的情形下，也必须将持有人所拥有的证券换算为股份并加算于分母之中。

3. 大量持有报告书的披露

（1）披露内容

应当于大量持有报告书中披露的事项，除包含持有人及其共同持有人的住所、姓名、事业（经营）内容等之外，还囊括了股票持有比例的相关事项、取得资金的相关事项以及最近 60 日内取得或处分的状况等（《大量保有府令》第 2 条第 1 项格式）。

首先，大量持有人必须在其成为大量持有人之日起 5 日内将大量持有报告书提交给内阁总理大臣（日本《金融商品交易法》第 27 条之 23 第 1 款之规定）。其次，大量持有人必须毫无迟延地向发行公司以及金融商品交易所（上市股票的情形下），或被许可的金融商品交易协会（店头注册股票 388
的情形）提交相关文件的副本（日本《金融商品交易法》第 27 条之 27 之规定）。但是，如果交付对象是发行公司，则在有内阁府令规定的情形下，可以使用电子（数字化）信息处理系统的方法来代为提供（日本《金融商品交易法》第 27 条之 30 之 11 第 4 款之规定）。

而自内阁总理大臣受理相关报告书之日起 5 年内、证券交易所或证券业协会接受交付之日起5年内,其均必须将上述文件提供给公众阅览(日本《金融商品交易法》第27条之28第1款、第2款之规定)。

对于发行公司而言,披露也使其可以通过临时报告书等向股东等提供更多的关于大量持有的信息。

披露内容中还包括持有目的这一项,该项要求必须予以具体记载,如施行纯投资、政策投资、重要提案行为等[可参照《大量保有府令》第2条第1项格式记载的注意(10)]。而若存在复数持有目的的情形,则必须将其全部记载。

(2)资金的出处

资金的出处是大量持有报告书中所需要披露的一环,而这实际上是为了明晰现实中的股份收购究竟是基于何人的意思或者指示。简言之,该披露内容指向的并非名义上的收购者,更多的在于明确何人与该收购行为有真正的利害关系,又或是包含着探明收购者是否属于今后还有进行进一步收购余力(财力或者能力)的人的意思。

但是,如果是从金融机构借入资金(如政令规定的银行等),同时尚不明晰大量持有人是否是建立在以借入资金作为股份的取得资金的基础上行使借款行为之时,内阁总理大臣可以不向大众公开该金融机构的名称。与之相应,大量持有人自身可以在去除相关金融机构名称的基础上,再将相关的文件副本提交给发行公司、被许可的金融商品交易协会(日本《金融商品
389 交易法》第27条之28第3款之规定)。而之所以如此规定,原因就在于金融机构的通常业务即为施行贷款,在尚不确定持有人是否是以收购股份为目的实施借款行为的情况下,强制披露显然并不妥当。当然,这其中也有基于日本国内的金融机构本身就并不愿意被他人评价为协助实施股份收购行为的考量。但是,内阁总理大臣仍有必要知悉金融机构的名称,即其必须要能够判断银行究竟是在施行通常的贷款行为,还是在从事共同收购行为。

(3)变更报告书与订正报告书

为了更为适当且适时地披露股份大量持有的相关信息,关于持有的变更情况也有必要迅速予以披露。对此,应当提交大量持有报告书的股票持有人在成为大量持有人之后,若其股票持有比例由于股票处分或取得行为增加或减少1%以上,或其他大量持有报告书中理应记载的重要事项发生变更时,持有人须于更改之日起5日内向内阁总理大臣提交变更事项的报告书(日本《金融商品交易法》第27条之25第1款之规定)。但是,即使在持有人股票持有比例减少1%以上的情况下,该股票的持有比例不足5%

的,且已经提交了有相关记载的报告书时,此种情形下就不需再提交变更报告书(同款但书规定)。

同时,股票持有比例未满1%的持有人成为共同持有人,以及股票持有比例未满1%的持有人从共同持有人中脱离的情形,都不属于此处所说的重要事项的变更(日本《金融商品交易法施行令》第14条之7之2之规定,《大量保有府令》第9条之2之规定)。

变更报告书的提交情形与大量持有报告书的提交情形相同,持有人必须将其副本提交给金融商品交易所、被许可的金融商品交易从业协会及发行公司(日本《金融商品交易法》第27条之27之规定),对发行公司也可以使用电子(数字化)信息处理系统的形式进行替代(日本《金融商品交易法》第27条之30之11第4款之规定)。

而对于需要提交大量持有报告书抑或变更报告书的大量持有人而言, 390
其义务并不局限于此。当大量持有报告书或变更报告书的提交者发现文件记载的内容与事实不符,重要事项或为免生误解所必要的重要事实的记载不完备或有缺失时,其必须向内阁总理大臣提交修正报告书(日本《金融商品交易法》第27条之25第4款之规定)。除了上述自发提交订正报告书之外,当出现大量持有报告书或变更报告书形式上不完备,或应当记载的重要事项记载不充分情形时,内阁总理大臣可以命令持有人提交订正报告书(日本《金融商品交易法》第27条之29第1款之规定)。

大量持有报告书被规定须通过电子(数字化)信息披露程序进行提交(日本《金融商品交易法》第27条之30之2之规定)。在平成十八年(2006年)修法以前,由于可能出现提交者是个人的情形,所以电子(数字化)信息披露程序被作为任意电子(数字化)信息披露程序。但是,持有5%股份的持股人通常并非一般的投资者,故为了提高证券市场的效率,强制使用电子(数字化)信息披露程序也未尝不可,这也使公众阅览能更为迅速。

(4)大量转让的披露

在短期内大量转让股票的人,须将股票转让的相对方及转让对价等相关事项记载于变更报告书之中(日本《金融商品交易法》第27条之25第2款之规定)。而之所以要对大量转让行为进行报告,是由于以前大多数的收购者都希望发行公司或其董事与监事等人员、关联公司等能高价收购其股份,而对于转让方而言,其能通过披露相对方的信息来抑制高价收购要求。同时,若通过转让股份而导致收购终止则意味着股价下跌,因此,大量转让对于投资者而言也属于重要信息。

此处的大量转让指的是《金融商品交易法施行令》第 14 条之 8 中规定的,在 60 日内超过已发行股份总数的 5%,且股票持有比例不满 1/2 的情形
391 (从持有比例中最高者开始计算)。在有价证券市场外进行转让的情形下,必须将每一个转让相对方的姓名或名称记载于变更报告书之中。但是,在有价证券市场中进行转让时,若出现无法知晓相对方的情况,则只需将其理由进行明确记载,而关于相对方的记载则可以省略[可参照《大量保有府令》第 10 条第 2 项格式;记载上的注意点(f)]。即关于有价证券市场中的转让,如果在通谋的基础上通过有价证券市场的交叉交易而进行转让时,则有必要记载相对方。同时,有价证券市场的交易,不需要记载对价。

(5)罚则

此处的规制并不将私法上的效力作为问题,而如若违反,将会受到刑事制裁。也即,不提交大量持有报告书、变更报告书的人或提交了对重要事项存在虚假(虚伪)记载的大量持有报告书、变更报告书、订正报告书的人将受到 5 年以下有期徒刑或 500 万日元以下罚金的处罚(日本《金融商品交易法》第 197 条之 2 第 5 项、第 6 项之规定)。

同时,不提交大量持有报告书、变更报告书的人(日本《金融商品交易法》第 172 条之 7 之规定),或提交对重要事项有虚假(虚伪)记载的大量持有报告书、变更报告书等的人(日本《金融商品交易法》第 172 条之 8 之规定)亦是被命令缴纳课征金的对象。

第四编　金融商品交易业者

第一章　金融商品交易业者

第一节　注册的规制

1. 注册是必要的行为

金融商品交易业是指经营日本《金融商品交易法》第2条第8款中所列举的行为,并以此为业。实施金融商品交易业必须向内阁总理大臣进行注册,否则不得开展业务(日本《金融商品交易法》第29条之规定)(注1)。

未经注册即以日本《金融商品交易法》第2条第8款所列举行为为业并进行经营的人将被科处3年以下有期徒刑或300万日元以下的罚金抑或两者并罚(日本《金融商品交易法》第198条第1项之规定)。"以此为业并开展经营"指的是抱着反复实施的意思实施该行为,因而自其第一次实施行为起就有必要进行金融商品交易业的注册。但是,如后述列举的行为仍很有探讨的必要。由于其不以营利目的为要件,因此即使不以获取手续费为目的,也有可能属于(从事)"业"的范畴。

自日本《证券交易法》在昭和四十年(1965年)修正以来,证券公司(的设立)都采用许可制,且其负有"专营专业"的义务。也因此,在证券行业以外,还有投资信托委托业、投资顾问业等业务及其规制也各自发展起来。在平成十年(1998年)《证券交易法》修改中,虽然将证券公司(的设立)改为注册制的同时,废除了其“专营专业”的义务,允许其兼业从事投资信托委托业、投资顾问业的业务,但对证券业的定义本身并未加以更多的变更。而日本《金融商品交易法》为了对关于投资性高的商品的相关行为进行规制(特别是行为规制),扩大了金融商品交易业者需要注册行为的
396 范围。

金融商品交易业者需要注册的行为依次有以下①~⑱项(日本《金融商品交易法》第2条第8款之规定)。

①有价证券的买卖、市场衍生品交易、外国市场衍生品交易(日本《金融商品交易法》第2条第8款第1项之规定)。

为自己的利益(经济效果归属自己)实施交易,典型的就是金融商品交易业者实施的自我买卖业务。金融商品交易业者作为市场的中介者,其本来的业务是为了他人的利益(经济效果归属他人)实施有价证券的买卖和衍生品的交易,而为了防止其将自我买卖业务置于中介业务之前,就有必要对业者的自我买卖业务进行规制。但这种情形下,中介行为以业者注册为必要条件,而实施自我买卖并不(是)要求进行注册(的原因)。再者,投资者为了其自身的利益(经济效果归属自己)反复实施上述行为,没有要求其注册的必要性,事实上也没有被要求注册的例子,因而仅以从事自我买卖业务作为金融商品交易业规制的立法(理由、态度)可能就显得有些不当。

②上述①中的交易的媒介、代销、代理(日本《金融商品交易法》第2条第8款第2项之规定)。

在他人的有价证券买卖或衍生品交易中起中介作用的行为,其典型情形就是金融商品交易业者的受托买卖业务。以有价证券为例,所谓的买卖的媒介即指为他人间的有价证券买卖能得以成立而努力协助的行为,因此,为了企业收购而以股票交易的中介为业实施金融商品交易,就有注册的必要。而代销指的是为了他人的利益(经济效果归属他人),并以自己的名义从事买卖的行为(可参照日本《商法》第502条第11项之规定)。当金融商品交易业者向金融商品市场提供顾客的买卖要求之时,其自身就取得了间接委托的形式,也因此成了《商法》上的批发商(可参照日本《商法》第551条之规定)。与之相对,买卖的代理即指在他人意思的基础之上以他人的名义从事买卖行为。为了保护投资者的权益以及为了使得有价证券的买卖交易能顺利进行,有必要对上述中介行为进行适当的规制,也因此将上述行为作为构成金融商品交易的内容。

③交易所金融商品市场、外国金融商品市场中有价证券的买卖交易及衍生产品交易的委托媒介、代销及代理(日本《金融商品交易法》第2条第8款第3项之规定)。

该行为指非金融商品交易所会员、交易参与者的金融商品交易业者将 397
顾客的要求向会员、交易参与者的金融商品交易业者以媒介、代销及代理形式进行委托的行为。对外国交易所市场的代销行为亦是如此。而上述行为均是为了使有价证券的买卖及衍生产品交易能顺利进行,其也被要求进行金融商品交易业注册。因此,将投资者要求进行汇总整理向金融商品交易业者提出买卖要求的行为非经注册不得开展。

④店头衍生产品交易及其媒介、代销、代理(日本《金融商品交易法》第2条第8款第4项之规定)。

基于店头衍生产品交易,与上述①同样的理由,店头衍生产品交易的中介行为,与上述②同样的理由,两者均为构成金融商品交易"业"的行为。而为了自己的利益(经济效果归属于自己)进行的店头衍生产品交易与上述①属于同样的问题。

⑤有价证券等的清算代销(日本《金融商品交易法》第2条第8款第5项之规定)。

该行为指在非金融商品交易清算机关参加者的金融商品交易业者所从事的有价证券等交易中,为了使通过金融商品交易清算机关的结算成为可能,同机关的清算参加者代理该金融商品交易业者促使有价证券交易成立的行为(日本《金融商品交易法》第2条第27款之规定)。

⑥有价证券的认购(日本《金融商品交易法》第2条第8款第6项之规定)。

该行为指在有价证券募集、卖出或者私募之时,承担未售完(卖剩)的风险的行为(参见第二编第三章第一节1)。具体而言,是指在有价证券发行、分售之际的下列行为:ⓐ为使他人取得该有价证券而取得该有价证券的全部或一部分的行为(日本《金融商品交易法》第2条第6款第1项之规定);ⓑ对于有价证券的全部或一部分,承诺当他人未取得该有价证券剩余部分时其将取得全部剩余部分的行为(日本《金融商品交易法》第2条第6款第2项之规定);ⓒ为取得购股权(参见第二编第三章第一节2)时未行使的新股预约权而缔结契约的行为(日本《金融商品交易法》第2条第6款第3项之规定)。ⓐ、ⓑ项中包含了为从发行人或出卖人处直接收购该有价证券的全部或一部分而订立契约的原认购行为(可参照日本《金融商品交易

398 法》第21条第1款第4项、第4款之内容),和从这样的原认购者处购入一定的有价证券,以及与原认购者订立剩余部分取得契约的行为。配股中证券公司对发行人进行筹措资金许诺的行为,从使发行人能确实获得必要资金以及一般投资者预约权使用越多残存风险就越少这两点来看,实际上类似于股份募集情形下的认购行为。因此,为了保证约定能有效进行,将该行为定位为“认购行为”(ⓒ)。

在有价证券的新规发行和分售之际,在其消化环节,承担承包(承销)的行为对于连接企业与市场有重大的作用,因此需要适用日本《金融商品交易法》,即使是在没有劝诱一般投资者的情形下,也应当解释为符合有价证券认购的情形。

⑦投资信托、集合投资的自我募集、私募(日本《金融商品交易法》第2条第8款第7项之规定)。

募集是指取得新发行有价证券的申请劝诱,而私募是指该取得劝诱不属于有价证券的募集,本项中的“募集、私募”指的是有价证券的发行人(注2)自己实施取得劝诱的情形,发行人以外的人所实施的劝诱行为则作为“募集的对应或私募的对应”(日本《金融商品交易法》第2条第8款第9项之规定)。关于投资信托的受益证券和集合投资的持有份额通常是发行人自行实施取得劝诱的自我募集或是采取自我私募的形式,同时由于大多情形下,该商品有组成(组合)和销售一体化的特征,故日本《金融商品交易法》要求该商品的自我募集和私募应进行注册,对资金等的劝诱行为适用业者的行为规制。

若要成立自我募集及私募构成“业的行为”,如对A合伙的份额进行募集的人,要求其必须具有数回募集A合伙份额的意思表示或拥有募集其他合伙份额的意思表示,而在不存在任何一种意思表示的情形下,则并不作金融商品交易业的注册要求。

399 在自我募集和私募情形下金融商品交易业的有价证券是指,委托人指示型投资信托受益证券(包含未发行的有价证券)、质押证券、集合投资计划的份额等政令规定的有价证券(日本《金融商品交易法施行令》第1条之9之2之规定),在外国组成的同样的证券、权利也包含其中。

⑧有价证券的卖出(日本《金融商品交易法》第2条第8款第8项之规定)。

有价证券的卖出是指针对已发行的有价证券进行的购买劝诱(可参照日本《金融商品交易法》第2条第4款之规定)。已发行的有价证券的所有人所实施的劝诱行为，虽然属于披露规定中的卖出行为（可参照同条第3款、第4款，参见第二编第三章第一节），但发行人的劝诱行为原则上并不等于募集的范畴，因此也不属于本项规定的“卖出”的范畴，所以该行为并不能被认定为构成金融商品交易业的行为。

⑨有价证券的募集或卖出的处理，及私募的处理（日本《金融商品交易法》第2条第8款第9项之规定）。

有价证券募集或卖出的处理是指在有价证券募集或卖出的情形下，为了发行人或证券所有人的利益，施行劝诱行为（因此，卖出的处理与上述⑧有部分重复），这种情形下，不必负担未售完（卖剩）的风险。

与有价证券私募相关的劝诱行为符合金融商品交易业的构成，而与私募相关的承担剩余部分风险行为作为“有价证券的认购”行为（日本《金融商品交易法》第2条第8款第6项之规定）也在金融商品交易业范围之内。而不符合以少数人为卖出对象的购买劝诱，也作为“有价证券的买卖媒介”符合行业构成。

⑩自营交易系统的运营（日本《金融商品交易法》第2条第8款第10项之规定）。

自营交易系统指的是民间业者通过利用电脑、网络设立的存在于市场之外的执行有价证券交易的系统，其于1980年代发展于美国。而在日本，随着交易所的市场集中义务被废止（参见第三编第一章第五节5），可以预测自营交易必将登上历史舞台，故而于平成十年（1998年）修法时，对此进行了规制。

由于自营交易系统被视为一种有价证券市场，所以一方面可以将其与 400
交易所进行相同规制，而另一方面，因为该系统中促使有价证券买卖成立的行为符合有价证券买卖的媒介、代销、代理中的任意一种，所以也可以将其视作金融商品交易业，而日本《金融商品交易法》更为偏重于后者的立场。

通过自营交易系统决定买卖价格的方法，指的是：ⓐ拍卖（auction）的方法；ⓑ对于金融交易所上市的有价证券，使用金融商品市场中该有价证券的买卖价格的方法；ⓒ对店头买卖有价证券，使用认可其注册的金融商品交易业协会所发布的该有价证券的买卖价格的方法；ⓓ使用基于顾客间交涉决定价格的方法；ⓔ内阁府令规定的方法。在上述ⓐ项中，虽然由于自营交易系统的振兴，在平成十五年（2003年）修法时对其予以了认可，但如果有价证券的交易额超过政令所规定的基准，则金融交易市场就有必要对其进行规制，将此种情形从自营交易系统的定义中予以排除。

⑪以投资顾问契约为基础,基于对有价证券价值以及金融商品的价值等的分析作出与投资判断相关的顾问*行为(日本《金融商品交易法》第2条第8款第11项之规定)。

该行为指的是基于之前的《关于有价证券投资顾问业规制等的法律》所作出的投资顾问行为(参见第四章第三节)。

⑫基于全权委托投资合同将他人财产投资于有价证券或衍生产品交易中的行为(日本《金融商品交易法》第2条第8款第12项之规定)。

本项中的行为包含接受投资法人委托运作管理(投资管理)投资法人资产的行为,以及基于投资全权委托合同接受投资人委托运作管理(投资管理)顾客资产的行为(参见第四章第二节)。

⑬投资顾问契约、投资全权委托契约的缔结代理或媒介(日本《金融商品交易法》第2条第8款第13项之规定)。

该项指的是,在以上述⑪、⑫项规定的业务为业的金融商品交易业者与投资者之间实施中介的行为(参见第四章第三节)。从前,证券公司和投资顾问业者是否能够施行该行为一事尚不明晰,所以法律将其作为金融商品交易业的一种予以重新整理,明确了金融商品交易业者可以从事上述行为。

401 ⑭对有价证券、衍生产品交易相关投资信托的自我运作管理(投资管理)(日本《金融商品交易法》第2条第8款第14项之规定)。

该项指的是,接受从投资信托的受益权人那里筹集财产的人,将该笔财产投向有价证券或衍生产品交易的(财产)运作管理(投资管理)行为。关于投资信托的上述运作管理(投资管理)业务,从前是作为投资信托委托业被置于许可制之下的。

⑮对有价证券、衍生产品交易的集合投资等的自我运作管理(投资管理)行为(日本《金融商品交易法》第2条第8款第15项之规定)。

该项指的是将从信托的受益人或集合投资权利所有人那里筹集的财产,对有价证券或衍生产品交易进行投资而实施(财产)运作管理(投资管理)的行为。以前,关于集合投资的运作管理(投资管理)行为是否需要《关于有价证券投资顾问业规制等的法律》的认可尚不明晰,而实际上也存在因没有相关认可投资顾问业者参与,运作管理(投资管理)行为造成当事人损害的案例,所以法律对此进行了规定。

⑯关于上述①~⑩项所列的行为,接受顾客委托保管的资金或有价证

---

* 日语表述为“助言”。

券的行为(日本《金融商品交易法》第2条第8款第16项之规定)。

对于相关有价证券的买卖和衍生产品的交易,接受顾客委托保管的资金或有价证券的行为(资产管理)作为"本业"的,属于本法的规制对象。

⑰公司债的转账(过户)业务(日本《金融商品交易法》第2条第8款第17项之规定)。

所谓的公司债的转账业务指的是基于"关于公司债的转账的法律"而设立的账户管理机关,从投资者处接受开设账户的申请,并实施公司债等的转账行为。随着股票无纸化的实施,股份转让中相关的股份转账(过户)业务也包含于本项规定之中。与上述⑯相同,本条也针对将资产管理作为"本业"的情形。

上述⑯、⑰中的行为均是施行对他人的权利予以管理、移转的业务,而根据业者的财务状况、业务运营方法的不同,本来的权利人有丧失权利的风险。对此,日本《金融商品交易法》在对施行上述有价证券等管理业务(日本《金融商品交易法》第28条第5款之规定)的业者,附加财务规制的同时(参见第三节1、2),对顾客财产的分别管理也作出了特别的规制(参见第四节5)。

⑱政令规定的行为(日本《金融商品交易法》第2条第8款第18项之规 402
定)。

本项规定旨在通过政令规定,来扩大金融商品交易业的范围,而上述⑦规定的,收购自我募集、私募的投资信托收益证券的行为也被列举于其中(日本《金融商品交易法施行令》第1条之12之规定)。

(注1):银行、协同组织金融机构、保险公司等金融机构对于其本身无法从事的行为[日本《金融商品交易法》第2条第8款第12项、第14项、第15项、第28条第8款规定的"有价证券关联业"]被排除在金融商品交易业的定义之外。这是为了使从事有价证券关联业的金融机构能进行相应的金融机构注册(参见第二章)。

(注2):当基金以合伙的形式出现时,需要注意,合伙业务的执行人将被作为"发行人"。

2. 未注册的业者的规制

(1)关于未注册的业者*卖出未公开股份等

近年来,未依日本《金融商品交易法》进行注册的业者(未注册业者)以

---

* 日语表述为"無登録業者"。

电话等方式,对未公开股份等通过诸如“马上就要上市,必定赚钱”的虚伪劝诱进行高价卖出,而由此遭受损害的例子屡见不鲜。因此,为了应对上述未公开股份的虚假劝诱行为,于平成二十三年(2011 年)引入了未注册业者的未公开股份卖出行为无效的规定。

鉴于未注册业者对未公开股份的卖出行为本身违反日本《金融商品交易法》规定,同时由于未公开股份自身又是信息不对称性极强的有价证券,发生违反公序良俗而获取不当利益的行为的盖然性极高(注 3),因此日本《金融商品交易法》第 171 条之 2 规定,对于未注册的业者卖出未上市股份的行为,原则上其买卖契约归于无效。在未公开股份等的劝诱事例中,虽然存在因顾客的错误而无效(日本《民法》第 95 条之规定)、欺诈的可撤销(日本《民法》第 96 条第 1 款之规定)以及未履行如实告知义务及向消费者提供断定性判断的可撤销(日本《消费者法》第 4 条第 1 款之规定)等情形,但
403 顾客满足无效、可撤销等相关要件实际上是比较困难的。再者,对于施行劝诱行为的未注册的业者而言,虽然也存在其因为违反《金融商品贩卖法》上的说明义务(日本《金融商品贩卖法》第 5 条之规定)以及“信义规则”(诚实信用)上的说明义务(日本《民法》第 709 条之规定)而承担损害赔偿责任的情形,但在这种情形下以投资者角度来看,其就必须举证并证明对方违反说明义务,以及与违反说明义务具有因果关系的损害额度。而与之相比,根据日本《金融商品交易法》第 171 条之 2 的规定,投资者只需要证明其因未注册的业者的劝诱而取得未公开的有价证券,即可使得契约无效并可要求返还价款。同时该条在迅速救济受损投资者的同时,也使得施行劝诱行为的未注册者根本无利可图,因此该条对于违反行为的抑制效果是值得期待的。

(注 3):《逐条解说》,2011 年,第 18 页。

(2)要件

日本《金融商品交易法》第 171 条之 2 第 1 款规定,未注册的业者卖出未公开有价证券的行为将会导致合同本身无效。

这里的未注册的业者指的是违反日本《金融商品交易法》第 29 条规定,未向内阁总理大臣注册而从事第一种金融商品交易业或第二种金融商品交易业的人。虽然已注册的业者卖出未公开有价证券的行为并不会自然导致契约无效,但根据金融商品交易业协会的自主规制,在排除例外情形的情况下,通常禁止注册业者从事未公开有价证券的投资劝诱行为(日本证券业协会《关于店头有价证券的规则》)。

未公开有价证券指的是公司债券、股票、新股预约权债券及其他政令(日本《金融商品交易法施行令》第33条之4之3第1款之规定)规定的有价证券,且应在:①金融商品交易所上市的有价证券;②店头买卖的有价证券(日本《金融商品交易法》第2条第8款第10项ハ之规定);③容易取得买卖价格或关于发行人信息的有价证券等,政令(日本《金融商品交易法施行令》第33条之4之3第2款之规定)规定的有价证券的范围之外。

卖出等指的是卖出、卖出的媒介、代理、募集或卖出的处理,私募的处理 404
(日本《金融商品交易法》第171条之2第1款之规定,日本《金融商品交易法施行令》第33条之4之2之规定)。而由于上述行为都可以视为劝诱这样一种事实行为,所以无论未注册业者是作为未公开有价证券的卖出方还是中介者,只要其实施了符合上述卖出范围的劝诱行为,其契约就应归于无效。

未注册的业者从顾客那里收购未公开发行有价证券的行为并非日本《金融商品交易法》第171条之2所要调整的对象。但是,对未注册的业者高价收购顾客从发行人处购入的未公开股份的行为进行规制,会促使顾客从发行人处购入未公开股份,因而符合未公开股份的"卖出等"。

所谓的对象契约,指的是和卖出等相关的契约或因卖出而缔结的契约,并以顾客取得未公开有价证券作为契约的内容。同时,即使该对象契约中顾客的相对方是未注册的业者以外的人,即发行人或未注册的业者以外的卖出方,该契约依旧归于无效。

(3)效果

日本《金融商品交易法》第171条之2之所以规定因未注册的业者劝诱而成立的未公开股份买卖契约原则上归于无效,理由在于:①未注册的业者本身违反了日本《金融商品交易法》的规定,其从事取得不当利益行为的可能性很大;②由于在未公开有价证券的买卖中关于证券价值的信息是不充分的,因此投资者很难做出恰当的投资判断,同时由于未注册业者从事的未公开有价证券卖出行为本身是暴利行为,很大程度上可能会违反公序良俗(日本《民法》第90条之规定)的规定(注4)。

与日本《民法》上的错误导致的无效不同,在日本《金融商品交易法》中,顾客的重大过错并不会阻碍其主张契约无效。根据对日本《金融商品交易法》第171条之2第1款的文义上的理解,未注册的业者也能够主张买卖契约的无效。但是,该条使得契约无效的目的在于保护顾客的权益,同
时,如果认同了未注册的业者的无效主张,就等于要求顾客必须对契约有效 405

进行反证,而这样的规定是不存在的,因此本条中的无效应理解为只能由顾客主张。

(注 4):《逐条解说》,2011 年,第 73 页。

(4)买卖契约有效*的情形

与暴利行为相关的判例表明,只有同时具有以下两项要件,相关行为才归于无效:①利用他人身处窘境、没有相关经验的现实状况的主观要素;②获得明显过当利益的客观要素[日本大审院判决昭和九年(1934 年)5 月 1 日,《民集》第 13 卷,第 875 页]。对此,以判例法的法理为基础的日本《金融商品交易法》第 171 条之 2 亦是如此,对于未注册的业者而言,如果能证明买卖契约等的缔结中关于暴利行为的主观要素和客观要素有一项有所欠缺,则买卖契约本身并不会因此无效。

对于下述诸项,若未注册的业者能证明其中任意一项,则买卖契约即告有效。第一,交易行为依据顾客的知识、经验、财产状况以及缔结契约的目的进行,并没有导致对客户利益保护的不足,即没有违反适当性的原则(日本《金融商品交易法》第 40 条第 1 项之规定)。狭义的适当性原则指的是不能依据顾客的知识、经验、财产状况以及缔结契约的目的,进行不适合该顾客的商品劝诱(参见第三编第一章第五节 3)。适当性虽然原则上适用于已注册的业者,但对于未注册的业者而言,当其"以劝诱行为为业"时,其理应遵守相关原则。

第二,卖出等并非不当得利行为。关于是否构成不当得利行为,非通过中介行为而是通过买卖契约等来进行判定。如若顾客为取得未公开有价证券而支付的价款总额远远多于该有价证券的经济价值,则该交易行为就构成不当得利。当顾客向作为中介者的未注册的业者支付手续费时,该手续
406 费也计入顾客所支付的价款总额之中。顾客之所以愿意为了未公开的有价证券支付高额的价款,是因为相信其能够于近期上市。而关于上市的预测,如果出现未注册的业者存在欺诈,或者顾客存在认识错误的情形,则通常顾客所支付的金额就会和该有价证券的客观价值存在较大的背离。

无论是施行劝诱行为的未注册的业者、卖出方还是作为对象契约当事人的发行人,任何一方都可以举证买卖契约有效(作为证明其有效的主体)。

当顾客主张买卖契约无效时,顾客可以向卖出方主张归还因取得未公开有价证券而支付的价款,也可以向未注册的业者主张归还手续费,同时,

---

* 不归于无效。

其自身也负有向卖出方归还其所取得的未公开有价证券的义务。而在顾客已将该有价证券转卖的情形下，其在该转卖所得价款范围内负有不当得利的返还义务。

第二节　开业规制

1. 总论

金融商品交易业的内容根据其交易的商品和业务内容可以分为第一种金融商品交易业、第二种金融商品交易业、投资管理业和投资助言代理业等四大类（日本《金融商品交易法》第28条之规定），符合这些“业”的行为是通过对构成金融商品交易业的日本《金融商品交易法》第2条第8款的行为进行分类予以确定的。而若要经营以上述行为为内容的金融商品交易业，则必须依业务种类分别向内阁总理大臣提交注册申请（日本《金融商品交易法》第29条之2之规定），当申请满足行业要求的要件时，该金融商品交易业者的申请就会被予以认可。同样，若要增加业务种类则必须要办理变更注册手续（日本《金融商品交易法》第31条第4款之规定），对应新业务会开展相应的注册审查。

之所以对业种进行分类，是考虑到依据业务内容不同，需要保护的交易业者财产的必要程度也会有所不同，同时尽可能追求规制的灵活性（柔性化）。概括而言，如第一种金融商品交易业和投资管理业的加入条件十分 407
严格，其兼业的范围也受到限制，而第二种金融商品交易业和投资顾问（助言）、代理业的加入条件就相对宽松，且兼业也是自由的。由于投资管理业和投资助言、代理业的内容已于第四章第二节、第三节中进行了介绍，故本节以下主要介绍第一种金融商品交易业和第二种金融商品交易业。同时，基于向读者说明更为方便的考虑，下文将经营已经注册的第一种金融商品交易业的行为人称为第一种金融商品交易业者，将经营已经注册的第二种金融商品交易业的行为人称为第二种金融商品交易业者。

2. 第一种金融商品交易业

第一种金融商品交易业是指在金融商品交易业中以下列行为之一为业（日本《金融商品交易法》第28条第1款之规定）：

①有价证券（除去日本《金融商品交易法》第2条第2款各项规定的

“推定有价证券”)的买卖,买卖的媒介、代销、代理,在交易所金融商品市场、外国金融商品市场中的有价证券买卖委托的媒介、代销、代理,有价证券等的结算代销、卖出、募集和卖出的处理及私募的处理(日本《金融商品交易法》第28条第1款第1项之规定);

②店头衍生产品交易及其媒介、代销、代理、清算代销(日本《金融商品交易法》第28条第1款第2项之规定);

③有价证券的原认购以及原认购以外的认购(日本《金融商品交易法》第28条第1款第3项之规定);

④运营自营交易系统(日本《金融商品交易法》第28条第1款第4项之规定);

⑤关于金融商品交易业,接受顾客金钱或有价证券寄托的行为(日本《金融商品交易法》第28条第1款第5项之规定);

⑥公司债等的转账业务(日本《金融商品交易法》第28条第1款第5项之规定)。

上述行为是在以前的证券公司“本业”业务中增加了⑤、⑥(有价证券等管理业务)两项。在③中的“有价证券的原认购”指的是,在进行有价证券认购(日本《金融商品交易法》第2条第8款第6项)时,从发行人或卖出方处直接取得有价证券,或在与上述人员之间缔结认购剩余部分契约的行为。

408

3. 第二种金融商品交易业

第二种金融商品交易业是指在金融商品交易业中以下列行为之一为业(日本《金融商品交易法》第28条第2款之规定):

⑦投资信托、集合投资的自我募集、私募(日本《金融商品交易法》第28条第2款第1项之规定);

⑧第2条第2款各项中关于被视为有价证券的买卖、买卖的媒介、代销、代理、在交易所金融商品市场、外国金融商品市场中有价证券买卖委托的媒介、代销、代理,有价证券等的清算代销、卖出、募集卖出的处理及私募的处理(日本《金融商品交易法》第28条第2款第2项之规定);

⑨市场衍生产品交易、市场衍生产品交易的媒介、代销、代理、在交易所金融商品市场、外国金融商品市场中市场衍生产品交易的委托的媒介、代销、代理(去除有价证券关联部分)(日本《金融商品交易法》第28条第2款第3项之规定);

⑩政令规定的行为(日本《金融商品交易法》第28条第2款第4项之规定)。

之所以将上述①规定于第二种金融商品交易业之中,是因为在发行人自发实施劝诱行为的自我募集中,并不需要其具备像中介业者一样的高度的财产要件。而上述②中,贩卖、劝诱的仅限于流动性低的商品,但由于其并没有施行有价证券的保护保管行为,所以也未设置高度的财产要件(注5)。当然,虽然是流动性较低的商品,这也并不意味着对投资者进行保护的必要性就是低的,而是应注意其在贩卖劝诱之际(参见2),接受顾客金钱保管的情形下,其就符合第一种金融商品交易业的规定。而将上述③规定于第二种金融商品交易业中,是因为考虑到在金融商品市场"交易标准化"的情况下,投资者的保护框架已基本形成。但是,外国金融商品市场中的市场衍生产品交易并非日本法所规制的对象,同时在市场交易中将有价证券的买卖和市场衍生产品交易进行区分的理由,以及在市场衍生产品交易中,将和有价证券有关的交易和与有价证券无关的交易进行区分的理由仍不明确。

(注5):可参照金融审议会金融分科会第一分会的"中间整理"Ⅱ3[平 409
成十七年(2005年)7月7日]。

4. 注册要件

金融商品交易业者在经营第一种金融商品交易业时,须区分日本《金融商品交易法》第28条第1款第1项至第5项(第3项中的几个分类也是根据业种进行的区别)进行注册申请(注6)。在注册制度中,除所规定的注册拒绝事由(必须拒绝注册的事由)以外,内阁总理大臣不得拒绝注册(日本《金融商品交易法》第29条之3之规定)。

第一种金融商品交易业的注册被批准须满足诸多形式上的要件,注册后还必须维持财务上的要件(参见第三节);关于主要股东的要件(参见第四节4);此外,申请人必须是设有董事会、监事或委员会的股份公司(日本《金融商品交易法》第29条之4第1款第5项之规定);如曾被撤销注册,则被撤销之日起须经过5年;距违反法令被科处罚金刑之日已过5年;申请人的董事、监事等人员无不适格事由(日本《金融商品交易法》第29条之4第1款第1项之规定)。虽然以外国法为依据的法人通过注册也可从事第一种金融商品交易业,但由于其与设立董事会的公司属同种类的法人,因此要求其在国内必须具有营业场所或事务所(日本《金融商品交易法》第29条之 4 第 1 款第 5 项之规定)。

再者,在缺少足够的人力结构以经营第一种金融商品交易业的情形(日本《金融商品交易法》第 29 条之 4 第 1 款第 1 项之规定)、其他被认为所从事的事业违反公益的情形(日本《金融商品交易法》第 29 条之 4 第 1 款第 1 项之规定)以及业务风险太高对保护投资者权益带来障碍的情形下(日本《金融商品交易法》第 29 条之 4 第 1 款第 5 项之规定),相应的注册申请将不被接受。当然,上述事项均有行政裁量的余地。

在内阁总理大臣批准注册的情形下,金融商品交易业者须在注册簿中记载注册年月日、注册编号及规定事项,并提供给公众阅览(日本《金融商品交易法》第 29 条之 3 之规定)。在注册得到批准后,申请人就可以从事其所申请的业务,但对于运营自营交易系统的行为而言,其除了要具备注册的要件外,还须得到许可(日本《金融商品交易法》第 30 条之规定)。在平
410 成十八年(2006 年)修法以前,与有价证券店头衍生产品交易相关的业务以及有价证券的原认购业务也都是许可的对象,但规制逐渐缓和(放宽),而自营交易系统的运营由于和金融商品交易所实施的市场开设行为相类似,因此对其维持实行许可制。

与以上述规定不同,股份公司以外的公司乃至个人都可以成为第二种金融商品交易业的经营主体,且对第二种金融商品交易业的财务规定也相对宽缓(参见第三节 1)。但在对于申请人或其董事、监事等人员受到一定的行政处分或刑罚处罚之后未经 5 年的情形、缺少足够的(为开展业务所必需的)人力结构(资源)的情形,以及其他被认为所从事的业务违反公益的情形中,第二种金融商品交易业与第一种金融商品交易业相同,即对于相关注册申请均不予批准。

(注 6):但是,信托公司实施的(资产)运作管理(投资管理)行为由信托业法进行规制,这里排除了金融商品交易法的“业”规制与行为规制(日本《金融商品交易法》第 65 条之 5 第 5 款之规定)。因此,信托公司没有必要进行金融商品交易业的注册。

第三节　财务规制

1. 净资产额、营业保证金的规制

关于金融商品交易业,为了更易于加入该“业”,促进业者相互间竞争,

法律采用了注册制度,而为了保护投资者的利益,确保交易业者的财产基础就显得尤为重要。特别是与金融商品交易业者的交易之间所产生的投资者的债权,其最终的担保就是金融商品交易业者的财产。对此,日本《金融商品交易法》为了保护投资者权益,制定了确保金融商品交易业者财产基础的相关规定。

关于财务规制,首先就是关于资本金与净资产额的规制。在第一种金融商品交易中,根据业务的种类,公司需要具备规定数额的资本金和净资产。如在有价证券的原认购行为中,对主要的认购者*要求其拥有 30 亿日元,而对主要认购者以外实施原认购行为的公司则要求其拥有 5 亿日元。 411
除此之外,要求第一种金融商品交易业者拥有 5000 万日元(日本《金融商品交易法施行令》第 15 条之 7 第 1 款之规定)。这是因为考虑到有价证券的原认购行为风险过高,因此要求具备一定的风险缓冲能力。

对于第二种金融商品交易业者而言,当其是法人时,其被要求必须维持 1000 万日元的资本金及净资产(日本《金融商品交易法施行令》第 15 条之 7 第 1 款之规定)。当其是个人的情形时,不要求其持续拥有净资产,取而代之的是其需要向寄存所提存与法人情形下相同数额的营业保证金(日本《金融商品交易法》第 31 条之 2 之规定,日本《金融商品交易法施行令》第 15 条之 12 之规定)。而通过第二种金融商品交易业者的有价证券的买卖,或其中介、代销、代理签订有价证券买卖契约的投资者,基于上述契约产生的债权,其在该金融商品交易业者的营业保证金范围内,与其他债权人相比享有优先受偿的权利(日本《金融商品交易法》第 31 条之 2 第 6 款之规定)。所谓的营业保证金制度,与其说其是通过确保财务的健全(健康)性来间接保护投资者,不如说其是一种将零散的个人排除于金融商品交易业之外,同时用营业保证金来确保满足投资者债权的制度。

2. 自有资本比例的规制

日本《金融商品交易法》设定了自有资本比例这一基准,作为为了监督第一种金融商品交易业者的财务健全(健康)性的指标。第一种金融商品交易业者须于每月末等向内阁总理大臣报告自有资本比例(日本《金融商品交易法》第 46 条之 6 第 1 款之规定),并将其放置于事务所等以供公众阅览(日本《金融商品交易法》第 46 条之 6 第 3 款之规定),同时须将自有资

* 日语表述为“幹事会社”,日本《金融商品交易法》第 28 条第 1 款第 3 项之规定。

本比例保持在120%以上(日本《金融商品交易法》第46条之6第2款之规定)。

此处的自有资本比例指的并非单纯的净资产与总资产的比率,而是指非固定化的自有资本额与风险相当的金额之间的比率。自有资本比例的规制,是为了防备伴随着金融商品交易业者的经营风险,使金融商品交易者维持能够应对将来可能发生损失的自我资本,同时通过自有资本比例作为财务内容恶化的早期戒备指标,而进行设置并被使用的规制。

412 针对自有资本比例的恶化,内阁总理大臣可以采取以下措施(日本《金融商品交易法》第53条之规定):①当比率未达到120%时,可以命令更改业务的方法,命令其进行财产的委托管理及其他事项;②当比率未达到100%时,其可以命令金融商品交易业者在3个月内停止全部或部分业务;③当内阁总理大臣命令金融商品交易业者停止业务3个月之后,该金融商品交易业者的自有资本比例仍低于100%且无回升迹象时,内阁总理大臣可撤销其注册。在金融商品交易业者的财务状况恶化的情形下,即使其自身并没有施行违法行为也没有其他应当被指责之处,但为了保护投资者的财产也应对其施以行政处分。

而对于第二种金融商品交易业者而言,其并不适用自有资本比例的规定(参见第二节3)。

3. 业务及财产状况等的披露

在促进金融机构自由竞争的同时,为了让投资者在选择金融机构作为相对方时承担相应的风险(责任自担),金融机构就有必要将其财务内容予以充分披露。对此,可参照银行等的披露规定(日本《银行法》第21条等规定),金融商品交易业者也负有类似的义务。即金融商品交易者于每一事业年度结束时需制作记载有业务及财产状况相关事项的说明书(所谓“披露书”),并备置于所有的营业所及事务所中,以供公众阅览(日本《金融商品交易法》第46条之4、第47条之3之规定)。当然,在记载内容方面,第一种金融商品交易业者与其他主体存在差异,以一般投资者作为对手方进行交易的第一种金融商品交易业者被要求须提供更为详尽的信息披露。

另外,金融商品交易业者须于每一事业年度向内阁总理大臣提交事业报告书(日本《金融商品交易法》第46条之3、第47条之2之规定)。事业报告书可以直接成为行政监督的资料,在内阁总理大臣认为对保护投资者利益有必要时,可以命令金融商品交易业者公告其事业报告书的全部或一

部分(日本《金融商品交易法》第46条之3第3款之规定)。而第二种金融 413
商品交易业者的事业报告的一部分将作为上述的说明材料被披露。

4. 金融商品交易责任准备金的累积等

第一种金融商品交易业者必须依照有价证券的买卖、其他交易或市场衍生品交易等的交易数量,遵循内阁府令的规定数额,累积金融商品交易责任准备金(日本《金融商品交易法》第46条之5第1款之规定)。金融商品交易责任准备金用于补偿因证券事故而造成的损失,除了获得金融厅长官许可等特殊情形以外,在其他情形下均不得使用该准备金(同条第2款之规定)。该准备金制度在保护因证券事故而遭受损失的顾客的同时,通过弥补损失的方式防止因业者财务健全(健康)性遭受损害而给其他顾客带来的麻烦(风险)。而与之相对,第二种金融商品交易业者并没有累积责任准备金的义务。

外国法人在日本国内从事金融商品交易业时,如果不能确保其在日本国内的营业所、事务所拥有相应的财产,国内投资者的利益可能就难以得到保护。对此,经营第一种金融商品交易业的外国法人须累积损失准备金留存于日本国内主要的营业所与事务所之中(日本《金融商品交易法》第49条之4第1款之规定)。该损失准备金除获得内阁总理大臣批准,用以弥补该金融交易业者的所有营业所或事务所的业务纯损失之外,其他情形均不得适用该损失准备金(同条第2款之规定)。同时,金融商品交易业者须按照内阁府令规定,在日本国内保有(维持)与金融商品交易责任准备金、损失准备金以及所有营业所或事务所账户的负债中由政令规定的金额总额相当的资产(日本《金融商品交易法》第49条之5之规定)。而在违反资产的国内保有规定时,会受到罚款的制裁(日本《金融商品交易法》第208条第8项之规定)。

5. 证券公司的连结监督规制

在2008年秋季以后的世界金融危机中,证券公司、保险公司等非银行
部门的金融机构的破产,引发了其他金融机构的经营困难。因此,对于金融 414
系统中重要的非银行部门金融机构,欧美和日本都不仅从单个金融机构财务上的健全(健康)性的观点出发(微观审慎),而更多尝试通过从排除对金融系统整体带来的深刻影响这一宏观审慎的观点出发,来进行规定和监督。日本国内的证券公司的连结监督规制、保险公司的连结财务规制以及对冲

基金的规制正是如此。

以前的自有资本比例规制(参见2)都是以证券公司的单体作为对象。但是,在证券公司将大规模、复杂业务作为一个组合的集团予以施行时,该证券公司会由于集团中的母公司、子公司、兄弟公司所带来的财务上、业务上的问题而突然濒临破产,且可能会给金融系统造成恶劣影响,因此,从证券公司的角度出发,对子公司(下游)和母公司(上游)双方设定了连结的财务与业务的规制(注7)。

关于拥有一定规模以上总资产的证券公司,适用以该证券公司及其子公司为对象的下游连结监督规制。对于以该证券公司为顶点的企业集团,使用连结自有资本比例的规定,同时该证券公司的子公司也是内阁总理大臣检查和征收报告的对象(日本《金融商品交易法》第57条之2~第57条之11之规定)。

适用下游连结规制的证券公司的母公司、兄弟公司中,是以证券公司的经营管理为业还是以集团形式对证券公司进行资金援助,由内阁总理大臣指定(日本《金融商品交易法》第57条之12之规定),包含了指定公司的整个公司集团,则适用上游连结的监督规制。对以证券公司的母公司为顶点的企业集团适用连结自有资本比例规定,并由内阁大臣对证券公司的母公司、兄弟公司进行检查,征收其报告(日本《金融商品交易法》第57条之13~第57条之25之规定)。成为上游连结对象的集团中的企业,其经营的健全(健康)性发生恶化时,内阁总理大臣可以命令作为集团顶点的公司实
415 施监督上所必要的事项,如果(集团内的企业的)经营状态没有改善,可以命令母公司脱离企业集团(日本《金融商品交易法》第57条之21之规定)。这些都是为了防止因集团内企业的健全(健康)性的恶化而导致证券公司破产而设置的规制,同时构成了第一种金融商品交易业者的主要股东的特别规制(参见第四节4)。

(注7):高桥洋明、矢原雅文:“《金融商品取引法等の一部を改正する法律》的概要”,《旬刊商事法务》第1900号,第10页(2010年)。

第四节　业务规制

1. 兼业的范围

平成十年(1998年)修改的《证券交易法》废除了证券公司的专业制

度。这是考虑到让证券公司能将多种服务组合后进行提供而创设一般的法律框架的必要性。加之,还包含使从其他业态加入(证券业)变得更为容易的意图。日本《金融商品交易法》也沿袭了上述想法,进一步扩大了兼业的范围。

在日本《金融商品交易法》项下,第一种金融商品交易业者能够经营的金融商品交易业以外的业务如下所述。

第一,日本《金融商品交易法》第 35 条第 1 款中所列举的业务,及其他附随业务无需申报、批准即可施行。而这些附随业务的范围随着平成十年(1998 年)的修法而得以扩大,在日本《金融商品交易法》项下,在付随业务中增加了衍生产品交易的原资产买卖行为(日本《金融商品交易法》第 35 条第 1 款第 13 项之规定),同时明确将投资法人的资产保管行为从申报业务变更为附随业务,M&A 的商谈、中介业务(日本《金融商品交易法》第 35 条第 1 款第 11 项之规定)、经营的商谈业务(日本《金融商品交易法》第 35 条第 1 款第 12 项之规定)均明确为附随业务。另一方面,以前作为证券公司附随业务的有价证券的保护保管业务及公司债等的转账(过户)业务,被归结于第一种金融商品交易业中需要注册的本业之中(日本《金融商品交易法》第 2 条第 8 款第 16 项、第 17 项之规定)。再者,日本《金融商品交易 416
法》第 35 条第 1 款各项的列举均为例示、列举,即使不符合这些情形,也可能作为“其他的附随业务”不经申报与批准即可施行。

第二,第一种金融商品交易业者通过向内阁总理大臣申报可以开展以下业务(兼业业务,日本《金融商品交易法》第 35 条第 2 款、第 3 款之规定):

①商品交易;

②基于商品市价的差额交易、期权交易;

③贷金业;

④宅地建筑物交易业;

⑤不动产特定共同事业;

⑥商品基金运作管理(投资管理)管理业;

⑦有价证券或是衍生品交易以外的运作管理(投资管理);

⑧内阁府令规定的业务(《金商业府令》第 68 条之规定)。

以上业务作为反映其风险可以检查金融商品交易业整体业务健全(健康)性的业务,不需要个别的批准。日本《金融商品交易法》将上述④、⑤从需要批准的业务变更为申报业务。关于这些业务,除上述的申报以外,还需按照各自业务的相关法律规定获得批准、进行注册(可参照日本《金融商品交易法》第 35 条第 7 款之规定)。

第三,第一种金融商品交易业者就法令没有列举的业务,在获得内阁总理大臣同意的情形下也可以开展(批准业务,日本《金融商品交易法》第 35 条第 4 款之规定)。内阁总理大臣只有在认定该业务违反公共利益或是对损失的危险管理十分困难,导致对投资者保护出现障碍时才可拒绝批准。批准业务理所应当也必须遵循所对应的相关法律的规制(可参照同条第 7 款之规定)。

与上述相对,第二种金融商品交易业者在开展其他业务时没有特别限制(日本《金融商品交易法》第 35 条之 2 第 1 款之规定)。这体现出了业法(对应"业"的特征而进行规制)的灵活性。

417 另外,实施有价证券关联业的金融商品交易业者,不得成为公司债的管理人和附担保公司债信托法上的受托公司(日本《金融商品交易法》第 36 条之 4 第 1 款之规定)。此外,银行业、保险业,通过子公司的形式加入虽无特别限制,但禁止金融商品交易业者自身加入(日本《银行法》第 12 条之规定、日本《保险法》第 100 条之规定)。

2. 关于兼业的行为规制

因金融商品交易业者可以开展已注册的多项业务,可能会在谋求一方顾客利益的同时损害其他业务顾客的利益,比如,利用投资管理业的信息开展第一种金融商品交易业时。此外,兼业业务、批准业务同金融商品交易业之间也可能产生同样的弊害。因此,法律对金融商品交易的实施过程禁止复数业务间的利益相反(冲突)行为。

首先,开展属于金融商品交易业的复数个业务时,禁止金融商品交易业者及其董事监事等人员并其他职员:①利用投资顾问业、投资运用业的信息进行有价证券的买卖和其他交易的委托的劝诱;②为谋求利益通过投资顾问业、投资运用业以外的业务,进行不适当的顾问和不必要的运作管理(投资管理);③其他内阁府令规定的禁止行为(日本《金融商品交易法》第 44 条之规定,《金商业府令》第 147 条之规定)。

其次,禁止兼业业务、批准业务以及金融商品交易业间的利益相反行为,比如:①通过信用交易以外方法作为借贷金钱的条件实施有价证券买卖的受托行为;②具有通过兼业业务、批准业务谋利的目的,在开展投资助言*业时进行不适当的顾问,或是在运作管理(投资管理)业中进行不必要的运作管理(投资管理);③其他内阁府令禁止的行为(日本《金融商品交易法》第44条之2之规定,《金商业府令》第149条之规定)。

针对此类行为规制的违反,虽未规定罚则,但会成为对金融商品交易业者以及其董事、监事等人员并公司职员进行行政处分的根据。

418

3. 董事、监事等人员并公司职员的兼职限制

平成十年(1998年)修法以前,为了维持证券公司的专业限制以及防止利益相反行为,严格限制了证券公司董事、监事等人员以及公司职员的兼职、兼任。但是,这样的限制性规定妨碍了证券公司业务的自由开展,因此在平成十年(1998年)的修法中,只限制于有母子公司关系的银行和其他金融机构、证券公司的董事、监事等人员以及公司职员的兼任,其他的兼任只要呈报就可以开展了。日本《金融商品交易法》对关于实施有价证券关联业的金融商品交易业者,继受了对兼任的限制性规定[平成二十年(2008年)修法前第31条之4之规定]。这个兼任限制是为了防止有价证券关联业和银行等金融机构业务之间的利益相反而进行的规制。

但是,董事、监事等人员以及公司职员的兼任限制也被指出只凭该规定难以防止利益相反的危害和银行优越地位的滥用,有学说认为,可参照规制原来的初衷,或许其已经成为过分规制。因此,平成二十年(2008年)的修法中,作为跨银行、证券、保险领域金融集团以整备利益相反管理体制为前提,删除了董事、监事等人员以及公司职员的兼任、兼职的限制性规定(修法前第31条之4之规定)(注8)。

(注8):可参见金融审议会金融分科会第一分会报告:“我が国金融·資本市場の競争力強化に向けて”Ⅱ2[平成十九年(2007年)12月18日]。

4. 主要股东的规制

金融机构中,不仅银行和金融机自身要接受适格性审查,在平成十三年(2001年),引入了对主要股东也要进行适格性审查的规定。平成十五年(2003年)《证券交易法》修法过程中,为了确保证券公司的健全(健康)性,提高公众对证券业的信赖,增加了关于对证券公司经营有实质影响力股东

---

* 咨询、顾问。

的规制(注9)。这个主要股东的规制在第一种金融商品交易业和投资管理业中得到了承继。

419 关于第一种金融商品交易业者,获得其20%以上(在可推测能对公司财务、业务方针的决定产生重要影响时为15%以上)表决权者[即主要股东(注10)]必须向内阁总理大臣申报,此时,必须附加承诺不存在金融商品交易业的注册拒绝事由(日本《金融商品交易法》第29条之4第1款第5项之规定)的文件(日本《金融商品交易法》第32条之规定)。作为构成主要股东要件的表决权的计算,要考虑到持有目的、亲族关系、股份关系等实质因素(日本《金融商品交易法》第29条之4第2款之规定,《金商业府令》第15条之规定),此外,在第一种金融商品交易业者为持股公司的子公司时,持股公司的股东就成为主要股东规制的对象(可参照日本《金融商品交易法》第29条之4第1款第5项之规定)。

申报后,主要股东如符合注册拒绝事由,则内阁总理大臣可以命令主要股东在3个月以内的期间,采取脱离主要股东身份(即不再成为主要股东)的措施以及其他必要措施(日本《金融商品交易法》第32条之2之规定)。最典型的例子是可以命令其卖出股份。为了使这种持续性监督成为可能,内阁总理大臣拥有对主要股东的报告听取权、检查权(日本《金融商品交易法》第56条之2第2款之规定)。

(注9):因证券公司主要股东发挥影响力,恶用证券公司的危险性比银行主要股东恶用的危险性低,因而证券公司的主要股东规制比银行来得宽松。两者间的比较,可参照证券交易法研究会:"平成十五年証券取引法等の改正(4)—証券会社・証券取引所の主要株主規制について"、"平成十五年の証券取引法等の改正"(同样可参照《别册商事法务》第275号,第54页以下,川口恭弘报告,2004年)。

(注10):这里需要注意,与被科以日本《金融商品交易法》第163条的上市公司股份买卖报告义务的主要股东,在定义内容上存在不同。

5. 顾客资产的分别管理

在金融商品交易的过程中,证券公司接受顾客有价证券预托、金钱预托
420 是常有之事。预托的有价证券包括:保护管理有价证券、收购实行之后交易之前的有价证券、卖出实行前的有价证券、信用交易委托保证金代用证券,预托的金钱则包括有价证券出卖的价款、有价证券买卖的价款、信用交易委托保证金等。股票和其他电子(数字化)化上市有价证券通过为证券公司

等账户管理机关设计的顾客账户簿储蓄进行买卖和交付,为了交易,证券公司不可能管理现货有价证券,但可能接受证券公司的金钱委托。对此等有价证券、金钱的权利虽是依据各自的预托关系形成的,但为了保护顾客的利益,有必要妥善保管这部分有价证券和金钱。因此,于平成十年(1998年)《证券交易法》修法中,明确规定了证券公司对顾客资产的分别管理义务,日本《金融商品交易法》将其作为有价证券等管理业务的相关特别规定,予以继承下来(日本《金融商品交易法》第43条之2之规定)。

金融商品交易业者等必须通过妥善的管理方法将具有特定性的有价证券与金融商品交易业者等固有财产进行分别管理,具体来说包括:①作为有价证券关联市场衍生品交易的交易保证金,从顾客那里接受的有价证券;②有关有价证券关联业或是附随交易,ⓐ金融商品交易业者等为顾客利益(经济效果归属顾客)占有的有价证券,或是ⓑ金融商品交易业者等接受客户的有价证券(日本《金融商品交易法》第43条之2第1款之规定);③金融商品交易业者等就预托金等金钱和无特定性的有价证券,在不开展金融商品交易业的情形下,通过将应该返还顾客相当的金钱(顾客分别金)信托给信托公司,必须将其与金融商品交易业者等的固有财产进行分别保管(同条第2款之规定)。

与此相对,关于有价证券关联以外的衍生品交易,考虑到《金融期货交易法》上没有与《证券交易法》同程度的严格分别管理义务,日本《金融商品交易法》规定了较宽松的分别管理义务(日本《金融商品交易法》第42条之3之规定)。符合该义务的对象有:①市场衍生品交易,作为交易保证金而从顾客处预托的金钱、有价证券,或是接受顾客预托的有价证券;②衍生品 421
交易等为顾客利益(经济效果归属顾客)的金钱、金融商品价格相当的财产(同条之规定),作为分别管理的方法,以金钱为例,只要以保证金等明确的名义进行存款即可,而并不要求对其进行信托(《金商业府令》第143条之规定)。

一旦违反上述义务,不仅会成为行政处分的对象(日本《金融商品交易法》第52条第1款第6项之规定),而且还会被科以刑事罚(日本《金融商品交易法》第198条之5第1项之规定)。

此外,金融商品交易业者等将接受的顾客预托的有价证券或是为顾客利益(经济效果归属顾客)而占有的有价证券,作为担保对外提供或是借贷给他人时,必须按内阁府令(《金商业府令》第146条之规定),获得顾客的书面同意(日本《金融商品交易法》第43条之4之规定)。这是对日本《民法》原则(日本《民法》第348条之规定)的变更,禁止未经同意的转质,并且通过书面同意的方式以求保护顾客的利益。

6. 退出时的投资者保护

在平成十年(1998年)修法前的《证券交易法》中,就证券业的废止、证券公司的解散等采用了批准制,但伴随着证券业(金融商品交易业)向注册制的过渡,金融商品交易业的废止、解散、事业等全部或一部分的承继、转让也采用了申报制(日本《金融商品交易法》第50条之2之规定)。因经营上的理由,从金融商品交易业退出时,为了在其过程中不让投资者遭受损失,金融商品交易业者等在金融商品交易业等(投资助言、代理业不在其中)的废止、解散等30日之前必须在交易所进行公告(同条第6款之规定),此外,必须按时终结和顾客间的交易,毫无迟延地返还顾客预托的财产以及按顾客的意思占有的财产(同条第8款之规定)。如前所述,虽对金融商品交易业者科以分别管理义务,但为了在金融商品交易业者的经营破产时确保顺利地向顾客进行资产返还,创设了投资者保护基金制度(参见第三章第三节)。

422 第五节 对金融商品交易业者的监督

1. 行政处分和业务改善命令

在注册制之下,只要不是符合"注册拒绝事由"的业者一般都可以获得注册,因此注册后的检查、监督机制变得甚为重要(参见第五章)。日本《金融商品交易法》规定将内阁总理大臣可以行使的监督权限分为个别行政处分和一般的业务改善命令两类。

内阁总理大臣可以在金融商品交易业者存在下列情形时,撤销其注册,命令其6个月内停止业务:①符合一定的注册拒绝事由;②通过不正当手段获得注册;③违反金融商品交易业或是附随业务的相关法令,或是违反基于该法令的行政部门的处分;④对照公司业务或其财产状况,确认其陷入支付不能;⑤在投资助言、代理业或是投资管理业的开展过程中,存在损害投资者利益的事实;⑥存在不正当或显著不当行为,情形特别严重;⑦违反注册附带的条件;⑧不符合许可的标准(日本《金融商品交易法》第52条第1款之规定)。此外,在金融商品交易业者的董事、监事等人员不符合适格事由时，或是符合前述③、⑤～⑦之中任何一条时，内阁总理大臣均可以命令其对相关董事、监事等人员进行解任（日本《金融商品交易法》第52条第2款之规定）。

在这些处分事由中，上述③不仅指违反日本《金融商品交易法》和其附随法令情形，而且包括违反更广的金融商品交易业或是付随业务的相关法令的情形。但不包括违反关于兼业业务和批准业务的法律。上述⑥是金融商品交易业法新增加的处分事由，虽是设想到金融商品交易业者可能违反 423
金融商品交易所和金融商品交易协会的自主规定，以及未参加金融商品交易协会的业者，违反基于内阁总理大臣命令而制作的公司内部规则（可参照2），但也并不仅限于此等场合。另外，金融商品交易业者董事、监事等人员的解任命令的收件人，虽是金融商品交易业者，但在业者不解任相关人员时，业者自身便成为符合上述③的处分对象。

为确保行政处分的合法性，在实施行政处分之前，法律规定内阁总理大臣必须通知金融商品交易业者，并听取其意见（日本《金融商品交易法》第57条之规定）。

与上述行政处分不同，在认为对保护公共利益或是保护投资者而确有必要且适当时，内阁总理大臣可以命令金融商品交易业者，变更业务方法，并就其他业务运营以及财产状况的改善采取必要措施（日本《金融商品交易法》第51条之规定）。从前，只有在出现符合业务停止和撤销注册的事由发生时才可以发布业务改善命令，但日本《金融商品交易法》规定该命令并不限于处分事由发生时。但此时，也必须听取其意见（日本《金融商品交易法》第57条之规定）。可以说这是范围非常广泛的监督权限。基于日本《金融商品交易法》第57条，虽然不能撤销业者的注册，但在业者没有采取必要措施的情况下，可以视为符合上述③的情况而撤销注册。

2. 对非金融商品交易业协会、金融商品交易所会员的业者的监督

日本《金融商品交易法》并没有强制规定金融商品交易业者负有必须加入作为自律机关的金融商品交易业协会的法定义务（参见第三章第二节1）。但为了确保自主规制的实效性，可以说，非常期待未加入自律机关的金融商品交易业者也遵循与自律机关制定的自主规制相同的规则（注11）。

于是，日本《金融商品交易法》规定，内阁总理大臣可以命令对未加入 424
金融商品交易业协会的第一种金融商品交易业者、已注册的金融机构，以及投资管理业者，考虑并可参照协会章程及其他规则，制定、变更该业者及其

董事、监事等人员应遵守的规定(公司内部规定)。被命令制定、变更公司内规则的业者在制定、变更、废止该规则时必须经过内阁总理大臣的批准(同条第 3 款、第 4 款之规定)。

将被命令制定公司内部规则的对象仅限定为第一种金融商品交易业者、已注册的金融机构、投资管理业,可能是考虑到让所有未加入协会的业者都制定公司内部规则可能会缺乏实效性。确实,第二种金融商品交易业和投资助言、代理业等,由于个人也可以开展,因而让这些作为个人的业者的制定相关规则,其执行起来也是有困难的。而且开展此类业务的业者加入金融商品交易业协会的比例也很低。但是话说回来,也可能通过公司的形态来开展第二种金融商品交易业和投资助言、代理业,因而也可以说,越是加入率低的行业就更应该整备内阁总理大臣直接监督的方法。此外,未加入协会者参考协会规则而进行适用时,因为即使未加入协会,在投资者保护方面也不会有问题,反过来说,加入协会的优点就失去了,从而又会引发加入协会的比率难以上升等问题。

金融商品交易所为了避免市场有价证券和衍生品交易中的不公正交易而实施自主规制。其自主规制适用于金融商品交易所会员和交易参与者以外的人。因此,规定内阁总理大臣可以命令金融商品交易所会员、交易参与者以外的第一种金融商品交易业者、已注册的金融机构以及投资管理业者,参考交易所章程和其他规则来制定、变更公司的内部规定(日本《金融商品交易法》第 56 条之 4 第 2 款之规定)。此种规定虽不会造成业者成为交易
425 所会员、交易参与者的优点丧失,但可能会使各交易所为制定更好的业者规则而相互竞争,自律机关的优点进一步丧失。

第一种金融商品交易业者在制定公司内部规则时,内阁总理大臣可以以违反公司内部规则为由,对该业者进行行政处分(日本《金融商品交易法》第 52 条第 1 款第 9 项之规定)。即使在业者制定公司内部规则之前,内阁总理大臣也必须在参考协会或交易所规则的基础上,对这些业者实施适当的监督(日本《金融商品交易法》第 56 条之 4 第 1 款之规定),且可依情况,可以依照协会、交易所的规则对未加入的业者进行处分(日本《金融商品交易法》第 52 条第 1 款第 9 项之规定)。

(注 11):可参见金融审议会金融分科会第一分会报告:“投資サービス法(仮称)に向けて”4[平成十七年(2005 年)12 月 22 日]。

第六节 金融商品中介业者

1. 金融商品中介业制度

以扩充证券公司销售通道、在更广的范围内促进投资家的市场参与为目的,平成十五年(2003年)《证券交易法》修法时创设了证券中介业制度(注12)。日本《金融商品交易法》将其业务范围扩大,确立了金融商品中介业制度。

所谓的金融商品中介业指的是,接受金融商品交易业者和注册金融机构的委托,为了委托人开展:①有价证券买卖的媒介;②在交易所金融商品市场、外国金融商品市场中的有价证券买卖交易、衍生品交易委托的媒介;③有价证券募集、卖出的处理、私募的处理;④投资顾问契约、投资全权委托契约的缔结的媒介(日本《金融商品交易法》第2条第11款之规定)。上述④与投资助言、代理业者的媒介行为相同。

金融商品中介业者并非金融商品交易业者,而是为了金融商品交易业者,接受其委托,承担其与顾客间缔结契约责任的独立的商人。不论法人、个人,经过内阁总理大臣的注册就可以开展金融商品中介业(日本《金融商 426
品交易法》第2条第12款、第66条、第66条之3之规定)(注13)。兼业在原则上属于自由,但需要申报(日本《金融商品交易法》第66条之5之规定),但在兼业内容与公共利益相悖时,会撤销金融商品中介业者的注册(日本《金融商品交易法》第66条之20之规定)。

(注12):其创设目的,可参考金融审议会金融分科会第一分会报告:"証券市場の改革促進(证券市场的改革促进)"(別紙(附件)1),"市場仲介者の在り方に関するワーキング·グループ(市场中介者模式的相关的工作组)的报告"[平成十四年(2002年)12月16日]。美国存在大量类似证券外务员的独立承包人 independent contractor(IC)和证券公司的引进公司(introducing farm),起着连接投资人和交易所会员证券公司的作用。

(注13):呈现如金融商品交易业者的证券经纪人独立从事金融商品中介业;损害保险代理店、理财咨询公司、超市兼营金融商品中介业等样态。

2. 业务规制

金融商品中介业者仅为客户与金融商品交易业者间的交易中介,其自身不得成为委托合同和买卖合同的当事人,亦无金融商品交易业者代理权。因此由于中介业者没有必要接受客户金钱和有价证券的存管,故而此行为亦被禁止(日本《金融商品交易法》第66条之13之规定)(注14)。为了不让客户与金融商品交易业者相混同,金融商品中介业者在实行中介行为前,须向客户明示所属金融商品交易业者的商号、名称、无所属业者的代理权等内容(日本《金融商品交易法》第66条之11之规定)。

金融商品中介业者等同日本《商法》、日本《公司法》中的代理商(日本《商法》第27条及以下之规定,日本《公司法》第16条及以下之规定),若得到所属业者的同意(参考日本《商法》第28条、日本《公司法》第17条之规定),也能接受其他金融商品交易业者的委托*。在共同代理店,如果存在其所需手续费因所属金融商品交易业者而异的情况则必须向顾客及时明示,而且,中介业者向何业者下了订单也必须向顾客进行明示(日本《金融商品交易法》第66条之11之规定,日本《金融商品交易业府令》第272条)。这些披露、确认义务是对金融商品交易业者、其董事、监事等人员及公司职员对客户的诚信义务(日本《金融商品交易法》第66条之7之规定)
427 的表现,但不能理解为:由于金融商品交易业者不接受客户委托,因而在复数个金融商品交易业者中,必须向那个对客户最为有利的业者进行下单的义务(最优执行义务)(注15)。

而且,金融商品交易业者的董事、监事等人员并公司职员,为中介业者实行有价证券的买卖、委托劝诱时,在中介业者的注册以外,还须进行证券外务员(经纪人)的注册(日本《金融商品交易法》第66条之25之规定)。

(注14):有意见认为这样的规制可能会降低顾客便利度。可参见证券交易法研究会:"平成15年証券取引法等の改正(3)—証券仲介業制度の創設について"《平成15年の証券取引法の改正》(别册商事法务第275号)第37页以下,"洲崎博史报告"(2004年)。

(注15):可参见前注(14),证券交易法委员会的报告,第42页,"洲崎博史报告"。

3. 金融商品交易业者的损害赔偿责任

金融商品中介业者作为金融商品交易业者为扩大有价证券、衍生品交易销售渠道,其利益由金融商品交易业者享有。因此,如果金融商品中介业

---

* 共同代理店,日语表述为"乗合(のりあい)代理店"。

者使客户在金融商品中介业中蒙受损失,金融商品交易业者除了要对中介业者的委托施加相当的注意,并努力防止损害发生,还须赔偿中介业者导致的损失(日本《金融商品交易法》第66条之24之规定)。中介业者还可能在从事中介业时违法预留(收取)、侵占客户资产。而在共同代理店接受金融商品交易业者委托且对客户是否发生损害不明的情况下,其所属金融商品交易业者承担连带的损害赔偿责任。

428

第二章　金融机构和有价证券关联业务

第一节　业务领域规制的框架和其宽缓

在日本，直至1990年代初，广义上的金融中介业务有着严格的业务领域规制的框架，即银行业、证券业和保险业的开业明确实行许可制，且以各行业的固有业务、附随业务、法定他业或兼业等形式来限定业务范围，禁止此外的其他业务。这样的业务领域规制，虽然可能阻碍自由进入市场和破坏市场竞争，但可防患同时经营多种业务导致的利益相反行为，阻断证券业务的风险，防止经济力量对金融机构的过度集中，并培养（养成）各行各业的专家。

然而在金融自由化、证券化和国际化的背景下，如银行业务和证券业务之间的界限越发模糊等，各种业务内容发生巨大变化，这要求放宽业务规制范围以促进自由竞争，促进金融业务高效发展和提高利用者的便利性。于是，平成四年（1992年）6月制定的《金融制度改革法》许可通过各业态的子公司的方式实现向其他行业的相互渗入，放宽"二战"后日本《证券交易法》制定以来银行业和证券业相分离的规制框架。此改革在维持既往银行证券业相分离（银证分离）原则的同时，考虑既存业者的利益，采用了渐进式的放松管制的方式。

但是，对经济泡沫破灭引起的金融机构不良债权问

题的应对成为政府的重压,改革措施未能有效推进,日本资本市场国际竞争
力的持续降低及护航船队式的行政手段的边界受到批评。在此背景下,以 429
正确反映利用者喜好,形成、构建公正、高效、符合国际标准的市场为目标,
日本发生了"金融大爆炸",实施了在金融中介机构的业务、组织形态的自由化、多样化并完善公平透明市场结构的基础上,促进自由竞争的广泛的改革。

在业务领域规制层面,通过平成九年(1997年)《独占禁止法》的修改和银行控股公司整备法等,对《银行法》《保险业法》实施修改,许可金融控股公司通过其旗下子公司开展综合性金融业务。通过平成十年(1998年)6月制定的《金融体系改革法》对《证券交易法》、《银行法》和《保险业法》的修改,实施以下措施:①扩大金融机构自身可经营的证券业务范围;②证券公司改为注册制,废止其专业义务;③平成四年(1992年)金融制度改革中,虽未许可有关保险业的相互渗入,但许可保险公司以各业态的子公司的方式参与银行业务、证券业务,同时,许可银行、证券公司等也能参与保险业。

平成十五年(2003年)《证券交易法》的修改中创设的证券中介业者制度(参见第一章第六节)于创设之初,银行等金融机构并不能经营证券业务,但为使投资者范围扩大,使证券公司数量较少的地区的投资者能更好地参与市场,平成十六年(2004年)《证券交易法》修改时,对银行等金融机构参与证券中介业务进行了解禁,于是,银行等金融机构向客户介绍集团旗下的证券公司就变为了可能。

日本《金融商品交易法》在维持过去一直以来的银行业与证券业相互分离的思维方式的同时,引入"金融商品交易业"这种概括性的规制概念,修改并完善了规定的方式和其文义表现。

平成二十年(2008年)日本《金融商品交易法》修改时重新审视了,金
融事业者集团化和跨境金融集团业务开展过程中的金融集团内的防火墙规
制,而且,扩大银行、保险公司集团业务范围,同时赋予了证券公司、银行及 430
保险公司根据各行业法律,完善利益相反行为管理体系的义务。

在理解以上大致过程后,本章把金融机构从事有价证券关联业的管制内容,分为金融机构自身从事的有价证券关联业、通过金融机构子公司从事的有价证券关联业和金融控股公司形态下开展的有价证券关联业三个部分进行具体说明。

第二节　金融机构从事的有价证券关联业

1. 金融机构自身从事有价证券关联业的原则禁止

银行、合伙金融机构及其他金融机构从事有价证券关联业(日本《金融商品交易法》第 28 条第 8 款之规定)或投资管理(管理)业(日本《金融商品交易法》第 28 条第 4 款之规定),按照日本《金融商品交易法》第 33 条第 1 款之规定,原则上为禁止(罚则规定,可见日本《金融商品交易法》第 201 条第 1 款第 4 项、第 207 条第 1 款第 5 项之规定)。这里的合伙金融机构是指信用合作合伙、信用金库和劳动金库等(日本《金融商品交易法》第 2 条第 8 款柱书规定、《优先出资法》第 2 条第 1 款之规定),保险公司、证券金融公司等则被政令列举为其他金融机构(日本《金融商品交易法施行令》第 1 条之 9 之规定)。

此规定实质上继承了平成十七年(2005 年)修法前的日本《证券交易法》第 65 条第 1 款的规定,而该条文则可参照美国 1933 年《银行法》[《格拉斯-斯蒂格尔法案》(Glass-Steagall)]。为什么要设置这样的规定?首先,通过阻断银行等金融机构从事证券业务尤其是承销业务导致的风险,保护银行存款人的利益。其次,通常某个经济主体经营多个业务时,可能会做出牺牲一方业务利益,追求他方业务利益的利益相反行为,此举可防止利益相反行为导致损害客户利益。再次,金融机构兼营证券业,属于在实质上控
431 制企业筹集资金的方法,金融机构对产业的控制力增强,可能阻碍经济的健康发展。最后,金融机构向企业比股票发行更推荐银行贷款的方式,这样的话,可能导致作为直接金融主战场的资本市场难以获得发展。

将银行业与证券业相分离的日本《金融商品交易法》第 33 条第 1 款的规定目的其实是保护银行存款人的利益、防止利益相反行为,此外还包括消除金融机构的控制力集中及培育资本市场。近年来,一系列改革措施使得通过子公司的方式参与证券业务,以及金融控股公司等组织形态成为可能,这个规定对金融机构自身兼营证券业务的原则禁止有一定意义。

日本《金融商品交易法》引入了能够涵盖过去证券业[平成十七年(2005 年)修法前的日本《证券交易法》第 2 条第 8 款之规定]和金融期货交易业等概括性概念的"金融商品交易业"的规制概念(参见第一章第一节),原则上禁止金融机构从事相当于过去证券业中的"有价证券关联业"

(日本《金融商品交易法》第 28 条第 8 款之规定)。而对于不符合金融商品交易业中的有价证券关联业的业务,根据同法第 33 条第 1 款之规定并未被禁止。比如,平成十七年(2005 年)废止前的《金融期货交易法》中的金融期货交易业,过去金融机构被允许根据同法注册后即可从事业务,如后文所述,在日本《金融商品交易法》项下,金融机构在注册后亦不被禁止实行与有价证券无关的如衍生品交易的销售、劝诱等行为(可参照日本《金融商品交易法》第 33 条之 2 第 3 款之规定)。

另外,金融机构仍被禁止从事投资管理业(日本《金融商品交易法》第 28 条第 4 款之规定)。虽然平成十七年(2005 年)修法前的日本《证券交易法》对金融机构从事投资管理业和投资助言(咨询)业并未做出特别规定,但由于投资管理业是使用客户的资产投资有价证券的行为(参见第四章第二节),附随进行有价证券买卖代理的证券交易行为,因此被《金融商品交易法》明文禁止(但由于过去《关于有价证券投资顾问业规制等的法律》一直许可信托银行从事投资全权委托业务,故作为特例,允许信托银行在注册 432
后可从事投资管理业。参见日本《金融商品交易法》第 33 条之 8 第 1 款之规定)。

银行等金融机构从事投资管理业及有价证券关联业(日本《金融商品交易法》第 28 条第 4 款、第 8 款之规定),被排除在金融商品交易业的定义之外(日本《金融商品交易法》第 2 条第 8 款但书规定),所以金融机构无法注册为金融商品交易业者(日本《金融商品交易法》第 29 条之规定)从事投资管理业和有价证券管理业(或即便注册也无法实施)。但是,金融机构并不被明文禁止注册为金融商品交易业者,其可从事包括投资助言(咨询)业(日本《金融商品交易法》第 28 条第 6 款之规定)、投资管理业及有价证券关联业之外的业务。但若金融机构成为已注册金融机构(日本《金融商品交易法》第 33 条之 2 之规定),则除了有价证券关联业中的部分业务以外,其还可以从事投资助言(咨询)业,投资管理业及有价证券关联业之外业务,故可推测,金融机构一般会注册为已注册金融机构而非金融商品交易业者(注 16)。

另外,日本《金融商品交易法》项下,金融机构可从事的是未被禁止的有价证券关联业和被许可为特例的有价证券关联业。然而金融机构为实际从事这些业务,须特别注意,在《银行法》等各业法中,这些业务内容的实施须已被容许(关于银行,可参照日本《银行法》第 10 条第 2 款、第 11 条之规定)。

(注16):可参见三井秀範、池田唯一监修:《一問一答金融商品取引法(改訂版)》,第154页(商事法务出版社,2008年)。

2. 作为特例而被容许的有价证券关联业等

(1)被容许无需注册(即可开展)的有价证券关联业

日本《金融商品交易法》第33条第1款但书虽是关于金融机构的有价证券关联业的规定,但它把以下业务作为不违反立法目的的业务,并将其从禁止金融机构从事的有价证券关联业中排除。因此,这些业务被当然许可且无须进行注册(日本《金融商品交易法》第33条之2第2款的括号规定)。

433 第一,银行等金融机构,以投资为目的从事有价证券的买卖或有价证券相关衍生品交易(日本《金融商品交易法》第28条第8款第6项之规定),视为和普通投资者的投资行为等同,因而被容许(另可参考日本《银行法》第10条第2款第2项之规定),但必须遵守《独占禁止法》第11条和《银行法》第16条之3中的股份持有的限制性规定。实际上,金融机构大量持有事业公司股份(及事业公司持有金融机构的股份从而形成股份相互持有)是日本战后复苏期后股份持有构造的特征之一。但在美国,原则上禁止银行以投资为目的的股份持有行为,日本认可银行的股票投资行为,但如果考虑到对银行存款人的保护,不能说完全没有问题。比如,即使是以投资之名,实施极其频繁且大量的有价证券交易,其实质可能属于被禁止的金融机构的证券自我交易。而为确保银行业务的健康运营,平成十三年(2001年)制定的《有关限制银行等机构持有股份等的法律》(银行持有股份限制法)原则上禁止银行及其子公司持有超过自身资本额的股份,同时为顺利处罚银行持有股份和对方公司持有银行股份的行为,设立了银行等股份持有取得机构[最长存续至平成二十九年(2017年)3月]。

第二,根据信托业法的相关规定,经营信托业的金融机构,被容许基于信托合同从事有价证券的买卖或者有价证券相关的衍生品交易。

(2)须注册的有价证券关联业等

对于日本《金融商品交易法》第33条第2款规定的,有价证券关联业[下文的(A)(B)],由于金融机构即使从事该行业,其危害也较小,故将其从同条第1款的禁止对象中予以排除。金融机构希望实施此行为在内的日本《金融商品交易法》第33条之2各项列举的行为之时[下文的(A)~(F)],须获得内阁总理大臣的注册(日本《金融商品交易法》第33条之2之

规定)。此注册的相关业务即为已注册金融机构业务(日本《金融商品交易 434
法》第 33 条之 5 第 1 款第 3 项之规定)。

(A)书面代销行为(日本《金融商品交易法》第 33 条第 2 款柱书规定、第 33 条之 2 第 1 项之规定)

此行为是指金融机构接受客户书面订单,为了客户的利益(经济效果归属于客户),进行有价证券的买卖或有价证券相关的衍生品交易。之所以容许书面代销行为,是因为对金融机构被动接受使用预存在金融机构的资金而购买有价证券或出售预存在银行的有价证券订单的行为,并无禁止之必要。但要求客户以书面的方式下单。最为重要的是,接受委托的金融机构必须向交易所的会员下交易订单,这对金融机构、客户双方实际上并无多大好处。

平成十七年(2005 年)《证券交易法》修法前,规定金融机构无须注册即可实施书面代销行为(日本《金融商品交易法》第 65 条第 1 款但书规定),但因在实施相关行为之际,金融机构并不适用行为规制而受到批评,故日本《金融商品交易法》规定了必须履行注册的义务。另外,前述的许可书面代销行为的目的处罚,当然不能容许基于相关订单对客户实施的劝诱,及该金融机构从事投资助言(咨询)业务获得客户订单的行为(日本《金融商品交易法》第 33 条第 2 款柱书、括号规定)。

(B)一定的有价证券关联业(日本《金融商品交易法》第 33 条第 2 款各项、第 33 条之 2 第 2 项之规定)

金融机构注册以后,可从事一定的有价证券关联业。金融机构注册后,其自身可从事的有价证券关联业的范围,如下概述,在金融自由化、证券化过程中,虽经数次修改,其范围得以扩大,但对股份、政府保证债除外的公司债,目前维持着禁止已注册金融机构自身从事相关的承销、募集卖出的处置、买卖、买卖中介、代销、代理等业务的规制框架。

(a)公共债相关的一定有价证券关联业

国债、地方债及政府保证债相关的有价证券关联业,属于禁止的例外(日本《金融商品交易法》第 33 条第 2 款第 1 项,第 2 条第 1 款第 1、2、3
项之规定)。原因在于,这些公共债的风险较小,即使容许银行等金融机构 435
从事这些有价证券关联业,也不会出现对存款人利益保护层面的问题。

对于金融机构是否能从事公共债相关的证券业务,昭和五十六年(1981 年)修法前的《证券交易法》第 65 条第 2 款曾规定,公共债相关的证券业务属于同条规定第 1 款内容的适用除外,但在《银行法》里并无此类明文规定,由此曾引起争议。然而随着昭和五十年代(1975~1984年前后)国债的大量发行,金融机构确实需要向普通投资者募集新发行国债,或从事已发行国债的自我交易业务。因此,在昭和五十六年(1981年)日本新《银行法》的制定及《证券交易法》的修法中,在《银行法》中规定,金融机构可从事公共债相关的证券业务(日本《银行法》第10条第2款第4项、第11条第2项之规定);在《证券交易法》中明确规定,金融机构也可从事该业务[平成十七年(2005年)修法前《证券交易法》第65条第2款第1项之规定]。

此外,随着国债的大量持有,降低金融机构持有国债和外国国债引起的价格变动风险的需求不断增大。因此,昭和六十三年(1988年)引入证券期货交易之际,同时容许了金融机构从事国债或外国国债相关的证券期货交易业务。

(b)金融证券化相关的一定的有价证券关联业

一直以来的日本《证券交易法》及日本《金融商品交易法》中规定,原则上金融机构不得从事有价证券定义所概括的证券关联业务。但随着金融证券化不断推进(参见第一编第二章第二节),日本《金融商品交易法》为保护投资者而增设下文所述的规定,在扩大有价证券定义的同时,容许金融机构从事证券关联业务。

第一,在平成四年(1992年)修改前,政令未将商业票据、转让性存款证书等金融商品规定为有价证券,故只能通过让证券公司申请批准兼营此类
436 业务,或让银行将此作为附随业务。平成四年(1992年)的修法将这些商品规定为有价证券,因而容许证券公司将其作为本业,也允许金融机构从事商业票据及转让性存款证书的有价证券关联业(日本《金融商品交易法》第33条第2款第1项,第2条第1款第15项、第21项之规定;日本《金融商品交易法施行令》第1条第1项之规定;日本《银行法》第10条第2款第5项之规定)。

第二,被称为证券化关联商品的新型有价证券,也进行了同样的应对,即:①平成四年(1992年)及之后的修法中,外国贷款债权信托受益证券及贷款债权信托受益权(日本《金融商品交易法》第2条第1款第18项,第2款第1、2项之规定);②伴随平成十年(1998年)《特定目的公司法》的制定及之后的修法,基于此法,特定目的公司发行的特定公司债券、优先出资证券及含特定目的的信托受益证券(日本《金融商品交易法》第2条第1款第4、8、13项之规定);③随着平成十八年(2006年)日本《信托法》的制定,使受益证券发行信托的受益证券(同款第14项之规定)分别成为《证券交

易法》、日本《金融商品交易法》中的有价证券,对此金融机构被许可在一定范围内从事有价证券关联业(日本《金融商品交易法》第 33 条第 2 款第 1 项之规定)。由超越以往的金融框架的金融手法,创造出全新的金融商品,具有多样化的能力和创意,也将有助于提高银行等金融机构的专业能力。

(c)一定的有价证券私募的处理

平成四年(1992 年)修法前,对不符合私募定义的证券的发行,由于其不属于证券业,故由银行、保险公司等金融机构在发行公司和机构投资者中间,开展私募(尤其是私募债)的处理。但是私募的处理业务非不构成证券业的行为,无法适用保护投资者的不公平交易的禁止性规定。因此,平成四年(1992 年)修法后,将私募规定为证券业或属于有价证券关联业的行为(日本《金融商品交易法》第 2 条第 8 款第 9 项之规定),可适用不公正交易的相关规制;同时明确金融机构也可从事私募处理的业务(日本《金融商品 437
交易法》第 33 条第 2 款第 1、3、4 项之规定,日本《银行法》第 10 条第 2 款第 6 项之规定)。

过去金融机构可从事的私募限于公司债,平成四年(1992 年)修改后,其也可从事其他有价证券的私募的处理业务。但是,已公开的股份即使向少数主体发行也属于"募集",所以企业金融型证券中,金融机构实际可作为私募证券交易的,仅限于普通公司债及未公开的股份[关于"募集"的概念,参见第二编第二章第一节 3(3)]。

(d)投资信托的受益证券等的贩卖、劝诱

平成十年(1998 年)及之后《证券交易法》的修法,对银行等金融机构自身可从事的有价证券关联业,又追加了投资信托、外国投资信托的受益证券、投资法人的投资证券、投资法人债券及外国投资证券的募集的处理、私募的处理等内容(日本《金融商品交易法》第 33 条第 2 款第 2 项,第 2 条第 1 款第 10、11 项之规定)。平成九年(1997 年)12 月起,投资信托委托公司被许可租用银行等的店铺从事受益证券的贩卖业务(单间出租方式),这是因为为了提高投资者的便利性和扩大投资者范围,有必要持续扩充投资信托的销售渠道。而且,为使金融机构能直接满足投资者兑换受益证券和投资证券成现金的要求,这些的买卖和买卖中介的业务亦被容许。

在金融机构被容许从事受益证券、投资证券的窗口贩卖的同时,其向客户阐明,投资信托与银行存款不同,没有保本的保证,也非存款保险的对象等,这种防止(客户)产生误解的措施极为重要。已注册金融机构在从事有价证券关联业时,适用作为"金融商品交易业者等"(日本《金融商品交易法》第34条之规定)从事销售、劝诱相关的行为规制(日本《金融商品交易法》第37条及之后的规定)。此外,日本《银行法》规定,银行对收取存款以外的业务相关重要事项,也须向客户进行说明,并采取其他确保健全(健康)且适当运营的措施(日本《银行法》第12条之2第2款之规定),《银行法施行规则》基于此规定则作出了如下要求(日本《银行法施行规则》第13条之5、第13条之6之规定)。

438 ①对客户可能误认为是存款等的商品,须逐一说明此非存款,非存款保险的支付对象,没有保本的保证,合同主体以及其他防止误认的事项。此商品的业务须在特定窗口进行,且须将上述事项以浅显易懂的方式在该窗口进行公示。

②向投资委托业者出租店铺的投资信托贩卖业务,也须明确区分不同场所,且不得进行可能引起客户误解的公示。

除此之外,已注册投资信托贩卖业务的金融机构的代理人中,由政令规定的主体可代理该金融机构进行受益证券等的销售(日本《金融商品交易法》第33条之8第2款第1项之规定),而依据政令规定,其包括:生命保险的募集人、损害保险代理店及其代表人(日本《金融商品交易法施行令》第15条之21第2款之规定)。保险公司可通过保险代理店,销售投资信托。

(e)有价证券店头衍生品交易的相关业务

《金融系统改革法》将有价证券店头衍生品业务纳入了"证券业",同时,银行等金融机构被容许在一定范围内从事此类业务(日本《金融商品交易法》第33条第2款第5项、第2条第8款第4项之规定)。日本《银行法》将此业务规定为银行的附随业务(日本《银行法》第10条第2款第16项、第17项之规定)。平成十八年(2006年),日本《证券交易法》修法前,规定必须获得内阁总理大臣的许可(日本《证券交易法》第65条第2款第5项、第65条之2第3款之规定),金融商品交易业的相关内容被加入规制中,除了PTS(自营交易系统)业务以外均被统一成注册制(日本《金融商品交易法》第29条之规定,参见第一章第一节),为了与之相呼应,规定为只需要注册即可。

因为有价证券店头衍生品交易是按照投资者的需求,基于原资产价格的变动,使现金流能被适当调整的交易,所以,为提高客户便利性和促进竞
439 争,金融机构也被容许从事此类业务。但是,对金融机构自身不能从事的,诸如以股份等有价证券为原资产的店头衍生品交易,增加了一定的限制,以

50个以上的主体作为相对方实施的交易被除外，且结算方法只能为差额交割（日本《金融商品交易法》第33条第2款第5项柱书规定，日本《金融商品交易法施行令》第15条之19之规定）。

（C）衍生品交易等（日本《金融商品交易法》第33条第3款柱书规定）中属于有价证券相关衍生品交易等以外的内容（日本《金融商品交易法》第33条之2第3项之规定）

日本《金融商品交易法》把有价证券的关联衍生品交易之外的衍生品交易等（如金融期货交易、存款利息、货币互换等）纳入注册金融机构可实施的业务范围。日本《金融商品交易法》对原来的《金融期货交易法》进行废止并统合后，把等同于过去的金融期货交易业的业务规定都囊括到金融商品交易业中（日本《金融商品交易法》第2条第8款之规定），因为过去《金融期货交易法》容许金融机构在注册后从事金融期货交易业，所以也将此业务纳入已注册金融机构的业务范围之中。

（D）委托者指令型投资信托、外国投资信托、抵押证券、集合投资计划份额等的自我募集、自我私募（日本《金融商品交易法》第33条之2第4项、第2条第8款第7项之规定）

随着日本《金融商品交易法》将此类业务纳入金融商品交易业的“业法规制对象”（日本《金融商品交易法》第2条第8款第7项之规定），此业务也就成了已注册金融机构的注册业务。

（E）投资助言（咨询）、代理业（日本《金融商品交易法》第33条之2柱书规定）

以前，虽然金融机构被原则上禁止从事投资管理（管理）业，但考虑到投资助言（咨询）、代理业（日本《金融商品交易法》第28条第3款之规定），其自身并不伴随证券交易行为而生，即使容许实施其危害性也较小，所以规定为只需注册即可从事。

（F）有价证券等管理业务（日本《金融商品交易法》第33条之2柱书规定）

金融机构可将其作为附随业务而从事有价证券的保护性预存*（日本
《银行法》第10条第2款第10项等规定），日本《金融商品交易法》将其纳 440
入“有价证券等管理业务”中（日本《金融商品交易法》第28条第5款之规定），被作为注册金融机构业务，使其成为行为规制的适用对象（日本《金融

* 日语表述为“保護預かり”。

商品交易法》第 43 条至第 43 条之 4 之规定)。

3. 已注册金融机构的规制

(1)注册手续

如前所述,银行、合伙组织的金融机构及其他金融机构,如要从事日本《金融商品交易法》第 33 条之 2 所列的各项业务(以此为业),或从事投资助言(咨询)、代理业或者有价证券等的管理业务,须提交记载该事项的注册申请书和其附件,获得内阁总理大臣的注册(日本《金融商品交易法》第 33 条之 2、第 33 条之 3 之规定,若违反,则适用以下罚则,即日本《金融商品交易法》第 201 条第 4 项、第 207 条第 1 款第 5 项之规定)。日本《金融商品交易法》之所以要求注册,是为了将这些金融机构与金融商品交易业者共同置于一元化的监督和规制之下。

内阁总理大臣在收到注册申请后,除存在注册拒绝事由(必须拒绝注册的事由)以外,应该将该金融机构登记在金融机构注册簿中(日本《金融商品交易法》第 33 条之 4 第 1 款之规定),此注册簿也应供公众阅览(同条第 2 款之规定)。

(2)行为规制

获得注册的金融机构称为"(已)注册金融机构"(日本《金融商品交易法》第 2 条第 11 款但书规定),被"金融商品交易业者等"(日本《金融商品交易法》第 34 条之规定)的概念所包含,适用金融商品交易业者的如诚信义务(日本《金融商品交易法》第 36 条之规定)、行为禁止(日本《金融商品交易法》第 38 条之规定)等金融商品交易业者的行为规制(日本《金融商品交易法》第 36 条及之后的规定)。

金融商品交易业者从事金融商品交易业及附随业务以外的业务(金融商品交易业者的其他业务)时,可能会产生同金融商品交易业的客户、金融商品交易业者其他业务的客户利益相反的情况,所以,为了防止出现利益相反的弊害,规定禁止其从事相关行为(日本《金融商品交易法》第 44 条之 2 第 1 款之规定)。注册金融机构从事注册金融机构业务以外的业务(注册
441 金融机构的其他业务)时,准用此规定(同条第 2 款之规定)。此外,为防止母公司法人或子公司法人等的参与行为造成的危害,设置了准用金融商品交易业者的相关规定(日本《金融商品交易法》第 44 条之 3 第 1 款、第 2 款之规定)。

(3)其他规制

有关已注册金融机构的财务,规定了:①应制作并保存业务相关的账簿文件(日本《金融商品交易法》第48条之规定);②应制作事业(经营)报告书并将之提供给内阁总理大臣(日本《金融商品交易法》第48条之2第1款之规定);③应向内阁总理大臣报告其业务及财产状况(同条第2款之规定);④应履行累积金融商品交易责任准备金等义务(日本《金融商品交易法》第48条之3之规定)。不同于第一种金融商品交易业者,金融机构虽无净财产额和自我资本比率的限制,但其相关财务事项必须符合《银行法》的相关规制。

除此之外,业务改善命令和监督处罚,亦准用金融商品交易业者的相关规定(日本《金融商品交易法》第51条之2、第52条之2之规定)。

第三节　子公司从事的有价证券关联业务

1. 金融制度的改革历程

平成四年(1992年)实现的所谓"金融制度改革"(注17)中,容许通过设立子公司的方式进行银行业和证券业间的相互渗入。

当初讨论的,相互渗入的形态方式包括以下5种:①互相渗入方式;②分业态的子公司方式;③特例法方式,④控股公司方式;⑤全营业务银行(universal bank)方式。最终采用了②分业态的子公司方式。在此方式中,银行可限定将证券业产生的风险限定在对子公司的出资范围内,从而更好保护银行存款人的利益,也更易从法律上规制经营银行业与证券业的公司是其他法人时所做出的(两者间的)利益相反行为。

(注17):关于对分业领域进行放松规制的讨论,以及平成四年(1992年)金融制度改革的详细内容和评价,可参见吉原和志:"金融机构的证券业务",《鴻常夫先生古稀記念·現代企業立法の軌跡と展望(鸿常夫先生古稀纪念、现代企业立法的轨迹与展望)》,第893页以下(商事法务研究会,1995年)。

442

2. 子公司的相互渗入

平成四年(1992年),日本的《银行法》《证券交易法》等一系列法律进行了修改,于平成五年(1993年)4月后,容许银行和证券公司之间以子公司的方式相互渗入。

银行、其他金融机构获得内阁总理大臣许可后,可将证券专门业务公司("金融商品交易业者中,有价证券关联业[指日本《金融商品交易法》第28条第8款(通则)规定的有价证券关联业]之外,专门经营(专营)同法第35条第1款第1项至第8项(从事第一种金融商品交易业或投资管理业主体的业务范围)所列之业务、其他内阁府令规定业务的主体")和证券中介的专门业务公司作为(重新设立证券子公司或收购现成的证券公司作为子公司)子公司(注18)(例如,日本《银行法》第16条之2第1款第3项、第4款之规定)。银行等金融机构通过子公司的方式进入有价证券关联业是否违反规定了银证分离原则的日本《金融商品交易法》第33条的立法目的,为消除上述疑问,同法第33条增设解释规定来明确主旨(日本《金融商品交易法》第33条之7之规定),即银行等金融机构并非其拥有表决权总数过半数的主体获得证券业注册(日本《金融商品交易法》第29条之规定)和许可(日本《金融商品交易法》第30条第1款之规定)的障碍。

银行等通过子公司方式可以持有股份的对象仅限于证券专门业务公司等。这是旨在避免因金融商品交易业者无专业规制,因此其可从事金融商品交易业以外的多种业务(参见第一章第四节1),导致银行持有的子公司的业务范围过分扩大。

金融商品交易业者也可以将其他经营金融业的公司作为其子公司,但须毫无迟延地向内阁总理大臣申报(日本《金融商品交易法》第5条第1款第4项之规定)。实际上,大型证券公司为了能从事投资信托的受托业务,一般均会设立信托银行子公司。

443 此外,《独占禁止法》为防止控制力集中,对金融公司的股份持有做了限制,即银行拥有证券专业子公司、金融商品交易业者拥有银行子公司须获得公正交易委员会的许可(日本《独占禁止法》第11条第1款但书规定)。

为防止形式上利用分业态的子公司而实质上自身渗入的情形,限制董事、监事等人员和公司职员在银行和证券子公司之间、证券公司和银行子公司之间兼职。但是,在金融集团化的进程中,这种兼职限制因限制过度(过剩规制)而受到批评,因此,日本《金融商品交易法》废止了这种兼职限制,只规定了其必须进行申报的义务(日本《金融商品交易法》第31条之4第2款之规定)。

(注18):"子公司"指持有公司股东表决权50%以上的其他公司(《银行法》第2条第8款之规定)。

3. 弊害防止措施

(1)之前的规制框架

若银行和证券公司通过子公司相互渗入对方业务,则有可能发生银行存款人的利益无法得到充分保障,而母子公司之间也可能实施为了一方利益牺牲另一方利益的行为(利益相反行为)。此外银行利用其对企业的影响力支援其证券公司子公司,还可能损害证券业的公平竞争。因此,为保护银行存款人、防止利益相反行为及确保公平竞争,制定了"防火墙"(业务隔离墙)等各种业务规制(日本《金融商品交易法》第44条之3、《金融商品交易业府令》第153条之规定)。

第一,银行和证券子公司(注19)间、证券公司和银行子公司(注20)间
进行直接交易时,原则上要求其和独立当事人间的交易采用同等条件[公 444
平交易或公允价格原则(arm's length rule)。日本《银行法》第13条之2第1项、第2项之规定,日本《银行法施行规则》第14条之10、第14条之11之规定,日本《金融商品交易法》第44条之3第1款第4项之规定,日本《金融商品交易业府令》第153条第1款第1项之规定]。这是由于母子公司若实施对银行不利、对证券公司有利的交易,必将损害银行存款人的利益,造成银行支援证券公司的结果从而对公平竞争造成危害。另外,证券公司6个月以内出售承销证券给其母公司或子公司,属于向银行等转移承销风险的利益相反行为而被禁止(日本《金融商品交易业府令》第153条第1款第6项之规定)。

第二,母子公司即使未进行直接交易,有时也可能产生利益相反关系。例如,银行使正从事贷款业的企业发行证券,再用税后所得回收债权的行为属于把银行的贷款风险转移给证券取得者的行为。若证券公司成为其母银行或子银行证券发行的主承销商,则可能因承销审查的宽松而损害证券取得者的利益。此外,银行将购买证券公司承销证券的资金贷款给投资者,是将证券公司的承销风险转移给银行存款人的行为。因此,日本《金融商品交易法》中采取了防止此种利益相反关系产生的措施(日本《金融商品交易法》第44条之3第1款第4项之规定,日本《金融商品交易业府令》第153条第1款第3、4、5项之规定)。

除此之外,平成四年(1992年)改革之初,设置主银行(mainbank)规制及共同访问禁止规制,但为了进一步促进金融领域自由竞争,同时在银行贷款困难状况下,为改善企业的资金筹集环境,平成十一年(1999年)4月起,

主银行规制及共同访问禁止规制被废止,其他规制也根据实际情况有所放宽。

(注19):不仅仅子公司间的交易,和特定关系人[该银行的子公司、该银行的大股东、拥有该银行子公司的银行控股公司、该银行控股公司的子公司(该银行除外),该银行的银行代理业者、其他政令规定的和该银行有特殊关系的主体]的交易也属于规制对象(日本《银行法》第13条之2之规定)。

(注20):不仅仅子公司间的交易,和母法人等(持有金融商品交易业的全部股东表决权的过半数、和该金融商品交易业者有其他亲密关系的法人,以及符合政令规定要件的其他团体。日本《金融商品交易法》第31条之4第3款之规定)或者子法人等(持有金融商品交易业的全部股东表决权的过半数、和该金融商品交易业者有其他亲密关系的法人,或符合政令规定要件的其他团体。日本《金融商品交易法》第31条之4第4款之规定)的交易也成为规制对象(日本《金融商品交易法》第44条之3第1款第1项、第4项之规定)。

445 (2)规制的重新审视——平成二十年(2008年)修改

最近,不少学说都开始反思一直以来的防火墙规制相对于其原本的目的是否属于过大规制,是否成为金融集团的综合服务提供、金融集团的整合风险管理及法律遵守的障碍。因而,关于防止利益相反行为的危害和滥用优越地位的问题,在确保更强实效性的同时,提高利用者的便利性及满足金融集团整合内部管理等需求,(立法)应提供新的规制框架(注21),平成二十年(2008年)相关法律被修改,并自平成二十一年(2009年)6月起施行。

(A)完善利益相反管理体系的整备义务

平成二十年(2008年)修法中,如前所述,废止公司董事、监事等人员和职员的兼职规制,进行规制缓和的同时,为了确保防止利益相反危害措施的实效性,日本《金融商品交易法》、《银行法》及《保险法》等法的修改中,对各金融商品交易业者、银行及保险公司,赋予其完善保护客户利益的利益相反管理体系的义务(日本《金融商品交易法》第36条第2~5款之规定,日本《银行法》第13条之3之2之规定,日本《保险法》第100条之2之2之规定等)。

其中,日本《金融商品交易法》第36条第2款对于特定金融商品交易业者等(注22)规定:"为防止该特定金融商品交易业者、其母金融机构及子金融机构(注23)等实施交易所伴随的,该特定金融商品交易业者及其子金融

机构等从事的金融商品相关业务……不当损害客户利益,根据内阁府令的 446
规定,赋予其妥当管理该金融商品相关业务的有关信息、整备一个可以妥善监督该金融商品关联业务实施状况的体系(系统),及采取其他必要措施”的义务。

关于应如何整备利益相反的管理体制,内阁府令规定如下:①整备一个可以对有可能不当损害客户利益的交易,采用适当的方法进行特定规制的体系;②整备一个能确保妥善保护客户利益的体系;③以适当的方法公布这些措施的实施方针的决策及其概要,同时还应保存该体系中实施措施的相关记录(日本《金融商品交易业府令》第70条之3之规定)。府令并未详细规定细节,而只规定了原则,这是以促进各金融机构、金融集团自主配合将其(在各主体内进行)具体化(注24)。

(B)共享*关于客户的非公开信息

过去,从事有价证券关联业的第一种金融商品交易业者,在没有书面的事前同意的情况下,禁止实施以下行为:①有价证券发行人或关于客户的非公开信息在母法人、子法人之间共享;②利用从母法人、子法人处获得的客户相关非公开信息,劝诱客户达成交易(日本《金融商品交易法》第44条之3第1款第4项,日本《金融商品交易业府令》第153条第1款第7项、第8项之规定),此是为在保护客户利益的同时确保公平竞争。但是,限制授受关于客户的非公开信息,有时亦成为金融集团提供综合服务时的障碍,可能因损害利用者的便利而受到了批评;另一方面,在客户不希望的场合中,允许共享非公开客户信息的做法极为不妥。因此,作为确认客户意思的手段,关于个人信息,和过去一样,只在取得客户的书面事前同意的情形下,方许可信息共享(事前同意,opt in);而对法人信息,则必须提前通知客户共享信息的事宜,从而给予不希望信息共享的客户以不同意的机会(事后拒绝,opt out)(《金融商品交易业府令》第153条第2款)。

(C)银行等优越地位的滥用禁止 447

防止银行滥用其优越地位,日本《银行法》及其实施规则禁止银行以客户与该银行或该银行子公司进行与其经营业务相关的交易为条件,对客户提供信用担保的行为(日本《银行法》第13条之3第3项之规定),以及不当利用银行在交易中的优越地位对交易条件和实施造成不利影响的行为(日本《银行法》第13条之3第4项之规定,日本《银行法实施规则》第14

* 日语表述为“授受”,下同。

条之11、第14条之3第3项之规定)。

另一方面,日本《金融商品交易法》和内阁府令则更为彻底地进行了以下规定:禁止从事有价证券关联业的金融商品交易业者,不当利用母银行和子银行交易中的优越地位,进行金融商品交易合同的签订和劝诱的行为(日本《金融商品交易业府令》第153条第1款第10项之规定)。

(注21):金融审议会金融分科会第一分会报告:"我が国金融・資本市場の競争力強化に向けて"[平成十九年(2007年)12月18日]。

(注22):"特定金融商品交易业者等"是指"金融商品交易业者中,从事有价证券关联业的金融商品交易业者(从事第一种金融商品交易业,仅限于已进行了日本《金融商品交易法》第29条规定的注册的主体)及其他政令规定的主体"(日本《金融商品交易法》第36条第3款之规定),根据政令,注册金融机构也在规制对象之列(日本《金融商品交易法施行令》第15条之27之规定)。

(注23):关于"母金融机构等""子金融机构等"的定义,可参照日本《金融商品交易法》第36条第4款第5项之规定。

(注24):可参见齐藤将彦等:"ファイアーウォール規制の見直し・ETFの多様化",《旬刊商事法务》第1839号,第36页、第38页(2008年)。

第四节　金融持股公司形态和有价证券关联业务

1. 金融控股公司的解禁

日本在"二战"后的一段很长的时期里,根据《独占禁止法》的规定,禁止设立纯粹的控股公司(通过持有股份来支配其他公司营业活动为主要目
448 的的公司)。为了业务开展的灵活和组织形态选择的多样化,加上纯粹控股公司在实务层面十分有用且需求很大,以及和在一般层面认可这种公司形态的欧美各国的对比和均衡考虑之下,平成九年(1997年)日本《独占禁止法》修改时规定,只要不造成经营控制力的过度集中,原则上允许设立纯粹控股公司(日本《独占禁止法》第9条之规定)。

金融领域受此影响,平成九年(1997年)以《银行控股公司等整备法》为首的各行业法的修改对金融控股公司的设立进行了解禁。同一控股公司旗下,可有银行、证券公司及保险公司等不同形态,这将提高经营效率和促进竞争。另外,和通过不同业态的子公司相互渗入相比,控股公司下兄弟公

司的经营恶化风险难以波及其他金融机构，其在防范风险层面更为优越。但在控股公司统一指挥下进行的企业集团经营活动也会影响子公司金融机构的经营，因此，为保护存款人、保险签订人及投资者，需要完善业务范围的规制、危害防止的措施及合并报表（连结财务）层面等的有效监督的框架等。

金融控股公司规制的详细内容超过了作为对日本《金融商品交易法》进行简要解说的本书的框架，故下文为理解通过金融控股公司形态进入有价证券关联业的情形，仅在必要范围内对这些规制进行概观说明。

2. 金融控股公司的意义和规制框架

日本《银行法》对银行控股公司，日本《保险法》对保险控股公司都分别作了特别规定（日本《银行法》第 52 条之 17 及之后之规定、日本《保险法》第 271 条之 18 及之后之规定）。金融控股公司的形态之下，由控股公司决定企业集团的经营方式，亦会对子公司金融机构的经营及财务造成巨大影响。银行具备结算功能，其经营的恶化会威胁金融系统的安定，因此对拥有 449
银行子公司的控股公司准用银行的规制规定；保险公司拥有大量的保险合同人，确保其经营的健全（健康）性也极其重要，故对拥有保险公司子公司的控股公司也准用保险公司的规制规定。对此，将金融商品交易业者作为子公司的控股公司（证券控股公司），除了适用有关主要股东（日本《金融商品交易法》第 29 条之 4 第 2 款之规定）的相关规定（日本《金融商品交易法》第 32 条至第 32 条之 4 之规定），除此之外并无其他特别规定。这是因为考虑到若整备了确保控股公司在内的相关公司间交易的公平性和监督实效性的各项规定（日本《金融商品交易法》第 31 条之 4、第 44 条之 3、第 56 条之 2 等规定），则基本上就可通过对证券公司本身的规制来应对。

平成九年（1997 年）修法前的日本《独占禁止法》第 9 条第 3 款对控股公司做了“通过持有股份……以支配（控制）国内公司的营业活动为主要业务的公司”的抽象定义。但现行法第 9 条第 4 款第 1 项，则采用数值标准，当取得子公司（持有全部股东表决权过半数的其他国内公司。日本《独占禁止法》第 9 条第 5 款之规定）股份的取得价格的总额达到该公司总资产额的 50%以上时，成为控股公司。另外，日本《银行法》、日本《保险业法》对银行控股公司、保险控股公司做了如下定义：以上文的日本《独占禁止法》第 9 条规定的控股公司定义为基础，拥有银行、保险公司子公司的控股公司，为获得相关许可而被设立，或者获得许可的主体（日本《银行法》第 2 条第12款、第13款之规定,日本《保险法》第2条第16款之规定)。

平成九年(1997年)修改的《独占禁止法》第9条第1款、第2款对"成为经营控制力过度集中的控股公司"进行了禁止性规定。但之后,因即使不符合上所述由数值标准定义的控股公司的情形,也可能因存在经营控制力过度集中的危害而受到批评。所以平成十四年(2002年)修改的第9条第1款、第2款规定:以即使不是控股公司,也禁止设立"使经营控制力过度
450 集中的公司"(注25)及变为此类公司。因此,需充分注意:即使该公司不满足控股公司要件,或者通过持有银行、保险公司50%以下股份但实现"实质性支配(控制)"时,也会导致因经营控制力过度集中而触犯《独占禁止法》第9条的规定。

(注25):关于实际运用,日本公平交易委员会颁布了"指引",公布了符合该款的3种类型和标准"事業支配力が過度に集中することとなる会社の考え方"[平成十四年(2002年)11月12日]。

3. 金融控股公司的设立等

银行控股公司及保险控股公司,设立控股公司或使既有公司控股公司化须提前获得内阁总理大臣的许可(日本《银行法》第52条之17第1款之规定、日本《保险法》第271条之18第1款之规定),许可标准为控股公司及其子公司收支预算良好(日本《银行法》第52条之18之规定、日本《保险法》第271条之19之规定)。

对证券控股公司的设立及既有公司证券控股公司化并无特别规定。但是日本《金融商品交易法》规定,金融商品交易业者(仅限从事第一种金融商品交易业或投资管理业的主体)的全体股东表决权过半数由其他法人、其他团体拥有时,该业者负有向内阁总理大臣申报的义务,因而在形成证券控股公司的情形下,由作为子公司的金融商品交易业者向内阁总理大臣进行申报(日本《金融商品交易法》第50条第1款第6项之规定)。

4. 业务范围规制

关于控股公司自身业务范围,为防止利益相反行为、防范风险及确保子
451 公司经营的健全(健康)性,银行控股公司及保险控股公司只能从事子公司的经营管理及附带业务,不得从事其他业务(日本《银行法》第52条之21第1款之规定、日本《保险法》第271条之21第1款之规定)。

银行控股公司的常务董事(设置委员会的公司中的执行官),除非获得

了内阁总理大臣的许可,否则不得担任其他公司的常务董事(日本《银行法》第52条之19第1款之规定),在董事提出许可申请后,除非有可能妨碍该银行控股公司子公司业务健康运营的情况,否则内阁总理大臣必须许可(日本《银行法》第52条之19第2款之规定)。这或许是因为,银行控股公司董事兼职其主要子公司董事,可能可以促进企业集团整体的高效经营(可对照银行自身董事等的兼职限制,参考日本《银行法》第7条第2款之规定)。

子公司业务范围,也即控股公司能够设立何种形式的子公司,概括如下:①经营已获相互渗入许可的金融业务的公司;②专营从属该金融业务,且由内阁府令规定的业务(从属业务,参考日本《银行法实施规则》第34条之16之规定、日本《保险法实施规则》第56条之2之规定)和金融相关业务的公司;③内阁府令规定的,从事新兴行业或很大程度上有助于经营提升、被认可是新兴行业的公司(即被认定为创新企业,venture business);④和只以此类公司作为子公司的控股公司(下游控股公司)等几大类别(日本《银行法》第52条之23第1款之规定、日本《保险法》第271条之22第1款之规定)。

银行控股公司和保险控股公司最大的区别,除了上文所述之外,在于是否有对拥有从事一般经营(一般事业)的子公司的限制。对于前者,原则上禁止其拥有从事一般经营的子公司(日本《银行法》第52条之23第1款柱书规定),且控股公司及其子公司不得持有从事一般经营公司总计15%以上股份(持股限制);但后者,在获内阁总理大臣许可后,也可将从事一般经 452
营的公司作为其子公司(日本《保险法》第271条之22第1款之规定)。考虑到银行被科以他业禁止,以及银行公共性安全网(safety net)的存在,因此认为银行控股公司拥有一般的经营公司(事业公司)并不妥当。

对和金融商品交易业的关系需要注意的是,上文①中的证券子公司,仅限证券专门业务公司和证券中介专门业务公司(日本《银行法》第52条之23第1款之规定、日本《保险法》第271条之22第1款之规定)(注26)。《金融系统改革法》废止了证券公司的专业义务,这是基于想把控股公司旗下的证券子公司限定为以此为专业的公司的目的而实施的。

因为对证券控股公司子公司的业务范围没有特别限制,所以证券控股公司可拥有从事一般经营的子公司,而且也没有对银行控股公司的股份持有限制。但是,证券控股公司新设子公司,以及将既存的公司进行子公司化时,必须向内阁总理大臣申报(日本《金融商品交易法》第50条第1款第8项之规定、《金融商品交易业府令》第199条第3项之规定)。

(注26):关于证券专门业务公司等的兼业业务,可参照日本《银行法实施规则》第17条之2第2款之规定、《保险业法实施规则》第56条第2款之规定。

5. 弊害的防止措施

允许以不同业态的子公司的形式相互渗入的,平成四年(1992年)的《金融制度改革法》规定了母子公司间的弊害防止措施;而《银行控股公司等整备法》为使这些弊害防止措施在金融控股公司中也能发挥功效,将拥有该银行、保险公司子公司的控股公司及其子公司纳入了规制对象。

即,对于银行而言,与银行或银行控股公司拥有母子公司关系的主体为
453 特定关系人,禁止:①在这些主体间进行,对照一般的交易条件可能给该银行带来不利的交易;②银行与特定关系人及其客户进行上述①中的交易,阻碍该银行业务健康顺利开展的行为(日本《银行法》第13条之2之规定),日本《保险法》中也有类似的规制(日本《保险法》第100条之3之规定)。这称为公允价值(或公平交易原则,即arm's length rule),这是为防止金融机构根据控股公司的指示,给予控股公司或兄弟公司相比第三人更优的待遇,从而确保交易的公平、公正。

日本《金融商品交易法》第44条之3对证券控股公司通过不同业态的子公司的方式相互渗入,规定了前文所述的弊害防止措施,与证券控股公司(母公司)、兄弟公司及其客户之间的交易也适用该规定,因为该条中的"母法人等"包含了金融商品交易业者的母公司和控股公司,"子法人等"则包含了金融商品交易业者的兄弟公司(日本《金融商品交易法》第31条之4第3款、第4款之规定,《金融商品交易法施行令》第15条之16之规定,《金融商品交易业府令》第32~35条之规定)。

6. 金融控股公司的财务与监督

在控股公司形态之下,对个别金融机构实施监督时,需考虑包含控股公司及兄弟公司的控股公司集团整体的业务和财务状况对该金融机构的影响。因此,对银行控股公司、保险控股公司做了下文所述的合并(连结报表)为基础的规制。

①银行控股公司和保险控股公司必须在每个事业年度,制作连结(合并)的,记载有银行控股公司、保险控股公司及其子公司的业务财产状况的业务报告书,并向内阁总理大臣提交(日本《银行法》第52条之27之规定、

日本《保险法》第271条之24之规定)。

②对合并(连结报表)为基础的信息披露,控股公司有义务制作、公布与子公司连结(合并)的资产负债表和损益表(日本《银行法》第52条之28 454 之规定);制作、设置载有所有业务及财产状况事项的说明文件(日本《银行法》第52条之29之规定、日本《保险法》第271条之25之规定)。此信息披露制度的主旨在于,可以提高控股公司自律性,提供利用者可判断经营安全性的信息,同时有利于监督机构实施更为有效的监督。

③对银行引入了连结(合并)自我资本比例的规制。为使银行更为健全(健康)地运营业务,内阁总理大臣可以依照银行控股公司及其子公司持有资产的状况,制定(规定)用来判断自我资本是否充实等的银行控股公司及其子公司的经营健全(健康)性标准[日本《银行法》第52条之25,平成十年(1998年)大藏省告示第62号文件]。保险公司也引入连结(合并)财务健全(健康)性标准[合并偿付能力(Solvency Margin)标准,日本《保险法》第271条之28之2之规定,平成二十二年(2010年)修改]。

④关于以合并(连结报表)为基础实施的监督框架,即,为确保银行、保险公司业务健全(健康)及运营良好,内阁总理大臣认为确有必要时,可以要求拥有该银行、保险公司子公司的银行控股公司、保险控股公司及其子公司,提交报告和资料(日本《银行法》第52条之31之规定、《保险法》第271条之27之规定);内阁总理大臣还可以要求职员进入银行控股公司、保险控股公司及其子公司的事务所及其他场所,并进行检查(日本《银行法》第52条之32之规定、《保险法》第271条之28之规定)。

⑤以合并(连结报表)为基础可以采取要求改正的监督措施。内阁总理大臣为确保银行控股公司的银行子公司、保险控股公司的保险子公司的业务健全(健康)及运营良好,必要时可命令银行控股公司、保险控股公司提交业务改善计划,命令其对已提交的改善计划进行变更,以及采取必要的监督措施(日本《银行法》第52条之33之规定、日本《保险法》第271条之29之规定)。

⑥若银行控股公司、保险控股公司违反法律,内阁总理大臣可下达解聘 455 董事、监事等人员及其他必要的监督措施命令,撤销控股公司的许可,以及对子公司银行和保险公司发出停止业务的命令(日本《银行法》第52条之34之规定、日本《保险法》第271条之30之规定)。

⑦银行或银行与其子公司合并适用大型信用提供等的限制性规定(日本《银行法》第13条之规定),并且,同等限制还适用于银行控股公司及其

子公司(日本《银行法》第52条之22之规定)。

平成二十二年(2010年)日本《金融商品交易法》修改时,引入了对一定规模以上的证券公司进行连结(合并)的规制和监督,包含了内阁总理大臣指定的母公司(指定母公司)在内的公司集团适用上述①~⑤所对应的规制[关于上游连结(合并),参见第一章第三节之5]。与对银行和保险公司规制不同,连结(合并)规制、监督的对象是受到指定的母公司,而非控股公司。

456

第三章　自主规制机关

第一节　金融商品交易所

1. 金融商品交易所的组织

(1) 金融商品交易所的定义

金融商品交易所指开设有价证券买卖或衍生品交易市场的金融商品市场的主体(日本《金融商品交易法》第2条第14款、第16款之规定)。这里的开设市场是指,向利用者提供设施和系统,使利用者进行有价证券的买卖和衍生品交易;而市场的开设是否属于有价证券买卖、衍生品交易的媒介,对此仍有争议。

通过金融商品市场的固定开设,提高有价证券、衍生品交易的流通性,形成适切的市场价格,对投资者保护和资源的有效分配极为重要(金融商品市场的公共性)。因此,虽然也考虑由国家开设金融商品市场,但因为金融商品交易所之间的竞争有助于形成更高效率的市场,所以日本《金融商品交易法》允许法人开设金融商品市场,并将之置于内阁总理大臣的许可制之下(日本《金融商品交易法》第80条第1款之规定)。

平成十八年(2006年)修法以前,有价证券的买卖以及有价证券相关衍生品交易的市场,根据原日本《证券交易法》,由证券交易所开设;有价证券以外金融衍生品交易市场,基于日本《金融期货交易法》,由金融期货交易所开设。日本《金融商品交易法》将证券交易所和金融期货交易所统一为金融商品交易
457 所,既有的证券交易所也能开设金融期货交易市场,既有的金融期货交易所也能开设有价证券买卖市场和有价证券相关衍生品交易市场。

(2)股份公司的金融商品交易所和会员制的金融商品交易所

历史上,证券交易所是证券公司以交易为目的聚集、组织而成的团体。因为将证券市场的运营交给精通证券交易的主体更为有效,所以之前只有以证券公司为会员的会员制证券交易所才能得到开设许可。

但随着信息技术的发展,证券交易全球化背景下证券市场竞争激烈,为追求引进新技术的资金保证和意思决定的迅速化,股份公司制交易所的开设也应得到容许的呼声日益高涨(注27)。因此,在平成十二年(2000年)的《证券交易法》修改中,股份公司制的证券交易所获得了许可,从会员制到股份公司制的组织变更的规定也得到了确立(日本《金融商品交易法》第101条之2至第102条之规定)。日本《金融商品交易法》也容许会员制交易所和股份公司制交易所,前者称为"会员制金融商品交易所",后者称为"股份公司金融商品交易所"。

会员制金融商品交易所是指,金融商品交易业者或已注册金融机构,按照日本《金融商品交易法》规定的手续而设立的法人(金融商品会员制法人)(日本《金融商品交易法》第88条之2至第90条之规定),会员资格也只限定为这类主体(日本《金融商品交易法》第91条之规定)。但是,交易所可赋予会员之外的金融商品交易业者、交易所交易许可业者(日本《金融商品交易法》第60条之规定)及已注册金融机构(日本《金融商品交易法》第2条第11款、第33条之2之规定)以交易资格,使之能从事金融商品市场中的有价证券买卖及衍生品交易(日本《金融商品交易法》第111条、第112条之规定)。对此,股份公司制证券交易所是指,根据日本《公司法》的规定设立的股份公司,无论是否为其股东,均可根据业务规则给予金融商品交易业者、交易所交易许可业者及注册金融机构以交易资格,使之成为交易参与者(日本《金融商品交易法》第113条之规定)。

(注27):参照金融审议会第一分会工作组报告:"証券取引所等の組織形態の在り方について"[平成十二年(2000年)2月22日]。

458 (3)股份公司金融商品交易所的主要股东规制

股份公司金融商品交易所的主要股东规制经历了多次变迁。在平成十二年(2000年)引入制度当初,为防止交易所的经营被特定的少数人控制而

无法维持中立性的情况,禁止(任何人)获得交易所5%以上的表决权。然而,这导致了难以利用交易所内外的资本关系进行合作,对交易所经营的市场监督也难以发挥其作用。因此,平成十五年(2003年)修改法律时,允许他人获得其5%以上表决权,但对获得20%以上表决权实行许可制。但是,在许可制的实际运作管理中,几乎没有上市企业、金融机构及金融商品交易业者获得表决权许可成功的案例,也可以说实际上根本没有实施过许可(注28)。因此,现行的日本《金融商品交易法》规定,原则上禁止取得股份公司金融商品交易所的20%以上(若推测可能存在对金融商品交易所财务、经营方针决定造成重大影响的事实,则为15%以上)的表决权(日本《金融商品交易法》第103条之2第1款之规定)。

但是,已注册的金融商品交易业协会[参见第二节1(2)]、金融商品交易所,或者金融商品交易所控股公司,可以取得并持有交易所20%以上的表决权,这是为使交易所之间展开合作成为可能。另外,地方公共团体、外国金融商品交易市场的开设者及其控股公司可在获得内阁总理大臣许可的条件下,取得并持有交易所20%以上至50%的股份(日本《金融商品交易法》第106条之3第1款之规定、日本《金融商品交易法施行令》第19条之3之3之规定)。交易所可以接受地方公共团体的出资,这是为使其能够同外国的交易所展开合作。

(注28):平成十七年(2005年)8月的事例中,投资顾问业者的代表人申请许可获得大阪证券交易所20%以上股份,但基于存在利益相反的可能而最终未能获得许可。

(4)金融商品交易所的整合 459

现代的金融商品交易所为快速而安全地进行有价证券的买卖和衍生品交易,引入了大型的电脑系统,而维持和刷新系统一般需要巨额资金。金融商品市场的竞争日趋激烈,有必要统合金融商品交易所的制度构造。事实上,很多国家已经出现了交易所国际化整合(统合)的动向。因此,平成十年(1998年)修改法律时,整备了有关交易所合并手续的规定(日本《金融商品交易法》第136~147条之规定)。按照该手续,会员制金融商品交易所和股份公司金融商品交易所之间可以进行合并。

在日趋激烈的全球化市场竞争中,为了使日本的交易所能和国内外交易所进行战略合作(注29),平成十五年(2003年)修改法律时,引入了证券交易所控股公司(金融商品交易所控股公司)的制度。金融商品交易所控股公司是指,获内阁总理大臣许可,将股份公司金融商品交易所作为子公司,或将其作为子公司进行设立的公司(日本《金融商品交易法》第2条第18款、第106条之10第1款之规定)。虽然金融商品交易所控股公司可以不取得、不持有金融商品交易所的总表决权(参考日本《金融商品交易法》第103条之2第1款之规定),但被容许持有金融商品交易所控股公司子公司的公司种类存在限制(日本《金融商品交易法》第106条之12第1款第1项之规定)(注30)。

金融商品交易所控股公司在上述规制以外,还存在和股份公司金融商品交易所相同的表决权持有规制(日本《金融商品交易法》第106条之14之规定),地方公共团体的取得、持有实行许可制(日本《金融商品交易法》第106条之17之规定)。这是为了防止不直接获取交易所股份而通过获取交易所控股公司股份以支配(控制)交易所的行为。

(注29):参照金融审议会第一分会报告"証券市場の改革促進(促进证券市场改革)"(附件3)"取引所の在り方に関するワーキング・グループ报告"[平成十四年(2002年)12月16日]。

(注30):东京证券交易所和大阪证券交易所于2013年1月实施合并后,金融商品交易所控股公司旗下可拥有自主规制法人、实物市场运营公司、衍生品市场运营公司及结算机构。

460

2. 金融商品交易所的自主规制

(1)金融商品市场的自主规制

金融商品交易所,是指对会员、交易参与人(以下将其合称为"会员等")以及上市公司实行规制的自主规制机关(Self-Regulatory Organizations, SROs)。自主规制,是指私人团体为达到一定的公共目的,制定自治规则(自主原则)并实施规制。历史上证券交易规制始于交易所会员证券业者的自主规制,证券交易领域传统上习惯自主规制。最重要的是,当今各国都在法律中寻找自主规制的依据(将自主规制的依据规定在法律之中),自主规制在法律的框架之下得以实施。虽然股份公司金融商品交易所的自主规制已没有了被规制主体自行实施规制的含义,但在市场开设者制定并执行参与市场的相关主体的有关规则这一层面上,股份公司金融商品交易所依旧可以被认为属于金融商品市场中的自主规制机构。

自主规制的优势在于:①由精通该业务的主体实施规制,在实际中可制定并执行妥当的规则;②由会员等和发行人负担规制成本,对国民而言,可以节约规制成本;③可实施同业者间的商业伦理,这种比法律要求更高的规制。

自主规制的劣势在于:①规制内容超出伙伴间的约定事项,难以达成公益之目的;②欠缺规制执行的热情,甚至有肆意利用之虞;③可能被用作阻挡政府直接规制的理由;④自主规制团体可能被利用成为只顾及其成员利益,在与外部主体竞争中处于有利地位的卡特尔团体。因此,为克服自主规制劣势、发挥优势,需要根据法律,对自主规制机关进行规制[参见(2)]。

金融商品交易所的自主规制是为确保交易所金融商品市场中的交易公 461
平、保护投资者而实施的(可参照日本《金融商品交易法》第84条第1款之规定),除交易所金融商品市场中进行交易的会员等,还有必要适用于上市有价证券的发行人。因为,会员制金融商品交易所的会员金融商品交易业者受到交易所制定的自主规则的拘束,所以交易所可以通过制定、执行自主规则使会员遵守该规则。对此,股份公司金融商品交易所中的交易所和交易参与者之间存在契约关系,所以,作为契约关系解除的担保,自主规则有必要得到确实执行。另外,因为交易所、上市公司之间的关系也可以被视作契约关系,因此,可以通过上市契约使当事人承担上市证券有关的自主规则的遵守义务,对于违反自主规则的行为,通过最终令其退市(终止上市),来确保上市公司能有效执行自主规则。

(2)依法律管制

日本《金融商品交易法》为了以自主规制方式达到公益之目的,增设了数个有特色的规制。首先,关于自主规则中的章程及业务规则,其应记载的事项被法定(日本《金融商品交易法》第88条之3第2款、第103条、第117条之规定),其内容和《受托合同准则》(参见第三编第一章第二节2)一同成为被授予市场开设许可时的审查对象(日本《金融商品交易法》第81条、第82条之规定),而且,其内容的变更也须得到内阁总理大臣的许可(日本《金融商品交易法》第149条第1款之规定)。股份公司金融商品交易所将市场的运营以及与交易参与者相关的基本规则载入章程,是因为这些内容需要征求股东的意思(注31)。制定、变更及废止章程、业务规则以外的自主规则也须向内阁总理大臣进行申报(申报制,日本《金融商品交易法》第149条第2款之规定),同时必须服从内阁总理大臣的事后变更命令(日本《金融商品交易法》第153条之规定)。据此,自主规制内容得到了法律的管制。

其次,对会员的处分,金融商品交易所依照以自主规则处理为原则,但 462
日本《金融商品交易法》在以下两点对自主规制进行介入。第一,存在会员不仅违反自主规则,而且违反法律及行政处分时,以交易所对会员进行处分为前提的规定(参考日本《金融商品交易法》第152条第1款第1项之规定)。该规定体现出了法律规制和自主规制相互补充发挥作用的日本《金融商品交易法》的意图。第二,交易所如果不处理会员的违反行为,怠于对其处罚的,内阁总理大臣可命令交易所采取必要措施(同项规定),为行使该权限,可以对交易所行使报告征收权和检查权(日本《金融商品交易法》第151条之规定)。也就是说,交易所必须妥当行使被赋予的自主规制权限。

(注31):可参照证券交易法研究会:"証券取引所等の株式会社化",《インベストメント》第54卷第1号,第20页及之后、第33页(神田秀树报告)(2001年)。

(3)自主规制法人和自主规制委员会

股份公司金融商品交易所避免了自主规制的劣势,即作为独立于交易参与者的主体实施自主规制,其规制内容往往限于伙伴之间的约定事项,从而难以达成公益目的。但是,由于并不禁止其追求营利,所以有放宽上市公司规制,从而获得竞争有利地位的上市标准的可能[参见3(2)],同时还有可能存在为追求短期利益,未充分分配资源给自主规制部门等危害。在诸多国家,有以交易所股份公司化为契机,把自主规制部门从市场运营部门中分离出来的事例(注32)。因此,基于确保自主规制的功能的观点,日本《金融商品交易法》在明确自主规制业务法律地位的基础上,规定金融商品交易所除了自主实施自主规制业务的组织形态,还可以选择委托给独立实施自主规制业务的自主规制法人,或者股份公司金融商品交易所可以选择在内部设置实施自主规制业务的自主规制委员会的方式。

463 金融商品交易所获得内阁总理大臣的许可,可把全部或部分自主规制业务委托给自主规制法人(日本《金融商品交易法》第85条之规定)。自主规制法人是指依据日本《金融商品交易法》的规定,由金融商品交易所或金融商品交易所控股公司设立的会员制法人,只有这些主体能够成为会员(日本《金融商品交易法》第102条之3、第102条之12之规定)(注33)。为确保自主规制业务的独立性,自主规制法人的过半数理事,不得为交易所及其子公司的董事、理事或商业使用人,而且,须为从未担任过理事职务的外部理事(日本《金融商品交易法》第102条之23第3款之规定)。

股份公司金融商品交易所可在公司内部设置自主规制委员会,设置后,其将被董事会委托自主规制业务的相关事项的决定权限(日本《金融商品交易法》第105条之4之规定)。自主规制委员会是由董事组成的董事会的内部委员会,为确保其独立性,作为其组成人员的3名以上董事的过半数必须为外部董事(日本《金融商品交易法》第105条之5第1款之规定)。自主规制委员会是意思决定机关,其决定由交易所的执行官或董事执行。若交易所执行官或董事可能违反自主规制委员会决定,自主规制委员会有权阻止(日本《金融商品交易法》第105条之10之规定)。这些规定将公司法规定的不得赋予公司内部组织的权限赋予了自主规制委员会。

关于自主规制业务的法定事项有:①金融商品等的上市、退市相关业务;②会员对法律、交易所规则及交易信义规则遵守情况的调查(日本《金融商品交易法》第84条第2款第1项、第2项之规定),同款第3项规定内阁府可以实施;③会员的审查及处分;④上市公司信息披露的审查及处分;⑤自主规制业务相关规则的制定及废改(《交易所府令》第7条之规定)。由此可见,日本《金融商品交易法》未把交易所市场运营业务相关规则的制定,纳入自主规制业务之中。另外,上市、退市及会员相关规则的制定,虽然理论上属于自主规制业务,但日本《金融商品交易法》把上市、退市标准(包括上市公司应遵守的信息披露规则),以及会员资格条件的设定、修改及废 464
止,明文排除在上述⑤的自主规制业务之外(同条之规定),被排除的业务不可委托给自主规制法人和自主规制委员会。虽然自主规制中有规则的制定、修改和执行的内容,但日本《金融商品交易法》只把规则的执行纳入了自主规制业务中。考虑到自主规制本身的劣势及追求营利的利益相反行为,将自主规则的制定、修改排除在自主规制业务之外的这一做法是存在疑问的。

当然,金融商品交易所修改或废止自主规制业务相关规则,须获得自主规制法人或自主规制委员会的同意(日本《金融商品交易法》第102条之32、第105条之11之规定)。自主规制业务相关规则包括了上市、退市标准及会员的资格要件(《交易所府令》第35条之规定),通过这些规定,能在一定程度上防止自主规则被越改越差。

与自主规制委员会相比,自主规制法人与交易所在组织上分离,能确保人员的独立性,所以从交易所市场运营功能来看,独立性较高。与此相对,在自主规制委员会中,存在对市场运营承担责任的交易所的董事作为其成员,能更好发挥精通市场运营业务主体从事自主规制业务的自主规制优势(注34)。

金融商品交易所也可不把自主规制业务委托给自主规制法人和自主规

制委员会。当然,金融商品交易所将其发行的有价证券在自己市场上市,为防止利益相反行为,必须获得内阁总理大臣的许可(日本《金融商品交易法》第122~124条之规定),在申请许可时,其是否设置了自主规制法人或自主规制委员会等是审查对象。

(注32):伦敦证券交易所在实施股份公司化的同时,将上市许可的权限转移给了金融服务机构(FSA)。纽约证券交易所在股份公司化后,在自己公司股票上市前,把自主规制部门作为控股公司下的其他法人而进行了分离。

(注33):目前,东京证券交易所将自主规制业务委托给了交易所控股公司下设立的自主规制法人。

(注34):东京证券交易所的"自主規制業務の在り方に関する特別委員会報告書"[平成十七年(2005年)10月25日]中,在讨论交易所的组织形态时指出,在确保自主规制业务的独立性的同时,确保能否实施现场主义的,机动且高效的规制(确保实效性)也同样重要。

465

3. 金融商品交易所开设金融商品市场

(1)金融商品市场的开设许可

金融商品交易所为开设金融商品市场,须向内阁总理大臣提交章程、业务规程、受托契约准则及附有内阁府令规定文件材料的许可申请书,获得市场开设的许可(日本《金融商品交易法》第80条、第82条之规定)。

在对金融商品交易所的监督规制中,若交易所自身违反法律、基于法律的行政处分,或者违反章程或其他规则时,内阁总理大臣可对其下达包括撤销市场开设许可的行政处罚(日本《金融商品交易法》第152条第1款第1项之规定)。为了确保有价证券买卖及市场衍生品交易的公平便利以保护投资者,金融商品交易所须运营金融商品市场(日本《金融商品交易法》第110条之规定),在不正当的运营行为发生时,违反法律的交易所就会成为处罚对象。再者,交易所的行为或金融商品市场的有价证券买卖、衍生品交易被认为有损公益或者投资者利益时,即使未违反具体法律,内阁总理大臣也能下达停止有价证券市场交易或交易所业务的命令(日本《金融商品交易法》第152条第1款第2项之规定)。

如果避开如此严厉规制下的金融商品市场,在没有许可的情况下开设金融商品市场,则很有可能实施损害消费者利益的交易。因此,为防止不受法律规制的私设金融商品市场的出现,除去店头买卖有价证券市场开设的情形,已被许可的金融商品交易协会禁止未获许可而开设金融商品市场的行为(日本《金融商品交易法》第80条之规定),同时还禁止在这类市场中 466
进行有价证券买卖和衍生品交易(日本《金融商品交易法》第167条之2之规定)。因为在未许可的市场中,连买卖行为都被罚则所禁止(日本《金融商品交易法》第200条第19项之规定),同时,为避免因开设未经许可的市场而获利的行为,在没有获得许可的市场中的买卖交易行为,会被作为违反强行法规则而归于全部无效。

(2)市场间竞争

从2000年前后开始,各交易所逐渐开设面向新兴企业的新市场(注35),由此引发激烈的争夺上市企业的竞争,从而引起此市场竞争是否导致自主规制水平低下的争议。

如果市场发生争夺上市企业的竞争,则有可能降低上市标准,这样一来,不适合一般投资者投资对象的企业也能获得上市,反而可能违反保护投资者(的原则)。但是,若某个市场过度放宽企业的上市标准,该市场只会被评价为处于上位市场上市前的下位市场,而很多企业满足上位市场标准后必定向其(上位市场)转移。其结果将导致该市场只剩无法向上位市场转移的企业,而该市场的形象会进一步恶化。因此,放宽上市标准反而可能失去上市企业,所以似乎也没有必要担心上市标准被过度放宽(注36)。

争夺上市企业的竞争也能依据信息披露规则(disclosure rule)的制定进行。在面向新兴企业的新市场中,根据自主规制对发行人适用比法律规定更严格的信息披露规则。一旦被赋予严格的信息披露义务,虽然乍一看企业可能对该市场敬而远之,但仔细想来,基于市场间的竞争,相关规则或许能得到更好地改善。原因在于,发行人不仅被赋予法定义务,还必须服从严格的信息披露规则,发行人只有坚持履行重视投资者的公约(commitment),才 467
能更好地吸引投资者。

(注35):东京证券交易所的Mothers(Market of the high-growth and emerging stocks)、大阪证券交易所的Hercules(后与Jacks合并)、名古屋证券交易所的Centrex、札幌证券交易所的Ambitious、福冈证券交易所的Q-Board、JASDAQ证券交易所的Neo陆续被开设,但近年已出现了相互合并的动向。

(注36):以上讨论,可参考梅本刚正:"市場間の上場競争について",《甲南法学》第40卷第3、4号(合并号),第309页、第320页及之后(2000年)。审查东京证券交易所和大阪证券交易所合并的公平交易委员会,考

虑到前者的Mothers和后者的JASDAQ之间存在竞争关系,要求双方采取必要措施,防止双方上市手续费发生快速上涨后,才容许其进行合并。

(3)外国金融商品交易所的国内终端设备

作为日本投资者参与外国金融商品交易所交易的一种途径,外国交易所会在日本国内设置终端。对于此终端设置的要求,日本在行政上往往采取个案应对的措施,但今后需求量很可能增加。因此,为了保护日本投资者,平成十五年(2003年)日本《证券交易法》修法时,规定了终端设置的规则。

外国金融商品交易所在日本国内设置终端,开设国内金融商品市场,市场开设者若获内阁总理大臣许可,则无须再获得金融商品市场开设许可,即可使参与人利用终端进行金融商品交易(日本《金融商品交易法》第155条之规定)。这是因为,外国金融商品交易受本国规制和监督,因而没有必要对其适用和国内交易所完全同等的规则。在对外国金融商品交易所的许可申请进行审查时,许可的申请人是否获得了和其本国金融商品市场开设许可同种类的许可,对申请人的交易参与人的自主规制是否充分,许可申请人的业务规则能否充分保护投资者等成为审查对象(日本《金融商品交易法》
468 第155条之3之规定)。通过国内终端可参与交易的主体,仅限于金融商品交易业者和已注册的金融机构(日本《金融商品交易法》第155条第1款之规定),投资者则可通过金融商品交易业者参加交易。

为使对外国金融商品交易所的监督发挥实效,日本《金融商品交易法》中除了要求外国金融商品交易所在修改规则时必须提交申请(日本《金融商品交易法》第155条之7之规定)、每年必须提交业务报告书(日本《金融商品交易法》第155条之5之规定)以外,还规定了业务变更命令权(日本《金融商品交易法》第155条之10之规定)、针对外国金融商品交易所及其参与人的报告征收权及检查权(日本《金融商品交易法》第155条之9之规定)。

(4)国内交易所的海外拓展

与(3)相对,日本的交易所在国外设置终端,使外国金融商品交易业者直接参与日本金融商品交易,这种情况也存在。此种交易可提高日本交易市场的流动性及国际竞争力,所以平成十五年(2003年)修改的日本《证券交易法》设置了国内交易所海外拓展时对日本投资者保护的规定。

首先,通过海外终端在国内交易所进行金融商品交易的主体,原本必须获得日本金融商品交易业的注册(日本《金融商品交易法》第29条之规定），但在获得内阁总理大臣的许可后，不在国内设立分店也能在交易所金融商品市场中以有价证券买卖为业（日本《金融商品交易法》第60条之规定）。因为这类与交易所交易许可业者和投资者的交易在海外实施，因此没有必要为保护日本投资者而对其适用与交易受托相关的日本《金融商品交易法》的规则，但是，由于下单是在国内交易所执行，所以有必要适用确保市场效率性、公正性的相关规定。大量推荐销售禁止、作为的市价形成交易禁止等对金融商品交易业者的行为规制准用于交易所交易许可业者（日本《金融商品交易法》第60条之13之规定，《金融商品交易业府令》第231条、第232条之规定）。这些禁止行为即使是在国外实施的，只要对国内市场价格的形成造成不良影响，就会构成有损国内市场信赖的行为。

而且，交易所交易许可业者为参与国内交易所的交易，须成为设置该终端交易所的会员或交易参与人，这称为远程会员制（remote membership），其 469
亦必须遵循金融商品交易所的自主规制。

4. 金融商品交易所的上市公司规制

（1）企业行动规范的制定

近来，日本金融商品市场上出现了上市公司实施和部分投资者串通，损害其他普通投资者的案例（又被称为"滥用行为"）。过去，金融商品交易所虽可对上市公司适用适时披露规则（timely disclosure），但规制滥用行为，仅使用披露规则有其效用界限。金融商品交易所为保护投资者必须运营市场（参考日本《金融商品交易法》第110条之规定），为使参与金融商品市场的普通投资者不因上市企业和部分投资者的行为而蒙受损害，对上市公司进行规制也属于交易所应尽的职责。

例如，东京证券交易所为积极提升上市公司的投资价值，对上市公司赋予了提交、披露内部治理（corporate governance）报告书（《上市规则》第419条之规定）的义务。此外，东京证券交易所在平成十八年（2006年）以来，制定了上市公司应遵守的行为规范，完善了对违反规则可以采取如公布名单、征收上市违约金等柔和的制裁手段等制度（《上市规则》第432条及之后之规定）。

更进一步，该让哪种股票上市是金融商品交易所的上市政策问题，同时还关乎上市公司的内部治理（corporate governance）和投资者保护。因此，东京证券交易所为保护对上市公司投资的一般股东，采取了：①对表决权相关的种类股的上市，原则上只在新发（IPO）时容许；②虽许可上市公司发行、上市无表决权的股份,但不许可发行比已上市股份享有更多表决权的股份(《上市规则》第205条之规定)(注37)。

(注37):关于种类股上市要件的概要,可参考宇都宫纯子:“議決権種類株式の上場に関する制度要綱について”,《旬刊商事法务》第1834号,第15页(2008年)。

470 (2)大幅度的股份分割、股份合并

上市公司实施的大幅度的股份分割,会对流通市场上的价格决定产生不良影响,可能提高每股股份的事务成本而损害股东的利益。另外,高比例的股份合并则会使多数股东失去股份,从保护普通股东的层面对此不能视而不见,而且,合并后的零散股票会被集中出卖,其价款会被交付给股东(日本《公司法》第235条之规定),但股东未必能获得合理价格的分配,且没有机会获得司法审查。因此,东京证券交易所禁止可能造成流通市场混乱或损害股东利益的股份分割或者股份合并(《上市规则》第433条之规定)。

(3)MSCB的发行

MSCB(附转换价格修改条款的转换公司债型的附新股预约权的公司债)的发行,因为未通过公募承销审查的企业往往利用此产品,导致股份价格进一步下跌,可能损害既有股东的利益;MSCB的买受人在购买后采取的行动(为了对冲而卖空等)可能引起市场混乱,因此受到批评。在这种背景下,东京证券交易所赋予上市公司在MSCB发行时,必须考虑对流通市场、股东利益影响的义务;并要求其与买受人签订在一个月内不得转换超过上市公司已上市股份数10%以上的合同(《上市规则》第434条之规定)。

但是,仅靠这些措施依旧并不能完全消除MSCB的弊害。

(4)反收购策略

在企业收购逐渐增加的同时,引入反收购策略的上市企业也在逐渐增
471 多,而反收购策略中,包含了可能使股份的价格形成不稳定,或者损害股东权利的内容。因此,东京证券交易所要求,在引入反收购策略时,进行必要充分且适时的披露;反收购策略的发动条件并非依据经营者的恣意判断;不包含给投资者造成不可预测的损害的要素;还要符合考虑股东权利的内容(《上市规则》第440条之规定)。具体而言,包括:①将收购者以外的股东行使权利或者接受配股作为条件的新股预约权,以股东分配的形式向其发行上述新股预约权的反收购策略(Rights Plan)中,针对导入时间节点时的股东事先分配行使价格显著低于股份市场价格的新股预约权(无伴随性的

Rights Plan);②即使股东大会决议让过半数的董事发生更替,也无法废止或终止(停止)发动的 Rights Plan(死手型,deadhand Rights Plan);③含否决权的种类股中,对过半数董事的选任、解任及其他重要事项,须由种类股股东大会决议的内容,如果上市公司发行具有该内容的种类股,则会与退市标准相抵触(《上市规则》第 601 条第 1 款第 17 项之规定、《上市规则施行规则》第 601 条第 13 款第 1~3 项之规定)(注 38)。

(注 38):关于具体的引入过程及详细内容,可参考饭田一弘:"買収防衛策の導入に係る上場制度の整備",《旬刊商事法务》第 1760 号,第 18 页(2006 年)。

(5)伴随大幅度股权稀释的第三人定向配股增资

自从 2007 年前后开始,业绩发生恶化的上市公司中,为避免因市价总额低迷而退市,出现了大幅稀释股东持股比例的大规模第三人定向配股增资的情形,其中也出现了损害股东利益的事例。因此,2009 年修改相关规则:①根据稀释化率,制定相应的第三人定向配股增资的行动规范;②要求对是否属于"有利发行"进行确认并披露;③要求对配股方的资金准备进行确认和披露。与平成二十一年(2009 年)府令修改时的第三人定向配股增资的披露[参见第二编第二章第二节 4(1)]不同的是,将稀释化率超 300%(即分配给第三人的募集股份等的表决权数超过公司已发行股份的表决权数的 3 倍)的第三人定向配股增资作为退市事由(《上市规则》第 601 条第 1 472
款第 17 项、《上市规则施行规则》第 601 条第 13 款第 6 项之规定),另外,在第三人定向配股增资导致控股股东(支配股东)发生变动,若交易所认为 3 年内和控股股东(支配股东)之间的交易的健全(健康)性出现显著毁损时,可终止其上市(《上市规则》第 601 条第 1 款第 9 项之 2 之规定)(注 39)。

(注 39):详细内容可参考伊藤昌夫:"有価証券上場規程等の一部改正の概要",《旬刊商事法务》第 1878 号,第 26~27 页(2009 年)。

(6)独立董事监事等人员的选任

大多数上市公司在日本《公司法》上被要求选任外部董事和外部监事,但实际上,其多数是由主要客户和母公司派遣,有时,公司内可能根本不存在考虑和顾及一般股东利益的外部董事监事等人员。因此,东京证券交易所要求日本的上市公司必须确保有一名以上的独立董事监事等人员(《上市规则》第 436 条之 2 第 1 款之规定)。独立董事监事等人员是指不会和一般股东产生利益相反行为的外部董事或外部监事(同款规定),上市公司的母公司、子公司及主要客户的董事、监事等人员和公司职员,从上市公司获得高管薪酬以外的高额价款的顾问、会计专家、法律专家及最近符合这些条件的主体都不得担任独立董事、监事等人员(注40)。

(注40):详细内容可参考伊藤昌夫:“有価証券上場規程等の一部改正の概要”,《旬刊商事法务》第1888号,第19~22页(2010年)。

5. 综合性交易所

(1)制度整备的原委

平成十八年(2006年)修法前,日本的有价证券、金融和商品(commodity)
473 的衍生品交易的构造或者相关规制被完全分开、相互隔离。具体而言,有价证券关联衍生品交易在证券交易所实施的,受日本《证券交易法》规制;金融关联衍生品交易在金融期货交易所实施的,受日本《金融期货交易法》规制;商品关联衍生品交易(商品期货交易)在商品交易所实施的,受商品交易所法(现行《商品期货交易法》)规制。其中,有价证券和金融衍生品根据平成十八年(2006年)金融商品交易法的规定,可以同时在金融商品交易所内实施交易,其规制也适用同样的规定。

另外,根据平成二十一年(2009年)的修改,容许金融商品交易所和商品交易所相互渗入(日本《金融商品交易法》第87条之2、第87条之3之规定)。但是,只容许相互渗透还无法使证券、金融和商品的衍生品使用同一保证金进行交易,因此投资者的便利性问题依然存在。另外,监督官厅(监管部门)又分为:与证券、金融衍生品交易相关的金融厅、与商品期货交易相关的经济产业省及农林水产省,这种分离同样导致了市场开设者(交易所)和交易参与者(证券公司和商品期货交易业者)受到双重规制。因此,金融商品交易所和商品交易所的相互渗透难以进一步推进。

另一方面,投资者持续减少导致日本商品期货市场规模的持续缩小,长此以往,必将导致国内难以利用商品的风险对冲(risk hedge)手段。因此,人们对实现证券、金融和商品可以在同一个交易所内交易,实现综合性交易所进行了讨论,基于此,在平成二十四年(2012年)对日本《金融商品交易法》等进行了修改(注41)。这次修改,保留了商品交易所和《商品期货交易法》的规制框架,容许在金融商品交易所实施商品关联衍生品的交易,既有商品期货交易业者和相关业者亦可参与。从投资者的角度看,可在金融商品交易所上市的投资品种范围内对证券、金融和商品进行综合性的交易。

下文将对平成二十四年(2012年)的修法概要进行说明。

(注41):关于修法的目的、概要,可以参照金融厅、农林水产省、经济农业省:"総合的な取引所検討チーム　取りまとめ"[平成二十四年(2012年)2月24日]。

(2)金融商品交易所的交易 474

平成二十四年(2012年)修法时,为使在金融商品交易所内可实施衍生品交易,在"金融商品"的定义中增加《商品期货交易法》上的商品中由政令规定的对象(日本《金融商品交易法》第2条第21款、第24款之规定)。为了从事衍生品交易而使商品(commodity)上市的交易所,内阁总理大臣(金融厅)对其实行一元化的监督,对上市品种采用许可制(日本《金融商品交易法》第117条第2款之规定)。在决定是否许可时,内阁总理大臣须和商品市场主管大臣进行协商并获得其同意(日本《金融商品交易法》第194条之6之2之规定)。

证券、金融衍生品交易与商品衍生品交易的最大差异在于,前者要求在期日前进行逆向买卖或在期日进行差额结算,而后者则要求在期日通过交割原资产(农产品、矿物)进行结算(实物取回、实物交付)。因为这种实物取回、实物交付的方式会给原资产流通造成不利影响,所以对金融商品交易所内商品交割相关事项也采用许可制,由内阁总理大臣和商品市场主管大臣协商后决定(日本《金融商品交易法》第194条之6之2之规定)。

为了使商品交易预存的保证金也能用于有价证券衍生品交易,实施了保证金的一元化,为了提高投资者的资金使用效率,可以说,最好能由同一结算机构对证券、金融和商品的衍生品实行结算业务。对此,平成二十四年(2012年)修法时规定,对于金融商品交易所内上市商品相关市场衍生品交易,金融商品交易结算机构(参见第五章第二节)可实行一元化结算业务。现存的商品交易结算机构参与结算,必须获得金融商品交易结算机构的许可,若只从事商品衍生品交易相关的限定业务,则对其放松最低资本金等许可条件。

(3)交易业者的规制 475

金融商品交易所内实施商品的衍生品交易(商品关联市场衍生品交易)的媒介、代销、代理等(受托)为第一种金融商品交易业(日本《金融商品交易法》第28条第1款之规定),证券公司可实行商品相关市场衍生品交易。现存的商品期货交易业者为获得客户的商品关联市场衍生品交易的委托,须进行金融商品交易业的注册,作为注册要件的财务基准和现行的《商品期货交易法》中的应处于同样水准。另外,交易所可给予章程、业务规则规定的人以只实施商品关联市场衍生品交易的资格(日本《金融商品交易法》第112条第2款、第113条第2款之规定),这是由于商社、事业公司等相关业者进入市场已获得容许。被赋予交易资格的商品交易参与人,亦是内阁总理大臣报告听取、检查权[参见第六章第二节2(2)]的对象(日本《金融商品交易法》第151条之规定),对其的监督处分(参见第一章第五节1)由金融商品交易所来实施(日本《金融商品交易法》第153条之5之规定)。

相关业者接受投资者商品相关市场衍生品交易的委托,适用日本《金融商品交易法》的行为规制(参见第三编第一章第五节)。与《商品期货交易法》的规制相一致,禁止接受商品相关市场衍生品交易委托的业者进行自我交易(自我行为)(日本《金融商品交易法》第40条之6之规定)。

(4)其他规制

使商品衍生品在金融商品交易所上市,认可商品期货交易业者可以对交易所内的交易进行受托,为此,为实现综合性的交易所,促进上市和交易参与,进行了若干法律修改。

第一,从构成金融商品交易业的行为中,排除了商品关联市场衍生品交易的证券业务(日本《金融商品交易法》第2条第8款第1项之规定)。这是为了使行业者能直接参与[参见(3)]交易所的交易。而且,由于商品可以采用实物取回、实物交付,因而在有价证券等管理业务(参见第一章第一
476 节1)中,包含了商品的预托和与商品有关而发行证券(仓库证券等)的预托(日本《金融商品交易法》第2条第8款第16项之规定)。

第二,金融商品交易业者等对在商品关联市场衍生品交易中从客户那里接受委托的财产和属于客户的财产承担分别管理的义务(日本《金融商品交易法》第43条之2之2之规定,可参照第一章第四节5)。其管理方法预计也可采用现行《商品期货交易法》所容许的宽缓管理方法。

第三,关于商品关联市场衍生品交易,客户预托的资产会成为投资者保护基金的保护对象[日本《金融商品交易法》第79条之20之规定,可参照第三章第三节2(1)],只进行商品关联市场交易的业者也作为第一种金融交易业者,而必须参加投资者保护基金(可参照日本《金融商品交易法》第79条之29之规定)。但是在现阶段,对于加入日本商品委托人保护基金的现行商品期货交易业者,暂时免除其加入投资者保护基金的义务,对于商品关联市场衍生品交易的客户,也容许该商品委托人保护基金实施其业务。

(5)商品交易所和金融商品交易所的合并

平成二十一年(2009 年)修法时,容许商品交易所和金融商品交易所的相互渗透,但当初并未设想将当事人的两个交易所进行合并。原本,按照日本《金融商品交易法》第 140 条之规定,将股份公司金融商品交易所作为一方当事人,将金融商品交易所作为存续公司或新设公司的合并,不论另一方当事人为何股份公司,只要获得内阁总理大臣的许可,合并就能成立。

在平成二十四年(2012 年)的修法时,规定有关上述许可的合并,在以股份公司商品交易所作为另一方当事人时,把在商品市场成立的交易视作交易所金融商品市场成立的市场衍生品交易,适用日本《金融商品交易法》(日本《金融商品交易法》第 142 条第 9 款之规定)。关于金融商品交易所承继商品交易所的业务方面,通过整备必要的规定,股份公司商品交易所成为消灭公司,股份公司金融商品交易所成为存续公司或者新设公司的合并也得到了法律明文规定的许可。

商品关联市场衍生品交易在金融商品交易所的上市基本上都以这样的 477
合并,或者通过商品交易所向金融商品交易所的事业(营业)转让作为前提。

(6)将来的课题

在诸外国,不问原资产、原指标的种类,对衍生品交易采用单一的法律体系进行规制的例子比较多。平成二十四年(2012 年)的法律修改,保留了在金融商品交易所仅实施商品关联市场衍生品交易的受托等行为的特殊业者,为最终实现"综合性交易所"而进行了过渡性的制度整备。将来,日本也应该将《商品期货交易法》和日本《金融商品交易法》进行统合。

在讨论将两法进行统合时,《商品期货交易法》的目的中包含了促使商品的生产及流通更为顺畅,但日本《金融商品交易法》并没有这一目的,成为了一个问题。假设在统合的法律中,保留关于商品衍生品交易的,确保商品的生产和流通的目的,并保留与此相对应的规制时,其作为一部统合的法律能否很好地发挥功能就成为另一个问题了。

日本《商品期货交易法》第 118 条规定,在有可能以买空、卖空或其他方法进行过量交易,或是有可能形成不正当价格的情形下,主管大臣可以限制会员等的交易和受托等行为,采取限制商品交易所的市价变动和交易数量的措施,还可以命令商品交易清算机关变更交易证据金的金额。同时,在金融商品交易所中也可以进行衍生品交易,在此影响下,平成二十四年(2012 年)修法时,日本《商品期货交易法》新增加了第 354 条第 2 款第 2 项之规定,即在主管大臣认为为了防止商品关联市场衍生品交易给商品生产和流通带来重大的不良影响而有必要时,可以请求内阁总理大臣基于日本《金融商品交易法》采取必要措施。

478 这一规定可以说是为了促进商品的生产和流通更加顺畅,但其被置于《商品期货交易法》之中而非日本《金融商品交易法》,以及主管大臣可以实施的仅仅是(向内阁总理大臣)进行请求,由此可见,要处理这一问题还是十分困难的。

第二节　金融商品交易业协会

1. 金融商品交易业协会的组织

(1)多元化的自律(自主规制)机关

金融商品交易业协会是以金融商品业者和已注册金融机构(金融商品交易业者)为会员的自律(自主规制)机关。在日本《金融商品交易法》制定以前,除了以证券公司为会员的证券业协会,还有以投资信托委托业、信托银行、证券公司等为会员的投资信托协会,以投资顾问业者为会员的证券投资顾问业协会和以金融期货交易业者为会员的金融期货交易业协会等。其中,除了证券业协会,其他几个协会都是日本《民法》上的社团法人,通过各自的"业法"在要求主体进行注册的基础上制定了一定的规制。关于证券业协会,依平成四年(1992 年)的《证券交易法》修改,从日本《民法》上的社团法人变更为《证券交易法》上的许可法人。随着自律(自主规制)机关的权限不断增强,对证券业协会的行政监督权限也不断强化。从前,证券业协会就是通过作为公益目的自律(自主规制)机关谋求协会成员的利益来发挥业界团体的功能,证券公司可以接受来自协会的诸如从业人员的进修,协会成员的融资等服务。

在日本《金融商品交易法》中,通过行政规制和自主规制相互辅助的方式来实现对金融商品交易业者的规制。基于实现更高水平的投资者保护的
479 想法,所以一直维持金融商品交易领域的自主规制(自律性规范)的框架。原来想把自律(自主规制)机关和日本《金融商品交易法》上的许可法人(许可协会)进行一体化,但从前,为了让自主规制机关能进行平顺地平移,一直并存着社团法人形态的自律(自主规制)机关(认定协会),因此对此进行了规定的整合,从而使许可协会和认定协会在实质上可以行使同等的权限。

在日本《金融商品交易法》的立法过程中,虽然讨论过让业者承担必须加入协会的义务,但后来又被搁置了。这一结果导致了没有加入任何协会的金融商品交易者的出现,而对这些业者预计将由行政机关参考协会的规则实施监督(日本《金融商品交易法》第56条之4之规定,参见第一章第五节2)。此外,由于金融商品交易业范围的扩大,过往的协会对没有设定为协会成员业务范围的业务如何进行自律也是一个问题。比如,集合投资计划的自我募集、自我运作管理,以及金融期货交易以外的市场衍生品交易,虽然被视为构成金融商品交易业的行为,但仅以实施这些行为为业的金融商品交易业者能加入的金融商品交易业协会现在还不存在,对于这些业者究竟应当如何进行自主规制,成为今后的一项课题。

(2)许可金融商品交易业协会

许可金融商品交易业协会(许可协会)是金融商品交易业者经内阁总理大臣的许可设立的自律(自主规制)机关(日本《金融商品交易法》第67条之2之规定)。法律规定了许可协会的目的(日本《金融商品交易法》第67条第1款之规定)、章程的记载事项(日本《金融商品交易法》第67条之8之规定)、董事监事等人员的职务权限(日本《金融商品交易法》第69条之规定)、董事监事等人员的保密义务(日本《金融商品交易法》第72条之规定),许可协会不得以营利为目的开展业务(日本《金融商品交易法》第67条之7之规定)。许可协会的自主规制(自律)业务包括:①协会成员董事、监事等人员资质的提升;②纠纷解决;③交易劝诱的适正化;④促使并监督协会成员遵守法律法规、行政机关的处分、协会规则以及交易的诚信规则(可参照日本《金融商品交易法》第67条之8之规定)。许可协会基于提高业务效率和运营效果的考虑,可将部分业务委托给其他许可协会和已经认定的金融商品交易业协会(许可协会)(注42)。

许可协会和认定协会的最大区别在于,只有许可协会可以开设为实施 480
店头买卖有价证券买卖的市场(店头买卖有价证券市场)(日本《金融商品交易法》第67条第2款之规定)。这种差异是证券业协会一直以来都开展店头买卖有价证券市场的开设、运营这一历史原因造成的。法律将店头买卖有价证券市场的开设、运作管理的相关规则置于内阁总理大臣的许可之下进行规制。而之前的店头买卖有价证券市场在平成十六年(2004年)时设立为证券交易所,因而现在已经不存在与此相当的市场了。因此,在下文阐述的内容中,将省略有关店头买卖有价证券市场的设立和运营相关的规制。

金融商品交易业者原则上均可以成为许可协会的会员,但许可协会也可以通过设置地理条件或业务种类等相关事由限制协会成员的加入(日本《金融商品交易法》第68条第2款之规定)。协会成员在违反法律、行政部门的处罚、许可协会的规则或是交易的诚信规则的情况下,许可协会可以对协会成员征收罚金*、限制或者停止会员的权利,或是对其进行除名(日本《金融商品交易法》第68条之2之规定)。被除名的金融商品交易业者有时会被拒绝再次加入(日本《金融商品交易法》第68条第5款之规定)。如上所述,协会不仅促使其会员遵守法律法规,更让其遵守更高要求的规范,即协会规则和交易的诚信规则,而如果对违反这些规则的协会成员无法除名,就不能保证自主规制和法律规范相互补强机制的形成。

作为采取许可协会形式的自主规制机关有:开展第一种金融商品交易业的金融商品交易业者,以及已注册金融机构为协会成员的日本证券业协会。与金融商品交易所的自主规制是以其开设的金融商品市场交易为中心相对,以日本证券业协会为典型的金融商品交易业协会的自主规制具有不仅涉及有价证券关联的店头衍生品交易那样的金融商品交易业者、客户间的交易,而且还涉及作为会员的金融商品交易业者的一般性业务的特征。以日本证券业协会为例,与许可协会的自主规制业务相对应的规定如下。

481 (A)促进公平交易

"关于协会成员投资劝诱、客户管理等的规则""关于为防止不公平交易的买卖管理系统的整备的规则""关于接受有价证券寄托的规则""关于店头有价证券的规则""关于协会成员的从业人员的规则"等,都是为了补强交易的信义规则而制定的,是比日本《金融商品交易法》的规则更为严格的规则。

(B)交易习惯的统一

如果协会成员的业务方法能够统一的话,不仅可以削减业务成本,而且可以提高客户一方的预测可能性。因此,制定了"关于店头买卖事故证券处理的规定""股份名义变更遗漏(忘)时的权利处理规则"等,以此谋求协会成员间交易习惯的统一。

(C)整备协会成员的内部管理机制

为促使协会成员(在其内部)整备一个确保遵守法律的内部管理机制,确保投资者对协会成员的信赖,制定了"关于协会成员内部管理者责任者

* 日语表述为"過怠金"。

的规则”“确保协会成员的个人信息的适正*使用的规则”等。

(D)确保承销、自我买卖业务的适正

为促进公平交易的许可协会的规则,不仅涉及有价证券的发行公司和协会成员之间的关系,更涉及协会成员的自我买卖业务。属于这类规则的有:“关于协会成员听证程序的适正的规则”“关于有价证券承销等的规则”“关于会员(实施)MSCB 的规则”等。

(E)纠纷处理

有关此部分,在下文第 3 部分叙述。

除以上事务外,许可协会也可以开展内阁总理大臣所委托的外务员(外销员)注册业务(包括对外销员的处分)(日本《金融商品交易法》第 64 条之 7 之规定,参见第三编第一章第五节 9)。与此同时,还制定了“关于协会成员的外务员资格、注册等的规定”。

(注 42):松尾直彦ほか:“金融商品交易协会等、金融商品交易所、有价证券的交易规则”,《旬刊商事法务》第 1820 号,第 11 页(2007 年)。

(3)认定金融商品交易业协会 482

认定金融商品交易业协会(认定协会)是金融商品交易业者设立的一般社团法人,由内阁总理大臣认定的可以开展自律规制业务的组织(日本《金融商品交易法》第 78 条之规定)。在申请获得认定时,章程的内容、业务实施方法的内容、是否具备与实施自主规制相匹配的知识、能力、财产等成为审查对象(日本《金融商品交易法》第 78 条第 1 款之规定)。认定协会的自主规制业务的内容(日本《金融商品交易法》第 78 条第 2 款之规定)、对会员的处分权限(日本《金融商品交易法》第 79 条之 2 之规定)与许可协会的大致相同,但对金融商品交易业者的加入权、再次加入的要件并不是由法律规定,而是依章程自治来规定。认定协会可以将自主规制业务的一部分委托给其他认定协会或许可协会(日本《金融商品交易法》第 78 条之 8 第 1 款之规定,《协会府令》第 23 条第 1 款之规定)。

在现存的认定协会中,金融期货交易协会是以开展有价证券关联以外的市场衍生品交易业务的金融商品交易业者、已注册金融机构为协会成员的。投资信托协会是以作为投资管理业,运作管理投资信托、投资法人的财产的金融商品交易业者、第一种金融商品交易业者以及已注册金融机构为协会成员的。日本投资顾问业协会则是以经营投资管理业、投资助言业和

---

* 适正,指适当并正确,下同。

代理业的金融商品交易业者为协会成员的。此外,第二种金融商品交易业协会则是以经营第二种金融商品交易业的业者和已注册金融机构为协会成员的。

2. 对金融商品交易业协会的监督

为了预防自主规制成为同业者之间逃脱监管的温床,作为自律机关的金融商品交易协会又被置于法律的管控之下。

首先,许可协会除在变更章程时需要内阁总理大臣的认可(日本《金融商品交易法》第67条之8第2款之规定)以外,制定、变更或是废止规则时,都要向内阁总理大臣申报(日本《金融商品交易法》第67条之8第3款之
483 规定)。内阁总理大臣在认为,为了公共利益或保护投资者而有必要时,可以命令许可协会变更章程以及其他规定(日本《金融商品交易法》第73条之规定)。

在许可协会或是其董事、监事等人员违反法律法规、基于法律的行政处分、协会规则时,内阁总理大臣可以采取撤销对协会的认可、停止其全部或部分业务以及解除董事、监事等人员职务等措施(日本《金融商品交易法》第74条第1款、第70条之规定)。可是,许可协会如在其成员违反法律法规、行政处罚、协会规则时,怠于对协会成员采取必要措施,不仅协会自身会成为内阁总理大臣的监督处罚对象,而且总理大臣也可以命令协会对其成员采取必要措施(日本《金融商品交易法》第74条第1款之规定)。如上所述,法律通过将许可协会作为监督的对象,以此确保自主规制对协会成员的合理适用。而且,为了使监督权限得以适切(适当)行使,内阁总理大臣有权对许可协会、店头买卖有价证券的发行人,以及从许可协会那里接受了业务委托的人行使报告征收权*、检查权(日本《金融商品交易法》第75条之规定)。

对此,认定协会不仅在制定业务规则时必须经过内阁总理大臣的同意,其变更也需内阁总理大臣的认可(日本《金融商品交易法》第79条之3之规定)。内阁总理大臣虽然有权下达撤销认定、停止其部分或全部业务、业务改善命令等行政措施(日本《金融商品交易法》第79条之6之规定),但没有令其变更规则的具体权限。除了报告征收权、检查权之外,内阁总理大臣还有权让认定协会对提交资料、资料申报等进行协助(日本《金融商品交

---

* 即命令其提交报告。

易法》第 79 条之 5 之规定）。

3. 金融商品交易业协会的纠纷解决 484

关于金融商品交易业，在业者和客户发生纠纷时，真诚对待客户的意见，迅速解决客户的烦恼，在提高客户对金融商品交易业的信赖方面是十分重要的。基于此，日本《证券交易法》一直以来设立了关于解决客户意见的规定，这些规定在日本《金融商品交易法》中得到承继。换言之，投资者对协会成员或从事金融商品中介业者的业务发生意见并提出解决申请时，金融商品交易业协会必须与其商量，建言献策，寻求快捷的处理方式。在必要情况下，可以要求协会成员提交相关说明和资料（日本《金融商品交易法》第 77 条、第 78 条之 6 之规定）。

而且，自平成十年（1998 年）修改日本《证券交易法》以来，日本证券业协会一直致力于将纠纷解决的自主规制改变为基于法律的斡旋制度。斡旋制度的构造大致如下。首先，在针对协会成员或是金融商品中介业者实施的有价证券的交易、衍生品交易等发生纠纷的情况下，当事人可以请求协会通过斡旋来解决纠纷（日本《金融商品交易法》第 77 条之 2、第 78 条之 7 之规定）。其次，由协会选任斡旋委员，并由斡旋委员在充分听取当事人和参考人等的意见后制作斡旋方案，并劝告当事人接受方案（日本《金融商品交易法》第 77 条之 2 第 3 款、第 78 条之 7 之规定）。原则上，当事人是否接受斡旋方案是任意的*（注 43）。

金融商品交易业协会可以就客户意见的解决、处理业务以及斡旋业务向第三人进行委托（日本《金融商品交易法》第 77 条之 3、第 78 条之 8 之规定）。作为接受委托的一方，可能是其他金融商品交易业协会、已获认定的投资者保护团体（参见 2），但只要满足具备执行业务而充足的财产基础以及人力资源构成的人就可以接受委托，并不限定为上述主体。

（注 43）：在美国，客户、证券公司间的委托合同中，围绕同一合同产生的纠纷通常会依据合同中规定的仲裁条款来解决［关于美国证券仲裁制度，可参照金祥洙：《证券仲裁》（信山社，1997 年）］。斡旋和仲裁的区别在于，当纠纷提交给仲裁后，当事人对仲裁人的判断原则上不得通过诉讼进行进一步争讼。就此点，从投资者的角度来看，仲裁和斡旋会产生很大区别。其结果，在美国，关于证券公司的从业人员的不当劝诱等，客户、证券公司 485

* 凭自己意志决定。

间的纠纷提交到法院的情况变少了。在日本,是否要采用这种仲裁制度,有必要进行慎重考虑。

第三节　投资者保护基金

1.何谓投资者保护基金

所谓的投资者保护基金,是指平成十年(1998年)的日本《证券交易法》修正案所创设的,在证券公司的经营出现困难(发生破产)时能顺利返还投资者资产的制度(注44)。

日本《金融商品交易法》在将证券业范围进行大幅扩大的基础上规定了金融商品交易业的范围,但投资者保护基金的对象则和《证券交易法》时代一样,被限定为有价证券关联业以及有价证券关联市场衍生品交易的客户资产。投资者保护基金制度是以证券公司对客户资产进行分别管理为原则,同时为了对此原则进行补强而被创设的制度。从这个立法过程来看,法律并没有规定高度的分别管理义务,而且根据立法说明,有价证券关联衍生品交易等(日本《金融商品交易法》第33条第3款之规定)以外的衍生品交易等,已被排除在适用对象之外(注45)。

但是,金融商品交易业者的加入、退出非常容易,且这在业者所从事的交易种类之间没有区别,因此可以说,如果没有彻底贯彻分别管理义务,那么保护客户资产的必要性反而应当增加,因此,对于分别管理义务以及投资者保护基金制度的方式有必要进行讨论和重新整理。

投资者保护基金是20个以上的金融商品交易业者作为其会员的日本
486 《金融商品交易法》上的法人,其设立需要经过内阁总理大臣的许可(日本《金融商品交易法》第79条之29、第79条之30之规定)。在法律上,设立复数个投资者保护基金是可能的。从事有价证券关联业的金融商品交易业者必须加入其中一个基金(日本《金融商品交易法》第79条之27之规定),金融商品交易业从业的废止、业者解散、注册的撤销等,业者脱离(基金)的情形,以及在获得内阁总理大臣的承认并成为其他基金的会员的情形以外,金融商品交易业者不得从所属的基金脱离(日本《金融商品交易法》第79条之28之规定)。像这样强制金融商品交易业者加入基金的规制是基于以下实际的考量:在和业者进行交易的所有客户均适用基金制度加以保护的同时,如果不科以强制加入、强制缴纳的义务,则保护客户所必要的基金将无法获得资金等。

(注 44):金融其他领域的业者破产时,作为保护合同当事人的构造有:金融机构破产时,保护存款人的存款保险机构和保险公司破产时保护保险合同当事人的保险合同当事人保护机构。

(注 45):可参见三井秀範、池田唯一监修:《一問一答金融商品取引法(改訂版)》第 239~240 页(商事法务出版社,2008 年)。

2. 投资者保护基金的业务

投资者保护基金的业务大致分为以下两类:一是针对客户进行支付,二是针对金融商品交易业者实施融资。

(1) 对客户的支付

基金在金融商品交易业者发生注册的撤销事由时,基于其一般客户的请求,认为该业者在偿还一般客户的与客户资产相关的债权发生困难时,由基金代替该业者向客户进行支付(日本《金融商品交易法》第 79 条之 56 之规定)。这里所称的一般客户是金融商品交易业者和实施有价证券关联交易的人中,除适格机构投资者、国家、地方公共团体和其他政令所规定的人以外的主体(日本《金融商品交易法》第 79 条之 20 第 1 款之规定,日本《金融商品交易法施行令》第 18 条之 5 之规定)。这是因为适格机构投资者等拥有保护自己的能力。但是,法人客户也属于一般客户。所谓的客户资产 487
是指:①有价证券关联市场衍生品交易的交易保证金、作为信用交易的委托保证金等从一般客户那里接受的预托资金以及有价证券;②关于有价证券关联业(日本《金融商品交易法》第 28 条第 8 款之规定)的相关交易(不包括店头交易)(注 46),属于客户(经济效果归属客户)的资金和有价证券,或是金融商品交易业者从一般客户那里接受的预托资金以及有价证券;③其他政令所规定的资产(日本《金融商品交易法》第 79 条之 20 第 3 款之规定)。

这些客户资产中,有的被赋予要求金融商品交易业者承担分别管理,或者对客户区别金进行信托的义务(参见第一章第四节 5),仅靠这两种方法或许已经足以保护客户的利益。但是,因客户区别金的计算是每周 1 次,因此破产时,应该信托的资金并没有完全得到信托,而金融商品交易业者通过换现履行返还义务也需要时间,而且,还可能存在金融商品交易业者根本没有履行分别管理义务等情况,因此才由基金代替金融商品交易业者对客户支付一定的金额。

对客户的支付按照以下程序进行。首先,在发生如金融商品交易业者因撤销注册、破产申报、支付不能的理由而受到停止业务的命令等一定的事由时,金融商品交易业者和内阁总理大臣向基金通知相关事实(日本《金融商品交易法》第79条之53之规定)。而后由基金认定,业者在偿还与客户资产相关的债权发生困难时,需将一般客户的请求、申报期间、申报场所等进行公告(日本《金融商品交易法》第79条之54、第79条之55之规定)。同时,由基金计算需要支付给每位客户的价款,并按客户的申报支付补偿对象的债权(日本《金融商品交易法》第79条之56、第79条之57之规定)。

向每位客户支付的金额不得超过政令规定的金额(1000万日元,可参照日本《金融商品交易法》第76条之57第3款之规定、日本《金融商品交易法施行令》第18条之12之规定)。此举是为了在金融商品交易业者破产时,针对与该业者进行的交易,要求客户对此也承担一定的责任(注47)。
488 对客户履行支付的基金,取得补偿对象的债权(日本《金融商品交易法》第79条之57第4款之规定),可以对破产的金融商品交易业者提出清偿请求。结果上,对于金融商品交易业者来说,顾客超过限额的债权行使和基金的补偿对象债权的行使产生了竞合。

(注46):日本最高法院平成十八年(2006年)7月13日,《民集》第60卷第6号,第2336页,在投资者主张通过架空的公司债交易将认购金预托给证券公司的事件中,即使该交易通过证券公司伪装成与证券业相关的交易,但投资者在交易时,就该事实已经知晓,或者不知晓的情况下不存在重大过失的,该交易就应当理解成平成十八年(2006年)修法前的日本《证券交易法》第79条之20第3款第2项规定的"与证券业相关的交易",预托金的返还请求权就相当于投资者保护基金的补偿对象债权。这是要在证券公司骗取投资者时保护投资者。贯彻投资者保护的立场虽无可厚非,但扩充分别管理义务的投资者保护基金制度的宗旨却依然存在疑问(参见1)。

(注47):参见证券交易审议会统合分会,市场中介业者工作组的报告"顧客ニーズに対応した多様な投資サービス"9(4)①[平成九年(1997年)5月16日]。该报告书指出,有必要通过把补偿限定在一定范围内,以防止道德风险。但是,金融商品交易业者并未像银行、保险公司那样运作管理客户资产,这里所指的道德风险并不是对客户资产的危险运作管理。即使金融商品交易业者破产,业者若是依然贯彻分别管理,因客户资产的返还得到一定保障,因而设计支付限度额的目的可能是区分认真履行分别管理的金融商品交易业者。然而,分别管理是法律上的义务,且让客户来承担义

务违反的风险是说不通的，而且一般客户并不具有区分的能力。要注意的是，规定对客户支付限额的宗旨和存款、保险一样，存在难以理解的地方。

（2）对金融商品交易业者、信托受益人的代理人提供的融资

基金的第二大主要业务是为了让破产的金融商品交易业者能尽快地返还客户资产，而对业者进行融资（日本《金融商品交易法》第79条之59第1款之规定）。由基金来融资的制度是为了让破产金融交易业者能更认真地管理客户资产，即使在返还客户资产没有困难的情况下，也不能迅速套现 489
（将资产进行换金）。

总览融资的程序，先是在金融商品交易业者因撤销注册、破产申报、支付不能的理由而被命令终止业务等一定的事由发生时，金融商品交易业者和内阁总理大臣需要通知基金（日本《金融商品交易法》第79条之53之规定）。内阁总理大臣从两方面进行适格性认定：返还资金的融资对于债务的迅速履行实属必要，以及贷款确实能为返还客户资产而被有效使用于债务的迅速履行，并将该结果向基金进行通知（日本《金融商品交易法》第79条之59第2款、第3款之规定）。适格性认定开始后，金融商品交易业者或者顾客区别金的信托受益人的代理人（参见第一章第四节5）就可以申请返还资金的融资，对此申请，由基金决定是否实施融资（日本《金融商品交易法》第79条之59第1款、第4款之规定）。

基金认定的不能顺利履行偿还客户资产的金融商品交易业者不得申请融资（可参照日本《金融商品交易法》第79条之59第1款之规定）。因此，从客观上来说，融资制度仅限能适用于返还债务的完全、顺利履行并无困难，但不能迅速履行的情况。而究竟是选择融资制度还是选择支付制度，其决定权由基金享有。此外，由于融资范围并不限定于对一般客户的资产返还，而且也不存在融资限度额的规定，因此，还可能出现融资额多于基金选择对客户支付制度后支付金额的情况。

3. 投资者保护基金的运作管理和监督

投资者保护基金利用从会员处征收的负担金，实施对客户进行支付和对金融商品交易业者的融资。基金通过在一定范围内保护同破产金融商品交易业者交易的客户，以维持其对金融商品交易的信赖为目的。履行支付或者实施融资，使未破产的会员业者也能获取一定的间接利益。但是，由于 490
作为支付和融资的原资都是会员业者所支付的负担金，因此，如果将基金的运营委托给本来就是会员的金融商品交易业者，就容易使会员业者对支付

和融资产生消极的想法。即使会员业者没有消极的想法,因为允许设立多个投资者保护基金,而依负担金分担方法的规定,会员可能集中到负担较少的基金中,而有的基金则会因为资金不足而导致投资者保护基金的目的本身难以实现。因此,从公共利益的角度考虑,对投资者保护基金的运营、运作管理作出了如下规制。

关于投资者保护基金,作为其主要负责人,须设置1名理事长、2名以上理事、1名以上监事。上述人员依照基金章程由大会进行选任、解任,并以内阁总理大臣、财务大臣的认可为效力要件(日本《金融商品交易法》第79条之37之规定)。投资者保护基金的业务执行,作为原则,需由理事长以及理事过半数决定(日本《金融商品交易法》第79条之35之规定)。在认定偿还客户资产是否有困难,决定对偿还资金进行融资等情形中,由于其属于一定的重要业务,因此规定必须听取经内阁总理大臣、财务大臣认可而选任的专家学者等组成的运营审议会的意见(日本《金融商品交易法》第79条之45之规定)。

基金会的会员金融商品交易业者依业务规程的规定,必须缴纳负担金(日本《金融商品交易法》第79条之64之规定),负担金的计算方法一般可参照基金业务所需要的费用估算金额,均衡基金的长期财政,而且不得对特定的金融商品交易业者采取差别对待(日本《金融商品交易法》第79条之65第2款之规定)。包含上述负担金计算方法的业务规程,作为基金设立的许可申请书的附件,须接受内阁总理大臣、财务大臣的审查(日本《金融商品交易法》第79条之30之规定),且业务规程的变更必须经大会同意(日本《金融商品交易法》第79条之42之规定),而且还需要内阁总理大臣、财务大臣的许可(日本《金融商品交易法》第79条之51第2款之规定)。此外,内阁总理大臣和财务大臣,认为为了公共利益或保护投资者的目的而确有必要并且适当时,可以命令其变更章程或者业务规程(日本《金融商品交易法》第79条之75之规定)。因此可以说,负担金的计算方法是被置于内阁总理大臣、财务大臣的严格监督之下的。

491

4. 破产程序和投资者保护基金

金融商品交易业者在进入公司再生程序、破产程序等时,为了保护金融商品交易业者的客户,赋予投资者保护基金以一定的权限。

首先,在日本《金融商品交易法》项下,基金为了保障一般客户的客户资产的债权实现,拥有实施必要的诉讼上或者诉讼外的一切行为的权限

(日本《金融商品交易法》第79条之60第1款之规定)。基于此,基金可以代理客户提起第三人异议之诉,也可以行使取回权等。基金的此等权限必须是为了一般客户的利益,并基于善良的管理人的注意,公平、诚信地行使(日本《金融商品交易法》第79条第2款、第3款之规定)。但是,关于诉讼上的行为,客户也可以在使基金的代理权归于消灭后,由自己来实施(日本《金融商品交易法》第79条第5款之规定)。

其次,有关金融机构的再生程序的特例等的法律(《更生程序特例法》),容许对于公司再生的债权人或者破产债权人的一般客户可以省略送达程序等,并在适用对象中囊括了金融商品交易业者。与此同时,让投资者保护基金为保护一般客户履行一定的职责。换言之,在金融商品交易业者做出开始再生、破产程序的决定时,法院必须听取基金的意见(《更生程序特例法》第403条、第514条之规定),就金融商品交易业者的再生、破产程序,基金可以代理客户参加(同法第414条、第524条之规定)。但在此情形中,客户亦可以在使基金的代理权归于消灭后,由自己来行使权利(同法第413条、第523条之规定)。

492
第四章　他人的投资运用

第一节　投资信托、投资法人

1. 总论

(1) 证券投资信托制度的意义

对于一般的投资大众来说，直接参加证券市场未必是件简单的事。这是由于：第一，欠缺从事证券投资的必要的信息和能力；第二，可以用于投资的资金量有限，难以通过分散投资来降低风险。证券投资信托是筹集多数投资者的资金进行共同运作管理，其使散户投资者也可以分散投资，通过把共同运作管理获得的成果分配给各投资者，使其取得规模经济的效益，而且可以进一步把投资运营的利益分配给专门的运营者。

《证券投资信托法》自昭和二十六年（1951 年）颁布以来虽若干次修正，但考虑到近年来资本市场的迅猛发展，也无法说之前的制度仍能完美地发挥作用。在美国，证券投资信托在个人金融资产中所占的比例不低，但日本的个人投资者在证券投资信托中的比例并不高。

特别是在泡沫经济崩溃以后，投资者对证券投资信托的信赖程度非常之低，这成了主要问题。平成十年（1998 年）《证券投资信托法》的修正是该法制定以来的最大修正，以证券投资法人制度的导入为首，证券投资信托正逐步成为极具魅力的制度。

而且,平成十二年(2000 年)的修法也是一次重大的修订,证券投资信托法改名为《关于投资信托以及投资法人的法律》(以下简称《投信法》),并对以不动产投资信托为首的对有价证券以外的投资进行合同运作管理的制度,实施了合并规制。同法中所称的投资信托主要是指,以有价证券、不动产以及其他资产,能够使投资更为容易且由政令规定的资产(又称为"特定资产"),以对上述资产进行投资管理作为目的的信托(可参照《投信法》第 2 条第 1 款、第 3 款之规定)。但是,下文将以同法中对有价证券进行投资的制度为中心进行论述。 493

广义上的证券投资信托(有价证券的集合投资计划),可以分为狭义的证券信托和投资法人(从法律上看,投资法人并不是信托的形态,一直以来,其被称为公司型投资信托)。

证券投资信托是指,主要以日本《金融商品交易法》第 2 条第 1 款以及第 2 款规定的有价证券(但是,第 2 条第 2 款规定的视作有价证券的权利除外)为适用对象的投资方式(日本《投信法》第 2 条第 4 款、第 5 款之规定)。换言之,其是以高流通性的有价证券为适用对象的。其中,纳入股份并以其为适用对象的证券投资信托被称为股份投资信托。

完全不对股份进行运作管理,只以"公社债"* 作为适用对象的证券投资信托被称为公社债投资信托。除了证券投资信托,原则上不允许缔结主要以信托财产为主,对有价证券进行投资、运作管理为目的的信托合同(《投信法》第 7 条之规定)。此举或许是基于业际间调整的需要。

而且,随着日本《金融商品交易法》的制定,有关投资信托的业者规制也已融入该法之中。结果导致现在的《投信法》成为一部规制广义上的集合投资计划的证券投资信托的法律。另一方面,关于受益证券的出售规制则被置于日本《金融商品交易法》(第 36~40 条之规定)和《金融商品贩卖法》(第 3 条之规定)之中。

(2)利用信托的证券投资

《投信法》中,将投资信托分为委托人指示型(《投信法》第 2 条第 1 款之规定)和委托人非指示型(《投信法》第 2 条第 2 款之规定)。前者是以将信托财产基于委托人的指示进行运作管理为目的的信托,依同法的规定设 494

* "公社债"其实是"公债"和"社债"的统称。前者是指国家和地方财政发行的债券;后者则是"会社债",即企业和金融机构发行的债券。

定,且以将其受益权进行分割并由多数人取得为目的。证券投资信托则只限于委托人指示型投资信托(同条第4款之规定)。证券投资信托中,投资信托委托公司(以下简称“委托公司”)和受托人之间缔结信托合同。信托合同的内容基于信托条款决定。这里的信托条款应记载事项由法律规定(《投信法》第4条第2款之规定),而且必须预先将条款内容向内阁总理大臣进行申报(同条第1款之规定)。该条也规定了委托公司可以实施的运作管理指示的范围、投资对象的范围以及投资的限制等。过去,所有的条款都必须获得主管大臣的承认,而这妨碍了灵活的产品设计。因此,在平成十年(1998年)的法律修改中改成了申报制。

委托公司将上述信托产生的受益权进行均等分割并发行受益证券,让多数投资者取得。

关于证券投资信托,因为由委托公司发挥主动的作用,《投信法》对委托公司设置了较多规定。

在证券投资信托中,既有进行一定期限募集后又追加募集的追加型投资信托,也有与此相对的单位型投资信托。最近,在日本,追加型投资信托开始多了起来。另外,证券投资信托分为不承认(容许)偿付的封锁式信托和承认(容许)偿付的开放式信托。

(3)投资法人

对此类合同型投资信托,如同在美国随处可见的共同基金(mutual fund)一般,外国存在以投资者作为运作管理主体(投资公司)的股东的“公司型投资信托”。特别是美国的共同基金,一直被认为是对多数投资者而言极具魅力的制度。日本在此之前一直未承认公司型投资信托,全部都是合同型投资信托。但在平成十年(1998年)的《证券投资信托法》的修法
495 中,引入了被称为“公司型投资信托”的“投资法人制度”。以有价证券作为运作管理对象的投资法人制度,在很多方面和证券投资信托相类似。投资者与委托人间不单单是合同关系,其更像以投资为目的的股份公司的股东,不同点是,股东的权利是通过法人的治理组织得以保护的。

2. 投资信托

(1)受益证券以及受益人

享有投资信托受益权的就是受益人,委托人指示型投资信托的证券投资信托的受益权被均等分割,其被分割的受益权通过受益证券表示(《投信法》第6条第1款之规定)(注48)。均等分割的结果是不能发行不同种类

的受益证券。受益权的行使和让渡，除了记名受益证券以外，都是依受益证券进行的(《投信法》第 6 条第 2 款之规定)。这里的受益证券包含了外国证券投资信托的受益权，属于日本《金融商品交易法》上的有价证券(日本《金融商品交易法》第 2 条第 1 款第 10 项之规定)。因此，将其置于日本《金融商品交易法》不公平交易规则的规制之下，并适用同法的披露规制(注 49)。而在公募投资信托中，委托公司必须把招募说明书(日本《金融商品交易法》第 2 条第 10 款之规定)交付给想要取得受益证券的投资者(日本《金融商品交易法》第 15 条第 2 款之规定)。而且，日本《投信法》虽然规定必须将记载信托条款内容的书面材料交付给想要获得受益证券的投资者，但如果在招募说明书的条款内容中已经进行了记载的话，则没有必要再行提交(《投信法》第 5 条第 1 款之规定)。

同时，还设置了对受益人在条款变更时遭到利益损害时的保护规定。即投资信托委托公司，在信托条款变更内容重大且符合内阁府令规定时，必须确定变更的内容以及其理由，并以书面方式进行决议(《投信法》第 17 条第 1 款之规定)。进行书面决议时，投资信托委托公司必须在该决议之日的两周前，对已知的受益人以书面方式进行通知(《投信法》第 17 条第 2 款之 496
规定)。如果发行的是无记名的受益证券，在实施书面决议时，投资信托委托公司必须在该决议日的 3 周前，就实施书面决议以及《投信法》第 17 条第 1 款各项所规定的事项进行公告。但是，在该投资信托委托公司已经通知各个受益人时免除该义务(《投信法》第 17 条第 5 款之规定)。

在决议中，受益人依收益权的份数享有表决权。当然，该投资信托委托公司不享有表决权(《投信法》第 17 条第 6 款之规定)。书面决议时，可以行使表决权的受益人半数以上进行表决，且获得该受益人表决权 2/3 以上多数方能通过(《投信法》第 17 条第 8 款之规定)。而且，考虑到投资信托委托公司可能因受益人的人数众多而无法成立决议的情况比较多，故而可以通过投资信托条款的规定，在已知的受益人不行使表决权时，视为该已知的受益人同意书面决议。此时，必须通知、记载并记录该规定(《投信法》第 17 条第 7 款之规定)。投资信托委托公司在提案对重大条款进行变更时，当该提案已经获得所有受益人的书面或者电子(数字化)方式的同意的意思表示，或者其他对受益人的保护已确保无虞且符合内阁府令规定的情形下，不适用(《投信法》第 17 条第 10 款之规定)。

对这样的条款内容变更进行书面决议表示反对的受益人可以对受托人提出请求，将自己所有的受益权以公正(公允)的价格，以与该受益权有关的投资信托财产进行回购(《投信法》第18条第1款之规定)。

此外,原则上要求委托公司制作运作管理报告书,并将其交付已知的受益人(《投信法》第14条之规定)。受益人可以要求委托公司,在营业时间内对有关受益人的信托财产的账册材料进行阅览、誊写(《投信法》第15条第2款之规定)。

497 关于受益证券的发行人,在委托人非指示型中为受托人,相对的,在委托人指示型中为委托人(《投信法》第2条第7款之规定)。受益证券的记载事项也被法定(《投信法》第6条第6款之规定)。

(注48):东京地方法院判决平成七年(1995年)6月6日,《判例时报》第1575号,第119页,判定单位型证券投资信托的受益权与日本《商法》第519条有价证券相当,成为日本《票据法》第21条准用的善意取得对象。

(注49):关于此处,以证券投资信托为对象展开了讨论。在投资的对象资产中包括了不动产的投资信托合同中,委托人指示型投资信托的委托人的要件是,已根据《建筑物宅地建筑物交易业法》第3条第1款的规定获得了许可的金融商品交易业者,而主要以对不动产进行的投资管理为目的的投资信托合同中,其委托人的要件则是,获得同法第50条之2第1款所规定的许可的金融商品交易业者(《投信法》第3条之规定)。

已注册的投资法人的资产运作管理和受托方相同(《投信法》第199条之规定)。

(2)委托公司和其业务

投资信托委托公司,是指作为委托人指示型投资信托的委托人的金融商品交易行业者(日本《金融商品交易法》第2条第9款之规定)。金融商品交易业者也只限于日本《金融商品交易法》第28条第4款规定的实施投资管理业的人,而信托公司被排除在外(《投信法》第2条第11款之规定)。因此,经营投资信托委托业的人必须进行内阁总理大臣的注册才能成为金融商品交易业者(日本《金融商品交易法》第29条之规定)。

委托公司的业务主要以信托资产的运作管理指示为核心(可参照《投信法》第2条第1款之规定),此外,还包括制作信托条款并将其内容向内阁总理大臣进行申报(《投信法》第4条第1款之规定),以及向投资者进行交付(《投信法》第5条之规定)、缔结信托合同、受益证券的发行、分配金以及偿付金的支付、招募说明书和信托财产运作管理报告书的制作和交付(《投信法》第14条之规定)、关于信托财产的有价证券的表决权行使的指示(《投信法》第10条之规定),有关信托财产的账册材料的制作、保存

(《投信法》第 15 条第 1 款之规定),以及进行各种公告等(可参照《投信法》第 25 条之规定)。

(3)委托公司的行为规制

昭和二十六年(1951 年)制定《证券投资信托法》之初,许可证券公司开展委托公司的业务。但是,在那种情形下,受益人的利益和证券公司自身 498
的利益存在矛盾被作为重要问题而提出。于是,昭和三十五年(1960 年)、昭和三十六年(1961 年)分别设立了委托公司并让其独立于证券公司开展委托业务。但是,由于委托公司和其设立母体的证券公司之间存在很密切的关系,这有可能导致委托公司和证券公司等的利害关系人实施不公正交易。此外,委托公司实施其他的不公正交易也会损害对证券投资信托制度的信赖。因此,日本《投信法》一直以来坚持对委托公司的行为进行规制。而现在,诸如以下的委托公司实施的行为,在日本《金融商品交易法》项下,被作为一种投资管理业得到规制。

委托公司对于受益人承担着以善意管理人的注意,实施信托财产运作管理的指示和其他业务的义务(日本《金融商品交易法》第 42 条第 2 款之规定)。其在做出运作管理指示时,应当谋求受益人的利益,不得谋求自己或是第三人的利益(日本《金融商品交易法》第 42 条之 2 之规定)。

此外,委托公司承担亲自执行业务的义务,就全部运作管理财产,不得将其运作管理权限向他人进行委托(日本《金融商品交易法》第 42 条之 3 之规定)。

投资信托委托公司懈怠于任务的执行,在实施运作管理资产的指示时对投资信托财产的受益人造成损害时,投资信托公司对该受益人承担连带的赔偿责任(《投信法》第 21 条之规定)。

(4)受托人

受托人必须为信托公司或是经营信托业务的金融机构(《投信法》第 3 条之规定)。日本信托法并没有对受托人设置详尽的规定。实际上,受托人开展的业务包括:和委托公司缔结信托合同、认证受益证券、基于委托公司的指示运作管理信托财产、实施关于信托财产的财务计算、管理及处分信托财产、认证信托财产报告书和信托财产财务报表。另外,受托公司必须基于委托公司的指示,行使和信托财产的有价证券相关的表决权。对于受托 499
人,存在日本信托法(日本《金融商品交易法》第 29~31 条、第 34 条之规定)和信托业法(日本《金融商品交易法》第 28 条等规定)的规制。

此外,一般事务的受托人和上述的受托人的业务存在不同,后者主要是指接受投资法人的委托,从事对其资产的运作管理和保管业务以外的业务的人(《投信法》第2条第21款之规定)。

3. 投资法人

(1)何谓投资法人

平成十年(1998年)的《投信法》修改时,在模仿诸外国的基础上,引入了所谓公司型投资信托。但这并不是公司法上的公司,而是《投信法》上单独规定的证券投资法人,由投资人、投资人大会、执行官及其他组织构成。原本,适用日本《公司法》上的规定的情况就比较少(比如,《投信法》第94条、第101条第2款、第104条第3款、第109条第2款第5项、第110条第2款、第115条、第115条之6第12款、第116条等之规定)。无论是开放型还是封闭型,单位型还是追加型,公募还是私募,基本上可以说,是在通过契约型投资信托满足投资者需求的相同范围内,由投资法人满足投资者的要求和期望。

投资法人的能力受到限制,即不得进行资产运作管理以外的行为(《投信法》第63条第1款之规定),因此,为了对外表明自己是投资法人,必须在商号中使用投资法人等文字表述(《投信法》第64条第2款之规定)。

现在,半数以上的投资法人都属于对不动产投资(REIT)的法人。

(2)投资法人的设立行为

500 在投资法人的设立行为中,发挥核心作用的是设立规划人。设立规划人中至少有一名是和投资法人主要投资对象的特定资产属于同种资产,对该资产进行运作管理的金融商品交易业者,或者其他由政令规定的人(《投信法》第66条第3款之规定)。在设立投资法人时,设立策划人必须制作法人章程(《投信法》第66条第1款之规定)。法人章程应该记载、记录的内容比如:发行的投资产品总份数,是否认可偿付,资产运作管理的对象、方针,支付给主要负责人(董事、监事等人员)和委托公司的报酬基准等各事项均被法定(《投信法》第67条第1款之规定)。设立策划人需要将设立宗旨和设立时执行官(执行董事等人员)的候选人向内阁总理大臣进行申报(《投信法》第69条第1款之规定)。投资法人的成立以设立登记为准(《投信法》第74条之规定)。但是,投资法人必须接受内阁总理大臣的注册,如果不注册就不能实施资产运作管理行为(《投信法》第187条之规定)。已进行注册的投资法人又称为已注册投资法人(日本《金融商品交易法》第2条第13款之规定)。

(3)投资份额与投资证券

投资法人发行无额面价格的投资份额(《投信法》第 76 条之规定),认购的投资人以所认购的价额为限承担有限责任(《投信法》第 77 条第 1 款之规定)。投资份额原则上具有自由转让性(《投信法》第 78 条第 1 款、第 2 款之规定),但在转让投资份额时,仍须交付投资证券。投资份额的转移,如未就受让人(取得人)的姓名和转移份额数记载于投资人名册的,不得对抗投资法人(《投信法》第 79 条第 1 款之规定)。此外,投资法人以质权的目的取得或接受自己发行的投资份额的,原则上不被允许(《投信法》第 80 条第 1 款之规定)。

(4)投资法人的治理机关

投资法人与狭义的投资信托存在区别,一般期待由法人的治理机关来实现对投资者的保护。因此,和股份公司的机关构造一样,《投信法》以强行规定的方式详细规定了投资法人的内部机关。

投资人将自身的意志反映到投资法人运营中的主要场所是投资人大
会。投资人大会相当于股份公司的股东大会,大会可以就法律或者法人章
程规定之事项进行决议(《投信法》第 89 条之规定)。《投信法》规定,执行 501
官、监督官、会计监查人的选任(《投信法》第 96 条之规定),法人章程的变
更(《投信法》第 140 条之规定),同资产运作管理公司签订的运作管理委托
合同的承认(《投信法》第 198 条第 2 款之规定)、解散(《投信法》第 143 条
第 3 项之规定)等事项均须由投资人大会决议。

问题是,广泛分散的且人数众多的投资人的出席情况能否满足投资人大会决议的人数要件。因此,《投信法》规定投资人可以通过书面形式行使表决权(《投信法》第 92 条之规定)。经过投资人大会,不仅可以规定使用电子(数字化)方法来行使表决权,而且可以规定投资者不出席投资人大会且不行使表决权时,视为该投资人对提交投资人大会的议案表示赞成(《投信法》第 93 条第 1 款之规定)。

法律规定应设置“执行官”来执行投资法人的业务,以及作为代表投资法人的机关(《投信法》第 109 条第 1 款之规定)。而监督官则负责监督执行官的职务执行(《投信法》第 111 条第 1 款之规定)。监督官随时都可以要求执行官、一般事务的受托人、资产运作管理公司以及资产保管公司,移交投资法人的业务和财产状况的相关报告或是开展必要的调查(《投信法》第 111 条第 2 款之规定)。

管理委员会* 由执行官**和监督官***组成(《投信法》第112条之规定)。管理委员会除了能行使《投信法》和章程规定的权限外,还可以监督执行官的工作(《投信法》第114条第1款之规定),对违反义务和职务懈怠的执行官进行解任(《投信法》第114条第2款之规定)。以召集投资人大会为首,执行官在执行重要业务时,需得到管理委员会的许可(《投信法》第109条第2款之规定)。作为管理委员会的构成人员,监督官至少要比执行官多出一人(《投信法》第95条第2项之规定)。

执行官和监督官违反法律、法规给投资法人造成损害时须承担赔偿责任(《投信法》第115条之6第1款之规定)。但是,法律同时建立了对这一责任进行减轻的制度(《投信法》第115条第5~12款之规定)。

502 (5)运作管理、保管、一般事务

投资法人可以依照法人章程规定的资产运作管理对象和方针,对特定资产开展有价证券的取得或是转让等《投信法》列举的交易(《投信法》第193条之规定)。但是,对同一法人发行的股份,在持有该股份总数已超过已发行总股份数的一定比例(按照内阁政令规定)时,无法继续取得该股份(《投信法》第194条之规定)。但是,运作管理以及保管等业务并不能由投资法人的负责人(比如执行官)等实施,而是必须向外部进行委托。换言之,资产运作管理的相关业务必须委托给资产运作管理公司(《投信法》第198条第1款之规定)。所谓资产运作管理公司是指,接受已注册投资法人的委托,实施运作管理其资产等业务的金融商品业者(《投信法》第2条第19款之规定)。而且,资产保管也必须委托给资产保管公司(《投信法》第208条第1款之规定)。这是因为考虑到资产运作管理业务、保管和管理的专门化、分工化进程的不断推进。信托银行和日本《金融商品交易法》第2条第9款规定的金融商品交易业者可以成为资产保管公司(《投信法》第208条第2款之规定)。同时,为了确保投资法人的独立性,禁止向有利害关系的金融商品交易业者进行资产运作管理业务的委托(《投信法》第200条之规定)。运作管理委托合同的缔结和解除必须经过投资人大会的同意(《投信法》第198条第2款、第206条第1款之规定)。在委托公司违反职务上的义务、职务懈怠或是发生难以继续接受资产运作管理委托业务等重

---

* 日语表述为“役員会”。

** 日语表述为“執行役員”。

*** 日语表述为“監督役員”。

大事由时，管理人（由执行官等组成）会议可以依决议解除合同（《投信法》第206条第2款之规定）。关于保管合同的缔结、解除无须投资者大会的同意，只经过管理人（由执行官等组成）会议的同意即可。

投资份额的募集事务，投资人名册、投资法人债原册相关的事务，投资证券、投资法人债的发行事务，机关运营事务，财务等事务必须委托给其他人（一般事务受托人）（《投信法》第117条之规定）。一般事务受托人负有为了投资法人，忠实履行善良管理人的注意来实施其事务的义务（《投信法》第118条之规定）。

负责人和一般事务受托人发生职务懈怠、损害投资法人的利益时，应对 503
投资法人承担连带赔偿责任（《投信法》第119条第1款之规定）。投资人可以通过代表诉讼追究其责任（《投信法》第119条第2款、第3款之规定，日本《公司法》第7篇第2章第2节）。

（6）金钱的分配、出资的赎回

在投资法人的情况下，普遍存在进行减资和出资赎回的必要，而对投资者的分配与股份公司的情形不同，有可能会超出利润额（资产负债表上的纯资产扣除出资总额等的合计额后的金额）（《投信法》第137条第1款之规定）。但是，从债权人保护的角度，法律又规定了（分配）不能超出从净资产额中扣除基准净资产额的数额的限制性规定（《投信法》第137条第1款之但书规定）。此外，投资法人的财务报表等须由会计监查人（审计人）进行监查（审计）（《投信法》第130条之规定）。

对于开放型投资法人（在法人章程中明确规定，依据投资人的请求可以赎回投资份额的投资法人），规定了依投资人的请求可以赎回出资。这种情况下，赎回的价格必须可参照该投资法人持有的资产内容，以公正（公允）的价格实施（《投信法》第125条第1款之规定）。投资法人如预先公示了赎回价格时，必须按照该公示价格进行赎回（《投信法》第126条之规定）。投资人请求赎回的，若净资产额低于基准净资产额，则可以不实施赎回（《投信法》第124条第1款之规定）。

此外，尽管在净资产额低于基准净资产额等一定情形下，投资法人在赎回投资份额时，接受该赎回金额的人以及实施赎回业务的业务执行者（指执行官，或者其他内阁府令规定的，与该执行官的业务执行有职务上关联的人）对投资法人承担连带的赔偿与接受该金钱相当数额金额的义务（《投信法》第126条之2第1款之规定）。但是，业务执行者证明自己在职务执行
时已履行注意义务的，不需要承担该义务（《投信法》第126条之2第2款 504

之规定)。同时,业务执行者所负的义务未经所有投资者的同意则不能免除(《投信法》第126条之2第3款之规定)。更进一步地,投资法人的债权人对承担上述义务的投资人,可以要求其支付给投资法人与其接受交付金额相当数额的金钱(《投信法》第126条之3第2款之规定)。

(7)行政机关的监督

投资法人必须制作与业务相关的账簿并进行保存(《投信法》第211条第1款之规定),原则上,每个营业期间都必须制作营业报告书,并提交内阁总理大臣(《投信法》第212条之规定)。此外,资产保管公司也必须制作与业务相关的账簿并进行保存。内阁总理大臣有权命令设立策划人、投资法人、资产保管公司、一般事务受托人在《投信法》施行的必要限度内提交报告和资料,还拥有现场检查权(《投信法》第213条之规定)。

内阁总理大臣认为为了确保投资法人业务平稳运行,保护投资者的利益确有必要时,按照设立中的投资法人的设立策划人、设立时的执行官、设立时的监督官、投资法人或该投资法人的资产运作管理公司、接受该资产运作管理公司的再委托人、资产保管公司业务或一般事务受托人的业务(只限于投资法人业务)状况等,可以命令该设立策划人对该投资法人在必要的限度内,实施业务方法的变更、资产运作管理公司的变更,以及其他业务运营等的改善(《投信法》第214条第1款之规定)。针对违反业务改善命令的设立策划人和投资法人,内阁总理大臣可以撤销其投资法人的注册(《投信法》第187条之规定)。

(8)投资法人的资金调配

投资法人认为资金调配确有必要时,不仅可以发行证券,而且可以考虑
505 采用银行借贷的方式。此外,根据投资人的请求,对于法人章程约定投资份额不予赎回的投资法人,可以以章程约定的数额为限,发行投资法人债(《投信法》第139条之2第1款之规定)。这与股份公司的公司债相对应,与公司债需要制作公司债的底账相同,发行投资法人债时也需要制作投资法人的底账(《投信法》第139条之7之规定、日本《公司法》第681条之规定)。虽然制作底账需要花费较长时间,但由于投资法人有时必须在业务过程中取得必要的不动产,因此,有必要确保其资金调配的灵活机动性。为了回应此要求,投资法人在满足以下要件的情况下,可以发行投资法人债,而且在此情形中不需要制作投资法人债的底账(《投信法》第139条之12第1款之规定):

①各投资法人债的金额均不低于1亿日元;

②关于本金的偿还,自投资法人总额交付之日起一年未满之日为确定期限,且不存在分期支付的规定;

③规定利息的支付期限与上述②的本金的偿还日为同一日;

④非依据附担保公司债信托法的规定附加了担保的债。

第二节　投资管理业

1. 实施投资管理业的金融商品交易业者

(1)何谓投资管理业

对不具有专业投资知识的投资者来说,将其资金委托给专业的人实为有用的资产运作管理方法之一。聚集一般投资者的资金,进行集合运作管理的构造(载体)有:投资信托、投资法人制度。一直以来,投资信托法、投资法人法对资产运作(投资管理)者的业务进行规制。与此相对,不利用投 506
资信托或者投资法人的载体,倒是出现了采用日本《民法》上的合伙、利用投资事业有限责任公司等法律形式,筹集投资者的资金进行集合运作、管理的合伙型基金,而日本《证券交易法》并没有设置规制合伙型基金业务的规定。此外,在投资者和专家间订立投资全权委托合同时,一直都是适用《关于有价证券投资顾问业规制等的法律》来规制全权投资委托合同业务的,但是,投资信托、投资法人和合伙型基金只是集合投资的载体不同,其差异仅仅是共同运作管理多数投资者的财产还是运作管理一个投资者的财产。因此,日本《金融商品交易法》将投资信托、投资法人,合伙型基金资产运作管理业务和进行投资全权委托业务的投资顾问业者的业务,进行包括式规定,并创造出投资管理业的概念,制定了适用于实施投资管理业的金融商品交易业者的规定。

所谓投资管理业是指,投资有价证券或是衍生品交易,并以以下行为为业(日本《金融商品交易法》第28条第4款之规定)。

①基于同投资法人的合同,运作管理投资法人的财产的行为(日本《金融商品交易法》第2条第8款第12项之规定);

②接受投资信托的受益证券持有者所出之金钱等并进行运作管理的行为(日本《金融商品交易法》第2条第8款第14项之规定);

③基于投资全权委托合同而运作管理客户资产的行为(日本《金融商品交易法》第2条第8款第12项之规定);

④接受集合投资计划份额的持有者所出的金钱等并进行运作管理的行为(日本《金融商品交易法》第2条第18款第15项之规定);

⑤接受信托受益权持有者所出的金钱等并进行运作管理的行为(日本《金融商品交易法》第2条第8款第15项之规定)。

上述①相当于投资法人的运作管理公司的行为,而上述②相当于投资信托的委托公司的行为。将投资法人、投资信托的财产投资于有价证券或
507 衍生品交易以外的对象,并进行运作管理的情形,不属于上述定义的范围。因此,为了让这些行为也可适用日本《金融商品交易法》,投资信托法、投资法人法上将运作管理公司、委托公司对有价证券或衍生品交易以外的投资视作上述①、②的投资管理行为(《投信法》第223条之3第2款、第3款之规定)。

上述③的投资全权委托合同指的是当事人一方,将基于金融商品的价值等分析的投资判断的全部或部分委托给对方,同时,基于该投资判断为对方实施投资时必要的权限进行委任的合同(日本《金融商品交易法》第2条第8款第12项之规定)。上述③一直以来属于许可投资顾问业者的行为。

上述④、⑤即是所谓的"自我运作管理行为"。上述④中的合伙型基金,一直被解释成业务执行合伙人作为基金运营者在被委托做投资判断运作管理投资财产时,需要投资全权委托业的认可。而日本《金融商品交易法》将这一解释进行了明文规定。但是,因为出资人全员参与投资判断的合伙型基金的持有份额,不符合集合投资计划的份额(日本《金融商品交易法》第2条第2款第5项之规定),其运作管理也不属于投资管理业。此外,主要以有价证券或衍生品交易投资以外的投资为业的"事业型基金"也符合投资管理业的定义,因而无须进行注册。

合伙型基金A将其全部运作管理资产投资于合伙型基金B时,因B的持有份额属于"视作有价证券"(集合投资计划份额),A自身实施的是合伙型基金的自我运作管理,A的运营者必须注册为实施投资管理业的金融商品交易业者。但是,当A作为面向专家的基金的特例时,不在此限(参见3)。

关于上述⑤,信托公司实施的运作管理行为中,已受信托业法规制的,可排除日本《金融商品交易法》的行业规制和行为规制的适用(日本《金融商品交易法》第65条之5第5款之规定)。

508 (2)注册要件、兼业的范围

欲开展投资管理业的人需要申请金融商品交易业的注册。开展投资管

理业的金融商品交易业者的注册要件的严格程度仅次于第一种金融商品交易业者的注册要件的严格程度。因为根据开展投资管理业的金融商品交易业者的判断，很可能给客户的资产带来巨大的影响。具体而言，其要件包括：①拥有与适格开展投资管理业相匹配的人员构成；②具备5000万日元的资本金、净资产额；③属于已设立董事会以及监事或是专业委员会的股份公司，或者属于同种类的外国法人；④被撤销注册的，必须在撤销注册后已经过5年，或者因违反特定法律法规被处罚金时，已经过5年；⑤申请者的董事、监事等人员不存在不适格事由；⑥主要股东不存在不适格事由（日本《金融商品交易法》第29条之4之规定，日本《金融商品交易法施行令》第15条之7之规定）。但是，其不适用第一种金融商品交易业者的自我资本比例规制。此外，只面向适格投资者（日本《金融商品交易法》第29条之5第3款之规定）开展运作管理业的注册要件得到了缓和（同条第1款之规定）。

开展投资管理业的金融商品交易业者的付随业务、申报业务的范围与实施第一种金融商品交易业的业者相同。

2. 行为规制的特殊规则

金融商品交易业者在开展投资管理业之际，需要接受适用于一般金融商品交易业者的诚信义务（日本《金融商品交易法》第36条之规定）和行为规制（日本《金融商品交易法》第36条之2～第40条之3之规定）（参见第三编第一章第五节6～8）。在本小节，将对包括上述规则以外的，实施投资管理业的金融商品交易业者的行为适用的特殊规则进行说明。

（1）忠实义务、善管注意义务

运作管理业者是为了对运作管理资产的利益享有权利的人（下称权利人），忠实地实施投资管理业，并且对权利人必须尽善意管理者的注意义务 509
开展投资管理业（日本《金融商品交易法》第42条第1款、第2款之规定）。制定此类规定的原因在于，权利人和运作管理业者不一定会建立合同关系。运作管理业者承担忠实义务、善管注意义务的对方（权利人）指的是：①被委托资产运作管理的投资法人；②投资全权委托合同的相对方；③投资信托、信托受益人；④集合投资计划份额的持有人（同款之规定）。上述①因是法人形态，因此可以理解其实质上是对投资人承担忠实义务和善管注意义务。

运作管理业者对权利人负有报告运作管理成绩的义务，这也是由对受托人承担的忠实义务以及善管注意义务引申而来。日本《金融商品交易法》规定,运作管理业者必须每年两次以上,依内阁府令制作运作管理报告书交付给已知的权利人(日本《金融商品交易法》第42条之7之规定,《金融商品交易业府令》第134条之规定)。运作管理业者的运作管理报告书,除运作管理财产权利人人数为499以下,或必须提交关于运作管理财产的有价证券报告书的情况外,也必须提交给内阁总理大臣(日本《金融商品交易法》第42条之7第3款之规定,日本《金融商品交易法施行令》第16条之14之规定)。

(2)禁止行为

作为将运作管理业者的忠实义务、善意管理义务进一步具体化的规定,日本《金融商品交易法》第42条之2对运作管理业作了如下的共通的禁止行为的规定。这些禁止性规定也适用于与特定投资者间的关系(可参照日本《金融商品交易法》第45条之规定)。此外,针对违反第1项、第3项、第6项的行为,将对之进行处罚(日本《金融商品交易法》第198条之3之规定)。

(A)自我交易和运作管理财产间交易的禁止(日本《金融商品交易法》第42条之2第1项、第2项之规定)

运作管理业者或是其董事、执行官通过同运作管理财产间的交易实施运作管理,或者在运作管理财产相互之间实施运作管理,由于其发生利益相反的可能性极其巨大,因而被禁止。

(B)不具有正当依据的交易行为*的禁止(日本《金融商品交易法》第42条之2第3项之规定)

运作管理业者为了高价售完持有的有价证券,利用运作管理财产收购
510 该有价证券的行为等,利用基于交易价格的变动,以谋求运作管理业者或是第三人的利益为目的,而不具有正当依据的交易行为[关于"スキャルピング",可参照第三节3(2)],为法律所禁止。

(C)不同于通常交易条件的交易(日本《金融商品交易法》第42条之2第4项之规定)

基于同一般交易条件不同的条件,且属于对权利人的利益有损害的条件而进行的运作管理,为法律所禁止。因为这是属于违反善管注意义务的行为。

(D)利用运作管理信息,实施经济效果归属自己的交易(日本《金融商

* 日语表述为"スキャルピング"。

品交易法》第42条之2第5项之规定)

基于投资全权委托合同进行投资的对象属于同一品种,业者实施对该品种的经济效果归属于自身的交易,一般被认为具有很强的利益相反性。因此,《关于有价证券投资顾问业规制等的法律》项下需要定期地通过书面对客户明示是否存在实施此类交易的事实。另一方面,对于兼业证券业的业者来说,由于书面交付义务过于繁琐,因而规定,如果取得了内阁总理大臣的同意,则免除其书面交付义务。日本《金融商品交易法》中,在废除了对客户的书面交付义务之后,取而代之的是禁止利用运作管理的信息,实施经济效果归属自身的有价证券的买卖(注50)。使用运作管理财产进行资产的购入,由于预测会抬升特定品种的有价证券的价格,而事先购入的行为就属于上述行为。

(E)损失填补的禁止(日本《金融商品交易法》第42条之2第6项之规定)

对资产运作管理过程中发生的权利人的损失进行填补的行为,或是为了追加利益向权利人提供财产上的利益等行为,均被禁止。

(F)内阁府令规定的禁止行为(日本《金融商品交易法》第42条之2第7项之规定)

内阁府令中规定了同属上述(A)~(E)的禁止行为以外,还禁止以不当增加有价证券交易额,或是故意增值为目的的运作管理行为,并禁止一定情形下将公募投资信托用于衍生品交易进行运作管理的行为(《金融商品交易业府令》第130条之规定)。

(注50):松本圭介、堀弘、太田昌男:"投資運用業の規制",《旬刊商事法务》第1779号,第77页(2006年)。

(3)运作管理权限的委托 511

因权利人一般是着眼于运作管理业者的专业性才将财产的运作管理向其进行委托,所以运作管理业者自行行使运作管理权限为财产运作管理的基本原则。另一方面,因有价证券和衍生品概念的扩大以及投资对象的多样化,运作管理业者出于权利人利益的考虑,也会将其运作管理权限委托给其他专家。于是,日本《金融商品交易法》规定,运作管理业者可以将其运作管理权限的全部或部分委托给其他人(日本《金融商品交易法》第42条之3第1款之规定)。

运作管理业者将运作管理权限进行委托时,为了谋求权利人的利益,必须满足以下条件:第一,投资法人的资产运作管理合同、投资全权委托合同、投资信托合同、集合投资计划的相关合同等,其中必须明确规定运作管理权限委托的意思,受托人的商号、名称,委托的概要,以及委托的报酬金额或者计算方法(日本《金融商品交易法》第42条之3第1款之规定,日本《金融商品交易业府令》第131条之规定)。这是为了让权利人能够知道是否进行了运作管理权限的委托以及委托的内容。受托人是否可以就运作管理权限的一部分实施再委托,同样需要在原委托合同中加以明确。

第二,受托人资格被限定在实施投资管理业的金融商品交易业者或是依据外国法设立的在外国实施投资管理业的人(日本《金融商品交易法》第42条之3第1款之规定,日本《金融商品交易法施行令》第16条之12之规定)。这是为了在确保受托人的专业性的同时,对受托人直接适用日本《金融商品交易法》的规定。也即,受托方在对权利人负有忠实义务和善管注意义务的同时,适用各种禁止行为的规则(日本《金融商品交易法》第42条之3第3款之规定)。

第三,日本《金融商品交易法》第42条之3规定的并不十分明确,但一般认为,受托方不得将运作管理权限的全部向他人实施再委托(可参照《金融商品交易业府令》第131条第1项之规定)(注51)。此外,运作管理业者禁止将全部运作管理的权限向他人实施委托(日本《金融商品交易法》第42条之3第2款之规定)。

512 但是,合伙型基金的运营者将基金财产的运作管理权限全部委托给第三人的情况下,可能存在不同的思考路径。首先,认为基金的运营者向第三人进行委托,间接进行投资判断,则该运营者的行为作为自我运作管理,有必要进行运作管理业者的注册(注52)。基于这样的考虑,则基金的运营者便不能将其全部运作管理财产的全部运作管理权限委托给第三人(日本《金融商品交易法》第42条之3第2款之规定)。与此相对,选择受托方,并将全部运作管理权限对其进行委托并不能认为其构成“基于对金融商品价值等分析的投资判断……开展资产运作管理”(关于自我运作管理,可参照日本《金融商品交易法》第2条第8款第15项之规定)。按此想法,则委托全部运作管理权限的合伙型运营者就没有必要实施运作管理业者的注册。内阁府令的制定者是以前者的思考路径为前提,认为受托人如果适切地履行对出资人的责任,那么就没有必要对委托运营者适用投资管理业的规制(注53):①运营者基于投资全权委托合同将运作管理权限的全部委托给运作管理业者;②投资全权委托合同中规定受托方对出资人承担忠实义务和善管注意义务;③投资全权委托合同设置了限制受托方实施自我交易和运作管理财产间的相互交易所必要的规定;④受托人对运营者的基金财产实施分别管理的状况进行监督;⑤如受托方就运营者相关必要事项,已事先向行政当局申报的这一要件满足时,则可以例外地将该运营者的业务从投资管理业的定义中进行排除(《定义府令》第16条第1款第10项之规定)。

此举是为了一方面减轻基金运营者注册为金融商品交易业者的负担,另一方面则是通过运作管理业者的规制来实现对投资者利益的保护。

(注51):松尾直彦:"金融商品取引法の行為規制(下)",《旬刊商事法务》第1815号,第11页(2007年)。

(注52):松本以及其他,同前注50,第75页。

(注53):松尾以及其他,同前注51,第18页。

(4)分别管理义务 513

将运作管理财产分为运作管理业者的固有财产以及其他运作管理财产,并实施分别管理,是作为接受他人财产的运作管理业者理应遵守的准则。比如,委托公司不能兼任管理受托公司利用投资信托运作管理客户的资产,此时可按照信托的构造达到运作管理财产分别管理的效果。投资法人的情形下,因为投资法人的财产从运作管理公司的财产中独立出来,同样可以达到分别管理的效果。与此相对,合伙型基金或者信托财产的自我运作管理(日本《金融商品交易法》第2条第8款第15项之规定)中,仅仅依靠合伙的构造,不能达到对财产进行分别管理的效果。于是,日本《金融商品交易法》规定,运作管理业者依内阁府令之规定,必须对运作管理财产和自己的固有财产以及其他运作管理财产实施分别管理(日本《金融商品交易法》第42条之4之规定)。

内阁府令规定,运作管理财产为金钱时,通过对实施有价证券等管理业务的其他金融商品交易业者的预托、办理存款业务的金融机关的存款、信托兼营金融机构的信托,进行管理;运作管理财产为有价证券时,通过明确区分固有有价证券等的保管场所进行管理(《金融商品交易业府令》第132条之规定)。但这些分别管理方法并没有金融商品交易业者实施有价证券等管理业务时实施的分别管理方法(日本《金融商品交易法》第43条之2之规定,参见第一章第四节5)严格。

正如1(1)中所述,主要实施对有价证券或者衍生品交易的投资以外的投资的事业型基金并不是投资管理业,因此,对事业型基金并没有科以分别管理义务。但为了保护出资人,事业型基金中也有必要区分出资人的财产和事业者的财产。因此,日本《金融商品交易法》规定,将集合投资计划持有份额出资筹集的金钱分为其业者的固有财产和其他事业的相关财产进行
514 分别管理,若是内阁府令没有对此规定,则此类结合投资计划持有份额不得出售(日本《金融商品交易法》第40条之3之规定)。此外,内阁府令规定了和上述同样的金钱管理方法(《金融商品交易业府令》第125条之规定)。

(5)投资全权委托业务的特别规定

同客户缔结投资全权委托合同,基于对金融商品价值等分析的投资判断,通过对有价证券或者衍生品交易的投资,对金钱或其他财产进行运作管理时,必须进行金融商品交易业的注册(日本《金融商品交易法》第2条第8款第12项之规定)。金融商品交易业者的此类业务在本书被称为"投资全权委托业务"。所谓投资全权委托合同,是指客户将基于金融商品价值分析等作出的投资判断的部分或全部,以及投资所必要的权限委托给他人的合同(同项之规定)。投资全权委托业务中,在合同中,业者被赋予一定的裁量权,业者自身为了顾客(的利益)进行投资决定。

关于投资全权委托合同,不仅适用金融商品交易业者应遵守的行为规则(日本《金融商品交易法》第37条之3~第40条之3之规定,参见第三编第一章第五节5~6),以及投资管理业相关的特别规定[日本《金融商品交易法》第42条之2之规定,参见(2)],而且还适用以下特别规定。

第一,金融商品交易业者,就其投资全权委托业务从客户那里收取金钱、有价证券的预托,并且,不得令之向与其自身存在一定紧密关系的他人预托金钱、有价证券(日本《金融商品交易法》第42条之5之规定、日本《金融商品交易法施行令》第16条之10之规定)。与投资助言(咨询)业务相关的日本《金融商品交易法》第41条之4也是基于同样的宗旨[参见第三节3(3)]。但是,实施第一种金融商品交易业的金融商品交易业者在开展有价证券管理业务(参见第一章第一节)时接受客户金钱、财产的预托等情形,作为金融商品交易业者的其他业务,从禁止的对象中被排除,而且,允许业者为了客户的利益,实施为有价证券的买卖或是衍生品交易的结算而接受金钱、有价证券的预托(日本《金融商品交易法》第42条之5之规定,日本《金融商品交易法施行令》第16条之9之规定)。

第二,金融商品交易业者在投资全权委托合同中不得贷款给客户金钱、有价证券,或是对客户的金钱、有价证券的贷款担任中介(日本《金融商品交易法》第42条之6之规定)。这是与投资助言(咨询)业务相关的日本

《金融商品交易法》第 41 条之 5 的规定有着相同宗旨的规定[参见第三节 3
(3)]。但是,信用交易(参见第三编第一章第四节)所附随的金钱、有价证 515
券的借贷(出借)、开展第一种金融商品交易业的业者,作为其业务的付随业务提供贷款等,以及作为投资全权委托业务以外的业务,提供贷款的情况,不在禁止对象之列(日本《金融商品交易法》第 42 条之 6 之规定,日本《金融商品交易法施行令》第 16 条之 13 之规定)。

对违反以上禁止规定的行为,存在罚则规定(日本《金融商品交易法》第 201 条第 4 项之规定)。但是,接受金钱、有价证券的预托,以及借贷的禁止性规定,在客户是特定投资者的时候并不适用(日本《金融商品交易法》第 45 条第 4 项之规定,参见第三编第一章第五节 11)。

此外,《关于有价证券投资顾问业规制等的法律》中对投资全权委托合同并没有设置冷静期制度。这是考虑到投资全权委托合同,一般只有投资顾问业者中已经被认可的主体才能经营,而客户一般也会将相当(大)金额的财产运作管理向其进行委托,因此,投资全权委托合同的缔结一般被认为属于对等的当事人间的交易(注 54)。在日本《金融商品交易法》中,考虑到合同内容和其他情况,规定由政令来规定冷静期的适用范围(日本《金融商品交易法》第 37 条之 6 之规定),但在现行政令中,客户和开展投资管理业的金融商品交易业者之间缔结的投资全权委托合同,并不是冷静期的适用对象(日本《金融商品交易法施行令》第 16 条之 3 之规定)。

(注 54):可参见山下友信:"開業規制と勧誘規制",《金融法研究(资料编)》第 3 号,第 24 页(1987 年)。

3. 面向专业投资者的基金的特例

(1)宗旨

日本《金融商品交易法》将集合投资计划持有份额归入"视作有价证券"(日本《金融商品交易法》第 2 条第 2 款第 5 项、第 6 项之规定),将利用以前从未进行规制的日本《民法》上的合伙等形式的基金作为主要的业法规制对象,以求保护投资者的利益。另一方面,关于只以专业投资者为出资人的基金,为一般投资者考虑而对原规制进行了高度的简化,这也是为防止
其成为阻碍金融创新的过剩规定而做的安排(注 55)。而以适格机构投资 516
者为对手方开展集合投资计划持有份额的私募以及通过该私募获得的金钱等,将此主要投资于有价证券或衍生品交易而实施运作管理的行为,均不能构成第二种金融商品交易业、投资管理业,因而不需要进行商品交易业者的

注册(日本《金融商品交易法》第63条第1款之规定)。这也是日本《金融商品交易法》的规制结构柔软化的一种体现。

这里所说的适格机构投资者指的是适格投资者和49名以下的适格投资者以外的人(日本《金融商品交易法》第63条第1款第1项之规定,日本《金融商品交易法施行令》第17条之12之规定)。容许一定数量的适格投资者以外的人包含在定义之内的原因是,考虑到一般情况下,此类基金由基金运营公司的董事、监事等负责人出资的情况比较多。

(注55):金融审议会金融分科会第一分会报告:"投資サービス法(仮称)に向けて"Ⅳ2[平成十七年(2005年)12月22日]。

(2)适格机构投资者等特例业务的申报规制

面向专家(专业投资者)的基金的私募或是运作管理行为,作为适格机构投资者等的特例业务,有必要进行事前申报(日本《金融商品交易法》第63条第2款之规定)。对向基金出资的投资者进行劝诱的人、运作管理基金财产的人,具体来说,日本《民法》上合伙的业务执行合伙人、匿名合伙的营业者、投资事业有限责任合伙的无限责任合伙人等需要进行申报。金融商品交易业者在进行面向专家的基金私募或是运作管理行为时,只要进行申报,就能原则上豁免行为规制的适用(日本《金融商品交易法》第63条之3之规定)。要求对特例业务进行申报的目的是确保市场的公正性和透明性(注56)。也正是基于这一观点,金融厅在主页对申报者的商号、名称等进行公示。

日本《金融商品交易法》的制定过程中,曾讨论是否采用基金自身的注册制或申报制,公募基金适用信息披露规制,在投资劝诱之际,需要对合同缔结前交付的书面材料进行书面申报(日本《金融商品交易法》第37条之3
517 第3款之规定),考虑到私募基金也进行特例业务的申报,因此基金自身的注册制和申报制未被立即采纳。

特例业务的申报者虽然原则上不适用金融商品交易业者的行为规制,但例外准用(日本《金融商品交易法》第63条第4款、第64条之3第3款之规定)虚假告知的禁止规定(日本《金融商品交易法》第38条第1项之规定)和损失填补的禁止规定(日本《金融商品交易法》第39条之规定)。此举是考虑到这些禁止性规定是为了确保交易公正而被置于重要地位且附带罚则的规定。此外,为了把握面向专业投资者的基金的实态,内阁总理大臣可以要求申报者提交报告或者资料(日本《金融商品交易法》第63条第7款、第8款之规定)。

因特例业务申报人的运作管理行为不符合投资管理业,因此其可以将其运作管理权限全部委托给第三人(可参照日本《金融商品交易法》第42条之3之规定),而受托方需符合投资管理业,因而需要进行金融商品交易业者的注册。特例业务的申报者如果将运作管理资产的全部向其他集合投资计划进行出资时,符合通过集合投资计划持有份额的投资来进行运作管理,适用特例,因此其投资行为也不符合投资管理业。被投资方的集合投资计划的出资人若是被限定为机构投资者的话,该集合投资计划的运作管理业务就符合特例业务,因而只需进行特例业务的申报即可。

(注56):可参见三井秀範、池田唯一监修:《一問一答金融商品取引法(改訂版)》,第336页(商事法务出版社,2008年)。是否满足特例业务的要件,应由内阁总理大臣进行确认,可以说这也是申报的制度目的之一。

第三节　投资助言(咨询)、代理业

1.《关于有价证券投资顾问业规制等的法律》的制定和统合

证券投资中给投资者建言献策(助言、咨询)的投资顾问,历史上曾有段时期并没有受到特别规制。但是,一方面,为了从利用投资者的无知骗取金钱的恶劣业者的魔爪中保护投资者的需要;另一方面,为了满足投资者缔 518
结投资全权委托合同将其资产运作管理委托给专家的需求,于昭和六十一年(1986年)制定了对投资顾问业进行统合规制的《关于有价证券投资顾问业规制等的法律》。

《关于有价证券投资顾问业规制等的法律》制定的直接的契机是昭和五十九年(1984年)的"投资专刊事件"(投資ジャーナル事件)。该事件中,业者通过"肯定赚钱、包赚"等不当表示,从多数客户那里收取金钱和有价证券,而其实是将其大部分进行了侵占。此外,号称将会实施10倍的融资,而对客户进行有价证券购买资金的融资。这种常常伴随投资顾问业的不正当行为,成了制定投资顾问业规制法律时的教训。

投资顾问业中与特定客户缔结投资全权委托合同,并为该客户开展有价证券买卖等投资完全委托业,这在代替客户做投资决定的方面与投资信托委托业并无差别。于是,日本《金融商品交易法》在对《关于有价证券投资顾问业规制等的法律》进行统合之际,赋予一直以来的许可投资顾问业者实施的投资全权委托业定位为日本《金融商品交易法》上的投资管理业

[参见第二节1(1)],而对仅提供投资建议的行为和投资顾问业进行个别的规制。此外,在客户和投资顾问业者之间,就投资顾问合同、投资全权委托合同等进行中介的行为,究竟谁能实施这种行为未明确规定,但日本《金融商品交易法》将其规定为金融商品交易业者。于是,金融商品交易业中新纳入了投资助言(咨询)、代理业的范畴,并规定开展此类业务时的注册要件和行为规制。

2. 开展投资助言(咨询)、代理业的金融商品交易业者

(1)投资助言(咨询)、代理业

所谓的投资助言(咨询)、代理业指的是:①缔结投资顾问合同,基于对有价证券的价值等或是金融商品的价值等分析作出投资判断,进行助言、建言献策的行为[投资助言(咨询)业务];②事实投资顾问合同、投资全权委
519 托合同缔结的代理、媒介等行为(日本《金融商品交易法》第28条第3款、第6款之规定)。

上述①相当于《关于有价证券投资顾问业规制等的法律》上的投资顾问业。将有价证券的价值等以外的金融商品的价值相关的助言(咨询)行为从上述①的行为中进行了排除,比如,伴随金融商品范围的扩大,通过提供天气预告获得报酬的行为,就不至于成为天气衍生品交易的投资助言(咨询)业务。以不特定的多数人为对手方的投资信息的出版业,被排除在投资助言(咨询)业务之外。上述②是指代理开展投资助言(咨询)业务或是投资管理业的金融商品交易业者与客户签订投资顾问合同或是投资全权委托合同,或是在金融商品交易业者和客户之间,为此类合同的签订尽心尽力的行为。

(2)注册要件、兼业的范围

作为金融商品交易业者开展投资助言(咨询)、代理业之时,必须对此明示并进行申请。投资助言(咨询)业务与被委托基于投资判断进行财产运作管理的投资管理业[参见第二节1(1)]不同,业者虽然提供咨询,但是否基于此进行金融商品交易则最终由客户判断。此外,代理业中为了方便客户利用投资助言(咨询)业务或是投资管理业务,在客户、业者之间提供中介的业务过程中,不得替代客户进行投资判断,或者收取客户的资产。于是,投资助言(咨询)、代理业从能够排除恶劣的业者的开业规制的最低限度规制的角度,规定了对金融商品业者而言最为宽松的注册要件。这里的注册拒绝事由包括:①过去5年内受过撤销注册的处分、过去5年内受过刑

事处罚、法人的董事等负责人受过刑事处罚、是曾被撤销注册的法人的董事
等负责人等；②开展的其他业务存在违反公共利益的情况等（日本《金融商
品交易法》第 29 条之 4 第 1 款第 1 项、第 3 项之规定）。当初，那些不具备
为适当开展投资助言（咨询）、代理业人所必需的人力构成的主体，比如不
具有实际开展投资助言（咨询）所必要的金融商品投资的相关知识、经验的
人，法律也容许其进行注册。但是，因为投资助言（咨询）、代理业的注册要
件被不断放宽，本不能成为注册对象的品行恶劣的业者也逐渐出现，因此， 520
平成二十三年（2011 年）修法时提出对人力构成要件（日本《金融商品交易
法》第 29 条之 4 第 1 款第 1 项之规定）进行修改。

股份公司以外的公司和个人也可以经营投资助言（咨询）、代理业，而且并不要求股份公司必须维持（一定的）资本金、净资产额。作为替代，对只开展投资助言（咨询）、代理业的金融商品交易业者，规定其必须将营业保证金寄存于托管所（日本《金融商品交易法》第 31 条之 2 第 1 款之规定），与该业者缔结投资顾问合同的客户，以及通过该业者代理、媒介而缔结投资顾问合同、投资全权委托合同的客户，可以就该合同产生的债权，优先于其他债权人从营业保证金中受偿（同条第 6 款之规定）。

对于兼业的范围没有特殊限制（日本《金融商品交易法》第 35 条之 2 第 1 款之规定），但在注册后，如果兼业的业务违反公共利益时，则会成为包括注册撤销在内的行政处分的对象（日本《金融商品交易法》第 52 条第 1 款第 1 项之规定）。

3. 业务规制

（1）投资顾问合同的规制

投资顾问合同是基于和客户的基础合同，持续开展投资咨询的连续性合同，因而有必要对基础合同的劝诱进行适当的规制。开展投资助言（咨询）、代理业时，适用共同适用于金融商品交易业者的行为规制。以下将按照投资顾问合同的缔结（流程），对其内容进行说明。

第一，适用广告规制（日本《金融商品交易法》第 37 条之规定），禁止夸大咨询内容以及方法的广告（同条第 2 项、《金融商品交易业府令》第 78 条之规定）。

第二，作为不当劝诱的规制，禁止损失填补或者约定特别利益的合同的劝诱（日本《金融商品交易法》第 39 条、第 38 条第 7 项之规定，《金商府令》第 117 条第 1 款第 3 项之规定）。此外，禁止进行合同劝诱的虚伪（虚假）

表示,或是针对重要事项可能产生误解的表示(日本《金融商品交易法》第38条第1项、第7项之规定,《金融商品交易业府令》第117条第1款第2项之规定)。

第三,合同缔结前的交付书面材料(日本《金融商品交易法》第37条之
521 3之规定)中,除了共通适用于金融商品交易业者的记载事项之外,还必须记载冷静期的权利(后文所述)、明确记载不能以客户为对手方进行有价证券的买卖、明确记载不得接受客户金钱、有价证券(《金融商品交易业府令》第95条之规定)。这是为了防范合同内容的纠纷于未然,让大家周知冷静期的权利以发挥其实效。

第四,缔结合同时,必须毫无迟延地将记载有一定事项的合同材料再次交付给客户(日本《金融商品交易法》第37条之4之规定)。这个书面材料中,不仅要重复披露(公示)合同缔结前交付合同材料的部分记载事项,而且要对合同解除的相关事项(如规定合同解除时须赔偿的,这种情形下的赔偿内容和数额),以及对营业保证金的优先受偿权(日本《金融商品交易法》第31条之2第6款之规定)予以说明。

第五,关于投资顾问合同,赋予客户以无条件的合同解除权(冷静期的权利)(日本《金融商品交易法》第37条之6之规定、《金融商品交易法施行令》第16条之3之规定)。即缔结了投资顾问合同的客户,可于收到合同缔结时的书面材料之日起10日之内,通过书面形式解除合同。这是考虑到客户缔结合同时,未必是基于冷静的判断,以及考虑到这种合同属于连续性合同的性质,需要确保客户能从长期的束缚(拘束)中摆脱出来的权利。

但是,有时也会在缔结合同的同时进行投资助言(咨询),而一经解除合同,就难以恢复合同缔结前的原状。因此,金融商品交易业者可以向客户索取违约金,但其数额不得超过内阁府令规定的金额(日本《金融商品交易法》第37条之6第3款之规定、《金融商品交易业府令》第115条之规定)。

(2)投资助言(咨询)的规制

开展投资助言(咨询)业务的金融商品交易业者应当遵循投资顾问合同的宗旨,为客户忠实地开展业务。因而,日本《金融商品交易法》明确规定,开展投资助言(咨询)业务的金融商品交易业者对客户承担忠实义务和善管注意义务(日本《金融商品交易法》第41条之规定)。另一方面,金融商品交易业者对客户还负有诚信义务(日本《金融商品交易法》第36条之
522 规定,参见第三编第一章第五节1)。日本《金融商品交易法》第41条规定了投资助言(咨询)业务的特别规定,但在何种意义上构成诚信义务的特别

规定,并不十分明确。

规定适合性(适当性)原则的日本《金融商品交易法》第 40 条之规定也适用于开展金融商品交易业者的金融商品交易行为。此处的金融商品交易行为指的是,缔结投资顾问合同,基于该合同开展助言(咨询)的行为(日本《金融商品交易法》第 34 条、第 2 条第 8 款第 11 项之规定),因而无论是在业者与客户间缔结投资顾问合同之时,还是在基于投资顾问合同进行具体咨询之时,都不得实施按照客户的知识、经验、财产状况、合同缔结之目的来看,属于不当的劝诱、助言(咨询)(日本《金融商品交易法》第 40 条第 1 项之规定)。此外,虽然法律上没有规定要求开展咨询、代理业的金融商品交易业者具有专门的投资知识,但是,如果实施了毫无根据的助言(咨询)行为,则不论同哪种客户之间都可能构成违反善管注意义务。

开展投资顾问业务的业者就事前已经收购(购买)的有价证券,将其推荐给客户,利用客户的购买导致价格攀升,将自己拥有的有价证券卖空的行为是业者非常容易陷入的利益相反行为。业者在自己卖出有价证券之后,客户购入的有价证券的价格发生回落的可能性就会很大。特别是无合理依据而推荐有价证券的,更像是一种啃食客户的恶劣行为。像这种一边通过自己提供咨询损害客户的利益,一边谋求自己利益的行为被称为倒卖*。

因而,日本《金融商品交易法》就特定的金融商品、金融指标(指数)、期权等做了规定,不得利用基于客户交易而发生的价格等的变动,来谋求自身或是第三人的利益,而提供没有正当根据的助言(咨询)(日本《金融商品交易法》第 41 条之 2 第 2 项之规定),对违反者处以惩罚(日本《金融商品交易法》第 198 条之 3 之规定)。此外,关于投资助言(咨询)的禁止行为主要包括:①在客户相互间,业者不得为了其他客户的利益提供损害特定客户利益的助言(咨询);②不得提供与通常的交易条件不同,且以损害客户利益 523
为交易条件的助言(咨询);③不得利用接受了咨询建议而开展的交易信息谋求(经济效果属于)自身的交易;④对接受咨询建议的相关交易实施损失填补;⑤内阁府令规定的行为(日本《金融商品交易法》第 41 条之 2 之规定),对违反上述④的行为,还存在罚则(日本《金融商品交易法》第 198 条之 3 之规定)。

而且,与作为投资管理业而开展投资全权委托业务的情形[参见第二

* 也就是"抢帽子"行为,scalping。

节2(5)]一样,对于《关于有价证券投资顾问业规制等的法律》上设置的业者交易相关的书面交付义务进行了废止,取而代之的是增加了上述③的规制。

(3)投资助言(咨询)以外的行为的规制

投资助言(咨询)业务对投资者来说是一种金融商品交易的窗口,如不谨慎对待,有时可能会显著损害投资者对金融商品交易的信赖。于是,《关于有价证券投资顾问业规制等的法律》鉴于投资专刊事件等案例的教训,设置了一些规制,并在金融商品交易法中得到了延续。

第一,从事投资助言(咨询)业的金融商品交易业者,不得以客户作为对手方,或是为了客户进行有价证券的买卖或者衍生品交易(日本《金融商品交易法》第41条之3之规定)。在投资助言(咨询)业务中,业者没有必要让自己成为交易相对方来进行有价证券的交易,在过去,由于曾发生业者替代客户进行有价证券的买卖而造成客户损害的事件,因此,投资助言(咨询)业法对此作了禁止性规定以防止损害的发生。但是,像金融商品交易业者作为第一种金融商品交易业和客户进行有价证券的买卖,以及作为第一种金融商品交易业者,将客户的下单代销给其他证券公司等,作为金融商品交易业者、中介业者、已注册金融机构等开展其他业务的情况,则从禁止的对象中予以排除(同条但书规定,日本《金融商品交易法施行令》第16条之8之规定)。

第二,金融商品交易业者在开展投资助言(咨询)业务中,不得接受客户的金钱、有价证券的预托,或是让客户将金钱、有价证券向跟自己(业者)有密切关系的人的预托(日本《金融商品交易法》第41条之4之规定,日本《金融商品交易法施行令》第16条之10之规定)。此举也是受了过去业者
524 侵占客户预托的金钱、有价证券而最终无法偿还的教训而做出的规定。其结果是在投资助言(咨询)业务中,作为原则性规定,接受投资助言(咨询)的客户需要基于自己的判断将金钱、有价证券预托给证券公司并且下单。但是,像开展第一种金融商品交易业的金融商品交易业者,作为开展有价证券管理业务(参见第一章第一节),接受客户的金钱、有价证券的预托等,金融商品交易业者、已注册金融机构实施其他业务时,从禁止对象中予以排除(日本《金融商品交易法》第41条之4之规定,日本《金融商品交易法施行令》第16条之9之规定)。

第三,金融商品交易业者在投资助言(咨询)业务中不得向客户进行金钱、有价证券的借贷,或是从事向客户进行金钱、有价证券提供借贷的中介

(日本《金融商品交易法》第41条之5之规定)。这是因为,(如果放任)业者扩大交易而对客户提供资金等的融资时,当投资发生失败,则不仅客户的损失会被扩大,而且情形恶劣时还可能会出现为提供证券投资融资而骗取担保等情况的发生,所以法律直接禁止金钱、有价证券的借贷。但是,信用交易(参见第三编第一章第四节)所伴随的金钱、有价证券的借贷,以及开展第一种金融商品交易业的业者在开展附随业务时进行的借贷,还有实施投资助言(咨询)业务以外的业务而实施借贷的,从禁止的对象中予以排除(同条规定,日本《金融商品交易法施行令》第16条之11之规定)。

像上述这种,以客户作为对手方,或是代理客户进行金融商品交易,以及接受客户金钱、有价证券的预托,对客户的贷款等行为,即便其并不构成损害客户利益的行为,但也对违反此类禁止性规定的行为依然设置了罚则(日本《金融商品交易法》第201条第4项之规定)。由此可以看出,法律对损害投资者行为防患于未然的态度。但是,接受金钱、有价证券的预托,或是相关借贷的禁止性规定,在客户属于特定投资者的情况下并不适用(日本《金融商品交易法》第45条第3项之规定)。作为不适用于特定投资者的日本《金融商品交易法》第45条所列举的规定,其大部分是以修正业者和客户之间的信息不对称为目的而设置的,除了预托的接受、贷款相关的禁止性规定之外,对于其他规定,与其说是为了修正投资顾问合同、投资对象相关的信息不平衡,倒不如说其是着眼于特定投资者一般已拥有对性质恶劣的业者和不是此类业者进行分别的能力。而与此相反的,则是因为对于 525
一般投资者而言,其并不具备将金钱、有价证券对金融商品交易业者进行预托,或者从金融商品交易业者那里获得借贷的便利性。

(4)关于复数业务的弊害防止措施

在日本《金融商品交易法》中,对金融商品交易业者的业务进行了包括性、概括性的定义,这样一来,对于某业者而言,其就可以在第一种金融商品交易业、第二种金融商品交易业、投资助言(咨询)和代理业,以及投资管理业中,选择两种以上的业务作为本业(可参照日本《金融商品交易法》第28条、第29条之规定)。因此,对开展复数业务的金融商品交易业者而言,就有必要设置防止利益相反而造成弊害的规制(弊害防止措施)。其中,对于投资助言(咨询)业务而言,就包括禁止实施以下行为:①利用接受投资助言(咨询)的客户所进行的交易的信息,实施有价证券买卖或其他交易等委托的劝诱行为;②为谋求投资助言(咨询)业务以外的业务利益,依照交易方针、交易金额或是市场状况,提出进行以不必要交易为内容的助言(咨询)建议;③内阁府令规定的其他禁止行为(日本《金融商品交易法》第44条之规定、《金融商品交易业府令》第147条之规定)。

上述①是为了追求第一种金融商品交易业的利益而利用投资助言(咨询)业务的行为。需注意的是,即使是有根据的投资建议,就算并不一定损害投资助言(咨询)业务客户的利益,仍可以认定为构成违反投资助言(咨询)业务的忠实义务(日本《金融商品交易法》第41条第1款之规定)的行为。而作为上述②的例子,比如为了出售自己已认购的有价证券而利用投资助言(咨询)业务的情况。就自己已认购的有价证券向客户进行取得劝诱(即劝诱客户取得自己已认购的有价证券),当然属于从事第一种金融商品交易业的金融商品交易业者可以实施的行为,但该行为在可参照投资助言(咨询)业务的客户间的交易方针等,属于不必要的交易时,则构成了对日本《金融商品交易法》第41条规定的违反。类似上述②的规制还有禁止为了谋求金融商品交易业以及其附随业务以外业务的利益,或是谋求金融商品交易业者的母法人等、子法人等的利益,而实施的投资助言业务等行为(日本《金融商品交易法》第44条之2第1款第2项、第44条之3第1款第3项之规定)。

526 对于违反此类行为规制的行为,并没有规定相应的罚则,而仅能作为对金融商品交易业者和其董事、管理人等负责人的行政处分的依据。

第五章　金融商品交易的其他相关者 527

第一节　评 级 业 者

1. 意义

评级是指对于金融产品的信用风险的评价(可参照第二编第一章第一节 4),对于进行这种评级的公司到底应该制定和实施怎样的规范,即使是在拥有长期评级历史的美国,相关思考和主张也不尽相同。其主要存在两种不同的见解:应该把评级公司理解为投资人和发行人之间的信息中介人,还是应该把对接受高评级的发行人作为给予许可、执照的"看门人"(gatekeeper,可参照第二编第三章第一节 5)来理解。此外,对于作为意见表明的一方面,其与日本宪法上的"表现自由"之间的关系也成了一个问题。

在日本《金融商品交易法》中,所谓的"信用评级"被定义为,对于金融商品或者法人(包含与此相类似的,在《定义府令》第 24 条第 1 款中所规定之主体)的信用状态有关的评价结果,通过记号或者数字(依据《定义府令》第 24 条第 2 款的规定,包含了表示顺序的简易的文章或者文字)来表示等级(日本《金融商品交易法》第 2 条第 34 款之规定)。因此,所谓的"信用评级业"可以被定义为,授予信用等级,而且,提供或者提供阅览的行为(但是,根据行为的对手方的范围以及行为的样态,对投资者保护无虞的,《定义府令》第25条中规定的行为予以排除),以此为业而实施(日本《金融商品交易法》第2条第35项之规定)。在此基础之上,所谓的信用评级业者,是指接受了内阁总理大臣的注册之人(日本《金融商品交易法》第2条第36项之规定),即通过注册制度来实现规制。

528 对于开展评级的业者,以近期的金融危机为契机,每一次危机都使得欧美国家对相关规制的方式、构造进行重新审视,但是即便如此,对于理论上应具备的规制路径和内容好像也还未能达成一致。过去,评级被认为同和个别客户缔结合同参与金融商品的买卖不一样,并没有直接参与金融商品买卖,因而没有对其进行一般意义上的规制。但在进入21世纪以后,上述情况发生了巨大变化,安然事件和次级房贷的问题相继发生(注57)。尤其是2007年以来,次级房贷的拖欠问题尤为明显,对于以此为根据把资产进行证券化的商品而言,评级是否适切自然成了一个重要问题。此外一方面,资产证券化的产品日益复杂化,有关评级所必要的信息不断增多,而另一方面,信用评级业者通过从发行人那里获得报酬,从而产生利益冲突的问题也被揭露出来了。可以说,评级的结果如果变得更加准确,那么投资者可能将不会蒙受损失,但反过来说,投资者若过度依赖评级,作为投资人就有可能怠于(其本身应履行的)对风险进行适当评估,这同样是一个问题。如上,有关评级的定位,围绕规制的手法一直有各种各样的讨论和争论。尤其是评级公司和发行人等之间存在的利益相反的立场、评级的过程、信息提供的强化,以及对投资者等的透明性被广泛讨论。在美国2006年的《信用评级机构改革法案》中,对于评级业者,设置了行业加入规制、行为规制、披露规制。

而日本的规制手法,一直坚持重视"自主规制"*的方向,同时还选择了在注册制之下的具有法律约束力的规制(手法)。而对于评级,尽管在实际成果(实际业绩)上存在问题,也没有被直接规制。因为有观点认为,评级是对将来不确定的信用风险,基于专业知识而发表意见,因而将每个评级的实质内容本身作为规制对象的做法是不合适的(注58)。而且在这一点上,即使是在诸多外国,也没有把其(评级)作为规制对象。然而,伴随着评级业者活动的国际化,在日本《金融商品交易法》中,对于评级业者的规制,也应该考虑并关注国际化整合的这一趋势。

---

* 即自律性规范。

（注57）:《逐条解说》,第16页（2009年）。

（注58）:《逐条解说》,第45页（2009年）。

2. 注册制度 529

（1）意义

从事信用评级业的法人，被规定可以接受内阁总理大臣的注册（日本《金融商品交易法》第66条之27之规定）（注59）。在注册制度之下，信用评级业者被规定为接受了内阁总理大臣的注册之人（日本《金融商品交易法》第2条第36款之规定）。在此基础之上，关于金融商品交易业者及其董事、监事并公司职员，规定其禁止对客户：就信用评级业者以外的开展信用评级之人所授予的信用评级，当授予该信用评级的人是没有注册之人且其在未告知该注册的意义和界限以及其他由内阁府令规定的事项的情况下，提供信用评级的行为，或者就金融商品交易合同的缔结进行劝诱的行为（日本《金融商品交易法》第38条第3项之规定、《金融商品交易业府令》第111条之2、第116条之3之规定）。因为，如果是未注册的人，就无法适用以下所述之规制，而从投资者保护的角度看，就应该让金融商品交易业者承担上述说明义务。此外，是否属于被注册的业者，能够在信用评级业者注册簿（日本《金融商品交易法》第66条之29之规定）上进行查询、确认。

如上所述，在日本《金融商品交易法》中，并未采用就加入信用评级业设置一般性限制规则的立场，而是使金融商品交易业者对属于未经注册的信用评级公司进行的评级，在没有向投资者进行相关说明的情况下就不能使用，此外，已注册的信用评级业者，则将其置于以下的规制和监督之下，以期能够保护投资者。而评级最好不让投资者的投资判断发生曲解，因而进行必要的规制和监督是十分重要的，从这样的观点出发，日本引入了注册制度（注60）。

但是，评级公司不接受注册的缺点是，其必须履行金融商品交易业者和其董事、负责人并职员的告知义务（日本《金融商品交易法》第38条第3项
之规定）。因此，为了确保注册制度的实效性，有部分人认为有必要设计新 530
的激励机制（对未注册的评级公司提供的评级的流通进行更加严格的限制）（注61）。

除此之外，还有适格评级机构的制度。此制度是指银行等对自有资本比率实施规制的《巴塞尔协议Ⅱ》中，对银行等的自有资本比率进行计算时

对相应风险进行评估而使用的外部评级。但这并不是日本金融厅对评级公司施行规制监督的制度(注62)。

(2)程序

能够接受注册的是从事信用评级业的法人(日本《金融商品交易法》第66条之27之规定)。但是在这里的法人中,包含了即使没有法人格,但在团体章程中明确规定了代表人或者管理人的团体(日本《金融商品交易法》第66条括号规定)。总的来说,不是由每个分析师进行评级,而是希望由信用评级机构来完成评级(IOSCO基本行动规范1.4)。与此相关联,作为注册拒绝事由,列举了:没有整备为了公正且准确进行信用评级业务的必要机制的法人(日本《金融商品交易法》第66条之30第1款第5项之规定),换言之,法律要求整备了一个适正(适当并正确)的管理机制的团体所进行的评级。

注册时,有必要向内阁总理大臣提交注册申请书和其附件。注册申请者如存在以下相关的注册拒绝事由,或者注册申请书及附件[电子(数字化)记录]中存在虚假记载,或是对重要的事实记载有欠缺的情形,则内阁总理大臣必须拒绝其注册(日本《金融商品交易法》第66条之30之规定)。作为拒绝事由,包括:①非法人的主体;②符合金融商品交易业者的一般注册拒绝事由(日本《金融商品交易法》第29条之4第1款第1项之规定)的法人;③在董事等负责人中存在符合金融商品交易业者的一般注册拒绝事由(日本《金融商品交易法》第29条之4第1款第2项之规定)的法人;④被认定开展的其他事业属于违反公益的法人;⑤无法认定已经整备了为了公正且准确地进行信用评级业务的必要机制的法人。

531 (注59):在以前,存在指定评级机构的制度。在该制度中,信用评级业者无法被指定,但在注册制度中,信用评级业者可以选择是否注册。另外,指定评级机构的制度利用了发行注册制度的利用适格要件和金融商品交易业者的自有资本比率规制等金融行政规制上的手段。但并不是完全由金融厅(行政部门)对信用评级公司进行规制或者监督。

(注60):《逐条解说》,第35页(2009年)。

(注61):可参见桥本圆:"信用格付業者に対する規制(对于信用评级业者的规则)",《ジュリスト》第1390号,第90页(2009年)。

(注62):《逐条解说》,第32页(2009年)。

3. 行为规制

在日本《金融商品交易法》中制定了一系列关于信用评级业者的行为规则的规定。

(1)诚实义务

法律规定,信用评级业者和其董事等负责人以及商业使用人,必须站在独立的立场,公正且诚信地实施业务(日本《金融商品交易法》第66条之32之规定)。与此相类似的义务是对金融商品交易业者科以的义务(日本《金融商品交易法》第36条第1款之规定),但金融商品交易业者等以及其董事等负责人以及商业使用人是对同金融商品交易业者存在直接的合同关系的客户承担诚信、公正地实施其业务的义务,在这一点上存在不同。也就是说,信用评级业者不是对客户承担义务,而是规定其必须独立、公正、诚信地实施业务。因为信用评级被广泛利用于投资判断,也是出于要在金融、资本市场进行信息(基础)环境建设中发挥信用评级功能的意图而做出的。尤其是信用评级业者应尽量避免受到与发行人等的关系人之间产生利益相反的影响(注63)。

(2)业务管理体制的整备义务

信用评级业者为了公正且正确实施信用评级业务,根据内阁府令规定, 532
有义务在(组织内部)整备一个业务管理体制(日本《金融商品交易法》第66条之33第1款之规定)。这里所说的业务管理体制,是必须包含具有专业知识以及技能的人力资源的配置,以及管理其他业务的品质的措施,以及防止为谋求自己或者评级的关联人(作为对信用评级对象的事项拥有利害关系的,由内阁府令所规定的人)的利益而实施损害投资者利益行为的措施,以及其他为确保适当且正确执行业务的措施(日本《金融商品交易法》第66条之33第2款之规定)。

这里所说的评级的关联人是指:①在有关法人信用状态的评价成为信用评级对象的事项时,该法人以及该法人组成相关事务的受托人;②在金融产品信用状态的相关评价成为信用评级对象的事项时,该金融产品的发行人,或者债务人以及和该产品组成相关事务的受托人;③在资产证券化产品信用状态的相关评价成为信用评级对象的事项时,原资产的所有人,或者该产品组成相关事务的受托人(《金融商品交易业府令》第307条之规定)。

从注册拒绝事由(日本《金融商品交易法》第66条之30第1款第5项之规定)来看,作为信用评级业者的规制手法,非常重视"为了正确且公正的实施业务的机制的整备”,要求整备的机制包括:独立性确保、利益相反的防止、评级过程的品质管理、公正性的确保、法律法规(法令)的遵守、信息管理、评级方针的遵守等机制(注 64)。而且这些是后文所述的公众阅览对象的说明材料(日本《金融商品交易法》第 66 条之 39 之规定)的记载事项。

(3)名义出借的禁止

信用评级业者被规定不得使他人利用自己的名义开展信用评级业务(日本《金融商品交易法》第 66 条之 34 之规定),这主要是为了防止未注册的业者借用已注册的信用评级业者的名义从事信用评级业务。因为如果这样的行为得到容许,则对已注册业者的规制、监督,通过在利用未注册业者时的金融商品交易业者的说明义务,以及关于信用评级的其他规制都将土
533 崩瓦解,而且会产生将未注册业者误认为已经注册业者的不利于投资者利益的结果。

(4)禁止行为

信用评级业者或其董事等负责人或其商业使用人,在所实施的信用评级业务中,被禁止实施以下行为(日本《金融商品交易法》第 66 条之 35 之规定)。这是为了确保独立性,回避相反利益的情况发生,以及力图在评级过程中确保公正性,而禁止其实施一定的事项。在此,不仅仅是信用评级业者的禁止行为,还规定了其董事等负责人和商业使用人的禁止行为。

①信用评级业者或其董事等负责人或其商业使用人,在同评级的关联人存在内阁府令(《金融商品交易业府令》第 308 条之规定)规定的密切关系时,将对该评级的关联人有利害关系且由内阁府令(《金融商品交易业府令》第 309 条之规定)规定的事项作为评级对象,提供信用评级,或者提供阅览的行为。

②对评级的关联人,与该评级的关联人相关的信用评级会产生重要影响且对由内阁府令(《金融商品交易业府令》第 310 条之规定)所规定的事项提供助言(咨询)时(答应评级的关联人的要求,对评级方针等内容进行告知的情形,参考其他助言的样态,认为对保护投资者无虞的情形,但《金融商品交易业府令》第 311 条规定的情形除外),提供该信用评级或者提供阅览的行为(《金融商品交易业府令》第 312 条之规定);

③此外,欠缺对投资者的保护以及作为(可能)使信用评级业失去社会信用的,由内阁府令规定的行为(《金融商品交易业府令》第 312 条之规定)。

这里所称的"评级的关联人"，需符合上述(2)中所描述的定义(日本《金融商品交易法》第66条之33第2款之规定、《金融商品交易业府令》第307条之规定)。其结果是，在上述①中，如果评级业者持有评级的关联人所发行的有价证券，或者与评级的关联人之间存在支配(控制)关系，或成为其董事等负责人等情况下，评级业务被禁止。在上述②中，对于评级的关联人，作为可能会给信用评级产生重要影响的事项提供助言(咨询)时，信用评级被禁止。具体而言，评级业者在向对象产品的发行人和结构产品的 534
组装人同时提供顾问、咨询业务的情形就是一个问题(注65)。例如，信用评级业者，对于组成资产提供了助言(咨询)的金融商品，同时又对其提供信用评级的行为，从确保公正性、确保独立性、回避利益相反等观点来看应当被禁止(注66)。但是，法律并非禁止一切和评级的关联人的接触，作为回应来自评级的关联人的要求，对于由评级关系人所提供的消息或者事实，对信用评级产生的影响，比如基于对评级授予的方针以及与此相关的事项进行的说明就不属于禁止对象(《金融商品交易业府令》第311条之规定)。当然，这里是以评级业者是被动方作为前提的。

关于上述③，规定了比如同评级的关联人之间，承诺把预先设定好的信用评级作为该信用评价的结果进行提供，或者提供阅览的行为；以及信用评级业者的评级负责人在授予信用评级的过程中，收受评级的关联人的金钱或者物品的交付；或者要求交付；或者对其交付的要约进行承诺的行为等(同《定义府令》第312条之规定)。

(5)其他义务

信用评级业者根据内阁府令(《金融商品交易业府令》第313条、第314条之规定)的规定，授予信用评级，必须制定为提供或者提供阅览的方针以及方法(评级方针)，且必须进行公布。若要变更上述方针和方法，亦同样须公布(日本《金融商品交易法》第66条之36第1款之规定)。而且，信用评级业者必须遵循这个评级方针，实施信用评级业务(同条第2款之规定)。之所以要其承担这样的义务，是因为虽说是评级，但公司债和结构产品等因其性质(属性)不同，就利用评级的人来说，提前了解评级的方法和过程，理解评级的意义和界限是非常重要的。

而且，信用评级业者依据内阁府令(《金融商品交易业府令》第316条之规定)所规定，必须在每一事业年度制作事业报告书，并在每一个事业年度过后政令所规定的期间内，向内阁总理大臣提交(日本《金融商品交易法》第66条之38之规定)。但是，并未要求将事业报告书提供给公众阅

535 览。与此相对,作为对业务状况的定期披露,信用评级业者必须在每个事业年度,就信用评级业者的概况以及其组织的相关事项、信用评级业者业务管理机制的整备情况,以及信用评级业者的业务状况等由内阁府令(《金融商品交易业府令》第318条)所规定的业务状况的相关事项,制作说明材料,在每个事业年度经过后的政令所规定的期间经过之日起1年内,将上述说明文件材料置备于所有的营业场所或者事务所,供公众阅览,同时还必须依据内阁府令的规定(《金融商品交易业府令》第319条之规定),通过利用互联网及其他方法进行发布、公示(日本《金融商品交易法》第66条之39之规定)。作为记载内容,《金融商品交易业府令》第318条规定,有关报酬的约定和评级实际业绩的信息,必须定期进行披露。

在信用评级业者发生终止、因合并而消灭的情形下,必须在发生之日起30日内将该情况向内阁总理大臣进行申报(日本《金融商品交易法》第66条之40第1款之规定)。此外,信用评级业者能够通过自行选择而注销注册,成为未注册业者,但在这样的情况下,也必须在发生之日起30日内将该情况进行发布、公示(日本《金融商品交易法》第66条之40第3款之规定)。这些都是在考虑了金融商品交易业者的说明义务(日本《金融商品交易法》第38条第3项之规定)后所作的规定。

此外,对金融商品交易业者科以的业务等相关文件材料的制作、保存、报告的义务,对信用评级业者也科以同样的义务(日本《金融商品交易法》第188条之规定)。

(注63):可参照IOSCO基本行动规范2.4。

(注64):可参照金融审议会金融分科会第一分会报告:"信頼と活力のある市場の構築に向けて"3(3)[平成二十年(2008年)12月17日]。

(注65):可参照金融审议会金融分科会第一分会的报告,前注(64),3(4)。

(注66):《逐条解说》,第266页(2009年)。

4. 金融厅的监督

536 日本《金融商品交易法》就内阁总理大臣(金融厅),从公益和投资者保护的观点出发,规定了一些监督权限。即业务改善命令(日本《金融商品交易法》第66条之41之规定)、注册撤销命令、业务停止命令(日本《金融商品交易法》第66条之42第1款之规定)、董事等负责人的解任命令(日本《金融商品交易法》第66条之42第2款之规定)、报告的征收和检查权(日本《金融商品交易法》第66条之45第1款之规定）。此外，金融厅长官，在行使上述权限时，必须注意不能干涉个别的信用评级或者信用评价的方法及具体内容（《金融商品交易业府令》第325条之规定）。

5. 罚则等

对于通过不正当的手段而获得注册之人（日本《金融商品交易法》第198条第1项之规定），出借名义之人（日本《金融商品交易法》第198条第2项之规定），违反业务停止处分的信用评级业者的代表人等（日本《金融商品交易法》第198条之5之规定），在注册申请书中实施了虚假记载、虚假的公告、申报、发布、报告之人（日本《金融商品交易法》第198条之6之规定），都设置了罚则。

此外，并没有设置民事责任的相关规定。因为，如果仅让已注册的评级业者承担过重（过大）的损害赔偿责任，则其逃避注册的可能性将会提高。原本，对于评级作为一种意见的侧面和评级作为"看门人"（gatekeeper）的正确性的一面，究竟应该重视哪一面的观点存在差异，而根据不同的思考路径，要求其承担的民事责任也可能发生变化（注67）。

（注67）：可参见桥本，前注(61)，第91~92页。此外，在名古屋高等法院平成十七年(2005年)6月29日法院HP[平成十七年(2005年)(ネ)第296号]判决书中认为，评级机构在信义规则的层面，负有诚实、公正地实施评级的义务，因而有（令其）承担损害赔偿责任的余地。

第二节　清算机构

1. 金融商品交易清算机构

（1）集中清算

在金融商品市场中成立的有价证券买卖的结算，原则上从约定之日起算的第4天（T+3）进行有价证券的移转和价款的支付（参见第三编第一章 537
第三节1）。在结算日，如果卖方不能交付股份，买方不能支付价款，这会使交易双方的地位不稳定并严重损害交易的安全。因此，根据交易双方的信用状态，为了减轻结算不稳定的风险，清算机构从买卖双方那里承担买卖双方间产生的有价证券的交割债务和价款支付债务，取得其对应的有价证券交割请求权、价款支付请求权。这就是所谓的集中清算，从所有的交易对手方来说也被称为中央对手方清算(CCP)。通过这种集中清算,买主、卖主和清算机构之间进行有价证券的交割和价款的支付,因而买主和卖主就没有必要担心对手方的信用风险。

为了实现这样的清算,以基于有价证券买卖、衍生品交易的债务承担为业而实施的,被称为金融商品债务承担业*(日本《金融商品交易法》第2条第28款之规定),把获得内阁总理大臣许可的机构叫作金融商品交易清算机构(日本《金融商品交易法》第2条第29款、第156条之2之规定)。证券交易的清算业务本来是在各个证券交易所中进行的,但作为结算基础设施建设的一个环节,在平成十六年(2004年)日本《证券交易法》修改时,在采用许可制的基础上,使清算机构也能开展清算业务(注68)。

(注68):目前,对于在各交易所进行的股份类的交易以及东京证券交易所进行的市场衍生品的交易,由日本证券クリアリング机构;而对于不通过交易所的股份类的交易的清理,由ほふりクリアリング;对于国债交易,由日本国债清算机构,对于大阪证券交易所的市场衍生品交易则由大阪证券交易所,分别进行清算业务。

(2)清算的程序

金融商品交易业者如果要通过清算机构进行有价证券买卖的结算,则必须成为清算机构的清算参加人(日本《金融商品交易法》第156条之7第
538 2款第3项之规定)。为防止出现债务不履行,清算参加人必须向清算机构寄存清算委托金,清算机构对由于清算参加人的债务不履行而产生的损害,可以优先于其他债权人从清算委托金中获得受偿(日本《金融商品交易法》第156条之11之规定)。不是清算参加人的A在进行属于清算对象的买卖交易时,委托清算参加人B代办清算交易,通过让B授予A代理权,A代理B进行买卖交易的方式,使A的交易成为清算对象。我们把上述情形下的B的行为称为有价证券等的清算代办,金融商品交易业者或者已注册金融机构能够依据清算机构的业务方法书规定的方法进行(日本《金融商品交易法》第2条第27款之规定)。

为了使清算机构的结算业务更具效率,每个清算参加人必须就交割对象有价证券的品种和每个品种的数量对结算金额进行差额计算;对于差额部分,就有价证券的移转向转账机构(参见第三编第一章第三节4),就资金的结算向资金结算银行(清算机构指定的银行),分别发出指示。并且,在

---

* 日语表述为“金融商品债務引受業”。

资金结算银行,通过清算机构的账户和参加人的账户的过户转账来进行资金的结算。此时,清算机构在确认资金结算已完成后,向转账机构发出转账指令,由此实现有价证券的移转和价金结算的同时履行(DVP, Delivery Versus Payment)。

2. 店头(柜台)衍生品交易的集中清算

(1)制度整备的原委和过程

不通过金融商品市场的衍生品交易[店头(柜台)衍生品交易]是相对进行的,通常情况下,交易当事人会掌握交易对手的信用风险。但是,在2008年秋天的世界性金融危机中,欧美金融机构实行的是数量庞大的店头(柜台)衍生品交易,由于未能适当地管理对手方的信息,在个别的金融机构产生了破产风险,而对手方的信用风险问题持续深刻化,金融机构的连锁破产风险更加显化了。

因此,作为应对世界性金融危机的一大措施,2009年G20峰会的声明 539
中指出:①所有标准化的衍生品交易必须在交易所或者通过电子(数字化)交易的方法来实施;②对于上述①中的交易,增加集中清算的义务;③要求各国政府将关于一定的店头(柜台)衍生品交易的信息,报告给交易信息存储机构。受此影响,日本也就相关问题展开广泛讨论,上述②和③便是根据平成二十二年(2010年)日本《金融商品交易法》修改时增加的义务(注69)。而上述①,则是在平成二十四年(2012年)修法时被加进去的(注70)。

(注69):关于法律修正案的概要,可参照高桥洋明、矢原雅文:"金融商品取引法等の一部を改正する法律の概要",《旬刊商事法务》第1900号,第4页(2010年)。

(注70):对于法律修正案的概要,可参见高木悠子、齐藤将彦、上岛正道:"店頭デリバティブ規制の整備、インサイダー取引規制の見直し、課徴金制度の見直し(1)",《旬刊商事法务》第1982号,第4页(2012年)。

(2)清算机构的种类和对象交易

因为店头(柜台)衍生品交易中的较多情形是跨国境的交易,要求在国内(日本)清算机构进行集中清算对于交易当事人而言,有时并不方便。因此,法律修正案规定了金融商品交易业者等(金融商品交易业者以及已注册金融机构)在进行一定的店头(柜台)衍生品交易时,必须选择国内清算机构,或者国内清算机构和国外清算机构联合协作的方式,或者外国清算机构中的任何一种进行清算的义务(日本《金融商品交易法》第 156 条之 62 第 2 项之规定)。在(清算)对象交易中,日本的交易总额较大的是支付固定利息和支付变动利息进行交换的以日元为基础的利息互换,且交易规模较大的金融机构之间的交易被指定(《店头衍生品府令》第 2 条第 2 款之规定)。与此同时,日本《金融商品交易法》中规定了对外国清算机构施行许可制(日本《金融商品交易法》第 156 条之 20 之 2~22 之规定),以及对内外清算机构的联合协作实施认可制(日本《金融商品交易法》第 156 条之 20 之 16~22 之规定)。

对于清算要件和日本企业的破产要件密切相关的交易,尊重日本的实务习惯,进行破产要件的认定,并要求在国内清算机构进行清算(日本《金融商品交易法》第 156 条之 62 第 1 项之规定)。对此,法律指定实施一定的
540 信用违约互换(CDS)的指数交易,并由交易规模较大的金融机构之间进行交易(《店头衍生品府令》第 2 条第 1 款之规定)(注 71)。

(注 71):所谓的信用违约互换,是指债权的所有者向对手方支付一定的金钱,当显示债务人信用恶化的一定事由发生时,可以从对手方接受金钱的信用衍生品[日本《金融商品交易法》第 2 条第 22 款第 5 项之规定,参见第一编第二章第三节 2(4)]。日本的金融机构在进行该 CDS 交易时,必须在国内清算机构进行清算。事实上,日本证券クリアリング机构已开始办理 CDS 交易的清算业务。对此,有意见指出,应该在市场十分成熟之后再行推行,即首先应该将日本的店头衍生品交易的市场培育成足够可以吸收清算机构风险的程度,并且使其普及一定阶段后再推行。可参见和仁亮裕:"デリバティブ規制の見直し(衍生品规制的重新审视)",《金融法务事情》第 1903 号,第 58 页(2010 年)。

(3)交易信息的保存和报告制度

国内清算机构以及外国清算机构必须就实施清算的店头(柜台)衍生品交易相关的一定的信息进行保存,并按照内阁府令的规定,向内阁总理大臣进行报告(日本《金融商品交易法》第 156 条之 63 之规定)。这是为了使金融厅能实时把握交易实态,防止金融机构发生连锁破产而设置的必要措施。

进行店头(柜台)衍生品交易的金融商品交易业者等,必须保存有关店头(柜台)衍生品交易的一定的信息,并按照内阁府令的规定,须向内阁总理大臣报告(日本《金融商品交易法》第 156 条之 64 之规定)。这是为了收集不适用集中清算义务的店头(柜台)衍生品交易的信息而设置的规定。

在金融商品交易业者等将交易信息提供给交易信息存储机构(Trade Repository)的情形下,金融商品交易业者并不负有信息保存和报告的义务(日本《金融商品交易法》第156条之64第3款之规定)。取而代之的是由交易信息存储机构承担信息的保存、报告义务(日本《金融商品交易法》第156条之65之规定)。交易信息存储机构在欧美已有若干先例,而日本《金融商品交易法》为了赋予其法律地位,采用指定制并整备了监督规制(日本《金融商品交易法》第156条之67~第156条之84之规定)。金融商品交易业者们还能够利用内阁总理大臣指定的外国交易信息存储机构(可参照日本《金融商品交易法》第156条之64第3款之规定)。

(4)电子(数字化)交易平台 541

所谓的电子(数字化)交易平台(Electronic Trading Platform),指的是为了使店头(柜台)衍生品交易的下单、执行等能通过电子(数字化)方式实施的系统,系统的提供者分为:仅实施店头(柜台)衍生品交易的媒介的マルチ・ディーラー型(多头交易商)和系统提供者自身作为交易对手方的シングル・ディーラー型(单头交易商)(注72)。通过电子(数字化)交易平台进行店头(柜台)衍生品交易的制度目的在于能使交易被置于当局的监视之下,且可降低在发生金融危机时的系统风险,以及提高未来市场的效率(注73)。

平成二十四年(2012年)的法律修正案规定了金融商品交易业者在进行一定的店头(柜台)衍生品交易的情形下,有义务使用专用的电子(数字化)信息处理组织[电子(数字化)交易平台](日本《金融商品交易法》第40条之7第1款之规定)。对象交易一般是指集中清算的对象交易中,用日元为基础的利息互换。为了提高交易的透明度和流动性,交易信息通过电子(数字化)交易平台的提供者被披露、公布于众(日本《金融商品交易法》第40条之7第2款之规定)。

由于电子(数字化)交易平台的提供行为相当于店头(柜台)衍生品交易的媒介、代办、代理等行为,因此,其被定位为第一种金融商品交易业。但是,以国际监督框架为前提,外国业者[电子(数字化)店头衍生品交易等许可业者,日本《金融商品交易法》第60条之14之规定]也能够提供电子(数字化)交易平台(日本《金融商品交易法》第40条之7第1款之规定)。

(注72):关于国外的整备情况,可参照神作裕之:"金商法におけるインフラ整備—清算集中及び電子取引基盤を中心として",《金融法务事情》第1951号,第44页及以下(2012年)。

(注73):金融庁报告:“店頭デリバティブ市場規制にかかる検討会における議論の取りまとめ”,第2页,2012年12月26日。

542
第三节 纠纷解决机构

1. 立法的原委和过程

有关金融商品、服务的投诉和纠纷有明显增加的趋势,作为简单、快速的纠纷解决手段,非诉讼纠纷解决程序(ADR)受到了关注。在金融领域的投诉处理和纠纷解决方面,之前都是根据业内团体的自主框架来解决,从实施主体的中立性、公正性和实效性的观点来看未必属于万全之策,且并没有完全获得利用者的信赖感、信服感。因此,自平成十二年(2000年)6月27日的金融审议会答辩提出“关于支撑21世纪的金融新框架”以来,相关议论持续发酵,作为其成果,在平成二十一年(2009年),日本《银行法》《保险法》《金融商品交易法》等与金融相关联的16部法律被修改,而在金融领域引入了非诉讼纠纷解决程序(金融ADR)(注74)。

作为金融非诉讼纠纷解决程序(金融ADR),可以考虑由一个金融ADR机构来处理全部金融领域所产生的投诉和纠纷。但是,也存在如下的问题:会不会造成由某个领域的金融机构负担了不同领域的纠纷解决的成本;如何确保专业性;以及能否把纠纷解决的结果同业务改善进行有效结合等,可以说,一个横断的、概括性(包括性)的金融ADR的构建是未来的一大课题。

因此,对于金融ADR机构受理的金融商品和服务的范围,以迄今为止的自主框架为基础,规定以每个业法所规定的金融机构的业务为范围。也就是说,金融ADR机构是依照每个业态进行设置的。同时,虽然可以考虑由法律强制规定设置金融ADR机构,但也要考虑到,那些期待成为ADR机构的业界团体,但也存在这些团体加入率不高的行业。所以也不能强制设置金融ADR机构,而是通过行业团体,自主规制机关等的申请,由接受申请
543 的内阁总理大臣进行指定,如此确保金融ADR实施主体的中立性、公正性。以下,将对金融商品交易法上规定的金融商品交易业相关纠纷解决的金融ADR制度进行说明。

(注74):对于修法的宗旨,可参照金融审议会金融分科会第一分会、第二分会分共同报告:“金融分野における裁判外紛争解決制度(金融ADR)の在り方について”[平成二十年(2008年)12月17日]。

2. 纠纷解决机构的指定

内阁总理大臣能够基于申请指定具备解决纠纷业务的实施能力的法人或者规定了代表人等的非法人团体机构作为纠纷解决机构（日本《金融商品交易法》第 156 条之 39 之规定）。指定是指按照从原来的金融商品交易业的 4 大类别（参见第一章第二节 1）增加已注册金融机构业务以及证券金融公司业务，从而变成 6 大类别后的各类别进行指定（日本《金融商品交易法》第 156 条之 38 第 12 款之规定），同一纠纷解决机构能够接受复数类别的指定，也能够一并接受基于其他法律的指定成为相关的纠纷解决机构。

纠纷解决机构一旦被指定，也就意味着相关的业者将受到由指定纠纷解决机构规定内容的“纠纷解决程序实施基本合同”的约束。而纠纷解决机构的申请人，必须向相关的业者说明业务规定的内容，表明异议的业者数量超过 1/3 时则不能接受指定（日本《金融商品交易法》第 156 条之 39 之规定、日本《金融商品交易法施行令》第 19 条之 8 之规定）。

金融商品交易业者在自己实施的业务存在指定金融纠纷解决机构时，必须与之缔结“纠纷解决程序实施基本合同”（日本《金融商品交易法》第 37 条之 7 第 1 款第 1 项等规定）。若不存在指定金融纠纷解决机构，则必须自己选择一个内阁府令所规定的投诉处理措施以及纠纷解决措施（日本《金融商品交易法》第 37 条之 7 第 1 款第 1 项等规定）。后者的功能在于在没有设置纠纷解决机构的业务领域保护投资者，同时促进金融商品交易业者设置指定纠纷解决机构。金融商品交易业者如果不与指定纠 544
纷解决机构缔结合同，则构成违法，有可能被处以包括撤销注册、许可的行政处分。

3. 纠纷解决程序的实施

金融商品交易业者一旦和指定纠纷解决机构缔结“纠纷解决程序实施基本合同”，则对该业者的业务相关纠纷，该业者或者客户可以向指定纠纷解决机构申请实施纠纷解决程序（日本《金融商品交易法》第 156 条之 50 第 1 款之规定）。申请被受理后，纠纷解决机构应当选任和当事人没有利害关系的纠纷解决委员（日本《金融商品交易法》第 156 条之 50 第 2 款之规定）。为了确保中立性、公正性，纠纷解决委员中至少有一人必须是律师、认定的司法书士*或者消费生活协商人等人员(日本《金融商品交易法》第156条之50第3款之规定)。纠纷解决委员通过非公开的程序,听取来自当事人和参考人的意见,并制作和解方案,就接受该方案向当事人进行劝告(日本《金融商品交易法》第156条之50第6款、第7款之规定)。当无法达成和解时,纠纷调解委员会可以制作特别调停方案,在附加理由之后向当事人提示(日本《金融商品交易法》第156条之44第2款第5项之规定)。当事人若接受和解方案或者特别调停方案,则纠纷解决程序终了。

在当事人利用纠纷解决程序时,时效中断(日本《金融商品交易法》第156条之51之规定)。因为在纠纷解决程序进展不顺利的情形下,还有必要依据诉讼确保纠纷解决。同时,纠纷解决程序可以和诉讼同时进行,但在这种情况下,诉讼程序中断(日本《金融商品交易法》第156条之52之规定)。指定纠纷解决机构能向当事人征收纠纷解决程序所必要的费用(日本《金融商品交易法》第156条之44第1款第5项之规定)。当然,纠纷解决机构运营费用的大部分是由缔结"纠纷解决程序实施基本合同"的金融商品交易业者来负担(日本《金融商品交易法》第156条之44第1款第4项、第5款之规定)。

在纠纷解决程序中,考虑到金融商品交易业者和客户之间存在信息不平衡和交涉能力的差距,因而对金融商品交易业者科以各种义务:第一,根据客户的申请开始纠纷解决程序时,如果业者没有正当理由,则对开始程序不得拒绝(程序应诺义务。日本《金融商品交易法》第156条之44第2款
545 第2项之规定);第二,如果指定纠纷解决机构或者纠纷解决委员要求提交报告或者材料、物品时,业者没有正当理由则不得拒绝(调查协助义务。日本《金融商品交易法》第156条之44第2款第3项之规定);第三,在客户接受纠纷解决委员所提示的特别调停方案时,除了在一个月内提起诉讼等一定情形以外,必须接受(调停方案)(结果尊重义务。日本《金融商品交易法》第156条之44第2款第5项、第6款之规定)。而且,上述义务被法定为"纠纷解决程序实施基本合同"的记载事项。

金融商品交易业者在违反上述的程序应诺义务、调查协助义务或者结

---

* "行政书士"(代理个人或企业法人同政府部门打交道,处理登记、报批、办理执照、项目审批、签证等业务的职业)与"司法书士"(对企业的经营活动进行相关调查、债务整理、创立公司、住宅贷款房地产登记及名义变更等),从事此工作的法律工作者必须通过类似于我国国家司法考试的一类考试,方可得到执业资格。上述两类法律工作者在日本被称为"准法曹",这是和"法官""检察官""律师"等"司法三曹"相对应的概念。

果尊重义务的情形下，指定纠纷解决机构在发表、公示相关违反事实（日本《金融商品交易法》第156条之45之规定）的同时，可以在“纠纷解决程序实施基本合同”中规定，对于违反义务的行为其可以采取征收过怠金、解除“纠纷解决程序实施基本合同”等措施（注75）。金融商品交易业者在违反结果尊重义务之时，内阁总理大臣不得将此认定为违法，不得对其发出业务停止命令等。但是，基于违反义务之理由，指定纠纷解决机构如果解除“纠纷解决程序实施基本合同”，则金融机构构成违反契约缔结义务，则会受到行政监督上的处分。

再者，自主规制机构和行业团体成为指定纠纷解决机构的情况下，相关机构或者团体能否以金融机构对“纠纷解决程序实施基本合同”的合同义务违反为由，发动自主规制上的制裁，或者对其从行业团体中进行除名等仍是问题，由于自主规制机构和行业团体本身就和指定纠纷解决机构属于不同的制度，可能答案应当是否定的。

（注75）：《逐条解说》，第380~381页（2009年）。

4. 投诉的处理

投诉的处理，本来并不适合由纠纷解决委员来进行和解、仲裁的判断，但投诉可以看成是纠纷前的阶段（状态），因此，日本设置了由纠纷解决机构负责投诉处理的制度。

指定纠纷解决机构，对于来自加入金融商品交易业者的客户的投诉
（问题解决申请），应当同其进行协商，提供必要的建议，在调查和投诉有关 546
事实的同时，把投诉内容及时告知该金融商品交易业者，寻求其快速处理（日本《金融商品交易法》第156条之49之规定）。金融商品交易业者的程序应诺义务（日本《金融商品交易法》第156条之44第2款第2项之规定）、调查协助义务（日本《金融商品交易法》第156条之44第2款第3项之规定）也能适用投诉处理。客户若对投诉处理不满意时，可转为纠纷解决程序（可参照日本《金融商品交易法》第156条之44第4款第1项之规定）。

如果金融商品交易业者的业务领域不存在指定纠纷解决机构，则必须根据该业者所制定的投诉处理措施来解决投诉（日本《金融商品交易法》第37条之7第1款第1项之规定）。比如，可通过消费生活协商人的建议，由该业者的从业人员负责投诉的处理等。

5. 已认定的投资者保护团体

在引入指定纠纷解决机构之前,在平成十八年(2006年)修改的日本《金融商品交易法》中,为了促进民间团体自主纠纷解决的活动,设置了投资者保护团体的认定制度。

金融商品交易业者或者金融商品中介业者实施的金融商品交易业,与之相关的投诉解决,开展纠纷解决斡旋(认定业务)的法人或者团体,具备开展业务所足够的知识、能力和财务基础的人,在制定其业务的实施方法后,可以接受内阁总理大臣将其作为投资者保护团体的认定(日本《金融商品交易法》第79条之7~第79条之9之规定)。获得认定的投资者保护团体(已认定团体)将成为内阁总理大臣报告征收的对象(日本《金融商品交易法》第79条之16之规定),同时通过认定的撤销、业务改善命令等,接受内阁总理大臣的监督(日本《金融商品交易法》第79条之18、第79条之19之规定)。

已认定团体能够进行关于对象事业者业务的投诉解决,以及纠纷解决的斡旋。已认定团体可以要求对象事业者进行说明,也能要求其提交资料,对象事业者若没有正当理由则不能拒绝(日本《金融商品交易法》第79条之12,第79条之13,第77条第2款、第3款,第77条之2第3款、第5款之规定)。

547 认定投资者保护团体的制度原本以实现行业横断性(包括性)的纠纷解决为目标,但实际上接受认定的是社团法人生命保险协会、社团法人损害保险协会、全国银行业协会、信托业协会,等等,是由分行业在各自领域内各自实施的。上述团体转为指定纠纷解决机构的,现阶段仅有"证券、金融商品斡旋商谈中心"* 成为已认定投资者保护团体。认定投资者保护团体的制度比起指定纠纷解决机构(金融ADR)制度(参见2),由于金融机构的加入是任意的,其利用者保护的框架比较灵活,所以在平成二十一年(2009年)修法后依然存续。其已经被当作指定纠纷解决机构被设立和指定之前的阶段中进行行业团体等的投诉处理和纠纷解决的框架(注76)。

(注76):《逐条解说》,第69页(2009年)。

---

* 日语表述为"証券・金融商品はっせん相談センター",FINMAC。

第六章　金融商品市场的监视与监督　548

第一节　金融产品行政管辖的变迁

日本《金融产品交易法》因为包含了很多行政上的规制，因而在执行法律时行政的干预是不可或缺的。在昭和二十三年（1948 年）制定《证券交易法》时，证券行政是以美国的证券交易委员会为原型的证券交易委员会来负责的。其作为相对于其他行政官厅部门独立行使行政权限的机关，被称为“独立行政机关”或者“独立行政委员会”，证券交易委员会对证券行政所有领域行使权限，并拥有依照政令、省令制定规则的权限。但是，昭和二十七年（1952 年）的证券交易法修正案废止了证券交易委员会，而其权限被移转给了日本大藏大臣*。

日本的证券行政在很长一段时间是由日本大藏大臣和大藏省（日本原财政部）证券局来行使的，而在以经济危机爆发后的证券市场不景气为契机，在平成四年（1992 年），证券交易等监视委员会被设置，对于证券市场规则遵守的监视，便由大藏省独立出来，由证券交易监视委员会实施（参见第三节）。之后，住房专门金融机构的不良债权处理中引入公有资金的问题发生（所谓“住专问题”），以此为契机，将大藏省的财政部门和金

---

* 相当于财政部长，下同。

融部门相分离的呼声日益高涨,终于在平成九年(1997年),金融监督厅被设置,大藏省金融部门的一部分权限被移转给金融监督厅。而且,自平成九年(1997年)以来,因为金融机构的破产相继发生,为了能够快速对其进行处理,又设置了金融再生委员会,金融监督厅一时间成为其下属部门。而在平成十二年(2000年)金融行政的规划和方案制定等权限从财政部转移到金融监督厅,形成了金融厅。此后的第二年(2001年),金融再生委员会被废止,而后金融厅被置于内阁府之下,而证券交易等监视委员会又被置于金
549 融厅之下。其结果是,日本《金融商品交易法》项下的大部分金融商品行政,都由金融厅和证券交易等监视委员会来负责。但是,金融破产处理制度和金融危机管理的相关事务属于财务省(财政部)所管辖。

第二节　金　融　厅

1. 准立法的作用

由于金融商品规制中存在很多技术性的要素,为了进行细致化的规制,法律将规制内容委任给政令和内阁府令的情形也不少。甚至可以说实际的立法职能和作用都是由政令和内阁府令在发挥也不为过。而且,金融制度的规划、方案制定是金融厅的管辖事务,因而内阁府令的制定和修改就以金融厅的总务计划局*为中心进行方案的制定、起草。

比如,关于有价证券的发行披露,日本《金融商品交易法》规定了信息披露义务人和大致的披露项目,但具体的披露内容则通过《关于企业内容等信息披露的内阁府令》(日本《开示府令》)等规定进行权限的委任(日本《金融商品交易法》第4条、第5条之规定,参见第二编第二章)。此外,在什么样的情形下必须提交有价证券申报书,以及对于有价证券申报书的记载事项的细目等,都是通过制定事务指引来设立事务处理的基准。

政令、内阁府令在法律所委任的范围内与法律具有同等的效力,对于其内容是否符合法律委任的范围,则服从司法审查。事务指引属于行政机关内的将法律解释和运用相衔接的文件,对行政机关外的关系人并无拘束,但是其在法律的解释和运用上具有事实上的巨大影响。当然,事务指引的内容是否符合法律的要旨,也须服从司法审查。

---

* 日语表述为“総務企画局”。

2. 法律的执行 550

(1)行政规制(レギュレーション)

日本《金融商品交易法》的特征之一在于,行政规制所涉及的范围极广,而且给予金融厅所述的内阁府的主任大臣,也就是内阁总理大臣广泛的执行权限。对金融商品交易业者、金融商品交易所、金融商品交易业协会等金融商品交易机构的规制自不用说,对于适用于上市公司等的信息披露的规制方面,以及适用于一般投资者的确保交易公正的规制等方面,行政规制都被广泛使用。

内阁总理大臣权限的大部分被委任给金融厅长官行使,且金融厅长官可以单独行使权限。保留给内阁总理大臣行使权限的事项如下(日本《金融商品交易法》第194条之7第1款之规定):

①金融商品交易业协会设立许可以及撤销许可(日本《金融商品交易法施行令》第37条之2第1项、第2项之规定);

②投资者保护基金设立的许可以及撤销许可(日本《金融商品交易法施行令》第37条之2第1项、第3项之规定);

③金融商品市场开设的许可以及撤销许可(日本《金融商品交易法施行令》第37条之2第4项、第7项之规定);

④金融商品交易所控股公司的许可和撤销许可(日本《金融商品交易法施行令》第37条之2第5项、第6项之规定);

⑤经过内阁决议决定的,金融商品交易所的全部或者部分业务的停止命令(日本《金融商品交易法施行令》第37条之2第8项之规定);

⑥外国金融商品交易所开设的许可以及撤销许可(日本《金融商品交易法施行令》第37条之2第9项、第10项之规定);

⑦金融商品债务承担业务的许可以及撤销许可(日本《金融商品交易法施行令》第37条之2第11项、第12项之规定);

⑧依据金融商品交易所实施金融商品债务承担业务的许可以及撤销许可(日本《金融商品交易法施行令》第37条之2第12~14项之规定);

⑨外国金融商品交易清算机构的许可以及撤销许可(日本《金融商品交易法施行令》第37条之2第14项之2、第14项之3之规定);

⑩金融商品交易清算机构等的联合协作的许可以及撤销许可(日本《金融商品交易法施行令》第37条之2第14项之4、第14项之5之规定);

⑪证券金融公司的许可以及撤销许可(日本《金融商品交易法施行令》第37条之2第15项、第16项之规定);

551 ⑫对财务大臣等进行一定的通知(日本《金融商品交易法施行令》第37条之2第17项、第18项之规定);

作为发动行政规制的前提,要求对该对象进行通知,由金融厅的职员进行审问、听取意见等程序(可参照日本《金融商品交易法》第9条、第57条第1款之规定)。而为了更为适当、正确地进行审问和听取意见程序,日本《金融商品交易法》第186~187条对此进行了规定。

(2)信息收集

内阁总理大臣或者金融厅长官为了能够正确且适当行使其监督权限,日本《金融商品交易法》赋予这些人以信息搜集的报告征收权和(现场)检查权。换言之,内阁总理大臣或者金融厅长官在认为对应不同情况实有必要之时,可以命令相关人提交能够成为参考的报告或者资料,也能让职员检查其账簿材料和其他物品(可参照下文所列的法条规定)。属于报告征收和检查权对象的人包括:有价证券申报书等的提出人和有价证券的承销人(日本《金融商品交易法》第26条之规定)、要约收购人和其特别关系人以及意见表明报告书的提出人(日本《金融商品交易法》第27条之22之规定)、大量持股报告书的提出人和其共同持股人以及发行人(日本《金融商品交易法》第27条之30之规定)、金融商品交易业者和已注册的金融机构(日本《金融商品交易法》第56条之2之规定)、金融商品中介业者(日本《金融商品交易法》第66条之22之规定)、金融商品交易清算机构(日本《金融商品交易法》第156条之15之规定)、证券金融公司(日本《金融商品交易法》第156条之34之规定)等。此外,按照各法律条款,有的还牵涉(效力及于)这些人的交易对手方、子公司、母公司、接受业务委托的人、关系人、参考人*等。

但是,金融厅长官的报告征收和检查权,如后文所述(参见第三节2),在一定的范围内被委托给了证券交易等监视委员会。

(3)以规则为基础的(规则性)规制和以原则为基础的(原则性)规制

对于金融商品市场参与者的行政规制,由于其极具专业性,而且,为了弥补规制的漏洞,制定更为详细的规则并进行严格适用实有必要。对于成
552 为规制对象的业者而言,如果规制不够明确,对合法行为和违法行为的区分

---

* 这里指提供参考意见的人,区别于证人。

就会变得困难,其行动也会受到抑制,所以其常怀有制定详细而明确规则的意向。

然而,想要制定出天衣无缝完全没有漏洞的规制,在实际上是无法做到的。而且,过于追求详细的规则,有可能将有益的行为也一并禁止,反而更加无法达成规制本身的目的。因此,英国的 FSA(金融服务机构)把规制的中心轴,从以规则为基础转移到了以原则为基础,而美国的 SEC(证券交易委员会)也出现了类似的动向。所谓以原则为基础的规制,是指为了达成规制的目的,依据原则(principles)和高度抽象的规则,比起使其遵守规则,实则更为重视实现规制的目的(注 77)。

在日本,平成十九年(2007 年)7 月以后,为了实现更好的规制环境,金融厅采取了以提高金融规制品质(better regulation)为目标的政策,作为更好的规制的一大支柱,应当实现以规则为基础的监督和以原则为基础的监督的最优组合(注 78)。此外,更好的规制的其他支柱还有:对优先课题进行更为有效的应对、对金融机构自助行为的尊重、对金融机构激励机制的重视以及金融行政的透明度、可预测性的提升等。而且,平成二十年(2008 年)修法时,废止了董事等的兼职规制,取而代之地规定了"为管理利益相反行为的机制(系统)的整备义务"(参见第二章第三节 3),可以说,这是从重视规则向重视原则进行转变的体现。

(注 77):The Financial Services Authority, Principles-Based, Regulation: 553
Focusing on the Outcomes that Matter, April 2007, 6. 其中提出,作为应该达成的目的,包括:①维持金融系统的信赖性;②促进一般投资者对金融系统的理解;③确保给消费者适当程度的保护;④减少规制对象的事业被金融犯罪利用的可能性等,且列举了以下 11 个原则:a. 业者必须履行诚信地开展义务;b. 从业人员必须具备相应的技术、履行注意,以及勤勉地开展业务;c. 业者必须构建一个充分的风险管理机制,负责而且有效地对事业进行组织和控制;d. 业者必须维持充分的财政基础;e. 业者必须遵守适切的市场行动准则;f. 业者要适切地关注客户的利益,而且必须公正的对待客户;g. 业者必须注意到客户需要信息,且应该通过明了、公正、且无误解的方法向客户传递信息;h. 业者对于业者和客户之间、客户和客户之间,必须公正地管理其利害冲突;i. 业者在确保其建议和裁量的投资决定,对于有权依据业者的判断而做出决定的客户来说是适合的,在此问题上尽到必要且合理的注意;j. 业者在接受相关任务时,必须为保护客户资产采取充分措施;k. 业者必须和规制机构以开放且合作的方法进行交涉,就 FSA 所期待进行合理通告的业者相关信息,对FSA进行适当且正确(适切)的披露。

(注78):可参照金融厅:"金融規制の質的向上一ベター・レギュレーション"(金融厅主页)。

(4)紧急停止命令和破产申请权

作为为确保金融商品交易公正的手段,内阁总理大臣或财务大臣有权向法院申请"紧急停止命令"(禁制令)(日本《金融商品交易法》第192条之规定)。这是模仿美国联邦证券交易法上的"禁制令"(injunction),而在证券法制定之初就被设置了的制度。其宗旨在于,紧急停止违反法律的行为,从而防止投资者损害的发生或者扩大。命令违反的行为也在禁制令对象之内,而且法律还认可对将来行为的禁止,在这一点上,紧急停止命令作为对违法行为的抑制手段,其范围是相当广泛且有效的。但是,因为裁判程序需要花费一定的时间,至今仍未被使用。

在平成二十年(2008年)修订法案时,在能够申请紧急停止命令的主体中,新增加了证券交易等监视委员会。这是因为最为接近违反行为现场(第一线)的证券交易等监视委员会,被期待可以更为迅速地提出申请。此外,根据平成二十二年(2010年)的法律修正,对违反命令的行为设置了两罚的规定(日本《金融商品交易法》第207条第1款第3项之规定)。在上述对紧急停止命令申请的机动性以及对违反行为发挥抑制效果的期待不断
554 高涨的背景之下,主要对未注册业者实施的未公开股份出售等事件中,紧急停止命令已被实际使用[适用事例:东京地方法院决定平成二十二年(2010年)11月26日,《判例时报》第2104号,第130页]。

能够提出紧急停止命令申请的,仅仅是在有紧急的必要性,且为了保护公益和保护投资者实有必要且适当的情况之下(日本《金融商品交易法》第192条第1款之规定)。有学者认为,在对手方是金融商品交易业者的情形下,行政厅可以采取撤销注册、业务停止命令等行政处分使违反法令的行为停止,因而并不能满足紧急停止命令的紧急性和适当性的要件(注79)。但是,在行政处分尚未下达的情况下,有可能仍有必要使违反行为紧急停止,因此,把已注册业者一概从紧急停止命令的对象中进行排除的解释是不恰当的(注80)。此外,从"将要实施违反行为的人,或者想要实施违反行为的人"这样的表述来看,在违反行为已经终了的情况下,是否能够提出停止命令的申请并非没有疑义。至少,在违反行为在将来有可能反复(再次发生)的情形下,有必要使其停止,因而应该认可停止命令的申请。

金融商品交易业者实施了违反法律的行为,而且处于破产状态的情形

下，破产程序开始后其财产被置于破产财产管理人的管理之下，这对防止投资人损害扩大是有效的。以前，因为破产程序和投资者保护基金功能（参见第三章第三节4）的关系，只有加入投资者保护基金的第一种金融商品交易业者才被金融厅赋予破产申请权，但是在平成二十二年（2010年）的法律修改中，基于上述观点，破产申请权的对象被扩大到所有金融商品交易业者（关于金融机构等的更生程序的特例等的法律第490条之规定）。

（注79）：可参见荻原秀纪："緊急差し止め命令、金商法192条1項の活用"，《旬刊商事法务》第1923号，第20页（2011年）。

（注80）：可参见黑沼悦郎"判批"，《判例时报》第2123号（判评第633号），第192页（2011年）。

（5）课征金缴付命令程序

严重违反日本《金融商品交易法》的行为被科以刑事处罚。但是，考虑 555
到由于刑事处罚会给违法行为人施加强烈的道德谴责，因而其执行应当坚持"谦抑性"，此外，因为罚则的标准也和其他违法之后罚则的标准保持均衡，因此有批评意见认为刑事罚对违反行为的抑制效果并不充分。在此背景下，根据平成十六年（2004年）的修法，对于违法行为人科以金钱负担的课征金制度被创设，经过之后的修改，其适用范围被扩大。课征金缴付命令是内阁总理大臣行使的行政处分的一种，其对象不仅限于已注册的金融商品交易业者等，而且还及于进行市场交易的一般投资者。因此，从正当程序的观点来看，设置了如下通过审判员审判且原则上应公开进行的程序。

首先，在可以认定违反适用课征金规定的事实已经发生时，必须由内阁总理大臣决定开始程序（日本《金融商品交易法》第178条之规定）。此后，由与违反行为的调查等无关联的3名审判员进行公开的审判程序。在这个审判程序中，被审人对符合缴付命令的要件的事实和课征金数额提出争议，金融厅的职员中被指定的人（日本《金融商品交易法》第181条第2款之规定）加入审判，由审判员采用类似审判的程序，站在公平、中立的立场作出判断。审判程序结束后，由审判员制作决定方案（决定书），提交给内阁总理大臣（日本《金融商品交易法》第185条之6之规定）。

内阁总理大臣基于决定方案（决定书）认定确有违反事实时，发出缴付课征金的命令（日本《金融商品交易法》第185条之7之规定）；认为没有违反事实之时，则作出认定没有违反事实的决定。不允许明明存在违反事实，却不发出缴付课征金命令的情况出现。课征金被定位为对违反的事实科处的行政处罚,并不以行为人存在故意或者过失为要件。课征金的数额也根据法律的规定来决定,原则上不允许根据裁量进行减额。对缴付课征金命令有不服的人,可以提起行政处分撤销之诉。

课征金制度为了确保处分具有客观性,其要件和程序的形式都为法律
556 所严格规定,并没有采用根据违反行为的重大性加以制裁(裁量)的构造。当然,值得一提的是,根据平成二十年(2008年)的修法,对于一定的违反行为,违反者在当局调查前主动进行报告的情形下,则其课征金的数额减半(日本《金融商品交易法》第185条之7第12款之规定);同时,如违反者反复实施违反行为时,则课征金的数额增加到1.5倍(日本《金融商品交易法》第185条之7第13款之规定)等,尝试着提高其抑制力的实效性。另外,美国的证券交易委员会能够把相当于课征金的民事制裁金归入受害者救济的基金,而在日本,课征金仍不能用于受害者救济,这也是将来的课题(注81)。

(注81):可参见森田章:"証券取引法上の民事救済としての課徴金制度の在り方",《旬刊商事法务》第1736号,第20页(2005年);以及黑沼悦郎:"ディスクロージャーの実効性確保—民事責任と課徴金",《金融研究》第25卷,第93页(2006年)。

第三节　证券交易等监视委员会

1. 组织

证券交易等监视委员会(以下简称监视委员会)是由获得两议院的同意并由内阁总理大臣任命的3名委员(其中1名为委员长)组成(《金融厅设置法》第10~12条之规定)。这些委员可以相对于金融厅而独立行使职权(《金融厅设置法》第9条之规定),其在任时,除了一定的场合,不能对其进行罢免,且其工资被明确规定(《金融厅设置法》第14条、第17条之规定)。如上,在委员由内阁总理大臣进行任命的基础上,通过对其身份的保障,以期监视委员会能够独立、公正地实施其职务。

在监视委员会之下设置事务局。另外,作为地方组织,在各个财务局设置了"证券交易等监视官"一职,实施监视。

557

2. 法律的执行

监视委员会的职务是确保市场交易的公正和保护投资者,以此为目的

对金融商品的交易进行监视。具体而言,包括:违规事件的调查和告发、金融商品交易机构的现场检查,以及对金融厅长官等进行建议,都是监视委员会的职务。

(1)违规事件的调查和告发

监视委员会行使强制调查权调查违规事件,在获得违规的心证时进行告发(日本《金融商品交易法》第210条、第226条之规定)。这里所谓的违规事件是指对有价证券的买卖及其他交易或者衍生品交易等的公正性有危害的,与政令规定的犯罪有关的事件。具体来说,包括:不提交有价证券申报书、有价证券报告书、要约收购申报书等;对上述文件进行了重要的虚假记载;违反许可、认可的条件;在有价证券交易中实施不公正交易以及谣言(风说)的散布;操纵市场;内幕交易;损失填补;董事监事等人员、主要股东的卖空等(日本《金融商品交易法施行令》第45条之规定)。

为了调查违规事件,监视委员会的职员可以实施:要求违规嫌疑人或者参考人到机关接受调查和询问;检查当事人持有或者丢弃的物品;或者,能够暂领当事人任意提交或者丢弃的物品(日本《金融商品交易法》第210条第1款之规定)。此外,能够向官公署或公私团体提出照会,要求其提交必要的报告(日本《金融商品交易法》第210条第2款之规定)。若其职员在为违规事件的调查而实有必要之时,可以在获得法院许可后,进行临时检查、搜查和扣押(日本《金融商品交易法》第211条第1款之规定)。但是,请求法院许可时,必须提供可以认定违规事件确实存在的资料(日本《金融商品交易法》第211条第3款之规定),而关于违规事件调查权的行使,则规定了和"国税违规行为管理法"*同样的程序性规定(日本《金融商品交易法》第211~225条之规定)。

实施上述调查的结果,如果确实获得了已经实施犯罪行为的心证时,监视委员会必须就相关事件向检察官进行告发(日本《金融商品交易法》第226条之规定)。此时,若有暂领、扣押的物品时,也必须将此移交给检察官,同时需要适用刑事追诉(同条规定)。

自平成四年(1992年)监视委员会成立以来,实际由监视委员会告发的 558
案件已涉及:有价证券申报书、报告书的虚假记载事件,股价操纵事件,内幕交易事件等。

---

* 日语表述为"国税犯則取締法"。

(2) 业者、相关机构的检查

金融厅长官对金融商品交易业者、金融商品交易中介业者、已注册金融机构、金融商品交易业协会、证券金融公司等拥有报告征收权和检查权(日本《金融商品交易法》第56条之2、第66条之22、第75条、第79条之4、第151条之规定)。这种报告征收和检查权是作为确保有价证券的买卖及其他交易或者衍生品交易等的公正性,通过政令规定,被委任给监视委员会的(日本《金融商品交易法》第194条之7第2款之规定)。但是,对于报告的征收,可以由金融厅长官亲自实施。之所以把这样的检查权委任给监视委员会,是因为考虑到要让金融委员会充分发挥市场监督的功能,则必须赋予其对市场行为人的金融商品交易业者等的守法合规状况进行检查的权限。

更进一步的,根据平成十六年(2004年)修法时的规定,监视委员会对于上述业者和机构的检查权限是从金融厅长官那里获得委任(日本《金融商品交易法》第194条之7第3款之规定)。通过由监视委员会负责对业者财务状况等的相关检查,实现检查体制的一元化,以期能强化其对市场监视的功能。

监视委员会并没有被赋予基于检查的结果而自行进行行政处分的权限,但能够就此向内阁总理大臣或金融厅长官进行采取行政处分及其他措施的劝告(《金融厅设置法》第20条第1款之规定)。根据检查和上述(1)中对违规事件的调查,在认为缴付课征金的命令等的行政处分确有必要之时,对金融厅长官进行劝告,并基于此开始课征金审判程序。并且,在实施劝告之后,监视委员会可以要求金融厅长官等对根据劝告所采取的措施进行报告(同条第2款之规定)(注82)。

(注82):把委任给监视委员会并由其行使的检查权作为犯罪搜查来利
559 用的问题点,可参考证券交易法研究会:"平成四年証券取引法の改正について(3)",《インベストメント》第46卷第4号,第50页以下(1993年)。

(3) 对金融厅长官等的建议

在上述(2)中所论述的劝告之外,监视委员会基于违规事件的调查或者检查的结果,认为为确保交易的公正性确有必要时,可以向内阁总理大臣、金融厅长官或者财务大臣提出建议(《金融厅设置法》第21条之规定)。

此外,为了提高金融商品交易行政的透明度,要求监视委员会必须将每年的事务处理情况进行发布(《金融厅设置法》第22条之规定)。通过上述措施,不仅使监视委员会的事务处理情况变得透明,而且金融厅长官负责的证券行政是否发挥了作用也能为公众所获知。

迄今为止,基于监视委员会的建议,进行法令修改的事例有,诱导股价型股价操纵行为*的禁止(日本《金融商品交易法》第159条第2款第1项之规定),关于事前听取意见(事前必要调查)的信息管理机制(系统)的整备(日本《金融商品交易法》第38条第6项之规定、《金融商品交易业府令》第117条第1款第15项之规定)等。

第四节　证券监督委员会国际组织

所谓的IOSCO(International Organization of Securities Commissions,国际证监会组织),是指各国证券监管者对伴随证券交易国际化而产生的诸多问题进行讨论、协商的机构,其母体是1974年设立的美洲证监会协会。此后,欧洲和亚洲的证券规制机构纷纷加盟,在1986年成立了现在的这个机构,而日本是在1988年加入IOSCO的。

IOSCO的巨大成果有,1990年颁布的证券业者行为规范所采纳的诸多原则:

①业者在实施其业务时,应追求客户的最大利益以及市场的健全(健康)性,必须诚实并公平地采取行动。 560

②业者在实施其业务时,应追求客户的最大利益以及市场的健全(健康)性,其必须具备相当的技术,并且关心地、注意地采取行动。

③业者为了适当地开展业务,必须雇用必要的人才并整备相应的业务程序。

④业者在提供服务时,必须努力掌握客户的资产状况、投资经验以及投资目的。

⑤业者在和客户进行交易时,必须充分披露该交易的具体信息。

⑥业者必须努力回避利益相反。在可能无法回避利益相反时,必须确保对所有客户公平对待。

⑦业者为追求客户的最大利益以及市场的健全(健康)性,必须遵守其业务所应适用的全部规则。

这些行为原则中的①、②,在平成四年(1992年)《证券交易法》修法时

---

* 日语表述为“見せ玉による相場操縦行為”,可参见原著第335页,注63。

实现了立法化,而在日本《金融商品交易法》中,上述①规定在第36条(诚信义务,参见第三编第一章第五节1);上述②规定在第40条(适当性原则,参见第三编第一章第五节3),就连上述④也被作为支持适当性原则的原则。此外,上述7个原则也被证券业协会制作、发布的行业伦理纲领所采纳。

此外,到现在为止,在IOSCO内部已经针对证券公司自有资本规制的国际统一、企业信息披露的国际标准等展开了讨论。最近的措施有信用评级机构基本行动规范的制定(2004年)和对其的修改(2008年)。

随着证券交易国际化的不断推进,在不使规制水准下降的前提下制作国际统一的标准,对保护投资者而言越发重要。在这个意义上,可以说IOSCO的功能在今后也会越来越大。

参考资料

一、法律法规名称的解释

本书中出现的法规(府令、政令)、指引等名称有的是以简略的形式出现,现将其正式名称标注如下,敬请各位读者注意。

(一)府令、政令、指引等

開示府令(开示府令)　企業内容等の開示に関する内閣府令(关于企业内容等信息披露的内阁府令)

監査証明府令(监查证明府令)　財務等の監査証明に関する内閣府令(关于财务等监查证明的内阁府令)

協会府令(协会府令)　金融商品取引業協会等に関する内閣府令(关于金融商品交易业协会等的内阁府令)

金商業府令(金商业府令)　金融商品取引業等に関する内閣府令(关于金融商品交易业等的内阁府令)

公開買付府令(要约收购府令)　発行者以外の者による株券等の公開買付けの開示に関する内閣府令(关于发行人以外的人实施股票等要约收购的信息披露的内阁府令)

財務規制 (财务规制)　財務諸表等の用語,様式及び作成方法に関する規則(关于财务报表等的用语、格式以及制作方法的规制)

証券情報府令(证券信息府令)　証券情報等の提供又は公表に関する内閣府令(关于证券信息等的提供以及公开的内阁府令)

大量保有府令(大量保有府令)　株券等の大量保有の状況の開示に関する内閣府令(关于股票等大量持有状况信息披露的内阁府令)

定義府令(定义府令)　金融商品取引法第二条に規定する定義に関する内閣府令(关于金融商品交易法第二条所规定定义的内阁府令)

店頭デリバティブ府令(店头衍生品府令)　店頭デリバテイブ取引等の規制に関する内閣府令(关于店头衍生品交易等规制的内阁府令)

特定有価証券開示府令(特定有价证券开示府令)　特定有価証券の内容等の開示に関する内閣府令(关于特定有价证券内容等开示的内阁府令)

取引規制府令(交易规制府令)　有価証券の取引等の規制に関する内閣府令(关于有价证券交易等规制的内阁府令)

取引所府令(交易所府令)　金融商品取引所等に関する内閣府令(关于金融商品交易所等的内阁府令)

内部統制府令(内部控制府令)　財務計算に関する書類その他の情報の適正性を確保するための体制に関する内閣府令(关于确保财务资料及其他信息正确、适当的系统的内阁府令)

保証金府令(保证金府令)　金融商品取引法第百六十一条の二に規定する取引及びその保証金に関する内閣府令(关于金融商品交易法第一百六十一条之二规定的交易及其保证金的内阁府令)

連結財務規則(连结财务规制)　連結財務諸表の用語,様式及び作成方法に関する規則(关于连结财务报表的用语、格式以及制作方法的规则)

(二)证券交易所关联(东京证券交易所)

業務規程(业务规程)

受託(受托)　受託契約準則(受托契约准则)

証拠金規則(证据金规则)　先物・オプション取引に係る証拠金及び未決済約定の引継ぎ等に関する規則(关于期货期权交易证据金以及未交割约定的承继等的规则)

上場規程(上市规程)　有価証券上場規程(有价证券上市规程)

上場規程施行規則(上市规程施行规则)　有価証券上場規程施行規則(有价证券上市规程施行规则)

信用規程(信用规程)　信用取引・貸借取引規程(信用交易、借贷交

易规程)

(三)证券金融公司关联

日証金貸借規程(日证金贷借规程)　日本証券金融株式会社貸借取引貸出規程(日本证券金融股份公司借贷交易借出规程)

二、判例集、杂志以及参考书

本书中所列的判例集、杂志的略称,以及主要的参考文献也将其正式名称标注于后,敬请各位读者注意。

(一)判例集·杂志的略称解释

下刑集(下刑集)　下級裁判所刑事裁判例集(下级裁判所刑事裁判例集)

下民集　下級裁判所民事裁判例集

刑月　刑事裁判月報

刑集　最高裁判所刑事判例集

裁判集刑事编　最高裁判所裁判集刑事编

民集　大審院·最高裁判所民事判例集

(二)主要参考文献

川口恭弘:《現代の金融機関と法(第4版)》(中央経済社,2012年)

川村正幸编:《金融商品取引法(第4版)》(中央経済社,2012年)

川村正幸编:《テキストプック金融商品取引法》(中央経済社,2009年)

河本一郎、大武泰南:《金融商品取引法読本(第2版)》(有斐阁,2011年)

神崎克郎、志谷匡史、川口恭弘:《金融商品取引法》(青林書院,2012年)

神田秀樹、神作裕之编:《金融商品取引法判例百選》(有斐阁,2013年)

神田秀樹、黒沼悦郎、松尾直彦编著:《金融商品取引法コンメンタール(3)(4)》(商事法务出版社,2012年、2011年)

神田秀樹等编:《金商法実務ケースブックI判例编》(商事法务出版社,2008年)

神田秀樹等编:《金商法実務ケースプックH行政编》(商事法务出版社,2008年)

岸田雅雄:《金融商品取引法》(新世社出版社,2010年)

岸田雅雄监修:《注釈金融商品取引法(1)(2)(3)》(金融財政事情研究会,2011年、2009年、2010年)

黒沼悦郎:《金融商品取引法入門(第5版)》(日本経済新聞社,2013年)

長島、大野、常松法律事務所编:《アドバンス金融商品取引法》(商事法务出版社,2009年)

日野正晴:《詳解金融商品取引法(第3版)》(中央経済社,2011年)

松尾直彦:《金融商品取引法(第2版)》(商事法务出版社,2013年)

山下友信、神田秀樹编:《金融商品取引法概説》(有斐阁,2010年)

(三)立法责任人对于金融商品交易法进行的解说等

池田唯一等编著:《新しい公開買付制度と大量保有報告嗣度》(商事法务出版社,2007年)

三井秀範、池田唯一监修:《一問一答金融商品取引法(改訂版)》(商事法务出版社,2008年)

松尾直彦编著:《金融商品取引法・関係政府令の解説》(別冊商事法务318号)(商事法务出版社,2008年)

池田唯一等编:《逐条解説2008年金融商品取引法改正》(商事法务出版社,2008年)

池田唯一等编:《逐条解説2009年金融商品取引法改正》(商事法务出版社,2009年)

寺田達史等编:《逐条解説2010年金融商品取引法改正》(商事法务出版社,2010年)

古澤知之等编:《逐条解説2011年金融商品取引法改正》(商事法务出版社,2011年)

(四)平成十八年(2006年)修法前证券交易法的概论性、体系性参考书

河本一郎、大武泰南:《証券取引法読本(第7版)》(有斐阁,2005年)

河本一郎、関要监修:《逐条解説証券取引法(3訂版)》(商事法务出版社,2008年)

神崎克郎:《証券取引法(新版)》(青林書院,1987年)

神崎克郎、志谷匡史、川口恭弘:《証券取引法》(青林書院,2006年)

神田秀樹监修:《注解証券取引法》(有斐阁,1997年)

岸田雅雄等编:《逐条・証券取引法——判例と学説(神崎克郎先生還

曆記念)》(商事法务研究会,1999年)

近藤光男、吉原和志、黒沼悦郎:《証券取引法入門(新訂第2版)》(商事法务出版社,2003年)

鈴木竹雄、河本一郎:《証券取引法(新版)》(有斐阁,1984年)

竹内昭夫编:《新証券・商品取引判例百選》(有斐阁,1988年)

龍田節:《証券取引法Ⅰ》(悠々社,1994年)

龍田節、神崎克郎编:《証券取引法大系(河本一郎先生還曆記念)》(商事法务研究会,1986年)

堀口亘:《最新証券取引法(新訂第4版)》(商事法务出版社,2003年)

三、参考信息的相关链接

法律法规等数据提供系统:http://law.e-gov.go.jp/cgi-bin/idxsearch.cgi

日本金融厅:http://www.fsa.go.jp/

EDINET(有价证券报告书等的披露材料的电子披露系统):http://info.edinet-fsa.go.jp/

金融审议会的答辩、报告书等材料:http://www.fsa.go.jp/singi/singi_kinyu/base.html

证券交易等监视委员会:http://www.fsa.go.jp/sesc/

日本交易所集团:http://www.jpx.co.jp

东京证券交易所:http://www.tse.or.jp/

大阪证券交易所:http://www.ose.or.jp/(大証金融商品取引法研究会)

日本证券业协会:http://www.jsda.or.jp/

判例索引

判例及年月日　法院名　判例集收录……　页码[*]

---

* 指原著页码,可对应本书边码检索。

图书在版编目（CIP）数据

金融商品交易法入门：第3版 /（日）近藤光男，（日）吉原和志，（日）黑沼悦郎著；梁爽译. -- 北京：法律出版社，2021

（法律与金融译丛）

ISBN 978-7-5197-5018-3

Ⅰ. ①金… Ⅱ. ①近… ②吉… ③黑… ④梁… Ⅲ. ①金融法－日本 Ⅳ. ①D931.322.8

中国版本图书馆 CIP 数据核字(2020)第 193121 号

金融商品交易法入门(第3版)
JINRONG SHANGPIN JIAOYIFA RUMEN(DI 3 BAN)

[日]近藤光男
[日]吉原和志 著
[日]黑沼悦郎
梁 爽 译

责任编辑 孙东育 王 珊
装帧设计 李 瞻

出版发行 法律出版社
编辑统筹 学术·对外出版分社
责任校对 王晓萍
责任印制 陶 松
经　　销 新华书店

开本 710 毫米×1000 毫米 1/16
印张 31.75 **字数** 534 千
版本 2021 年 11 月第 3 版
印次 2021 年 11 月第 1 次印刷
印刷 三河市龙大印装有限公司

地址：北京市丰台区莲花池西里7号(100073)
网址：www.lawpress.com.cn
投稿邮箱：info@lawpress.com.cn
举报盗版邮箱：jbwq@lawpress.com.cn

销售电话：010-83938349
客服电话：010-83938350
咨询电话：010-63939796

书号：ISBN 978-7-5197-5018-3　　**定价**：128.00 元

凡购买本社图书，如有印装错误，我社负责退换。电话：010-83938349